柏拉图全集

第四卷

王晓朝 译

人民出版社

目　　录

---

① 为了方便读者,兹将《伊庇诺米篇》、《大希庇亚篇》和柏拉图书信一并译出,作为中译本全集附录的一部分,其内容也包括在索引中。这些作品的真实性长期以来一直有争议。

伊庇诺米篇

提　要①

本篇对话在场景上与《法篇》相同,古代学者为它所起的篇名是"论午夜议事会"或"论哲学家"。有学者认为它是柏拉图的学生、奥普斯的菲利浦斯(Philipus of Opus)的作品,但其中所表述的思想与柏拉图本人思想一致。

本篇讨论的中心问题是:什么样的学习能够引导凡人通向智慧? 整篇对话围绕这一问题展开。克利尼亚首先提出了这一问题,而主要对话人——那名雅典人,主导着这场对话。

这名雅典人认为,除了少数被拣选的人以外,人类要想获得极乐与幸福是不可能的。只有尽力获得一切能使生活高尚的东西,并使我们的生活有相应的高尚目的,我们才会对来世抱有美好的希望。因此人们需要考察自己如何获得智慧。

在具体的理智或技艺部门中,人们要想回答这个问题会感到困惑。这些东西与其说依赖于知识,倒不如说是人的一种天然本能。有些人把这些能力说成是天赋,有些人把这些能力说成是智慧,还有一些人称之为天生的洞察力,但是拥有正确判断力的人没有一个会同意把依赖天赋才能的人称作聪明人。因此要能够找到一种能使人聪明的学问,人获得了这些智慧就会变得聪明,并获得

---

①　本篇提要由译者撰写。

幸福。整个对话就顺着这一思路寻找,最后确定数学和天文学是
人所需要的这种学问,所有午夜议事会的成员都要参与这种学习。

正　文

973　　　**克利尼亚**　先生们,大家都到了,我们三个人——你、我、我们
的朋友麦吉卢——原先说过要找个时间聚在一起讨论智慧。只要
能找到智慧,我们就可以在心中考虑用什么样的术语来描述它,何
种程度的理智是人力所能把握的,对人来说是最适宜的。我们认
B　为,有关立法的方方面面都已经讨论过了。但是仍旧有一个问题,
我们既没能找到答案,也没能把答案说出来,而这个问题却又是至
关重要的,亟待解决。什么样的学习能够引导凡人通向智慧? 这
就是我们今天必须尽力回答的问题。我们决不能放过它,否则就
有违初衷了,因为我们希望把一切都弄明白。

　　雅典人　我亲爱的克利尼亚,说得好! 尽管我下面要对你说
的话在你听起来会感到相当奇怪,然而,从另一个方面来看,它一
C　点儿也不奇怪。人必须从生活经验中吸取教训,否则的话就不可
能获得极乐与幸福。所以请你跟上我的思路,想一想我附和别人
的这种意见对不对。我的看法是,除了少数被拣选的人以外,人类
要想获得极乐与幸福是不可能的。我想把这个说法限制在今生,
只有尽力获得一切能使生活高尚的东西,并使我们的生活有相应
的高尚目的,当今世的生活行将结束时,我们才会有美好的希望。
D　我想说的并不是什么深奥的学问,而只是一条我们大家都承认的
真理,希腊人或非希腊人都以某种方式承认它。对任何生灵来说,
出生都是一种痛苦的经历。首先,当一个人还在母腹中的时候就
必须熟悉那里的环境,出生以后还要进一步接受抚养和教育,这些
974　过程全都有着难以言表的痛苦,这是我们大家都承认的。如果我

们不提痛苦,只讲尚可称得上满意的生活,那么这样的生活只有非常短暂的一个时期。人们一般认为人的中年可以算得上这样的时期,但老年的降临很快又使我们落入命运的控制,一想到老人的生活状况,那么凡是没有被儿童般的想象充斥头脑的人都不愿再过这样的生活。你想要我对此作出证明吗? 实际上,我们当前所要考察的问题与这个问题是相同的。我们要考察自己如何获得智慧,但这个问题本身就蕴涵着我们大家都有能力获得智慧。然而一旦转向任何理智的部门,包括所谓的技艺、理智的形式,或其他诸如此类的想象的知识时,我们就感到困惑了。尽管这些东西没有一样配得上人生智慧的名称,然而人的灵魂却对此充满信心,抱有一种先知般的预见,深信自己拥有这样一种天生的本能,尽管人几乎无法发现这种能力到底是什么,这种能力是什么时候才有的,或者人如何掌握这种能力。我们这些人能够用各种各样的讨论方式聪明地、前后一贯地考察自己或别人,然而面对当前探索智慧,我们却处在这种几近绝望的状态之中,其难度之大超过了我们的预料,是吗? 我们要不要承认这就是我们当前的处境?

克利尼亚　先生,我们无疑应当承认这一点,但我们能够有幸与你谈话,总希望对这件事能有个最明确的看法。

雅典人　那么我们首先要检视一下那些并不能使人聪明的知识或我们拥有的东西,把它们搁在一边,然后试着把我们真正需要的东西摆到面前来。一开始,我们必须观察哪些东西是人最先需要的,不可缺少的,同时又是在一种真正的意义上最先到来的。尽管通晓这种知识的人很久以前就被称作聪明人,但在一开始的时候,他肯定并不拥有今天这样的名声,或者倒不如说他关于这些事情的知识只会使他丢脸。我们要指出这些知识的名称,然后要所有人,我指的是所有关心智慧的最优秀的人,在获取和运用智慧的时候小心躲避它们。就好比我们可以对自己食肉的习惯进行控制,可以像传说中所说的那样绝对禁止吃某些动物,把可吃的动物合法地限制在某些种类。这样一来,那些古老的精灵确实就会对我们抱着善意,无论它们是不是"制定规则的",我们最初的幸福毕B 竟与它们有关! 生产大麦和小麦、用它们当食物,尽管是一件可敬可佩的事情,但这种技艺决不会使人全智——呃,"生产"这个词的意思可以延伸为创造出某种与之相对立的东西——对各种农活都可以这样说。与其说务农依赖于知识,倒不如说它是我们的一种天然本能,是由神植入我们心中的,这样的知识唾手可得。建筑、C 房屋、家具、铁器、木器、陶器、纺织,以及制造这些东西所需要的各种工具,我们已经谈论了许多,这些技艺对民众来说虽然都是有用的,但却不能归结为美德。再强调一下,生产这些事物虽然需要高超的技艺,但它们带来的后果不是灵魂的伟大,也不是智慧。还有,预言家及其解释者的技艺在我们看来完全失败了,因为他们只知道神谕是怎么说的,但无力道出神谕的真假。

D   现在,我们已经看到技艺为我们提供生活必需品,但凭借任何一种技艺都不能使人聪明,它们实质上都是一种游戏,大部分是模仿性的,没有真正的价值。模仿既受到所用工具的影响,又受到态度的影响,因此这些技艺没有一样具有尊严。人的身体在演说、各种不同形式的音乐、绘画艺术的各个部门起作用,有着各种流动的或固定的形式,但没有一个模仿的部门会使实践者变得聪明起来,无论他的劳动有多么热忱。

E   这些事情都已做完之后,在我们手中还有什么东西剩下来可资保护的呢? 要保护许多人就要有许多办法。最高的、最完善的保护形式就是战争的学问,我们称之为将军的技艺,因为它有用,所以享有最高的名声。然而要想取胜却极大地依赖好运,实施这976 种技艺与其说取决于勇敢,不如说取决于智慧。至于所谓的医学技艺,它当然也是一种保护的形式,可以用来抵御严寒酷暑给生命有机体带来的伤害。但医学的技艺没有一样可以称得上是真正的智慧,医生治病就好像在大海中凭借想象与猜测行驶航船,毫无定规。我们也可以把船长和水手称作保护者,但我完全没有勇气希望能在他们中间找到有智慧的人。他们中没有一个人能完全"知道"海风的暴虐与温和,这是每一位水手都渴望得到的知识。我们也不能把雄辩者称作聪明的,因为他们虽然在法庭上保护我们,并依据记忆和经验热衷于对人性的研究,但却误入歧途,不能真正地理解什么是权力。

还有一个人我们没提到,他完全有资格得到聪明人的头衔,他这种获得智慧的珍贵能力在人们的日常言谈中一般被当作天赋而非智慧,他能够学习任何知识,有着可靠的记忆力,能在各种情景下回忆起相关的适当步骤,并及时加以运用,决不拖延。有些人把这些能力说成是天赋,有些人把这些能力说成是智慧,还有一些人称之为天生的洞察力,但是拥有正确判断力的人没有一个会同意把依赖天赋才能的人称作聪明人。然而,必定还存在着某些知识或别的什么东西,拥有了它们就能得到智慧,而这种智慧就是表现在各种行动中的智慧,而非仅仅是一种名声。所以,让我们来观察这件事情。这是我们现在正在进入的一个最难的论证——在我们上面已经指出过的智慧之外去发现智慧,寻找真正配得上智慧名称的智慧。能得到这种智慧的既非弄虚作假之人,又非轻佻无聊之人,这种智慧一定能使他成为他的国家的完全意义上的聪明而又善良的公民,既作为执政官又作为被统治者,此外还要做一名有节制的人。接下去,让我们首先考虑在我们拥有的所有知识中有哪一门学问,如果从人类中消除,或者从来没有出现过,人类就会变得毫无思想,成为愚蠢的生灵。要找到这个问题的答案似乎并不十分困难。也就是说,如果我们一门学问一门学问地数下去,那么赋予我们数的知识的那门学问似乎会对我们产生这样的影响。

我相信自己可以说我们并不像那位用赐予我们天资来保全我们的
那位神一样幸运。在此我要解释一下我想到的神是哪一位神,我
在这里提到他似乎很奇怪,但从另一个角度看倒也没什么可奇怪
的。我们为什么只能相信我们享有的一切幸福的原因就是一切原
977　因中最伟大的理智呢? 麦吉卢和克利尼亚,我以这种庄严的方式
叙说的这位神是谁呢? 呃,当然了,他就是乌拉诺斯,我们有义务
荣耀他,就像荣耀所有神灵和天神一样,我们尤其要向他祈祷。我
们全都承认他是我们所享有的其他一切好事物的源泉,我们更要
B　承认以各种方式把数赐予我们的就是他,只要听从他的引导,人们
的天资就会得到更新。只要对他进行正确的思考,那么用科斯摩
斯、奥林普斯或乌拉诺斯等不同的名字称呼他是无所谓的。天神
使苍穹闪闪发光,使星辰沿着自己的轨道行进,为我们提供季节和
日常食物,所以每个人都要追随他。是的,他把整个系列的数字作
为礼物赐给我们,所以我们也要假定把其他理智和一切好东西赐
给我们的也是他。一个人要是接受了他恩赐的数字,能用心叙述
整个天穹的运行,那么这就是一切恩赐中最伟大的福分。

C　　　但是我们还要继续推进我们的论证,回忆我们正确的观察,如
果把数从人类中驱逐出去,我们就决不可能变得聪明起来。生灵
若无理性的讨论,如果不认识二和三、奇数和偶数,对数完全不熟
悉,对事物只有感觉和记忆,但却不能理智地解释它们,那么这个
生灵的灵魂就决不可能获得圆满的美德,尽管并没有任何东西在
D　阻止它获得其他美德,比如勇敢和节制。若无真正的推理能力,人
就决不会发生改变,智慧是这种圆满美德的最主要的组成部分,如
果没有智慧,人就决不能变得全善,因此也不会幸福。因此,以数
为基础是绝对有必要的,尽管要解释这一点需要比先前更长的讨
论。然而,仅就刚才列举过的这些技艺来说,我们这样说也是正确
E　的,因为我们既然已经承认了这些技艺的存在,那么一旦数的技艺

被摧毁,其他所有技艺也都被抽空,全都不存在了。

也许,当一个人考虑技艺的时候,他可以想像人类之所以需要数只是为了用于某些细微的用途,尽管在这些细微的用途中数所起的作用不容忽视。但若他能在这个世界的进程中观察神与凡人,那么在这样的视野中他既能学到敬畏神,又能学到数的真正性质。即使我们对数的整个领域非常熟悉,但并非任何人或每个人都能认识神赐予我们的威力无比的数。呃,举例来说,所有音乐方面的影响显然取决于运动和音调的读数,或者拣最重要的来讲,数是一切美好事物的源泉,但我们也应当明白,数不是可能会降临在我们身上的邪恶事物的源泉。不是!无规范、无秩序、笨拙、无节奏、不和谐,以及其他一切分有恶的东西都是因为缺乏数,想要幸福安详地死亡的人对此必须信服。至于正义、善良、高尚,以及其他相类似的东西,没有一个对它们抱有真正的信念但却没有关于它们的知识的人会以一种令他自己和别人信服的方式列举它们。

那么好吧,让我们继续面对我们要考虑的真正要点。我们是怎样学会计数的?我要问你们,我们拥有的"一"和"二"的观念是怎么来的,是宇宙的构造把一种天然能力赋予我们,从而使我们能够拥有这些观念吗?其他有许多生灵并不拥有可以向我们的天父学习计数的能力。但是我们不一样,神首先把我们造得具有这种理智能力,使我们可以理解向我们显示的东西,然后再把后续的景象显示给我们。如果拿两样东西作比较,在这些景象中还有什么能够比白天的景象更美好,人在白天看到的景象可以持续到夜晚,而夜晚的一切又会显得与白天极为不同!现在,就好像乌拉诺斯从不停止使一切物体旋转,昼夜不息一样,他也不会停止把关于一和二的知识教给人们,直到最笨拙的学生也已经充分掌握计数为止。我们中的任何人只要看到这种景象都会继续形成"三"、"四"、"多"的观念。在神塑造的这些天体中有一个天体按照它自己的轨

978

B

C

D

E　道前进，逐日变盈或变亏，十五个昼夜后变化朝一个方向达到极点，由此构成了一个周期。如果有人能把它的整个轨道当作一个整体，那么哪怕是最迟钝的生灵，只要拥有了神赐予的学习能力，也能学会它。在此范围和限度内，能够拥有这些必要能力的生灵

979　都可以通过对这些物体的观察来学会计数。但考虑到所有这些生灵总是在相互交往时才计数，所以我认为计数还有某些更加重大的用途，我们已经说过，出于这个目的，神在天空中创造了月亮，盈亏圆缺，再把月份结合成年，使所有生灵凭借神的幸福旨意，开始

B　对数之间的关系具有一个总的看法。如果风调雨顺，大地就会孕育和产出丰盛的果实，为一切生灵提供食粮；如果有什么事情不顺，那么该遭谴责的不是神灵，而是我们人类自己，应当怪我们自己没有正确地把生活安排好。不管怎么说，在我们对法律的考察中，我们认为想要知道什么是最好的对人来说是一件易事，只要能够分辨什么对自己有益或有害也就可以了，我们中的任何人都有

C　能力理解所得知的事情，并依据这种知识去行动。因此，我们仍旧坚持说，其他方面的学习并没有什么巨大的困难，而最大的困难的是懂得如何成为好人。还有，要获得其他如谚语所说的那些“好事物”既是可能的，又不十分困难，也就是说要得到我们所需要或不需要的财产或身体的营养既是可能的，又不十分困难。至于灵魂，人们普遍同意灵魂必须是善的，必须以某种确定的方式成为善的。我们全都同意，灵魂必须公正、清醒、勇敢。所有人都说灵魂必须“聪明”，但对灵魂需要什么样的智慧这个问题，人们众说纷纭、莫

D　衷一是，对此我们已经解释过了。至此，我们已经发现，在我们最初提到的智慧的所有形式之外，还有一种形式非同小可，我指的是，已经学过我们说过的这些课程的人肯定拥有智慧的“名声”。我们希望解决的问题是：拥有这种知识的人到底是不是聪明的和善的。

克利尼亚 先生,你说得对极了! 你试图把关于这个重大论题的主要思想都说出来。

雅典人 确实如此,克利尼亚,这些思想并非肤浅的。但由于我试图完全准确地把这些思想表达出来,因此这项任务变得更加艰难。　　E

克利尼亚 是这样的,先生。别让疲劳使你放弃解释。

雅典人 我会继续努力,你和你的朋友也一定不要因为疲劳而放弃聆听。

克利尼亚 不会的,我向你保证,我们俩一定会认真听。

雅典人 谢谢你。那我就继续往下说。我认为,仅当我们能够找到一个单一名称来表述我们所认为的这种智慧时,我们才能开始对它进行解释。如果这种方法不行,那么次一等的办法就是说出有多少种智慧的形式,按照我们的解释,人获得了这些智慧就会变得聪明。　　980

克利尼亚 你继续说。

雅典人 那么接下去,如果我们的立法者继续把诸神想象得比以往那些说法更加高尚,更加优秀,那么我们不得提出反对。也就是说,立法者可以使崇拜诸神成为一种高尚的娱乐,在生活中崇拜诸神,用幸福的颂歌赞美诸神。　　B

克利尼亚 说得好,先生。但愿你的法律最后作出这样的规定:人们要快乐地赞美诸神,使生活变得更加虔诚,直至抵达最优秀、最高尚的终点!

雅典人 克利尼亚,我们的谈话正在把我们引向何处? 人们要向诸神献上发自内心的颂歌,以一种最优秀、最高尚的语调向他们祈祷,我们可以作出这样的假定吗? 我可以认为你同意这样做吗?

克利尼亚 我完全同意。亲爱的先生,你要真心祈祷,然后继　　C

续与男女诸神进行美好的交谈，把你心里想说的话都说出来。

雅典人　如果神本身① 能允诺和指导我们，那么我会这样做。不过，你必须与我们一起祈祷。

克利尼亚　你现在还是开始论证吧。

雅典人　好的，由于古人对诸神和生灵的生成作了很糟糕的解释，因此我认为当务之急是延续我们前面的论证线索，把这种生成过程想象得好一些，对我用来反对那些不信仰者的观点作具体

D　说明。我争论说，诸神是存在的，他们关心大大小小的一切事物，任何恳求都不能使他们偏离正义之路。克利尼亚，我想你还记得这些话，你们俩实际上还作过记录。我说过的这些话完全正确，其中的要点是：灵魂比肉体古老，一切灵魂比一切肉体古老。你能回忆起这一点来吗？我想你们肯定能想得起来，是吗？我们确实可

E　以相信较为优秀、较为原始、较为神圣的东西要胜过较为卑贱、较为晚近、较为凡俗的东西，任何地方的统治者都早于被统治者，任何地方的领导者都先于被领导者。由于这个原因，我们要把灵魂

981　先于肉体当作已经确定的事情。由是之故，我们的创世说的起点要比他们的创世说的起点更加可信。因此，我们的起点比其他起点更有可能引导我们走在正确的道路上，逼近这部分有关诸神创世的伟大智慧。

克利尼亚　是的，我们可以把这一点视为通过我们的努力已经确定了的东西。

雅典人　那我就开始了。我们可以说"生灵"这个名称最适宜用来指称通过灵魂与肉体的结合而产生的某个单一形式吗？

克利尼亚　可以。

B　　**雅典人**　事实上，只有这样的存在最配得上这个名称，是吗？

---

　　①　此处的神是单数。

克利尼亚　是的。

雅典人　按照最有可能成立的解释,最适宜用来塑造事物的定形物体有五种,而其他种类的所有存在都只有一种类型。因为,除了最神圣的那种类型之外,亦即"灵魂",没有任何事物可以是无形体的,可以完全或始终没有颜色,而塑造或制造就是灵魂的专门功能或惟一功能。我们可以重复一下以前说过的一些话,因为这些内容需要不止一次地解说:物体是被塑的,被造的,被看的,而灵魂是看不见的,只能由思想来认知和理解,但灵魂在记忆中存在,并在奇数与偶数的交互计算中起作用。物体的始基共有五种,亦即火、水,第三种是气,第四种是土,第五种是以太。这五种始基决定了五花八门的所有被造的生灵。我们对具体事物可以作出下述详尽的解释。首先,我们可以一类事物称作土,属于这种类型的事物包括全体人类,以及各种多脚或无脚的动物,也包括所有从一处向另一处移动的动物和那些被它们的根所牢牢固定在某一处的生物,因此我们应当认为,尽管在这些事物的结构中都可以找到物体的五种始基,但它们的主要成分是土这种最坚硬、最有抵抗力的始基。第二种类型的事物我们必须设定为另一类,它们同样也是可见的,因为它们主要由火组成,但也包括少量的土、气等其他始基。我们必须认为,从这些始基构成产生出来的可见生灵有许多种,我们要进一步把它们当作属天的各种生灵。当然了,总起来说,我们必须称之为神圣的星辰,它们拥有最美丽的身体和最幸福、最美好的灵魂。我们还必须明确一下它们的命运。要么说它们中的每一个都是不灭的、永恒的、神圣的,要么说由于某种绝对必然性的存在,它们的寿命尽管非常漫长,长到超过它们自己的愿望,但每一星辰都有自己确定的寿限。

接下去我们要按自己所说的那样开始对自己进行复述。这两类生灵都是可见的,一类完全由火构成,另一类则由土构成,属土

B 的一类生灵以无序的方式运动,而属火一类生灵的运动方式是井然有序的。既然包括我们人类自身在内的这类生灵的运动是无序的,因此与那些拥有确定轨道的天体相比,我们是无理智的。天体轨道的不间断性和规则性,以及天体的所作所为,都是这种理智生活令人信服的证据,我们应当以此为天体拥有理智的充分证明。

C 而来自有理智的灵魂的一切必要性乃是最伟大的,因为她把自己的法则确定为至高无上的,无需服从任何人,一旦灵魂用它完美的智慧确定了什么是最好的,那么她的心灵是完全不可逆转的。这是一条真理,连金刚石都不会比它更加坚硬,也不会比它更加确定,命运三女神在监视着一切事物的发展,确保它们的过程得以全部实现,每一位神都有它自己的宿命。对人类来说,这条真理已经证明星辰及其整个运行过程都是有理智的,星辰的运动是不间断的,

D 有规则的,因为它们的运动有计划地在无穷的世代展开,不会产生混乱,也不会改变目的和行踪,发生轨道变化。然而我们大多数人的想法与此正好相反,由于它们的行为具有一致性和规则性,人们就想象它们没有灵魂。而民众也就信从这种愚蠢的想法,以为人有理智和生命,因为人能够说话,而神灵① 没有理智,因为它们保

E 持着相同的运行轨道。然而,人可以选择更好、更受欢迎的解释,人应当明白,由于相同的原因以一种统一的方式永远保持相同的行为完全有理由被视为有理智,而这就是星辰的状况。对眼睛来说,星辰的运行是最美丽的景象,星辰通过最优雅、最辉煌的舞蹈完成它们对一切生灵的义务。这也使我们有权进一步认为它们拥

983 有灵魂,但首先还是让我们来思考一下星辰的宏伟。星辰并非如它们所显现的那样微小,任何星辰的体积都是巨大的,我们必须相信这一点,因为相关的证据是令人信服的。呃,我们可以正确地认

---

　　① 指天体。

为整个太阳比整个大地要大，事实上，每一运动着的星辰都无比巨大。所以我们可以思考一下，究竟有什么东西可以使如此巨大的星球在相同的周期内永远旋转，因为星辰实际上是旋转着的。呃，我要说人们可以发现，这个原因就是神，而其他任何事物都不可能是这个原因，因为你我都已证明灵魂可以由神赋予，也只能由神赋予。由于神拥有这种力量，因此先把生命赋予某个身体或物体，然后使这个物体按照他所认为最佳的方式进行运动，这对他来说是很容易的。至此，我们可以明确一条关于星辰的真理。如果没有灵魂所起的连接作用或定位作用，那么大地和天空，以及一切星辰和构成星辰的质料，都不可能如此精确地运动，把年、月、日，以及其他一切美好事物赐给我们。

人是一种比较可怜的生灵，我们显然不能随意把一些语词用到人身上，而应该有具体含义。但是谈论运动着的物体、物体的旋转或结构的原因，它们的原因不那么确定，所以我们务必重复前面的论述，问我们自己这种说法是否合理，或是完全错误。我们认为，首先，有两类存在，一类是灵魂，一类是物体，两类存在都有无穷多个，相互之间各不相同，两类存在之间也不相同，没有共同的中介，灵魂比物体优秀。当然了，我们认为第一类存在是理智的，第二类存在是不理智的；第一类存在是主人，第二类存在是仆从；第一类存在是普遍的原因，第二类存在不能作为任何事物的有效原因。因此，说我们在天上看到的一切都应当归结为其他原因，而不是按照我们所描述的灵魂与物体的方式产生的，这种说法是极为愚蠢和不合理的。因此，要想顺利地解释整件事情，证明这些生灵都是神圣的，我们还要叙说有关生灵的一两件事情。我们要么把它们当作真正的神灵来赞颂，要么必须认为它们是与诸神相似的东西，是诸神的影像，是由诸神本身塑造出来的。它们并不是一些愚蠢的、微不足道的创造者制造出来的作品。我们已经说过，我

们必须采用两种说法之一,必须崇拜由此确定的所有影像,并荣耀
它们,胜过荣耀其他事物。我们再也找不到比星辰更加美好、更加
易于理解的东西了,或者说我们再也找不到比星辰更加优秀的、更
加纯洁、更加庄严、更加圆满的生命了。对于诸神,我们当前试图
要做的事情不过如此。我们已经发现了两类生灵,这两类生灵都
是可见的,但有一类是不朽的,另一类是可朽的,也就是用土造就
的那一类,我们试图对位于五种始基之两个端点的三位居间者进
行合理地推测,以此确保作出最可靠的解释。在火之下,我们要放
上以太,假定灵魂用以太塑造的生灵也像塑造其他种类的生灵一
样,这种生灵主要拥有以太这种基质,而较少拥有其他基质。在用
以太塑造生灵之后,灵魂用气塑造了另一类生灵,然后又用水塑造
了第三类生灵。我们可以假定,灵魂通过塑造所有这些生灵而充
斥宇宙,灵魂使用了一切可以使用的物体,把生命赋予一切事物。
创造的系列始于可见的神,然后有了第二、第三、第四种生灵,最后
有了第五种生灵,终结于我们人类自身。

　　至于宙斯、赫拉,以及其他诸神,人可以随意赋予它们等级,只
要遵循我们的原则,与我们的这条法则一致。当然了,我们首先必
须把和诸神在一起的那些星辰以及我们可以看见它们存在的天体
称作可见之神,视之为诸神中最伟大的,最值得崇拜的,最清晰可
见的。按序来说,在它们之后和之下是精灵和由气造成的生灵,它
们拥有第三的位置和中间的等级,起着解释者的作用,我们在祈祷
中应当特别加以荣耀,使它们把令我们欢娱的信息传递给我们。
由气造成的生灵的等级在由以太造成的生灵之下,我们要说这两
类生灵是通体透明的。无论如何逼近我们,它们都不能被我们察
觉。然而,它们博闻强记,知道我们的所有想法,偏爱善良与高尚,
对各种邪恶深恶痛绝。因为"它们"并非感觉不到痛苦的,而享有
充分神性的神尽管拥有无所不包的智慧和知识,但显然超越于痛

苦和快乐之上。宇宙就这样充满了生灵，我们要说的是，它们全都　　B
以解释者的方式行事，是一切事物的解释者，既相互之间作解释，
又对最高的诸神作解释，因为这些位于中间等级的生灵能够轻巧
地在大地上和整个宇宙中飞翔。至于水，我们这些始基中的第五
种或最后一种，对它所作的最保险的猜测是用它塑造出来的生灵
是半神，它们有时候是可见的，但也会隐匿自身而变得不可见，其
模糊形象令我们感到困惑。这五种生灵肯定存在，个人或社会相　　C
信这些生灵会与我们凡人交媾，人们在夜里做梦时看到这种情景，
也听到祭司的神谕和预言讲这种事情，病人的呓语或弥留之际的
遗言也会提到这种事情，它们在过去和将来都是许多广泛流传的
祭仪的源泉，我要说的是，事情到了这一步，哪怕是最愚蠢的立法
者也不会擅自虚构，把他的城邦引向这样一种没有确定根基的虔
诚。他也不会禁止人们从事那些祖传的献祭，因为在这种事情上　　D
他没有任何知识，人类要想拥有这种知识确实是不可能的。但若
人们不敢告诉我们诸神确实是不可见的，并且弄清楚另外还有一
些神灵没有受到崇拜，没有得到本应拥有的荣耀，那么从相同的论
证中可以推出人是懦夫的结论，对吗？然而这种事情在我们中间　　E
确实发生了。例如，假定我们中有人真的看到太阳和月亮的产生，
看到它们在俯视着我们，但就是没有能力讲述这件事，也从来没有
说过，或者假定这个人看到它们没有得到应有的荣耀就离开了我
们，但他并没有紧迫感，想要把它们置于一个极为荣耀的位置，也　　986
不急于为它们设立节庆或献祭，或者为它们分别指定一段或长或
短的时间，作为它们的"年份"。如果这样的人被称作胆小鬼，那么
无论是由他自己来宣布还是由其他任何聪明人来宣布，不都是适
宜的吗？

克利尼亚　　呃，没错，先生，他是一个懦夫，不会是别的什么了。

雅典人　　我的朋友克利尼亚，我必须承认，这就是我当前的

处境。

克利尼亚　怎么会呢?

雅典人　让我把迄今为止我能作出的发现告诉你,我的这些成就并不神奇,而是每个人都能获得的。整个天穹有八种兄弟般

B 的权能,其中三种分别属于太阳、月亮和我们后来讲过的星辰,此外还有五种。要是你愿意的话,所有这些权能,以及在它们之上行进着的存在物都可以说是乘着马车进行这种旅行的。我相信,我们中没有人会愿意相信某些权能是神,而其他权能不是神,或者相信其中有些是有出生的,而说其他权能有出生就是对它们的亵渎。

C 所以我们必须坚定地宣布,它们全都是兄弟,彼此都有相同的成分。当我们给它们确定荣耀时,我们并不是把年份给某一位神,把月份给另一位神,而是让它们各自沿着自己的轨道运行,在这种由最神圣的法则在我们眼前确立的秩序中起到自己的作用。对幸福的人来说,这种秩序首先会引起他的惊讶,然后他就抱着凡人所可

D 能拥有的热情学习它,因为他相信,只有这样做他的生活才是最优秀的,最幸运的,才能在死后抵达美德的恰当居所。一旦通过智慧与本身亦为单一体的心灵的结合而加入了这种真正的秘仪,他从此以后就直接面对他的视力所能看到的最荣耀的实体的果实。现在仍旧剩下来要加以完成的任务是说明有多少这样的神,它们是

E 谁,因为我们的陈述一定不能有谬误。我现在能够加以肯定的不会超过下面要说的这些话了。我要重复一下,有八种权能,我们已经指出了其中三种的名称,此外还有五种。第四种权能的轨道或循环与第五种权能相似,其运行速度亦与太阳的速度大体相同,总的说来,既不比太阳慢也不比太阳快。这三样东西中领头的那样必定有一个与其工作相应的心灵。我们称之为太阳、晨星[①] 和第

---

　　① 亦即金星。

三颗星的轨道,第三颗星辰的名字我说不出来,因为它是未知的,
而其未知的原因在于最先观察这些天体的人是一位非希腊人。最　　987
先观察天体的人们之所以能够这样做,乃是因为他们那里夏季的
天气非常好,埃及和叙利亚的夏天是有名的。我们可以说,他们一
年到头都能够看到所有星辰,因为在他们那里既没有云彩,也不下
雨。他们的观察结果在我们中间以及在其他地方传播,随着岁月
的流逝一直经受着数不清的考验。所以我们可以充满自信地在我
们的立法中赋予这些天体以恰当的地位,聪明人一定不会荣耀某
些神而轻视另一些神,如果这些神还没有名字,那么必须把事实解　　B
释清楚,就像我们已经做过的一样。它们至少要被当作某位神灵
之星,晨星也就是晚星,通常被当作阿佛洛狄忒之星,这是叙利亚
的立法者为它选择的最恰当的名称,与之齐步前进的则有太阳和
赫耳墨斯之星。我们要进一步考虑另外三条像月亮和太阳的轨道
一样的天体轨道,是向右旋转的。此外还有一条轨道要提到,这就
是第八条,在某种特别的意义上可以称之为“科斯摩斯”①,这位神
进行一种与其他所有天体相反的运动,携带着其他天体前进,人们　　C
只要略微拥有这方面的知识都可以作出这种假设。但在我们明确
知道的范围内,我们必须作出肯定,就像我们现在正在做的那样,
因为真正的智慧可以被乐意的人所见,但与这些线索相伴并没有
多少健全和神圣的启示。剩下来还有三个星辰。一个是所有星辰
中走得最慢的,叫做克洛诺斯之星,次一个走得最慢的星辰叫宙斯
之星,再次一个走得最慢的星叫阿瑞斯之星,这颗星的颜色最红。
一旦有人作出了这一发现,那么对此加以评论是容易的,但我说过　　D
了,这些事情总要有人开个头。

　　还有一件事是任何希腊人都应当明白的。我们希腊人享有的

---

　　①　此处的原文是 Cosmos(宇宙)。

地理环境对获取美德格外有利。它的优点可以从这样一个事实中
看出，这里的天气既没有酷暑也没有严寒。我们说过，与居住在其
他区域的人相比，我们的夏季具有的缺点使我们比他们观察到这
E　些神① 的秩序要晚。但我们可以从非希腊人那里得到这些知识，
并最终使之更加完善。所以我们也可以对这些问题进行讨论。这
988　类发现很不确定，但我们有很好的理由满怀希望地认为，尽管关于
这些神及其崇拜的知识来自非希腊人，但希腊人在德尔斐神谕和
我们法律规定的祭仪的帮助下，可以用一种更加高尚、更加正确的
方式更好地学会崇拜它们。有一种担心是任何希腊人都不应有
的，这就是认为应当禁止凡人学习神圣的事物。不，我们的看法正
好相反，神既非无理智的，又非对人性一无所知，神知道自己可以
B　教导凡人，凡人会接受他的引导，学习他的教诲。当然了，神明白
自己应当教给凡人的就是数和计算，我们也应当学习这些东西。
如果不明白这一点，那么神就是最无理智的了。那句不知作者身
份的谚语说得非常对，与其对有能力的学习者发怒，倒不如抱着欢
乐的心情看着他在神的帮助下成长。人们合理而又广泛地认为，
C　人类自古以来就开始思考诸神、诸神的起源和性质，以及在某些情
况下……② 思考它们如何表现自己，但那时候人们无法进行清晰
的思考，也不能提出后来的那些观点，火、水，以及其他东西，被视
为最重要的，而灵魂及其创造的奇迹则被视为第二位的。据说当
时的人出自天性而更乐意崇拜物体，他们认为身体受到冷热一类
D　原因的影响而产生运动，他们不以灵魂为身体运动的原因。但是
我们现在教导说，灵魂一旦植入身体，也就自然而然地使身体及灵
魂自身产生运动和旋转，我们没有任何合理的根据否定灵魂具有

---

① 　指天体。
② 　此处原文有佚失。

使任何有重量的事物旋转的力量。由于我们认为灵魂是普遍的原因，由于善的原因总是与其自身相同的某种本性，恶的原因也总是与其自身相同的某种本性，因此灵魂作为旋转与运动的普遍原因是非常自然的，最好的灵魂朝着善的方向引起运动和旋转，另一类灵魂朝着相反的方向引起运动和旋转，因此善必定永远是对其对立面的胜利。   E

在上述讨论中我们已经在为正义的原因进行了辩护，正义要对邪恶进行复仇。出于当前的考虑，我们无疑不必去解释好人是聪明的。但涉及我们长久探寻的这种智慧，我们必须看到自己无989法在某种形式的教育或学习中找到它。我们对这种智慧一知半解，只要这种缺陷存在，就会使我们忽略我们的正当权利。好吧，我想现在我们就要发现这种智慧了，我必须告诉你们这种智慧是什么。我已经从高处和深处对它进行了探寻，现在我要尽力把它清晰地摆在你们面前。我们刚才的讨论使我强烈地感到，麻烦的   B
根源在于我们所实施的美德要点是有缺陷的。没有什么凡人的美德能比"虔诚"更重大了，我们的论证一定不能偏离这一信仰，我必须告诉你，由于我们难以置信的愚蠢，虔诚在我们最高尚的天性中没有能够显示自身。所谓最高尚的天性我指的是最难产生的天性，但一旦产生了，这种天性就能最好地服务于人类。灵魂会带着某种荣耀在某些范围内接受相似的影响，在这种影响下可以产生缓慢而坚定的性格，并使其对立面，崇尚勇敢的急躁，转变为生活   C
中的节制；更重要的是，如果这种性格与学习的能力、博闻强记的能力结合在一起，那么我们可以快乐地期待这样的人是学习的爱好者。这样的性格尽管很难出现，但一旦出现并得到它们所需要的滋养和教育，那么它们将能够使其他各种较差的性格处于从属的位置，使它们与诸神的关系有序，在献祭事务中，在思想、言辞和行动中，对神保持纯洁，对人则保持公正与合理。这样一来，人就   D

不是形式上的伪善人,而是美德的真正崇拜者,而这一点当然是整
个国家应当给予关心的要点。我要说,社会的这个部分天然具有
最高的权威,如果有人能够成为他们的教师,他们就有能力学习最
高级、最崇高的真理。但是除了神,没有人能够成为他们的教师,
或者说即使有这样的教师,他的工作也是有缺陷的,因此最好还是
别去向他学习。然而,从我们已经说过的话中必定可以推论,既然
我们已经把这些性格说成是最高尚的,因此我们必须为拥有这些
高尚品格的人规定学习的科目。所以我们必须列举要学习的科
E 目,解释这些科目的性质和所使用的方法,对此我要尽力加以说
明,而你们也要努力听取,也就是说,我实际上要说明人应当如何
990 学习虔诚,虔诚由什么组成。这样说也许听起来显得很奇怪,而我
们要加以学习的科目确实会使对这个主题不熟悉的人感到惊讶,
这个主题就是天文学。你难道不明白真正的天文学家必定拥有伟
大的智慧吗? 我的意思不是指赫西奥德一类的天文学家,只观察
星辰的升起和降落,而是指那位观察了八个星辰中的七个的人,这
B 些星辰各自遵循自己的轨道运行,任何不具有杰出能力的人要完
全理解它们的运行并非易事。我在前面已经涉及这一点,现在我
要开始解释应当如何进行这种学习,按什么途径进行这种探索。
我的陈述如下:

　　月亮在其轨道上的运行最为快捷,它运行一周的时间就是一
个月,月是最基本的一个时段。其次,我们必须观察在其轨道上不
C 断转动的太阳,以及伴随太阳运动的其他星辰。我们不需要再重
复已经说过的内容,前面已经列举过的运行轨道都是难以理解的,
要培养理解它们的能力,需要从儿童和青年时代开始就花费大量
的劳动,提供预备性的教育和训练。有几种科学是需要的。首先,
最重要的是处理纯粹数字的科学,不是研究具体表现在物体中的
数,而是研究奇数与偶数的整个系列,以及它对事物性质产生的影

响。掌握了这些内容以后,接下去就要学习所谓的"测量",这个名 D
称显得非常可笑,但它确实是各不相同的数在另一不同领域中的
显现。人要是能够理解这一点,那么它显然不仅仅是一种人的技
艺,而且是神创造的一个奇迹。接下去,数要发挥它的第三种力
量,表现有三个维度的事物。人在此又要依据第二门科学从不同
中看到相同,发现这门科学的人称之为"测体积术"(对立体的测
量),这是神的一种创造,用来引导人们凝视立体的事物并思考宇 E
宙的本性如何通过潜能的发挥和在各种进程中的双向展开而塑造
事物的形式和类型。这种双向展开的比例的第一个例子在数的系 991
列中就是一与二之比;这个比例加倍就是一比四,再加倍就进入立
体和体积,也就是从一进到八(一、二、二的平方、二的立方)。这种
前进的方式是从小数进到大数(算术的),而另一种方式(函数的)
则是按照同样的比例使相应的项增长——例如三比二、四比三这 B
些比例可以作为六和十二这些数的变化方式——呃,就在这些项
(六、十二)的变化方式的潜能中,在其双重意义上,我们拥有缪斯
女神幸福的合唱队赐给我们的礼物,人类拥有这种和谐与尺度,这
种恩惠在节奏和音调中起作用。

我们整个纲要已经说得差不多了。但是为了使其圆满完成,
我们还必须涉及神圣事物的产生,要提到由神置于凡人眼前的这
种最美丽的天象。相信我吧,不进行我们描述过的这些学习,就没 C
有人能够看到这种奇妙的景象,也不能自夸通过一条简易的道路
达到了这一目的。还有,在所有学习中,我们都把某一事实与其类
别相连,既有提问,也有大量的争论。我们确实可以说,这是一种
最基本的考验,是人所能得到的最好的考验。至于那些承认事物
既存在又不存在的考验,可以说这样的考验是劳而无功的。我们
也必须把握周期性的时间的精确性,把握天体完成各种运动的精 D
确性。我们学说的信奉者认为灵魂比身体更古老,更神圣,他会赞

许"一切事物充满着神"这种说法，认为这样说是美好的，公正的，那些更高的权能决不会遗忘和忽视我们。对所有诸如此类的事情还可以作出一个观察。如果一个人正确地把握了几个问题，那么他从中得到的益处确实非常大，因为他可以用恰当的方式进行学习；如果无法正确地把握，那么他最好还是请求神的帮助。作那么

E 多解释是不可避免的，但恰当的方式是这样的。以恰当的方式进行学习的人应当掌握全部几何构图、全部数的系统、全部音调的构成、全部天体运行的单一秩序的纲要，然后用他们心灵的眼睛凝视

992 某个单一目标，以此结束他们的学习。当这样的人进行反思时，他会明白所有这些问题之间都有一种天然联系。我要说，如果一个人以其他某种精神处理这些事情，那么他需要求助于运气。我们可以肯定，不具备这些条件，幸福不会出现在任何社会。这就是这些学习所需要的方法，这就是这些学习所需要的营养。无论这条道路是艰难的还是轻省的，我们都必须行进在这条道路上。虔诚

B 本身禁止我们轻视诸神，而现在它们带来的令人欢乐的消息都已经完全揭示出来了。凡能掌握所有这些课程内容的人，我确实要把他当作最聪明的，我要大胆地向他肯定——这样说尽管是一种想象，但我确实非常认真——当死亡降临时，如果他仍旧能够忍受死亡，那么他就已经不再是大量感觉的奴隶了，他将得到命运赐予他的那一份幸福和聪明，甚至在内心他也已经把这些东西融为一

C 体了。无论有福之人死后是否会去"福岛"或某个大陆，他的幸福是永远的，无论他今世是公众人物还是默默无闻的公民，来自诸神的奖赏对他来说是一样的，不会有什么差别。这样，我们再次回到我们开始时说过的那条真理，对大多数人来说，要想获得圆满幸福是不可能的，只有少数人才能做到。只有少数人才能变得像神一样，拥有节制的灵魂，拥有各种美德，掌握了这门赐福的科学的所

D 有内容——它到底是什么，我们已经解释过了——只有他们才能

获得所有神灵恩赐的一切。因此我们要用自己的声音宣布并在我们的公共法律中执行，凡是在这些学习中花费劳动的人，当年龄到达最后阶段时，他们将担任我们主要的执政官，其他人都应当遵循他们的领导，在言语中敬畏所有的男女诸神，这样我们才能公正地行事。我们已经充分理解这种智慧是什么，也已经对它进行了恰当地检验，现在我们可以要求所有午夜议事会的成员参与这种学习了。

E

大希庇亚篇

提　要①

　　本篇的真伪有较大争议。19 世纪有些西方学者认为这篇对话不是柏拉图的著作,因为其中有些语言运用比较呆板,他们认为该篇对话由柏拉图学园中弟子所写,甚至有可能是希腊化时代的作品。而 20 世纪的一些重要西方学者,比如 W.D.罗斯和 W.K.C.格思里,认为《大希庇亚篇》是柏拉图本人的作品,主要理由是亚里士多德在《论题篇》中多次引用《大希庇亚篇》中关于美的一个定义的原文,即"美是由视觉和听觉产生的快感",并且和苏格拉底一样,对这种定义进行了批判。② 考虑到这些因素,遂将它置于全集的附录中。

　　《大希庇亚篇》的主题是论美。对话开始是对智者的嘲讽。著名智者希庇亚再次访问雅典,对苏格拉底自诩常被母邦埃利斯推选为首屈一指的使节,并说自己将于后天在雅典讲述一篇特洛伊城失陷后古代英雄光荣献身的故事。而苏格拉底则向希庇亚请教一个小问题:近来苏格拉底批评一些文章有些方面丑有些方面美,但遭到一些人的反问,你怎么知道什么是美的,什么是丑的? 对话双方由此转入讨论什么是美这个主题。在对话中苏格拉底从哲学

---

① 本篇提要由译者撰写。

② 参阅亚里士多德《论题篇》102A6,135A13,146A22。

的高度探究美的本质,着力于批判当时流行的一些审美观念,比如将美的普遍本质混同于某些具体事物的美,主张美即合适,美即有用,美即视听快感等等。他的批判已经涉及美学理论中的一系列重要问题:美是客观的还是主观的,形式美和实质美的关系,美的本质和美的功用的关系,美与美感,真善美的统一,等等。

本篇对话是古希腊美学思想的重要文献。希腊人所说的美有广泛的内涵,泛指优良、美好、精致、完善等意思,相当于中文的美好。它不仅指艺术作品的美,而且也指生活中一切精良、美好、完善的东西,如美的人、美的物,乃至美的习俗制度等。本篇对话虽然没有答出关于美的本质的精确结论,但苏格拉底指出美本身是一种超越现象和感觉的客观真实存在,是使一切美的具体事物成为美的原因。苏格拉底还把美同知识相联,主张智慧是美,无知是丑,美和善本质上是同一的,这就是真善美的统一。这些基本思想在柏拉图中期对话中有过充分正面的发挥。

正　文

苏格拉底　噢,你是英俊而又聪明的希庇亚! 从你上次造访　281
雅典到现在,已经有很长时间了吧?

希庇亚　苏格拉底,我实在没有空。埃利斯① 把我当作她最好的法官和代言人,每逢我们的城邦有什么事情要对其他政府说, 或者有什么对外事务需要处理, 我总是公民中的第一人选,担当城邦的使节。我承担了许多诸如此类的使命,去访问不同的　B
国家,但我去得最多的地方是拉栖代蒙,那里要处理的事情最多,也最重要。这就是我对你的回答,也是我为什么很少来世界的这

---

① 埃利斯(Elis)是智者希庇亚的母邦。

个部分① 的原因。

苏格拉底　希庇亚，我还有问题，能做一个既完全又聪明的
人，那该有多么好啊！对个人来说，你的才华使你年轻时就能挣大
C 钱，而你也能给人们提供更大的利益。还有，在公共事务中，你能
为你的国家建功立业，这是避免人们的轻视和赢得公众尊敬的正
道。然而使我感到奇怪的是，为什么那些古代因其智慧而出名的
伟大人物——庞塔库斯、彼亚斯、米利都的泰勒斯学派，② 还有其
他那些与我们时代相近的伟人，一直到阿那克萨戈拉为止——他
们所有人或大部分人显然都不习惯于参与政治活动。

D 　　**希庇亚**　除了无能你还能找到什么原因？他们缺乏能力，无
法把他们的智慧运用于生活的两个领域，即公共领域和私人领域。

苏格拉底　那么我们可以正确地说，正如其他技艺在进步，直
到过去的艺人无法与当今的艺人相比为止，所以你的技艺，也就是
智者的技艺，也在进步，直到古时候的哲学家无法与你和你的同伴
相比为止，这样说对吗？

希庇亚　完全正确。

苏格拉底　如果彼亚斯为了我们的利益而重新来到这个世
282 上，那么按照你的标准，他会成为一块笑料，就好像雕刻家代达罗
斯如果生在当今时代，制作出给他带来名声的那些作品，那么他也
一定看起来像个傻瓜，是吗？

希庇亚　确实如此，苏格拉底。但不管怎么说，我本人还是习
惯于赞扬我们从前那些先驱者，因为我在提防活人的妒忌时，也在
担心死者的愤怒。

---

　　①　指雅典，这是当时流行的一种说法。
　　②　庞塔库斯（Pittacus）、彼亚斯（Bias）和泰勒斯（Thales）均为希腊古代的
贤人。

苏格拉底 说得好,希庇亚,既有情感,又有格调。我可以用 B
我的证言来支持你的陈述,你的技艺确实在与日俱进,朝着把公共
事务和私人追求结合在一起的方向前进。杰出的智者,林地尼的
高尔吉亚从他的家乡来到这里执行一项官方的使命,他被选中乃
是因为他是他们城邦最能干的政治家。人们公认他在公民大会上
的讲演是最雄辩的,而在私下里他也展现了他的才华,给雅典青年
和其他相关的人作演讲示范,赚了一大笔钱。还有普罗狄科,我们 C
杰出的朋友。他经常从开奥斯来雅典履行公务,上次,也就是最
近,他来这里执行一桩使命,他的口才在公民大会上受到人们的景
仰,在私下里他也给年轻人作示范,并接受他们加入他的团体,挣
了一大笔钱。古代的伟人没有一个认为要为自己的智慧收费,或 D
者认为给各种各样的听众讲演要收费,他们头脑太简单,以至于不
知道金钱的无比重要。我提到的这两个人用他们的智慧挣的钱比
其他任何一个艺人用他的技艺挣的钱还要多,在他们之前,普罗泰
戈拉也是这样干的。

希庇亚 苏格拉底,你对这种生意的真正魅力一无所知。如
果有人告诉你我挣了多少钱,那么你要吓呆了。举例来说吧,我曾
经去过西西里,当时普罗泰戈拉也在那里。他的名声很大,但年纪 E
比我大得多,而我在很短时间里就挣了一百五十多明那。呃,仅仅
在一个地方,伊尼库斯,一个很小的地方,我就挣了二十多明那。
当我带着钱回家时,我的父亲和其他乡亲全都惊呆了。我敢肯定,
我一个人挣的钱比你提到的任何两名智者挣的钱加在一起还要
多。

苏格拉底 你智慧的证言确实令人肃然起敬,我们这个时代 283
的智慧确实远远超过古人的智慧!按照你的解释,早先那些思想
家确实跌落在无知的陷阱中,据说阿那克萨戈拉的命运和你的命
运完全相反,他本来可以继承一大笔财产,但他竟然放弃了,这样

做真是太愚蠢了。从前那些伟大人物也有类似的故事。我承认，
B 你获得的成功是最好的证据,可以用来说明当今时代的智慧确实
可以与从前那些时代的智慧相比,现在人们普遍认为聪明人必须
为自己打算,衡量智慧与否的标准则是挣钱的能力。好吧,这一点
就说到这里。现在请你告诉我,你在哪个城市挣的钱最多? 我想
是在拉栖代蒙,因为你去那里的次数最多,是吗?

希庇亚 肯定不是,苏格拉底。

苏格拉底 真的吗? 难道你在那里挣得最少?

C **希庇亚** 我在那里什么钱也挣不到。

苏格拉底 这太奇怪了! 难道你的智慧不适宜用来增进拉栖
代蒙人的美德,提高那里的学生和同伴吗?

希庇亚 确实如此。

苏格拉底 所以你有能力改进伊尼库斯人的儿子,但没有能
力改进斯巴达人的儿子?

希庇亚 不,这样说是错的。

苏格拉底 好吧,那么是西西里人想要成为优秀的人,而拉栖
代蒙人不这样想?

D **希庇亚** 不对,苏格拉底,拉栖代蒙人无疑也这样想。

苏格拉底 那就是因为他们没有钱,所以你的团体也挣不到
钱。

希庇亚 根本不是这么回事,他们有很多钱。

苏格拉底 如果他们想成为优秀的人,同时又有钱,而你又能
给他们带来巨大的利益,那么为什么他们没有让你带着金钱上路
离开那里呢? 噢,我知道了,肯定是这些拉栖代蒙人教育他们自己
的子女比你教得好,是吗? 我们应当这样想,希庇亚,你同意吗?

E **希庇亚** 完全不是这么回事。

苏格拉底 那么是因为你不能令斯巴达的青年信服,在美德

方面他们在你们的团体里比在他们自己民众的团体中取得更大的
进步,是吗? 或者换个说法,你无法说服他们的父亲,如果他们关
心自己的儿子,那么应当把儿子交给你,而不是留下来自己照料,
是吗? 我无法想象他们会因为自己的子女有可能获得最高的美德
而产生妒忌。

希庇亚　对,我也不认为他们会因此而妒忌。

苏格拉底　但是拉栖代蒙有良好的法律。

希庇亚　没错。

苏格拉底　在有着良好法律的国家里,美德具有最高的荣耀, 284
是吗?

希庇亚　是这样的。

苏格拉底　你比其他任何人都更加在行,知道如何把美德灌
输给别人?

希庇亚　确实如此。

苏格拉底　好吧,帖撒利这个希腊的部分最推崇骑术,那里的
人最懂得如何把骑术教给别人,因此教骑术也能挣大钱,这个道理 B
不也适用于任何热忱地追求某种技艺的外国吗?

希庇亚　我认为是这样的。

苏格拉底　那么在拉栖代蒙,或者在其他任何有着良好法律
的希腊城邦,能够传授对改进德行最有价值的知识的人会受到最
高的尊重,只要他愿意,就能挣大钱,是这样吗? 你认为西西里和
伊尼库斯比拉栖代蒙更好吗? 我们要不要相信这一点,希庇亚?
如果你说要相信,那么我们必须相信。

希庇亚　拉栖代蒙人的祖传习俗禁止他们修改法律,或者用
不符合传统的方法教育他们的儿子。

苏格拉底　你在说什么! 拉栖代蒙人的祖传习俗会要求他们
做错事,而不是正确地行事吗? C

希庇亚　我本人不会这样说,苏格拉底。

苏格拉底　他们难道不会尽力给他们的青年以最好的教育,这样做有什么不对吗?

希庇亚　这样做当然是对的,但对他们进行一种外国的教育是违法的。你可以肯定,如果有人曾在那里用教育挣钱,那么我会赚得最多,因为他们乐意听我讲课,给我鼓掌。但我说过了,这样做不合法。

D　　**苏格拉底**　你认为法律是对国家的一种伤害,还是一种利益?

希庇亚　我认为,制定法律确实是为了某种利益,但若制定得不好,那么它确实会带来伤害。

苏格拉底　但立法家们在制定法律时确实假定这样做对国家来说是一种善,没有良好的法律就不可能有一个秩序井然的国家,对吗?

希庇亚　对。

苏格拉底　因此,当那些想要成为立法家的人忽略了善的时候,他们也就忽略了法律和合法性。对此你有什么要说的吗?

E　　**希庇亚**　你说得很准确,苏格拉底,是这么回事,但人们一般不习惯于这样说。

苏格拉底　不习惯这样说的人是懂行的还是不懂行的?

希庇亚　我指的是大多数人。

苏格拉底　这个大多数是由懂得真理的人组成的吗?

希庇亚　肯定不是。

苏格拉底　但不管怎么说,我假定那些懂行的人会认为比较有益的东西对所有人来说都比较合法,比较无益的东西对所有人来说都不那么合法,你同意不同意?

希庇亚　我同意。确实是这样的。

苏格拉底　那么这些懂行的人的看法才是事实。

希庇亚　没错。

苏格拉底　你认为拉栖代蒙人在你的教育下成长比在原有的教育下成长更加有益,你的教育对他们来说是一种外国教育,是吗?　285

希庇亚　是的,我这样说是对的。

苏格拉底　比较有益的东西是比较合法的,你也同意这种看法,是吗,希庇亚?

希庇亚　我是这样说过。

苏格拉底　那么按照你的论证,拉栖代蒙人的儿子如果真的从你这里得到更多的好处,那么他们接受希庇亚的教育会更加合法,而由他们的父亲进行教育则不那么合法,是吗?

希庇亚　他们肯定能从我这里得到好处。

苏格拉底　那么拉栖代蒙人违反了法律,因为他们不把儿子　B
托付给你,不向你支付学费。

希庇亚　我同意。你看起来好像是在帮我论证,我看不出自己有什么必要去持相反的观点。

苏格拉底　我的朋友,那么我们已经证明了拉栖代蒙人是违法者,他们在最重要的问题上违反了法律,而拉栖代蒙人向来以守法著称。希庇亚,我以上苍的名义起誓,请你告诉我,他们在听你讲什么课程的时候感到快乐,为你鼓掌?是讲星辰和天象吗,在这　C
方面你显然是最大的权威之一?

希庇亚　根本不是。这种内容他们是听不进去的。

苏格拉底　那么他们喜欢听几何学,是吗?

希庇亚　根本不是。他们中有许多人甚至连数都不会数。

苏格拉底　那么当你给他们讲算术时,也一定不受欢迎,是吗?

希庇亚　确实如此。

D　　**苏格拉底**　那么,讲讲你们这些人最擅长的对字母、音节、节奏、和音的性质的分析,怎么样?

希庇亚　我亲爱的先生,你竟然还要我对他们讲和音与字母!

苏格拉底　那么听你讲什么内容,他们会感到快乐,给你鼓掌?请你告诉我,我实在不明白?

希庇亚　能使他们感到高兴的是英雄和人的谱系、古代城邦建立的故事,简单说来也就是那些古代传说,为了满足他们的要

E　求,我不得不去彻底掌握各门学问。

苏格拉底　我的天哪,你确实太幸运了,拉栖代蒙人肯定不会想要听你讲述我们的历任执政官,从梭伦开始。要掌握它,你肯定会遇到麻烦。

希庇亚　为什么?我只要听一遍,就能讲出五十个名字。

苏格拉底　对不起,我差点忘了你的记忆术。现在我明白了

286　拉栖代蒙人为什么会喜欢你渊博的知识,他们在利用你讲好听的故事,就像孩子们要老奶奶讲故事一样。

希庇亚　是的,确实如此。还有呢,苏格拉底,我最近名声更大了,因为我在那里详细地提出了一项青年们必须为之献身的光荣而又美好的工作。我就这个主题创作了一篇讲演辞,文风优雅,

B　格调高尚。它的背景和绪论是这样的:特洛伊城失陷以后,涅俄普托勒摩①　问涅斯托耳②,值得一个人在年轻时就全身心投入以获取最高声望的这项光荣而又美好的工作是什么?轮到涅斯托耳回答的时候,他向涅俄普托勒摩解释了一系列良好的生活规范。这

---

①　涅俄普托勒摩(Neoptolemus)是阿喀琉斯和得伊达弥亚(Deidamia)的儿子,又叫皮洛斯(Pyrrhos)。在阿喀琉斯死后,他继续参加对特洛伊的战争。

②　涅斯托耳(Nestor)是特洛伊战争中的名将。

篇讲演辞我是在斯巴达发表的,现在应阿培曼图之子欧狄库的邀
请,后天我要在本地发表,很值得一听,地点在菲多斯拉图的学校。
你一定要来,到时候也请你提出批评意见。   C

苏格拉底 我会的,希庇亚,一切都很好。不过现在请回答我
一个小问题,你的话提醒了我。我高贵的朋友,前不久我谴责了某
些文章中的丑恶,而把文章中的另一些东西说成是美好的,有人听
了以后勃然大怒,反问我说:你,苏格拉底,你怎么知道什么事物是
美的,什么事物是丑的? 说吧,你能告诉我美是什么吗?   D

由于我的无能,我被问住了,无言以对,于是我只好灰溜溜地
离开那里,心里充满着怨恨和自责。我对自己说,一旦碰上像你这
样的聪明人,我就要听取教诲,向他学习,等我彻底掌握了这个问
题,我会回过头去找那个提问者,与他论战。所以你瞧,你来的正
是时候,我请你以恰当的方式教我美本身是什么,尽可能精确地回   E
答我的问题。我不想第二次在另一场盘问中被当作傻瓜。当然
了,你是无所不知的,对于你渊博的知识来说,这只是小菜一碟。

希庇亚 苏格拉底,确实是小菜一碟,而且我还要说毫无价
值。

苏格拉底 那么我无疑能弄明白这个问题了,无人能够再次
把我难倒。

希庇亚 根本不可能,只要我不是一名粗制滥造的职业家。

苏格拉底 好啊,希庇亚,要是我们能打败对手,那真是太好   287
了! 如果我扮演他的角色向你提问,你来回答,使我从中得到有效
的锻炼,这样做不会有什么危害吧? 我对他的反对意见非常熟悉。
因此,如果这样做对你没什么区别,那么我想扮演批评者的角色。
以这样的方式,我能更加牢固地掌握我要学的东西。

希庇亚 可以,把你的批评提出来吧。我刚才说过,这不是什
么大不了的问题。我可以教会你如何回答更加困难的问题,而且   B

要有说服力,使人无法反驳。

　　苏格拉底　妙极了! 好吧,在你的邀请下,我现在就来扮演这个角色,尽力向你提问。假定你已经对他作了一番讲演,讲的就是你提到过的美的实践,而他从头到尾一直在听,等你停下来以后,

C　他就提出有关美的第一个问题,这样做是他的习惯。他会说,来自埃利斯的客人,公正的事物不是由于公正才成为公正的吗? 如果他提出这个问题,希庇亚,你会如何回答?

　　希庇亚　我会回答,是由于公正。

　　苏格拉底　那么这样东西,亦即公正,肯定是某样东西。

　　希庇亚　当然是。

　　苏格拉底　还有,聪明的事物由于拥有智慧才是聪明的,一切事物由于拥有善才是善的,对吗?

　　希庇亚　无疑如此。

　　苏格拉底　也就是说,一切事物之所以如此,乃是由于拥有真正存在的东西,我们几乎不能说,一切事物之所以如此,乃是由于拥有并不真正存在的东西。

　　希庇亚　没错。

　　苏格拉底　那么,一切美的事物之所以美乃是因为拥有美吗?

D　**希庇亚**　是的,因为拥有美。

　　苏格拉底　美是真正存在的吗?

　　希庇亚　是的,否则你会怎么想?

　　苏格拉底　他① 会说,客人,请你告诉我,美这样东西是什么?

　　希庇亚　他提出这个问题只是想要找到美的东西,是吗?

　　苏格拉底　我不这样看,希庇亚。他想知道美是什么。

―――――――

　　①　指苏格拉底扮演的那个角色。

希庇亚　美的东西和美有什么区别?

苏格拉底　你认为没区别?

希庇亚　没区别。

苏格拉底　你显然懂得最多。但是,我亲爱的先生,请再考虑一下,他问你的不是什么是美的,而是美是什么?　E

希庇亚　我明白,先生,我确实会告诉他美是什么,而且不怕任何人反驳。苏格拉底,我向你保证,如果我必须说真话,那么美丽的少女就是美。

苏格拉底　嗳呀,希庇亚,你回答得真好,非常可信。如果由我来回答问题,那么我要能回答得了这个问题,要能正确地回答问题,这样才不怕任何人的驳斥,是吗?　288

希庇亚　如果每个人都这样想,每个人听了你的话都可以证明你是正确的,怎么还会有什么反驳呢?

苏格拉底　是这样的。现在,希庇亚,让我扼要重述一下你的意思。那个人会这样责问我:苏格拉底,给我一个回答。回到你那些美的例子上来,为了解释我们为什么可以把美这个词用于这些事物,你必须告诉我美本身是什么?

你想要我回答,如果美丽的少女就是美,那么我们就要回答她为什么有权被称作美。

希庇亚　你是否认为他想要通过证明你没有提到美的事物来　B
驳斥你,或者说如果他试图这样做,就不会被当作傻瓜了?

苏格拉底　我高贵的朋友,我肯定他想要驳斥我。事情本身会表明这种尝试是否会使他看起来像个傻瓜。但请你允许我告诉你,他会怎么说。

希庇亚　你继续说吧。

苏格拉底　他会说,苏格拉底,你真有趣! 一匹美丽的牝马不也是美吗,神本身在他的预言中赞扬过的牝马?

C 　　对此我们该如何回答,希庇亚? 我们不也得说这匹牝马也是美,或者说美的东西就是美,是吗? 我们几乎无法如此大胆地否认美是美的。

　　希庇亚　没错,我还要说,这位神讲得对,我们国家饲养的牝马非常美丽。

　　苏格拉底　他会说,很好,但是一把美丽的竖琴怎么样? 它不也是美吗? 对此我们要表示同意吗,希庇亚?

　　希庇亚　是的。

　　苏格拉底　根据我对他的品性的判断,我感到他肯定还会继续问下去。一只美丽的陶罐怎么样,亲爱的先生? 它不也是美吗?

D 　　**希庇亚**　这个人到底是谁? 真是个乡巴佬,竟敢把如此粗俗的例子引入这场伟大的讨论!

　　苏格拉底　他是这种人,希庇亚,一点儿教养都没有,一个除了真理其他什么都不关心的普通人。他一定要得到答案,而我先要作出回答。如果这只陶罐是一名技艺高超的陶工的作品,表面光滑圆润,烧制得恰到火候,就像我见过的某些非常漂亮的陶罐一样,有两只把手,能盛六斤①水。如果他问的是这样一只陶罐,那

E 么我们应当承认它是美的。我们又怎能肯定美的东西不是美呢?

　　希庇亚　对,不能。

　　苏格拉底　那么他甚至会说,一只美的陶罐就是美吗? 请回答。

　　希庇亚　是的,我想他会这样说。当这种用具制造精良的时候也可以是美的,但人们一般不把它的美与牝马或少女的美,或其他所有美的事物相提并论。

289 　　**苏格拉底**　很好,我明白了,希庇亚,当他提出这些问题时我

---

　　①　此处"斤"的希腊原文是χοῦς,复数χοές,原为希腊的液体计量单位。

应当回答说:先生,你没有掌握赫拉克利特道出的真理,最美丽的
猴子与人类比起来也是丑陋的,而聪明的希庇亚说,最美丽的陶罐
与少女相比也是丑陋的。对吗?

希庇亚　这样回答完全正确。

苏格拉底　现在请注意我的话,我肯定他会说,是的,苏格拉
底,但若把少女与诸神放在一起,所达到的效果不也和把陶罐与少
女摆在一起一样吗?最美丽的少女不也会显得丑陋吗?你引证的
赫拉克利特不也说过,"最聪明的人和神相比,无论在智慧、美丽和
其他方面,都像一只猴子"吗? [B]

希庇亚,我们要不要承认,最美丽的少女与诸神的种族相比是
丑陋的?

希庇亚　无人能够否认这一点,苏格拉底。

苏格拉底　如果我们承认了这一点,那么他会笑着说,苏格拉 [C]
底,你还记得问你的是什么问题吗?

我会回答说,记得,你问我美本身是什么。

他会责备我说,我问你的问题是美,而你作出的回答却是承认
自己并不比丑陋的东西更美丽,是吗?

我说,显然如此。你建议我该如何回答?

希庇亚　就这样回答,因为他这样说当然是对的,与诸神相
比,人类不是美丽的。

苏格拉底　他会继续说,如果我从一开始问你的就是美和丑,
而你对我作了像现在这样的回答,那么你的回答还能不对吗?但 [D]
若你仍旧还在想着绝对的美,其他一切事物都因此而井然有序,在
拥有了外形的时候显得美好,那么你会认为它就是一个少女、一匹
牝马、一把竖琴吗?

希庇亚　但是,苏格拉底,如果这就是他想要听到的回答,那
么告诉他这个使其他一切事物井然有序并在拥有了外形的时候显

E 得美好的东西是什么,这是世上最容易的事。这个家伙一定是个地地道道的傻瓜,对美的事物一无所知。如果你在回答他的问题时说,美无非就是黄金,那么他会不知所措,也不会试图驳斥你。因为我们大家全都知道,任何事物只要用黄金来装饰,就会显得美丽,哪怕它以前显得丑陋。

苏格拉底 你不知道这个人有多么无赖。他不会毫无保留地接受你的看法。

290 **希庇亚** 你这是什么意思?他必须接受一个正确的陈述,无论有多么苦恼。

苏格拉底 好吧,我的朋友,你的这个回答他不仅拒绝接受,而且还会恶毒地嘲笑我,说你真是死脑筋!你会说斐狄亚斯算作一名拙劣的艺术家吗?

我想我会说,不会,根本不会。

希庇亚 你说得对。

苏格拉底 我也这样想。但若我同意斐狄亚斯是一名优秀的艺术家,他会说,你认为斐狄亚斯对你们谈论的这种美一无所知吗?

B 我会回答说,你想说什么?他会说,我想说的是,如果最高的美只能通过使用黄金来获得,那么斐狄亚斯并没有给他的雅典娜制作黄金的眼睛,也没有用黄金制作她的脸、她的手、她的脚,他用的是象牙。他由于无知而犯了这个错误,不知道只有黄金才能给一切事物带来美。

我们该如何回答他,希庇亚?

C **希庇亚** 很容易。我们可以回答说,从艺术上来说,斐狄亚斯做得对,因为象牙也是美的。

苏格拉底 呃,那么他会说,斐狄亚斯为什么不用象牙制造雅典娜的眼珠呢?他在制作眼珠时用的是石头,像象牙一样的石头。

或者说,美的石头本身也是美?

对此我们该怎么说?

希庇亚　是的,石头是美的,它至少是适宜的。

苏格拉底　那么丑就是不适宜?对此我要表示同意吗?

希庇亚　是的,不适宜就是丑。

苏格拉底　他会继续说,那么好吧,智慧之人,象牙和黄金在　D
适宜的时候使事物显得美丽,在不适宜的时候使事物显得丑陋,是
吗?

对此我们应该加以肯定还是否定?

希庇亚　不管怎么说,我们应当承认对某个具体事物适宜的
东西使该事物成为美的。

苏格拉底　他会继续说,当某人用我们说的这个陶罐煮汤,而
这个美丽的陶罐里盛满了美味的汤,这个时候哪样东西对陶罐更
适宜,是黄金的长柄勺还是无花果木的长柄勺?

希庇亚　苏格拉底,他真是个无赖!告诉我他是谁。

苏格拉底　如果我把他的名字告诉你,你也不认识他。　E

希庇亚　但我现在就认识他了,我知道他是个笨蛋。

苏格拉底　希庇亚,他是个讨厌的东西。不过,我们该如何回
答他呢?对汤和陶罐来说,哪一种长柄勺才是适宜的呢?显然是
无花果木的长柄勺。因为它会使汤的味道更鲜美,还有,我的朋
友,它不会把我们的陶罐打碎,把汤洒在火堆里,毁掉我们用来款
待客人的一道佳肴,而黄金的长柄勺则会这样。因此,如果你不反
对,我想我们应该说,木头的长柄勺比黄金的长柄勺更适宜。　291

希庇亚　是的,木头的长柄勺更适宜,但我本人不愿意继续与
提这种问题的家伙谈话了。

苏格拉底　完全正确,我的朋友。用这样的语言玷污你是不
适宜的,你穿得那么美,脚上的鞋子也那么漂亮,你以你的智慧著

B 　称于整个希腊世界。如果我被这个家伙搞糊涂了,那么对我来说是无所谓的,因为你可以支援我,为我回答这些问题。

　　他会说,如果木头的长柄勺比金子的长柄勺更适宜,那么它也更美,因为你,苏格拉底,不是已经承认适宜的东西比不适宜的东西更美吗?

　　我们能够避免承认木头的长柄勺比金子的长柄勺更适宜吗?

　　希庇亚　你希望我给你提供一个美的定义,这样你就不必拖延这场讨论了?

C 　　**苏格拉底**　确实如此,但首先请你告诉我,我刚才提到的两把长柄勺哪一把更适宜,因此更加美?

　　希庇亚　好吧,如果你喜欢,你就回答他无花果木造的长柄勺。

　　苏格拉底　再说一遍前不久你提出来的建议,因为按照你的回答,如果说美就是黄金,那么我显然就要面对这样一个事实,黄金并不比无花果木更美丽。再说一遍,你认为美是什么?

D 　　**希庇亚**　你有你的回答。我想你正在寻找这样一个回答,说美是一种在任何人、任何地方都不会表现为丑的性质,是吗?

　　苏格拉底　完全正确。你极好地理解了我的意思。

　　希庇亚　现在请注意。如果有人能从我的话中找到错误,我就给你充分的权利,让你把我叫做低能儿。

　　苏格拉底　我现在如坐针毡。

　　希庇亚　不管在任何地方我总是说,对一个人来说,财富、健
E 　康、希腊人的荣誉、长寿、风光地埋葬他的父母、自己死后也能由子女为他举行隆重的葬礼,这些事情是最美的。

　　苏格拉底　嗳呀,希庇亚,你的这些话神奇而又精巧、雅致而又高尚,你用你的全部力量帮助了我,我要向你的善意表示最崇高的敬意。不过,我们掷出的标枪并没有命中目标,我要警告你,那

个人现在变得比从前更加厉害地嘲笑我们了。

希庇亚　苏格拉底,这种嘲笑很可怜,因为他无法反对我们的看法,但却嘲笑我们,因此他是在嘲笑他自己,也会被他的同伴所嘲笑。292

苏格拉底　也许是这样。但也许当他听到了你所建议的回答时,他就不会仅仅满足于嘲笑我了。所以我有预感。

希庇亚　你是什么意思?

苏格拉底　如果他手里正好有根棍子,他会毒打我,除非我赶快逃走。

希庇亚　什么?难道这个家伙正好是你的主人?他肯定会因为这样的行为而被逮捕,是吗?或者说雅典没有法律体系,竟然允许她的公民错误地相互殴打?B

苏格拉底　雅典绝对禁止这种行为。

希庇亚　那么这个人要为他的错误行为受惩罚。

苏格拉底　我不这样认为,希庇亚——他肯定不会受惩罚,如果我对他作出那样的回答,我想他的攻击是公正的。

希庇亚　既然你自己都这么认为,那么好吧,我也这样想。

苏格拉底　但我要解释一下我的想法,为什么我认为我的回答会引来这种正当的攻击,可以吗?或者说你也会不经审判就殴打我,根本不愿听我的辩解?

希庇亚　不会,拒绝听你辩解是野蛮的。但你到底要说什么?C

苏格拉底　我要继续执行前面的计划,扮演那个家伙,但不对你使用这种他会对我使用的冒犯而又荒唐的字眼。我敢肯定,他会说,苏格拉底,你难道不认为自己应该挨打吗,因为你的颂词完全跑了调,与问题毫不相干?

我会说,你这是什么意思?

D　　我什么意思？你还记得我问的是美本身吗？美本身把美的性
质赋予一切事物——石头、木头、人、神、一切行为和一切学问。先
生，我要问的是美本身是什么，但不管我怎么叫喊，你就是不听我
的话。你就像坐在我身旁的一块石头，一块真正的磨石，既没有耳
朵又没有脑子。

　　希庇亚，如果我提心吊胆地作出这种回答，你难道不感到愤
E　慨，而这正是你希庇亚所说的美，我不断地向他提问，就像你向我
提问一样，因为美的东西确实始终是美的，对任何人都是美的。

　　坦白地说吧，这个回答会使你愤慨吗？

　　希庇亚　苏格拉底，我相当肯定，我具体指出的这些东西对一
切都是美的，也会这样向所有人显示。

　　苏格拉底　他会回答，这些东西将来也这样吗？因为我认为
美始终是美的，对吗？

　　希庇亚　没错。

　　苏格拉底　它在过去也是美的吗？

　　希庇亚　是的。

　　苏格拉底　那么他会继续说，所以这位来自埃利斯的客人会
断言，阿喀琉斯在他的父母之后被埋葬是美好的，他的祖父埃阿科
293　斯被埋葬也是美好的，其他诸神的子女，以及诸神本身被埋葬也是
美好的，是吗？

　　希庇亚　这是什么话？告诉他问些体面的问题！他问的这些
问题与我们的讨论毫不相干，苏格拉底。

　　苏格拉底　当有人问这些问题时，我们确实无法说这些问题
毫不相干，是吗？

　　希庇亚　好吧，就算有点关联。

　　苏格拉底　那么假定他会说，是你刚才肯定埋葬父母并被自
己的子女埋葬总是美好的，对任何人来说都是美好的。"任何人"，

不也包括赫拉克勒斯以及我们刚才提到过的所有人吗?

希庇亚　我没有把诸神包括在内。

苏格拉底　那么显然也不包括英雄。

希庇亚　如果他们是诸神的子女,那么不包括。

苏格拉底　如果他们不是诸神的子女呢?

希庇亚　肯定包括。

苏格拉底　那么根据你自己的论证,对坦塔罗斯、达耳达诺斯、泽苏斯来说是可怕的、不虔敬的、可耻的命运,但对珀罗普斯和其他有着同样父母的英雄来说,却是美好的,是吗?

希庇亚　我认为是这样的。

苏格拉底　他会继续说,这就与你前面说的话有矛盾了,埋葬父母和被子女埋葬有时候,对某些人来说是可耻的,因此这种事情绝不可能是或变得对一切人都美好。把这个界定用于我们已经讨论过的事物——少女和陶罐——也会遇到同样的命运,甚至会遭到更加可笑的失败。因为它给我们提供的东西对有些人是美好的,但对其他人来说是不美好的。苏格拉底,直到今天你还是不能回答这个问题,美是什么?

如果我向他作出这样的回答,他会正义地向我提出诸如此类的指责。他在大多数情况下都以这种方式与我交谈,但有时候,就好像对我缺乏经验和教育表示遗憾,他本人也会向我提问,问我美是不是某某事物,或是谈论其他讨论时想到的问题。

希庇亚　你这样说到底是什么意思,苏格拉底?

苏格拉底　我会加以解释。他说,我高贵的苏格拉底,不要作出这种回答,不要以这种方式作答,这样做是愚蠢的,很容易被驳倒,你还是考虑一下我的建议吧。我们在前面作出的回答中有一个是这样说的,黄金美丽与否取决于它是否被用在某个恰当的地方,其他任何事物也一样。现在请你考虑一下这种适宜性,想一想它的一般性质,看它是否就是美。

　　我本人完全同意这种假设,因为我想不出别的看法,你的观点如何,你认为适宜就是美吗?

　　希庇亚　当然是,苏格拉底。

　　苏格拉底　让我们再慎重考虑一下,确信这样说是正确的。

　　希庇亚　我们必须这样做。

294　　**苏格拉底**　那么来吧。我们可以把适宜定义为因其出现而使事物"显得"美好,或使事物"是"美好的,或使事物既不显得美好又不是美好的那个事物吗?

　　希庇亚　在我看来,适宜就是使事物显得美好的那个东西。举例来说,某个人长得很可笑,但当他穿上适宜的衣服或鞋子的时候,他会显得比较漂亮。

　　苏格拉底　但若适宜确实使事物显得比其本来面目漂亮,那么适宜就是一种与美相关的欺骗,而不是我们正在寻找的东西,是
B　吗? 我认为,我们正在寻找的东西是使一切美好的事物美好的美,与此相类似的是大,大使一切大的事物大,大也就是超过,一切大的事物由于超过而成为大的,即使它们并不显得大。美也一样,一切美的事物由于美而成为美的,无论它们是否显得美,是吗? 美不可能是适宜,因为按照你自己的看法,适宜使事物显得比它本来面目更美,但却不能使事物按其真实面目显示为美的。如我刚才所
C　说,我们必须认为美使事物是美的,而无论它们是否显得美,我们试图定义它,如果我们正在寻找的东西是美,那么我们就要界定它,看它是否是我们正在寻找的东西。

　　希庇亚　但是,苏格拉底,当适宜出现时,它使事物既是美的,又显得美。

　　苏格拉底　真正美的事物要显得不美是不可能的,因为按照假设,使它们显得美的东西出现在事物之中。

希庇亚　是不可能。

苏格拉底　所以,希庇亚,我们的结论就是这样:一切真正美的用语和做法会被所有人当作美的,并对所有人始终显得美,是吗? 或者说我们的想法正好相反,世上盛行对美的无知,由此引起个人之间和国家之间的争斗,是吗?

希庇亚　我想是后者,无知盛行。

苏格拉底　如果美的显现是添加于事物的,那么适宜就不是美,如果适宜是美,并能使事物"显得"和"是"美的,那么适宜就是美。由此可以推论,如果适宜使事物是美的,那么它就是我们正在寻找的东西,但它仍旧不可能使事物显得美。另一方面,如果使事物显得美的东西就是适宜,那么它就不是我们正在寻找的美。我们正在寻找的东西使事物成为美的,但同样的原因决不能使事物既显得美又是美的,或既是美的又是别的什么。我们已经有了这些可供选择的答案:适宜使事物显得美,或者适宜使事物是美的,哪一种说法才是对的呢?

希庇亚　我想是适宜使事物显得美。

苏格拉底　噢,亲爱的! 如果是这样的话,我们找到美的机会就从我们手指缝里溜掉了,消失了,因为适宜已被证明是美以外的其他事物。

希庇亚　嗳呀,苏格拉底,我竟然没有想到这一点!

苏格拉底　不过,我的朋友,我们千万别放弃。我仍旧抱着希望,美的本性会显示它自身。

希庇亚　美确实很难发现。我敢肯定,如果退隐到某个地方独处一会儿,冥思苦想一番,我就能给你一个最准确的定义。

苏格拉底　希庇亚啊希庇亚,你别吹牛。你知道我们要找的美已经给我们添了多少麻烦,我担心它会对我们生气,毅然决然地逃离。噢,我在说什么胡话呀,我想,对你来说,你一旦独处,就能

D

E

295

B

轻易地找到它。但我还是最诚挚地请你和我呆在一起,或者说,如果你愿意,我们可以一起寻找,就像我们已经在做的那样。如果我们找到了美,那么万事大吉;如果找不到,那么我会归因于命中注定,而你也可以离开我,自己去轻易地发现它。当然了,如果我们现在就找到了美,那么你就不会因为我要求你这样做,不让你去私自寻觅而恼火了。所以,请注意你关于美本身的观念,请注意我为

C 你的观念所下的定义,如果我在胡说,你要制止我,让我们假定,无论什么东西只要有用,就是美的。这个命题的依据如下:如果眼睛显得没有看的功能,我们不会说眼睛是美的;当眼睛具有这种功能并且在看东西的时候有用,那么我们说眼睛是美的。这样说对吗?

希庇亚 对。

苏格拉底 同样,我们说整个身体造得很美,有时候可以跑,

D 有时候可以摔跤,我们以同样的方式谈论一切动物。我们实际上全用相同的方式把"美"这个词用于一匹美丽的马、一只美丽的公鸡或鹌鹑,用于所有用具,陆上和海上的交通工具,商船或战船,用于所有乐器和一般的艺术用品,如果你愿意,还可以把这个词用于习俗和法律。在各种情况下,我们用来作为判断天然的或人工制造的事物和人的行为方式的标准就是有用,凡有用的就是美的,所谓事物之美就在于它对某个特定目标的实现在某个时期是有用

E 的,而在这些方面无用的事物则被我们称作丑的。你也是这种看法吗,希庇亚?

希庇亚 是的。

苏格拉底 那么我们现在可以正确地肯定,有用就是最突出的美。

希庇亚 是的。

苏格拉底 对于所要实现的具体目标来说,凡有力量实现的

就是有用的,凡没有这种力量的就是无用的,是吗?

希庇亚 当然是。

苏格拉底 那么有力量就是美的,缺乏力量就是丑的,是吗?

希庇亚 确实如此。在公共生活和其他领域有大量的证据表明,就一般的政治事务而言,在一个人自己的城邦中,权力是最美好的事物,缺乏权力是最丑陋的、最可耻的事物。   296

苏格拉底 说得好!从中我们马上可以作出推论,智慧是最美的,无知是最可耻的,是吗?

希庇亚 你怎么想,苏格拉底?

苏格拉底 安静一下,我亲爱的朋友。对刚才这些话,我心中有些不安。

希庇亚 怎么又心中不安了?我认为你这一次的论证非常好。   B

苏格拉底 我希望如此,但让我们一齐来考虑这个要点。如果一个人既无知识又无任何权力,那么他能做什么事吗?

希庇亚 当然不能。他怎么可能做他没有权力作的事情?

苏格拉底 那么,那些拥有某些错误推论的人和不自觉地作恶的人,如果他们没有权力做这些事,那么他们肯定不会做这些事,是吗?

希庇亚 他们显然不会做。

苏格拉底 那些有权力做事并用权力做事的人,当然不会是无权力的,对吗?   C

希庇亚 他们当然不会无权力。

苏格拉底 凡做了某些事的人全都有权力做这些事,是吗?

希庇亚 是的。

苏格拉底 人类从小到大,做的坏事比做的好事还要多,这些罪恶都是不自觉的吗?

希庇亚 是的。

苏格拉底 那么好,我们可以说这种权力和这些有用的东西——我指的是对作恶有用的东西——都是美的,或者说根本不是这么回事?

D　　**希庇亚** 我认为根本不是这么回事。

苏格拉底 那么,权力和有用显然不是我们想要找的美。

希庇亚 如果权力是相对于行善而言的,对行善有用,那么它们是我们想要的美。

苏格拉底 但是,不加限定地说有权力和有用就是美,这种理论已经消失了。你难道看不到,我们心中真正想说的是,对于某些善的目的来说,美既是有用,又是权力?

E　　**希庇亚** 我认为是这样的。

苏格拉底 但这种说法与美就是有益是一回事,对吗?

希庇亚 没错。

苏格拉底 所以我们得出结论说,美的身体、美的生活守则、智慧,以及我们刚才提到的一切事物,之所以美,乃是因为它们是有益的,是吗?

希庇亚 显然如此。

苏格拉底 那么看起来,美就是有益,希庇亚。

希庇亚 无疑如此。

苏格拉底 所谓有益的东西就是产生善的东西吗?

希庇亚 是的。

苏格拉底 所谓产生也就是原因吗?

希庇亚 是这样的。

苏格拉底 那么美就是善的原因吗?

297　　**希庇亚** 是的。

苏格拉底 但是,希庇亚,原因和原因的原因不是一回事,因为原因几乎不可能是原因的原因。请这样想,原因可以定义为使某事物产生的东西,是吗?

希庇亚 没错。

苏格拉底 使某事物产生仅仅是使这个事物产生,而不是使该事物因之而产生的东西产生。

希庇亚 是这样的。

苏格拉底 使事物产生与使事物因之而产生的东西产生是不同的,是吗?

希庇亚 是的。

苏格拉底 所以原因不是原因的原因,而是事物因之而产生 B 的东西,是吗?

希庇亚 没错。

苏格拉底 如果美是善的原因,那么善会由于美而产生,看起来,我们之所以献身于寻求智慧,以及其他所有美好的事物,原因就在于它们能产生善,善是值得我们为之献身的。从我们的探索来看,打个比喻来说,美似乎是善的父亲。

希庇亚 没错,苏格拉底,你说得很好。

苏格拉底 父亲不是儿子,儿子也不是父亲,这样说不也很好吗?

希庇亚 很好。 C

苏格拉底 原因不是由它而产生的那个事物,事物也不是使它产生的原因,对吗?

希庇亚 对。

苏格拉底 那么我的好先生,我们可以十分明确地说,美不是善,善也不是美。根据我们的讨论,你认为可以这样说吗?

希庇亚 可以,完全可以这样说。

苏格拉底 这种说法令我们喜悦,我们愿意说美的东西不是善,善的东西也不是美,是吗?

希庇亚　不愿意,我一点儿也不喜欢这种说法。

D　　**苏格拉底**　我完全同意你的看法,希庇亚。我对我们已经讨论过的这些理论一点儿都不喜欢。

希庇亚　是啊。

苏格拉底　这样看来,那些前不久被当作我们讨论的最佳成果的观点实际上是错误的,亦即认为有益、有用、能产生某种善的力量就是美,它比那些最初的定义而容易受到嘲笑,按照这些最初的定义,少女就是美,以及其他某些事物就是美。

希庇亚　显然如此。

苏格拉底　对我来说,希庇亚,我不知道该怎么办,完全困惑不解。你有什么要说的吗?

希庇亚　我此刻没什么要说的,但我前不久说过,如果让我想
E　一想,我肯定能找到出路。

苏格拉底　但我感到自己无法等待你思考的结果。我渴望得到这种知识,我确实认为自己已经找到什么了。如果我们把令自己快乐的东西说出来——我的意思不包括所有快乐,而仅指通过听觉和视觉而感到快乐的东西——如果我们说这就是美的,那么
298　我们在论战中如何能够做到公平呢? 美丽的人、一切装饰物、图画、造型艺术,如果它们是美的,我们一看到它们就肯定会感到高兴,美丽的声音、整个音乐和谈话、想象的故事,也有同样的效果,所以,假定我们对那个粗暴的家伙说,我高贵的先生,美就是通过视觉和听觉而来的快感。你难道不认为我们应当制止他的粗暴吗?

B　　**希庇亚**　苏格拉底,我认为我们至少已经有了一个良好的美的定义。

苏格拉底　但我们要说那些美好的习俗和法律也是美的,就像那些通过我们的视觉和听觉而产生的快乐一样,或者说它们属

于别的范畴?

希庇亚 那个家伙也许不会注意这些情况。

苏格拉底 不对,希庇亚,被我刻意说成胡说八道的这个人肯定注意到这些情况了。

希庇亚 你指的是谁?

苏格拉底 索佛隆尼司库之子①,当这些个案都还没有进行 C 检验的时候,他不允许我歪曲这些论断,对它们加以肯定,就好像我知道它们似的。

希庇亚 好吧,这个问题是你自己提出来的。我也认为这个关于法律的问题属于另一类。

苏格拉底 你真好,希庇亚,我们现在可以想象自己已经看清了出路,而前不久我们确实已经陷入困境,不知道该怎么办。

希庇亚 你这是什么意思,苏格拉底?

苏格拉底 这是令我感到震惊的地方,其中可能有点名堂。我们也许可以证明法律与习俗也属于听觉和听觉的范围。然而, D 让我们牢牢抓住这个陈述,能产生这些感觉的快乐是美的,而把法律问题完全撇在一边。但若我刚才提到的这个人或其他人问我们,呃,希庇亚和苏格拉底,你们以某种方式挑选了某一类快乐,然后说它们是美的,但你们不把美这个词用于通过其他感觉所得到的快乐,亦即那些与食物、饮料、性交,以及所有这样的事物相关的 E 感觉,是吗? 或者说你们否认这些事情是快乐的,宣称这样的事情无快乐可言,或者说除了看与听之外无快乐可言? 对此我们该怎么说?

希庇亚 我们显然要说,这些事情也会提供巨大的快乐。

---

① 索佛隆尼司库(Sophroniscus)是苏格拉底之父,索佛隆尼司库之子即指苏格拉底本人。

苏格拉底　他会说,那么你们为什么不对这些事情使用美这个词,当它提供的快乐不比其他事情少时,拒绝承认它们是美?

299　　我们回答说,那是因为,要是我们说吃饭不是快乐而是美,滋味不是快乐而是美,性交不是快乐而是美,那么每个人都会嘲笑我们,都会来和我们争辩,说性交是最快乐的,但只能在没有其他人看到的情况下享受这种快乐,因为这是一幅不文雅的、令人反感的图景。

　　听了这些话,希庇亚,他可能会说,我明白了你们为什么不愿
B　把这些快乐说成美,因为大多数人都不这么想,但我的问题是什么是美,而不是民众对美怎么看。

　　我想我们应该重述最初的命题,在我们看来,通过视觉和听觉产生的那部分快乐是美的。但你能提出其他处理这些问题的方法吗,或者说对这个回答有补充?

　　希庇亚　论证进到这一步,我们必须回答说,这是惟一的办法。

　　苏格拉底　他会说,好极了。如果视觉和听觉提供的快乐是
C　美的,那么显然除此之外的任何快乐都是不美的,对吗?

　　对此我们该表示同意吗?

　　希庇亚　是的。

　　苏格拉底　他会继续说,哪一种快乐是美的,通过视觉产生的快乐或通过视觉和听觉产生的快乐呢,还是通过听觉产生的快乐或通过听觉和视觉产生的快乐?

　　我们会回答说,肯定不是。借助两种感觉产生的快乐肯定不是通过两种感觉产生的快乐,这样说好像是你的意思。我们的说法是,仅靠某种感觉产生的快乐和同时靠两种感觉产生的快乐是美的。

　　我们可以这样回答吗?

希庇亚　当然可以。

苏格拉底　他会说,任何一样快乐的事情在其快乐方面会与其他快乐的事情有什么不同吗? 这个问题问的不是某一具体快乐是大还是小,是强还是弱,而是问在这个具体的方面快乐之间会有一个是快乐,另一个不是快乐这种差别吗?

我们并不这样看,是吗?

希庇亚　是的。

苏格拉底　他会继续说,由此可以推论,你们从所有快乐中选出这些快乐乃是由于其他原因,而不是因为它们是快乐。由于它们和其他快乐之间有某些差别,你们就说它们都有某种性质,以此为标准,你们把它们判断为美的,因为我已经指出通过视觉而来的快乐之所以是美的,并非因为它通过视觉而来。如果这就是它之所以美的原因,那么其他快乐,比如通过听觉而来的快乐,就决不可能是美的了,因为它不是通过视觉而来的快乐。

我们要不要承认他的推理是正确的?

希庇亚　是的。

苏格拉底　还有,通过听觉而产生的快乐之所以美,不是因为这种快乐通过视觉而来,否则的话,通过视觉而来的快乐就决不是美的,因为它显然不是通过听觉而来的快乐。

我们要不要同意他的推理正确?

希庇亚　他是正确的。

苏格拉底　然而你承认两种快乐都是美的,是吗?

我们确实承认过,是吗?

希庇亚　是的。

苏格拉底　那么它们拥有某种使之为美的相同的东西,二者显然都具有某种共同的性质,否则它们就不可能分别都是美的了,是吗? 请回答,就好像你正在回答他的问题。

D

E

300

B

希庇亚　我的回答是,你的话也表达了我的观点。

苏格拉底　如果两种快乐以某种方式作为一对有规定性的事物,但单个地说来它们都没有规定性,那么它们不会由于这些具体的规定而是美的,对吗?

希庇亚　这怎么可能,苏格拉底,单个地说来它们都没有规定性——以你喜欢的任何方式——而成对地说来,它们却又以某种方式有规定性?

C　苏格拉底　你认为这是不可能的?

希庇亚　不可能,这样说不仅与我们的主题完全不合适,而且与我们当前讨论所用的术语不一致。

苏格拉底　很好,希庇亚。你说这是不可能的,尽管实际上我什么也没看到,我仍旧在想象自己也许看到了某个例子。

希庇亚　你用不着说什么"也许",你看到的是错的。

苏格拉底　确实有许多这样的例子在我心中浮现,但我不相信它们,因为它们对我来说是可见的,我从来没有用智慧挣到一分D　钱,而你用智慧挣的钱比世上任何人都要多,但这些例子却不向你显现。我的朋友,我在猜疑你是否在故意作弄我,欺骗我,我确实清清楚楚地看到有许多这样的例子。

希庇亚　当你开始描述自己的印象时,没有人比你更清楚我是否在作弄你。你将要作的描述显然是胡说八道。你决不可能发现我们两个一道以某种方式是有规定性的,而分别开来又是无规定性的。

E　苏格拉底　你在说什么,希庇亚? 你的话也许有某种意义,但我没有领会。请你允许我解释得更加清楚一些。在我看来,有些属性现在不能分别属于我们俩,但可以由我们共同拥有,反过来说,我们可以共同拥有某些属性,但我们俩都不能单独拥有它们。

希庇亚　苏格拉底,这样说比你前面那些回答更加荒唐了。

你只要想一想,如果我们俩是正义的,那么我们各自不也是正义的吗? 如果我们各自是不正义的,那么我们俩不也是不正义的吗? 如果我们俩是好人,那么我们各自不也是好人吗? 如果我们分别都感到疲倦,或者受了伤,或者挨了打,或者有了某种规定性,那么我们俩作为一对不也就具有了这些规定性吗? 同理,如果我们俩都是用金子做的,或者是用银子、象牙做的,或者无论怎么说,我们俩是高贵的、聪明的、荣耀的、年老的、年轻的,或具有其他任何你喜欢提到的人的属性,那么从中不可避免地可以推论我们各自都有这些属性,是吗?

301

苏格拉底　确实如此。

B

希庇亚　你瞧,苏格拉底,事实上是你自己没有从整体上进行考虑,你习惯上与之交谈的那些人也没有,你们对美的考察,以及对每个一般概念的考察都是分别进行的,你们在思想上把它切割开来了,因此你们无法看到构成整个实在的基质的宏大与连续。现在这个错误越犯越大,使你想象有某种东西,某种属性或基本性质,可以为二者同时拥有,但却不能为它们分别拥有,或者正好相反,可以为二者分别拥有,却不能为二者共有,这就是你和你的朋友们的心灵状态,多么不合理,多么肤浅,多么愚蠢,多么不可理喻啊!

C

苏格拉底　这就是我们这些凡人的宿命,希庇亚,按照人们经常引用的格言,人只能做他能做的事,而不能做他希望做的事。然而,你的连续告诫很有帮助。你指出了我们的愚蠢,在你的告诫下,我对这些事有了某些进一步的想法,我也许可以向你作解释,或者说我应当闭嘴?

希庇亚　我知道你会说什么,苏格拉底;我知道每个学派的辩证法家的心灵。但是,如果你愿意,你就说吧。

D

苏格拉底　好吧,我确实愿意。我光荣的朋友,在你说出这番话之前,我们没有得到指点,以至于认为我们俩,你和我,各自是一,但是总起来说,我们不能各自为一,因为我们是二而不是一。

E 这就是我们的愚蠢。然而现在我们接受了你的教导,如果我们俩是二,我们各自也必须是二,如果我们各自是一,我们俩合在一起也必须是一,因为按照希庇亚的实在的连续性理论,结果只能如此——无论两个什么样的物体在一起,各自都是一,它们无论各自是什么,它们俩也都是什么。你的话令我佩服得五体投地,我完全表示信服。但是首先,希庇亚,请你提醒我,你和我都是一,还是你是二,我也是二?

希庇亚 你这是什么意思,苏格拉底?

苏格拉底 就是我说的意思。你把我吓坏了,使我语无伦次,
302 因为每当你认为自己有了一个好的想法,你就对我表示愤怒。让我进一步问个问题。我们俩各自是二中之一,拥有作为一的属性吗?

希庇亚 当然。

苏格拉底 如果我们各自为一,那么各自也是一个奇数。你认为一是奇数,是吗?

希庇亚 是的。

苏格拉底 那么我们俩一道,作为二,都是奇数?

希庇亚 不可能。

苏格拉底 两人一道就应当是偶数吗?

希庇亚 肯定是。

B **苏格拉底** 两人一道是偶数,那么从中可以推论,我们各自也是偶数,是吗?

希庇亚 肯定不是。

苏格拉底 那么,这并非如你刚才所说的那样绝对不可避免,每一个体应当是二者所是,而二者也应当是每一个体所是?

希庇亚　在这些例子中不是这样的,但在我较早提到的例子
中是这样的。

苏格拉底　那就够了,希庇亚。甚至你的回答也可以接受,我
可以承认有些时候是这样,有些时候不是这样。如果回忆一下我
们讨论的起点,你会记得我正在论证的是:通过视觉和听觉得到的
快乐之所以是美的,并非因为它们分别是美的而在一起就不美,亦 C
非因为它们在一起是美的而分别来说就不美;它们之所以是美的,
既因为它们一道具有这种规定性,又因为它们分别也具有这种规
定性,所以你才同意它们一道是美的,各自也是美的。据此我认
为,如果二者一道是美的,那么它们之所以美的原因在于有一种共
同具有的基本性质,而不在于这个或那个所缺乏的某个性质,我现
在仍旧这样想。再从头开始,如果通过视觉得来的快乐与通过听
觉得来的快乐二者一道都是美的,而它们各自也是美的,那么使之 D
美的性质既属于它们二者,也分别属于它们各自吗?

希庇亚　没错。

苏格拉底　那么它们之所以美的原因是它们一道或各自都是
快乐吗？按照这种思路,其他所有快乐不也是美的吗,因为你记得
我们承认过它们也都是快乐?

希庇亚　是的,我记得。

苏格拉底　然而,这些具体的快乐被说成是美的,乃是因为它 E
们通过视觉和听觉而来。

希庇亚　是的,是这样说的。

苏格拉底　现在请考虑我在这一点上是否正确。按照我的回
忆,我们说过快乐中间有一部分是美的,但并非每一"快乐"都是美
的,因为只有那些通过听觉和视觉得来的快乐才是美的。

希庇亚　对。

苏格拉底　这种性质属于二者一道,但并不属于它们各自,不

是吗? 我们较早时候说过,它们二者通过两种感觉而来,但它们各自并非通过两种感觉而来。是这样吗?

希庇亚　是的。

苏格拉底　那么它们各自不是美的,因为属于它们二者的东西并不属于它们各自,它们一道拥有的性质并不单独为它们各自所拥有,从中可以推论,根据我们已经同意的命题我们可以正确地说二者是美的,但我们不可以说它们各自都是美的。这难道不是一个必然的结论吗?

303　　**希庇亚**　似乎如此。

苏格拉底　那么我们要说它们一道是美的,但不说它们各自是美的吗?

希庇亚　我没有反对意见。

苏格拉底　我有反对意见,我的朋友。我们肯定有这样一些属性的例子,这些属性以这样一些方式属于个别的实体,如果它属于二者,它也就属于它们各自,如果它属于它们各自,它也就属于二者。你具体指出的这些属性都是这样的。

希庇亚　是的。

苏格拉底　但另一方面,我具体指出的属性不是这样的,所谓"各自"和"二者"就是这样的属性。对吗?

希庇亚　对。

B　　**苏格拉底**　希庇亚,你认为美属于哪一种范畴? 它属于你提到的这类属性吗? 如果我是强壮的,你也是强壮的,那么我们俩是强壮的;如果我是正义的,你是正义的,那么我们俩是正义的,既然我们俩是正义的,所以我们各自也是正义的。以同样的方式,如果我是美的,你也是美的,那么我们俩是美的,如果我们俩是美的,我们各自也是美的,是这样的吗? 或者说同样的原则也可用于数学,比如偶数的两个成分确实可以是奇数,但也可以是偶数,还有,如

果单个来看,数量可以是不合理的,如果一起来看,数量可以是不 　　C
合理的,也可以是合理的,是吗? 确实像我跟你说过的一样,在我
心中浮现的诸如此类的例子多得不胜枚举。你把美算作哪一类?
你的看法和我一样吗? 在我看来,认为我们俩是美的,我们各自也
都是美的,或者认为我们各自是美的,但我们俩不是美的,或者别
的什么看法,都是极端荒唐的。在我列举的可供选择的看法中,你
选哪一种,或是有别的看法?

　　希庇亚　我选你的看法。

　　苏格拉底　如果我们希望继续进行考察,那么你选得很对,因 　　D
为美若是包括在这一类别中,那么我们就无法再坚持通过视觉和
听觉得到的快乐是美的,"通过视觉和听觉而来的"这个说法使得
两种快乐一道是美的,但各自不是美的——我认为这是不可能的,
而你也这样认为。

　　希庇亚　对,我们的想法相同。

　　苏格拉底　那么通过视觉和听觉得来的快乐不可能是美的,
因为当我们把它等同于美时,就会出现这种不成立的结果。

　　希庇亚　是这样的。

　　苏格拉底　我的提问者会说,那就再从头开始,因为你这次没 　　E
找准目标。按你的看法,这种"美的"性质属于两种快乐,通过推论
你把它们看得比其他快乐更荣耀,称之为"美的",是这样吗?

　　我认为,希庇亚,我们必须回答说它们是最无害的快乐,最好
的快乐,无论一起看还是分别看。你还能提出其他说明它们优于
其他快乐的理由吗?

　　希庇亚　没有了。它们确实是最好的。

　　苏格拉底　他会说,那么这就是你的美的定义——有益的快
乐。

　　我会答道,显然如此。你怎么看?

希庇亚　我也同意。

苏格拉底　他会继续说,好吧,产生善就是有益,前不久我们指出产生者和被产生者是不同的,所以我们当前的讨论在原先的讨论中找到了结论,不是吗? 因为若是二者不能等同,那么善不是美,美也不是善。

304

我们会回答说,说老实话,没有什么能比这更确定了,我们不能为违反真理的观点进行辩解。

希庇亚　但我必须问你,苏格拉底,你作的假定是所有这些事情最后的定论吗? 我前不久说过,这只是被切割成碎片的论证片段而已。既美好又珍贵的东西是在法庭、议事会或其他公共场合发表雄辩而又华丽的演说的能力,你要能说服你的听众,最大限度地获得各种奖赏,使自己得到拯救,也使你的朋友和财产得到保全。这些东西才是一个人要紧紧加以把握的,抛弃你那些琐碎的论证吧,除非他愿意被人们当作一个地地道道的傻瓜,就像我们现在一样,醉心于各种浅薄的胡言乱语。

B

苏格拉底　我亲爱的希庇亚,你非常幸运,因为你知道一个人必须遵循什么样的生活道路,并且成功地行进在这条道路上,这是你告诉我的。而我似乎显得格外不幸。我在无穷无尽的困境中漫游,当我把这些困惑摆在你这位聪明人的面前,向你解释我的困境时,你马上朝着我谩骂和痛打。希庇亚,你全说过了,我醉心于这些事务确实是愚蠢的、渺小的、卑贱的,但当我被你说服,准确地重复你的话,最高的美德就是在法庭或其他任何公民大会上进行雄辩而又华丽的演说的能力时,听众们用各种各样难听的话咒骂我,其中包括总是在对我进行盘问的那个人。他是我的一名近亲,与我住在同一所屋子里,当我回到家里,他听到我说了这些观点,就问我是不是感到羞耻,竟然敢大胆地谈论美好的生活道路,因为我显然还不知道"美"这个词的意思。

C

D

他还说,当你还没有美的知识时,你怎么知道这些演说是美的还是不美的,其他任何行为是美的还是不美的? 只要你还处在现在这种状态,那么你还不如去死了好? E

你瞧,这就是我的命运,被他和你这位绅士谩骂和滥用。然而我想,这些都必须忍受。因为我可以从中得到某些善,这真是突发奇想。希庇亚,我确实认为通过与你们俩的谈话,我得到了某些善。我现在终于明白这句格言的真正含义了,"所有美的东西都是困难的"。

书　信[①]

第 1 封

致叙拉古僭主狄奥尼修二世,祝繁荣昌盛![②]

作为你最信赖的顾问,我和你一道管理着你的政府。这个位置给你带来各种益处,但却使我承受巨大的压力,面对各种深刻的、敌意的批评。我知道没有人会认为我赞同你的各种过分残忍

B

的暴行,因为你的所有同胞公民都可以为我作证,在需要的时候我和他们中的许多人为伴,使他们得以保全而毫发无损。作为最高指挥官,我多次使你的城邦安然无恙,但在与你长时间相处后,你

---

①　柏拉图现存书信共十三封,其逻辑顺序为:13,2,11,10,4,3,7,8,6,1,5,9,12。

②　柏拉图曾三次访问西西里。第一次是公元前 387 年,他在塔壬同等地游历时,应西西里岛叙拉古城邦僭主狄奥尼修一世(Dionysius I,公元前约 430—367 年)之邀访问西西里。柏拉图在访问期间因谈论僭主政体的弊端,激怒了狄奥尼修一世,被迫离开。狄奥尼修一世于公元前 367 年逝世,此时他的姻兄狄昂担任叙拉古首席大臣,邀请柏拉图第二次来叙拉古,训练狄奥尼修二世成为哲学家—政治家。柏拉图以 60 岁高龄第二次来西西里。后来狄昂与狄奥尼修二世发生矛盾,被驱逐出境。柏拉图的生命也遭到威胁,后来在某些人的斡旋和当地发生战争的情况下,被允许暂时返回雅典,但要柏拉图保证战争结束后重返叙拉古。公元前 361 年,柏拉图践约第三次去西西里,调处狄奥尼修二世和狄昂间的矛盾,但仍无结果。柏拉图于公元前 360 年重返雅典。

竟然如此轻率地打发我，就像打发一名乞丐，得不到应有的尊重。今后，我一定要考虑自己的利益，不会再像从前那样大发仁慈，而你，作为一个名符其实的僭主，将会生活在孤独之中。

　　至于你分手时作为礼物送给我的黄金，送信人巴基乌斯会替　　C
我归还，因为它既不足以支付我的旅行开支，也不足以维持我今后的生活开支。另一方面，如果我接受了它，那么这样的礼物对你这位送礼人来说是最耻辱的，其程度并不亚于我受到的耻辱。至于你是收下这笔钱还是把它送给别人，那显然没什么区别。你现在拿回了这笔钱，所以你可以用它来表示对其他人的关心，就像你对我表示关心一样。你对我的关心确实令我相当满意。

　　我现在重复一下欧里庇得斯的话也是适宜的：当你陷入困境　　D
的时候，"不要站在你的立场上去向这种人祈祷。"① 我还要用大
部分悲剧家的看法提醒你。当他们在舞台上表现僭主被杀的时　　310
候，他们让演员叫喊道："啊，失去了朋友，我完了！"② 从来没有人
描述过一名僭主的灭亡是因为缺少黄金。下列诗句也可作证这一
明智的看法：

　　　　在无望的、凡人的生活中，
　　　　闪亮的黄金不是最稀罕的。
　　　　用人的标准来衡量，
　　　　钻石和银椅不能吸引人，
　　　　成片的肥沃土壤也不能
　　　　像善人的和谐思想一样有力。③
　　再见吧，要知道，没有我你将遭受多么大的损失，这样一来你　　B

---

①　欧里庇得斯：《残篇》956。

②　阿德斯普：《残篇》347，载伯克编《希腊悲剧残篇集》。

③　阿德斯普：《残篇》138，载诺克编《希腊抒情诗残篇集》。

也许会对别人好一些。

第 2 封

致狄奥尼修二世①,祝繁荣昌盛!

　　我从阿基德谟那里听说,你不仅希望我对你的事保持缄默,而且想要我的朋友们也不说任何冒犯你的话和不做冒犯你的事。但
C 你使狄翁成了一个例外。当你这样做的时候,你以为我对我的朋友们没有行使权威。我认为,如果我对你、狄翁,以及其他人行使了这样的权威,那么对我们大家都会更好,对其余希腊人也更好。然而,我的权力实际上仅止于此。真正顺从我的追随者只有一个,这就是我自己。我说这样的话并不意味着克拉提斯托卢和波吕克
D 塞努对你说的话中有任何真实的成分,据说他们俩中间有一人向你报告,说在奥林比亚听到我的一些同伴辱骂你。我肯定没有听说过这种话。我认为,今后你若听到有人向你报告,说我们中的任何人有此类言论,你完全可以写信来问我,因为我既不会害怕讲出事情真相,也不会因为感到可耻而隐匿事实。

　　至于你和我,以及我们之间的关系,情况是这样的。你可以说,任何希腊人都听说过我们各自的名字,还有,人们一般也会议
E 论我们相互之间的联系,这种情况想必今后也会继续,因为许多人都听说我们过从甚密。这样说是什么意思呢?我稍微扯远一些,然后再作解释。智慧和强权的相互吸引是一种自然法则。二者始终相互追求与结合。这也始终是一个人们感兴趣的话题,无论是在私下里议论,还是聆听别人用诗歌来表达对这个问题的看法。

---

　　①　这封信应该是写给狄奥尼修二世的,因为文中称收信人为"狄奥尼修和多利斯之子"(313A),狄奥尼修一世的父亲叫赫谟克拉底(Hermocrates)。

例如,谈起希厄隆或斯巴达人鲍萨尼亚的时候,人们喜欢扯到他们 311
与西摩尼得的关系,讲述西摩尼得如何对待他们。还有,人们不会
把科林斯的佩里安德和米利都的泰勒斯,或伯里克利和阿那克萨
戈拉,或克娄苏和梭伦,同时当作圣贤来庆祝,也不会把统治者居
鲁士当作圣贤。还有,诗人们仿照这些榜样,把克瑞翁和提瑞西 B
亚、波吕伊都斯和弥诺斯、阿伽门农和涅斯托耳、奥德修斯和帕拉
墨得斯扯在一起。我相信,抱着相同的观念,古人把普罗米修斯和
宙斯扯在一起。诗人们也告诉我们,这两种性格的人在某些情况
下如何成为敌人,而在某些情况下成为朋友,在某些情况下先成为
朋友然后成为敌人,在某些情况下他们在某些方面相同,而在其他
方面相异。

　　我说这些话的目的是为了指出,人们对我们的行为进行议论,
这种事情到我们死去也不会停止。这一点需要考虑,而且似乎随 C
着时间的流逝必须加以考虑,因为依据某种自然法则,最卑劣的人
实际上不会有什么思想,而最优秀的人则会万世留名,不会留下什
么未竟之业。我自己就是一个明证,人之将死会有某些预感,最高 D
尚的灵魂通过直觉知道这是真理,而最卑鄙的灵魂则拒绝真理,神
圣的人的直觉比其他人的直觉要有效得多。

　　在我看来,被我提到的这些早先的统治者和哲学家有能力改
进他们之间的关系,他们本来就应该留下比现在更好的口碑。尽
管我们从前的交往有错误,如果神允许,我们仍旧有可能用我们的
言行来加以矫正。我认为,如果我们品行端正,那么人们对真正哲 E
学的看法和评价会比较好;如果我们品行恶劣,那么结果正好相
反。确实,我们若是以此为我们关注的对象,那么没有比这更虔诚
的行为了;若是我们忽视这一点,那么没有比这更不虔诚的行为
了。

　　下面我要说明我们必须如何出发去达到这一目标,其中包含

312 着什么原则。带着最杰出的哲学家的名声我去了西西里,但我去
叙拉古的目的是为了获得你的支持,以便看到哲学甚至在普通的
王宫中也能得到尊重。但结果并不理想。之所以如此,原因很多,
但主要原因在于你对我不信任。你想把我打发走,而用其他人取
代我。我相信,出于怀疑,你想要发现我的行动秘密。于是,就有
许多人歪曲事实,使你对我有了很不好的看法,然后你就热衷于去
B 做别的事情了,这就是那些广泛流传的说法。

　　现在我要开始指出我们今后交往的正确方式。这也是对你提
出来的我们今后应当保持一种什么样的关系这个问题的回答。如
果你对哲学探讨没有丝毫敬意,那就无话而说了。如果你仍旧敬
重哲学,有其他人教你哲学,或者你自己已经找到了一种比我的哲
学更好的哲学,那么你就要敬重哲学。然而,你若是更加喜欢我的
哲学,那么你也必须对我表示特别的尊敬。

　　现在,就像我们俩一开始交往那样,你必须先有所表示,然后
C 我会有所响应。如果你对我有尊重的表示,我会予以回报;如果没
有得到这种表示,我不会再向你提出任何建议。你也要注意,如果
你先这样做了,那么你对我尊重的任何表示都可以证明你看重哲
学,而除我之外,你已经考察过其他哲学教师这一事实也会使许多
人尊你为真正的哲学家。另一方面,在你对我表示尊重后我对你
表示的任何尊重,都会被人们解释为我爱慕财富的证据,而我们知
D 道,这样的说法在任何地方都不是可敬的。一言以蔽之,如果你尊
敬我,那么我们俩都能得到人们的尊敬;如果我尊敬你,那么我们
俩都得不到人们的尊敬。这个问题就说到这里。

　　这种状况不行。阿基德谟来的时候会向你说得更清楚。他也
一定会尽力向你解释你在派他来时遇到的难题,这个问题比其他
问题更崇高,更神圣。按照他的报告,你对有关第一原理性质的证
明不满意。我必须以谜语的形式向你陈述,就好像有时候出现在

铭文中的"从海上或陆上来,在里面或外面"那种谜语,读了以后也
不一定能理解。我的解释大体上是这样的。第一原理首先与万物
之王相关,万物的存在取决于他的话语,这就是一切美好事物的原
因。第一原理与第二类事物也有关,我指的是第二类存在物;第一
原理与第三类事物也有关,即第三类存在物。而人的心灵,当它与
这些事物发生联系时,努力想要获得关于这些事物性质的知识,关
注那些自身与之拥有某些亲缘性的事物;然而这样做并不适宜。
万物之王和我提到的其他事物没有一样是这种样子的。因此灵魂
问,"它们到底是什么样的?"这个问题,狄奥尼修和多利斯之子,或
者倒不如说在灵魂中引起阵痛的这个问题,就是引起一切麻烦的
根源,如果不能从心中驱除,人就不能真正地发现真理。

E

313

　　你在花园的月桂树下告诉我,你认为这是你的原创性发现。
我回答说,你若是真的弄清楚了,那么可以省去我的许多麻烦。然
而,我又说,我还从来没有遇到任何人能作出这种发现,我自己的
许多麻烦也是由此而生。你也许听别人解释过这个问题,当然你
也可能是在神灵的推动下朝着这个方向思考,并且认为自己已有
确定的证明,因此,对你瞥见的真理不要那么肯定,而应从不同的
角度,以不同的方式继续加以关注,决不要放弃对其各种表现的把
握。尽管真理不会有如此众多的样式,但处在这种状况下的绝非
只有你一人。我向你保证,第一次听我讲这些事情的人无不处在
这种状态下。在他最终弄明白之前,有些人困难大些,有些人困难
小些,但几乎没有人是无困难的。

B

C

　　由于我们所讲的事情,以及以这样的方式思考这些事情,我
想,我们已经非常接近为你的问题找到答案了,这个问题就是我们
相互之间是一种什么样的关系。你知道了我的看法以后,可以拿
我的看法与其他教师们的观点相比较,以此检验我的原则。这一
次,如果你的考察是真正的,那么这些原则将成为你的原则的一部

D

分,你既能成为他们的朋友,也能成为我的朋友。

那么,这些事情,连带我提到过的那些事情,该如何处理呢?当前你派阿基德谟来我这里是对的,今后,等他回去把我的想法报告给你以后,你可能会再次遇到其他困难。如果你能很好地接受

E 建议,那么你可以再派阿基德谟来,他会带着我的意见和新陶器回去。如果你反复这样做两三次,并对我的想法进行适当的考察,如果还不能解决你当前遇到的困难,那么我会感到十分惊讶。你要充满信心地这样做,因为你的命令、阿基德谟带回的新陶器,或者其他任何东西,都不会比你的考察更易为诸神所接受了。

314 然而,你要警惕,不要把你的这种考察限制在未受训练的人中间,因为我知道,在公众的眼中没有比这更荒唐可笑的学说了;但另一方面,在那些有着天然禀赋的人看来,没有比这更神奇、更有启发性的学说了。经过多年的反复努力之后,它终于像一块已经脱去了杂质的黄金。然而让我告诉你一件更值得惊讶的事情。有

B 些人拥有理智和记忆,还拥有通过各种可能的方法考察某种学说的能力,这些人中间也有不少好人,他们现在已经是老人了,他们所受过的教育不少于三十年,但连他们也才刚刚达到这样一个关节点,在他们看来从前被他们认为最不确定的东西现在成了最确定的,最明显的。考虑到这些事实,你要当心,免得到时候后悔现在不该把自己这些不明智的看法公之于世。用心学习比把想法写下来要安全得多。有些想法一旦成文也就不可能再隐蔽起来。这

C 就是我为什么不写关于这些事情的文章的原因,这些事情都不会成为柏拉图著作的内容。而现在所谓的柏拉图著作实际上就是经过修饰的、现代化了的苏格拉底的著作。再见吧,相信我。你要反复阅读这封信,然后把它烧了。这些事就谈到这里。

D 我派波吕克塞努去你那里,你会感到惊讶。至于和你在一起的吕科佛隆以及其他人,我对他们的看法一直没变,也始终这样

说,在参与讨论和逻辑方法上,你的才能超过他们所有人。他们中没有一个人愿意像有些人所说的那样自愿接受驳斥,而是被迫这样做。然而在我看来,你对他们的态度相当友好,这是你聪明过人之处。这一点就谈到这里,对这样的问题说这么多话已经足够了。

如果你本人正在使用腓力司逊,那就尽力这样做吧,但若用完了,请把他给打发了,交给斯彪西波吧。斯彪西波要我提出这一请求。腓力司逊本人也对我许诺,如果你愿意让他走,他会很乐意来雅典。你把这个人从采石场释放出来,所以我对他的奴仆和阿里斯通之子赫格西普提出这样的要求也不会遇到太大的麻烦。你知道,你曾写信给我,说如果有人虐待他,或虐待其他人,被你知道了,那么你决不会容忍。我还必须真实地向你报告吕西克利德的情况。他是惟一从西西里来到雅典而又没有歪曲关于我们之间关系的人。他总是说出所发生的事情的真相,并且说得很准确。

E

315

第 3 封

致狄奥尼修二世,祝你快乐!

B

你认为,说"祝你快乐"是我对你最好的问候方式,还是按照习惯"祝你幸福"? 祝你快乐是我写信给朋友时的用语。这对你来说当然有点屈尊,但即使是德尔斐的神也会这样说,据当时在场的人说,神谕中写道,"祝你快乐,祝你永远愉快地过一名僭主的生活。"不过,我不会吩咐一位凡人快乐,更不会责令一位神快乐。任何诸如此类对神的祝愿都是违反神的本性的,因为神远离快乐与痛苦的领域。还有,我也要尽量避免对人使用这样的问候,因为在大多数情况下快乐与痛苦对人产生伤害,使灵魂迟钝、健忘、愚蠢、违法。关于这个问候语就说这些。当你读到这些话时,可以按你喜欢的方式去理解。

C

D　　根据许多证人的说法,你在你的宫廷里对某些外国使节说,我曾经听你宣布过一项在西西里的希腊城邦定居的计划,并想要把政府的形式从僭主制改为王政,以减轻叙拉古人民的负担——这是你编出来的故事——尽管你急切地想要这样做,但我当时却在阻碍你实施这项计划,而现在我正在指导狄翁做你建议过的事情。

E　这样一来,我们就好像是在用你自己的想法剥夺你的王国。你知道从这样的说法中能否得到什么好处,不管怎么说,当你说出这样与事实相反的话来时,你伤害了我。菲力司提德和其他一些人在商人和叙拉古民众中散布了许多谣言,对我进行恶毒攻击,当我在卫城居住时,不管有什么问题发生,城外的人都对我进行指责,因为他们断定你在一切事情上都听从我的建议。你比任何人都更加

316　知道,我起初确实想与你一道处理某些政务,因为我认为这样做比较好。除了处理这些小事外,我还对立法产生了合理的兴趣,想通过你或其他人对法律作某些修正,因为我听说你们中有些人已经在修改法律。我的这些不同贡献在那些能够了解我性格的人看来是一清二楚的。

　　随它便吧,我刚才说过,我不需要任何新谣言了,这些谣言旨

B　在减少我在叙拉古人和其他相信你的说法的人中间的影响。或者倒不如说,我确实需要进行申辩以应付从前和当前的谣言,这些谣言比从前的谣言具有更大的、更难以克服的效果。对我的指控有两方面,我的申辩也必须从两方面进行。首先,我必须证明我正确地避免了与你一道管理这个城邦;其次,我没有向你提出过这种建议,也没有以你所说的这种方式对你进行干预。你说自己计划在

C　希腊城邦定居,而我对此进行阻拦,这不是真的。下面就让我先来回答指控的第一方面。

　　我来叙拉古是应你和狄翁的邀请。狄翁是我久经考验的、真正的朋友,相同的气质把我们联系在一起。他现在已经人到中年,

是该安居乐业的时候了。你可以肯定，人们在处理一些重要事务之前需要听取建议，就像你当时需要处理的事情一样，任何拥有理性之光的人都会这样做。另一方面，你当时还非常年轻，还从来没有经受过绝对必要的考验，你对我来说完全是个陌生人。后来，无论是人的作用还是神的作用，或是由于机缘，由于你的原因，狄翁被流放了，而你成了孤家寡人。在这种情况下，你认为我还有可能与你一道管理政务吗？因为我已经失去了一位理智的合作者，而那位愚蠢的合作者却有一大群恶人陪伴，他并没有在统治，但却以为自己在统治着，实际上受着我提到过的这些人的摆布。 D

　　在这种情况下我该怎么办呢？我是否要像已经被迫所做的那样，为了制止出于妒忌的谣言，不再参与政治事务，并且不顾你的反对意见和所采取的分离措施，尽一切可能去重建你和狄翁之间的友谊呢？你自己就是一个见证，知道我实际上从来就没有松懈过这方面的努力。尽管非常艰难，但我们最终还是达成了协议。我乘船回家，而你则去处理战事，等到和平到来的时候，狄翁和我如果想要返回叙拉古，你那一方会邀请我们。这就是我第一次访问叙拉古和平安回家的经历。 E

317

　　和平以后，你第二次召唤我，但没有按照我们之间达成的协议。你只邀请我一个人，而且说你会在迟一些时候邀请狄翁。结果我拒绝前往，并且也因此和狄翁疏远，因为他建议我还是应当尊重你的意见，前往叙拉古。一年后，你派一艘三层桨座的战船送来你的信。这封信一开头就说，如果我能去叙拉古，那么有关狄翁的所有事情都会按我的要求去办，否则就不予办理。我说不清当时有多少这样的信件到来，有些是你写的，有些来自意大利和西西里的其他人，他们应你的要求给我写信，还有许多信件来自我的朋友和熟人，全都敦促和请求我按你的意愿行事，务必前往叙拉古。 C　B

　　这就是从狄翁开始的所有人的看法，认为我必须启程，而不应回避义务。当然了，我也要他们考虑我的年纪，并且说你不可能处理那些试图在我们之间挑拨离间，引起争吵的人。我直到现在也

D 还是认为，一般说来，无论是公民还是君主，财富越多，就越会培养出许多告密者和卑鄙无耻的小人。从财富和其他形式的力量中产生的恶没有比这种恶更大的了。不管怎么说，抛开所有这些考虑，最后我还是去了，因为我想到自己一定不能让任何朋友来指责我贪图安逸，使狄翁失去本来不该失去的财产。

E 　　我到达以后——你当然熟知当时发生的一切细节——当然要按照我们原先在信中的约定，首先敦促你和狄翁缔结一种我讲过的关系，恢复他的职务。如果你当时接受我的建议，结果对你，对叙拉古，对其他希腊人，也就不会像现在这个样子了。这是我当时的直觉告诉我的。然后我又敦促你，让狄翁的财产留在他的朋友

318 手中，而不要任人攫取。你知道这些人是谁。还有，我认为他每年应得的收入都应当奉送给他，而不要另作处理。我人来了，但这些呼吁没有一样是成功的，于是我只好请求你让我离开。而你要求我等到明年再走，并且许诺会把狄翁的一半财产送往科林斯，另一半留给狄翁的儿子。

B 　　可以说，你作出过许多承诺，但都没有以某种方式兑现，这种事情太多了，所以我必须简要地说一下这种事情。还有，你未经狄翁许可就出售了狄翁的所有财产，而在此之前你曾经许诺未经狄翁许可决不会这样做。神奇的先生，你以最无赖的方式取消了你的所有承诺。你策划了一个既不高尚又不光荣，既不诚实又没有

C 好处的诡计，想把我吓走，以为我对此一无所知，这样我就可以连盘缠都不要就离开了。当你流放赫拉克利德的时候——这样做在叙拉古人和我看来都是不公正的——我和塞奥多图、欧律比乌一道请求你撤销命令，而你反而因此找到一个很好的理由，说这正好

表明我对你的意见不在乎,而只想着狄翁和狄翁的朋友,后来当塞奥多图和赫拉克利德作为狄翁的朋友而受到指控的时候,我只好毅然决然地离开,避免与他们相遇。

关于我们的政治合作关系就说到这里。如果你发现我对你还有其他厌恶之处,那么你可以认为这全都是以这种方式出现的。如果说我曾经被你帝国的伟大所吸引而出卖了我的老朋友和主人,那么任何有理智的人都会认为我是卑鄙小人,对此你不需要感到惊讶。但是他们遭遇不幸的原因在于你——即使温和地说,他们也并不劣于你——他们做了错事,按你的命令行事,显然接受了金钱的贿赂。如果我也这样做了,那么这是惟一可以强加于我的动机。所以这些事情就以这样的方式出现了,其原因就在于你的错误引起了存在于你我之间的敌意和不和谐。

下面的论证主要涉及我已经说过的要为自己申辩的第二个方面。请你注意,并请仔细考虑我说的这些事情是真还是假。我可以断定,大约在我离开叙拉古回国之前二十天,当阿基德谟和阿里斯托克利图在花园里的时候,你说了和你现在对我的批评一样的话,也就是说,我对赫拉克利德和其他所有人的关心胜过对你的关心。还有,当我到达之后,你当着他们的面问我是否还记得我曾敦促你实施在希腊城邦定居的计划。我承认我确实记得,并且仍旧认为这是一个理想的计划。我还必须重复一下,狄奥尼修,尽管我的这个表示是后来才有的。我要问的是,我当时是否只提了这个建议还是同时添上了一些别的事情。你当时确实非常愤怒而又傲慢地回答说,你认为自己想做的事已经不是一个美梦,而是现实。如果我没记错,你当时勉强笑着说,"你有没有得到什么指示,然后敦促我去做这些事情?"我回答说,你的记忆力极好。然后你说,"是调查方面的指示,还是什么指示?"这时候我没敢再说出心里的想法,因为我担心再说下去,我可能就再也无法回国了。

D

E

319

B

C

D　　然而,我说所有这些话的目的在于,你不要再污蔑我了,说我阻碍你在被野蛮人摧毁了的希腊城邦安置定居者的计划,不让你通过把僭主制改为王权的办法减轻叙拉古人的负担。首先,你可以不相信我,但对我来说,没有比这对我更不恰当的谎言了;还有,如果我可以在已经说过的这些话之外再说一些,那么我要说,任何一个有能力的法庭都可能提供比这更清楚的证据,说我曾敦促这一计划的实行,而你不愿执行。不管怎么说,要想弄清这一事实,

E　要想完成这些被你,被叙拉古人,被所有在西西里的希腊人视为最好的计划,并非难事。先生,如果你否认你曾说过的话,那么我会把真相说出来。如果你承认我说的是事实,那么你可以这样想,斯特昔科鲁是聪明人,你可以模仿他的做法公开认错,这样一来你也就从错误转变为真实了。

第4封

320　　致叙拉古的狄翁,祝繁荣昌盛!

　　我认为,那些已经实现了的成就是我发自内心感兴趣的,这一点很清楚。但同样也很清楚的是,我渴望见到它们的最终完成。就像做其他事情一样,我雄心勃勃地想要在这一高尚事业中获得

B　成功。我认为,那些真正的好人和那些做好事的人应当获得他们应得的名声。当前,如果神乐意的话,那么形势确实大好。然而,摆在我们面前的这场伟大斗争,尽管看起来似乎既属于其他一些人,也属于你,但一般民众必定会期待你们在勇敢、敏捷、力量等方面胜过那些以参与这场斗争为荣的人,他们自称尊重真理、正义和

C　仁慈,以及与这些理想相一致的行为。

　　我的意思已经讲清楚了,然而我们仍旧应当提醒自己,有些人——你知道他们是谁——一定会超过其他人,就好像他们一定

会超过孩子。我们必须明明白白地告诉人们,我们是说到做到的那种人,尤其是,如果神喜欢,当这样做变得比较容易的时候更应当如此。其他人的情况是这样的,如果想要有知识,他们必须广泛游历;而你当前则拥有这样的地位,我们可以大胆地说,你是当今世界令人瞩目的人,世人们关注着一个地区,而在这个地区中人们关注着你。　D

　　所有人都在关注着你,就好像是在期待莱喀古斯和居鲁士在世,但由于具有杰出品性和治国才能的人有许多已经崭露头角,尤其是许多人都已经有了这样的看法,所以当狄奥尼修已不成为障碍的时候,我们的事业就有可能因为你和赫拉克利德、塞奥多图,以及其他名人之间的对立而遭到毁灭。我当然希望没有人会这样做,但若有人这样做了,你必须始终扮演一个医生的角色,使各方面的关系恢复到最佳状态。　E

　　你也许认为我提到这些事情是可笑的,因为你自己也非常明白他们的重要性。然而依我看,每当演员认为自己会得到善意的热烈掌声时,他们也许会在剧场里被孩子们轰下台,更不必说他们的朋友了。所以,你们现在要扮演好自己的角色,如果有什么需要,就写信给我。　321

　　这里的情况仍旧和你们在的时候一样。你们也要在来信中告诉我,你们干了些什么,取得了什么样的进展,尽管我听说了不少事,但我对真相一无所知。塞奥多图和赫拉克利德的信已经到了拉栖代蒙和伊齐那,但如我所说,尽管我听说了许多,但我不了解你们的真实情况。你们也要想一想,有些人认为你们并非那么乐意助人,而你们本应如此。你们千万不可忽视这一点,民众的喜好是取得成功的重要因素,而武断专横的脾气必定缺少同伴。　C
再会!　B

第 5 封

致佩尔狄卡,祝繁荣昌盛!

我已按照你来信中的要求,建议欧福莱乌帮助你打理事务,并以此为业。我也应当像他们所说的那样,友善而又严肃地向你提D供建议,既涉及你提到过的其他事务,也涉及你要欧福莱乌处理的事务。这个人能做各种事情,但最重要的是他能提供你当前所需要的服务,之所以如此,乃是因为你年轻,也因为没有多少人会对年轻人说这些事。

每一种政治形式都有一种特别的声音,就好像一种动物似的。E政治形式有民主制,还有寡头制,第三种是君主制。许多人断言自己懂得政治这门学问,但除了极少数人之外,人们对这门学问其实一点儿也不熟悉。任何形式的政府都会对神和人发出自己的声音,也会采取与自己的声音和谐一致的行动,这样的政府才能保持繁荣昌盛,经久不衰。但若模仿其他政府的声音和行为,那么它就322会灭亡。你会发现欧福莱乌在这方面十分有用,因为我期待着他能够帮助你翻译君王以及其他奴仆的声音,当然他肯定是个好人,在其他方面的作用也不小。如果你使用他,那么你本人将从中得益,对他来说也是一件大好事。

如果有人听到这件事以后说,"柏拉图显然自以为知道民主制有什么好处,然而,尽管他有权在公民大会上讲演和提供最好的建议,但他从来就没有在那里说过一句话",那么我要作出的回答是:B柏拉图出生的时候,他的国家已经有了很长的历史,这个国家的民众也已经生活了许多年,已经从前辈那里获得了自由行事的习惯。你必须解释说:"他一直很乐意为民众提供建议,就好像一个人如果不愿虚度年华,一事无成,就需要向父亲咨询一样。这正是我认为他可以向我提供建议的地方。如果他认为我已经不可救药，那么他可以与我分手，不再对我和我的事情提供任何建议。"再会！

C

第6封

致赫尔米亚、厄拉斯托、科里司库,祝繁荣昌盛！

在我看来,有一位神愿意成为你的朋友,也能够成为你的朋友,他已经为你准备了幸福,只要你聪明地加以接受。你们的住处相距不远,能够做到互帮互利。对赫尔米亚来说,大量的骑兵、其他军事资源,或者获取黄金,都已经不能再增添他在各方面的力量,也不能使他获得更多纯洁的朋友。作为一名老人,我要说,对厄拉斯托和科里司库来说,除了要拥有这种高尚的思想外,他们还需要拥有自我防护的能力,能够抵御卑鄙与邪恶,也还需要自制的能力。他们经验不足,因为他们大半生都和我们一道度过,他们是高尚的,不是邪恶的,这就解释了我说的话,他们还需要其他东西,为的是使他们不会被迫弃绝真正的智慧,为的是能够更好地关注有关人生及其需要的智慧。在我还没有与赫尔米亚见面的情况下所能作出的判断是,赫尔米亚当然拥有这种实际的能力,并且用来自经验的技艺在加强这种能力。

D

E

323

那么,我要对你们说些什么呢？对你,赫尔米亚,我凭经验对厄拉斯托和科里司库的了解比你强,我断定,你不可能轻易找到比你的这些邻居更可信的人了。我建议你用各种正义的方式接近这些人,并视之为当务之急。反过来,我也要建议科里司库、厄拉斯托去接近赫尔米亚,你们要团结一致,结下牢固的友谊。如果你们中有人以任何方式削弱这种联系——因为对人来说没有什么是稳固的——请写一封抱怨的信给我和我的同伴。我相信我们在这里

B

抱着公正和仁慈之心写下的信，除非有某些巨大的裂痕出现，会比其他任何咒语都更能治愈伤口，使你们重新回到先前存在过的友

C 谊和合作上来。如果所有人，你们和我们，能够根据每个人的具体情况在我们的能力范围内实践哲学，那么我作出的预言将会实现。如果我们不这样做，那么我不愿说出将会发生什么样的事情，因为我必须说好兆头。因此我说，如果神乐意，我们将在所有这些事情上取得成功。

你们三人都必须阅读这封信，如果可能的话，你们要在一起阅读；如果不可能，你们可以俩人在一起阅读；在可能的范围内，你们还要经常阅读。你们必须把它当作一个必须遵守的合同和法律，

D 也就是说，这是一条正义的法律。对神发誓的时候，你们要严肃、认真、热忱，神是现在和将来的一切事物的统治者，是统治的积极原则的公义之父。如果我们真正实践哲学，那么我们将在凡人力所能及的范围内获得关于神的某些知识，而我们说凡人确实拥有这方面的禀赋。

第7封

E 致狄翁的朋友和同伴，祝繁荣昌盛！

在来信中，你们敦促我相信你们的政治信念与狄翁相同，由于

324 有这种联系，你们希望我能用言行帮助你们的事业。我的回答是，如果你们的想法和目标确实与狄翁相同，那么我会帮助你们；但若不同，那么我要花时间想一想。但是，狄翁的政策和他的目标是什么？我想先回答这个问题，不凭猜测，而凭确定的知识。因为当我第一次访问叙拉古的时候——我当时大约四十岁——狄翁的年龄

B 就像希帕里努现在一样。他当时就已经得出结论，以后也从来没有抛弃过。他坚信在最好的法律制度的指引下，叙拉古人能够自

由地生活。如果希帕里努在神的指引下得出与狄翁相同的结论，赞同狄翁的政治信条，那么没有必要感到惊讶。

这一信条起源于一个老人和少年都可能听说过的故事，我想在这个恰当的时候，从头开始把这个故事讲给你们听。我年轻的时候有过和许多青年大体相同的经验。我希望一旦成年便可以立即参加政治生活，当时的政治情况正好发生变化，给了我这样的机会。那时遭到广泛反对的政府被推翻，爆发了一场革命。在这场革命中，有五十一人组织了一个政府，十一人在城里，十人在庇莱厄斯① 分别管理市场和处理城邦的日常事务，其余三十人掌握权力，作为整个城邦的最高统治者。其中恰巧有些人是我的朋友和亲戚，他们邀请我参加他们的政府，认为我适宜从政。这也没有什么可奇怪的，我当时还年轻，相信他们会引导城邦从不正义的生活走向正义的生活，并且"管理它"，这是他们的说法，所以我抱着极大的兴趣观察今后的动向。

然而，我看到仅仅在一个很短的时期内，这些人就使得人们重新怀念起从前的政府来，认为比较起来那才是黄金时代。更重要的是他们要控告我的朋友年迈的苏格拉底，我毫不迟疑地认为他是所有活着的人中间最正直的一位。他们强迫苏格拉底和别人一起去逮捕并处死一个公民，不管苏格拉底是否愿意，都要他参加他们的政治活动。但是苏格拉底拒绝了，宁愿冒一切风险也不愿和他们同流合污。我对这些罪恶活动深感厌恶，于是就让自己离开这些弊端。不久，三十人掌握的权力和他们的政府垮台了。

这时候，我又感到有了参加政治活动的愿望，尽管不那么强烈。那是乱世，是会碰上许多悲惨事情的，在革命时期，在有些情

C

D

E

325

B

---

① 庇莱厄斯(Piraeus)是雅典最重要的港口，位于距雅典城四英里的半岛上。

况下对敌人报复过分了也不必惊奇；尽管如此，回来的被流放者还
是做得比较温和。但不幸的是有些掌权者荒谬地指控并审讯我的
C　朋友苏格拉底，以不敬神的罪名把他处死——正是这个人，在他们
不幸被流放时曾拒绝参与把他们的一个朋友逮捕流放。

　　因此我思考所有这一切，思考治理国家的人以及他们的法律
和习俗；当我年纪越来越大的时候，我看到要正确安排国家事务确
D　实是件很困难的事。没有可靠的朋友和支持者什么事情也办不
成，而这样的人很难找到。我们的城邦已经不依照传统的原则和
法制行事了，而要建立一种新的道德标准又极为困难。再说，法律
E　和习俗正在以惊人的速度败坏着，结果是，我虽然曾经满腔热忱地
希望参加政治生活，但这些混乱的状况却使我晕头转向。尽管我
326　并没有停止思考如何改进这种状况，如何改革整个制度，但我的行
动推迟了，以等候有利的时机。最后我终于得出结论：所有现存的
城邦无一例外都治理得不好，它们的法律制度除非有惊人的计划
并伴随好运气，否则是难以治理的。因此我被迫宣布，只有正确的
哲学才能为我们分辨什么东西对社会和个人是正义的。除非真正
B　的哲学家获得政治权力，或者出于某种神迹，政治家成了真正的哲
学家，否则人类就不会有好日子过。

　　这就是我第一次访问意大利和西西里之前所持的信念。然
而，当我到达那里以后，我发现那里的人对什么是幸福生活有完全
不同的看法。意大利人和叙拉古人热衷于宴饮，一日参加两次宴
C　会方才满足，夜晚也决不独眠，他们的生活方式的其他方面也莫不
充满奢侈和放纵。在这样的环境和放纵的生活下成长起来的人决
不可能成为明智的人。那里的人要具有这样的品格简直不可思
议。那里的人要具有清醒的理智或养成其他优秀品德也是不可能
D　的。当城邦的公民全都认为应当过度消费，同时使之成为一条规
则，全身心投入宴饮，努力追求欲望的满足时，任何法律都无法使

城邦摆脱动荡不安的状态。在这样的城邦中,不可避免地会有无休止的统治形式的更替——僭主制、寡头制、民主制——一个接一个,而正义和平等的统治在这些掌权人心中只是该受诅咒的东西。

　　在原先的信念之外我又有了这种看法之后,我来到了叙拉古。这也许是偶然的,但看上去确实似乎有一种更高的力量在起作用,在为最近与狄翁、叙拉古城邦有关的事情奠定基础。我至今仍在为你们担心,除非你们现在就能接受我现在给你们提出的第二次建议。然而,我说我的第一次访问叙拉古仅仅是事情的开始,这样说是什么意思? 我在与年轻的狄翁交往时,我把我关于人类理想的学说告诉他,鼓励他努力实践,但我当时似乎完全没有意识到自己是在策划一种推翻暴君的办法。但不管怎么说,狄翁还是很快地理解了我的教训,比我所遇到的其他年轻人更加迅速、更加热情地接受了它,并且决心一辈子过一种与大多数在意大利和西西里的希腊人不同的生活,把道德看得比享乐和奢侈更重要。由于有了这种认识,他过着合乎美德的生活,直到狄奥尼修死去,这一点确实使那些推崇僭主制的人感到恼火。

　　打那以后,狄翁心里感到拥有这种信念的不应该只有他自己,这种信念是他通过正确的理性获得的。事实上,他也看到这种信念也在其他一些人心中滋长,尽管这种情况不太多,但还是有一些。他认为,在神的帮助下,狄奥尼修也许能够成为这些人中的一员。还有,如果狄奥尼修也能成为这样的人,那么由此产生的结果会使其他叙拉古人追求一种真正幸福的生活。进一步说,他认为我尽快来叙拉古帮助完成这项工作是绝对必要的。他清楚地记得,通过我们之间的相互交往,他很快就产生了过这种高尚而又良好生活的愿望。同样的道理,如果他现在能够成功地使狄奥尼修也产生这样的愿望,那么就能在整个国家产生一种真正幸福的生活方式,而无需发生流血和屠杀一类的不幸。

　　狄翁得出这一正确结论之后,就劝说狄奥尼修邀请我,他自己
E 也派人来,要我尽一切可能,在其他某些与狄奥尼修在一起的人误
导狄奥尼修过一种不好的生活之前,尽快前往叙拉古。下面是狄
翁来信中的一段话,尽管复述起来很长。

　　他说:"当前是一个极好的时机,这种情况能够出现简直是一
328 个奇迹,其他我们还有什么可等待的呢?"然后他提到意大利和西
西里已经处在一个政府统治之下,提到他在这个政府中所处的有
影响的地位,而狄奥尼修还很年轻,对知识感兴趣,还强调狄奥尼
修对哲学的尊重和他所受的教育。还有,他自己的侄子和其他亲
戚也会接受我始终宣传的这种学说和生活方式,这些人同样也可以
帮助我们赢得狄奥尼修。他说:"要想在这个世界上实现什么希望,
那么必须看到同一个人既是哲学家又是一个大城邦的统治者。"

B 　　他使用了这样的论证,以及其他许多相类似的论证。至于我
自己的决定,一方面我担心狄奥尼修太年轻,而年轻人经常冲动,
会突然改变主意。另一方面,我知道狄翁生来具有坚强的品格,而
他已经是中年人了。因此,当我反复考虑自己该不该去,或该怎么
C 办的时候,我应该去的想法从未占据上风。但我又想,如果想要实
现我在法律和政治方面的理想,现在确实是一个很好的试验机会。
如果我能成功地说服一个人,就能保证获得完全成功。

　　激励我踏上旅程的就是这样一种考虑。我的动机并不像某些
人所说的那样,而主要是出于一种自尊。我担心自己最终除了空
谈以外将一事无成,也就是说,成为一个从来没有处理过任何具体
D 事务的人,这样一来,我也就成为一个不忠实的人了,并且首先会
有损于我和狄翁之间结下的深厚友谊。他确实面临着巨大危险。
假定他有什么事发生,假定他被狄奥尼修和他的其他敌人驱逐以
后来找我。他会问我:"柏拉图,我在流放中来到你这里,既不是因
为缺乏步兵和骑兵来保护自己,打击敌人,而是因为缺乏论证和雄

辩,我比别人更知道你有本事使年轻人的心灵转向美德和正义,使
他们在各种情况下缔造友谊和同盟。由于你没有向我提供这些东 　E
西,所以我离开叙拉古来到这里。然而,你对我的态度并非你行为
中最可耻的地方。到目前为止,你的行为确实算得上一名叛徒,不
仅背叛我,而且背叛哲学,而你一直在赞美哲学,并指责其他人漠
视哲学。还有,如果我有机会住在麦加拉,那么你肯定会来支持我 　329
的事业,否则你就得承认自己是个卑鄙小人。情况就是这样,你认
为自己可以借口旅途遥远和艰险来逃避被人们指责为懦夫吗? 这
是根本不可能的。"

　　对于这些理直气壮的指责我该如何回答? 我无言以对。

　　所以我去了,尽可能遵循理性和正义的原则。由于上述原因, 　B
我放弃了自己并非无足轻重的研究工作,去了一位僭主那里,而这
种统治形式似乎与我的学说和性格都不相符。在这样做的时候,
我躲避着宙斯① 的注视,没有给人们埋怨哲学留下任何根据,因
为我想自己若是由于拒绝履行自己的义务而蒙羞,必定也会使哲
学蒙羞。下面我必须说简单一些。当我到达那里的时候,我发现
狄奥尼修有许多眼线,经常给他送来许多针对狄翁的恶意的小报
告。我尽力为狄翁说话,但我实际能做的实在有限。在大约第四 　C
个月的时候,狄奥尼修得到消息说狄翁试图谋反,于是就用一只小
船放逐狄翁,可耻地把他赶走了。我们这些狄翁的朋友在这个时
候全都生活在恐怖之中,担心狄奥尼修用参与狄翁谋反的罪名加
害于我们。关于我的一个谣言确实也传到海外,说我在叙拉古被
狄奥尼修处死了,因为我要对整个事件负责。

　　狄奥尼修看到我们全都处于这种状态,担心我们的恐惧会引 　D
来其他更糟糕的后果,于是就对我们表示善意来争取我们。顺便

---

① 　此处原文为 Zeus Xenios,意为"化身为公鹅的宙斯"。

提一句,他确实前来安慰我,要我不必发愁,请我无论如何也要留下来。我从他那里逃离确实是一件令他丢脸的事,而我继续留在那里才会使他感到光荣,这就是他为什么强烈要求我留下的原因。僭主们的要求经常是强迫性的。为了达到他的目的,他对我采取了隔离措施,不让我离境。他把我移居到城堡里,在那里我不可能与任何船主接触,让他们同意我搭乘船只离开,除非狄奥尼修不加阻拦,并且派使者把我送去码头。否则的话,没有任何商人或管理码头的官员会允许我独自离开,他们甚至会马上把我逮捕,送交狄奥尼修,尤其是这条新闻已经广泛传开了,正好与先前狄奥尼修喜欢柏拉图的说法相反。

那么真实情况如何呢? 我必须说出真相。当他越来越多地了解我的生活和品性之后,他确实越来越喜欢我。但他也想要我赞扬他,胜过我对狄翁的赞扬,把他,而不是把狄翁,当作一个特殊的朋友。事实上,他在这方面的念头确实令人惊讶。如果说他的这一目标能够实现的话,那么他没有使用达成这一目标的最佳方法,这就是从我这里聆听教诲和我关于哲学的谈话,成为我的亲密朋友和门徒。我们的敌人散布的谣言使他害怕落入某种圈套,害怕狄翁的计划得以实现。尽管我抱着初次访问时的目的耐心等待,希望他能以某种方式过一种哲学的生活,但他始终表示抗拒。

就这样,我花费时间第一次去访问西西里,并在那里逗留。后来我又应狄奥尼修的紧急邀请再次访问西西里。我必须稍后再解释为什么要第二次去那里访问,我要说明我所做的一切都是合理的,正确的,有些人希望我去那里实现我的理想,我去那里是为了这些人的利益。然而,首先,为了避免把次要的事情当作最重要的事情,我建议你们还是要关注最近的事件。这就是我要告诉你们的事情。

对生活方式有害健康的病人提建议,首先必须要他改变生活

方式,不是吗? 如果病人同意改变,那么可以对他提出其他告诫,
对吗? 然而,如果病人拒绝改变生活方式,那么在我看来,真正的
人或真正的医生就不应当再给这样的人提建议,只有懦夫和骗子
才会进一步这样做。对城邦来说也一样,无论它只有一个统治者
还是有许多统治者。如果政府开始按正确的方式运作,为了城邦
的利益而听取某些方面的意见,那么有理智的人值得向这样的共
同体提出建议。然而,有些政府完全偏离了正确的统治道路,而又　E
不愿意走上正道,只是要人们克制愿望,不要多管闲事,不要提出　331
用简便快捷的方法进行治理国家的建议,否则就要被判处死刑,在
这种情况下,我会认为附和现状的人是懦夫,而对此加以拒绝的是
真正的人。

　　这就是我的坚定信念,无论什么时候有人就他的生活中最重
要的事情向我寻求建议,比如如何获得财富,或者如何恰当地训练　B
身体或灵魂,那么,在我认为他的日常生活非常有条理的情况下,
或者在他愿意接受我的建议的情况下,我会诚心诚意地给他提建
议,而不会敷衍了事。然而,他若是既没有向我寻求建议,或者显
然并没有接受建议的诚意,那么对这样的人我是不会自作多情的。
我不会强迫他接受我的建议,哪怕他是我自己的儿子。如果他是
一名奴隶,那么我会既提建议又加以管束。我认为若是对父母加　C
以约束是有罪的,除非他们精神不正常。只要他们过着一种适合
他们的一致的生活,哪怕这种生活不适合我,我也既不会用无用的
告诫约束他们,也不会肤浅地对他们进行奉承,为他们提供满足欲
望的手段,而这些欲望我自己是宁可死也不会迷恋的。同样的策
略也应当成为聪明人对待他的城邦的一个生活原则。如果他认为　D
他的城邦的制度不完善,那么他应当说出来,但一定不能用革命的
方法对他的祖国使用暴力。当不用杀人和流放的手段就不能使制
度完善的时候,他一定要约束自己的行动,要为他自己和他的城邦

向神祈求最佳状态。

　　我以同样的方式向你们提建议,就像狄翁和我曾经向狄奥尼修提建议一样。首先,我们要他过一种有助于养成自律品格的生活,使他能够赢得忠实的朋友和同伴。这样,他就能避免他父亲的处境,他父亲占领了许多曾被野蛮人蹂躏的西西里大城市以后,无法使那些地方安定下来,建立起由他的朋友组成的值得信赖的政府。因为在这样的事情上,他既不能相信那些与他无关联的人,无论他们是什么出身,甚至也不能相信他亲自抚养长大的幼弟,尽管他辛辛苦苦地把他们养大,使他们从一无所有到占据高位,成为有影响的人物。他不能通过雄辩的话语、教诲、仁慈、威严,使他们中的任何人发展成熟,可以作为他的政治伙伴,在这方面他与大流士的差距有七倍之多。因为大流士相信那些由他自己抚养成长的人,尽管他们不是他的兄弟,而只是他攻打米地亚王国时的同伙和宦官,他把七个行省交给他们分别管理,每个行省都比整个西西里还要大。他还在这些人中间找到了忠实的同盟者,他们既不会攻打他,也不会相互讨伐,在大流士身上我们看到了一个政治家和英明的国王必须展现的品性,他是一个理想的典范,因为由他设置的法律使波斯王国存留至今。再以雅典人为例,尽管他们自己不是创建者,但他们占领了许多曾经遭受蛮族侵略但仍旧保存下来的希腊城邦。不管怎么说,他们的帝国维持了七十年,因为他们在各个城邦拥有许多朋友。然而狄奥尼修虽然用他的智慧把西西里变成了一个城邦,但他不相信任何人,这是一个大灾难。他缺乏经受过严峻考验的真正的朋友,没有一种道德品性比这种品性更缺乏明显标志了,无论他是否缺乏这样的朋友。

　　所以狄翁和我向狄奥尼修提出了这方面的建议。由于他从小受他父亲管教,缺乏受教育的经验和恰当的教诲,因此他首先必须要有获得这些教育的愿望。其次,在有了这种愿望之后,他必须赢得友谊,与他的亲戚和同伴形成一种道德上的和谐关系,尤其是他本人应当成为有道德的人,因为他显然极为缺乏这种品质。我们没有把话说得那么白——话说得太白了不安全——但我们隐晦地把这种意思说了出来,我们不断地论证说,任何人接受了这种教育都能有所长进,而且也能使他统治的民众繁荣昌盛,但若接受别的教育,那么结果正好相反。当他沿着我们设计的道路前进,在理智 E 和品性方面都有了进步的时候,他想要组织殖民团体去西西里那些被遗弃的城市,想要用法律和制度把它们联合起来,使它们成为 333 他的附庸,能够共同抗击野蛮人的进攻。这样一来,他就不仅能使他继承下来的帝国扩大一倍,而且能扩大许多倍。如果这个计划实现了,那么他确实可以征服迦太基人,就像格隆① 时代一样,而他的父亲② 在晚期只好同意向野蛮人纳贡。这些话就是我们的劝告,而当时我们已经被假定为要谋反,来自各种途径的众多谣言已经占据了狄奥尼修的心,由此导致狄翁的放逐,也使我们处在恐怖之中。

　　我要非常简洁地说明一下当时发生的许多大事,狄翁从伯罗 B 奔尼撒和雅典返回西西里以后,给了狄奥尼修一个实际的教训。然而当他第二次解放了他们的城邦,并将城邦交还给他们的时候,叙拉古人对待狄翁的态度和狄奥尼修没有什么两样。当狄翁对狄奥尼修进行教育和训练,使他能成为一名称职的国王,并愿终生支持他的时候,狄奥尼修听信了那些谣言,说狄翁当时所做的一切都 C 是阴谋推翻这个政府的一部分。他们说,狄翁的计划是,当狄奥尼

---

　　① 格隆(Gelon)是叙拉古的僭主。公元前485年,叙拉古的寡头党向担任骑兵指挥官的格隆求助,由此格隆成为叙拉古的僭主,在他统治时期,叙拉古战胜迦太基人,把统治权扩大到整个西西里。

　　② 指狄奥尼修一世。

修的智力屈服于教育的咒语时,就会失去对政治的兴趣,从而把权力转移到狄翁手中。狄翁到时候就会用欺骗的手段把狄奥尼修赶下台,攫取王位。这样的小道消息在叙拉古人中间到处流传。不久后,它们又一次传到狄奥尼修耳中,于是最可怕、最可耻的事情就发生了。

D　　　现在我必须向那些敦促我插手解决当前局势的人作些解释。我本人是一名雅典人,是狄翁的朋友和同盟者,我去见了那名僭主,试图调解他们之间的关系。在我与造谣者的斗争中,我失败了。然而,狄奥尼修试图用荣誉和金钱劝说我再次帮助他,要用我的证言和友谊来表明放逐狄翁是正确的,这个时候他完全失败了。

E　　此后,当狄翁返回他的祖国时,他的同伴中有俩人是像我一样的来自雅典的兄弟。然而,他与他们的友谊不是建立在哲学基础之上,而是建立在社会交往的基础之上,这种朋友是当前流行的所谓朋友。他们的同伴关系是相互表示亲善的结果,也是加入不同秘仪的结果,陪伴狄翁回国的这两名兄弟就属于这种情况。他们的友谊建立在这种关系之上,为狄翁的远征提供帮助。到达西西里以

334　后,他们看到狄翁是在西西里人中间流传的谣言的牺牲品。狄翁解放了西西里人,但西西里人却把他说成试图谋反,自己想当僭主,他们不仅对他们本应表示欢迎的人作了伪证,而且实际上用自己的双手谋杀了他,他们就好像手持武器站在一旁,对凶手提供帮助。

　　　我现在并非对他们的可耻与邪恶一无所知,也不想评论它,因
B　为从今以后会有许多人发出这种谴责。然而,若是雅典人也说有这样的人是雅典的耻辱,那么我就要说话了。因为我认为,拒绝背叛这个人的也是雅典人,如果他当时这样做,那么他可以获得财富和无数的荣誉。他忠实于他的朋友并非出自一种低品格的友谊,而是出于一种对自由训练的共同参与,有理智的人只有在这种训

练中才能取得自信,而不是由于灵魂或肉体的亲缘关系。因此,这
个城邦并不会因为有了杀死狄翁的凶手而受到谴责,就好像他们　　C
曾是重要人物似的。

　　我已经说过的这些话都可以作为对狄翁的朋友和亲戚的建
议,但我现在还有一番特殊的话要说,因为我已经向人提过类似的
建议,现在说这样的话已经是第三次了,而你们是我的第三批听
众。让西西里和任何地方的任何城邦不要再屈服于一个世俗的统
治者——这是我的学说——而要屈服于法律。屈服对统治者和被
统治者来说都是邪恶的,对他们自己来说是这样,对他们孩子的孩　　D
子来说也是这样,对他们的所有后裔来说都是这样。试图奴役他
人总是一种灾难,贪婪地进行这种抢劫是卑劣的灵魂和短视性格
的一个圈套,世人对什么是善或什么是正义一无所知,无论是现在
还是今后,无论是从神的角度看还是从人的角度看。我最初试图
使狄翁信服这个真理,然后试图使狄奥尼修信服这个真理,而你们
是第三批。看在拯救者宙斯的份上,请相信这个真理吧。

　　你们也要以狄奥尼修和狄翁为诫,因为在这两个人中间,不信
服这条真理的那个人现在过着无知的生活,而信服这条真理的人　　E
已经高尚地死去。因为当一个人把这一最高理想定为他和他城邦
的目标,并接受其后果的时候,那么在他的命运中就不会再有什么
迷惑和无知了。我们中没有人是生而不朽的,不朽也不像大多数
人认为的那样会带来幸福。没有灵魂的东西不会有什么善的或恶
的价值。只有对与身体在一起的灵魂或与身体相分离的灵魂来　　335
说,才有善与恶发生。我们必须在任何时候都要毫不犹豫地赞同
这个古老的、神圣的学说,它告诫我们灵魂不朽,灵魂要受审判,灵
魂在与身体相分离以后要接受最严厉的惩罚。因此我们也必须认
为,成为大错和大罪的牺牲品比作恶和犯罪要好。许多人只顾贪　　B
婪地填满他们的钱包,而他们的灵魂竭力拒绝聆听这些学说,或者

以为在聆听这些学说时可以加以嘲笑,他们像野兽一般只顾无耻地攫取食物、饮料,满足各种各样的兽性的、肉体的快乐,这些快乐甚至无权使用从女神阿佛洛狄忒那里派生的名字。这些人是盲目的,看不到与他们令人厌恶的暴力行为相伴随而来的后果,因为每项罪恶都会给作恶者带来沉重的负担,不仅在今世活着的时候,而且在他们回归到地下世界的时候,他们的旅程始终充满着耻辱和悲惨的景象。

C

我对狄翁解释了这些学说和其他一些学说,他信服了,因此我有各种理由对杀害狄翁的人表示愤怒,就像对狄奥尼修一样。你们可以说,在这两种情况下,我和其他所有人都受到了最大的伤害。因为当狄奥尼修不同意在他的帝国中实施正义的时候,杀害狄翁的凶手杀了一名想要彰显正义的人。狄奥尼修拥有极大的权力,如果在他的帝国中哲学和政治权力能在一个人身上统一,那么帝国的光辉将照耀所有人,无论是希腊人还是野蛮人,在这样的光辉照耀下,他们自己就能够把真正的信仰带回家,也就是说,一个人无论是否在其正义感的指引下生活,是否在圣人的控制下成长或接受正义的习俗,他除非能在正义法则的指引下过一种明智的生活,否则城邦或个人都不能获得幸福。为了阻碍正义的实现,狄奥尼修造成了这一伤害,与之相比,他造成的其他伤害我都认为是轻微的。

D

E

杀害狄翁的刽子手不知道他的行为与狄奥尼修的行为结果相同。我敢肯定,在我能够表示对某人的信心的范围内,我认为,如果狄翁能够掌权,他决不会采用下列任何统治形式。首先,他会使自己的母邦叙拉古变得清洁而又合乎正义,他终结了城邦的奴隶制,同时使城邦自身也成为一名自由人。在此之后,他应当用一切方式使公民养成遵守纪律的习惯,给他们设置一套恰当而又理想的法律体系。此后,他应当努力执行西西里的定居计划,把西西里

336

从野蛮人手中解放出来,把有些野蛮人赶走,用一些比希厄隆更简
便的方法使其他野蛮人归化。还有,如果这些结果是由一个正义、
勇敢、清醒的学哲学的人带来的,那么公众就会对美德抱有相同的
看法,就好像狄奥尼修所赢得的民众的看法一样,并能在实际中使
全人类随着美德的传播而获得拯救。

　　尽管有某些神或某些恶灵给人带来了蔑视法律和不虔诚,但
最糟糕的是固执与愚蠢,这是所有人的各种邪恶的方式扎根和茂
盛的土壤,然后又会给播种者带来最苦涩的果实。所以,第二次的
愚蠢带来了彻底的失败和灾难。然而现在我什么也不说,以免给
我的第三次尝试带来厄运。

　　无论如何,我要向你们建议,狄翁的朋友们,你们要模仿他对
国家的忠诚,也要模仿他所遵循的有节制的生活规则。你们要在
更好的保护下执行他的计划。我已经清楚地告诉你们他的计划是
什么。如果有人无法以这种多立斯人的方式生活,这是你们祖先
的传统,而是寻求过一种杀害狄翁的刽子手那样的生活,这是西西
里人的生活方式,那么就不要找他来帮助你们,不要假定他能忠诚
而又正义地行动。但你们应当请求其他人来帮助你们在全西西里
进行殖民的计划,给这块土地带来法律下的平等,既要从西西里找
这样的助手,也要从整个伯罗奔尼撒找这样的助手。你们也不要
害怕雅典人,因为那里也有一些人在美德方面超过全人类,他们厌
恶可怕的谋杀。

　　然而,如果这些尺度只能以后再确定,如果你们现在要被迫加
速工作的进程,因为现在每天都有不同党派之间的争执发生,那么
我认为,每个有幸拥有哪怕是微小的正确尺度的人都一定会明白,
那些参与内战的人决不会摆脱他们的麻烦,他们不会停止欺骗,也
不会停止杀人或流放,不会停止对敌对党派进行报复。倒不如说,
他们必须实行自制,制定相应的法律,这些法律不仅有利于他们自

B

C

D

E

337

己,也应当有利于被打败的党派,他们必须使他们的对手由于感到耻辱和恐惧这两种原因而服从法律。之所以产生恐惧,乃是因为法律拥有更强大的力量,之所以产生耻辱,乃是因为他们在抗拒天性、自愿服从法律方面显然更强。除此之外,没有其他方法B可以终止这种由于党派之争而给城邦带来的不幸。当城邦处在这样的状态下的时候,它自己也就不会去培养派别、敌意、仇恨和不信任了。

那些出于机缘而取胜的人,如果想要获得和平与安定,必须根据有关信息,亲自在希腊人中选择杰出人士。这些人首先要达到C一定的年龄,有妻子儿女,家世高贵,有充足的家产。至于他们的数量,对一个上万人的城邦来说,有五十人也就足够了。他们应当被召集起来给予款待和最大的荣誉。在召集了这些人以后,就应当责成他们起草法律,在动笔起草之前要他们宣誓,既不偏向征服者,也不偏向被征服者,而要给予整个城邦的人同等的权力。

法律起草完毕,这是处理其他一切事务的关键。如果征服者D比被征服者更加彻底地服从法律,那么到处都会出现一种安全和幸福的气氛,各种麻烦都会消除。如果做不到这一点,那么就不要来请我或任何人去帮助那个拒绝服从我这一要求的人,这确实是狄翁和我一道在为叙拉古人谋幸福时所坚持的标准。然而,这些尺度是第二位的。第一位的那些尺度是我们试图借助狄奥尼修本人的帮助,为全体人谋幸福。命运不济,使人毁坏了我们的计划。E这一次你们必须试着通过命运的仁慈和神旨的青睐有效地实施这些尺度。

我的建议和吩咐,以及我初访狄奥尼修的故事,就说到这里。下面我要讲一讲我的第二次旅程,人们对此感兴趣是合理的,恰当的。你们记得,在我对你们这些狄翁的朋友和同伴提出建议之前,338 我已经对自己前一次在西西里的逗留作了解释。

当时我竭尽全力用各种办法想要劝说狄奥尼修让我离开，我们最后终于达成协议，他应当让我离开。等和平到来时——当时西西里发生了战乱——当狄奥尼修巩固了他的地位时，他会派人来请狄翁和我一起回去，这是我们之间协议的一部分。同时，他请狄翁相信他并不是真的想驱逐狄翁，而只是请他暂时去国外，而我当时也同意在这些条件具备时返回叙拉古。　　B

所以，当和平真的到来时，他确实派人来请过我，要我无论如何也要前往，但他要狄翁迟一年再回去。狄翁得知消息后敦促我起程，当时也有各种消息从西西里传来，说狄奥尼修已经改变了，现在他热中于学习哲学，这就是狄翁一直要求我不要拒绝狄奥尼修的邀请的原因。至于我，我非常清楚年轻人经常会受哲学的影响，但我认为如果能在一个与狄翁和狄奥尼修自己的计划都无关的时刻回去要安全得多，因此我违背了他们俩的意愿，回答说自己已经是一个老人，还说当前的安排并不符合我们先前的约定。　　C

后来显然是阿尔基塔访问了狄奥尼修。我先前的离去使阿尔基塔和塔壬同人与狄奥尼修结下了友好关系。也有一些人是在叙拉古从狄翁那里得到教诲的，此外还有一些人从二流哲学家那里学到了一些皮毛。我的看法是，这些人试图在这些事情上影响狄奥尼修，因此自认为完全了解我的信条。此时狄奥尼修处在另外一些能人之中，他们使他成了一个能干的学生，并且雄心勃勃地想要在这方面作出成就。同样他也很喜欢与这些人接近，但又羞于接受他们的哲学，这就表明当我在这个城邦里的时候，他没有接受我的教诲。这种状况使他希望得到更加精确的教导，而这种愿望又伴随着敌视的冲动。为什么他在我初访期间没有接受我的教诲的原因我已经在这封信的前面说过了。不管怎么说，当我安全回到家中，并拒绝他的第二次邀请时，我想狄奥尼修认为这种邀请是一种荣誉，因为没有人会认为我看不到他的天才和当前的能　　D

　　E

339　力，并且对他的生活方式也有某些经验，而我不愿访问他的宫廷是假的。

　　我现在的责任是把真相告诉你们，并且容忍有人在听到所发生的事情以后对我的哲学表示轻视并相信这位僭主的理智。因为狄奥尼修在我第三次赴西西里的时候，确实派来一艘三层桨座的战船，为的是让我的旅行变得容易些。他还派来阿尔基塔的门徒

B　之一阿基德谟，认为我在所有西西里人中间对他的评价最高，和他同行的还有其他一些我在西西里的熟人。他们全都给了我相同的解释，也就是说，狄奥尼修在哲学方面取得了惊人的进步。狄奥尼修也给我写了一封长信，因为他知道我尊重狄翁的意见，而狄翁也站在他一边，渴望我早日赴叙拉古。他的信中实际上还有一篇与

C　整个形势相配的导言。信的开头写道："狄奥尼修致柏拉图"。在传统的称呼和问候语之后，他直截了当地说："如果你同意现在就来西西里，那么首先你有权作出任何你认为合适的关于狄翁和他的事务的安排。我肯定，你认为适当的事一定是好事，对此我将表示同意。如果你不来的话，那么你会看到这件事对狄翁没有什么影响，对你也没有什么影响。"这些话就是他说的，其他的话太长

D　了，无法重述，也没有什么必要。阿尔基塔和其他塔壬同人的信也不断地送到，信中赞扬狄奥尼修献身于哲学，并且告诉我，如果我现在不去，那就意味着先前由我缔结的他们与狄奥尼修之间的友好关系完全中断，而这些关系在政治上是极为重要的。

　　当时各方面都在极力敦促我前往西西里，我在西西里和意大

E　利的朋友这样做，而我那些在雅典的朋友也在极力催促我，他们的想法都一样，认为我一定不能背叛狄翁或我在塔壬同的朋友和同伴。此外我也知道，当一名年轻人听到有一桩伟大的事业等着他去完成，于是就迅速接受了这种想法，服从了这种理想生活的咒语，那么也是无需感到惊讶的。去做一番实验似乎也是我的责任，

借此我也可以得出某种确定的结论,我一定不能背叛我的理想,使我的信仰遭到谴责,如果说我得到的消息中有什么真实成分的话,那就是我的信仰似乎要受到指责。

在这些理由的推动下,我心怀恐惧地启程了,你们可以期待,这样的事情不会有很好的结果。但不管怎么说,在这次访问中我确实好像是第三次碰上了救星,因为我最后又安全地回家了。由于这一点,我在感谢神的时候还要感谢狄奥尼修,当有许多人想要处死我的时候,他进行了干预,他在处理我的问题上总算还有一点良心。

当我到达那里的时候,我想自己首先要寻找证据,看狄奥尼修是否真的热中于哲学,看那些不断传到雅典来的消息是否属实。在这种情况下判断真理有一种实验的方法,这种方法虽不流行,但确实适用于僭主,尤其是对那些习惯于接受他人看法的人,我一到那里就察觉到狄奥尼修属于这种情况。如果他真的献身于哲学,是一位有着天生亲缘性的适合这项工作的神人,那么作为一名治疗者,对这样的人首先必须指出整个计划是可行的,然后告诉他要有哪些预备性的步骤,需要什么样的艰苦工作,然后再看他在这一进程中是否感到喜悦,对此他必须马上竭尽全力追随,否则就会在尝试中死去。他必须全身心地从事这项任务,决不松懈他的努力,直至最后的完成,或者说他由此获得独立探索的能力,不再需要引路人的陪伴。拥有这一信条的人无论从事何种职业,都不会停止实践哲学和奉行这样的生活习惯,使自己有效地成为聪明的、有很强记忆力的学生,能够独立进行清醒的推理。除此以外的其他活动,他则加以回避。

然而,对那些并非真正皈依哲学而只是浅尝辄止的人来说,就好像人们用上衣遮太阳,一旦看到有多少科目需要学习,看到自己将要从事的工作有多么艰苦,而采用一种有着良好安排的生活方式又是如何不可缺少,他们就会决定这个计划对他们来说即使是可能的,那也是困难的,所以他们不愿去证明自己能够实践哲学。

341 他们中也会有一些人对自己说,已经学得够多了,不需要进一步学习了。与这些自我放纵、不能继续从事艰苦工作的人打交道,这种考验是最确定的和最安全的,因为这样的谴责不是针对他们的引路人,而是针对他们自己的无能,无法追随所有学习细节以及从事与整个计划相关训练的人是他们自己。

　　我给狄奥尼修的教导也有同样的目的。我确实没有把自己的

B 所有学说告诉他,狄奥尼修也没有要求我这样做,因为他自认为已经知道了其中的许多要点,他从其他人那里也已经听说了对这些要点的第二手解释。

　　我也听说他当时已经就我教他的那些主题进行写作,好像在写一本书,内容与他得到的教导完全不同。关于他的书我一无所知。然而,我确实知道有些人也在就相同的主题写作,但他们是什么人我不得而知。但不管怎么说,我能说的就是所有这些作家或

C 自称写了我所醉心研究的这些主题的人,无论他们如何掌握这方面的知识,无论是从我的教导中得来的,还是从别人那里听来的,还是他们自己发现的,我认为他们都没有真正地掌握这个主题。我肯定没有写过关于这个主题的书,今后也不打算这样做,因为这种学说是无法像其他学问一样见之于文字的。倒不如说,要熟悉它

D 就要长期接受这方面的教导,与之保持亲密关系,然后终有一天,它就像突然迸发的火花在灵魂中生成,并马上成为不证自明的东西。

　　除此之外,我确实知道,如果能用一篇论文或一个讲演来处理这个主题,那么我能把它做的最好。我也可以肯定,如果看到一篇涉及这个主题的论文写得很差,那么我会感到非常遗憾。如果我认为有可能为了公众而以论文或讲演的形式恰当地处理这个主题,那么在我的一生中还有什么成就能比写成这样一本能够给全

人类带来巨大利益,把事物的本性启示给所有人的著作更加杰出
的成就呢? 然而,我并不认为把这些事情告诉人们是一件好事,除　E
非是在少数人的情况下,这些人有能力稍加指导就能独立地去发
现真理。而对其他人来说,他们中有些人只能以一种冒犯的方式
去进行不恰当的尝试,对有些人来说这肯定只是一种高尚而又空　342
洞的希望,就好像他们已经获得了某些令人敬畏的学问似的。

　　因此我想详细地说一下这个主题,如果这样做的话,我正在讨
论的这件事可能会比较清楚。有一种真正的学说①　是我从前经
常讲述的,它与那些胆敢把这些事情写下来的人的说法都不一样,
我现在不得不加以重述。

　　每一存在的事物都有三样东西,关于存在物的知识必定通过
这三样东西而来;知识本身是第四样东西,我们还必须添上作为知　B
识真实对象的那个真正的实在,当作第五样东西。所以,我们有:
第一,名称;第二,描述;第三,形像;第四,关于对象的知识。要想
知道我说的这些话是什么意思,可以举一个具体的事例,然后我们
可以把这个理论以同样的方式用于每一对象。比如说,有一存在
的事物叫做圆,它的名字就是我刚才说出来的这个词。第二样东
西是关于它的描述,由名词和动词组成。例如,被我们称为圆圈、
圆周、圆形的东西可以描述为:从每一端点到中心都相等的那个事
物。第三样东西可以画出来,也可以擦去,可以通过旋转两脚规画　C
出来,也可以把它毁掉,这些过程不会影响真正的圆,而其他的圆
全都与这个真正的圆相关,因为这个圆与它们不一样。第四样东
西是关于它们的知识、理智和正确的意见,我们必须把这些都当作
一样东西,它既不存在于声音中,也不存在于形体中,而是存在于
心灵中,因此它的性质显然不同于那个真正的圆,也不同于我们前

――――――――――

　　①　指柏拉图"不成文的学说"。

D　面提到的第三样东西。在这四样东西中，理智就其亲缘性和相似性来说显然最接近第五样东西，即实在，而其他东西则离开实在较远。

　　同一学说对于形状和表面也适用，无论是直的还是弯的，它同样也适用于善、美、正义，适用于所有人造物体与自然物体，适用于火、水，以及其他相类似的东西，适用于每一动物，适用于每一性质，适用于所有主动和被动的状态。在上述各种情况下，一个人如

E　何不以某种方式把握前四样东西，那么他就决不会获得对第五样东西的理解。进一步说，由于语言的不恰当，这四样东西（名称、描述、形体、知识）在说明某个对象的基本实在的时候，确实起着一种

343　说明某个对象的具体性质的作用。因此，没有一个有理智的人会如此大胆地把他用理性思考的这些东西置于语言之中，尤其是以一种不可更改的形式，亦即用所谓书写符号来表达。

　　然而，我们刚才说过的意思还需要再作解释。每一个用手或用两脚规画出来的圆在实际操作中都充满着与第五样东西即实在的对立，因为它到处触及直线；而真正的圆，我认为，在其自身中不

B　可能或多或少地包含着这些对立的性质。我认为，名称在任何情况下都是不稳固的。没有任何事物可以阻止现在称作圆的东西被称作直，或现在称作直的东西被称作圆，人们一旦改变事物的名称，以相反的名称称呼某事物，你就可以发现名称并不稳定。对描述也可以说同样的话，因为描述由名词和动词组成，所以在描述中，没有任何地方是相当确定的，缺乏稳定的基础。所以，人们可以说这四样东西中的每一样始终都具有不确定的性质！重要的问题在于，如我前不久所说的那样，有两样东西：基本的实在和具体

C　的性质，当心灵寻求的不是具体事物的知识，而是基本实在的知识时，心灵面对着的这四样东西中的每一样都有着人们想象不到的具体表现，无论是以语言的样式还是以形体的样式。这四样东西

中的每一样都使得用语言或例证表达出来的实在变得容易被明显的感官所驳斥。其结果实际上就使每一个人都成为困惑和不确定性的牺牲品。

作为一种训练不良的结果，我们甚至不习惯于寻求事物的真正本质，而只是满足于接受向我们展现的表象，考察者与被考察者之间并不显得可笑，因为考察者有能力灵巧地处理这四样东西，对它们进行考察。然而，每当我们需要回答和证明第五样东西即实在时，那些有技巧在辩论中取胜，并能使大多数听众以为他是第一个讲、写或回答这些问题的人中间的任何人，都会感到自己好像根本不懂自己想要写作或谈论的东西。他们有时候不明白这不是作者或说话者的心灵出了问题，而是这四样东西的性质出了问题，因为它们都有天然的缺陷。尽管轮流对这四样东西进行思考，颠来倒去地想，但生来有缺陷的人的心灵都无法得到天然有缺陷的事物的知识。如果一个人天生有缺陷——这是大多数人的理智和所谓道德的天然状况——而他要考察的对象也是不完善的，那么连林扣斯① 也看不清这样东西了。

简言之，天然的理智与良好的记忆同样没有能力对人进行帮助，因为他与要认识的对象缺乏一种内在的亲缘性。对那些缺乏天赋能力的人来说，当然也就更无可能性了。因此，所有对正义和其他高尚理想缺乏天然爱好与亲缘性的人，尽管他们在学习其他事情时可以既是理智的又是有记性的，而那些拥有亲缘性的人则是愚蠢的和健忘的，但他们在道德观念方面决不能获得对最完善的真理的理解。研究美德与邪恶必须伴随着考察一般存在的真与

D

E

344

B

① 林扣斯(Lynceus)是希腊神话人物，娶达那俄斯之女许珀耳涅斯特拉为妻。她是达那俄斯五十个女儿中惟一没有听从父亲命令在新婚之夜杀死丈夫的。

伪,一定要经过长期的、持续不断的实践,这是我一开始就说过的。在对名称、定义、视觉和其他感觉作了具体比较之后,在不带偏见地使用问答法对它们进行了仁慈的考察之后,理智的火花最后几乎已经不会闪烁与迸发了,而心灵也已经在人力的范围内使尽了气力,奄奄一息了。

C　　　　由于这个原因,没有一个严肃的人会想要为一般公众写有关严肃的实在的作品,以免使公众成为妒忌和困惑的牺牲品。总之,这是一个不可避免的结论,如果某人在某处看到有人写这样的作品,无论是立法家的作品还是以别的什么形式,而他又是一个严肃的人,那么他所描写的都不可能是他最关心的那个严肃的主题。他最严肃的兴趣实际上存在于他的活动领域中的最高尚之处。然

D　而,如果他真的严肃地关心这些事情,并且把它们写下来,那么"破坏了人的聪明才智的"① 不是诸神,而是凡人。

　　　　能够跟得上我对实在的解释以及相关论述的人都能明白这一事实,无论是狄奥尼修还是其他大大小小的人物撰写关于自然的第一和最高原则的著作,但在我看来,他既没有接受任何健全的教诲,也没有从他所写的主题中得益。因为若是他有所得益,他会对我所写的主题产生同样的敬意,也不会胆大妄为地把我所写的东西扔在一边。他也没有把这个学说写下来以帮助他自己的记忆,

E　因为任何人只要想掌握它,即使遗忘了这个学说也不会有什么危险,非常简短的话就能表述这个学说。如果他的目的是为了使人们把他看作这种学说的作者,或者表明他自己并不缺少文化,那么

345　他的这种动机是一种无知的野心,如果他享有崇高的有文化的名声,那么他实际上并不配。呃,如果一次访问就能使狄奥尼修有文化,那么它是如何起作用的呢? 如底比斯人所说,只有神知道,因

---

① 荷马:《伊利亚特》第 7 卷,第 360 行;第 12 卷,第 234 行。

为在那次访问中我只用我提到过的方式把我的学说向他描述过一次,只有一次,以后再也没有描述过。

　　对任何有兴趣知道当时到底发生了什么事的人来说,他们必须考虑这样一个问题:为什么我没有第二次、第三次,或者反复多次地解释我的学说? 是因为狄奥尼修听了一次就认为自己已经懂了,或者是因为他已经通过别人的介绍或凭着先前的独立学习发现了真理? 或者说他认为这个学说不重要? 或者第三,他认为这个学说不适合他,对他来说太高了,因此他真的不可能在生活中关心智慧和美德? 如果他认为这个学说不重要,那么他与许多人的观点相左,因为许多人已经证明这个学说非常重要,他们比狄奥尼修更有能力对此作判断。另一方面,如果他认为他已经发现了这个学说,或者已经有人把这个学说教给他,认为它对于心灵的文化教育是有价值的,那么他是一个人群中的怪物,否则他又怎能如此无情地污辱一个作为该领域的先驱者和仲裁者的人? 让我来说一下他是怎样污辱人的。

　　过了没多久,尽管他曾经允许狄翁保留他自己的财产,获得收益,但此时他拒绝让托管人把收益送往伯罗奔尼撒,就好像已经把他前面那封信完全忘了似的。他说,那份财产不属于狄翁,而属于狄翁的儿子,狄翁的儿子是狄奥尼修的侄子,受他的合法监护。当时发生的事情我就说到这里,但当狄奥尼修以这种方式行事时,我对他的所谓哲学热情有了准确的洞察,它足以引起我的愤怒,无论我是否真的发火了。当时已经到了夏季,商船都已起航。然而我决定,我没有权力去和狄奥尼修争吵,要争吵的话,倒不如跟自己吵,跟那些强迫我第三次来到斯库拉①的海峡,"重新经过险恶的

_____

　　① 斯库拉(Scylla)是希腊神话中的六头女妖,居住在意大利墨西那海峡的岩礁上。

卡律布狄斯"① 的人争吵。我要对狄奥尼修说,狄翁受到这样的
污辱,我不能继续呆在这里。然而,他试图平息我的怒气,请求我
继续留下,因为他考虑到如果我就这样一个人离开并把这里发生
的事情说出去,那么这对他来说不是件好事。他说他会给我提供
交通工具,但我拒绝等候,因为我已经计划乘一艘商船离开那里。
我此时已经极为愤怒,如果有人扣留我,那么我愿承受一切后果,
因为我显然没有罪,而只是一名无辜的受害者。

346

　　当狄奥尼修看到我去意已决的时候,他采用了下述办法来使
我滞留。第二天,他到我的住处来向我提出一个似乎有理的建议。
他说:"让狄翁和狄翁的事情不要成为我们之间的障碍,我们没有
必要为此不断地争吵。为了你,让我自己来处理狄翁的事。我提
议让他得到自己的财产,并在伯罗奔尼撒居住,但不算流放,而是
享有去其他地方,乃至于访问叙拉古的权利,只要你、我、他能够达
成相互谅解。这就是,他不得再策划推翻我的阴谋,而你和你的朋
友,以及狄翁在这里的朋友必须对此作出担保。你必须明白,你的
安全维系在他的身上。他得到的任何钱财你都可以拿来存在伯罗
奔尼撒或雅典的某个人那里,这一点随你的便。狄翁可以得到利
息,但未经你的同意不得提取本金。我不太有把握,他会不会用这
笔钱来公正地对待我,因为这笔钱的数量太大了,但我更加相信你
和你的朋友。你瞧,这个建议你满意吗? 如果满意,你可以再呆一
年,等下个航季到来时带着这笔钱离开。我敢肯定,狄翁也会非常
感谢你的,因为你代表他成功地作出了这种安排。"

B

C

D

　　这个建议迷惑了我,尽管当时我回答说,让我想一想,明天再
把我的决定告诉你。这就是我们当时的约定。

　　然而深思下来,我明白自己是在困惑中接受这个建议的。当

---

① 荷马:《奥德赛》,第12卷,第428行。

时引诱我接受这个建议的最重要的论证是这样的:"假定狄奥尼修
确实没有撤回他的提议的打算,然而,我一旦离开,他会写一封似 E
乎有理的信给狄翁或给他的朋友,在信中写明他现在对我提出的
建议,并肯定他提出了这一建议,而说我不顾狄翁的利益拒绝接
受。此外他还会说每个人都清楚他不仅没有给任何船主下过命
令,而且还建议我离开。因为到了那个时候,任何人都会同意让我 347
搭乘商船回家,而我必须从狄奥尼修家中启程。"

　　其实,除了有其他困难外,我当时正住在属于宫廷的一座花园
里,所以哪怕是看门人也不会让我出去,除非狄奥尼修给他下达命
令。

　　"假定我要在这里等候一年,那么我可以给狄翁写信,让他知
道我的处境和计划的进展。一方面,如果狄奥尼修落实了他的承 B
诺,那我将取得的成就也就不会显得那么微不足道了,因为狄翁的
财产如果准确估价的话,可能至少值一百塔伦特。但另一方面,尽
管我假定自己必须再呆至少一年,以便对狄奥尼修的计划进行实
际的检验,但现在已经显露出来的不和因素可能会进一步发展,而
我到了那个时候会不知所措。"

　　得出这个结论后,我在第二天告诉狄奥尼修我决定留下。我
说:"不过,请你不要以为我可以代狄翁作主,你要和我一道写信给 C
他,向他解释我们作出的决定,问他是否满意。如果他不满意,有
别的想法,让他马上写信来。在此期间,你一定不能对他的事务采
取进一步的行动。"这些就是我们讲过的话和达成的协议,情况就
是这样。

　　就在狄奥尼修向我建议一半财产归狄翁,一半财产归狄翁的
儿子的时候,商船出发了,我已经没有可能再搭乘商船离开。他答 D
应出售狄翁的财产,把其中的一半交给我,由我转交狄翁,另一半
则留在西西里,给狄翁的儿子,由于这的确是最公正的安排,因此

我对这个建议感到惊愕，同时又想如果再争执是荒唐的。于是我
说，无论如何我们必须等候狄翁的来信，然后再把这些建议写信告
E 诉他。然而，狄奥尼修后来以一种十分强硬的方式出售了狄翁的
全部财产，他自己选地方，安排买主，对这件事他从来没有再对我
说过一个字。而我也同样，我没有与他进一步交谈有关狄翁的事，
因为我想无论如何也已经无济于事了。

348　　　　在此之前，我还在以这样一种方式为哲学和我的朋友说话，但
从那以后，我就像一只被囚禁在笼中的小鸟想要飞离，狄奥尼修设
计了一种吓唬我的方法，不愿把狄翁的钱交给我。而我们在全体
西西里人面前还相互称作朋友。

　　　　与他父亲的做法不同，狄奥尼修试图减少老雇佣兵的军饷，士
兵们被激怒后冲进了王宫，并且说不允许削减军饷。狄奥尼修下
B 令关闭卫城的大门，试图强迫他们投降，但他们顿时高唱野蛮人的
战歌冲到城墙边。狄奥尼修吓坏了，在聚集在那里的叛军的威胁
下答应满足他们的一切条件。

　　　　这时有一条消息飞快地流传，说赫拉克利德是这一事件的罪
魁祸首，要对此负责，风声越来越紧，赫拉克利德赶快隐藏了起来。
C 狄奥尼修想要抓到他。然而在困惑之中，他把塞奥多图召到花园
里来，而我正巧也在那里散步。塞奥多图当着我的面对狄奥尼修
说的话我还记得，但他们后来说了哪些话我就不知道了。

　　　　塞奥多图说："柏拉图，我正在这里试图说服狄奥尼修接受我
的建议，假定我能够把赫拉克利德带到这里来，我们可以谈论一下
D 人们现在对他的指控，如果赫拉克利德不愿意在西西里生活，那么
可以允许他带上妻儿移居伯奔尼撒，去那里生活，这样就不会给
狄奥尼修带来伤害，也可以从自己的家产中得到收益。我已经派
人去找他了，我还会再派人去。他会对我以前的建议或者我现在
的建议作出回答。另外我请求狄奥尼修，如果有人找到了赫拉克

利德,不管是在这个国家里还是在这个城市里,都不要伤害他,除非他想要离开这个国家,直到狄奥尼修作出进一步的决定。"他还对着狄奥尼修说:"你同意这一点吗?" E

狄奥尼修说:"我同意。如果他在你家中出现,那么除了你刚才提到的事情以外,他不会受到其他伤害。"

第二天下午,欧律比乌和塞奥多图张皇失措地来到我这里。塞奥多图问我:"柏拉图,昨天狄奥尼修与你我达成关于赫拉克利德的协议时你在场吗?"

我说:"当然在场。"

他说:"现在有很多士兵在国内搜查赫拉克利德,他肯定还在某个地方。"他说:"请你务必走一趟,和我们一起去见狄奥尼修。" 349

所以我们去见了狄奥尼修。当他们俩站在那里不吭声的时候,我说:"这些人害怕你会采取行动对付赫拉克利德,这是有悖于你昨天作出的承诺的。我想赫拉克利德已经在朝着我们走来了。"

听到这些话,他顿时发起火来,生气的脸上一阵红一阵白。

塞奥多图跪倒在他面前,用手抓住他的衣服,流着泪恳求他不要这样做。我扶起塞奥多图,并且说:"勇敢些,塞奥多图,因为狄奥尼修决不会走那么远,以至于破坏昨天达成的协议。" B

狄奥尼修用他那僭主的神情打量着我,然后说:"我和你根本就没有任何协议。"

我说:"以诸神的名义起誓,你和我有协议,你答应过不做这个人现在恳求你不要做的任何事情。"说完这些话以后,我就转身走了。

后来,狄奥尼修继续派人搜查赫拉克利德,而塞奥多图派人送信让他逃走。然后狄奥尼修派遣提西亚斯带兵去追捕赫拉克利德。据说赫拉克利德抢先一步逃往迦太基人的领地,得以幸免。 C

D
　　打那以后,狄奥尼修得出结论,这个所谓的阴谋使他有了新的理由与我争吵,他可以不用把狄翁的钱交给我了。他首先找了一个借口,说妇女们要在我居住的花园里庆祝一个长达十天的节日,让我从卫城迁出。他命令我在此期间住在阿基德谟家里。当我住在那里的时候,塞奥多图派人来请我去与他会面,表达了他的怨恨之意,并批评了狄奥尼修最近的行为。当狄奥尼修听说我与塞奥

E
多图见面的时候,他发现自己又找到一个与我争吵的新借口,与前一个借口相连,他派人来问我,当塞奥多图派人来找我的时候,我有没有去和他见面。

　　我说:"没错,我去了。"

　　使者说:"如果是这样的话,狄奥尼修要我告诉你,由此可见你在任何时候都更喜欢狄翁和狄翁的朋友,胜过喜欢狄奥尼修。"

　　打那以后,狄奥尼修再也没有派人请我去他的宫廷,因为他已经清楚我是塞奥多图、赫拉克利德的朋友,是他的敌人。他也认为我不忠实,因为狄翁的财产已经都被用掉了。

350
　　所以,后来我就一直住在卫城外的军营里。我的一些同胞来找我,他们来自雅典,在这里当雇佣兵。他们告诉我说,造反的士兵对我很不满意,有些人威胁说如果能抓住我的话就要杀死我。于是,我就设法逃脱。我派人去找阿尔基塔和其他在塔壬同的朋

B
友,把我在这里的情形告诉他们。他们找了某个借口,派他们一伙的拉弥库斯率领一个城邦代表团,乘一艘三十桨座的船来到叙拉古。到达以后,他代我去向狄奥尼修求情,说我想要离开,请他不要予以拒绝。狄奥尼修批准了他的请求,打发我带着盘缠上路。至于狄翁的财产,我既没有继续提要求,也没有被发还。

　　等我回到伯罗奔尼撒半岛的奥林比亚,我看到狄翁正在那里参加节庆,于是就把所有事情告诉了他。他在恳请宙斯为证以后,

C
马上召集我、我的朋友、我的随从,准备对狄奥尼修采取报复行动。

对我们来说,进行复仇的理由是狄奥尼修欺骗客人,而对狄翁来说,复仇的理由是对他不公正的驱逐和流放。

我对他说:"如果我的朋友们愿意,那么你可以邀请他们;至于我本人在你和其他人的实际逼迫下去充当狄奥尼修的贵客,在那里与他一同宴饮,一同参与神圣的祭仪。由于到处流传的这些谣言,他以为我和你结成了同盟,阴谋推翻他和他的统治,但在是否要处死我的问题上他犹豫不决。现在,一方面我几乎没有一丝一毫的愤怒要去发动战争,另一方面你只是我的一个普通朋友,而你一直在广交朋友,想要完成某些善举。所以现在,如果你服从罪恶而想去报复,那你就去邀请别人吧。"这就是我说的话,因为我对我的西西里之行和遭到的不幸感到极为厌恶。

由于拒绝我的妥协建议,他们给自己带来了现在所面临的所有不幸。在人力所及的范围内,如果狄奥尼修付钱给狄翁或与他完全修好,那么这些事情也就不会发生了,因为我很容易约束狄翁。然而,一旦他们相互攻击,各式各样的灾难也就到来了。

然而我要说,关于如何在他自己的城邦里使用他自己和他朋友的权力,狄翁的态度与我和其他高尚的人是相同的,也就是说,他想通过给城邦带来利益的办法为自己获得最大的权力和最高的荣誉。

我这样说并不意味着一个人可以通过召集亡命之徒实施阴谋的办法来使他自己、他的同伴和他的城邦富裕。有些穷人不能统治自己,是受欲望奴役的懦夫。他们会把拥有私产的人当作敌人处死,然后抢劫他们的财产,并鼓励同谋和同伴也这样做。我这样说也不意味着可以通过把少数人的财产分给民众的方法来侍奉城邦,以此获得荣誉,更不意味着一个伟大城邦首领可以控制许多弱小者,不正义地在他自己的城邦里分配财产。如此看来,狄翁或其他人,就其行动是自愿的来说,他们的目的都不是为自己或为其种

族获得邪恶的权力。他的目标在于建成一个共和的国家,制定最
优秀、最正义的法律,尽可能避免杀人和流血。

　　当狄翁采取行动以求实现这样的目标时,他的选择实际上是
成为罪恶的牺牲品,而不是成为一名作恶者。尽管他采取了措施,
防止这样的罪恶企图,但他还是在他将要打败敌人的时候遭到了
D　失败。他的所作所为并不奇怪,因为当一个好人与恶人打交道时,
他是清醒的,有着清醒的理智,一般说来他在估计恶人的灵魂时决
不会完全上当受骗。但若像一个打瞌睡的好舵手,他也许没有完
全忽视暴风雨的来临,但可能会忽略不期而来的狂风巨浪,结果
被暴风雨吞没,如果是这样的话,那么也没有什么可惊讶的。这
就是狄翁所犯的错误,因为他明明白白地知道那些赞同他复仇的
E　人是坏人。他确实忽略了这些人的极度愚蠢、邪恶和嗜血,因此
在奔赴西西里复仇的过程中,不幸降临,结果他和他们一起倒下
了。

352　　我想要说的话都已经说了,现在我必须向你们提出建议。我
之所以要再次提到我的第二次访问,因为这些事情确实具有令人
惊讶和自相矛盾的性质,从而也迫使我必须处理这些事情。如果
有人在听了我的解释以后发现这些事情不那么矛盾,如果有人
得出结论说这些事情的发生是完全合理的,那么我已经说过的话
是非常公正的和恰当的。

第8封

B　　致狄翁的朋友和同伴,祝繁荣昌盛!

　　如果你们期待真正的繁荣昌盛,那么我会试着尽力向你们说
明你们必须采用什么样的政策。我希望自己向你们提出的建议不
C　仅首先对你们格外有利,对所有在叙拉古的人有利,而且对你们的

敌人和对手也有利，那些犯有滔天大罪的除外。因为这样的行为无法补赎，这样的污点无人能够清除。请你们考虑我下面说的话。

当前，僭主的政权在整个西西里被推翻了，你们之间的分歧只涉及一个小问题。一方面有人想要立刻恢复帝国，另一方面有人希望最终摆脱僭主的统治。人们的一般看法是，在这样的形势下尽力采取措施伤害敌人，使自己人获得最大的好处，这样的政策才是正确的。然而要对敌方造成最大的伤害，而又使己方得到最大的好处，并非易事。你们不需要去遥远的地方寻找这方面的例子。从西西里最近发生的事情中你们就可以得到教训。你们已经看到两个党派如何试图伤害对方，你们所需要做的就是在每一恰当场合重提适当的教训。你们几乎不再需要这方面的例证。然而，面向所有人的，不分敌友一视同仁的尺度，或对双方都不会造成伤害的尺度，既不容易发现，发现了也不容易实施。人们可以诉诸于祈祷来获得这方面的建议，或者试着谈论它。现在就让我们来祈祷，因为在谈论或思考时，我们应当始终向诸神求助，希望我们的祈求能够得到圆满的回答。

下面就是我们通过祈祷得来的启示。有一个家族自从这场战争开始以来就一直在向你们和你们的敌人提供指挥官。这个家族曾经受你们父辈的指挥，当时他们被剥夺到完全无助的地步，我指的是希腊人的西西里当时处在巨大的危险之中，面临迦太基人的侵略，很可能会被蛮族征服。在这种形势下，两位能人被挑选出来，一位是狄奥尼修，当时年轻而又善战，担任他适宜担当的军务，还有一位是希帕里努，较为年长，担当谋士的角色。保卫西西里的最高指挥官的头衔授予他们，换言之，他们成了僭主。你们现在可以把西西里获得解放归功于特殊的天命，也就是归功于神，或者归功于统治者的卓越品质，或者归功于二者的结合以及公民们在那

些日子里采取的行动，你们可以作出的选择就是这些。但不管怎

C　么说，那时候的人获得解放的方式就是这样。在获得解放以后，所有人都对他们的救星表示感谢，这是应该的。但若从那以后产生的僭主权力错误地使用了城邦对它的感恩戴德，那么它要受到惩罚，这种惩罚部分已经支付了，部分还将继续支付。但是，对当前的形势来说，他们还要受到什么样的正义的惩罚呢？如果对你们来说逃避僭主没有什么巨大的危险，也不十分困难，或者对他们来说不难重掌统治大权，那么在这种情况下，要向你们叙述我正在提出的建议也是不可能的。

D　　　事情的真相就是这样，你们必须牢记这两个方面，不断地回忆，一个营盘一个营盘地这样做，因为你们已经有了巨大的期望，一次又一次地认为自己离开取得完全胜利只有一步之遥。你们尤其要注意，任何一件小事都有可能变成无数巨大灾难的根源，你们并没有达到目标，而只是以为原来的目标达到了，而实际上只是一次又一次的开始。这是一种邪恶的循环，把两派都卷入其中，一派

E　是僭主，一派是民众，最后完全走向毁灭。你们面对着这样一种可能性，愿神阻止它，希腊人的话语将完全从整个西西里消失，因为这个岛屿将要落入腓尼基人或奥皮奇人的手中。因此每个希腊人都有义务献身于阻止这种灾难发生的事业。如果有人能够提出比我更加适当的好办法，那就尽管讲出来，他配得上被称作希腊人的

354　朋友。我此刻的看法是，我试图坦率地说明不偏不倚的正义的基础。事实上，我讲话确实像两派之间的调解者，一派是从前的僭主，另一派是他的臣民，我抱着对他们双方的尊重提出一项老建议。如果可能的话，任何僭主都要避免使用僭主这个名称和落入

B　僭主的处境，要把僭主制转变为王政，这就是我的老建议。一个聪明而又善良的人的例子已经证明做到这一点是可能的。莱喀古斯看到阿耳戈斯和墨西涅两地的某些家族有联系，这两个城邦已经

从王政变成了僭主制,但结果都给它们自己和城邦带来了毁灭。因此,为了他自己的城邦和家族,莱喀古斯采用了一个办法。他给王权拴上了一条安全的缰绳,这就是元老院和监察官制度,结果就使他的家族光荣地历经许多代而不灭,因为法律使国王公正,使国王不再用专横的权力统治法律。　　C

　　对每一个走上这条路的人我都要提出相同的建议,我敦促那些想要建立僭主制的人悬崖勒马,不要再过那种所谓的幸福生活,只有永不满足的、贪婪的、掠夺成性的人才把这种生活称作幸福。他们要努力做服从神圣法律的国王,享有臣民和法律赋予的最高荣誉。还有,我要向那些寻求建立一种自由制度以避免邪恶奴役　　D的人提出建议,你们一定要小心,不要因为追求非同寻常的、不合理的自由而成为灾难的牺牲品,这种灾难曾经降临于你们的祖先,因为那时候的公民曾趋于极端,拒绝一切统治。他们具有追求自由的激情,但不愿接受任何约束。

　　在狄奥尼修和希帕里努掌权之前,西西里的希腊人以为自己过着一种幸福的生活,因为公民们的生活极为奢侈,同时又统治着他们的统治者。他们甚至未经任何合法审判就把狄奥尼修之前的　　E十位将军用石头打死。他们不是任何人的臣民,既不服从合法的统治者,也不服从法律,而是推崇完全绝对的自由。以这样的方式他们有了自己的僭主,因为当奴役或自由走向极端时就成为一种灾难,当二者处在一种合理的分寸上时则是一种福利。奴役的合理尺度是侍奉神。这种奴役的极端则是侍奉人。理智者的神是法律,愚蠢者的神是快乐。　　355

　　由于和这些事情相关的自然法就是我说的这个样子,因此我鼓励狄翁的朋友把我的话当作狄翁和我的共同建议,公之于世,让所有叙拉古人都知道。如果狄翁还活着,并且能对你们传达一些信息,那么我会作为他的这些信息的解释者。要是有人问:"关于

我们当前的形势,狄翁有什么建议?"那么他会提出以下建议:

B　　　"叙拉古人,首先你们要接受这样的法律,你们清楚地看到这些法律不会使你们的思想和欲望转向挣钱和富裕。有三样东西:灵魂、身体、金钱。你们要把灵魂的美德放在最荣耀的位置上;其次是身体的美德,然而要使之从属于灵魂的美德;把第三和最末一位的荣耀给金钱,使之成为身体和灵魂的奴仆。如果某项法律能产生这种效果,那么它就应当成为你们制度的一部分,因为它能给

C　遵守它的人带来真正的幸福。把幸福这个词用于财富是可悲的,是一种妇女儿童般的愚蠢,它会给相信它的人带来悲惨的命运。如果你们曾对我有关法律的论述进行过考察,那么你们凭经验就知道我的这些告诫是真实的。经验似乎是检验每一事物的试金石。

　　　"由于西西里面临着巨大危险,还有,你们既没有完全取得胜

D　利,也没有被打败,因此你们若是接受这样的法律,那么对你们所有人来说都可能是公平的,有利于使你们走上两派之间的和解之路。你们中有一派想要建立严格的集权统治,而另一派急于重新获得自己的权力。要知道,是他们的祖先在把希腊人从野蛮人手中解放出来的事业中作出了重大贡献,因此我们现在才有可能讨论统治的形式。如果当时希腊人遭到毁灭,也就没有今天的讨论,也就没有任何存在的希望了。因此,让想要自由的一派在国王的

E　统治下获取自由,让那些想当国王的人成为对其行为负责的国王。让法律成为最高统治者,不仅统治其他公民,而且统治国王本身,如果国王违反了法律,也要受到法律的制裁。考虑到上述这些先决条件,我们要抱着最诚实、最公正的意愿,在诸神的帮助下,设立三位国王。第一位是我的儿子。他既有我的优点也有我父亲的优点,因为我的父亲从前曾把这个城邦从野蛮人手中拯救出来,而我后来又两次把它从僭主的统治下解放出来,这一点你们自己就可

以为证。第二位要当国王的人与我父亲同名,但他是狄奥尼修二³⁵⁶
世之子。这样做有两个理由:他近来对你们的事业提供了帮助;他
具有纯洁的品格。尽管他是一名僭主的儿子,但他自愿地把自由
赋予城邦,既为他自己又为他的人民获得了不朽的荣誉,而不是把
城邦变成一种短命的、不正义的僭主制。第三位你们一定要请他
当国王的是狄奥尼修一世之子狄奥尼修二世,他现在领导着一个
敌对的阵营,也就是说,如果他出于自由选择,愿意做一名国王并　　B
经过双方的同意,那么仍旧可以请他当国王。看到他的国家当前
遭受的灾难,以及今后神庙和祖坟将会无人祭扫,他也许会同意这
样做。这样做当然也有危险,这就是为了满足他的野心,他也有可
能会把一切都献给野蛮人,以获取对方的欢心。无论你们赋予这
三人与拉科尼亚国王一样的权力,还是在双方同意之下对他们的
权力再作某些削减,你们都必须以下述方式来任命国王。这些事
已经告诉过你们,但你们还要再听一遍。　　　　　　　　　　　　　C

　　"如果狄奥尼修和希帕里努的族人愿意解放西西里,结束他们
当前的灾难,为他们自己和民族得到荣耀,无论是当前的还是今后
的,那么如我前述,在这些前提条件下召集各方代表开会以达成协
议。出席会议的代表可以是西西里人,也可以是外邦人,可以属于　　D
这个派别,也可以属于那个派别。代表的数量可以通过协商来解
决。代表们聚集起来以后,让他们首先进行立法,确定统治形式,
赋予国王主持荣耀诸神的祭仪的权力,其他祭祀祖先的仪式也要
由他来主持。国王有权决定战争与和平,任命法律监护人,由三十
五人组成司法机构,再加上公民大会与元老院。还要有一些专门
的法庭来处理其他事务,如果案件重大需要动用死刑或流放,则由
那三十五名法律监护人组成法庭。此外,每年还要从官员中选择
优秀者担任法官,从每个部门选择一名被认为是最优秀、最公正的　　E
官员。让这些人在次年对所有案子进行终审,决定对案犯是处死、

357 监禁,还是流放。国王不宜担任法官审案,他要像祭司一样,远离死刑、监禁、流放,以免被玷污。

　　"这就是我向你们提出的计划,要是我还活着,那么这也是我的计划。当年我在你们的帮助下战胜了对手,如果不是魔鬼以客人的形式出现对我进行阻拦,我可能已经按照我的计划建成了这样的体制。如果言行一致,那么此后我应当对西西里的其他地方

B 派出殖民团体,使这些地区重返希腊人之手,而现在这些地方被野蛮人占据了,但仍有人为了自由而反对暴君的政权,并战斗到底。我现在提出同样的计划,希望大家都能采纳和实施,在实施这一计划时你们要请求每个人提供帮助,如果有人拒绝,那他就是你们共同的敌人。这个计划确实并非不可能的。如果一个计划在两个心

C 灵中存在,并在深思熟虑之后被判定为最好的计划,那么就很难说这个计划不可能实现。我这里说的两个心灵,一个是狄奥尼修之子希帕里努的心灵,另一个是我的心灵,如果它们都同意了,那么我相信其他所有为城邦利益着想的叙拉古人也都会衷心拥护。现在我们要把荣耀和祈祷献给所有神祇,献给其他与诸神相伴的神灵,不要放弃用各种手段敦促你们的朋友和对手修好,直到我刚才描述的理想像一幅天上的景象呈现在你们清醒的理智面前,并通过你们的努力成为真实可见的东西,得以完成和成功。"

第9封

D 　　致塔壬同的阿尔基塔,祝繁荣昌盛!

　　阿尔基波、菲洛尼德和其他人已经带着你的信和消息到达了。他们处理与城邦有关的事务没有遇到什么困难,但也不是一点儿麻烦也没有。他们也向我们叙述了你们的情况,说你很忙,无法摆

358 脱公务。事实上,每个人都清楚,照料自己的事务是人生最愉快的

事,尤其是当一个人选择了你现在从事的工作的时候。然而你也必须考虑到这样一个事实,我们每个人并非生来只为自己而活。我们生下来,部分是为了我们的国家,部分是为了我们的父母,部分是为了我们的朋友。占据我们生活的各种偶然事件也会对我们提出许多要求。当国家召唤我们参与公共生活的时候,对此不作响应是一件怪事,因为人们若是抱着优良动机而拒不参加公共生活,这样做的实际结果是给那些卑鄙者让位。就说这些吧,我现在正在照料厄刻克拉底,今后也会这样做,为了你,为了他的父亲弗利尼翁,也为了这位年轻人自己。

第 10 封

致阿里斯托多鲁,祝繁荣昌盛!

我听狄翁说你现在是他最亲密的同伴之一,你已经如此彻底地在那些学哲学的人中间展示了自己最聪明的品性。我要说的是,稳重、忠实、诚恳是真正的哲学。而其他智慧和机智则引向其他后果,如果我把它们说成只不过是一些修饰,这样说可能是对的。再见,紧紧把握你已经拥有的品质!

第 11 封

致拉奥达玛,祝繁荣昌盛!

我给你写信是因为这件事极为重要,因为你提到你应当亲自来雅典。然而,你又说这是不可能的,最好是苏格拉底或者我到你那里去。不巧的是,苏格拉底正患尿急痛,无法前往,而要是我来的话,我似乎无法胜任你请我从事的这项工作。我几乎没有希望获得这样的成功,个中原因需要在另一封长信中加以详细解释。

还有,由于年纪的原因,我的身体已经不适宜长途旅行,面对陆上与海上的种种危险。最近,各条通道也都充满着危险。但我仍旧可以向你提供殖民方面的建议,我的建议会像赫西奥德所说的那样"形式简单,内容深刻"。如果有人认为我的建议可以通过制定无论何种法律的方式来实现,那么他们的想法是错误的,因为有许多政府组织良好,但城邦里并没有关心城邦日常生活的权威存在,使奴隶和自由民都能有节制、合乎人性地生活。但若城邦里有配得上这个统治地位的高尚的人存在,那么这样的权威是可以建立起来的。如果说这样的统治者还需要有人对他进行教育,那么在我看来没有人可以担任他的教育者,这样的统治者也不会接受这种教育。倒不如说,你仍旧可以做而又必须做的惟一的事情就是向诸神祈祷。事实上,从前的城邦一般说来都是以这样的方式建立起来的,只是后来由于战争一类的重大危机的出现,或者取得了其他成就,才获得了良好的体制,在这样的时刻才会出现某些出生高贵而又得到良好教养的人行使重大权威。你一定要对这个问题继续保持浓厚的兴趣,但决不要接受我对这个问题的解释,不要愚蠢地认为自己能够不费吹灰之力地取得成功。祝你交好运!

第 12 封

致塔壬同的阿尔基塔,祝繁荣昌盛!

我们极为愉快地收到了你的评论文章,并且感到你对这些作品的作者表示了最大的敬意,认为这位作者没有辱没他的祖先。据说这些人是弥利安人,他们原先是特洛伊人的一部分,在拉俄墨冬时代被赶出那个国家,那些相关的故事传说表明他们是勇敢的人。你向我索取的我的评论文章现在还没有写到满意的地步,但我已经按照现在这个样子送去给你了。有关保存这些评论文章的

问题我们双方已经有了协议,在此恕不赘述。　　　　　　　　　E

第 13 封

致叙拉古僭主狄奥尼修,祝繁荣昌盛!　　　　　　　　　　360

我要先说一件小事,以证明这封信出自我手。你还记得吗,当你款待来自罗克里的年轻人① 时,你靠在离我很远的一张椅子上。然后你站了起来,走到我面前,对我说了一些热情洋溢的欢迎词。至少我是这样想的,与我同桌的人也这样想,他是我这个圈子里的人。他当时插话说:"狄奥尼修,我认为柏拉图对你的学习有　　　B很大帮助,是吗?"你回答说:"在其他许多方面也一样,从我派人去找他那一刻起,我实际上就已经这样想了。"这些话我们必须牢牢记住。我们一定要持续不断地给对方以越来越多的帮助。所以我现在给你送上一些毕泰戈拉学派的论文和书籍,这样做正是为了能够起到帮助你的作用。我还要按照当时的约定给你派一个人去,他也许对你和阿尔基塔有用,也就是说如果阿尔基塔已经去了叙拉古的话。这个人的名字叫做赫利肯,是西泽库地方人,欧多克　　　C索的学生,非常熟悉欧多克索的学问。他也曾在伊索克拉底的一个学生和波吕克塞努的门下学习,与布律松交往甚多。由于这些经历,他有着很好的教养和社会声望。事实上,他给人带来欢乐,人们也能从中受益。然而我是带着伤感说这些话的,因为我正在　　　D表达对一个人的看法,而人,更不要说动物了,是可变的,只有很少人在很少的事情上会有例外。因此,即使是对赫利肯,我的警惕性和不信任感使我也要对他进行考察,与他个别相见,向他的同胞查询他的情况,但没有人说他的坏话。不过你仍旧要小心,要亲自对

---

① 　罗克里(Locri)是希腊的某个地区名。

E　他进行考查。如果你没时间做这件事,那么务必在你的其他哲学训练之外再去听他的课。如果这也是不可能的,那么就让其他人去接受他的指导。这样一来,当你有时间去学习的时候,也就可以去了。这样做不仅有益于你本人,而且有助于增长你的威望。我也会继续不断地帮助你。这件事就谈到这里。

361　　　至于你写信要我送给你的东西,我已经让阿波罗准备好了,勒普提涅会给你带去。这是一位优秀的年轻工匠的作品,他的名字叫勒俄卡瑞斯。他的铺子里还有一样作品我认为是非常漂亮的,所以我买下来作为礼物送给你的妻子,因为无论我身体健康与否,她都十分关心我,这是我的光荣,也是你的光荣。请把礼物转交给她,除非你有别的决定。我也送十二罐甜酒和两罐蜂蜜给孩子们。

B　我们到达这里的时候,储存无花果的时间已经过了,储存下来的爱神木果也已经有点坏了。下一次我们会更加小心地储藏果子。勒普提涅会告诉你这些果树的情况。

　　　在这些方面花的钱,也就是购买这些东西和应向城邦纳的税,我是让勒普提涅垫支的,我对他作过解释,说明我们之间相互信任,不说假话,也就是说我在琉卡狄亚人的船上花的钱是自己的,

C　总数大约是十六明那。然后我向他预支了这笔钱,用来购买送给你的这些物品。

　　　其次我想要你知道,你的信用情况良好,雅典人尊重你的信誉,也尊重我的要求。我会用你的钱,就像用我其他朋友的钱一样,这是我曾经告诉过你的。我会尽可能少用,只要够用就好,也只会向相信我的人预支,决不会超过必要的限度。

　　　我当前的处境如下:我的外甥女们已经过世,当时我拒绝戴花

D　冠,而你敦促我要戴。她们还有四个女儿,一个已到结婚年龄,一个八岁,一个三岁多,还有一个不到一岁。如果我能活着看到她们出嫁,那么我和我的朋友必须为她们中的任何一个提供嫁妆。那

些我看不到她们结婚的只能靠她们自己了。如果她们的父亲比我还要富,那么我不需要为她们提供嫁妆。而当前我的处境比他们好,是我在供养他们的母亲和寡妇,狄翁和其他一些人也提供了资助。现在她们中间最年长的就要嫁给斯彪西波,因为她是斯彪西波姐姐的女儿。为了她的出嫁我需要的钱不会多于三十明那,因为她已经有了一份丰厚的聘金。还有,如果我的母亲过世,我需要用来为她建造坟墓的钱不会超过十明那。我当前处理这些事务所需要的钱也就是这些了。然而,我在访问你的时候,若是有什么开销增加了,无论是用于私人事务还是公共事务,必须按照我们商定的意见去处理。我会尽力压缩开支,而你必须支付这些费用。

E

接下去,我必须讲一下用你在雅典的账号支付我的开支的情况。首先,如果我必须花钱装备一个合唱队或处理类似事务,而又假定你在这里又没有任何人可以为你垫支这笔钱;其次,一旦发生与你自己的权益利害攸关的事情,以至于需要紧急追加开支,而推迟支付直到有人从你那里送来资金会造成损害,那么这种事情不仅是不方便的,而且是不光彩的。我自己的经历表明这种事情确实过。我派厄拉斯托去找伊齐那人安德罗美德要钱,因为我想给你送一些比你信中所要的更加重要的东西,他和你有联系,而你告诉过我无论有什么需要他都可以为我垫支。然而他相当合理而又自然地回答说,以前他曾经按你父亲的信誉垫支过钱,但很难取回,因此这一次他只能支付很小一笔钱,不能多。在这种情况下,我只好向勒普提涅要钱。勒普提涅的行为值得赞扬,不仅因为他垫支了这笔钱,而且因为他愉快地这样做了。在其他场合,他的与你相关的言行清楚地表明了他是一个朋友,也清楚地表明了他是一个什么样的朋友。我必须把诸如此类的行为或相反的行为向你报告,并表明我对这些人对待你的态度有什么看法。

362

B

C

不管怎么说,在经济问题上我要说得坦率些,因为这是我的责

任,也因为我能理解你周围的环境。那些有责任向你报告的人一

D 般不愿意向你报告和开支有关的事情,因为他们怕招来猜疑。因此要使他们习惯于把这些事情向你报告。你本人必须熟悉这些细节,不要回避,这样你才能自己做出判断,因为没有什么事比熟悉这些事情对你的统治更加有益。你自己就曾经说过,正当的开支是一件好事,有益于你的财政。所以不要让那些自认为在看护你

E 的利益的人对你产生偏见。这是件好事,但既非为了你自己,亦非为了使别人以为你不擅长处理财政。

　　下面我要谈到狄翁。你答应过要给我写信,但在没有收到你的信之前,我无法把其他事情告诉你。尽管我既没有提到也没有讨论你吩咐过的那些事,但我确实试图去发现,如果有这种事发生,他是否会表示出极大的关心。我的看法是,如果发生了这种事,他也会不为所动。而在其他所有方面,我认为狄翁对你的态度不仅在口头上而且在实际中都是合理的。

363 　　让我们给克拉提努一副胸铠,有衬垫的那一种,打仗时候用,他是提摩修的兄弟,是我的伴当,从小就跟着我;给克贝的女儿们三件长袍,不是产于阿谟尔古斯的价格昂贵的那一种,而是西西里产的亚麻布的长袍。你可能知道克贝这个名字,因为他与西米亚斯一道与苏格拉底进行过讨论灵魂的对话。他和我们所有人的关系都很亲密。

B 　　信物与信件是不同的,信件有具体的目的,而信物则没有。我想你可能还记得我的话,但无论如何你都要对我进行关注。有许多人都要求我把这些不宜公开的事情写下来,所以我在这些重要信件的开头写上"神",而在其他信件开头则写上"诸神"。

　　使者们有理由要求我写信给你,因为他们到处衷心地赞美你和我,尤其是菲拉格鲁斯,他的手有一段时间不太好。菲莱德斯也

C 一样,他从大王的宫廷来到这里以后谈起你。但要把他的话全都

写下来,那我的信就要变得很长了。有关情况你必须向勒普提涅询问。

　　如果正好有信使能把我要的胸铠或其他东西送来,那就太好了;如果没有,那么也可以把胸铠交给忒里卢斯,他经常旅行,不仅是我们的一个朋友,而且也精通哲学。他是提森的姻亲,我去那里的时候,提森是城防官。

　　再见吧,你要过哲学的生活,要鼓励年轻人。把我的问候带给 D 与你一同赛球的人。你要下令给阿里斯托克利图和其他人,每当我的著作或书信送到你那里,他们都要立刻让你知道,不得延误,他们还要能够提醒你遵守我在信件中向你提出的要求。现在尤其重要的是不要拒绝支付由勒普提涅垫支的款项。你要立刻向他支付,这样的话其他人知道了就会更加愿意招待我们。

　　我已经给了雅特洛克勒自由,同时得到自由的还有密洛尼得 E 斯,现在他们正在带着我给他们的东西离去。请你给他一个有薪水的职位,他的忠诚值得信赖。如果你决定使用他,那么请你这样做。请保存这封信,或是记住信的内容,不管怎么做,结果都一样。

柏拉图年表^①

6100 年　　西亚移民定居克里特岛。

3000 年　　克里特岛进入青铜时代。

2000—1500 年　　克里特文明（弥诺斯文化）。

1600—1380 年　　克里特文明三次被毁。

2000 年　　欧洲地区部落大迁徙，阿该亚人进入希腊半岛。

1600—1500 年　　迈锡尼文明创建，希腊语的线形文字 B 代替以
前的线形文字 A，向奴隶制过渡。

1500 年　　阿该亚人进入克里特岛，取代原有居民，在克里特的
主要城市建立统治。

十二世纪初　　迈锡尼的阿伽门农（Agamemnon）统帅希腊半岛境
内的联军，远征小亚细亚西岸的特洛伊。

1125 年左右　　巴尔干地区部落大迁徙，多立斯人摧毁迈锡尼，
迈锡尼文明告终。

1000 年左右　　爱琴海地区进入铁器时代。

900—800 年　　具有固定地区和共同方言的埃俄利亚人、伊奥尼
亚人、多立斯人形成。传说中的荷马（Homer）、赫西奥德

---

^①　本年表根据范明生先生《柏拉图哲学述评》（上海人民出版社，1984
年版，515—522 页）所附年表改编，译者对人名、地名等专有名词的译名作了
统一，部分内容作了修改与补充。年表中的年代除特别标明外全部指公元
前，有关柏拉图著作的撰写年代仅供参考。

(Hesiod)时代。开始在南意大利(大希腊)殖民。

776 年　　第一次奥林匹克赛会(竞技会、运动会)举行。

804 年　　传说中的莱喀古斯(Lycurgus)为斯巴达立法。

660 年　　扎琉库斯(Zaleucus)为南意大利希腊殖民城邦洛克里制定已知希腊最早法律。

640 年　　卡隆达斯(Charondas)为西西里希腊殖民城邦卡塔那制定法律。

624? —547? 年　　米利都学派哲学家泰勒斯(Thales)。

620 年　　雅典执政官德拉科(Dracos)并颁布法律。

610? —546? 年　　米利都学派哲学家阿那克西曼德(Anaximander)。

6 世纪初　　奥菲斯(Orpheus)教兴起。

594—593 年　　梭伦(Solon)改革,颁布解负令,废除债务奴隶制,创立四百人议事会。

588? —525? 年　　米利都学派哲学家阿那克西美尼(Anaximenes)。

580? —500? 年　　毕泰戈拉学派创始人毕泰戈拉(Pythagoras)。

565? —473? 年　　爱利亚学派先驱者塞诺芬尼(Xenophanes)。

560—527 年　　庇西特拉图(Pisistratus)成为雅典僭主。

546—545 年　　波斯征服小亚细亚沿海希腊殖民城邦。

544—541 年　　米利都哀歌体诗人福库利得(Phocylides)鼎盛年.

540 年　　麦加拉哀歌体诗人塞奥格尼(Thcognis)鼎盛年。

540—480 年　　爱菲索哲学家赫拉克利特(Heraclitus)。

540 年　　波吕克利图(Polyclitus)成为萨摩斯僭主。毕泰戈拉移居南意大利克罗顿,意大利学派兴起。

525—456 年　　悲剧诗人埃斯库罗斯(Aeschylus)。

518—438 年　　抒情诗人品达(Pindar)。

约6—5世纪　　　爱利亚学派哲学家巴门尼德(Parmenides)。

510年　　　庇西特拉图建立的僭主政体告终。

509年　　　政治家克利斯提尼(Cleisthenes)在雅典确立民主政体，积极推行改革。

500?—440?年　　　原子论哲学家留基伯(Leucippus)。

500?—428?年　　　多元论哲学家阿那克萨哥拉(Anaxagoras)。

499年　　　小亚细亚伊奥尼亚城邦起义反对波斯的统治。

496?—406年　　　悲剧诗人索福克勒斯(Sophocles)。

492—449年　　　希波战争。

490年　　　马拉松之役。希腊雕刻家斐狄亚斯(Phidias)出生于雅典。爱利亚学派哲学家芝诺(Zeno)出生于爱利亚。

487年　　　雅典创立贝壳驱逐法以防止僭主政体。

485?—406年　　　悲剧诗人欧里庇得斯(Euripides)。

484?年　　　历史学家希罗多德(Herodotus)出生。

483?—375?年　　　智者高尔吉亚(Gorgias)。

483—482年　　　雅典发现新银矿，国库增加收入。

481?—411?年　　　智者普罗塔哥拉(Protagoras)。

479年　　　伊奥尼亚诸希腊城邦争取独立，试图摆脱波斯统治。

478年　　　以雅典为首建立提洛同盟。

472年　　　埃斯库罗斯的悲剧《波斯人》参加演出得头奖。

469—399年　　　哲学家苏格拉底(Socrates)。

465年　　　埃斯库罗斯的悲剧《普罗米修斯》演出。

464年　　　斯巴达地震，国有奴隶希洛人起义。

462年　　　政治家伯里克利(Pericles)开始在雅典产生影响。

460年　　　雅典推行陪审员薪给制。

460?—400?年　　　历史学家修昔底德(Thucydides)。

460?—370?年　　　医学家希波克拉底(Hippocrates)。

460? —370? 年　　原子论哲学家德谟克利特(Democritus)。

458 年　　索福克勒斯的悲剧《阿伽门农》演出得头奖。

457 年　　雅典人和斯巴达人战于塔那格拉,雅典战败。

454—453 年　　提洛同盟金库从提洛移到雅典,标志着雅典海上帝国的建立。

451 年　　雅典修改公民资格法律,限制公民人数。雅典进入全盛时代。

450—385? 年　　喜剧诗人阿里斯托芬(Aristophanes)。

447 年　　雅典的帕德嫩(Parthenon)神庙开始兴建。

436—338 年　　雅典辩论家伊索克拉底(Isocrates)。

435? —370? 年　　犬儒学派创始人安提司泰尼(Antisehenes)。

435? —360? 年　　昔勒尼学派创始人阿里斯提波(Aristippus)。

431—404 年　　伯罗奔尼撒战争。

431 年　　索福克勒斯的《俄狄浦斯王》和欧里庇得斯的《美狄亚》相继上演。

430 年　　希罗多德撰写《历史》告一段落。

430—355 年　　历史学家色诺芬(Xenophon)。

430? —424? 年　　欧里庇得斯的悲剧《赫库巴》演出。

430 年　　雅典发生瘟疫。伯里克利受审和被罚。

429 年　　伯里克利卒。雅典开始向公民征收财产税。

427 年　　柏拉图出生于雅典附近的埃癸那岛。

427 年　　雅典第二次发生瘟疫。阿里斯托芬的第一部喜剧《宴会》在雅典的酒神节演出。

425 年　　斯巴达的国有奴隶希洛人逃亡。阿里斯托芬的喜剧《阿卡纳人》演出。

424 年　　历史学家修昔底德遭到驱逐。雅典人在得琉谟被斯巴达人打败,从此雅典在战争中逐渐失利(苏格拉底和阿尔基比亚德参加过这次战役)。阿里斯托芬的喜剧《骑士》演出得头奖。

423 年　　雅典人和斯巴达人订立一年休战和约。阿里斯托芬的喜剧《云》演出,剧中讽刺苏格拉底。

422 年　　阿谟菲坡里战役(苏格拉底参加这次战役)。阿里斯托芬的喜剧《马蜂》演出。

421 年　　雅典和斯巴达再次订立同盟条约,为期五十年。阿里斯托芬的喜剧《和平》演出。柏拉图假托的《国家篇》《蒂迈欧篇》《克里底亚篇》中的谈话进行的时期。欧里庇得斯的悲剧《请愿的妇女》演出。

420? 年　　在伯罗克尼撒的巴塞建造阿波罗神庙。

419 年　　尼昔亚斯(Nicias)和阿尔基比亚德(Alcibiades)当选为雅典的将军。

418 年　　原和雅典结盟的阿耳戈斯败于斯巴达,因此和斯巴达人结盟并建立贵族政体;次年即被推翻,重新恢复和雅典人的结盟。欧里庇得斯的《伊安》演出。

416 年　　雅典人攻陷梅洛斯岛后进行大屠杀。索福克勒斯的悲剧《厄勒克特拉》演出。

415 年　　雅典海军在阿尔基比亚德、尼昔亚斯等人领导下远征叙拉古。阿尔基比亚德奉召回国,归途中逃往斯巴达。

414 年　　阿里斯托芬的喜剧《鸟》上演。

413 年　　雅典同盟国相继脱离、拒纳年贡、经济困难而征收进出口税。雅典帝国开始瓦解。雅典远征叙拉古海军遭到覆灭。二万多雅典奴隶逃亡。欧里庇得斯的悲剧《伊菲革涅亚在陶洛人里》等演出。

412 年　　雅典盟国暴动。斯巴达和波斯结盟并接受波斯资助共同对抗雅典。萨摩斯在雅典支持下出现平民革命,反对贵族奴隶主的统治。以斯巴达为首的伯罗奔尼撒诸城邦的海军集中于米利都,雅典的海军集中于萨摩斯。

411年　雅典发生寡头政变,推翻民主政体,建立四百人议事会,遭到驻萨摩斯雅典海军反对;不久废除四百人议事会,由温和的寡头党执政,召回阿尔基比亚德。阿里斯托芬的喜剧《吕西斯特剌忒》和《地母节妇女》上演。

410?—339年　学园派哲学家斯彪西波(Speusippus),柏拉图的外甥,学园的第二任领导人。

410年　雅典在库梓科战役获胜,恢复民主政体,拒绝斯巴达的和平建议。索福克勒斯的悲剧《菲罗克忒忒斯》演出得头奖。

408?—354年　狄翁(Dion),柏拉图的最重要的朋友和学生之一。

407年　阿尔基比亚德回雅典出任将军职务。赫谟克拉底(Hermocrates)在叙拉古被杀。

406年　3月雅典在诺丁姆战役败绩,阿尔基比亚德引咎辞职,3月雅典在阿癸努赛战役获胜,但雅典审判和宣告指挥该战役的将军们有罪,遭到苏格拉底的反对。索福克勒斯和欧里庇得斯相继去世。

405年　萨摩斯人取得雅典公民权。雅典在埃戈斯坡塔弥战役败绩。狄奥尼修斯一世(Dionysus I)成为叙拉古僭主。阿里斯托芬的喜剧《蛙》演出。

404年　伯罗奔尼撒战争以雅典向斯巴达投降结束。雅典出现以柏拉图的近亲克里底亚(Critias)、卡尔米德(Charmides)为首的"三十僭主"政体。

403年　"三十僭主"政体覆灭,雅典恢复民主政体。

401年　索福克勒斯去世不久,其悲剧《俄狄浦斯在科罗诺斯》演出得头奖。

400? —314 年　　学园派哲学家色诺克拉底（Xenocrates），柏拉图学园的第三任领导人。

399 年　　苏格拉底在民主政体下遭到指控和被处死。柏拉图离开雅典到麦加拉等地游学。柏拉图假托的《申辩篇》、《克里托篇》、《斐多篇》中谈话进行的时期。

398 年　　修昔底德的《伯罗奔尼撒战争史》发表。

395—387 年　　科林斯战争，柏拉图曾参加该战争。柏拉图到埃及、昔勒尼等地游学。

395—394 年　　雅典和底比斯等结盟反对斯巴达。

394—391? 年　　柏拉图撰写《伊安篇》。

392—390? 年　　波吕克拉底（Polycrates）发表小册子攻击已去世的苏格拉底。

390? 年　　柏拉图撰写《克拉底鲁篇》。

390—389 年　　雅典宣布征收 1/40 的战争税。

389 年　　阿里斯托芬的《公民大会妇女》和传世的最后喜剧《财神》演出。

387 年　　柏拉图第一次访问南意大利和西西里，结识塔壬同民主政体领袖阿启泰，以及叙拉古僭主狄奥尼修斯一世。回雅典后创立学园，开始构思《国家篇》。

387—367? 年　　柏拉图撰写《国家篇》。

387 年后　　撰写《美涅克塞努篇》、《高尔吉亚篇》。

386—382? 年　　撰写《美诺篇》。

385—380? 年　　撰写《会饮篇》。

384 年　　亚里士多德（Aristotle）出生于斯塔癸刺。

384 年　　德谟斯提尼（Demosthenes）出生于雅典。

378—377 年　　雅典为首的第二次海上同盟组成。

377 年　　雅典实行新的财产税。

375？—287 年　　哲学家塞奥弗拉斯特（Theophrastus），柏拉图和
　　亚里士多德的著名学生。

371 年　　雅典和斯巴达建立和平。斯巴达在琉克特剌战败，国
　　势逐渐衰落。

369—367 年　　柏拉图撰写《泰阿泰德篇》。

388？年　　叙拉古僭主狄奥尼修斯一世去世。柏拉图应邀第二
　　次访问西西里。亚里士多德进入学园。

366？年　　柏拉图撰写"第十三封书信"。

361 年　　柏拉图应邀第三次访问西西里。回雅典后构思《法
　　篇》。

360 年　　柏拉图撰写"第十二封书信"。

359—336 年　　马其顿兴起。菲力出任马其顿执政。

357 年　　雅典收复失地刻索尼苏斯和欧玻亚。狄翁回西西里，
　　领导推翻狄奥尼修斯二世的统治。柏拉图在此前后撰写《蒂
　　迈欧篇》。

356—323 年　　亚历山大大帝出生于马其顿的佩拉。

354 年　　狄翁成为叙拉古僭主，不久被卡利浦斯（Callipus）谋杀。
　　柏拉图撰写"第七封书信"。

353 年　　卡利浦斯被推翻。柏拉图撰写"第八封书信"。

351 年　　德摩斯梯尼发表《斥菲力书》。

347 年　　柏拉图逝世，斯彪西波继任学园领导；亚里士多德和色
　　诺克拉底等离开雅典到阿泰努等地。

346 年　　狄奥尼修斯二世在叙拉古重建僭主政体。

344—343 年　　提摩勒昂（Timoleon）领导推翻狄奥尼修斯二世的
　　统治。

343 年　　亚里士多德应邀担任亚历山大的老师。

341—270 年　　晚期哲学家伊壁鸠鲁。

335 年　　　亚里士多德回雅典创建逍遥学派。

336 年　　　斯多亚学派创始人芝诺(Zeno)出生于季蒂昂。

公元 529 年　　　东罗马帝国皇帝查士丁尼下令关闭学园。

公元 1459—1521 年　　　意大利的佛罗伦萨出现柏拉图学园。

柏拉图谱系表^①

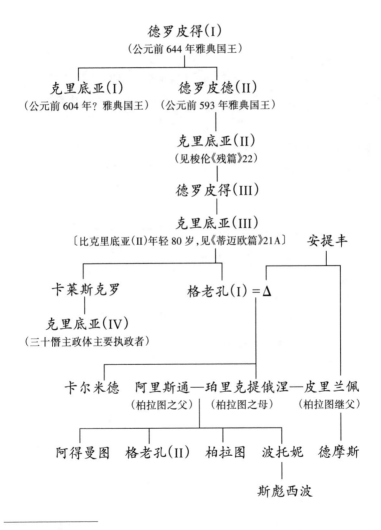

德罗皮得(I)

(公元前 644 年雅典国王)

克里底亚(I)　　德罗皮德(II)

(公元前 604 年? 雅典国王)　(公元前 593 年雅典国王)

克里底亚(II)

(见梭伦《残篇》22)

德罗皮得(III)

克里底亚(III)

〔比克里底亚(II)年轻 80 岁,见《蒂迈欧篇》21A〕　安提丰

卡莱斯克罗　　格老孔(I) = Δ

克里底亚(IV)

(三十僭主政体主要执政者)

卡尔米德　阿里斯通—珀里克提俄涅—皮里兰佩

(柏拉图之父)　(柏拉图之母)　(柏拉图继父)

阿得曼图　格老孔(II)　柏拉图　波托妮　德摩斯

斯彪西波

---

① 本谱系表参照范明生先生《柏拉图哲学述评》第 523 页制作,译名有改动。

英汉译名对照

A

Abaris　　阿巴里斯

Abdera　　阿布德拉(地名)

Academus　　阿卡得谟

Academy　　学园

Achaea　　阿该亚(地名)

Acharnae　　阿卡奈(地名)

Acharnanian　　阿卡奈人

Achelous　　阿刻罗俄斯

Acheron　　阿刻戎

Acherusian Lake　　阿刻卢西亚湖

Achilles　　阿喀琉斯

Acumenus　　阿库美努

Acusilaus　　阿库西劳

Adimantus　　阿狄曼图

Admetus　　阿德墨托斯

Admetus　　阿德墨托斯

Adonis　　阿多尼斯

Adrastia　　阿得拉斯提娅

Adrastus　　阿德拉图

Aeacus　　埃阿科斯

Aeantodorus　　埃安托多鲁

Aegina　　伊齐那

Aegina　　伊齐那(地名)

Aegyptus　　埃古普托斯

Aeneas　　埃涅阿斯

Aeschines　　埃斯基涅

Aeschylus　　埃斯库罗斯

Aesop　　伊索

Aexone　　埃克松尼(地名)

Aexonian　　埃克松尼亚人

Agamemnon　　阿伽门农

Agathocles　　阿伽索克莱

Agathon　　阿伽松

Aglaion　　阿格莱翁

Aglaophon　　阿格拉俄封

Ajax　　埃阿斯

Alcestis　　阿尔刻提斯

Alcetas　　阿凯塔斯

Alcibiades　　阿尔基比亚德

Alcinous　　阿尔喀诺俄斯

Aleuadae　　阿留亚戴(人)

Alexidemus　　阿勒西得谟

Alopece	阿罗卑克(地名)	Anximenes	阿那克西美尼
Amasis	阿玛西斯	Anytus	阿尼图斯
Amazons	亚马孙人	Apemantus	阿培曼图
Ameleis	阿米勒斯(河名)	Aphidnae	阿菲德那人
Ammon	阿蒙	Aphrodite	阿佛洛狄忒
Amorgus	阿谟尔古斯(地名)	Apollo	阿波罗
Ampheres	安斐瑞斯	Apollodorus	阿波罗多洛
Amphiaraus	安菲阿拉俄斯	Arcadia	阿卡狄亚
Amphion	安菲翁	Arcadians	阿卡狄亚人
Amphipolis	安菲波利斯(地名)	Archedemus	阿基德谟
Amphitryon	安菲特律翁	Archelaus	阿凯劳斯
Amycus	阿密科斯	Archilochus	阿基洛库斯
Amynander	阿密南德	Archinus	阿基努斯
Amyntor	阿弥托耳	Archippus	阿尔基波
Anacharsis	阿那卡尔西斯	Archons	执政官(音译"阿康")
Anacreon	阿那克瑞翁	Archytas	阿尔基塔
Anaxagoras	阿那克萨戈拉	Arcturus	阿克图鲁
Andromache	安德洛玛刻	Ardiaeus	阿狄埃乌斯
Andromedes	安德罗美德	Areopagus	战神山(阿雷奥帕古
Andron	安德隆		斯山)
Andros	安德罗斯(地名)	Ares	阿瑞斯
Androtion	安德罗提翁	Aretaeus	阿瑞泰乌斯
Antaeus	安泰俄斯	Argives	阿耳戈斯人
Antenor	安特诺尔	Argos	阿耳戈斯(地名)
Anthemion	安塞米翁	Arion	阿里翁
Antilochus	安提罗科斯	Ariphron	阿里夫隆
Antimoerus	安提谟鲁	Aristides	阿里斯底德
Antiphon	安提丰	Aristippus	阿里斯提波
Antisthenes	安提斯泰尼	Aristocrates	阿里司托克拉底

Aristocritus	阿里斯托克利图	Atreus	阿特柔斯
Aristodemus	阿里司托得姆	Atropos	阿特洛波斯
Aristodorus	阿里斯托多鲁	Attica	阿提卡(地名)
Aristogiton	阿里司托吉顿	Autochthon	奥托克松
Ariston	阿里斯通	Autolycus	奥托吕科
Aristonymus	阿里司托尼姆	Axiochus	阿克西俄库
Aristophanes	阿里斯托芬	Azaes	阿札厄斯
Aristophon	阿里斯托丰		
Aristoteles	阿里斯多特勒		
Aristotle	亚里士多德		**B**
Armenius	阿尔美纽斯		
Artemis	阿耳忒弥	Bacchius	巴基乌斯
Artemisium	阿特米西乌(地名)	Batiea	巴提娅
Asclepiad	阿司克勒彼亚得	Bias	彼亚斯
Asclepius	阿斯克勒庇俄斯	Boeotia	波埃提亚(地名)
Asia	亚细亚(地名)	Boeotians	波埃提亚人
Asopus	阿索普斯(河名)	Boreas	波瑞阿斯
Aspasia	阿丝帕希娅	Brasidas	伯拉西达
Assyrians	亚述人	Briareus	布里亚柔斯
Astyanax	阿斯堤阿那克斯	Bryson	布律松
Astylus	阿司堤路	Byzantine	拜占庭
Atalanta	阿特兰塔		
Ate	阿忒		
Athena	雅典娜		**C**
Athens	雅典(地名)		
Athos	阿索斯(地名)	Cadmeans	卡德摩斯的后代
Atlanta	阿特兰塔	Cadmus	卡德摩斯
Atlantic	大西岛	Caeneus	凯涅乌斯
Atlas	阿特拉斯	Callaeschrus	卡莱克鲁斯
		Callias	卡里亚
		Callicles	卡利克勒

Calliope	卡利俄珀	Chimera	喀迈拉
Cambyses	冈比西斯	Chios	开俄斯(地名)
Caria	卡里亚(地名)	Chiron	喀戎
Carthage	迦太基(地名)	Cholargeis	科拉吉斯(地名)
Castor	卡斯托耳	Cholcis	科尔喀斯(地名)
Ceans	凯安人	Chryses	克律塞斯
Cebes	克贝	Chrysippus	克律西波斯
Cecrops	凯克罗帕斯	Cimon	喀蒙
Celts	凯尔特人	Cinesias	喀涅西亚
Centaur	肯陶洛斯	Cinyras	昔尼拉斯
Ceos	开奥斯(地名)	Cithaeron	基塞隆(山名)
Cephalus	凯发卢斯	Clazomenae	克拉佐门尼(地名)
Cephisus	凯菲索(地名)	Cleobulus	克莱俄布卢斯
Cepis	凯皮斯	Cleombrotus	克莱俄布洛图
Cerameis	克拉梅斯(地名)	Cleopatra	克勒俄帕特拉
Ceramicus	凯拉米库(地名)	Cleophantus	克莱俄芳图
Cerberus	刻耳柏洛斯	Clinias	克利尼亚
Cercyon	凯居翁	Clito	克利托
Chaeredemus	凯瑞德姆	Clitophon	克利托丰
Chaerephon	凯勒丰	Clotho	克罗托
Chalcedon	卡尔凯顿(地名)	Cnossus	克诺索斯(地名)
Chalcis	卡尔昔斯	Cocytus	考西图斯(河名)
Chaos	卡俄斯(浑沌)	Codrus	科德鲁斯
Charmantides	卡尔曼提德	Colophon	科罗封(地名)
Charmides	卡尔米德	Connus	孔努斯
Charondas	卡隆达斯	Corinth	科林斯(地名)
Charybdis	卡律布狄斯	Corinthus	科林苏斯
Chen	泽恩(地名)	Coriscus	科里司库
Chilon	喀隆	Corybantes	科里班忒

Cos　　科斯（地名）

Cosmos　　科斯摩斯

Cratinus　　克拉提努

Cratistolus　　克拉提斯托卢

Cratylus　　克拉底鲁

Creon　　克瑞翁

Creophylus　　克瑞奥菲鲁斯

Cresphontes　　克瑞司丰特

Crete　　克里特（地名）

Crison　　克里松

Critias　　克里底亚

Crito　　克里托

Critobulus　　克里托布卢

Croesus　　克娄苏

Crommyon　　克罗密昂（地名）

Cronus　　克洛诺斯

Ctesippus　　克特西普

Curetes　　库里特

Cyclopes　　库克罗普斯

Cydathenaeum　　居达塞奈乌姆（地名）

Cydias　　昔狄亚斯

Cyprus　　塞浦路斯（地名）

Cypselids　　库普塞利德

Cyrene　　居勒尼

Cyrnus　　库尔努斯

Cyrus　　居鲁士

Cyzicus　　西泽库（地名）

D

Daedalus　　代达罗斯

Damon　　达蒙

Danaus　　达那俄斯

Daphnis　　达佛涅

Dardania　　达尔达尼亚（地名）

Dardanus　　达耳达诺斯

Darius　　大流士

Datis　　达提斯

Delium　　代立昂（地名）

Delos　　提洛（地名）

Delphi　　德尔斐（地名）

Demeter　　得墨忒耳

Democrates　　德谟克拉底

Demodocus　　德谟多库斯

Demophon　　德谟封

Demos　　德摩斯

Deucalion　　丢卡利翁

Dia　　狄亚

Diaprepes　　狄亚瑞佩

Diocles　　狄奥克勒

Diomede　　狄奥墨德

Diomedes　　狄奥墨德斯

Dion　　狄翁

Dione　　狄俄涅

Dionysius I　　狄奥尼修一世

Dionysius II　　狄奥尼修二世

Dionysodorus　狄奥尼索多洛

Dionysus　狄奥尼修斯

Diopompus　狄奥波普

Dioscuri　狄奥斯库里

Diotima　狄奥提玛

Dodona　多多那(地名)

Doria　多利亚(地名)

Doris　多利斯(人名)

Doris　多利斯(地名)

Dorus　多鲁斯

Dropides　德洛庇达

E

Echecrates　厄刻克拉底

Egypt　埃及(地名)

Elasippus　厄拉西普

Elea　爱利亚(地名)

Eleusis　厄琉息斯(地名)

Elis　埃利斯(地名)

Empedocles　恩培多克勒

Endymion　恩底弥翁

Epeus　厄培乌斯

Ephesus　爱菲索(地名)

Ephialtes　厄菲亚尔特

Epicharmus　厄庇卡尔谟

Epicrates　厄庇克拉底

Epidaurus　埃皮道伦(地名)

Epigenes　厄庇革涅

Epimenides　厄庇美尼德

Epimetheus　厄庇墨透斯

Epinomis　伊庇诺米

Er　厄尔

Erastus　厄拉斯托

Erato　埃拉托

Erectheus　厄瑞克透斯

Eretria　埃雷特里亚(地名)

Erichthonius　厄里克托纽

Eridanus　厄里达努(河名)

Erineum　伊利纽(地名)

Eriphyle　厄律斐勒

Eros　厄洛斯

Erysichthon　厄律西克松

Eryximachus　厄律克西马库

Etruria　埃图利亚(地名)

Euclides　欧几里德

Eudicus　欧狄库

Eudoxus　欧多克索

Eumelus　欧美卢斯

Eumolpus　欧谟尔普

Euphemus　欧斐姆斯

Euphraeus　欧福莱乌

Euphronius　欧佛洛纽

Euripides　欧里庇得斯

Europe　欧罗巴(地名)

Eurybatus　欧律巴图

Eurybius　欧律比乌

Eurycles　欧律克勒斯

Eurymedon　　欧律墨冬(河名)

Eurypylus　　欧律庇卢斯

Eurysthenes　　欧律斯塞涅

Euthydemus　　欧绪德谟

Euthyphro　　欧绪弗洛

Eutychides　　欧提基德斯

Evaemon　　厄维蒙

Evenor　　厄维诺

Evenus　　厄文努斯

G

Gadira　　伽狄拉(地名)

Gadirus　　伽狄鲁斯

Gaea　　该亚

Gambyses　　冈比西斯

Ganymede　　该尼墨得

Gelon　　格隆

Geryon　　革律翁

Glaucon　　格老孔

Glaucus　　格劳科斯

Gorgias　　高尔吉亚

Gorgons　　戈耳工

Gyges　　吉格斯

H

Hades　　哈得斯

Harmodius　　哈谟狄乌

Harmonia　　哈耳摩尼亚

Hecamede　　赫卡墨得

Hector　　赫克托耳

Hecuba　　赫卡柏

Hegesippus　　赫格西普

Helen　　海伦

Helicon　　赫利肯

Helios　　赫利俄斯

Hellespont　　赫勒斯旁(地名)

Helots　　希洛人(音译"黑劳士")

Hephaestus　　赫淮斯托斯

Hera　　赫拉

Heraclea　　赫拉克利亚(地名)

Heracles　　赫拉克勒斯

Heraclidae　　赫拉克勒代

Heraclides　　赫拉克利德

Heraclitus　　赫拉克利特

Hercules　　赫丘利

Hermes　　赫耳墨斯

Hermias　　赫尔米亚

Hermocrates　　赫谟克拉底

Hermogenes　　赫谟根尼

Herodicus　　希罗狄库

Hesiod　　赫西奥德

Hestia　　赫斯提

Hieron　　希厄隆

Hieronymus　　希洛尼谟

Himera　　希墨腊(地名)

Hipparinus　　希帕里努

Hippias   希庇亚

Hippocrates   希波克拉底

Hippodamia   希波达弥亚

Hippolochus   希波洛库

Hippolytus   希波吕特

Hipponicus   希波尼库

Hippothales   希波泰勒

Homer   荷马

Hydra   许德拉

Hyperborean   希珀波瑞人

Hyppolytus   希波吕特

I

Iapetus   伊阿珀托斯

Iatrocles   雅特洛克勒

Iberia   伊比利亚（地名）

Ibycus   伊彼库斯

Iccus   伊克库斯

Ida   伊达（山名）

Ilissus   伊利苏斯（河名）

Ilithyia   伊利绪雅

Ilium   伊利昂（地名）

Inachus   伊那科斯

Inycus   伊尼库斯（地名）

Iolaus   伊俄拉俄斯

Ion   伊安

Ionia   伊奥尼亚（地名）

Iphicles   伊菲克勒

Iris   伊里斯

Isis   伊西斯

Ismenias   伊司美尼亚

Isocrates   伊索克拉底

Isolochus   伊索洛库斯

Italy   意大利（地名）

Ithaca   伊塔卡（地名）

L

Lacedaemon   拉栖代蒙（地名）

Lacedaemonians   拉栖代蒙人

Laches   拉凯斯

Lachesis   拉刻西斯

Laconia   拉科尼亚（地名）

Laertes   拉埃尔特

Laius   拉伊俄斯

Lamachus   拉玛库斯

Lamiscus   拉弥斯库

Lamprus   兰普鲁斯

Lampsacus   兰萨库斯（地名）

Laodamas   拉奥达玛

Laomedon   拉俄墨冬

Larissa   拉利萨（地名）

Lechaeum   莱卡乌姆（地名）

Lenaea   勒奈亚（地名）

Leochares   勒俄卡瑞斯

Leon   勒翁

Leontini   林地尼（地名）

Leontius　　勒翁提乌斯

Leptines　　勒普提涅

Lesbian　　列斯堡人

Lethe　　勒忒(河名)

Letho　　勒娑

Leto　　勒托

Leucippe　　留基佩

Leucolophides　　琉科罗菲得斯

Libya　　利比亚(地名)

Licymnius　　利库尼乌

Liguria　　利古里亚(地名)

Lindus　　林杜斯(地名)

Locri　　罗克里(地名)

Lycabettus　　吕卡贝图(山名)

Lycaon　　吕卡翁

Lyceum　　吕克昂(地名)

Lycon　　吕孔

Lycophron　　吕科佛隆

Lycurgus　　莱喀古斯

Lydia　　吕底亚(地名)

Lynceus　　林扣斯

Lysanias　　吕珊尼亚斯

Lysias　　吕西亚斯

Lysiclides　　吕西克利德

Lysimachus　　吕西玛库

Lysis　　吕西斯

M

Macareus　　玛卡瑞乌

Macedonia　　马其顿

Machaon　　马卡昂

Magnesia　　玛格奈昔亚(地名)

Mantinea　　曼提尼亚(地名)

Marathon　　马拉松(地名)

Mariandynians　　玛里安迪尼人

Marsyas　　玛息阿

Medea　　美狄亚

Medes　　米地亚人

Medusa　　墨杜莎

Megara　　麦加拉(地名)

Megarian　　麦加拉人

Megilius　　麦吉卢

Melampus　　墨拉普斯

Melanippe　　美拉尼珀

Meles　　美勒斯

Melesias　　美勒西亚

Meletus　　美勒托

Melissus　　麦里梭

Melite　　梅利特(地名)

Memory　　记忆女神

Mende　　门德(地名)

Menelaus　　墨涅拉俄斯

Menexenus　　美涅克塞努

Meno　　美诺

Menoetius　　墨诺提俄斯

Messene　　墨西涅(地名)

Messenia　　麦西尼亚(地名)

Mestor　　麦斯托

Metion	麦提翁	Nemesis	涅墨西斯
Metrobius	梅特洛比乌	Neoptolemus	涅俄普托勒摩
Metrodorus	梅特罗多洛	Nereids	涅瑞伊得斯
Miccus	弥库斯	Nestor	涅斯托耳
Midas	弥达斯	Niceratus	尼刻拉图
Miletus	米利都(地名)	Naxos	那克索斯(地名)
Miltiades	米尔提亚得	Nicias	尼昔亚斯
Minos	弥诺斯	Nicostratus	尼科司特拉图
Mithaecus	米赛库斯	Nile	尼罗(河名)
Mneseus	涅塞乌斯	Nilus	尼鲁斯
Mnesitheus	涅西塞乌斯	Nineveh	尼尼微(地名)
Momus	莫摩斯	Niobe	尼俄柏
Morychus	莫里库斯		
Musaeus	穆赛乌斯		
Muses	缪斯		

O

Myrians	弥利安人	Oceanus	俄刻阿诺
Myrina	密里娜	Odysseus	奥德修斯
Myrmidon	密耳弥冬	Oedipus	俄狄甫斯
Myronides	密洛尼得斯	Oenoe	欧诺厄(地名)
Myrrhinus	密利努(地名)	Oenophyta	恩诺斐塔(地名)
Myrtilus	密耳提罗斯	Olympia	奥林比亚(地名)
Myson	密松	Olympus	奥林帕斯(地名)
Mytilene	米提利尼(地名)	Olympus	奥林普斯(人名)
		Olynthus	奥林苏斯
		Opici	奥皮奇人

N

		Opus	奥布斯(地名)
Naucratis	瑙克拉提(地名)	Orestes	俄瑞斯忒斯
Nausicydes	瑙昔居德	Orithyia	俄里蒂亚
Neith	奈斯	Oropia	俄罗比亚(地名)

Orpheus　　奥菲斯

Orthagoras　　俄尔萨戈拉

Otus　　俄图斯

P

Paean　　佩安(神名)

Paeania　　培阿尼亚(地名)

Paeanian　　培阿尼亚人

Palamedes　　帕拉墨得斯

Pallas　　帕拉斯

Pamphylia　　潘斐利亚(地名)

Pan　　潘

Panathenaea　　泛雅典娜节

Pandarus　　潘达洛斯

Panopeus　　帕诺培乌斯

Panops　　帕诺普(泉)

Paralus　　帕拉卢斯

Parians　　帕罗斯人

Parmenides　　巴门尼德

Parnes　　帕耳涅斯(山名)

Paros　　帕罗斯(地名)

Parthenon　　帕德嫩

Patrocles　　帕特洛克勒

Patroclus　　帕特洛克罗

Pausanias　　鲍萨尼亚

Pegasus　　帕伽索斯

Peleus　　珀琉斯

Pelopidae　　佩洛匹达人

Peloponnesus　　伯罗奔尼撒(地名)

Pelops　　珀罗普斯

Penelope　　珀涅罗珀

Perdiccas　　佩尔狄卡

Periander　　佩里安德

Pericles　　伯里克利

Persephone　　珀耳塞福涅

Persia　　波斯(地名)

Persians　　波斯人

Phaedo　　斐多

Phaedondas　　斐冬得斯

Phaedrus　　斐德罗

Phaenarete　　斐那瑞特

Phaethon　　法厄同

Phalerum　　法勒伦(地名)

Phanosthenes　　法诺斯提尼

Pharmacia　　法马西娅

Phasis　　费西斯(河流名)

Phason　　法松

Phelleus　　费留斯(地名)

Phemius　　斐米乌斯

Pherecartes　　斐瑞克拉底

Pherepapha　　斐瑞珀法

Pherephatta　　斐瑞法塔

Phidias　　斐狄亚斯

Phidostratus　　菲多斯拉图

Philaedes　　菲莱德斯

Philagrus　　菲拉格鲁斯

Philebus　　斐莱布

Philip 菲力浦

Philippides 腓力庇得

Philistides 菲力司提德

Philistion 腓力司逊

Philolaus 菲罗劳斯

Philomelus 菲罗美鲁

Philonides 菲洛尼德

Philostratus 菲洛斯特拉图

Phlius 佛利(地名)

Phocylides 福库利德

Phoebus 福玻斯

Phoenician 腓尼基人

Phoenix 福尼克斯

Phorcys = Phorcus 福耳库斯

Phoroneus 福洛涅乌

Phrygia 弗里基亚(地名)

Phrynion 弗利尼翁

Phrynondas 佛律农达

Phthia 弗提亚(神话中的冥府福
地)

Pindar 品达

Piraeus 庇莱厄斯(地名)

Pirithous 庇里托俄斯

Pisistratides 庇西斯特拉提得

Pittacus 庇塔库斯

Pitthos 皮索(区名)

Plataea 普拉蒂亚(地名)

Plato 柏拉图

Pluto 普路托

Pnyx 普尼克斯(山名)

Polemarchus 波勒玛库斯

Pollis 波利斯

Polus 波卢斯

Polyclitus 波吕克利图

Polycrates 波吕克拉底

Polydamas 波吕达玛

Polydeuces = Pollux 波吕丢克斯

Polygnotus 波吕格诺图

Polyhymnia 波吕许尼亚

Polyidus 波吕伊都斯

Polyxenus 波吕克塞努

Poseidon 波塞冬

Potidaea 波提狄亚(地名)

Pramnian wine 普拉尼酒

Priam 普利亚姆

Priene 普里耶涅(地名)

Procles 普罗克列斯(意思是国
王)

Prodicus 普罗狄科

Prometheus 普罗米修斯

Prospaltian deme 普罗巴提亚(区)

Protagoras 普罗泰戈拉

Protarchus 普罗塔库

Proteus 普洛托斯

Pteros 普特洛斯

Pyrilampes 皮里兰佩

Pyriphlegethon 皮利福来格松(神
话河名)

Pyrrha　　皮拉

Pythagoras　　毕泰戈拉

Pythocles　　皮索克勒斯

Pythoclides　　皮索克勒德

Pythodorus　　皮索多鲁

R

Rhadamanthus　　拉达曼堤斯

Rhamnusian　　拉姆努西亚人

Rhea　　瑞亚

Rush　　鲁斯

S

Sais　　赛斯(地名)

Salamis　　萨拉米(地名)

Samos　　萨摩斯(地名)

Sappho　　萨福

Sarambus　　萨拉姆布斯

Sardis　　萨尔迪斯

Sarmatian　　萨玛提亚人

Sarpedon　　萨耳珀冬

Satyrus　　萨堤罗斯(羊人)

Scamander　　斯卡曼德

Scamandrius　　斯卡曼德里乌

Sauromatides　　萨罗玛提亚人

Scellias　　斯凯利亚

Sciron　　斯基隆

Scopas　　斯科帕斯

Scylla　　斯库拉

Scythia　　西徐亚(地名)

Selymbria　　塞林布里亚(地名)

Semele　　塞墨勒

Seriphus　　塞利福斯(地名)

Sibyl　　西彼尔

Sicily　　西西里(地名)

Sidon　　西顿(地名)

Silenus　　西勒诺斯(复数 Sileni)

Simmias　　西米亚斯

Simois　　西谟伊斯

Simonides　　西摩尼得

Siren　　塞壬

Sisyphus　　西绪福斯

Smerdis　　司美尔狄斯

Smicrion　　司米克里翁

Socrates　　苏格拉底

Solon　　梭伦

Sophocles　　索福克勒斯

Sophroniscus　　索佛隆尼司库

Sophrosyne　　索佛罗昔妮

Sosias　　索西亚斯

Sparta　　斯巴达(地名)

Spercheus　　斯佩凯乌斯

Speusippus　　斯彪西波

Sphagia　　斯法吉亚(地名)

Sphettus　　斯费图(地名)

Stasinus　　斯塔昔努

Stephanus	斯特芳	Thearidas	塞亚里德
Stesichorus	斯特昔科鲁	Thearion	塞亚里翁
Stesilaus	斯特西劳	Thebes	底比斯(地名)
Stesimbrotus	斯特西洛图	Themis	塞米司
Styx	斯提克斯	Themistocles	塞米司托克勒
Sunium	索尼昂(地名)	Theoclymenus	特奥克吕墨诺斯
Syracuse	叙拉古(地名)	Theodorus	塞奥多洛
		Theodotes	塞奥多特
T		Theodotus	塞奥多图
		Theognis	塞奥格尼
Tanagra	唐格拉(地名)	Theophilus	塞奥菲鲁
Tantalus	坦塔罗斯	Theozotides	塞奥佐提德
Tarentum	塔壬同(地名)	Thersites	忒耳西忒斯
Tartarus	塔塔洛斯(地狱)	Theseus	忒修斯
Taureas	陶瑞亚斯(地名)	Thessaly	帖撒利(地名)
Telamon	忒拉蒙	Thetis	忒提斯
Telephus	忒勒福	Theuth	塞乌斯
Temenus	特美努斯	Thrace	色雷斯(地名)
Terillus	忒里卢斯	Thrasymachus	塞拉西马柯
Terpsichore	忒耳西科瑞	Thucydides	修昔底德
Terpsion	忒尔西翁	Thurii	图里(地名)
Tethys	忒堤斯	Thyestes	堤厄斯忒斯
Thales	泰勒斯	Timaeus	蒂迈欧
Thamus	萨姆斯	Timotheus	提摩修
Thamyras	萨弥拉斯	Tiresias	提瑞西亚
Thasos	萨索斯(地名)	Tisander	提珊德尔
Thaumas	萨乌玛斯	Tisias	提西亚斯
Theaetetus	泰阿泰德	Tison	提森
Theages	塞亚革斯	Titan	提坦

Tityus　提堤俄斯

Triptolemus　特里普托勒摩斯

Troy　特洛伊(地名)

Tynnichus　廷尼库斯

Typhon　堤丰

Tyrrhenia　第勒尼安(地名)

Tyrtaeus　堤泰乌斯

U

Urania　乌拉尼亚

Uranus　乌拉诺斯

X

Xanthias　克珊西亚

Xanthippe　克珊西帕

Xanthippus　克珊西普

Xanthus　克珊托斯(河名)

Xenophanes　塞诺芬尼

Xerxes　薛西斯

Z

Zalmoxis　札耳谟克西

Zena　宙那

Zeno　芝诺

Zethus　泽苏斯

Zeus Xenios　化身为公鹅的宙斯

Zeus　宙斯

Zeuxippus　宙克西波

Zeuxis　宙克西

汉英译名对照

A

阿巴里斯　　　Abaris

阿波罗　　Apollo

阿波罗多洛　　Apollodorus

阿布德拉(地名)　　Abdera

阿得拉斯提娅　　Adrastia

阿德拉图　　Adrastus

阿德墨托斯　　Admetus

阿狄埃乌斯　　Ardiaeus

阿狄曼图　　Adimantus

阿多尼斯　　Adonis

阿尔喀诺俄斯　　Alcinous

阿尔美纽斯　　Armenius

阿尔基波　　Archippus

阿尔基比亚德　　Alcibiades

阿尔基塔　　Archytas

阿尔刻提斯　　Alcestis

阿耳忒弥　　Artemis

阿耳戈斯(地名)　　Argos

阿耳戈斯人　　Argives

阿菲德那人　　Aphidnae

阿佛洛狄忒　　Aphrodite

阿该亚(地名)　　Achaea

阿格拉俄封　　Aglaophon

阿格莱翁　　Aglaion

阿伽索克莱　　Agathocles

阿伽门农　　Agamemnon

阿伽松　　Agathon

阿基德谟　　Archedemus

阿基洛库斯　　Archilochus

阿基努斯　　Archinus

阿卡狄亚(地名)　　Arcadia

阿卡狄亚人　　Arcadians

阿卡得谟　　Academus

阿卡奈(地名)　　Acharnae

阿卡奈人　　Acharnanian

阿喀琉斯　　Achilles

阿凯劳斯　　Archelaus

阿凯塔斯　　Alcetas

阿刻罗俄斯　　Achelous

阿刻戎　　Acheron

阿刻卢西亚湖　　Acherusian Lake

阿克西俄库　　Axiochus

阿克图鲁　　Arcturus

阿库美努　　Acumenus

阿库西劳　　Acusilaus

阿勒西得谟　　Alexidemus

阿里夫隆　　Ariphron

阿里司托克拉底　　Aristocrates

阿里司托尼姆　　Aristonymus

阿里司托得姆　　Aristodemus

阿里司托吉顿　　Aristogiton

阿里斯多特勒　　Aristoteles

阿里斯提波　　Aristippus

阿里斯底德　　Aristides

阿里斯通　　Ariston

阿里斯托多鲁　　Aristodorus

阿里斯托克利图　　Aristocritus

阿里斯托芬　　Aristophanes

阿里斯托丰　　Aristophon

阿里翁　　Arion

阿留亚戴人　　Aleuadae

阿罗卑克(地名)　　Alopece

阿玛西斯　　Amasis

阿弥托耳　　Amyntor

阿米勒斯(河名)　　Ameleis

阿密科斯　　Amycus

阿密南德　　Amynander

阿蒙　　Ammon

阿谟尔古斯(地名)　　Amorgus

阿那卡尔西斯　　Anacharsis

阿那克萨戈拉　　Anaxagoras

阿那克西美尼　　Anximenes

阿那克瑞翁　　Anacreon

阿尼图斯　　Anytus

阿培曼图　　Apemantus

阿瑞斯　　Ares

阿瑞泰乌斯　　Aretaeus

阿丝帕希娅　　Aspasia

阿司堤路　　Astylus

阿司克勒彼亚得　　Asclepiad

阿斯堤阿那克斯　　Astyanax

阿斯克勒庇俄斯　　Asclepius

阿索普斯(河名)　　Asopus

阿索斯(地名)　　Athos

阿忒　　Ate

阿特拉斯　　Atlas

阿特兰塔　　Atalanta

阿特兰塔　　Atlanta

阿特米西乌(地名)　　Artemisium

阿特洛波斯　　Atropos

阿特柔斯　　Atreus

阿提卡(地名)　　Attica

阿札厄斯　　Azaes

埃阿斯　　Ajax

埃阿科斯　　Aeacus

埃安托多鲁　　Aeantodorus

埃及(地名)　　Egypt

埃古普托斯　　Aegyptus

埃克松尼(地名)　　Aexone

埃克松尼亚人　　Aexonian

埃拉托　　　Erato

埃雷特里亚(地名)　　　Eretria

埃利斯(地名)　　　Elis

埃涅阿斯　　　Aeneas

埃皮道伦(地名)　　　Epidaurus

埃斯库罗斯　　　Aeschylus

埃斯基涅　　　Aeschines

埃图利亚(地名)　　　Etruria

爱菲索(地名)　　　Ephesus

爱利亚(地名)　　　Elea

安德隆　　　Andron

安德罗美德　　　Andromedes

安德罗斯(地名)　　　Andros

安德罗提翁　　　Androtion

安德洛玛刻　　　Andromache

安斐瑞斯　　　Ampheres

安菲阿拉俄斯　　　Amphiaraus

安菲波利斯(地名)　　　Amphipolis

安菲特律翁　　　Amphitryon

安菲翁　　　Amphion

安塞米翁　　　Anthemion

安特诺尔　　　Antenor

安提斯泰尼　　　Antisthenes

安提丰　　　Antiphon

安提罗科斯　　　Antilochus

安提谟鲁　　　Antimoerus

安泰俄斯　　　Antaeus

奥布斯(地名)　　　Opus

奥德修斯　　　Odysseus

奥菲斯　　　Orpheus

奥林比亚(地名)　　　Olympia

奥林帕斯(地名)　　　Olympus

奥林普斯(人名)　　　Olympus

奥林苏斯　　　Olynthus

奥皮奇人　　　Opici

奥托克松　　　Autochthon

奥托吕科　　　Autolycus

B

巴基乌斯　　　Bacchius

巴门尼德　　　Parmenides

巴提娅　　　Batiea

拜占庭　　　Byzantine

鲍萨尼亚　　　Pausanias

彼亚斯　　　Bias

毕泰戈拉　　　Pythagoras

庇莱厄斯(地名)　　　Piraeus

庇里托俄斯　　　Pirithous

庇塔库斯　　　Pittacus

庇西斯特拉提　　　Pisistratides

柏拉图　　　Plato

波埃提亚(地名)　　　Boeotia

波埃提亚人　　　Boeotians

波勒玛库斯　　　Polemarchus

波利斯　　　Pollis

波吕达玛　　　Polydamas

波吕克拉底　　　Polycrates

波吕克利图　　Polyclitus

波吕克塞努　　Polyxenus

波吕伊都斯　　Polyidus

波吕丢克斯

　　　　　Polydeuces = Pollux

波吕格诺图　　Polygnotus

波吕许尼亚　　Polyhymnia

波卢斯　　Polus

波瑞阿斯　　Boreas

波塞冬　　Poseidon

波斯(地名)　　Persia

波斯人　　Persians

波提狄亚(地名)　　Potidaea

伯拉西达　　Brasidas

伯里克利　　Pericles

伯罗奔尼撒(地名)　　Peloponnesus

布里亚柔斯　　Briareus

布律松　　Bryson

D

达佛涅　　Daphnis De

达蒙　　Damon

达那俄斯　　Danaus

达尔达尼亚(地名)　　Dardania

达耳达诺斯　　Dardanus

达提斯　　Datis

大西岛　　Atlantic

大流士　　Darius

代达罗斯　　Daedalus

代立昂(地名)　　Delium

德尔斐(地名)　　Delphi

德洛庇达　　Dropides

得墨忒耳　　Demeter

德谟多库斯　　Demodocus

德谟克拉底　　Democrates

德谟封　　Demophon

德摩斯　　Demos

堤厄斯忒斯　　Thyestes

堤丰　　Typhon

堤泰乌斯　　Tyrtaeus

狄奥波普　　Diopompus

狄奥克勒　　Diocles

狄奥墨德　　Diomede

狄奥墨德斯　　Diomedes

狄奥尼索多　　Dionysodorus

狄奥尼修斯　　Dionysus

狄奥尼修一世　　Dionysius I

狄奥尼修二世　　Dionysius II

狄奥斯库里　　Dioscuri

狄奥提玛　　Diotima

狄俄涅　　Dione

狄翁　　Dion

狄亚　　Dia

狄亚瑞佩　　Diaprepes

底比斯(地名)　　Thebes

第勒尼安(地名)　　Tyrrhenia

丢卡利翁　　Deucalion

多多那（地名）　Dodona

多利斯（地名）　Doris

多利斯（人名）　Doris

多利亚（地名）　Doria

多鲁斯　Dorus

E

俄狄甫斯　Oedipus

俄尔萨戈拉　Orthagoras

俄刻阿诺　Oceanus

俄里蒂亚　Orithyia

俄罗比亚（地名）　Oropia

俄瑞斯忒斯　Orestes

俄图斯　Otus

厄庇卡尔谟　Epicharmus

厄庇克拉底　Epicrates

厄庇美尼德　Epimenides

厄庇墨透斯　Epimetheus

厄庇革涅　Epigenes

厄尔　Er

厄菲亚尔特　Ephialtes

厄刻克拉底　Echecrates

厄拉斯托　Erastus

厄拉西普　Elasippus

厄里达努（河名）　Eridanus

厄里克托纽　Erichthonius

厄洛斯　Eros

厄律斐勒　Eriphyle

厄律克西马库　Eryximachus

厄律西克松　Erysichthon

厄琉息斯（地名）　Eleusis

厄培乌斯　Epeus

厄瑞克透斯　Erectheus

厄维蒙　Evaemon

厄维诺　Evenor

厄文努斯　Evenus

恩底弥翁　Endymion

恩诺斐塔（地名）　Oenophyta

恩培多克勒　Empedocles

F

法厄同　Phaethon

法勒伦（地名）　Phalerum

法马西娅　Pharmacia

法诺斯提尼　Phanosthenes

法松　Phason

泛雅典娜节　Panathenaea

腓力庇得　Philippides

腓力司逊　Philistion

腓尼基人　Phoenician

斐德罗　Phaedrus

斐狄亚斯　Phidias

斐冬得斯　Phaedondas

斐多　Phaedo

斐莱布　Philebus

斐米乌斯　Phemius

斐那瑞特　Phaenarete

斐瑞法塔　Pherephatta

斐瑞克拉底　Pherecartes

斐瑞珀法　Pherepapha

费留斯(地名)　Phelleus

费西斯(河名)　Phasis

菲多斯拉图　Phidostratus

菲拉格鲁斯　Philagrus

菲莱德斯　Philaedes

菲力浦　Philip

菲力司提德　Philistides

菲罗劳斯　Philolaus

菲罗美鲁　Philomelus

菲洛尼德　Philonides

菲洛斯特拉图　Philostratus

佛利(地名)　Phlius

佛律农达　Phrynondas

弗利尼翁　Phrynion

弗里基亚(地名)　Phrygia

弗提亚(神话中的冥府福地)

　　　　　　Phthia

福玻斯　Phoebus

福耳库斯　Phorcys = Phorcus

福库利德　Phocylides

福洛涅乌　Phoroneus

福尼克斯　Phoenix

G

伽狄拉(地名)　Gadira

伽狄鲁斯　Gadirus

该亚　Gaea

该尼墨得　Ganymede

冈比西斯　Gambyses

革律翁　Geryon

格老孔　Glaucon

格劳科斯　Glaucus

格隆　Gelon

戈耳工　Gorgons

高尔吉亚　Gorgias

基塞隆(山名)　Cithaeron

H

哈得斯　Hades

哈漠狄乌　Harmodius

哈耳摩尼亚　Harmonia

海伦　Helen

赫格西普　Hegesippus

赫淮斯托斯　Hephaestus

赫卡墨得　Hecamede

赫卡柏　Hecuba

赫克托耳　Hector

赫拉　Hera

赫拉克勒斯　Heracles

赫拉克勒代　Heraclidae

赫拉克利德　Heraclides

赫拉克利特　Heraclitus

赫拉克利亚(地名)　Heraclea

赫勒斯旁(地名)　Hellespont

赫利俄斯　Helios

赫利肯　Helicon

赫谟根尼　Hermogenes

赫谟克拉底　Hermocrates

赫丘利　Hercules

赫尔米亚　Hermias

赫耳墨斯　Hermes

赫斯提　Hestia

赫西奥德　Hesiod

荷马　Homer

J

吉格斯　Gyges

记忆女神　Memory

迦太基(地名)　Carthage

居达塞奈乌姆(地名)

　　　　　Cydathenaeum

居勒尼(地名)　Cyrene

居鲁士　Cyrus

K

喀隆　Chilon

喀迈拉　Chimera

喀蒙　Cimon

喀涅西亚　Cinesias

喀戎　Chiron

卡德摩斯　Cadmus

卡德摩斯的后代　Cadmeans

卡俄斯(浑沌)　Chaos

卡莱克鲁斯　Callaeschrus

卡里亚　Callias

卡里亚(地名)　Caria

卡利俄珀　Calliope

卡利克勒　Callicles

卡隆达斯　Charondas

卡律布狄斯　Charybdis

卡尔凯顿(地名)　Chalcedon

卡尔米德　Charmides

卡尔曼提德　Charmantides

卡尔昔斯　Chalcis

卡斯托耳　Castor

开奥斯(地名)　Ceos

开俄斯(地名)　Chios

凯安　Ceans

凯尔特人　Celts

凯发卢斯　Cephalus

凯菲索(地名)　Cephisus

凯居翁　Cercyon

凯克罗帕斯　Cecrops

凯拉米库(地名)　Ceramicus

凯勒丰　Chaerephon

凯涅乌斯　Caeneus

凯皮斯　Cepis

凯瑞德姆　Chaeredemus

考西图斯(河名)　Cocytus

科德鲁斯　　Codrus

科尔喀斯(地名)　Cholcis

科拉吉斯(地名)　　Cholargeis

科里班忒　　Corybantes

科里司库　　Coriscus

科林斯(地名)　　Corinth

科林苏斯　　Corinthus

科罗封(地名)　　Colophon

科斯(地名)　　Cos

科斯摩斯　　Cosmos

克贝　　Cebes

克拉底鲁　　Cratylus

克拉梅斯(地名)　　Cerameis

克拉揎努　　Cratinus

克拉提斯托卢　　Cratistolus

克拉佐门尼(地名)　　Clazomenae

克莱俄布卢斯　　Cleobulus

克莱俄布洛图　　Cleombrotus

克莱俄芳图　　Cleophantus

克勒俄帕特拉　　Cleopatra

克里底亚　　Critias

克里松　　Crison

克里特(地名)　　Crete

克里托　　Crito

克里托布卢　　Critobulus

克利尼亚　　Clinias

克利托　　Clito

克利托丰　　Clitophon

克娄苏　　Croesus

克律塞斯　　Chryses

克律西波斯　　Chrysippus

克罗密昂(地名)　　Crommyon

克罗托　　Clotho

克洛诺斯　　Cronus

克诺索斯(地名)　　Cnossus

克瑞奥菲鲁斯　　Creophylus

克瑞司丰特　　Cresphontes

克瑞翁　　Creon

克珊西亚　　Xanthias

克珊西帕　　Xanthippe

克珊托斯(河名)　　Xanthus

克珊西普　　Xanthippus

刻耳柏洛斯　　Cerberus

肯陶洛斯　　Centaur

孔努斯　　Connus

库克罗普斯　　Cyclopes

库里特(精灵或神的侍者)

　　　　　　Curetes

库普塞利德　　Cypselids

库尔努斯　　Cyrnus

L

拉埃尔特　　Laertes

拉奥达玛　　Laodamas

拉达曼堤斯　　Rhadamanthus

拉俄墨冬　　Laomedon

拉凯斯　　Laches

拉刻西斯　Lachesis

拉科尼亚(地名)　Laconia

拉利萨(地名)　Larissa

拉玛库斯　Lamachus

拉弥斯库　Lamiscus

拉姆努西亚人　Rhamnusian

拉栖代蒙(地名)　Lacedaemon

拉栖代蒙人　Lacedaemonians

拉伊俄斯　Laius

莱喀古斯　Lycurgus

莱卡乌姆(地名)　Lechaeum

兰普鲁斯　Lamprus

兰萨库斯(地名)　Lampsacus

勒俄卡瑞斯　Leochares

勒奈亚(地名)　Lenaea

勒翁　Leon

勒翁提乌斯　Leontius

勒普提涅　Leptines

勒娑　Letho

勒忒(河名)　Lethe

勒托　Leto

利比亚(地名)　Libya

利古里亚　Liguria

利库尼乌　Licymnius

列斯堡人　Lesbian

林地尼(地名)　Leontini

林杜斯(地名)　Lindus

林扣斯　Lynceus

鲁斯　Rush

罗克里(地名)　Locri

吕底亚(地名)　Lydia

吕卡贝图(山名)　Lycabettus

吕卡翁　Lycaon

吕科佛隆　Lycophron

吕克昂(地名)　Lyceum

吕孔　Lycon

吕珊尼亚斯　Lysanias

吕西克利德　Lysiclides

吕西玛库　Lysimachus

吕西斯　Lysis

吕西亚斯　Lysias

M

马卡昂　Machaon

马拉松(地名)　Marathon

马其顿(地名)　Macedonia

玛格奈昔亚(地名)　Magnesia

玛卡瑞乌　Macareus

玛里安迪尼人　Mariandynians

玛息阿　Marsyas

麦加拉(地名)　Megara

麦加拉人　Megarian

麦吉卢　Megilius

麦里梭　Melissus

麦斯托　Mestor

麦提翁　Metion

麦西尼亚(地名)　Messenia

曼提尼亚（地名）　Mantinea

梅利特（地名）　Melite

梅特罗多洛　Metrodorus

梅特洛比乌　Metrobius

美狄亚　Medea

美拉尼珀　Melanippe

美勒斯　Meles

美勒西亚　Melesias

美勒托　Meletus

美涅克塞努　Menexenus

美诺　Meno

门德（地名）　Mende

弥达斯　Midas

弥库斯　Miccus

弥利安人　Myrians

弥诺斯　Minos

米地亚人　Medes

米尔提亚得　Miltiades

米利都（地名）　Miletus

米赛库斯　Mithaecus

米提利尼（地名）　Mytilene

密耳弥冬　Myrmidon

密耳提罗斯　Myrtilus

密里娜　Myrina

密利努（地名）　Myrrhinus

密洛尼得斯　Myronides

密松　Myson

缪斯　Muses

墨杜莎　Medusa

墨拉普斯　Melampus

莫里库斯　Morychus

莫摩斯　Momus

墨涅拉俄斯　Menelaus

墨诺提俄斯　Menoetius

墨西涅（地名）　Messene

穆赛乌斯　Musaeus

N

那克索斯（地名）　Naxos

奈斯　Neith

瑙克拉提（地名）　Naucratis

瑙昔居德　Nausicydes

涅俄普托勒摩　Neoptolemus

涅墨西斯　Nemesis

涅瑞伊得斯　Nereids

涅斯托耳　Nestor

尼俄柏　Niobe

尼刻拉图　Niceratus

尼科司特拉图　Nicostratus

尼鲁斯　Nilus

尼罗（河名）　Nile

尼尼微（地名）　Nineveh

尼昔亚斯　Nicias

涅塞乌斯　Mneseus

涅西塞乌斯　Mnesitheus

留基佩　Leucippe

琉科罗菲得斯　Leucolophides

O

欧狄库　　Eudicus

欧多克索　　Eudoxus

欧斐姆斯　　Euphemus

欧佛洛纽　　Euphronius

欧福莱乌　　Euphraeus

欧几里德　　Euclides

欧里庇得斯　　Euripides

欧罗巴(地名)　　Europe

欧律巴图　　Eurybatus

欧律庇卢斯　　Eurypylus

欧律比乌　　Eurybius

欧律克勒斯　　Eurycles

欧律墨冬(河名)　　Eurymedon

欧律斯塞涅　　Eurysthenes

欧美卢斯　　Eumelus

欧谟尔普　　Eumolpus

欧诺厄(地名)　　Oenoe

欧提基德斯　　Eutychides

欧绪德谟　　Euthydemus

欧绪弗洛　　Euthyphro

P

帕德嫩　　Parthenon

帕耳涅斯(山)　　Parnes

帕伽索斯　　Pegasus

帕拉卢斯　　Paralus

帕特洛克勒　　Patrocles

帕特洛克罗　　Patroclus

帕罗斯(地名)　　Paros

帕罗斯人　　Parians

帕拉墨得斯　　Palamedes

帕拉斯　　Pallas

帕诺培乌斯　　Panopeus

帕诺普(泉)　　Panops

潘　　Pan

潘达洛斯　　Pandarus

潘斐利亚(地名)　　Pamphylia

培阿尼亚(地名)　　Paeania

培阿尼亚人　　Paeanian

佩安　　Paean

佩尔狄卡　　Perdiccas

佩里安德　　Periander

佩洛匹达人　　Pelopidae

皮拉　　Pyrrha

皮利福来格松(河名)

　　Pyriphlegethon

皮里兰佩　　Pyrilampes

皮索(区名)　　Pitthos

皮索多鲁　　Pythodorus

皮索克勒德　　Pythoclides

皮索克勒斯　　Pythocles

品达　　Pindar

珀耳塞福涅　　Persephone

珀罗普斯　　Pelops

珀涅罗珀　　Penelope

珀琉斯　　Peleus

普拉尼酒　　Pramnian wine

普拉蒂亚(地名)　　Plataea

普里耶涅(地名)　　Priene

普利亚姆　　Priam

普路托　　Pluto

普罗巴提亚(区)　　Prospaltian deme

普罗狄科　　Prodicus

普罗克列斯　　Procles

普罗米修斯　　Prometheus

普罗塔库　　Protarchus

普罗泰戈拉　　Protagoras

普洛托斯　　Proteus

普尼克斯(山名)　　Pnyx

普特洛斯　　Pteros

R

瑞亚　　Rhea

S

萨堤罗斯　　Satyrus

萨福　　Sappho

萨尔迪斯　　Sardis

萨耳珀冬　　Sarpedon

萨拉米(地名)　　Salamis

萨拉姆布斯　　Sarambus

萨罗玛提亚人　　Sauromatides

萨玛提亚人　　Sarmatian

萨弥拉斯　　Thamyras

萨摩斯(地名)　　Samos

萨姆斯　　Thamus

萨索斯(地名)　　Thasos

萨乌玛斯　　Thaumas

塞奥多洛　　Theodorus

塞奥多特　　Theodotes

塞奥多图　　Theodotus

塞奥菲鲁　　Theophilus

塞奥格尼　　Theognis

塞奥佐提德　　Theozotides

塞拉西马柯　　Thrasymachus

塞利福斯(地名)　　Seriphus

塞林布里亚(地名)　　Selymbria

塞米司　　Themis

塞米司托克勒　　Themistocles

塞墨勒　　Semele

塞诺芬尼　　Xenophanes

塞浦路斯(地名)　　Cyprus

塞壬　　Siren

塞斯(地名)　　Sais

塞乌斯　　Theuth

塞亚革斯　　Theages

塞亚里德　　Thearidas

塞亚里翁　　Thearion

色雷斯(地名)　　Thrace

司美尔狄斯　　Smerdis

司米克里翁　　Smicrion

斯巴达(地名)　　Sparta

斯彪西波　　Speusippus

斯法吉亚(地名)　　Sphagia

斯费图(地名)　　Sphettus

斯基隆　　Sciron

斯卡曼德　　Scamander

斯卡曼德里乌　　Scamandrius

斯凯利亚　　Scellias

斯科帕斯　　Scopas

斯库拉　　Scylla

斯佩凯乌斯　　Spercheus

斯塔昔努　　Stasinus

斯特芳　　Stephanus

斯特西劳　　Stesilaus

斯特西洛图　　Stesimbrotus

斯特昔科鲁　　Stesichorus

斯提克斯　　Styx

苏格拉底　　Socrates

梭伦　　Solon

索福克勒斯　　Sophocles

索佛隆尼司库　　Sophroniscus

索佛昔妮　　Sophrosyne

索尼昂(地名)　　Sunium

索西亚斯　　Sosias

T

塔塔洛斯(地狱)　　Tartarus

塔壬同(地名)　　Tarentum

泰阿泰德　　Theaetetus

泰勒斯　　Thales

坦塔罗斯　　Tantalus

唐格拉(地名)　　Tanagra

陶瑞亚斯(地名)　　Taureas

忒堤斯　　Tethys

忒耳西科瑞　　Terpsichore

忒耳西忒斯　　Thersites

忒尔西翁　　Terpsion

忒拉蒙　　Telamon

忒勒福　　Telephus

忒里卢斯　　Terillus

忒提斯　　Thetis

忒修斯　　Theseus

特奥克吕墨诺斯　　Theoclymenus

特里普托勒摩斯　　Triptolemus

特洛伊(地名)　　Troy

特美努斯　　Temenus

蒂迈欧　　Timaeus

提堤俄斯　　Tityus

提洛(地名)　　Delos

提摩修　　Timotheus

提瑞西亚　　Tiresias

提珊德尔　　Tisander

提森　　Tison

提坦　　Titan

提西亚斯　　Tisias

帖撒利(地名)　　Thessaly

廷尼库斯　　Tynnichus
图里(地名)　　Thurii

W

乌拉尼亚　　Urania
乌拉诺斯　　Uranus

X

西彼尔　　Sibyl
西顿(地名)　　Sidon
西勒诺斯　　Silenus,
　　复数 Sileni
西米亚斯　　Simmias
西谟伊斯　　Simois
西摩尼得　　Simonides
西西里(地名)　　Sicily
西徐亚(地名)　　Scythia
西绪福斯　　Sisyphus
西泽库(地名)　　Cyzicus
希庇亚　　Hippias
希波达弥亚　　Hippodamia
希波克拉底　　Hippocrates
希波吕特　　Hyppolytus
希波尼库　　Hipponicus
希波洛库　　Hippolochus
希波泰勒　　Hippothales
希厄隆　　Hieron

希罗狄库　　Herodicus
希洛尼谟　　Hieronymus
希洛人(斯巴达国有奴隶)
　　Helots
希墨腊(地名)　　Himera
希珀波瑞人　　Hyperborean
希帕里努　　Hipparinus
昔狄亚斯　　Cydias
昔尼拉斯　　Cinyras
修昔底德　　Thucydides
叙拉古(地名)　　Syracuse
许德拉　　Hydra
薛西斯　　Xerxes
学园　　Academy

Y

雅典(地名)　　Athens
雅典娜　　Athena
雅特洛克勒　　Iatrocles
亚里士多德　　Aristotle
亚马孙人　　Amazons
亚述人　　Assyrians
亚细亚(地名)　　Asia
伊阿珀托斯　　Iapetus
伊安　　Ion
伊奥尼亚(地名)　　Ionia
伊庇诺米　　Epinomis
伊比利亚(地名)　　Iberia

伊彼库斯　　Ibycus

伊达山(山名)　　Ida

伊俄拉俄斯　　Iolaus

伊菲克勒　　Iphicles

伊克库斯　　Iccus

伊里斯　　Iris

伊利昂(地名)　　Ilium

伊利苏斯(河名)　　Ilissus

伊利绪雅　　Ilithyia

伊利纽(地名)　　Erineum

伊那科斯　　Inachus

伊尼库斯(地名)　　Inycus

伊齐那(地名)　　Aegina

伊司美尼亚　　Ismenias

伊索　　Aesop

伊索克拉底　　Isocrates

伊索洛库斯　　Isolochus

伊塔卡(地名)　　Ithaca

伊西斯　　Isis

意大利(地名)　　Italy

Z

扎耳谟克西　　Zalmoxis

战神山(阿雷奥帕古斯山)　　Areopagus

泽苏斯　　Zethus

泽恩(地名)　　Chen

芝诺　　Zeno

执政官(音译"阿康")　　Archons

宙克西　　Zeuxis

宙克西波　　Zeuxippus

宙那　　Zena

宙斯　　Zeus

宙斯(化身为公鹅的)　　Zeus Xenios

柏拉图著作篇名缩略语表

希腊文篇名	英文缩略语	英文篇名	中文篇名
Ἀπολογία	Apol.	Apologia	申辩篇
Χαρμίδης	Charm.	Charmides	卡尔米德篇
Κρατύλος	Crat.	Cratylus	克拉底鲁篇
Κριτίας	Criti.	Critias	克里底亚篇
Κρίτων	Crito	Crito	克里托篇
Ἐπινομις	Epin.	Epinomis	伊庇诺米篇
Ἐπιστολαι	Epis.	Letters	书信
Εὐθύδημος	Euthyd.	Euthydemus	欧绪德谟篇
Εὐθύφρων	Euthyph.	Euthyphro	欧绪弗洛篇
Γοργίας	Gorg.	Gorgias	高尔吉亚篇
Ἱππίας Μείξων	Hipp. maj.	Greater Hippias	大希庇亚篇
Ἱππίας Ἐλάττων	Hipp. min.	Lesser Hippias	小希庇亚篇
Ἴων	Ion	Ion	伊安篇
Λάχης	Laches	Laches	拉凯斯篇
Νόμοι	Laws	Laws	法篇
Λύσίς	Lysis	Lysis	吕西斯篇
Μένεξένος	Menex.	Menexenus	美涅克塞努篇
Μένων	Meno	Mono	美诺篇
Παρμενίδης	Parm.	Parmerndes	巴门尼德篇
Φαίδων	Phaedo	Phaedo	斐多篇
Φαῖδρος	Phaedr.	Phaedrus	斐德罗篇
Φίληβος	Phil.	Philebus	斐莱布篇

Πρωταγόρας	Protag.	Protagoras	普罗泰戈拉篇
Πολιτεία	Rep.	Republic	国家篇
Σοφιστὴς	Soph.	Sophist	智者篇
Πολιτικὸς	Statesm.	Statesman	政治家篇
Συμπόσιον	Symp.	Symposium	会饮篇
Θεαίτητος	Theaet.	Theaetetus	泰阿泰德篇
Τίμαιος	Tim.	Timaeus	蒂迈欧篇

名 目 索 引

A

阿巴里斯　**Abaris**　希珀波瑞人，咒语，卡尔米德篇 158B。

阿波罗　**Apollo**　名字的含义，克拉底鲁篇 404E 以下；德尔斐之神，高尔吉亚篇 472B，法篇 3.686A，国家篇 4.427B,5.469A，参阅卡尔米德篇 164D 以下，书信 7.341B，法篇 11.923A，斐德罗篇 230A，斐莱布篇 48C，普罗泰戈拉篇 343B；技艺之神，克拉底鲁篇 405A，法篇 2.654B,672D，参阅 2.665A,7.796E，会饮篇 190E 以下，197A，阿波罗与阿喀琉斯，国家篇 3.391A；伴随我们狂欢，法篇 2.653D,665A；作出关于苏格拉底的宣喻，申辩篇 21B；阿斯克勒庇俄斯之父，国家篇 3.408B 以下；激励先知，斐德罗篇 265B；拉栖代蒙的立法者，法篇 1.624A,632D,2.662C；弦琴之主，国家篇 3.399C；庇提亚的阿波罗，法篇 1.632D；在忒提斯婚礼上唱歌，国家篇 2.383A；雅典人对阿波罗发誓，斐多篇 58B；帖撒利人称他为 Ἁπλόs，克拉底鲁篇 405C；克律塞斯向阿波罗祈祷，国家篇 3.394A；奉献给阿波罗，法篇 12.946C 以下；雅典人中有家族以阿波罗为家族神，欧绪德谟篇 302C 以下；雅典的阿波罗节庆，斐多篇 61A，阿波罗的追随者，斐德罗篇 253B；苏格拉底创作的阿波罗颂，斐多篇 60D,61B；为狄奥尼修制作的阿波罗神像，书信 13.361A；人们把他当作医疗神向他求助，法篇 2.664C；作为佩安的阿波罗神，克里底亚篇 108C；在阿波罗圣地的集会，法篇 6.766B,12.945E；同上 11.936E；阿波罗的祭司，同上 12.947A；向阿波罗献祭，同上 12.950E；献给阿波罗的天鹅，斐多篇 85A；阿波罗神庙，法篇 6.766B,8.833B；祝狄奥尼修快乐，书信 3.315B；亦见 Delphi 条。

阿波罗多洛　**Apollodorus**　埃安托多鲁的兄弟，为苏格拉底提供担保的人之一,申辩篇38B;苏格拉底受审时在场,同上34A。西泽库的阿波罗多洛,当选雅典将军的外邦人,伊安篇541C。希波克拉底之父,普罗泰戈拉篇310A,316B,328D。法勒伦的阿波罗多洛,与苏格拉底熟悉,会饮篇172E;追随苏格拉底的言行,同上173A;被称作"疯子",同上173D以下,参阅斐多篇59A以下;在会饮中讲故事,会饮篇172A以下;充满激情的悲伤,斐多篇117D;苏格拉底临终前在场,同上59A以下。

阿布德拉(地名) **Abdera** 国家篇10.600C;普罗泰戈拉来自该地,普罗泰戈拉篇309C。

阿得拉斯提娅 **Adrastia** 即涅墨西斯,专司复仇的女神,国家篇5.451A;亦见 Necessity, Nemesis 条。

阿德拉图 **Adrastus** 甜言蜜语者,斐德罗篇269A。

阿德墨托斯 **Admetus** 会饮篇208D,179B。

阿狄埃乌斯 **Ardiaeus** 潘斐利亚的僭主,在另一个世界无止境地受惩罚,国家篇10.615C以下。

阿狄曼图 **Adimantus** 阿里斯通之子,巴门尼德篇126A以下,国家篇1.327C,2.363D,368D,376D,4.419,5.449B以下,6.487A,8.548D;柏拉图的兄弟,申辩篇34A;小安提丰的同父异母兄弟,巴门尼德篇126A;在麦加拉战役中表现杰出,国家篇2.368A;苏格拉底受审时在场,申辩篇34A;他的气质,国家篇2.368A。凯皮斯之子,与普罗狄科,普罗泰戈拉篇315E。琉科罗菲得斯之子,与普罗狄科,普罗泰戈拉篇315E。

阿多尼斯 **Adonis** 他的花园,斐德罗篇276B。

阿尔基比亚德 **Alcibiades** 大阿尔基比亚德,克利尼亚之子,高尔吉亚篇481D,普罗泰戈拉篇309C;小阿尔基比亚德,克利尼亚之兄弟,同上320A;阿克西俄库之父,欧绪德谟篇275A;克利尼亚(第三位)之祖父,同上275B;与苏格拉底,高尔吉亚篇481D,普罗泰戈拉篇309A以下,336B以下,348B,会饮篇213B以下,215A以下;与苏格拉底在代立昂,同上221A以下;与苏格拉底在波提狄亚,同上219E以下,221A以下;他的年龄,普罗泰戈拉篇309A以下;总是想要出风头,同上336E;他的美貌,同上309A以下;与希庇亚的交谈,同上347B;把别人带坏,同上320A;喝醉了进入阿伽松的家,会饮篇 212C;暗示他的将来,高尔吉亚篇 519A 以下;在卡里亚家中,普罗泰戈拉篇 316A。另一位小阿尔基比亚德,第三位克利尼亚的堂兄弟,欧绪德谟篇 275B。

阿尔基波　　　**Archippus**　　　书信 9.357E。

阿尔基塔　　　**Archytas**　　　塔壬同的,弥利安人的后裔,书信 12.359D;阿基德谟的老师,同上 7.339A;访问狄奥尼修,同上 7.338C;在叙拉古? 同上 13.360B;帮助柏拉图逃离狄奥尼修,同上 7.350A 以下;阿尔基塔的评论,同上 12.359C;他的来信,同上 7.339D,9.357E。

阿尔喀诺俄斯　　　**Alcinous**　　　对他讲述的故事,国家篇 10.614B。

阿尔刻提斯　　　**Alcestis**　　　对丈夫阿德墨托斯的爱,会饮篇 179B 以下,180B,208D。

阿尔美纽斯　　　**Armenius**　　　潘斐利亚人厄尔之父,国家篇 10.614B。

阿耳忒弥　　　**Artemis**　　　名字的含义,克拉底鲁篇 406B;生育的保护神,泰阿泰德篇 149B;神庙,法篇 8.833B。

阿佛洛狄忒　　　**Aphrodite**　　　名字的含义,克拉底鲁篇 406B 以下;爱阿瑞斯,会饮篇 196D;被赫淮斯托斯捆绑,国家篇 3.390C;爱情之母,斐德罗篇 242D;为什么为爱所追随,会饮篇 203C;快乐女神,斐莱布篇 12B 以下;阿里斯托芬整个一生献给这位女神,会饮篇 177E;激励恋爱者,斐德罗篇 265B;她的名字不能赋予兽性和肉欲的快乐,书信 7.335B;晨星献给这位女神,伊庇诺米篇 987B;拥有这个名字的有两位女神,会饮篇 180D 以下;地下的阿佛洛狄忒,她的神性兼具男女两性,同上 181C;天上的阿佛洛狄忒,她的神性完全是男性的,同上 181C;来自苍天本身,同上 188D。

阿该卢西亚湖　　　**Acherusian Lake**　　　斐多篇 113 以下。

阿该亚人　　　**Achaeans**　　　法篇 3.682D 以下,685E,706D 以下,国家篇 3.390E,393 以下。

阿格拉俄封(画家)　　　**Aglaophon**　　　阿里斯托丰之父,高尔吉亚篇 448B。波吕格诺图之父,伊安篇 532E。

阿格莱翁　　　**Aglaion**　　　勒翁提乌斯之父,国家篇 4.439C。

阿伽门农　　**Agamemnon**　　　名字的含义,克拉底鲁篇395A 以下;与阿喀琉斯,小希庇亚篇 370B 以下,国家篇 3.390E;对克律塞斯的愤怒,同上 3.392E 以下;梦,同上 2.383A;与涅斯托耳,书信 2.311B;与奥德修斯,法篇 4.706D;被帕拉墨得斯嘲笑,国家篇 7.522D;固执而又好战,会饮篇 174C;在另一个世界中喜欢集会,申辩篇 41B;选择过一种鹰的生活,国家篇 10.620B。

阿伽松　　**Agathon**　　　第一部悲剧,会饮篇 173A,174A;雅典人缺席,同上 172C;赞美爱的演讲,同上 194E 以下;与阿尔基比亚德,同上 212D 以下;他的美,普罗泰戈拉篇 315D;鲍萨尼亚钟爱的人,同上 315E;在剧场里的勇敢,会饮篇 194A 以下;他的智慧,同上 175E。

阿伽索克莱(音乐家)　　**Agathocles**　　　伪装的大智者,普罗泰戈拉篇 316A;达蒙的老师,拉凯斯篇 180D。

阿基德谟　　**Archedemus**　　　叙拉古的,书信 3.319A,7.339A;狄奥尼修派来的信使,同上 2.310B,312D,313D 以下;柏拉图住在他家,同上 7.349D。

阿基洛库斯　　**Archilochus**　　　引用他的话,国家篇 2.365C;不像荷马那样杰出,伊安篇 531D,532A;伊安对他的作品不熟,同上 531A。

阿基努斯　　**Archinus**　　　雅典演说家,美涅克塞努篇 234B。

阿凯劳斯　　**Archelaus**　　　佩尔狄卡二世之子,马其顿的统治者,高尔吉亚篇 470D;波卢斯认为他是幸福的,同上 470D,472D;他的罪行,同上 471A,479A;将在来世受惩罚,同上 525D。

阿凯塔斯　　**Alcetas**　　　佩尔狄卡的兄弟,高尔吉亚篇 471A。

阿凯西布罗图　　**Acesimbrotus**　　　一位医生的名字,克拉底鲁篇 394C。

阿喀琉斯　　**Achilles**　　　珀琉斯和忒提斯之子,申辩篇 280,国家篇 3.391C,参看小希庇亚篇 371C,会饮篇 179E;埃阿科斯之孙,大希庇亚篇 292E;喀戎的学生,小希庇亚篇 371D;不愿意呆在特洛伊,同上 370B;对埃阿斯说的话(《伊利亚特》9.644 以下),克拉底鲁篇 428C;他的随从福尼克斯,国家篇 3.390E;错误地称之为帕特洛克罗的情人,会饮篇 180A;比帕特洛克罗年轻,同上 178A;攻击河神斯卡曼德,普罗泰戈拉篇 340A;受到警告,如果他杀死赫克托耳自己也会死,会饮篇 179E;与赫克托耳的战斗,

伊安篇 535B;为帕特洛克罗而死,会饮篇 208D;死后被送往福岛,同上
179E 以下;吹牛,小希庇亚篇 371A;阿喀琉斯与伯拉西达,会饮篇 221C;
勇敢,小希庇亚篇 364C 以下;欺骗,同上 371D;命运,大希庇亚篇 292E;
贪婪,残忍,固执,国家篇 3.390E 以下;悲伤,同上 3.388A 以下;与奥德
修斯,小希庇亚篇 363B,364B 以下,369B 以下,370E 以下;正直,同上
364E;无意中说假话,同上 370E,371E;真实与简单,同上 365B,参看
369A;狡猾,同上 369E 以下。

阿卡奈(地名)　　**Acharnae**　　高尔吉亚篇 495D。

阿卡奈人　　**Acarnanians**　　两位阿卡奈人,欧绪德谟篇 271C。

阿刻罗俄斯　　**Achelous**　　斐德罗篇 230B,263D。

阿刻戎河　　**Acheron**　　斐多篇 112E,113D。

阿克图鲁　　**Arcturus**　　带来酿葡萄酒的技艺,法篇 8.844E。

阿克西俄库　　**Axiochus**　　克利尼亚之父,欧绪德谟篇 271A,275A。

阿库美努　　**Acumenus**　　厄律克西马库之父,斐德罗篇 268A,普罗泰戈拉
篇 315C;苏格拉底之友,斐德罗篇 227A;医生,同上 227A,269A。

阿库西劳(诗人)　　**Acusilaus**　　会饮篇 178C。

阿勒西得谟　　**Alexidemus**　　美诺之父,美诺篇 76E。

阿里夫隆　　**Ariphron**　　把克利尼亚带回家,普罗泰戈拉篇 320A。

阿里斯底德　　**Aristides**　　大阿里斯底德,没有把他的儿子吕西玛库训练
好,美诺篇 94A,参阅拉凯斯篇 179C,在美德方面著称,高尔吉亚篇 526B。
小阿里斯底德,拉凯斯篇 179A;在与苏格拉底的交往中没有受益,泰阿
泰德篇 151A。

阿里斯多特勒　　**Aristoteles**　　巴门尼德篇 136E;苏格拉底之友,同上
135D;三十僭主之一,同上 127D。

阿里斯提波　　**Aristippus**　　居勒尼的,苏格拉底临终前不在场,斐多篇
59C。拉利萨的阿里斯提波,美诺的情人,美诺篇 70B。

阿里斯通　　**Ariston**　　阿狄曼图、格老孔、柏拉图之父,申辩篇 34A,国家
篇 1.327A,2.368A。赫格西普之父,书信 2.314E。

阿里司托得姆　　**Aristodemus**　　"阿里司托得姆那一份"指斯巴达,法篇

3.692B。居达塞奈乌姆的阿里司托得姆,会饮篇173B;在会饮篇中出现,同上173B;会饮篇中转述了他的作品中的话,同上174A;不能与善饮者匹敌,同上176C,参阅223C。

阿里斯托多鲁　　**Aristodorus**　　狄翁选择的最亲密同伴之一,书信10.358C。

阿里斯托芬　　**Aristophanes**　　与苏格拉底交谈,会饮篇223C;苏格拉底对他的描述,同上221B;打呃,同上185C以下;幽默作家,同上213C,参阅189A以下;把全部生命献给狄奥尼修斯和阿佛洛狄忒,同上177E;丑化苏格拉底,申辩篇19C,参阅18D;荣耀爱的讲话,会饮篇189B—193;受前一晚狂饮之害,同上176B。

阿里斯托丰　　**Aristophon**　　阿格拉俄封之子,画家,高尔吉亚篇448B。

阿里司托吉顿　　**Aristogiton**　　与哈谟狄乌,会饮篇182C。

阿里司托克拉底　　**Aristocrates**　　斯凯利亚之子,在阿波罗神庙献祭,高尔吉亚篇472B。

阿里斯托克利图　　**Aristocritus**　　叙拉古的,书信3.319A,13.363D。

阿里司托尼姆　　**Aristonymus**　　克利托丰之父,国家篇1.328B。

阿里翁　　**Arion**　　间接提到,国家篇5.453D。

阿罗卑克区　　**Alopece**　　苏格拉底生活的那个区,高尔吉亚篇495D。

阿玛西斯　　**Amasis**　　埃及国王,蒂迈欧篇21E。

阿蒙　　**Ammon**　　萨姆斯的希腊名字,斐德罗篇274D;阿蒙的神谕,法篇5.738C,斐德罗篇275C;塞奥多洛以阿蒙的名义起誓,政治家篇257B。

阿密科斯　　**Amycus**　　发明拳击技巧,法篇7.796A。

阿密南德　　**Amynander**　　与老克里底亚同部落的一个人,蒂迈欧篇21B以下。

阿弥托耳　　**Amyntor**　　诅咒他的儿子福尼克斯,法篇11.931B。

阿谟尔古斯(地名)　　**Amorgus**　　产于该地的价格昂贵的长袍,书信13.363A。

阿那卡尔西斯　　**Anacharsis**　　西徐亚人,他的发明,国家篇10.600A。

阿那克瑞翁　　**Anacreon**　　他歌颂克里底亚家族的诗句,卡尔米德篇

158A;聪明人,斐德罗篇235C。

阿那克萨戈拉　　Anaxagoras　　回避政治,大希庇亚篇281C;论"混沌",斐多篇720,参阅高尔吉亚篇465D;把正义说成是一种心灵状态,克拉底鲁篇413C;他的学生,同上409B;发现月亮的光来自太阳,同上409B;蔑视金钱,大希庇亚篇283A;与心灵一致,克拉底鲁篇400A,斐多篇970,参阅法篇12.967B;与伯里克利,书信2.311A,斐德罗篇270A;列名于古代哲人,大希庇亚篇281C;苏格拉底听某些人说读过他的某本书,斐多篇97B以下;谈论智慧与愚蠢的性质,斐德罗篇270A;他的作品与理论,申辩篇26D,参阅法篇10.866D以下。

阿那克西美尼　　Anaximenes　　他的关于生长的原因,斐多篇96C。

阿尼图斯　　Anytus　　申辩篇30B,美诺篇90C—94,95A;安塞米翁之子,同上90A;对苏格拉底的建议,同上94E;恶人,申辩篇30D,36A,参阅34B;不能打倒苏格拉底,同上28A;美诺的朋友,美诺篇90A;代表工匠、手艺人和政治家反对苏格拉底,申辩篇23E,25B;苏格拉底不那么害怕他,同上18B;阿尼图斯希望处死苏格拉底,同上29C,31A。

阿培曼图　　Apemantus　　欧狄库之父,大希庇亚篇286B,小希庇亚篇363B,373A。

阿瑞斯　　Ares　　名字的含义,克拉底鲁篇407C以下;与阿佛洛狄忒,国家篇3.390C;被阿佛洛狄忒之爱所征服,会饮篇196D;工匠的保护神,法篇11.920E;对追随者的影响,斐德罗篇252C;献给阿瑞斯的行星,伊庇诺米篇987C;法篇8.833B。

阿斯堤阿那克斯　　Astyanax　　名字的含义,克拉底鲁篇392D。

阿司堤路　　Astylus　　他的自制,法篇8.840A。

阿斯克勒庇俄斯　　Asclepius　　阿波罗之子,国家篇3.408B以下;医学的创建者,会饮篇186E;并非不知道流行的医术,国家篇3.406C;在有序的城邦中没有人生病,同上3.407E;受贿使富人复活,同上3.408B以下;在埃皮道伦的节庆,伊安篇530A;"我们必须向他献一只公鸡",斐多篇118A;他的子孙,国家篇3.405D以下;在特洛伊,同上3.405E以下,407E以下,亦见Asclepiad(s)条。

阿斯克勒庇俄斯　Aesculapius　参阅 Asclepius 条。

阿丝帕希娅　Aspasia　伯里克利阵亡将士葬礼演说辞的作者,美涅克塞努篇 236B;她的雄辩,同上 235E;米利都人,同上 249D;苏格拉底的修辞学老师,同上 235E;阿丝帕希娅的演说,同上 236A 以下,249D。

阿索普斯河　Asopus　阿提卡的古代边界,克里底亚篇 110E。

阿索斯　Athos　薛西斯在阿索斯开凿的运河,法篇 3.699A。

阿特拉斯　Atlas　斐多篇 99C;阿特拉斯的后裔,克里底亚篇 114C 以下,参阅 120D;大西岛人的第一位国王,同上 114A。

阿特兰塔　Atalanta　选择过运动员的生活,国家篇 10.620B。

阿特洛波斯　Atropos　第三位命运女神,使灵魂的命运不可逆转,国家篇 10.620E,参阅法篇 12.960C;唱将来的事,国家篇 10.617C。

阿特米西乌(地名)**　Artemisium**　战役,法篇 4.707C,美涅克塞努篇 241A。

阿特柔斯　Atreus　名字的含义,克拉底鲁篇 395B 以下;与堤厄斯忒斯的争论,政治家篇 268E 以下。

阿提卡　Attica　古代的,土地肥沃,克里底亚篇 111C,参阅美涅克塞努篇 237E;英雄,克里底亚篇 110A;国王,美涅克塞努篇 238D;人口,克里底亚篇 110C,蒂迈欧篇 24A 以下;人出现在这里,大麦和小麦,美涅克塞努篇 237D 以下;政府,从希波战争的角度看,法篇 3.698B 以下;缺乏木材,同上 4.706B;肉馅饼,国家篇 3.404D;诸神关于阿提卡的争执,美涅克塞努篇 237C,参阅克里底亚篇 109B;向弥诺斯进贡,法篇 4.706B。

阿忒　Ate　既神圣又轻柔,会饮篇 195D。

阿札厄斯　Azaes　波塞冬之子,克里底亚篇 114C。

埃阿科斯　Aeacus　伊齐那之子,高尔吉亚篇 526E;阿喀琉斯的祖父,大希庇亚篇 292E;命运,同上 292E;在死者中审判,申辩篇 41A,高尔吉亚篇 523E 以下,526C 以下。

埃安托多鲁　Aeantodorus　阿波罗多洛的兄弟,申辩篇 34A。

埃阿斯　Ajax　忒拉蒙之子,申辩篇 41B;阿喀琉斯的对他的称呼,克拉底鲁篇 428C,与奥德修斯,小希庇亚篇 371B 以下;对他的勇敢的褒奖,国家篇 5.468D;不被长枪所伤,会饮篇 219E;在另一个世界与之相会的快乐,申辩篇 41B;选择雄狮的生活,国家篇 10.620B。

埃古普托斯　　**Aegyptus**　　野蛮人,其后裔为希腊人,美涅克塞努篇 245D。

埃及/埃及人　　**Egypt/Egyptian(s)**　　克里底亚篇 114C,蒂迈欧篇 25B;雅典人远征埃及,美涅克塞努篇 241E,埃及气候,伊庇诺米篇 987A;被波斯人征服,美涅克塞努篇 239E;把各种技艺神圣化,法篇 2.656D 以下,660C,7.799A;狡猾与技艺娴熟,同上 5.747C;埃及三角洲,蒂迈欧篇 21E;尸体防腐,斐多篇 80C;不好客,法篇 12.953E;埃及国王、祭司,政治家篇 290D 以下;爱钱,国家篇 4.436A;传给希腊人,美涅克塞努篇 245D;把钱运到雅典的途径,高尔吉亚篇 511D 以下;埃及智者普洛托斯,欧绪德谟篇 288B;梭伦从埃及带回来的故事,克里底亚篇 108D,113A,蒂迈欧篇 21E;来自埃及的故事,斐德罗篇 275B;通过游戏教儿童算术,法篇 7.819B 以下。埃及的神:奈斯,蒂迈欧篇 21E,23D 以下;塞乌斯,斐德罗篇 274C,斐莱布篇 18B。

埃克松尼(地名)　　**Aexone**　　拉凯斯篇 197C,吕西斯篇 204E。

埃拉托　　**Erato**　　情人的缪斯,斐德罗篇 259D。

埃雷特里亚人　　**Eretria(ns)**　　与大流士,法篇 3.698C 以下,美涅克塞努篇 240A,C;埃雷特里亚方言,克拉底鲁篇 434C;受到波斯人侵犯,法篇 3.698C,699A,美涅克塞努篇 240B 以下;属于最高尚、最善战的希腊人,同上 240B。

埃利斯(地名)　　**Elis**　　申辩篇 19E,普罗泰戈拉篇 314C,315B 以下;希庇亚所属的城邦,大希庇亚篇 287C,292E,小希庇亚篇 264B,在埃利斯的住所,同上 363D;在埃利斯长大,大希庇亚篇 288C,埃利斯人尊敬希庇亚,同上 281A。

埃涅阿斯　　**Aeneas**　　拉凯斯篇 191A 以下。

埃皮道伦(地名)　　**Epidaurus**　　在医神节时在该地举行诗歌竞赛,ion530A。

埃斯基涅　　**Aeschines**　　吕珊尼亚斯之子,申辩篇 33E;苏格拉底死时在场,斐多篇 59B。

埃斯库罗斯 **Aeschylus** 悲剧诗人,说了阿喀琉斯的假话,会饮篇 180A,欧绪德谟篇 291D,国家篇 8.550C,592 以下,2.362A,斐多篇 108A,国家篇 2.381D。

埃图利亚(地名) **Etruria** 来自埃图利亚的祭仪,法篇 5.738C。

爱菲索人/爱菲索(地名) **Ephesians/Ephesus** 不比其他任何城市差,ion541E;伊安的家乡,同上 530A,533C;最初的雅典人,同上 541D;此处的哲学家不断地改变自己的看法,泰阿泰德篇 179E;服从雅典,ion541C。

爱利亚 **Elea**(**tic**) 智者篇 216A;来自爱利亚的帕拉墨得斯(芝诺),斐德罗篇 261D;批判爱利亚学派的哲学,智者篇 241D 以下;爱利亚的客人,同上 216A 以下。

安德隆 **Andron** 安德罗提翁之子,与希庇亚斯,普罗泰戈拉篇 315C;学习哲学,高尔吉亚篇 487C。

安德洛玛刻 **Andromache** 她的悲伤,伊安篇 535B。

安德罗美德 **Andromedes** 伊齐那人,与狄奥尼修二世的联系,书信 13.362B。

安德罗斯岛 **Andros** 伊安篇 541D。

安德罗提翁 **Androtion** 安德隆之父,高尔吉亚篇 487C,普罗泰戈拉篇 315C。

安斐波利斯(地名) **Amphipolis** 苏格拉底在安斐波利斯,申辩篇 28E。

安斐瑞斯 **Ampheres** 波塞冬之子,克里底亚篇 114B。

安斐特律翁 **Amphitryon** 赫拉克勒斯之父,泰阿泰德篇 175A 以下。

安斐翁 **Amphion** 发明弦琴,法篇 3.677D;在欧里庇得斯的戏剧中演奏,高尔吉亚篇 485E,506B。

安塞米翁 **Anthemion** 阿尼图斯之父,有很多财产,是个聪明人,美诺篇 90A。

安泰俄斯 **Antaeus** 著名的摔跤手,法篇 7.796A,泰阿泰德篇 169B。

安特诺尔 **Antenor** 喜欢伯里克利,会饮篇 221C。

安提丰 **Antiphon** 大安提丰,皮里兰佩之父,巴门尼德篇 126C。凯菲索的安提丰,厄庇革涅之父,苏格拉底受审时在场,申辩篇 33E。拉姆努

斯的安提丰,一位很平庸的修辞学教师,美涅克塞努篇236A。小安提
丰,阿狄曼图的同父异母兄弟,巴门尼德篇126B以下。

安提罗科斯　　　Antilochus　　　　涅斯托耳之子,伊安篇537A。

安提谟鲁　　　Antimoerus　　　门德人,普罗泰戈拉最杰出的学生,普罗泰戈
拉篇315A。

安提斯泰尼　　　Antisthenes　　　苏格拉底临终时在场,斐多篇59B。

奥比奇人　　　Opici　　　书信8.353E。

《奥德赛》　　　Odyssey　　　小希庇亚篇363B,伊安篇538E,539D,法篇2.658D,
国家篇3.393B;亦见Homer,Iliad条。

奥德修斯　　　Odysseus　　　国家篇1.334B;虚伪而又狡猾,小希庇亚篇364C
以下,365B,369D;故意说假话,同上370E,371E;不是骗子,同上369E;头
脑简单的,同上371A以下;与阿喀琉斯,同上363B,364B以下,370B,
371E;责备阿伽门农,法篇4.706D;与帕拉墨得斯,书信2.311B;在攻打特
洛伊前闲暇时写了一本修辞学手册,斐德罗篇261B;塞奥多洛或塞拉西
马柯的修辞学,同上261C;害怕看到墨杜莎,会饮篇198C;声称自己要起
诉,伊安篇535B;在地下世界相会时的快乐,申辩篇41C;选择过一个普
通公民的生活,国家篇10.620C。

奥菲斯/奥菲斯的　　　Orpheus/Orphic　　　选择过天鹅的生活,国家篇
10.620A;他的各种发明的年代,法篇3.677D;他的生平,同上6.782C;不
热情的恋人,会饮篇179D;他的曲调,伊安篇533C;吟咏诗人,会饮篇
179D;是月神和缪斯所生,国家篇2.364E;在另一个世界相会时的快乐,
申辩篇41A;诗歌,国家篇2.364E;诗人,克拉底鲁篇400C;普罗泰戈拉像
他,普罗泰戈拉篇315A;引用他的诗句,克拉底鲁篇402B,法篇2.669D,
斐莱布篇66C;他的歌,法篇8.829E;伪装的智者,普罗泰戈拉篇316D;吟
咏诗人受激励的源泉,伊安篇536B。

奥林比亚/奥林匹克　　　Olympia(n)/Olympic　　　奥林比亚诸神,法篇
4.717A,参阅斐德罗篇247A;希庇亚在奥林比亚,小希庇亚篇363C—
364A;库普塞利德在奥林比亚献祭,斐德罗篇236B;奥林匹克赛会的三
轮比赛,同上256B;胜利者的幸福,国家篇5.465D,466A,参阅申辩篇

36E,法篇 5.729D,7.807C;宙斯是救星,国家篇 9.583B,亦见 Zeus 条;神
庙,斐德罗篇 227B;奥林匹克赛会,书信 7.350B,小希庇亚篇 368B;派公
民参加赛会,法篇 12.950E;赛马,同上 7.822B,参阅申辩篇 36E;长距离
赛跑,法篇 7.822B;柏拉图的同伴在奥林比亚污蔑狄奥尼修,书信
2.310D;训练,法篇 7.807C,8.839E 以下。

奥林帕斯　　**Olympus**　　发明音乐,法篇 3.677D;奥林帕斯的乐曲,伊安篇
533B,会饮篇 215C。是天神的另一个名字,伊庇诺米篇 977B。

奥托克松　　**Autochthon**　　波塞冬之子,克里底亚篇 114C。

奥托吕科　　**Autolycus**　　奥德修斯的祖父,国家篇 1.334B。

B

巴基乌斯　　**Bacchius**　　书信 1.309C。

巴门尼德　　**Parmenides**　　智者篇 216A;苏格拉底崇敬他,巴门尼德篇
130A,E,135D;描写他,同上 127B;以冒犯的方式谈到他,智者篇 242C;他
的方法,巴门尼德篇 135E 以下,参阅智者篇 217C;引用他的话,智者篇
237A,244E,258C,会饮篇 178B,泰阿泰德篇 180E;可敬可畏的,同上
183E;他谈及关于诸神的故事,会饮篇 195C;他的命题一切皆一,一切皆
静,巴门尼德篇 128A,泰阿泰德篇 152E,180E,183E,亦见 one 条;非存在
不可能,智者篇 237A,341D 以下,258C 以下;与芝诺,巴门尼德篇 126C,
127B。

鲍萨尼亚　　**Pausanias**　　克拉梅斯的;他与阿伽松是情人,会饮篇 193B;他
们的谈话不是通常的酒宴方式,同上 176A;与普罗狄科,普罗泰戈拉篇
315E;名词的双关,会饮篇 185C;关于爱情的演讲,同上 180C—185D。斯
巴达的鲍萨尼亚,与西摩尼得,书信 2.311A。

巴提娅　　**Batiea**　　克拉底鲁篇 392A。

庇莱尔斯(地名)　　**Piraeus**　　书信 7.324C,国家篇 2.327A,4.439E;那里的
人与城邦的其他人和解,美涅克塞努篇 243E;苏格拉底很少去那里,国
家篇 1.328C。

庇里托俄斯　　Pirithous　　宙斯之子，忒修斯与庇里托俄斯之恶行，国家篇 3.391C。

毕泰戈拉学派　　Pythagorean(s)　　是论和谐的权威，国家篇 7.530D；关于灵魂的学说，斐多篇 86B；从未研究数的内在统一，国家篇 7.531C；合约，书信 13.360B，参阅 12.359C 以下；生活方式，国家篇 10.600B，参阅书信 7.328。

庇塔库斯　　Pittacus　　米提利尼的，不参与政治，大希庇亚篇 281C；来自列斯堡，普罗泰戈拉篇 341C；七贤之一，同上 343A；圣贤，国家篇 1.335E；他的话受批评，普罗泰戈拉篇 339C。

庇提亚的　　Pythian　　赛会，法篇 7.807C，12.950E，吕西斯篇 205C；神谕，国家篇 7.540C；女祭司，法篇 12.947D；亦见 Delphi，priestess of Apollo 条。

庇西斯特拉提得　　Pisistratids　　政权被推翻的理由归于阿里司托吉顿与哈谟狄乌，会饮篇 182C。

柏拉图　　Plato　　阿狄曼图之兄，申辩篇 34A；写信给朋友，书信 3.315B；年纪，同上 3.317C，6.322D，7.338C，350D，11.358E；为了实现崇高的目标而雄心勃勃，同上 4.320A；愤怒，同上 7.345D 以下，349B；呆在阿基德谟家中，同上 7.349D；请求阿尔基塔的帮助，同上 7.350A；尊重阿尔基塔的工作，同上 12.359C 以下；导致阿尔基塔与狄奥尼修的友谊，同上 7.338D；与友人，同上 6.323B；雅典人，同上 7.333D；对朋友具有的权威，同上 2.310C；像一只想要飞走的鸟，同上 7.348A，参阅斐德罗篇 249D；出生时这个国家已经有了很长的历史，书信 5.322A；有关提出建议的信念，同上 7.331A 以下；会向君主制提建议，但不会向民主制提建议，同上 5.322A 以下；只追随一个人，亦即他自己，同上 2.310C；希望得到尊敬，同上 2.312B 以下；对狄翁没有权威，同上 7.347C，参阅 2.310B 以下；与狄翁的交往，同上 7.327A；解释狄翁的遗嘱，同上 8.355A；用狄奥尼修自己的计划剥夺他的王国，同上 3.315D；狄奥尼修喜欢幽默，同上 7.330A；得到狄奥尼修给他的旅费，同上 7.350B，参阅 1.309C；对狄奥尼修最有帮助的，同上 13.360B，参阅 13.360E；拒绝参与反对狄奥尼修的阴谋，同上 3.350C 以下；被狄奥尼修软禁，同上 7.329E，347A；会使用狄奥尼修的钱,就像用别的朋友的钱,同上 13.361C;最适宜撰写真正的学说,同上 7.341D;没有把完整的学说告诉狄奥尼修,同上 7.341A 以下,参阅 7.345A;学说的难处,同上 2.314A 以下;敬畏真正的学说,同上 7.344D;关心厄刻克拉底,同上 9.358B;从叙拉古逃走,同上 7.350A 以下;为谣言所困,同上 7.329C;名声,同上 2.310D;处理叙拉古政府的某些事务,同上 3.316A;听到的很多,知道的很少,同上 4.321B;没有遇见赫尔米亚,同上 6.323A;对他的信件的态度,同上 13.363D 以下;把他的信当作契约来读,同上 6.323C 以下;承认把"神"当作严肃信件的象征,同上 13.363B;住在叙拉古的花园里,同上 7.347A;原因,同上 7.328C;哲学的先驱和仲裁,同上 7.345C;受到压力而返回西西里,同上 7.339B 以下;关于恢复叙拉古帝国的建议,同上 8.392B 以下;不想出人头地,同上 7.329B;名声,同上 2.311E,11.358E,参阅 7.339A;关于出名,同上 13.360E,362D 以下;不需要传播谣言,同上 3.315E 以下,参阅 3.319C;苏格拉底受审时在场,申辩篇 34A;为苏格拉底的安全而提供帮助的人之一,同上 38B;苏格拉底临终时柏拉图病倒了,斐多篇 59B;给叙拉古的索佛隆尼司库一个礼物,书信 13.361A;叙拉古的最高指挥官,同上 1.309B;处在恐怖中,同上 7.333A;双重辩护,同上 3.316B,参阅申辩篇 18D 以下;未完成的评论,书信 12.359D;与雇佣兵遭遇,同上 7.350A;第一次访问叙拉古,同上 7.326E 以下;等待政府改革的最佳时机,同上 7.326A,参阅 7.328C;不再参与叙拉古的政治事务,同上 3.316E;杰出的工作,同上 3.316A;不愿写下来,同上 7.341B 以下,参阅 2.314C,7.344C 以下;年轻时的雄心,同上 7.324B 以下。

伯拉西达　**Brasidas**　喜欢阿喀琉斯,会饮篇 221C。

波勒玛库斯　**Polemarchus**　吕西亚斯的兄弟,国家篇 1.339E,5.449B 以下;凯发卢斯之子,同上 1.327B;论证的低劣,同上 1.331E;哲学的学生,斐德罗篇 257B。一位将军的名字,克拉底鲁篇 394C。

伯里克利　**Pericles**　普罗泰戈拉篇 329A;克珊西普之子,美涅克塞努篇 235E;向阿那克萨戈拉学哲学,斐德罗篇 270A,参阅书信 2.311A;家庭,高尔吉亚篇 472B;与阿丝帕西娅,美涅克塞努篇 235E;帕拉卢斯之父,普罗泰戈拉篇 314E;克珊西普之父,同上 315A;阿尔基比亚德与克利尼亚之监护人,同上 320A;他的儿子就像献给神的牛犊一样被放出去自由自在地吃草,同上 320A;他的儿子比父亲要差,美诺篇 94B,普罗泰戈拉篇 320A,328C;人们对他的一般评价是好的,高尔吉亚篇 503C,参阅 515D 以下;他的恶,同上 515E 以下;伟大与聪明,美诺篇 94A;他执政期间修建船坞与城墙,高尔吉亚篇 455E;管理的效果,同上 515D 以下;首先对雅典人服役支付工资,同上 515D;雅典不幸的真正制造者,同上 519A;葬礼演说辞,美涅克塞努篇 236B;与修辞学,斐德罗篇 269A,E 以下;就像涅斯托耳和安特诺尔,会饮篇 221C;作为演说家与苏格拉底不是一个水平,同上 215E;被指控为窃贼,高尔吉亚篇 515E 以下;"最近去世",同上 503C。

波吕达玛　　**Polydamas**　　运动员,国家篇 1.338C。

波吕丢克斯　　**Pollux**　　即 Polydeuces,见 Polydeuces 条。

波吕丢克斯　　**Polydeuces**　　与卡斯托耳,欧绪德谟篇 293A,法篇 7.796B。

波吕格诺图　　**Polygnotus**　　画家,阿格拉俄封之子,伊安篇 532E 以下,参阅高尔吉亚篇 448B。

波吕克拉底　　**Polycrates**　　参阅 Croesus 条。

波吕克利图　　**Polyclitus**　　阿耳戈斯的,雕刻家,普罗泰戈拉篇 311C;他的儿子比他低劣,同上 328C。

波吕克塞努　　**Polyxenus**　　他的学生赫利肯,书信 13.360C;派往狄奥尼修处,同上 2.314C;搬弄是非者,同上 2.310C。

伯罗奔尼撒(地名)　　**Peloponnesus**　　书信 7.346C,350B,法篇 3.685B;来自该地的殖民者,书信 7.336D;狄翁在该地,同上 7.345C,参阅 7.333B;允许底比斯人迁入该处,同上 7.348B;雅典人的妒忌,美涅克塞努篇 235D。

波卢斯　　**Polus**　　高尔吉亚篇 461B—480;太鲁莽,同上 482E,487A,参阅 494D;听从世俗观念,同上 482D;像一个傻瓜既年轻又好斗,同上 463E;他的"缪斯的话语宝库",斐德罗篇 267B;粗鲁的,高尔吉亚篇 461B 以下,448A;更擅长修辞而非对话,同上 448D。

波吕许尼亚　　　**Polyhymnia**　　　众多颂歌之神、世俗之爱之母,会饮篇 187E。

波吕伊都斯　　　**Polyidus**　　　与弥诺斯,书信 2.311B。

波瑞阿斯　　　**Boreas**　　　北风神,抢走俄里蒂亚,斐德罗篇 229B 以下。

波塞冬　　　**Poseidon**　　　名字的含义,克拉底鲁篇 402D 以下;与宙斯、普路托划分统治疆界,高尔吉亚篇 523A;他与克利托生的儿子,克里底亚篇 113D 以下;大地的震撼者,小希庇亚篇 370C;波塞冬的命令,克里底亚篇 119C 以下;大西岛人之神,同上 113C;他的圣地,同上 117B;克利托与波塞冬的圣地,同上 116C。

波斯(地名)　　　**Persia/Persian(s)**　　　卡尔米德篇 158A;波斯的贫瘠山地,法篇 3.695A;波斯人不是不守规矩的饮酒者,同上 1.637D 以下;波斯帝国臣民融合各个民族,同上 3.693A;纺织品,小希庇亚篇 368C;感到需要与雅典人结盟,美涅克塞努篇 244D;奢侈的生活习惯,法篇 1.637E;波斯政府,同上 3.694A 以下,697C 以下;代表着君主制的完善,同上 3.693D;与其他希腊人结盟反对雅典人,美涅克塞努篇 243B;波斯历史,书信 7.332A 以下,美涅克塞努篇 239D 以下,参阅法篇 3.694A 以下;波斯人的侵犯,法篇 3.692C 以下,698B 以下,4.707B 以下,美涅克塞努篇 239D 以下;关于波斯的神谕,法篇 1.642D 以下;波斯国王,同上 3.694A 以下;波斯的教育,同上 3.694C 以下;亦见 King, the Great 条;亚洲之主,美涅克塞努篇 239D;在普拉蒂亚,拉凯斯篇 191C;在萨拉米和马拉松战败,美涅克塞努篇 241B;牧人,法篇 3.695A。

波提狄亚(地名)　　　**Potidaea**　　　波提狄亚战役,苏格拉底在波提狄亚战役,申辩篇 28E,卡尔米德篇 153,会饮篇 219E 以下,221A。

布里亚柔斯　　　**Briareus**　　　欧绪德谟篇 299C;有一百只手,法篇 7.795C 以下。

布律松　　　**Bryson**　　　波吕克塞努的同伴,书信 13.360C。

D

达尔达尼亚(地名)　　　**Dardania**　　　创建,法篇 3.681E,参阅 3.702A;亦见

Trojan(s)/Troy 条。

达耳达诺斯　　Dardanus　　他的命运,大希庇亚篇293B;创建达尔达尼亚,法篇 3.702A。

代达罗斯　　Daedalus　　麦提翁之子,伊安篇533A;他的发现与发明的时间,法篇3.677D;代达罗斯的设计图,国家篇7.529E;按今天的标准是个傻瓜,大希庇亚篇282A;苏格拉底办法的创立者,欧绪弗洛篇11B;代达罗斯会旋转的雕像,美诺篇97D以下;像代达罗斯的作品一样复杂的论证,欧绪弗洛篇11B以下,15B。

代立昂(地名)　　**Delium**　　苏格拉底在代立昂,申辩篇28E,拉凯斯篇181B,会饮篇221A以下,参阅拉凯斯篇188E,189B。

大流士　　Darius　　波斯国王,他的世系,法篇3.695C;征讨各方,美涅克塞努篇239E;与雅典人和埃雷特里亚人的争论,同上240A;侵犯希腊,法篇3.698C以下;征服西徐亚,高尔吉亚篇483D;大流士与七个养子,书信7.332A以下;逃跑,美涅克塞努篇239E;他的权力,同上240A;他的财富,吕西斯篇211E以下;他的法律与体制,书信7.332A以下,法篇3.695C以下;通过写作获得大流士那样的不朽名声,斐德罗篇258B。

达蒙　　Damon　　节奏方面的权威,国家篇3.400B以下,参阅4.424C;苏格拉底之友,拉凯斯篇197D;尼昔亚斯之子的老师,同上180C,他的智慧,同上200A以下。

达那俄斯　　Danaus　　野蛮人,他的后裔融入希腊人,美涅克塞努篇245D。

达提斯　　Datis　　波斯军队统帅,法篇3.698C,美涅克塞努篇240A。

大王　　the Great King　　申辩篇40E,欧绪德谟篇274A,高尔吉亚篇470E,524E,吕西斯篇209D,美涅克塞努篇241D,美诺篇78D,智者篇230D,参阅美涅克塞努篇241E;鱼池,政治家篇264C;菲莱德斯在大王的宫廷里,书信13.363B;把金钱奉为心中的帝王,国家篇8.553C。

大西岛　　Atlantis　　地形,克里底亚篇113C以下;国家的安排,同上115C,对那块平原的描写,同上118C;港口,同上117D以下;山脉,同上118A以下;面积与位置,蒂迈欧篇24E以下,25D;沐浴,克里底亚篇

117B;神庙,同上 116C 以下;军队,同上 119A 以下;政府,同上 119C 以下;人口,同上 118E 以下;物产,同上 114E 以下;公牛献祭,同上 119D 以下;波塞冬抽签得到这块领地,同上 113C;由阿特拉斯得名,同上 114A。

大西洋　　**Atlantic Ocean**　　由阿特拉斯得名,克里底亚篇 114A;早期在大西洋上的航海,蒂迈欧篇 24E,参阅克里底亚篇 108C。

德尔斐(地名)　　**Delphi**　　狄奥尼修二世在德尔斐,书信 3.315B;德尔斐的金像,斐德罗篇 235E,参阅欧绪德谟篇 299B;神庙中的铭文,卡尔米德篇 164D 以下,法篇 11.923B,斐德罗篇 230A,斐莱布篇 480,普罗泰戈拉篇 343B,参阅书信 7.341B,大希庇亚篇 290E,斐莱布篇 45E;大地中央的脐石,国家篇 4.427C;德尔斐的神谕,伊庇诺米篇 988A;赫拉克勒斯的子孙(底比斯人)求神谕,法篇 3.686A;疯狂的女祭司,斐德罗篇 244B;德尔斐的神,可以批准乱伦,国家篇 5.461E;引进新公民要求神谕,法篇 9.856E;选举神谕解释者,同上 6.759D;对挖到财宝的人发出神谕,同上 11.914A;信奉这位神的宗教,同上 5.738B 以下,6.759C 以下,8.828A,国家篇 4.427B 以下,参阅法篇 9.865B,871D,11.914A,12.947D,国家篇 5.469A,7.540C;见证苏格拉底的智慧,申辩篇 20E 以下;亦见 Apollo 条。

德洛庇达　　**Dropides**　　大克里底亚的曾祖母,卡尔米德篇 157E,蒂迈欧篇 20E。

德谟多库斯　　**Demodocus**　　帕拉卢斯之父,申辩篇 33E。

德谟封　　**Demophon**　　美涅克塞努之父,吕西斯篇 207B。

德谟克拉底　　**Democrates**　　埃克松尼的,吕西斯之父,吕西斯篇 204E,209A;他的财富,同上 205C,208。

德摩斯　　**Demos**　　皮里兰佩之子,高尔吉亚篇 481D 以下,513B。

得墨忒耳　　**Demeter**　　名字的含义,克拉底鲁篇 404B;给人的恩惠,法篇 6.782B。

狄奥波普　　**Diopompus**　　他的坚韧,法篇 8.840A。

狄奥墨德斯　　**Diomedes**　　会饮篇 218E;对希腊人下令,国家篇 3.389E。

狄奥尼索多洛　　**Dionysodorus**　　欧绪德谟篇 283E,285D 以下,293E 以下,297A 以下,298D 以下;从图里来到雅典,同上 271C;他的门徒,同上

273A,274C,276C 以下;来自图里的俩兄弟中的哥哥,同上 283A;富有智慧,同上 273C;是智者而非拳击手,同上 273D,参阅 271C。

狄奥尼修二世　　Dionysius II　　狄奥尼修一世之子,书信 2.313B,8.356B;多利斯之子,同上 2.313A;雄心,同上 7.338D,344E;残忍,同上 1.309A;气质,同上 3.319B;口是心非,同上 7.346A 以下,348E 以下;固执,同上 7.347E;妒忌,同上 3.318C,7.330A,参阅 7.349E;天赋才能,同上 2.314D,7.338D 以下;多疑,同上 2.312A,7.333B 以下;朝臣不愿指出他的错误,同上 13.362C 以下;在雅典的信用,同上 13.361C,362A 以下;过一种卑鄙的生活,同上 7.334A;在宫廷里的生活,同上 7.329B,338E 以下;帝国的范围,同上 7.328A,332E 以下;他的名声,同上 2.310D;他的权力,同上 7.335C;他的允诺,同上 3.318B,7.329D;据说他献身于哲学,同上 7.338B,339B 以下,参阅 7.340B 以下,345D;忽视教育,同上 7.332D;撰写哲学方面的东西,同上 2.314C,7.341B,344D 以下;撰写哲学论文的动机,同上 7.344D 以下;对哲学的抱负,同上 2.312C,313B,7.341A 以下,345B 以下,参阅 7.344D 以下;向其他哲学家提问,同上 2.312C,313C,参阅 7.338D 以下;拒绝柏拉图对他进行指导,同上 7.330A 以下;敦促除了哲学以后还要学天文学,同上 13.360D 以下;敦促要考察赫利肯本人,同上 13.360D;与狄翁的对立,同上 3.316C 以下,7.334E,335C;与柏拉图就狄翁的问题达成一致意见,同上 7.338A 以下,339C,346B 以下;试图削减雇佣军的军饷,同上 7.348A;要柏拉图从叙拉古卫城搬走,同上 7.349D;款待来自洛克里的年轻人,同上 13.360A;给柏拉图旅费,同上 7.350B;保护柏拉图的生命安全,同上 7.340A;叙拉古三位国王之一,同上 8.356B;被称作神奇的先生,同上 3.318B;"当狄奥尼修已不成为障碍的时候",同上 4.320D。

狄奥尼修斯　　Dionysus　　酒神,这个名字的含义,克拉底鲁篇 406B 以下;被赫拉剥夺理智,法篇 2.672B;激励而产生秘仪,斐德罗篇 265B;对科里班忒的影响,伊安篇 534A;不适当地批评狄奥尼修斯的礼物,法篇 2.672A;属于狄奥尼修斯的尚未贮入谷仓的东西,同上 8.844D;混合之神,斐莱布篇 61C;阿里斯托芬想把一生献给酒神,会饮篇 177E;用酒神

颂歌庆祝酒神的诞生,法篇 3.700B;酒神歌队,同上 2.657D,670 以下,
7.812B;伴随我们的狂欢,同上 2.653D,665A,672B;接近四十岁的人可以
祈求酒神降临圣礼,同上 2.666B,酒神神庙的围地,高尔吉亚篇 472A。

狄奥尼修一世　　Dionysius I　　与希帕里努的关系,同一家族的成员,书信
8.353A 以下;狄奥尼修二世之父,同上 2.313A,8.356B;希帕里努二世,同
上 8.356A,357C;狄奥尼修一世的后代,同上 8.356C;叙拉古的僭主,同上
8.353B,354D;狄奥尼修一世与他的雇佣军,7.348A;他的信用,同上
13.362B;向蛮族纳贡,同上 7.333A;不相信任何人,同上 7.332C;比大流
士差七倍,同上 7.332A,参阅国家篇 9.587C 以下;之死,书信 7.327B。

狄奥斯库里　　Dioscuri　　欧绪德谟篇 293A;为荣耀他而举行戴盔甲的比
赛,法篇 7.796B。

狄奥提玛　　Diotima　　曼提尼亚的一位妇女,会饮篇 201D—212B。

狄俄涅　　Dione　　地下的阿佛洛狄忒(希腊神话中的女巨人)之母,会饮
篇 180E。

堤丰　　Typhon　　大蛇的名字,斐德罗篇 230A。

第勒尼安(地名)　　Tyrrhenia　　蒂迈欧篇 25B,参阅克里底亚篇 114C。

蒂迈欧　　Timaeus　　蒂迈欧篇 17A 以下,27C 以下;他的祈祷,克里底亚篇
106A 以下。

地母神　　Earth（goddess）　　法篇 10.886A,会饮篇 178B,参阅法篇
5.740A;在建立雅典时帮助雅典娜,蒂迈欧篇 23D 以下;人类之母,法篇
12.958E,参阅 5.740A;生俄刻阿诺,蒂迈欧篇 40E;雌性之母,会饮篇
190B。

堤泰乌斯　　Tyrtaeus　　法篇 9.858E;间接提到他的残篇 9,7,斐德罗篇
269A;热烈主张战争的,法篇 1.629A 以下,参阅 2.667A;引用他的残篇
12,同上 1.629A 以下。

狄翁　　Dion　　雅典演说家,美涅克塞努篇 234B。叙拉古的狄翁,书信
2.310B 以下,4.320A,7.326E 以下,330A 以下;希帕里努之子,同上
8.355E;他的政治信念,同上 7.323E 以下,336E 以下,351A 以下;优秀品
质,同上 7.327A 以下,328B,336C;与狄奥尼修的对照,同上 3.316C 以下,

318E,7.334E,335C;狄奥尼修对付狄翁的诡计,同上 13.362E;希望使狄
奥尼修转变为过哲学生活,同上 7.327C;请柏拉图访问叙拉古,同上
7.327C 以下;全世界的眼睛都在看着他,同上 4.320D;他所犯的一个错
误,同上 7.351D 以下;遭流放,同上 3.316D,7.329C,333A,338B,346B,参
阅 7.328D;他的朋友,同上 7.334C,338A,8.352B,355A;他的财产,同上
3.317E 以下,7.345D,346B,347C 以下,349E;从来没有发还,同上 7.350B;
他的财产的价值,同上 7.347B;帮助柏拉图守寡的侄女们,同上
13.361D;在奥林比亚,同上 7.350C;起事反对狄奥尼修,同上 7.350C 以
下,参阅 7.346B 以下;催促柏拉图返回西西里,同上 7.338B,339B;返回
来给狄奥尼修一个实际的教训,同上 7.333B;两次解放西西里,同上
7.333B,8.356A;高尚地死去,同上 7.334E;杀害他的凶手,同上 7.334A
以下,参阅 7.335C,336D,8.357;对后世的建议,同上 8.355 以下。

狄亚瑞佩　　**Diaprepes**　　波塞冬之子,克里底亚篇 114C。

地中海　　**Mediterranean**　　像一个海港,蒂迈欧篇 25A。

多多那(地名)　　**Dodona**　　多多那的橡树,斐德罗篇 275B;多多那的神
谕,法篇 5.738C;疯狂的女祭司,斐德罗篇 244B。

多利斯　　**Doris**　　狄奥尼修二世之母,书信 2.313B。

E

厄庇卡尔谟　　**Epicharmus**　　喜剧大师,泰阿泰德篇 152E;他的格言,高尔
吉亚篇 505E。

厄庇革涅　　**Epigenes**　　安提丰之子,苏格拉底临终时在场,斐多篇 59B;
苏格拉底受审时在场,申辩篇 33E。

厄庇克拉底　　**Epicrates**　　吕西亚斯和他呆在一起,斐德罗篇 227B。

厄庇美尼德　　**Epimenides**　　克诺索斯的,他的发明,法篇 3.677D 以下;访
问雅典,同上 1.642D 以下。

厄庇墨透斯　　**Epimetheus**　　普罗泰戈拉篇 361C 以下;在动物王国分配权
力,同上 320D 以下;不是特别能干,同上 321B 以下。

俄狄甫斯　　**Oedipus**　　受他的儿子的诅咒,法篇 11.931B;他的乱伦,同上 8.838C。

厄尔　　**Er**　　厄尔的故事,国家篇 10.614B 以下。

俄尔萨戈拉　　**Orthagoras**　　底比斯人,著名的笛子演奏家,普罗泰戈拉篇 318C。

厄菲亚尔特　　**Ephialtes**　　俄图斯与厄菲亚尔特的故事,会饮篇 190B。

恩诺斐塔(地名)　　**Oenophyta**　　战役,美涅克塞努篇 242B。

俄刻阿诺(大洋河)　　**Oceanus**　　斐多篇 112E;与忒堤斯,是大地与天空的子女,蒂迈欧篇 40E;是万物之父母,泰阿泰德篇 152E,180D,参阅克拉底鲁篇 402B。

厄刻克拉底　　**Echecrates**　　佛利的,斐多篇 57A,88C 以下,102A。弗利尼翁之子,在柏拉图照料之下,书信 9.358B。

厄拉斯托　　**Erastus**　　书信 6.323A;住在赫尔米亚附近,同上 6.322C;拥有高尚的思想,同上 6.322D;被派去找伊齐那人安德罗美德,同上 13.362B。

厄里达努河　　**Eridanus**　　卫城所在的山曾延伸到厄里达努河,克里底亚篇 112A。

俄里蒂亚　　**Orithyia**　　被风神波瑞阿斯抢走,斐德罗篇 229B 以下。

厄里克托纽　　**Erichthonius**　　早于忒修斯,克里底亚篇 110A。

厄琉息斯(地名)　　**Eleusis**　　反对僭主的战争,美涅克塞努篇 243E。

厄律斐勒　　**Eriphyle**　　国家篇 9.590A。

厄律克西马库　　**Eryximachus**　　阿库美努之子,治疗打嗝的阿里斯托芬,会饮篇 185D;与希庇亚,普罗泰戈拉篇 315C;狂饮者,会饮篇 176B 以下;医生,斐德罗篇 268A,会饮篇 176D,185D 以下;赞扬爱神的讲话,同上 185E—188。

俄罗比亚(地名)　　**Oropia**　　阿提卡的古代边界,克里底亚篇 110E。

厄洛斯　　**Eros**　　名称的含义,克拉底鲁篇 420A;源于"hero"这个词,同上 398D;厄洛斯与普特洛斯,斐德罗篇 252B;激励情人,同上 265B;斐德罗与苏格拉底之主,同上 265C;亦见 Love 条。

厄律西克松　　**Erysichthon**　　先于忒修斯,克里底亚篇110A。

厄培乌斯　　**Epeus**　　帕诺培乌斯之子,愿意投生为一名具有高超技艺的妇女,国家篇10.620C;发明拳击技巧,法篇7.796A;雕刻家,ion533B。

厄瑞克透斯　　**Erectheus**　　早于忒修斯,克里底亚篇110A。

俄瑞斯忒斯　　**Orestes**　　名字的含义,克拉底鲁篇394E。

俄图斯　　**Otus**　　与厄菲亚尔特,会饮篇190B。

厄维蒙　　**Evaemon**　　波塞冬之子,克里底亚篇114B。

厄维诺　　**Evenor**　　大西岛的,克里底亚篇113C。

厄文努斯　　**Evenus**　　帕罗斯的,修辞学中的发明,斐德罗篇267A;在教育中收费适中,申辩篇20B;哲学家,斐多篇61C;苏格拉底给他的口信,同上60D以下。

F

法厄同　　**Phaethon**　　蒂迈欧篇22C。

法勒伦(地名)　　**Phalerum**　　阿波罗多洛在法勒伦的住处,会饮篇172A。

法马西娅　　**Pharmacia**　　与俄里蒂亚,斐德罗篇229C。

法诺斯提尼　　**Phanosthenes**　　安德罗斯的,被雅典人选为将军的外国人,伊安篇541D。

泛雅典娜节　　**Panathenaea**　　欧绪弗洛篇6B,伊安篇530B;宏大的节日,巴门尼德篇127B。

法篇中的模范城邦　　**Model City**　　疆界:根据抽签作出份地的安排,5.737C以下,745C以下;村庄的份地,8.848C以下;份地不允许出售,5.741B以下;防卫措施,6.760B以下;公共工程,6.760E;城市建筑:6.778以下;公共工程,6.763C以下;环境卫生,6.779C;位置,5.745B;不需要城墙,6.778D以下;公民:结婚年龄,4.721B以下,6.772D,774A以下,785B;服兵役,6.785B;公民的职责,6.785B;公民的阶层,5.744C,6.754D;公餐,6.780B以下,783B,7.806E,8.842B;妇女的公餐,6.781C以下,7.806E,8.839D;控制私人生活,6.780A;乡村居所,8.848C;每个家庭有两所住房,5.745E;不追求钱财,5.741E,743D,11.919D 以下;好公民,7.822E 以下;男人的生活,7.806D 以下;女人的生活,7.804E 以下,806E 以下;公民的数量,5.737C 以下,6.771A 以下;不得拥有金银,5.742A,743D,746A;生育子女,6.783B 以下;可以有节制地从事农业,5.743D;出生登记,6.785A;公民的财产,5.745A,6.754D 以下,8.850A,9.855B,11.914C;分组,5.745D 以下;少女少男的社会集会,6.771E 以下;通过婚姻把各种人结合在一起;6.773D;教育:天文学,7.820E 以下;男孩子与跟班,7.808D 以下;追踪训练,7.823B 以下;关于悲剧与喜剧的法规,7.816D 以下;强制性的,7.804D;吟咏诗歌比赛,8.834E;舞蹈,7.795E,796B 以下,798E,814E 以下;穿戴盔甲战斗,8.833E;赛跑,8.833A 以下;以游戏作为教育儿童的工具,7.793E 以下,798C 以下;锻炼双手,7.794D 以下;赛马,8.834B 以下;婴儿教育,7.788—793;后续的教育,7.793D 以下,808D 以下;学习诗歌与散文的写作,7.810B 以下;数学,7.818C 以下;军事体育,8.832D 以下;骑马射箭比赛,8.834D;音乐,7.801C 以下,809E 以下,812B 以下;音乐竞赛,8.834E 以下;学习内容的先后与年纪,7.809E 以下;身体锻炼,7.795D 以下,813 以下;备战与节日的战斗竞赛,8.819B,830C 以下;读与写,7.809E 以下;老师的工资,7.804D;男女一样,7.804E 以下;两性分开,7.794C 以下;指导老师,7.812E;训练基地与学校,7.804C;妇女参加体育竞赛,8.833C 以下,834A,D;摔跤,7.795E 以下;政府:公民大会,6.764A;行政官员的监察,12.945B—948B;国葬,12.947B 以下;弹劾,11.947E 以下;音乐和体育训练方面的权威,6.764C;城防官,6.763C 以下;议事会,6.756B 以下,758B 以下;执法官,6.754D 以下;官员的死亡,6.766C;音乐总监与体育总监,7.801D,813A;婚姻的女监察官,6.784,7.794B,11.930A 以下,932B;将军与其他军官,6.755B 以下,760A;孤儿的监护人,10.909C,11.924,926C—928D;执政官,6.751B 以下,753B 以下;以执政官名字命名,6.785D;儿童的监护者,7.794B;公民的集会,6.758D;半夜开会的议事会,10.908A,909A,12.951D 以下,968A,969B;乡村专员,6.760B—763B;选举时的检查,6.753D 以下,756E,759C 以下,763E,765C 以下,766B,767D;教育官员,6.765D 以下,7.801D,809 以下,811D,813C,

孤儿,11.924—928D;关于父母,11.930E 以下;关于杀父母者,9.868C 以
下,872D 以下;关于支付,11.921B 以下;关于医生与病人,9.865B;关于
毒药和巫师,11.932E 以下;关于价格,11.917B 以下;关于监狱,10.908A;
关于私仇,12.955B 以下;关于产品的分配,8.847E 以下;关于财产,
6.776B 以下,11.913—916D,923B 以下,12.955D 以下;关于接受盗窃物
品,12.955B;关于零售商品,8.847D 以下,11.918—921D;关于使用道路
的权利,8.845E 以下;关于出售有病的奴隶和杀过人的奴隶,11.916A 以
下;在市场上出售,8.849 以下,11.915D;关于讽刺作品,11.935E 以下;关
于研究,12.954A 以下;关于公共安全,12.953E 以下;关于秘密集会,
10.909B 以下,11.933A 以下;关于自杀,9.873C 以下;关于税收,12.949D;
关于盗窃神庙,9.853D 以下;关于盗贼,9.857A 以下,874B 以下,11.933E
以下,12.941B 以下;关于财产的诉讼期,12.954C 以下;关于坟墓,
12.958E;关于旅行观光者,12.951C 以下,952B 以下;关于盗窃财宝,
11.913 以下;关于使用暴力,10.884 以下;关于水源,8.844A 以下,845D
以下;关于度量衡,5.746D 以下;关于遗嘱,11.922B—924B;关于伤害,
9.876E—882。

法松　　Phason 　希波克拉底的兄弟,普罗泰戈拉篇 310A。

斐德罗　　Phaedrus 　密利努的,斐德罗篇 244A,会饮篇 176D;皮索克勒斯
之子,斐德罗篇 244A;抱怨没有人写颂歌赞美爱神,会饮篇 177A 以下;
热心的,斐德罗篇 228A 以下,234C 以下,236D 以下,242A;与希庇亚,普
罗泰戈拉篇 315C;热爱谈话,斐德罗篇 228,242A,243D,258E,276E;关于
爱情的发言,会饮篇 178—180;无法与善饮者相比,同上 176C。

斐狄亚斯　　Phidias 　雅典的雕刻师,普罗泰戈拉篇 311C 以下;挣的钱不
如普罗泰戈拉多,美诺篇 91D,参阅大希庇亚篇 282D;雕刻雅典娜所使用
的材料,大希庇亚篇 290A 以下。

斐冬得斯　　Phaedondas 　苏格拉底临终前在场,斐多篇 59C。

斐多　　Phaedo 　讲述《斐多篇》,斐多篇 57A 以下;谈话发生在苏格拉底
临终前,同上 57A,117D;与西米亚斯,同上 102B;苏格拉底抚摸斐多的卷
发,同上 89B。

《斐多篇》　　**Phaedo**　　提到《斐多篇》,书信 13.363A。

非多斯拉图　　**Phidostratus**　　他的教室,大希庇亚篇 286B。

斐莱布　　**Philebus**　　斐莱布篇 18A,22C,28B;他的孩子,同上 16B;他的敌人和朋友,同上 44B 以下;他的女神,同上 22C;认为快乐对每一个有生命的存在都是好的,同上 11B,参阅 12A,60A,66D 以下。

菲莱德斯　　**Philaedes**　　在波斯大王的宫廷里,书信 13.363B。

菲拉格鲁斯　　**Philagrus**　　手里拿着什么东西,书信 13.363B。

腓力庇得　　**Philippides**　　菲罗美鲁之子,普罗泰戈拉篇 315A。

菲力司提德　　**Philistides**　　造柏拉图的谣,书信 3.315A。

腓力司逊　　**Philistion**　　医生,柏拉图要他带信去雅典,书信 2.314D 以下。

费留斯(地名)　　**Phelleus**　　费留斯的平原,克里底亚篇 111C。

菲罗劳斯　　**Philolaus**　　斐多篇 61D 以下。

菲罗美鲁　　**Philomelus**　　腓力庇得之父,普罗泰戈拉篇 315A。

菲洛尼德　　**Philonides**　　书信 9.357E。

菲洛斯特拉图　　**Philostratus**　　谋反者,提到,书信 7.333E 以下。

斐米乌斯　　**Phemius**　　伊塔卡的吟咏诗人,伊安篇 533C。

斐那瑞特　　**Phaenarete**　　苏格拉底之母、助产婆,泰阿泰德篇 149A。

腓尼基人　　**Phoenician(s)**　　书信 8.353E;故事,国家 3.414C 以下,参阅法篇 2.663E;爱财,国家篇 4.436A,参阅法篇 5.747C。

斐瑞法塔　　**Pherephatta**　　这个名字的含义,克拉底鲁篇 404C 以下。

斐瑞克拉底　　**Pherecrates**　　剧作家,把野蛮在勒奈亚搬上舞台,普罗泰戈拉篇 327D。

费西斯河　　**Phasis**　　希腊世界的最东端,斐多篇 109B。

佛利(地名)　　**Phlius**　　斐多篇 57A。

福岛　　**Islands of the Blessed**　　高尔吉亚篇 523B,526C,美涅克塞努篇 235C,国家篇 7.519C,540B,会饮篇 179E,180B,参阅伊庇诺米篇 992C。

福耳库斯　　**Phorcys**　　俄刻阿诺与忒堤斯之子,蒂迈欧篇 40E。

福库利德　　**Phocylides**　　引用他的名言"发财后必须实践美德",国家篇 3.407A 以下。

弗里基亚(地名)　　**Phrygia**　　弗里基亚人的弥达斯国王,斐德罗篇 264C
以下;气质,拉凯斯篇 188D,国家篇 3.399A 以下;民众,政治家篇 262E;
话语,克拉底鲁篇 410A。

弗利尼翁　　**Phrynion**　　厄刻克拉底之父,书信 9.358B。

佛律农达　　**Phrynondas**　　臭名昭著的无赖,普罗泰戈拉篇 327D。

福洛涅乌　　**Phoroneus**　　"最早的人",蒂迈欧篇 22A。

福尼克斯　　**Phoenix**　　阿弥托耳之子,阿喀琉斯的侍从,国家篇 3.390E;
受到他的父亲的诅咒,法篇 11.931B。菲力浦之子,会饮篇 172B,173B。

弗提亚　　**Phthia**　　希腊神话中的冥府福地,引用《伊利亚特》9.363,克里
托篇 44B,参阅小希庇亚篇 370C。

G

伽狄拉(地名)　　**Gadira**　　伽狄拉地区,克里底亚篇 114B。

伽狄鲁斯　　**Gadirus**　　等于欧美卢斯,克里底亚篇 114B。

该尼墨得　　**Ganymede**　　斐德罗篇 255C;克里特人虚构的故事,法篇
1.636D;在叙拉古的花园和宫殿,书信 2.313A,3.319A,7.347A,348C,
349D。

冈比西斯　　**Cambyses**　　居鲁士之子;征服,美涅克塞努篇 239E;愚蠢的,
法篇 3.695B;几乎毁灭波斯帝国,同上 3.694C;几乎统治埃及和利比亚
全境,美涅克塞努篇 239E。

高尔吉亚　　**Gorgias**　　高尔吉亚篇 449A—460E;他拥有的说服的技艺比
其他所有人更高明,斐莱布篇 58A 以下;没有宣布教授美德,美诺篇
95C;尊重意见,高尔吉亚篇 482D,487A,参阅 494D;美德的定义,美诺篇
73C 以下;在雅典挣了大量的钱,大希庇亚篇 282B;比其他任何艺人挣的
钱还要多,同上 282D;周游列邦,申辩篇 19E;在拉利萨的影响,美诺篇
70B;论美诺,同上 71C 以下;回答问题的方式,同上 70C,参阅 76C;修辞
学大师,会饮篇 198C;说服病人吃药,高尔吉亚篇 456B;认为可能性比真
理更值得尊重,斐德罗篇 267A;修辞学,涅斯托耳的修辞,同上 261B 以

下；在雅典议事会讲话，大希庇亚篇 282B；与卡利克勒呆在一起，高尔吉亚篇 447B；没有对美诺进行适当的训练，美诺篇 96D；作为林地尼的使者访问雅典，大希庇亚篇 282B；亦见 rhetoric, Sophist(s) 条。

戈耳工　　**Gorgons**　　斐德罗篇 229D。

格劳科斯　　**Glaucus**　　可能是开俄斯的，他的技艺，斐多篇 108D。海神格劳科斯，国家篇 10.611D。希波罗库斯之子，会饮篇 218E。

格老孔　　**Glaucon**　　著名的吟咏诗人，ion530D。卡尔米德之父，卡尔米德篇 154B,158B,普罗泰戈拉篇 315A。阿里斯通之子，巴门尼德篇 126A,国家篇 1.327A, 347A, 2.357A, 372D, 3.398C, 4.427D, 5.450A, 6.506D, 9.576B,10.608D；爱争论的，同上 8.548D；气质，同上 2.368A；坚忍不拔的高昂精神，同上 2.357A；在麦加拉战役中有杰出表现，同上 2.368A；养猎狗和公鸡，同上 5.459A；不是辩证法家，同上 7.533A；他的情人，同上 5.474D 以下，参阅 3.402E；音乐家，同上 3.398C, 7.531；愿意为苏格拉底出钱，同上 1.337D。在会饮篇中由阿波罗多洛提到，会饮篇 172B。

格隆　　**Gelon**　　叙拉古僭主，征服迦太基人，书信 7.333A。

革律翁　　**Geryon**　　欧绪德谟篇 299C,革律翁的公牛，高尔吉亚篇 484B；体格，法篇 7.795C。

戈提那（地名）　　**Gortyn**　　克里特古城，来自戈提那的人在伯罗奔尼撒殖民，法篇 4.708A。

H

哈得斯　　**Hades**　　冥王,哈得斯的住所,国家篇 10.612B；英雄是诸神的后裔,同上 7.521C；赴冥府的旅途,斐多篇 108A,国家篇 10.614C,参阅斐多篇 107D 以下,115A；穆赛乌斯对哈得斯的解释,国家篇 2.363C 以下；奥菲斯从地狱返回,会饮篇 179D；受惩罚之地,高尔吉亚篇 525C 以下,法篇 10.904D,斐多篇 108, 114,国家篇 2.363D,参阅法篇 9.870E,881A, 12.959B 以下,国家篇 10.614C 以下；为何无人从地狱返回,克拉底鲁篇 403D 以下；关于地狱里的恐怖的故事,国家篇 3.386B 以下,参阅克拉底鲁篇 403C,法篇 10.904D;真正荣耀的、纯洁的、不可见的哈得斯,斐多篇 80D,81A;不可见的世界,高尔吉亚篇 493B,参阅克拉底鲁篇 403A;亦见 future life,Tartarus,world below 条。

哈耳摩尼亚　Harmonia　　底比斯的,斐多篇 95A。

海伦　Helen　　斯特昔科鲁损害她的名誉,斐德罗篇 243A;从来没去过特洛伊,国家篇 9.586C;亦见 Stesichorus 条。

哈谟狄乌　Harmodius　　与阿里司托吉顿,会饮篇 182C。

赫尔米亚　Hermias　　阿塔纽斯的僭主,书信 6.322C 以下;柏拉图没有见到他,同上 6.323A。

赫耳墨斯　Hermes　　名字的含义,克拉底鲁篇 407E 以下;宙斯的信使,普罗泰戈拉篇 322C;潘神的父亲,克拉底鲁篇 408B 以下,斐德罗篇 263D;使者之神,法篇 12.941A;献给赫耳墨斯之星,伊庇诺米篇 987B,蒂迈欧篇 38D。

赫耳墨斯河　Hermus　　国家篇 8.566C。

赫耳墨斯节　Hermaea　　吕西斯篇 206D 以下,223。

赫淮斯托斯　Hephaestus　　名字的含义,克拉底鲁篇 404B,407C;捆绑阿瑞斯和阿佛洛狄忒,国家篇 3.390C;与赫拉,同上 2.378D,参阅欧绪弗洛篇 8B;通过爱神建立了冶炼术,会饮篇 197B;与克珊托斯战斗,克拉底鲁篇 391E;扔下天界,国家篇 2.378D;他的技艺被普罗米修斯偷走,普罗泰戈拉篇 321D 以下;帮助雅典娜建立雅典,蒂迈欧篇 23E,参阅普罗泰戈拉篇 321D 以下;赫淮斯托斯赐予的技艺,政治家篇 274C;把情人成对地融合在一起,会饮篇 192D 以下;阿提卡之神,克里底亚篇 109C;混合,斐莱布篇 61C;工匠的保护神,法篇 11.920E;荷马不恰当地描述他,国家篇 3.389A。

黑海　Black Sea　　法篇 7.804E;从黑海到雅典的船资,高尔吉亚篇 511D 以下。

赫卡墨得　Hecamede　　涅斯托耳的妾,伊安篇 538C。

赫卡柏　Hecuba　　赫卡柏的悲伤,伊安篇 535B。

赫克托耳　Hector　　名字的含义,克拉底鲁篇 393A,394B;杀死帕特洛克

罗,法篇 12.944A;受到阿喀琉斯攻击,申辩篇 28C,伊安篇 535B,会饮篇
179E;尸体被拉着在帕特洛克罗绕圈,国家篇 3.391B。

赫格西普　　Hegesippus　　阿里斯通之子,书信 2.314E。

赫拉　　Hera　　名字的含义,克拉底鲁篇 404B 以下;克洛诺斯和瑞亚的女
儿,蒂迈欧篇 41A;赫拉与宙斯,国家篇 2.378D,3.390B 以下;被赫淮斯托
斯所缚,同上 2.378D,参阅欧绪弗洛篇 8B;剥夺了狄奥尼修斯的理智,法
篇 2.672B;为伊那科斯的儿子们收集救济,国家篇 2.381D;在神灵中的
地位,伊庇诺米篇 984D,参阅蒂迈欧篇 40D 以下;对独身者的罚款献给
赫拉,法篇 6.774B 以下;她的追随者追求王族之爱,斐德罗篇 253B。

赫拉克勒斯　　Heracles　　论证的赫拉克勒斯(强大的论证),泰阿泰德篇
169B;"好啊,赫拉克勒斯!"欧绪德谟篇 303A;是伊菲克勒的兄弟和伊俄
拉俄斯的外甥,欧绪德谟篇 297C 以下;吕西斯的家族与赫拉克勒斯有
关,吕西斯篇 205C;他的命运,大希庇亚篇 293A;不能战胜许德拉(九头
蛇),欧绪德谟篇 297C;将谱系追溯到赫拉克勒斯,泰阿泰德篇 175A;与
革律翁,高尔吉亚篇 484B;赫拉克勒斯之柱,克里底亚篇 108E,114B,蒂
迈欧篇 24E,25B;希腊世界的最西端,斐多篇 109B;普罗狄科的颂歌,会
饮篇 177B;赫拉克勒斯的子孙,法篇 3.685D;不能同时对付两个对手,斐
多篇 89C,亦见 Heraclidae 条。

赫拉克勒斯的子孙　　Heraclidae　　指底比斯人,征服伯罗奔尼撒,法篇
3.683C 以下,685E;征服阿耳戈斯人,美涅克塞努篇 239B;他们的制度,
法篇 3.685D,5.736C;联盟的毁灭,同上 3.686B 以下。

赫拉克利德　　Heraclides　　克拉佐门尼的,被雅典人选为将军,伊安篇
541D。叙拉古的赫拉克利德,书信 4.320E;逃跑,同上 7.348B 以下;流
放,同上 3.318C,参阅 7.348C;躲藏,同上 7.348B;来自他的信,同上
4.321B;柏拉图提到他,同上 3.319A。

赫拉克利特　　Heraclitus　　他的追随者,泰阿泰德篇 179D 以下;把他的哲
学运用于名称,克拉底鲁篇 411B 以下,416B,436E 以下,440A 以下;感觉
与知觉,泰阿泰德篇 152E 以下,156A 以下,160D,181D 以下;引用他的
话,大希庇亚篇 289A 以下;对立面的调和,会饮篇 187A;命题"一切皆流

变",克拉底鲁篇 401D 以下,411B 以下,440,参阅 436E 以下,斐莱布篇 43A,会饮篇 207D 以下,泰阿泰德篇 160D,177C,179D 以下,181D 以下,183A 以下;赫拉克利特的太阳,国家篇 6.498A。

赫拉克利亚(地名) **Heraclea** 普罗泰戈拉篇 318B;其居民奴役玛里安迪尼人,法篇 6.776D;磁石,伊安篇 533D,蒂迈欧篇 80C。

赫勒斯旁(地名) **Hellespont** 国家篇 3.404C;桥,法篇 3.699A;渡海作战,美涅克塞努篇 243A。

赫利俄斯 **Helios** 名字的含义,克拉底鲁篇 408E 以下;法厄同之父,蒂迈欧篇 22C;亦见 sun 条。

赫利肯 **Helicon** 优秀品德,书信 13.360C;柏拉图派他去见狄奥尼修,同上 13.360C。

荷马 **Homer** 法篇 9.858E,普罗泰戈拉篇 311E,340A;把阿喀琉斯说成聪明的,小希庇亚篇 364E;间接提到,欧绪德谟篇 288B,高尔吉亚篇 516C,伊安篇 535B,斐多篇 95B,国家篇 8.545E,智者篇 216A,会饮篇 180A,218E,泰阿泰德篇 194C;驱逐荷马,国家篇 3.398A 以下;最优秀、最神圣的诗人,伊安篇 530B,531;引用名称,克拉底鲁篇 391D 以下;似乎描述了一种伊奥尼亚的生活方式,法篇 3.680C;希腊的教育者,国家篇 10.606E;不是一名教育者,同上 10.600A 以下,606E 以下;并非始终受到敬重,同上 10.600B 以下;名声,蒂迈欧篇 21D;不让战场上的英雄吃甜食,国家篇 3.404C;不是一名将军,同上 10.600A;荷马的"金绳",泰阿泰德篇 153C;诗人中最伟大的天才,法篇 6.776E,参阅泰阿泰德篇 194E;批判荷马笔下的英雄和诸神,国家篇 3.388C—392C;《伊利亚特》与《奥德赛》,小希庇亚篇 363B;关于他的英雄们的争吵,同上 364C,369C,370D 以下;不是一名发明家,国家篇 10.600A;不知他为什么是瞎子,斐德罗篇 243A;技艺的知识,伊安篇 537A 以下,参阅国家篇 10.598E;不是一名立法家,国家篇 10.599D 以下;像一串磁铁环,伊安篇 536A 以下;其含义,小希庇亚篇 365E 以下;叙述的方式,国家篇 3.392E 以下;女仙给荷马的消息,斐德罗篇 278C;在地下世界相遇的快乐,申辩篇 41A;老人喜欢他的诗歌,法篇 2.658D;伊安主要研究荷马,伊安篇 531A;诗歌的创作,会饮篇209D;克里特人读他的诗不多,法篇3.680C;按照荷马的说法正义者受奖赏,国家篇2.363B以下,10.612B;苏格拉底敬畏荷马,同上10.595B,参阅3.391A;伪装的智者,普罗泰戈拉篇316D;荷马讲的不适合儿童的故事,国家篇2.377D以下,参阅10.595B;他的诗歌的主题,伊安篇531C;支持一切皆变的理论,泰阿泰德篇160D,179E;正义是某种偷窃,国家篇1.334B;悲剧的第一位教师和开创者,同上10.595C,598D,参阅泰阿泰德篇152E以下;周游各处的吟咏诗人,国家篇10.600D;提到或引用《伊利亚特》之处:1.15以下,同上3.393A以下;1.131,同上6.501B;1.169以下,小希庇亚370D;1.225,国家篇3.389E;1.343,克拉底鲁篇428D;1.590以下,国家篇2.378D;1.599以下,同上3.389A;2.361,斐德罗篇260A;2.408,会饮篇174C;2.623,国家篇6.501B;2.813,克拉底鲁篇392A;2.851,泰阿泰德篇194E;3.8,国家篇3.389E;3.109,克拉底鲁篇428D;3.172,泰阿泰德篇183E;4.50以下,国家篇2.379E;4.218,同上3.408A;4.412,同上3.389E;4.431,同上3.389E;4.453,斐莱布篇62D;5.221,克拉底鲁篇407D;5.223,拉凯斯篇191A;5.845,国家篇10.612B;6.211,同上8.547A,智者篇268D;6.265,克拉底鲁篇415A;6.402以下,同上392B;7.321,国家篇5.468D;7.360,书信7.344D;8.14,斐多篇112A;8.19,泰阿泰德篇153C;8.105,克拉底鲁篇407D;8.108,拉凯斯篇191B;8.162,国家篇5.468E;9.308以下,小希庇亚篇364E以下,370A;9.357以下,同上370B以下;9.363,克里托篇44B;9.441,高尔吉亚篇485D;9.446以下,法篇11.931B;9.497以下,国家篇2.364D以下;9.500,法篇10.906E;9.513以下,国家篇3.390E;9.576,同上3.405E;9.644以下,克拉底鲁篇428C;9.650以下,小希庇亚篇371B以下;10.224,普罗泰戈拉篇348D,会饮篇174D;10.482,同上179B;11.514,同上214B;11.624,国家篇3.405E;11.639以下,伊安篇538C;11.844,国家篇3.406A;12.200以下,伊安篇539B以下;12.234,书信7.344D;12.311,国家篇5.468E;14.96以下,法篇4.706E;14.201,泰阿泰德篇152E,参阅克拉底鲁篇402B;14.291,克拉底鲁篇392A;14.294以下,国家篇3.390C;14.302,泰阿泰德篇152E,参阅克拉底鲁篇402B;15.187以下,高尔吉亚篇523A;15.262,

会饮篇 179B; 16.433 以下, 国家篇 3.388C 以下; 16.554, 泰阿泰德篇
194E; 16.776, 国家篇 8.566C; 16.856 以下, 同上 3.386D; 17.588, 同上
3.411B, 会饮篇 174C; 18.23 以下, 国家篇 3.388B; 18.54, 同上 3.388C;
18.84 以下, 法篇 12.944A; 18.96 以下, 申辩篇 28D; 18.109 以下, 斐莱布
篇 47E; 19.92 以下, 会饮篇 195D; 19.278 以下, 国家篇 3.390E; 20.4 以下,
同上 2.379E; 20.64 以下, 同上 3.386C 以下; 20.74 以下, 克拉底鲁篇
391E; 20.216 以下, 法篇 3.681E; 21.222 以下, 国家篇 3.391B; 21.308, 普
罗泰戈拉篇 340A; 22.15, 国家篇 3.391A; 22.20, 同上 3.391B; 22.168 以
下, 同上 3.388C; 22.382 以下, 同上 3.386E; 22.414, 同上 3.388B; 22.507,
克拉底鲁篇 392E; 23.100 以下, 国家篇 3.387A; 23.103 以下, 同上
3.386D; 23.151, 同上 3.391B; 23.175 以下, 同上 3.391B; 23.335, 伊安篇
537A 以下; 24.10 以下, 国家篇 3.388A; 24.12 以下, 同上 3.388A; 24.80 以
下, 伊安篇 538D; 24.348, 普罗泰戈拉篇 309A 以下; 24.527 以下, 国家篇
2.379D; 提到或引用《奥德赛》: 1.351, 同上 4.424B; 3.26 以下, 法篇
7.804A; 3.416, 国家篇 6.501B; 4.252, 会饮篇 220C; 5.193, 斐德罗篇 266B;
8.22, 泰阿泰德篇 183E; 8.266 以下, 国家篇 3.390B; 9.8 以下, 同上
3.390B; 9.112 以下, 法篇 3.680B; 10.279, 普罗泰戈拉篇 309A 以下;
10.495, 美诺篇 100A, 国家篇 3.386D; 11.305 以下, 会饮篇 190B; 11.489 以
下, 国家篇 3.386C, 7.516D; 11.569, 高尔吉亚篇 526D; 11.576 以下, 同上
525E; 11.582, 普罗泰戈拉篇 315D; 11.601, 同上 315B; 12.342, 国家篇
3.390B; 12.428, 书信 7.345E; 14.234, 泰阿泰德篇 183E; 16.121, 同上
170E; 17.218, 吕西斯篇 214A; 17.322 以下, 法篇 6.777A; 17.347, 卡尔米
德篇 161A, 拉凯斯篇 201B; 17.383 以下, 国家篇 3.389D; 17.485 以下, 同
上 2.381D; 19.43, 法篇 10.904E; 19.109 以下, 国家篇 2.363B 以下;
19.163, 申辩篇 34D; 19.174 以下, 法篇 1.624A 以下; 19.395, 国家篇
1.334B, 卡尔米德篇 173A; 20.17 以下, 斐多篇 94E, 国家篇 3.390D,
4.441B; 20.351 以下, 伊安篇 539A; 24.6 以下, 国家篇 3.387A; 24.40, 同上
8.563D。

赫谟根尼　　**Hermogenes**　　希波尼库之子, 克拉底鲁篇 383 以下; 名字的

含义,同上 383B,384C,407E 以下,429C;苏格拉底死时在场,斐多篇 59B。

赫谟克拉底　　Hermocrates　　天才与教育,蒂迈欧篇 20B;答应的发言,克里底亚篇 108A。

赫丘利　　Hercules　　参阅 Heracles 条。

赫斯提　　Hestia　　名字的含义,克拉底鲁篇 401B 以下;其他神去游行时呆在家中,斐德罗篇 247A;在审讯中把证据放在祭坛上,法篇 9.855E 以下;她的神庙,同上 5.745B,8.848D。

赫松诺　　Ethonoe　　等于雅典娜,克拉底鲁篇 407B。

赫西奥德　　Hesiod　　不是真正的天文学家,伊庇诺米篇 990A;与厄庇美尼德,法篇 3.677E;他的名声,蒂迈欧篇 21D;诸神的谱系,克拉底鲁篇 396C,参阅伊安篇 531C,蒂迈欧篇 40E;他的黄金种族,国家篇 8.547A;不包括在伊安的全部剧目中,伊安篇 531A;在地下世界相遇的快乐,申辩篇 41A;诗歌的创作,会饮篇 209D;老人更喜欢吟咏他的诗,法篇 2.658D;他认为要按照正义进行奖赏,国家篇 2.363B,10.612B;伪装的智者,普罗泰戈拉篇 316D;他的故事不适宜儿童,国家篇 2.377D 以下,参阅欧绪弗洛篇 6A,会饮篇 195C;他使用精灵这个词,克拉底鲁篇 397E;到处云游的吟咏诗人,国家篇 10.600D。引用他的诗:残篇 229,书信 11.359A;残篇 6,国家篇 3.390E,克拉底鲁篇 402D;《神谱》116 行以下,会饮篇 178B;154 行,国家篇 2.377D;195 行,克拉底鲁篇 406D;459 行,国家篇 2.377E;780 行,泰阿泰德篇 155D;《工作与时日》25 行,吕西斯篇 215D;38 行以下,法篇 3.690E;40 行以下,同上 3.677E;国家篇 5.466B;233 行,同上 8.547A;121 行以下,克拉底鲁篇 397E,国家篇 5.468E;233 行,同上 2.363B;254 行以下,法篇 12.943E;287 行以下,同上 4.718E 以下,国家篇 2.364D;289 行,普罗泰戈拉篇 340C;303 行以下,法篇 10.901A;309 行,卡尔米德篇 163B;359 行,克拉底鲁篇 428A;456 行,泰阿泰德篇 207A。

J

吉格斯　　Gyges　　吕底亚人,吉格斯的金戒指,国家篇 2.359D 以下,

10.612B。

金星　　Lucifer　　与献给赫耳墨斯的那颗星(水星),蒂迈欧篇 38D,参阅
　　伊庇诺米篇 987B,法篇 7.821C。

基塞隆山　　Cithaeron　　阿提卡古代的边境,克里底亚篇 110D。

记忆女神　　Memory　　呼唤记忆女神,克里底亚篇 180D,欧绪德谟篇
　　275C;缪斯之母,泰阿泰德篇 191D。

技艺神　　Craft　　资源神之母,会饮篇 203B 以下。

巨大的性质　　Titanic nature　　古代的,法篇 3.701C。

居达塞奈乌姆(地名)　　**Cydathenaeum**　　会饮篇 173B。

居勒尼(地名)　　**Cyrene**　　苏格拉底对那里的事情不那么感兴趣,泰阿泰
　　德篇 143D。

居鲁士　　Cyrus　　波斯国王,书信 2.311A,4.320D;没有接受真正的教育,
　　法篇 3.694C 以下;居鲁士之子没有受到很好的教养,同上 3.695B 以下;
　　把波斯人从米地亚人手中解放出来,美涅克塞努篇 239D;统治范围远达
　　埃及,同上 239E。

K

卡德摩斯的后裔/卡德摩斯　　Cadmean(s)/Cadmus　　卡德摩斯是希腊神
　　话传说中的蛮族人,为底比斯国王,他的后裔融入希腊,即底比斯人,美
　　涅克塞努篇 245C;卡德摩斯人的故事,法篇 2.663E,参阅国家篇 3.414B
　　以下,智者篇 247C;把克贝比作卡德摩斯,斐多篇 95A;卡德摩斯的胜利,
　　法篇 1.641C;与阿耳戈斯人的战争,美涅克塞努篇 239B。

卡尔曼提德　　Charmantides　　培阿尼亚的,国家篇 1.328B。

卡尔米德　　Charmides　　格老孔之子,普罗泰戈拉篇 315A;克里底亚是他
　　的监护人和堂兄,卡尔米德篇 155A,156A,157C,176C;祖宗显赫,同上
　　157E,参阅蒂迈欧篇 20E;间接提及,书信 7.324C 以下;气质,卡尔米德篇
　　154E,157D 以下;当天最美的青年,同上 154A 以下,157D,175E;与苏格拉
　　底的关系,会饮篇 222B。

卡俄斯神　　　Chaos（the god）　　会饮篇 178B。

开奥斯　　　Ceos　　申辩篇 19E,普罗泰戈拉篇 314C,315D,316C,国家篇 10.600C;该地民众的性格,普罗泰戈拉篇 341E;被雅典人征服,法篇 1.638B;普罗狄科从开奥斯来到雅典,大希庇亚篇 282C;在该地使用 χαλεπόν 这个词,普罗泰戈拉篇 341B 以下。

开俄斯(地名)　　Chios　　欧绪德谟和狄奥尼索多洛的家乡,欧绪德谟篇 271C,288A。

凯发卢斯　　　Cephalus　　克拉佐门尼的,讲述巴门尼德篇,巴门尼德篇 126A 以下。大凯发卢斯,吕珊尼亚斯之父,国家篇 1.330B。吕西亚斯之父,斐德罗篇 227A,263D。小凯发卢斯,吕珊尼亚斯之子,国家篇 1.330B;波勒玛库斯之父,同上 1.327B;献祭,同上 1.328C,331D;论老年,同上 1.329;论财富,同上 1.329E 以下。

凯菲索(地名)　　Cephisus　　申辩篇 33E。

凯居翁　　　Cercyon　　著名的摔跤手,法篇 7.796A。

凯克罗帕斯　　　Cecrops　　优先于忒修斯,克里底亚篇 110A。

凯拉米库　　　Ceramicus　　雅典城墙外的地方,巴门尼德篇 127C。

凯勒丰　　　Chaerephon　　卡尔米德篇 153B 以下;去请求关于苏格拉底的神谕,申辩篇 21A;在苏格拉底申辩时已经死了,同上 21A;与苏格拉底一道去访问高尔吉亚,高尔吉亚篇 447A 以下;像个疯子,卡尔米德篇 153B,参阅申辩篇 21A。

凯涅乌斯　　　Caeneus　　帖撒利的,女人变成男人,法篇 12.944D。

凯皮斯　　　Cepis　　阿狄曼图之父,普罗泰戈拉篇 315E。

凯瑞德姆　　　Chaeredemus　　帕特洛克勒之父,苏格拉底的继父,欧绪德谟篇 297E 以下。

卡莱克鲁斯　　　Callaeschrus　　克里底亚之父,卡尔米德篇 153C,169B,普罗泰戈拉篇 316A。

卡利俄珀　　　Calliope　　希腊文艺女神之一,最年长的缪斯,斐德罗篇 259D。

卡利克勒　　　Callicles　　高尔吉亚篇 481B 以下,487B 以下,499C 以下,

506C;阿卡奈的,同上 495D;初入公共生活,同上 515A;在接受永久审判之前的状况,同上 526E 以下;卡利克勒的住房,同上 447B;喜爱皮里兰佩之子德摩斯,同上 481D 以下,513B;从节制的角度看,同上 491E 以下。

卡利普斯   **Callipus**   提到谋反,书信 7.333E 以下。

卡里亚   **Callias**   希波尼库之子,普罗泰戈拉篇 311A,314E,315D,335D;赫谟根尼的兄弟,克拉底鲁篇 391C;帕拉卢斯的同父异母兄弟,普罗泰戈拉篇 314E;普罗塔库之父,斐莱布篇 19B;有两个儿子,申辩篇 20A;他的奉承,普罗泰戈拉篇 362A;在智者身上花的钱比其他所有人多,申辩篇 20A,克拉底鲁篇 391C;他的住房,在城里是最好的,普罗泰戈拉篇 337D;普罗泰戈拉住在他家,同上 311A;受普罗泰戈拉的委托,泰阿泰德篇 165A;站在普罗泰戈拉一边,普罗泰戈拉篇 336E。

喀隆   **Chilon**   斯巴达的,七贤之一,普罗泰戈拉篇 343A。

卡隆达斯   **Charondas**   意大利和西西里的立法家,国家篇 10.599E。

卡律布狄斯   **Charybdis**   书信 7.345E。

喀迈拉   **Chimera**   斐德罗篇 229D,国家篇 9.588C。

喀蒙   **Chimon**   在民众当作好人,高尔吉亚篇 503C,参阅 515D;被放逐,同上 516D;雅典遭受不幸的真正肇事者,同上 519A。

喀涅西亚   **Chinesias**   美勒斯之子,赞美诗诗人,高尔吉亚篇 501E。

喀戎   **Chiron**   阿喀琉斯的老师,小希庇亚篇 371D,国家篇 3.391C。

考西图斯河   **Cocytus（river）**   斐多篇 113C;杀人犯落入这条河,同上 114A;"把考西图斯河说成可怕的"国家篇 3.387B。

卡斯托耳   **Castor**   与波吕丢克斯,欧绪德谟篇 293B;为荣耀他们而举行的带盔甲运动比赛,法篇 7.796B。

克贝   **Cebes**   底比斯的,斐多篇 60C 以下;把灵魂比作裁缝的外衣,同上 87B 以下;他的女儿,书信 13.363A;他表示不着急,斐多篇 103C;菲罗劳斯的朋友,同上 61D;不轻信,同上 70A 以下,77A 以下;他的母语,同上 62A;经常与西米亚斯一起,同上 73D 以下;他的固执,同上 63A;苏格拉底临终时在场,同上 59B;愿意出钱帮苏格拉底逃跑,克里托篇 45B;提到他仍旧活着,书信 13.363A。

科德鲁斯　　**Codrus**　　雅典人的国王,为子孙保全王国而死,会饮篇 208D。

刻耳柏洛斯　　**Cerberus**　　国家篇 9.588C。

克拉底鲁　　**Cratylus**　　克拉底鲁篇 383 以下,427E 以下;克拉底鲁的相貌,同上 432B;关于他的名字,同上 383B;论名称,同上 383A,428B 以下。

克莱俄芳图　　**Cleophantus**　　塞米司托克勒之子,驯马专家,美诺篇 93C。

克莱俄布卢斯　　**Cleobulus**　　林杜斯的,希腊七贤之一,普罗泰戈拉篇 343A。

克莱俄布洛图　　**Cleombrotus**　　苏格拉底临终前不在场,斐多篇 59C。

科拉吉斯(地名)　　**Cholargeis**　　高尔吉亚篇 487C。

克拉梅斯　　**Cerameis**　　雅典区名,普罗泰戈拉篇 313D。

克拉提努　　**Cratinus**　　提摩修的兄弟,书信 13.363A。

克拉提斯托卢　　**Cratistolus**　　传话者,书信 2.310D。

克拉佐门尼(地名)　　**Clazomenae**　　申辩篇 26D,伊安篇 541D,巴门尼德篇 126A 以下。

克勒俄帕特拉　　**Cleopatra**　　佩尔狄卡二世之母,高尔吉亚篇 471C。

科里班忒　　**Corybantes**　　会饮篇 215E;科里班忒跳舞的影响,法篇 7.790D 以下;入会,欧绪德谟篇 277D;理智不清的,伊安篇 534A。

克里底亚　　**Critias**　　大克里底亚,克里底亚篇 106B 以下,蒂迈欧篇 20A;他的父亲,克里底亚篇 113B;他的祈祷,同上 108C 以下。大克里底亚的祖父,卡尔米德篇 157E,蒂迈欧篇 20E,21A。小克里底亚,卡莱克鲁斯之子,卡尔米德篇 153C,162E 以下,书信 7.324C 以下,普罗泰戈拉篇 336D 以下;梭伦的后裔,卡尔米德篇 155A;卡尔米德的监护人与堂兄,同上 155A,156A,157E,176C;苏格拉底之友,同上 156A;在卡里亚家中,普罗泰戈拉篇 316A 以下;是一名哲学家,卡尔米德篇 161B。

克利尼亚　　**Clinias**　　克里特人克利尼亚,法篇 1.624A 以下,参阅 3.702C,6.753A;不谴责不自然的爱情,同上 8.837E,842A;与麦吉卢和那位雅典人相遇,伊庇诺米篇 973A;在法篇中作了记录,同上 980D。大克利尼亚,阿尔基比亚德之父,高尔吉亚篇 481D,普罗泰戈拉篇 309C。第三位克利尼亚,阿克西俄库之子,欧绪德谟篇 271A,375D—382D,288D—290E;崇拜者,同上 273A;所受的教育,同上 275A 以下。小克利尼亚,阿尔基比亚德的兄弟,伯里克利的卫士,普罗泰戈拉篇 320A。

科林斯(地名)　　　**Corinth**　　　请求雅典的帮助,美涅克塞努篇 244D;科林斯战役,同上 245E,泰阿泰德篇 142A;来自科林斯的妓女,国家篇 3.404D;狄翁的一半财产送往科林斯,书信 3.318A,参阅 7.345C,347C 以下;想要出卖在亚细亚的希腊人,美涅克塞努篇 245C。

科林苏斯　　　**Corinthus**　　　"宙斯之子",欧绪德谟篇 292E。

科里司库　　　**Coriscus**　　　书信 6.323A;与赫尔米亚相邻,同上 6.322C;是高尚的人,同上 6.322D。

克里松　　　**Crison**　　　希墨腊的,著名的赛跑运动员,普罗泰戈拉篇 335E 以下;他的耐力,法篇 8.840A。

克里托　　　**Crito**　　　欧绪德谟篇 290E—292E;克里托布卢之父,申辩篇 33E;对他儿子的教育感到焦虑,欧绪德谟篇 306D 以下;去监狱探视苏格拉底,克里托篇 43A 以下;苏格拉底的同时代人和近邻,申辩篇 33E;不怀疑哲学的价值,欧绪德谟篇 305B;在帖撒利的朋友,克里托篇 45C,53D;他的办法,同上 44C,45A,参阅欧绪德谟篇 304C;提供给苏格拉底作为保命的方法之一,申辩篇 38B,参阅斐多篇 115D;苏格拉底临终时在场,斐多篇 59B,60A,63D;苏格拉底受审时在场,申辩篇 33E;接受到最后的命令,斐多篇 115B,118A;苏格拉底把克珊西帕托付给他照料,同上 60A;止不住流泪,同上 117D;敦促苏格拉底逃走,克里托篇 45A 以下;愿意与苏格拉底一起去找欧绪德谟,欧绪德谟篇 272D。

克利托　　　**Clito**　　　厄维诺和留基佩之女,克里底亚篇 113D;克利托的圣地,同上 116C。

克里托布卢　　　**Critobulus**　　　克里托之子,申辩篇 33E;以一个男孩子的角色出现,欧绪德谟篇 271B;需要一个老师,同上 306D;向苏格拉底提出保命的建议,申辩篇 38B;苏格拉底临终时在场,斐多篇 59B;苏格拉底受审时在场,申辩篇 33E。

克利托丰　　　**Clitophon**　　　国家篇 1.340A;阿里司托尼姆之子,同上 1.328B。

克娄苏　　**Croesus**　　贤人,书信 2.311A;他得到的神谕,国家篇 8.566C;富有,美诺篇 90A。

克罗密昂(地名)　　**Crommyon**　　克罗密昂的大母猪不是勇敢的,拉凯斯篇 196C。

克洛诺斯　　**Cronus**　　这个名字的意思,克拉底鲁篇 396B;俄刻阿诺和忒堤斯之子,蒂迈欧篇 40E;阉割乌拉诺斯,欧绪弗洛篇 6A,参阅国家篇 2.377E;受宙斯虐待,国家篇 2.378A,参阅克拉底鲁篇 404A,欧绪弗洛篇 6A,8B,会饮篇 195C;吞食他的子女,欧绪弗洛篇 6A;他的统治,克拉底鲁篇 402A,高尔吉亚篇 523A 以下,法篇 4.713B 以下,政治家篇 269A,272A 以下,参阅 271C,276A;爱神不比他年长,会饮篇 195B;献给他的星辰,伊庇诺米篇 987C;他的愚蠢,克拉底鲁篇 396B。

克罗托　　**Clotho**　　第二位命运女神,法篇 12.960C;批准灵魂的命运,国家篇 10.620E;为存在的事物歌唱,同上 10.617C。

克律塞斯　　**Chryses**　　阿波罗的祭司,国家篇 3.392E 以下,393D 以下。

克律西波斯　　**Chrysippus**　　被阿特柔斯谋杀,克拉底鲁篇 395B。

克诺索斯(地名)　　**Cnossus**　　法篇 1.625B,6.753A,754C 以下;克诺索斯的公民克利尼亚,同上 1.629C;克诺索斯的殖民地,同上 3.702C,4.707E,6.752D 以下,754B 以下,参阅 12.950C,969;政府,同上 4.712E。

克瑞奥菲鲁斯　　**Creophylus**　　荷马的同伴,国家篇 10.600B。

克瑞司丰特　　**Cresphontes**　　墨西涅国王,法篇 3.683D;老练的立法者,同上 3.692B。

克瑞翁　　**Creon**　　底比斯国王,与提瑞西亚,书信 2.311B。帖撒利的克瑞翁,斯科帕斯之父,普罗泰戈拉篇 339A。

克珊托斯河　　**Xanthus**　　克拉底鲁篇 391E。

克珊西帕　　**Xanthippe**　　苏格拉底之妻,斐多篇 60A,参阅 116A 以下。

克珊西普　　**Xanthippus**　　伯里克利之父,美涅克塞努篇 235E。伯里克利之子,普罗泰戈拉篇 315A;比他的父亲要差,美诺篇 94B,普罗泰戈拉篇 320A,328C;当时仍旧还很年轻,同上 328D。

克珊西亚　　**Xanthias**　　著名的摔跤手,美诺篇 94C。

科斯(地名)　　　**Cos**　　　普罗泰戈拉篇 311B。

克特西普　　**Ctesippus**　　　培阿尼亚的,欧绪德谟篇 283E 以下,吕西斯篇 203A 以下,211C 以下;渴望美德,欧绪德谟篇 285C 以下;漂亮的年轻人,但相当粗鲁,同上 273A,参阅吕西斯篇 204 以下;克利尼亚之友,欧绪德谟篇 274B 以下,283E 以下;美涅克塞努的朋友,吕西斯篇 206D;热情的性格,欧绪德谟篇 283E,288A,294B 以下,300D;苏格拉底临终时在场,斐多篇 59B。

孔努斯　　**Connus**　　　苏格拉底的音乐老师梅特洛比乌之子,不喜欢对立,欧绪德谟篇 295D;竖琴家,同上 272C,参阅美涅克塞努篇 235E。

快乐女神　　**Pleasure**　　　斐莱布篇 12B,22C,23A,26B,28B,参阅书信 8.354E。

库尔努斯　　**Cyrnus**　　　法篇 1.630A。

库克罗普斯　　**Cyclopes**　　　独眼巨人,荷马对他们的相貌的描述,法篇 3.680B,参阅 3.682A。

库里特　　**Curetes**　　　精灵或神的侍者,在克里特,法篇 7.796B。

库普塞利德人　　**Cypselids**　　　他们在奥林比亚的献祭,斐德罗篇 236B。

L

拉达曼堤斯　　**Rhadamanthus**　　　以正义著称,高尔吉亚篇 524E,526B,法篇 1.625A;决定,同上 12.948B 以下;冥府判官,申辩篇 41A,高尔吉亚篇 523E 以下。

拉奥达玛　　**Laodamas**　　　萨索斯的,书信 11.358D。

拉俄墨冬　　**Laomedon**　　　特洛伊国王,书信 12.359D。

莱喀古斯　　**Lycurgus**　　　斯巴达立法家,法篇 1.630D,参阅书信 8.354B;他的法律来自阿波罗,法篇 1.632D,参阅 1.624A;他的后裔,会饮篇 209D;创造了斯巴达的伟大,国家篇 10.599D 以下;在创造中获得不朽,斐德罗篇 258B,参阅法篇 9.858E;人们关注狄翁就好像期待莱喀古斯再世,书信 4.320D。

来自北方的民族　　**Hyperboreans**　　卡尔米德篇 158B。

拉凯斯　　**Laches**　　拉凯斯篇 190D 以下;与苏格拉底在代立昂,181B,参阅 188E,189B,会饮篇 221A 以下;公众人物,拉凯斯篇 180B,187A;对讨论的感觉,同上 188E 以下;关于戴盔甲的搏斗,同上 182D 以下;富有,同上 186C。

莱卡乌姆(地名)　　**Lechaeum**　　莱卡乌姆战役,雅典人战败,美涅克塞努篇 245E。

拉科尼亚(地名)　　**Laconia**(n)　　长老,法篇 3.692A;不断打仗,同上 3.686B;国王,书信 8.356B;沉默,不说话,法篇 4.721E;处理国有奴隶,同上 6.776C。

拉刻西斯　　**Lachesis**　　第一位命运女神,法篇 12.960C;必然性的女儿,国家篇 10.617D 以下;给每个灵魂派一名保护神,同上 10.620E;为过去存在的事情歌唱,同上 10.617C。

拉利萨(地名)　　**Larissa**　　拉利萨人献身于哲学,美诺篇 70B;去拉利萨的路,同上 97A。

拉玛库斯　　**Lamachus**　　雅典将军,拉凯斯篇 197C。

拉弥库斯　　**Lamiscus**　　塔壬同的,派往狄奥尼修处的使者,书信 7.350A。

朗诵荷马的专家　　**Homeridae**　　伊安篇 530E,国家篇 10.599E。

兰普鲁斯　　**Lamprus**　　低劣的乐师,美涅克塞努篇 236A。

兰萨库斯(地名)　　**Lampsacus**　　伊安篇 530C。

拉栖代蒙/拉栖代蒙人　　**Lacedaemon/Lacedaemonian**(s)　　即斯巴达,早期历史,法篇 3.682E,683C 以下;叛卖在亚洲的希腊人,美涅克塞努篇 245B;试图征服其他希腊人,同上 244C 以下;最古老的君主,法篇 4.712E;在普拉蒂亚战役中,拉凯斯篇 191B 以下,美涅克塞努篇 341C;抵达马拉松的时候太迟了,法篇 3.698E,美涅克塞努篇 240C;希腊人的保卫者,法篇 3.692D 以下,被雅典人从海上赶走,美涅克塞努篇 246A;在斯法吉亚向雅典人投降,同上 242C;在唐格拉,同上 242A;设两位国王,法篇 3.691D 以下;体制,同上 4.712D;礼仪官,同上 3.692A;由于莱喀古斯而拥有良好的秩序,国家篇 10.599D 以下;体制中有一种力量的平衡,法篇3.691D以下;把各种政制的成分结合在一起,同上4.712D以下;为战争而设,同上1.626C,628E,参阅拉凯斯篇183A;有某种节制,法篇3.693E;斯巴达的法律,莱喀古斯得自阿波罗,同上1.624A,632D;与克里特的法律密切相关,同上3.683A;不会使公民们同样勇敢地对待快乐与痛苦,同上1.634A以下;不允许最强烈的快乐,同上1.635B以下,636E以下;不接受年轻人的批评,同上1.634D以下;有关娈童之爱,同上8.836B;公餐,同上1.633A,6.780B以下,8.842B;秘巡,同上1.633C;斯巴达的教育,大希庇亚篇284B以下,285A;斯巴达人的社会平等,法篇3.696A;继克里特人之后实行裸体训练,国家5.452C,参阅泰阿泰德篇162B,169B;为荣耀狄奥斯库里而举行的竞赛,法篇7.796B;少女参加体育训练,同上7.806A;体育训练产生的不道德结果,同上1.636B以下;斯巴达妇女的荒淫,同上6.780E以下;妇女的生活方式,同上7.806A以下;传统在斯巴达的力量,大希庇亚篇284B以下;音乐上的保守,法篇2.660B;忍受痛苦,同上1.633B以下;对体育的估价,同上2.673B以下;以法律稳定著称,大希庇亚篇285B;沉默寡言,法篇1.641E;把追踪当作一种战争训练,同上1.633B;视为神圣不可侵犯的禁地,拉凯斯篇183B,参阅大希庇亚篇283B以下;在战争中的表现优于其他所有民族,法篇1.638A;在所有希腊人中最喜欢打仗,拉凯斯篇183A;对知识无兴趣,大希庇亚篇285E以下;希庇亚在斯巴达遭到失败,同上283B以下;希庇亚对斯巴达人讲故事,同上285E以下;许多斯巴达人甚至不知道计数,同上285C;使用Σοῦς这个词,克拉底鲁篇412B;亦见Laconia(n),proSpartans,Sparta/Spartan(s)条。

拉伊俄斯　　**Laius**　　　法篇8.836D。

勒俄卡瑞斯　　**Leochares**　　　雕刻家,作坊,书信13.361A。

勒奈亚(地名)　　**Lenaea**　　　勒奈亚节,普罗泰戈拉篇327D条。

勒普提涅　　**Leptines**　　　狄奥尼修一世之兄弟,间接提到,书信7.332A。叙拉古的勒普提涅,把阿波罗雕像带给狄奥尼修二世,书信13.361A;狄奥尼修的信托者,同上13.361B,362B,363D,参阅13.363C。

列斯堡人　　**Lesbian**　　　他们的方言,普罗泰戈拉篇341C,346E。

勒忒河　　**Lethe**　　国家篇 10.621C。

勒托　　**Leto**　　或写作 Letho（勒娑），因其轻柔特性而得名，克拉底鲁篇 406A。

勒翁　　**Leon**　　撒拉米的，申辩篇 32C 以下，参阅书信 7.324E。

勒翁提乌斯　　**Leontius**　　与尸体，国家篇 4.439E 以下。

利比亚　　**Libya**　　克里底亚篇 108E，蒂迈欧篇 25A 以下，利比亚的阿蒙神，政治家篇 257B。

利古里亚人　　**Ligurians**　　擅长音乐的民族，斐德罗篇 237A。

利库尼乌　　**Licymnius**　　他的话语，斐德罗篇 267C。

林地尼（地名）　　**Leontini**　　申辩篇 19E；雅典人帮助林地尼人，美涅克塞努篇 243A；高尔吉亚是那里最能干的政治家，大希庇亚篇 282B。

林杜斯　　**Lindus**　　普罗泰戈拉篇 343A。

林扣斯　　**Lynceus**　　书信 7.344A。

留基佩　　**Leucippe**　　克里托之母，克里托篇 113D。

琉科罗菲得斯　　**Leucolophides**　　阿狄曼图之父，普罗泰戈拉篇 315E。

吕底亚人　　**Lydian(s)**　　政治家篇 262E；气质，拉凯斯篇 188D；排除吕底亚人，国家篇 3.398E 以下；王位被吉格斯的祖先取得，同上 2.359D 以下。

吕卡贝图山　　**Lycabettus**　　原先与卫城相连，克里底亚篇 112A。

吕克昂（地名）　　**Lyceum**　　欧绪弗洛篇 2A，吕西斯篇 203A 以下，会饮篇 223D；谈话者常去之处，欧绪德谟篇 271A，273A；《欧绪德谟篇》的场景，同上 272D 以下，参阅 303B。

吕科佛隆　　**Lycophron**　　狄奥尼修的才能超过他的才能，书信 2.314D。

吕孔　　**Lycon**　　代表演说家反苏格拉底，申辩篇 24A，36B。

罗克里（地名）　　**Locri**　　被叙拉古征服，法篇 1.638B；那里著名的法律，同上 1.638B，蒂迈欧篇 20A；那里的年轻人，书信 13.360A。

吕珊尼亚斯　　**Lysanias**　　凯发卢斯之父，国家篇 1.330B。斯费图的吕珊尼亚斯，埃斯基涅之父，申辩篇 33E。

吕西克利德　　**Lysiclides**　　气质，书信 2.315A。

吕西玛库　　**Lysimachus**　　大阿里斯底德之父,高尔吉亚篇 526B,美诺篇
　　94A。大阿里斯底德之子,拉凯斯篇 189C 以下。小阿里斯底德之父,同
　　上 179A,泰阿泰德篇 151A;与其父不同,拉凯斯篇 179C,美诺篇 94A,参
　　阅泰阿泰德篇 151A;与苏格拉底生活在雅典同一个区,拉凯斯篇 180C;
　　索佛隆尼司库之友,同上 180D,187D。

吕西斯　　**Lysis**　　德谟克拉底之父,吕西斯篇 205C。德谟克拉底之子,吕
　　西斯篇 207D 以下,211A 以下,213D 以下;希波泰勒所爱的人,同上 204C;
　　诸神的后裔,同上 205C;急迫,同上 213D;美涅克塞努之友,同上 206D,
　　207D 以下,212A;童年生活,同上 207D 以下,211A,212A 以下;相貌无与
　　伦比之美,同上 207A。

吕西亚斯　　**Lysias**　　凯发卢斯之子,斐德罗篇 227A 以下,国家篇 1.328B;
　　波勒玛库斯之弟,同上 1.328B;当时最能干的作家,斐德罗篇 228A,234C
　　以下;作为写讲演稿的作家受到攻击,同上 257C;他的讲演,同上 231—
　　234;受到批判,同上 235 以下,263D 以下,参阅 257B,269D,272C,277A,D,
　　278B 以下;比伊索克拉底差,同上 279A;女仙传给他的消息,同上 278B
　　以下;苏格拉底对他所做的预言,同上 279A 以下。

M

麦加拉(地名)　　**Megara**　　书信 7.339A,斐多篇 59C,泰阿泰德篇 142C;战
　　役,国家篇 2.368A;苏格拉底的骨头好像去了那里,斐多篇 99A;希罗狄
　　库建议步行去麦加拉,斐德罗篇 227D;有着良好的统治,克里托篇 53B;
　　在西西里的麦加拉人塞奥格尼,法篇 1.630A。

麦吉卢　　**Megillus**　　斯巴达人,法篇 1.624A 以下;愿意接受关于爱情的
　　法律,同上 8.837E,842A。

麦里梭　　**Melissus**　　哲学家,泰阿泰德篇 180E,183E。

麦斯托　　**Mestor**　　波塞冬之子,克里底亚篇 114C。

麦提翁　　**Metion**　　代达罗斯之父,伊安篇 533A。

麦西尼亚(地名)　　**Messenia**　　经常发生起义,法篇 6.777C。

马卡昂　　**Machaon**　　受伤后由赫卡墨得照料,伊安篇538C。

玛卡瑞乌　　**Macareus**　　他的乱伦,法篇8.838C。

玛格奈昔亚　　**Magnesia**　　柏拉图在法篇中建构的理想国家的名字,法篇9.860E,11.919D,12.946B,969A;受到崇拜的地方神,同上8.848D;亦见colony条。

马拉松(地名)　　**Marathon**　　马拉松战役,法篇3.698E以下,4.707C,美涅克塞努篇240C—241B;拉栖代蒙人迟了一天到达,法篇3.698E,美涅克塞努篇240C;米尔提亚得在马拉松取得的胜利,高尔吉亚篇516D;那里的士兵成了全希腊的老师,美涅克塞努篇241A以下;胜利纪念碑,同上245A。

玛里安迪尼人　　**Mariandynians**　　法篇6.776D。

曼提尼亚(地名)　　**Mantinea**　　会饮篇201D以下。

马其顿　　**Macedonia**　　高尔吉亚篇470D,471C;亦见Archelaus,Perdiccas条。

玛息阿　　**Marsyas**　　阿波罗与玛息阿,国家篇3.399E;发明音乐,法篇3.677D;阿波罗剥了玛息阿的皮做皮袋,欧绪德谟篇285C;苏格拉底喜欢玛息阿,会饮篇215B以下。

美狄亚　　**Medea**　　科尔喀斯的,欧绪德谟篇285C。

美拉尼珀　　**Melanippe**　　欧里庇得斯戏剧中的,会饮篇177A;亦见Euripides条。

美勒斯　　**Meles**　　喀涅西亚之父,七弦琴演奏者和很差的歌手,高尔吉亚篇502A。

美勒托　　**Meletus**　　皮索区的,欧绪弗洛篇2B;相貌,同上2B;他年轻的时候,同上2B以下;指控苏格拉底,申辩篇23E,28A,30D,34B,35D,36A,欧绪弗洛篇2B,3B,5A以下,12E,15E,泰阿泰德篇210D,参阅申辩篇19B;苏格拉底对他责问,申辩篇24—28。

美勒西亚　　**Melesias**　　修昔底德之子,拉凯斯篇178A以下,184E;与其父不一样,同上179C,美诺篇94C;摔跤能手,同上94C;与吕西玛库住在一起,拉凯斯篇179B。

梅利特（地名）　　**Melite**　　阿提卡的一个区,巴门尼德篇 126C。

美涅克塞努　　**Menexenus**　　吕西斯篇 211A,212A 以下,216A 以下,美涅克塞努篇 234A 以下;德谟封之子,吕西斯篇 207B;克特西普之友,同上 206D;吕西斯之友,同上 206D;克特西普的同学,同上 211C;喜欢争论,同上 211B;如果苏格拉底同意作好了从政的准备,美涅克塞努篇 234B;苏格拉底死时在场,斐多篇 59B。

美诺　　**Meno**　　阿勒西得谟之子,美诺篇 76E;波斯大王的贵客,同上 78D;专横的,同上 76B,86D 以下;英俊的,同上 76B,80C;为阿里斯提波所爱,同上 70B;被苏格拉底说得哑口无言,同上 80A;苏格拉底考察他的童奴,同上 82B—85B。

美女神　　**Beauty**　　既掌管命运又掌管妇女分娩,会饮篇 206D。

梅特罗多洛　　**Metrodorus**　　兰萨库斯的吟咏诗人,伊安篇 530C。

梅特洛比乌　　**Metrobius**　　孔努斯之父,欧绪德谟篇 271C,美涅克塞努篇 235E。

门德（地名）　　**Mende**　　普罗泰戈拉篇 315A。

弥达斯　　**Midas**　　弗里基亚的国王,墓志铭,斐德罗篇 264C 以下;富裕的,法篇 2.660E,国家篇 3.408B。

米地亚/美地亚人　　**Medes/Median**　　书信 7.332B;败坏米地亚的教育,法篇 3.695B;居鲁士征服米地亚,美涅克塞努篇 239E。

米尔提亚得　　**Miltiades**　　受到谴责,高尔吉亚篇 516D;在公众舆论中是好人,同上 503C,参阅 515D。

密耳提罗斯　　**Myrtilus**　　被珀罗普斯谋杀,克拉底鲁篇 395C。

弥库斯　　**Miccus**　　最能干的智者,吕西斯篇 204E;在体育场上,同上 204A,206E。

弥利安人　　**Myrians**　　被赶出特洛伊,书信 12.359D。

米利都（地名）　　**Miletus**　　大希庇亚篇 281C,美涅克塞努篇 249D,普罗泰戈拉篇 343A,参阅国家篇 10.600A;米利都的党派之争受到体育训练和公餐制的影响,法篇 1.636B。

密里娜　　**Myrina**　　克拉底鲁篇 392A。

密利努(地名)　　**Myrrhinus**　　斐德罗篇244A,普罗泰戈拉篇315C。

密洛尼得斯　　**Myronides**　　被柏拉图解放,书信13.363E。

弥诺斯　　**Minos**　　克里特的立法者,法篇1.630D;骚扰雅典人,同上
4.706A以下;死后担任冥府判官,申辩篇41A,高尔吉亚篇523E以下,
524A,526C以下;他的法律来自宙斯,法篇1.624A以下;与波吕伊都斯,
书信2.311B;曾经与其父每九年相会一次,法篇1.624B。

米赛库斯　　**Mithaecus**　　撰写西西里烹饪书,高尔吉亚篇518B。

密松　　**Myson**　　泽恩的,希腊七贤之一,普罗泰戈拉篇343A。

米提利尼(地名)　　**Mitylene**　　参阅Mytilene条。

米提利尼(地名)　　**Mytilene**　　普罗泰戈拉篇343A;雅典船只在该处受
阻,美涅克塞努篇243C。

缪斯　　**Muse(s)**　　文艺女神,共九人,这个名字的意义,克拉底鲁篇
406A;记忆女神的女儿们,泰阿泰德篇191D;缪斯的合唱队,伊庇诺米篇
991B;她们的名字与职司,斐德罗篇259C以下;唱颂歌的缪斯,法篇
6.775B;哲学的缪斯,智者篇259E;诗人的缪斯,美涅克塞努篇239C;穆
赛乌斯和奥菲斯是缪斯之子,国家篇2.364E;缪斯与蝉,斐德罗篇259B;
馈赠,法篇7.796E;通过爱神她们建立了文艺,会饮篇197B;提供最早的
教育,法篇2.654A;激励诗人的迷狂,伊安篇533E以下,法篇3.682A,
4.719C,斐德罗篇245A,265B,参阅申辩篇22C;感性和谐的源泉,法篇
2.672D,参阅蒂迈欧篇47D;帮助人控制欲望,法篇6.783A;我们的启迪
中的伴侣,同上2.653D,665A,672D;使用她们馈赠的礼物,蒂迈欧篇
47D;呼唤缪斯,克里底亚篇108C,欧绪德谟篇275C,斐德罗篇237A;崇拜
缪斯,同上259C以下;像磁石,伊安篇533E,535E以下;在创作中不会有
错误,法篇2.669C。

墨拉普斯(地名)　　**Melampus**　　该地的占卜家特奥克吕墨诺斯,伊安篇
538E。

莫里库斯　　**Morychus**　　他的房子,斐德罗篇327B。

莫摩斯　　**Momus**　　批评和挑剔的人格化,国家篇6.487A。

墨涅拉俄斯　　**Menelaus**　　胆小如鼠的持戈手,会饮篇174C;与普洛托斯,

欧绪德谟篇 288B;受伤后受到治疗,国家篇 3.408A。

墨诺提俄斯　　**Menoetius**　　　帕特洛克罗之父,法篇 12.944A,国家篇
3.388D。

墨西涅(地名)　　**Messene**　　　此地的独裁者,书信 8.354B;早期历史,法篇
3.683C 以下;反斯巴达的战争,同上 3.692D,698E。

穆赛乌斯　　**Musaeus**　　　月亮女神和缪斯生下他来,国家篇 2.364E;他的儿
子,同上 2.363C;伪装的智者,普罗泰戈拉篇 316D;他的来世生活图景,
国家篇 2.363C 以下;吟咏诗人受激励的源泉,伊安篇 536B;在另一个世
界快乐地相见,申辩篇 41A。

N

那克索斯(地名)　　**Naxos**　　　欧绪弗洛篇 4C。

奈斯　　**Neith**　　　等于雅典娜,蒂迈欧篇 21E,23D 以下。

奈米安赛会　　**Nemean games**　　　吕西斯篇 205C;派公民去参加赛会,法篇
12.950E。

瑙克拉提(地名)　　**Naucratis**　　　位于埃及,塞乌斯的家乡,斐德罗篇 274C。

瑙昔居德　　**Nausicydes**　　　科拉吉斯的,学习哲学,高尔吉亚篇 487C。

尼俄柏　　**Niobe**　　　蒂迈欧篇 22A;尼俄柏的悲伤,国家篇 2.380A。

涅俄普托勒摩　　**Neoptolemus**　　　大希庇亚篇 286B。

涅墨西斯　　**Nemesis**　　　正义的使者,法篇 4.717D;受到欢呼,国家篇
5.451A。

涅瑞伊得斯　　**Nereids**　　　克里底亚篇 116E。

涅塞乌斯　　**Mneseus**　　　波塞冬之子,克里底亚篇 114C。

涅斯托耳　　**Nestor**　　　与阿伽门农,书信 2.311B;在特洛伊战前闲暇时写
了一门演讲手册,斐德罗篇 261B,参阅大希庇亚篇 286B;给安提罗科斯
的建议,伊安篇 537A 以下;在口才和节制方面都很优秀,法篇 4.711E;他
的妾赫卡墨得,伊安篇 538C;像伯里克利,会饮篇 221C;高尔吉亚的修辞
学,斐德罗篇 261C;前往特洛伊的最聪明的人,小希庇亚篇 364C。

涅西塞乌斯　　Mnesitheus　　名字的含义,克拉底鲁篇394E。

尼刻拉图　　Niceratus　　老尼刻拉图,尼昔亚斯之父,高尔吉亚篇472A。小尼刻拉图,尼昔亚斯之子,拉凯斯篇200D,国家篇1.327C。

尼科司特拉图　　Nicostratus　　塞奥佐提德之子,塞奥多图之兄,申辩篇33E。

尼罗河　　Nile　　那里的养鱼塘,政治家篇264C;在三角洲地区分叉,蒂迈欧篇21E;大弯,斐德罗篇257E;埃及的救星,蒂迈欧篇22D。

尼鲁斯　　Nilus　　他的"忧郁的母鸡"指不欢迎客人来访,法篇12.953E。

尼尼微　　Nineveh　　帝国名,法篇3.685C。

尼昔亚斯　　Nicias　　老尼刻拉图之子,高尔吉亚篇472A;小尼刻拉图之父,国家篇1.327C;对勇敢的看法,拉凯斯篇195A以下;穿戴盔甲的战斗,同上182A以下;哲学家,同上200C;公众人物,同上180B,187A,197D;曾被苏格拉底考查,同上188A以下;富有的,同上186C。

O

欧波勒谟斯　　Eupolemus　　将军的名称之一,克拉底鲁篇394C。

欧狄库　　Eudicus　　阿培曼图之子,大希庇亚篇286B,小希庇亚篇363B以下。

欧多克索　　Eudoxus　　他的学生赫利肯,书信13.360C。另一同名者,著名的摔跤手,美诺篇94C。

欧斐姆斯　　Euphemus　　斯特昔科鲁之父,斐德罗篇244A。

欧佛洛组　　Euphronius　　索尼昂人,泰阿泰德之父,泰阿泰德篇144C。

欧福莱乌　　Euphraeus　　佩尔狄卡三世的军师,书信5.321C以下;解释君王的话语,同上5.322A。

欧儿里德　　Euclides　　麦加拉的,泰阿泰德篇142A以下;苏格拉底临终时在场,斐多篇59C。

欧里庇得斯　　Euripides　　斐德罗篇269A;所谓"磁石"的发明者,ion533D;悲剧诗人,斐德罗篇268C;论僭主,国家篇8.568A以下;最聪明的悲剧家,同上 8.568A;引用他的诗句,残篇 956,书信 1.309D;《安提俄珀》残篇 20,高尔吉亚篇 484E;残篇 21,同上 485E 以下;残篇 25,同上 486B;《希波吕特》612,会饮篇 199A,泰阿泰德篇 154D;《美拉尼珀》残篇 488,会饮篇 177A;《波吕伊都斯》残篇 7,高尔吉亚篇 492E;《俄瑞斯忒斯》1169,国家篇 8.568B。

欧里普斯(音译)　　**Euripus**　　渠水定时涨落的渠名,斐多篇 90C。

欧律巴图　　**Eurybatus**　　臭名昭著的无赖,普罗泰戈拉篇 327D。

欧律庇卢斯　　**Eurypylus**　　受伤后治疗,国家篇 3.405E,408A。

欧律克勒斯　　**Eurycles**　　"古怪的家伙",智者篇 252C。

欧律墨冬(河名)　　**Eurymedon**　　欧律墨冬战役,美涅克塞努篇 241E。

欧罗巴(地名)　　**Europe**　　闻名于世的古雅典人,克里底亚篇 112E;大西岛的帝国一直延伸到第勒尼安,蒂迈欧篇 25B;来自欧罗巴的亡灵,由埃阿科斯审判,高尔吉亚篇 524A;波斯人的进犯,法篇 3.698B,美涅克塞努篇 239D。

欧律斯塞涅　　**Eurysthenes**　　拉栖代蒙人的国王,法篇 3.683D。

欧美卢斯　　**Eumelus**　　波塞冬之子,等于伽狄鲁斯,克里底亚篇 114B。

欧谟尔普　　**Eumolpus**　　波塞冬之子,侵犯阿提卡,美涅克塞努篇 239B。

欧诺厄(地名)　　**Oenoe**　　普罗泰戈拉篇 310C。

欧提基德斯　　**Eutychides**　　这个名称的含义,克拉底鲁篇 397B。

欧绪德谟　　**Euthydemus**　　开俄斯的,欧绪德谟篇 275D 以下,283E 以下,293 以下;他的学生,同上 273A,274C,276C 以下;没有小智慧的人,同上 273C;提问的方式,同上 275D 以下;是智者而非拳击手,同上 273D,参阅 271C;命题"一切事物都是完全真实的",克拉底鲁篇 386D;图里人俩兄弟中的弟弟,欧绪德谟篇 271C。凯发卢斯之子,波勒玛库斯的兄弟,国家篇 1.328B。狄奥克勒之子,与苏格拉底的关系,会饮篇 222B。

欧绪弗洛　　**Euthyphro**　　"最熟悉神圣事物的人",欧绪弗洛篇 13E;是一名代达罗斯,同上 15B;他受到激励,克拉底鲁篇 396D 以下,399A,400A,428C;准确地知道什么是神圣的,什么不是神圣的,欧绪弗洛篇 5A,15D;懒得指点苏格拉底,同上 11E,12A;指控父亲,同上 3E 以下,4A 以下,

9A,15D;是一名普洛托斯,同上 15D;是一名预言家,同上 3B;他的骏马,克拉底鲁篇 407D;他的智慧,欧绪弗洛篇 4B,5B,12A,14D。

P

帕耳涅斯山　　**Parnes**　　古阿提卡的边界,克里底亚篇 110D。

帕加马　　**Pergama**　　参阅 Trojan(s)/Troy 条,位于 towers of 之下。

帕伽索斯　　**Pegasuses**　　斐德罗篇 229B。

帕拉卢斯　　**Paralus**　　德谟多库斯之子,塞亚革斯之兄,申辩篇 33E。伯里克利之子,普罗泰戈拉篇 314E;比其父要差,美诺篇 94B,普罗泰戈拉篇 320A,328C;当时仍是个年轻人,同上 328D。

帕拉墨得斯　　**Palamedes**　　他的发明的年代,法篇 3.677D;使阿伽门农显得可笑,国家篇 7.522D;与奥德修斯,书信 2.311B;在地下世界相会的快乐,申辩篇 41B;爱利亚的芝诺的修辞学,斐德罗篇 261B。

帕拉斯　　**Pallas**　　名字的含义,克拉底鲁篇 406D 以下;帕拉斯．雅典娜在爱神的引导下发明纺织,会饮篇 197B;亦见 Athena 条。

帕罗斯(地名)　　**Paros**　　申辩篇 20A 以下,斐德罗篇 267A;雅典为帕罗斯而战,美涅克塞努篇 245B。

潘　　**Pan**　　这个名字的含义,克拉底鲁篇 408B 以下;赫耳墨斯之子,斐德罗篇 263D;苏格拉底向他祈祷,同上 279B 以下。

潘达洛斯　　**Pandarus**　　违反誓言,国家篇 2.379E;伤害墨涅拉俄斯,同上 3.408A。

潘斐利亚(地名)　　**Pamphylia**　　在该地某个城市的僭主阿狄埃乌斯,国家篇 10.615C。

帕诺培乌斯　　**Panopeus**　　厄培乌斯之父,伊安篇 533A,国家篇 10.620C。

帕诺普　　**Panops**　　泉水,吕西斯篇 203A。

帕特洛克勒　　**Patroclus**　　苏格拉底的同母异父兄弟,欧绪德谟篇 297E 以下。

帕特洛克罗　　**Patroclus**　　申辩篇 28C;阿喀琉斯的情人,会饮篇 179E;治疗受伤的欧律庇卢斯,国家篇 3.406A;盔甲被赫克托耳夺取,法篇 12.944A;阿喀琉斯为他复仇,国家篇 3.391B,会饮篇 208D;为荣耀他举行赛马,伊安篇 537A。

佩安　Paean　呼唤这位神,克里底亚篇 108C;亦见 Apollo 条。

培阿尼亚(地名)　**Paeania**　欧绪德谟篇 273A,吕西斯篇 203A,斐多篇 59B,国家篇 1.328B。

佩尔狄卡二世　Perdiccas　阿凯劳斯之父,高尔吉亚篇 470D,国家篇 1.336A,参阅高尔吉亚篇 471A 以下。佩尔狄卡三世,欧福莱乌成为他的顾问,书信 5.321C 以下;青年佩尔狄卡三世同上 5.321D。

佩里安德　Periander　科林斯的,国家篇 1.336A;与泰勒斯,书信 2.311A。

佩洛匹达人　Pelopidae　国家篇 2.380A;与底比斯人,法篇 3.685D;融为希腊人,美涅克塞努篇 245D。

皮拉　Pyrrha　丢卡里翁之妻,蒂迈欧篇 22A。

皮利福来格松　Pyriphlegethon　神话河名,斐多篇 113C;杀父母者死后被掷入此河,同上 114A;冒出熔岩,同上 113B。

皮里兰佩　Pyrilampes　安提丰之父,巴门尼德篇 126B;德摩斯的,高尔吉亚篇 481D 以下,513B;卡尔米德的母舅,卡尔米德篇 158A。

品达　Pindar　论阿斯克勒庇俄斯,国家篇 3.408B;相信灵魂不朽,美诺篇 81B 以下;论天然的正义,高尔吉亚篇 484B,488B,法篇 3.690B,4.714E;引用他的话,美诺篇 81B 以下,国家篇 2.365B,泰阿泰德篇 173E;品达残篇 82,美诺篇 76D;残篇 214 论正义者的希望,国家篇 1.331A;伊斯弥亚赛会颂,斐德罗篇 227B;奥林匹亚赛会颂,欧绪德谟篇 304B。

皮索(地名)　**Pitthos**　欧绪弗洛篇 2B。

皮索多鲁　Pythodorus　伊索洛库斯之子,巴门尼德篇 136E;描述芝诺和巴门尼德,同上 127B;芝诺的朋友,同上 126B。

皮索克勒德　Pythoclides　开奥斯的,伪装的智者,普罗泰戈拉篇 316E。

皮索克勒斯　Pythocles　斐德罗之父,斐德罗篇 244A。

珀耳塞福涅　Persephone　她的馈赠,法篇 6.782B;亦见 Phersephone 条。

珀耳塞福涅　　Phersephone　　这个名字的含义,克拉底鲁篇 404C 以下;亦见 Persephone 条。

珀琉斯　　Peleus　　最贞洁的人,国家篇 3.391C;得到盔甲作结婚礼物,法篇 12.944A。

珀罗普斯　　Pelops　　这个名字的含义,克拉底鲁篇 395C;是个野蛮人,美涅克塞努篇 245D;他的命运,大希庇亚篇 293B;亦见 Pelopidae 条。

珀涅罗珀　　Penelope　　诉讼者,伊安篇 535B;纺织,斐多篇 84A。

普拉蒂亚（地名）　　**Plataea**　　战役,法篇 4.707C,美涅克塞努篇 241C;斯巴达人在那里如何战斗,拉凯斯篇 191B 以下;不能忘记这场战役,美涅克塞努篇 245A。

普拉尼酒　　Pramnian wine　　伊安篇 538C,国家篇 3.405E。

普利亚姆　　Priam　　对赫卡托耳的哀悼,国家篇 3.388B;他的悲伤,伊安篇 535B。

普里耶涅（地名）　　**Priene**　　普罗泰戈拉篇 343A。

普里耶涅的彼亚斯　　Bias, of Priene　　对政治的禁忌,大希庇亚篇 281C;按当前标准成为笑料,同上 281E;圣贤,普罗泰戈拉篇 343A,国家篇 1.335E。

普罗巴提亚（区）　　**Prospaltian deme**　　克拉底鲁篇 396D。

普罗狄科　　Prodicus　　开奥斯的,普罗泰戈拉篇 337A 以下;对雅典议事会演讲,大希庇亚篇 282C;把写演讲稿的人称作哲学与政治之间交锋的尖兵,欧绪德谟篇 305C;论凯安人的方言,普罗泰戈拉篇 341B;纠正苏格拉底把 δεινός 当作赞扬来使用,同上 341A 以下;西摩尼得的同胞,同上 339E;深沉的嗓音,同上 316A;对他的描述,同上 315C;区别名称,卡尔米德篇 163D,欧绪德谟篇 277E,拉凯斯篇 197D,美诺篇 75E,普罗泰戈拉篇 337A 以下,340A,358A 以下;在雅典挣了大钱,大希庇亚篇 282C 以下;担任赴雅典的使者,同上 282C;颂扬赫拉克勒斯,会饮篇 177B;五十个德拉克玛和一个德拉克玛的课程,克拉底鲁篇 384B;达蒙的朋友,拉凯斯篇 197D;拥有神赐的智慧,普罗泰戈拉篇 340E,参阅泰阿泰德篇 151B;周游列邦,申辩篇 19E,参阅国家篇 10.600C;在卡里亚家中,普罗泰戈拉篇

314C,315D;自称能治疗无知,同上357E以下;从苏格拉底那里接受学生,泰阿泰德篇151B;谈话的规则,斐德罗篇267B;苏格拉底对他的看法,普罗泰戈拉篇315E以下。

普罗克列斯 **Procles** 拉栖代蒙国王,法篇3.683D。

普罗米修斯 **Prometheus** 被告知停止预测人的死亡,高尔吉亚篇523D以下;赐予人类火,斐莱布篇16C,政治家篇274C;神话,普罗泰戈拉篇320—321E,参阅361D;与宙斯,书信2.311B。

普罗泰戈拉 **Protagoras** 阿布德拉的,普罗泰戈拉篇309C,310B以下,317C,333E,338A,348B以下;年纪,同上317C,320C,参阅大希庇亚篇282E;他的法律的习俗理论,泰阿泰德篇172A,177C;他的《论正确措辞》,斐德罗篇267C;他的信徒否定虚假的可能性,欧绪德谟篇286C,参阅泰阿泰德篇152A;他的学生,普罗泰戈拉篇315A以下;他的名声,大希庇亚篇282E,美诺篇91D以下,普罗泰戈拉篇335A,国家篇10.600C;周游列邦,普罗泰戈拉篇309D,310E,313B;能帮助人成为好人和高尚的人,同上318A,319A,328B,348E以下,357E以下;住在卡里亚家中,同上311A,314B以下;足智多谋的,泰阿泰德篇152C;住在西西里,大希庇亚篇282D;论证的方法,普罗泰戈拉篇335以下;他对苏格拉底的看法,同上361D以下;论惩罚,同上324A以下;他的报酬,同上328B以下;修辞学技艺,同上310E,329B,334E以下,335B以下,泰阿泰德篇178E;苏格拉底对他的看法,普罗泰戈拉篇320B,参阅309D;智者与教育者,同上311B以下,317B,318E以下;他的故事,同上320C以下;收费教学,同上310D以下,311D,313B,参阅大希庇亚篇282D,泰阿泰德篇161D;他的命题"人是万物的尺度",克拉底鲁篇386A以下,泰阿泰德篇152A,160D,161C以下,162C,164D,166D,167D以下,170,171C,178B,183B,参阅法篇4.716C;他的感觉理论,泰阿泰德篇152A以下,170;他的真理,同上161C以下,171A以下,参阅克拉底鲁篇391C,泰阿泰德篇152C,166A,167D,168C;"当今最聪明的人",普罗泰戈拉篇309D,参阅310D;写论摔跤的书,智者篇232E。

普罗塔库 **Protarchus** 斐莱布篇11A—18B,21A;卡里亚之子,同上

塞奥格尼 **Theognis** 美德的定义,法篇1.630C;引用他的话,美诺篇95D,77—78,法篇1.630A;美诺篇95E以下。

塞奥佐提德 **Theozotides** 尼科斯特拉图的父亲,申辩篇33E。

塞拉西马柯 **Thrasymachus** 卡尔凯顿的,国家篇1.328B,336B,354,5.450A,参阅6.498C;脸红,同上1.350D;给正义下定义,同上1.338C以下;赞扬不正义,同上1.343C以下;收费,同上1.337D;关于正义与非正义的悖论,同上1.348B以下;修辞学,斐德罗篇261B以下,266C,267D,269E,271A;粗鲁的,国家篇1.343A,345B;对政府的看法,同上1.343B以下,参阅9.590D。

塞利福斯(地名) **Seriphus** 塞米司托克勒及其他人来自该地,国家篇1.329E以下。

塞林布里亚(地名) **Selymbria** 普罗泰戈拉篇316E。

塞米司 **Themis** 不唆使诸神的冲突,国家篇2.379E;以塞米司的名义起誓,法篇11.936E。

塞米司托克勒 **Themistocles** 在公众看法中是好人,高尔吉亚篇503C,参阅515D,美诺篇93B;与来自塞利福斯的人,国家篇1.329E以下;在训练他的儿子克莱俄芳图方面是失败的,美诺篇93;在他的建议下修建船坞和城墙,高尔吉亚篇455E;雅典不幸的真正制造者,同上519A,参阅美诺篇93C;受到驱逐,高尔吉亚篇516D。

塞诺芬尼 **Xenophanes** 科罗封的,爱利亚学派创始人,智者篇242D。

塞浦路斯(地名) **Cyprus** 雅典人征服塞浦路斯,美涅克塞努篇241E;从塞浦路斯借用来的祭仪,法篇5.738C。

塞壬 **Siren(s)** 和谐,国家篇10.617B;苏格拉底是一个塞壬,会饮篇216A;塞壬的歌,斐德罗篇259A;处在普路托的咒语之下,克拉底鲁篇403D。

塞斯(地名) **Sais** 在埃及,蒂迈欧篇21E。

塞乌斯 **Theuth** 斐德罗篇274C—275B,斐莱布篇18B,参阅伊庇诺米篇990C以下。

塞亚革斯 **Theages** 帕拉卢斯之兄,申辩篇33E;塞亚革斯的马勒,国家篇 6.496B。

塞亚里德　　**Thearidas**　　狄奥尼修一世的兄弟，间接提到，书信 7.332A。

塞亚里翁　　**Thearion**　　面包师，高尔吉亚篇 518B。

萨拉米（地名）　　**Salamis**　　申辩篇 32C 以下；战役，法篇 3.698C，4.707B 以下；那里的水手是希腊人的航海老师，美涅克塞努篇 241A 以下；纪念，同上 245A。

萨拉姆布斯　　**Sarambus**　　小旅馆的店主，高尔吉亚篇 518B。

萨罗玛提亚人　　**Sauromatides**　　参阅 Sarmatian women 条。

萨玛提亚人　　**Sarmatian**　　与希腊人相对照，法篇 7.806B；擅长骑马，同上 7.804E 以下。

萨弥拉斯　　**Thamyras**　　优秀的歌手，法篇 8.829E；他的曲调，伊安篇 533B；选择过夜莺的生活，国家篇 10.620A。

萨摩斯（地名）　　**Samos**　　伊安篇 533B。

萨姆斯　　**Thamus**　　埃及国王，斐德罗篇 274D—275B。

三角洲　　**Delta**　　埃及的，蒂迈欧篇 21E。

三十巨头　　**the Thirty**　　申辩篇 32C；实际上是五十一人，书信 7.324C；阿里斯多特勒是其中之一，巴门尼德篇 127D。

萨堤罗斯　　**Satyrus**　　希波克拉底的奴隶，普罗泰戈拉篇 310C。

萨索斯（地名）　　**Thasos**　　伊安篇 530D。

萨乌玛斯　　**Thaumas**　　有人把伊里斯说成是萨乌玛斯的女儿，泰阿泰德篇 155D。

色雷斯人/色雷斯　　**Thracians/Thrace**　　擅长饮酒，法篇 1.637E；渴醉酒，同上 1.637D 以下；激情高扬的，国家篇 4.435E；荣耀神的游行，同上 1.327A；北风，法篇 2.661A，参阅斐德罗篇 229B 以下；泰勒斯与来自色雷斯的女仆，泰阿泰德篇 174A，C，175D；妇女耕种，法篇 7.805D；色雷斯国王札耳谟克西，卡尔米德篇 156D 以下，参阅 175E。

神　　**God**　　决不会停止存在，斐多篇 106E；不能与必然性发生冲突，法篇 7.818B，参阅普罗泰戈拉篇 345D；不能察觉，国家篇 2.382；万物的尺度，法篇 4.716C；决不会发生变化，国家篇 2.380D 以下；等于完全的公义，泰阿泰德篇 176B;神的本性是一个适宜研究的对象,法篇 7.821A,参阅 13.966C 以下;直接向其目的运动,同上 4.716A;只有神可以把杂多结合起来,并可以使一分解,蒂迈欧篇 68D;神是最佳原因,同上 29A;可以把生命赋予任何物体,伊庇诺米篇 983B;是创世主,智者篇 265B 以下,政治家篇 269C 以下,蒂迈欧篇 30 以下,38C,53B 以下,55C,参阅法篇 10.886—899B;一切事物的创造者,国家篇 10.597D;不是恶的创造者,同上 2.379 以下,3.391C,参阅法篇 2.672B,国家篇 2.364B 以下;不是一切事物的原因,而是好事物的原因,同上 2.379C 以下;一切好事物的源泉,伊庇诺米篇 977A;在机遇和技艺的帮助下统治世界,法篇 4.709B,参阅 10.888E 以下;在其他下属神祇的帮助下统治世界,蒂迈欧篇 41A 以下;等于天命,书信 8.353B;牧者,政治家篇 271D 以下,275A 以下,276A,D,参阅克里底亚 109B 以下;把理智赋予人,伊庇诺米篇 978C;提供预言,蒂迈欧篇 71E;奇妙的智者,国家篇 10.596D,参阅法篇 10.902E;批准了居间状态,法篇 7.792D;不接受恶人的礼物,同上 4.716E;柏拉图在书信中用神这个词表示重要的事情,书信 13.363B。

"神的理智"　　Theonoe　　等于雅典娜,克拉底鲁篇 407B。

十一人　　the Eleven　　参阅 commissioners of Athens 条。

狩猎女神　　Agra　　圣地,斐德罗篇 229C。

斯巴达/斯巴达人　　Sparta/Spartan(s)　　间接提到,国家篇 8.547B;简练的、简洁的,普罗泰戈拉篇 342A 以下;与克里特哲学,同上 342 以下;不允许喝醉酒,法篇 1.637A 以下;军营式的教育,同上 2.666E;喜欢堤泰乌斯的诗,同上 1.629A 以下;希庇亚在斯巴达讲演,大希庇亚篇 286A 以下;很熟悉荷马史诗,法篇 3.680D;对妇女的许可,同上 1.637C,7.806C;喜欢荣誉,国家篇 8.545A 以下;保留了赫拉克勒斯的子孙的体制,法篇 3.685A;骄傲的国家,同上 6.753A;修辞,斐德罗篇 260E;驱逐阿卡狄亚人,会饮篇 193A;秘密产生智者,普罗泰戈拉篇 342C 以下;在体育场上观看时要么下场摔跤要么走开,泰阿泰德篇 162B,169B;训练,法篇 1.633B 以下;堤泰乌斯是一位归化了的斯巴达人,同上 1.629A;θεῖος ἀνήρ 的用法,美诺篇 99D;让城墙安睡在大地上,法篇 6.778D;不允

许年轻人去其他城邦,普罗泰戈拉篇 342D;它的体制有缺点,国家篇
8.544C;苏格拉底最喜欢的体制之一,克里托篇 52E,参阅大希庇亚篇
283E 以下;以荣誉为原则的体制,国家篇 8.545B;亦见 Lacedaemon/
Laccdaemonian(s),Laconia(n),pro-Spartans 条。

斯彪西波　　**Speusippus**　　柏拉图的外甥,书信 13.361E;与柏拉图最大的
外甥女结婚,同上 13.361E;请求腓力司逊到雅典来,同上 2.314E。

斯法吉亚(地名)　　**Sphagia**　　在斯法吉亚的斯巴达人,美涅克塞努篇
242C。

斯费图(地名)　　**Sphettus**　　申辩篇 33E。

斯基隆　　**Sciron**　　苏格拉底像斯基隆一样不屈不挠,泰阿泰德篇 169A。

斯凯利亚　　**Scellias**　　阿里司托克拉底之父,高尔吉亚篇 472B。

斯卡曼德　　**Scamander**　　河神,克拉底鲁篇 391E;受阿喀琉斯压迫,普罗
泰戈拉篇 340A,参阅国家篇 3.391B。

斯卡曼德里乌　　**Scamandrius**　　等于阿斯堤阿那克斯,克拉底鲁篇 392B
以下。

斯科帕斯　　**Scopas**　　克瑞翁之子,普罗泰戈拉篇 339A。

斯库拉　　**Scylla**　　书信 7.345E,国家篇 9.588C。

司美尔狄斯　　**Smerdis**　　著名的太监,参阅 eunuch,famous 条。

司米克里翁　　**Smicrion**　　赫谟根尼的父亲,克拉底鲁篇 429E。

斯佩凯乌斯河　　**Spercheus**　　国家篇 3.391B。

斯塔昔努　　**Stasinus**　　引用这位诗人的残篇第 20 条,欧绪弗洛篇 12B。

斯特芳　　**Stephanus**　　修昔底德之子,摔跤手,美诺篇 94C。

斯特昔科鲁　　**Stesichorus**　　他的翻案或宣布放弃以前的看法,书信
3.319E,斐德罗篇 243A 以下,参阅国家篇 9.586C;苏格拉底的模仿,斐德
罗篇 244A。

斯特西劳　　**Stesilaus**　　钩镰枪的发明者,拉凯斯篇 183D。

斯特西洛图　　**Stesimbrotus**　　萨索斯的吟咏诗人,伊安篇 530D。

斯提克斯　　**Styx**　　可怕的,国家篇 3.387B;湖,斐多篇 113C。

苏格拉底　　**Socrates**　　索佛隆尼司库之子,大希庇亚篇 298B,拉凯斯篇

180D 以下;阿罗卑克的,高尔吉亚篇 495D;家世从代达罗斯开始,欧绪弗洛篇 11B;没有美德的教师,拉凯斯篇 186C;学习自然科学,申辩篇 19C,斐多篇 96A 以下;听过伯里克利的演讲,高尔吉亚篇 455E,503C;在代立昂的表现,拉凯斯篇 181B,会饮篇 221A 以下,参阅申辩篇 28E;在波提狄亚的表现,会饮篇 219E 以下,参阅申辩篇 28E,卡尔米德篇 153A;从来没有离开过雅典,克里托篇 52B,53A,斐德罗篇 230D,参阅斐多篇 99A,斐德罗篇 227D;他的儿子,申辩篇 34D,41E,克里托篇 45C 以下,52C,54;他的妻子,斐多篇 60A,116B;相貌,泰阿泰德篇 143E,144D,209C,参阅政治家篇 257D;卡利克勒的描述,高尔吉亚篇 485E 以下;阿里斯托芬的刻画,申辩篇 19C;从来不穿拖鞋,斐德罗篇 229A,会饮篇 174A;很能喝酒,同上 214A,参阅 176C;做梦,卡尔米德篇 173,克里托篇 44A,斐多篇 60E,泰阿泰德篇 201D 以下;出神,会饮篇 174D 以下;聚精会神的能力,同上 220C 以下;神谕说他是最聪明的人,申辩篇 21A 以下,参阅 22A,30A,书信 7.324D,斐多篇 85B;对自己的智慧感到惊慌,克拉底鲁篇 428D;只实践政治的技艺,高尔吉亚篇 521D;没有政治家,同上 473E,参阅申辩篇 32B 以下,书信 7.324E 以下;对国家的情感,申辩篇 31D,克里托篇 50B,52 以下,蒂迈欧篇 19B 以下;对僭主的看法,高尔吉亚篇 472B;克里特与斯巴达的体制是他最喜欢的,克里托篇 52E;没有教育者,申辩篇 19D,20C;不收费,同上 19D,31B 以下,33A,欧绪弗洛篇 3D,大希庇亚篇 300C;对年轻人感兴趣,卡尔米德篇 153D,欧绪德谟篇 275A,306D 以下,泰阿泰德篇 143D,参阅申辩篇 230;追随者,申辩篇 33E 以下,参阅大希庇亚篇 301B 以下;朋友对他的忠心,克里托篇 45B,斐多篇 59B,116A,117D 以下;他的美德,会饮篇 216D 以下;在哲学家中寻找位置,斐多篇 69D;不能拒绝帮助正义,国家篇 2.368C,4.427E;认为理智是善,斐莱布篇 11B;论大多数人与好人,克里托篇 44C;讲真理的普通人,伊安篇 532D,参阅申辩篇 17B 以下,国家篇 5.451A,6.504C;党徒,斐多篇 91C;比方式更加看重事情本身,会饮篇 199B;比自然更看重人,斐德罗篇 230D;建议人们去上学,拉凯斯篇 201,参阅欧绪德谟篇 272B,欧绪弗洛篇 5A;只服从理性,克里托篇 46B 以下;诚挚是哲学的代表,国家篇 7.536C,参阅欧绪德谟篇307,只看重善良的生活,克里托篇48B;不以恶报恶,同上49C以下;镇静的,同上43B,斐多篇58E;无法阻止谣言,申辩篇18C;贫困,同上23B、31C、38B,拉凯斯篇186C,国家篇1.337D;在塞拉西马柯面前发抖,同上1.336D;无知的,欧绪德谟篇295A,欧绪弗洛篇2C,大希庇亚篇286C、304D以下,小希庇亚篇372B以下,吕西斯篇223B,美诺篇71B,斐德罗篇235C,国家篇1.354B,会饮篇175E;处在困惑中,大希庇亚篇304B,小希庇亚篇376C,参阅大希庇亚篇286D;跟不上长篇大论,小希庇亚篇373A,普罗泰戈拉篇333B以下、334C以下;易忘的,美诺篇71C,普罗泰戈拉篇334C以下、335B以下、336D;向每个人袒露自己,欧绪弗洛篇3D;言不尽意、有保留的,小希庇亚篇363A,斐德罗篇236D,国家篇5.449C以下、472、6.502D;在演讲方面缺乏技艺,斐德罗篇262D,参阅申辩篇17B;不是争论的专家,泰阿泰德篇197A;无经验的,申辩篇17D,大希庇亚篇293D;自贬,卡尔米德篇175A以下,斐德罗篇235D;尊敬聪明人的看法,克里托篇47A;考察诗人、政治家、工匠,申辩篇21C以下;与诗人,小希庇亚篇370以下,斐德罗篇252B,普罗泰戈拉篇339B、340D、344以下、347C,参阅国家篇3.391A、10.595B、607A;总是嘲笑修辞学家,美涅克塞努篇235C,参阅斐德罗篇266E以下、271C;挖苦智者,欧绪德谟篇303C以下;幽默,卡尔米德篇162A以下,克拉底鲁篇407D、411A,高尔吉亚篇505D,大希庇亚篇281A、283A以下,伊安篇530B,拉凯斯篇196E,斐多篇77D、92C、95A、99A、101A、115C,斐德罗篇227C以下、244A、261B以下、264C以下、266E以下,斐莱布篇17E;方法,高尔吉亚篇472C以下、474A、475E以下,大希庇亚篇288A,小希庇亚篇369C以下、373A,拉凯斯篇187E以下,斐莱布篇16A以下,普罗泰戈拉篇361;像讼师一样争论,国家篇1.349D,参阅大希庇亚篇304B,小希庇亚篇373B,泰阿泰德篇167E;不把事物当作一个整体来考虑,大希庇亚篇301B以下,参阅304A;热心研究,美诺篇86B以下,参阅小希庇亚篇372B;讥讽,欧绪德谟篇303C以下,国家篇1.337A;喜欢讨论,高尔吉亚篇458A,会饮篇194D,泰阿泰德篇169B;产婆,同上149A以下、157C以下、160E、184A以下、210B以下;谈话的能力,国家篇6.487B以下,会饮篇215C以下,参阅国家篇

2.358B;总是谈论鞋匠、漂洗工等,高尔吉亚篇 491A,大希庇亚篇 288D,
会饮篇 221E;宗教,欧绪德谟篇 302C,斐德罗篇 242C,273C 以下,279B 以
下,斐莱布篇 25B,61C;害怕诸神,克拉底鲁篇 407D,参阅斐莱布篇 12C;
反对神话,欧绪弗洛篇 6B,参阅欧绪德谟篇 297C;未来的国家的信仰,克
里托篇 54B,斐多篇 63C,69C,72C,80C,115C 以下,118A;以神犬的名义起
誓,克拉底鲁篇 411B,高尔吉亚篇 461B,466C,482B,国家篇 3.399E,
8.567E,9.592A;标志,申辩篇 31C,40,41D,欧绪德谟篇 272E,欧绪弗洛篇
3B,斐德罗篇 242C,国家篇 6.496C,泰阿泰德篇 151A;情人,高尔吉亚篇
481D,吕西斯篇 204B,斐德罗篇 227C,会饮篇 177D 以下;阿尔基比亚德
的情人,普罗泰戈拉篇 309A 以下,会饮篇 217A 以下;对朋友的热情,吕
西斯篇 211D 以下;抚弄斐多的头发,斐多篇 89B;不能赞扬爱神,但会讲
出真相,会饮篇 199A 以下;决不能拒绝美貌,美诺篇 76C,参阅吕西斯篇
211B,美涅克塞努篇 236D;把自己比作天鹅,斐多篇 85A;骗子,申辩篇
17A;占卜者,克拉底鲁篇 396D,吕西斯篇 216D,斐德罗篇 238D,262D,斐
莱布篇 20B;将军,斐多篇 89A;巫师,同上 78A;像玛息阿,会饮篇 215B 以
下;像一块磨石,大希庇亚篇 292D,参阅小希庇亚篇 364C 以下;像一位
西勒诺斯,会饮篇 215A 以下,216D,221E;像斯巴达猎狗,巴门尼德篇
128C;像魟鱼,美诺篇 80A 以下;像黄蜂,申辩篇 30E;引起头痛的咒语,
卡尔米德篇 156B 以下;作诗,斐多篇 60D;编造故事,斐德罗篇 275B,国
家篇 6.487E;宣布放弃主张,斐德罗篇 257A;蒙头遮羞,同上 237A,参阅
243B;论自杀,斐多篇 61D 以下;论动词的区别,欧绪德谟篇 278A 以下;
对毕泰戈拉的看法,普罗泰戈拉篇 328E,338C,348D 以下;对巴门尼德的
敬重,泰阿泰德篇 183E;在吕克昂,欧绪德谟篇 271A;修饰过的、现代化
了的苏格拉底,书信 2.314C;苏格拉底的提问者,参阅 questioner,Socrates'
条;在雅典的地位,高尔吉亚篇 522,参阅斐德罗篇 230D;名声,拉凯斯篇
180C;受审时的年纪,申辩篇 17D;他的敌人,同上 18B,23B,31C;对他的
指控,同上 17A 以下,19B,书信 7.325B,参阅欧绪弗洛篇 3B,5C,12A;辩
护,高尔吉亚篇 522,参阅书信 7.325C,大希庇亚篇 292B,斐多篇 69C;不
会把他的子女带到法庭上来,申辩篇 34C;会继续教人,同上 29D;他的确

信,同上 36A;自己建议该受的惩罚,同上 36E,38B;宁可被处死而不愿被流放,同上 37D,克里托篇 52C;论死亡,申辩篇 37B,39A,40B 以下;预见死亡,高尔吉亚篇 522D;不害怕死亡,申辩篇 28B,37B,斐多篇 63B;推迟死刑,同上 58A 以下,61A;他的生命的最后一个早晨,同上 59D 以下;祈祷,同上 117C;他的话语,同上 118;苏格拉底之死,同上 115B 以下;狱卒的监视,同上 116C 以下;指控苏格拉底的人将受惩罚,申辩篇 39C。苏格拉底对话,书信 13.363A。

索佛罗昔妮　　**Sophrosyne**　　狄奥尼修二世的妻子和同父异母姐妹,柏拉图生病时曾予以照料,书信 13.361A。

索福克勒斯　　**Sophocles**　　斐德罗篇 269A;引用他的话,国家篇 1.329C;悲剧诗人,斐德罗篇 268C。

索佛隆尼司库　　**Sophroniscus**　　苏格拉底之父,欧绪德谟篇 297E 以下,大希庇亚篇 298B,拉凯斯篇 180D 以下;吕西玛库之友,同上 180D,187D。

索尼昂(地名)　　**Sunium**　　克里托篇 43D,泰阿泰德篇 144C。

索西亚斯　　**Sosias**　　名字的含义,克拉底鲁篇 397B。

梭伦　　**Solon**　　执政官,大希庇亚篇 285E;在埃及,蒂迈欧篇 22A 以下;雅典法律之父,会饮篇 209D,参阅法篇 9.858E,国家篇 10.599E;仙女给他的信息,斐德罗篇 278C;得到不朽,同上 258B;诗人,卡尔米德篇 155A,蒂迈欧篇 20E,21B 以下,参阅卡尔米德篇 158A;引用他的话,拉凯斯篇 188B,189A,吕西斯篇 212E,国家篇 7.536D;希腊七贤之一,普罗泰戈拉篇 343A,蒂迈欧篇 20E,参阅书信 2.311A;故事,克里底亚篇 108D 以下,蒂迈欧篇 20E 以下,参阅克里底亚篇 110B;翻译埃及名字,克里底亚篇 113A 以下。

T

泰阿泰德　　**Theaetetus**　　智者篇 218A 以下,参阅政治家篇 257A,泰阿泰德篇 144E 以下;现象与精神的力量,同上 143E 以下,参阅政治家篇 257D;小苏格拉底的朋友,智者篇 218B,泰阿泰德篇 147D;几何学家,政治家篇 266A；研究数学，泰阿泰德篇 147D 以下；在科林斯所伤，同上 142A。

《泰阿泰德篇》 Theaetetus 写作时间，泰阿泰德篇 142C，参阅 210D；由 欧几里德写下来，同上 143A。

泰勒斯 Thales 米利都的，他的发明，国家篇 10.600A；与佩里安德，书 信 2.311A；引用他的话，法篇 10.899B；他的学派不参与政治，大希庇亚 篇 281C；古代希腊七贤之一，普罗泰戈拉篇 343A；与色雷斯女仆的故事， 泰阿泰德篇 174A，C，175D。

唐格拉(地名) Tanagra 战役，美涅克塞努篇 242A。

坦塔罗斯 Tantalus 名字的含义，克拉底鲁篇 395 以下；富裕，欧绪弗 洛篇 11E；命运，大希庇亚篇 293B；在地狱中受苦，高尔吉亚篇 525E；"我 又见坦塔罗斯在那里忍受酷刑"，指普罗狄科，普罗泰戈拉篇 315C。

陶瑞亚斯(地名) Taureas 那里的体育场，卡尔米德篇 153A。

塔壬同人/塔壬同 Tarentines/Tarentum 书信 7.338D，350A，9.357D， 12.359C，普罗泰戈拉篇 316D；嗜酒，法篇 1.637B；来自塔壬同的信件，书 信 7.339D；柏拉图在那里的朋友，同上 7.339E；斯巴达的殖民地，法篇 1.637B。

塔塔洛斯 Tartarus 穿透大地的深渊，斐多篇 112A，D，参阅 113B 以 下；等于地狱，高尔吉亚篇 523B，526B，国家篇 10.616A；亦见 Hades 条。

特奥克吕墨诺斯 Theoclymenus 占卜家，墨拉普斯的后裔，伊安篇 538E。

忒堤斯 Tethys 名字的含义，克拉底鲁篇 402C；与俄刻阿诺是天地之 子，蒂迈欧篇 40E；万物之父母，克拉底鲁篇 402B，泰阿泰德篇 152E， 180D。

忒耳西科瑞 Terpsichore 掌管跳舞的缪斯，斐德罗篇 259C。

忒尔西翁 Terpsion 麦加拉的，苏格拉底临终时在场，斐多篇 59C，参 阅泰阿泰德篇 142A—143C。

忒耳西忒斯 Thersites 不会受到永久的惩罚，高尔吉亚篇 525E；选择 过猿的生活，国家篇 10.620C。

忒修斯　　Theseus　　波塞冬之子,国家篇 3.391C;远征克里特,斐多篇 58A;与庇里托俄斯一起犯下的过错,国家篇 3.391C;诅咒儿子希波吕特,法篇 3.687E,11.931B;远古时期记录下来的名字,克里底亚篇 110A;忒修斯的一个论证,泰阿泰德篇 169B。

忒拉蒙　　Telamon　　埃阿斯之父,申辩篇 41B,国家篇 10.620B。

忒里卢斯　　Terillus　　精通哲学,书信 13.363C。

特里普托勒摩斯　　Triptolemus　　他的馈赠,法篇 6.782B;另一个世界里的判官,申辩篇 41A。

特美努斯　　Temenus　　阿耳戈斯国王,法篇 3.683D;成熟的立法家,同上 3.692B。

忒提斯　　Thetis　　嫁给帕琉斯,法篇 12.944A;阿喀琉斯之母,申辩篇 28C,小希庇亚篇 371C,会饮篇 179E;诅咒阿波罗,国家篇 2.383A 以下;不容诽谤,同上 2.381D。

天　　Heaven　　天与地,俄刻阿诺与忒堤斯的父母,蒂迈欧篇 40E。

提堤俄斯　　Tityus　　在地狱中受苦,高尔吉亚篇 525E。

帖撒利人/帖撒利　　Thessalian/Thessaly　　法篇 12.944D,普罗泰戈拉篇 339A;克里托的朋友在帖撒利,克里托篇 45C,53D;方言,克拉底鲁篇 405C;无秩序的,克里托篇 53D;渴望学习马术,大希庇亚篇 284A;海拔、水平面,法篇 1.625D,参阅大希庇亚篇 284A;会接受苏格拉底,克里托篇 45C;农奴,法篇 6.776D;饲养鹤与鹅,政治家篇 264C,巫婆,高尔吉亚篇 513A。

提洛(地名)**　　Delos**　　前往提洛岛朝觐的船只,克里托篇 43D,斐多篇 58A 以下,59E。

提摩修　　Timotheus　　克拉提努之兄,书信 13.363A。

廷尼库斯　　Tynnichus　　卡尔昔斯的,一首著名诗歌的作者,伊安篇 534D。

提瑞西亚　　Tiresias　　与克瑞翁,书信 2.311B;惟一在地狱中仍旧保持智慧的人,美诺篇 100A,国家篇 3.386D。

提森　　Tison　　叙拉古官员,书信 13.363C。

希庇亚　　　**Hippias**　　　埃利斯的,斐德罗篇 267B;愿意回答一切,小希庇亚 363D 以下,373B 以下,参阅普罗泰戈拉篇 315C;穿着打扮,大希庇亚篇 291A,参阅 294A;小希庇亚篇 368B 以下;星相方面的权威,大希庇亚篇 285C,小希庇亚篇 367E 以下;在计算上最能做假,同上 366E 以下;吹嘘,同上 368B 以下,参阅普罗泰戈拉篇 337D;实在的连续性理论,大希庇亚篇 301B 以下;关于年轻人的美好实践的谈话,同上 286A 以下,287B;表演,小希庇亚 363 以下,参阅大希庇亚篇 282D;埃利斯的最好的使者,大希庇亚篇 281A;周游列邦,申辩篇 19E,大希庇亚篇 281A 以下,参阅普罗泰戈拉篇 337D 以下;住在卡里亚家中,普罗泰戈拉篇 314C;在伊尼库斯,大希庇亚篇 282E,283C,284B;知道每个辩证法学派的想法,同上 301D;记忆术,同上 285E,小希庇亚篇 368D,369A;挣钱,大希庇亚篇 282E,参阅 300C;提出对西摩尼得的解释,普罗泰戈拉篇 347A;无所不知,大希庇亚篇 286A,E,小希庇亚篇 368B 以下,普罗泰戈拉篇 315C;诗歌和散文作品,小希庇亚篇 368C 以下;自认为能治疗无知,普罗泰戈拉篇 357E 以下;传授美德,大希庇亚篇 284A;著名的,同上 291A;在斯巴达,同上 281B,283B,284C,285B 以下;建议设讨论仲裁,普罗泰戈拉篇 337E 以下;无畏和自信的态度,小希庇亚篇 364A;催促苏格拉底和普罗泰戈拉继续讨论下去,普罗泰戈拉篇 337C 以下;对特洛伊英雄的看法,小希庇亚篇 364C 以下;访问西西里,大希庇亚篇 282D 以下,283C,284B;对智慧的看法,同上 281A,283A,289A,290D,291A,小希庇亚篇 363A 以下,368B,369D,372B 以下,373B,376C;不想讨论几何与算术,大希庇亚篇 285C,小希庇亚 366C 以下,367D,参阅普罗泰戈拉篇 318E;字母、音节、节奏、和谐,大希庇亚篇 285C;比普罗泰戈拉年轻得多,同上 282E。

希波达弥亚　　　**Hippodamia**　　　克拉底鲁篇 395D。

希波克拉底　　　**Hippocrates**　　　科斯的,普罗泰戈拉篇 311B;考虑部分需要有对全体的知识,斐德罗篇 270C,参阅卡尔米德篇 156E。阿波罗多洛之子,急于想出一个名字,普罗泰戈拉篇 316C;雅典公民,同上 316B;他的家庭,同上 316B;与苏格拉底一道去见普罗泰戈拉,同上 314B 以下;鲁莽的性格,同上 310C;访问苏格拉底,同上 310A 以下;年轻人,同上 310E。

住房及安排,普罗泰戈拉篇 317D 以下;应当学会崇拜日月星辰,伊庇诺米篇 988A;完全是从非希腊世界借用来的,同上 987D;国家及其毁灭的原因,法篇 1.636B,3.684D,5.736C,国家篇 8.564B 以下,参阅法篇 8.839;西西里的方言,书信 8.353E;希腊人的世界,大希庇亚篇 291A;受到赫拉克勒斯子孙的保护,法篇 3.685B 以下;希腊人的生活:晚餐后的娱乐,普罗泰戈拉篇 347C;男孩子的娱乐,吕西斯篇 206E;运动员,国家篇 3.404A;谈话,会饮篇 177;法庭,申辩篇 34;乐意表现理智,同上 33,欧绪德谟篇 274D,303B,普罗泰戈拉篇 335C;甜食,克里底亚篇 115B,国家篇 2.372C;守门人,普罗泰戈拉篇 314D;喝酒,国家篇 5.475A,会饮篇 176,223B 以下;女性的职业,法篇 7.805D 以下,吕西斯篇 208D 以下,国家篇 5.455C;吹笛子的少女,普罗泰戈拉篇 347C,会饮篇 176E,212D;游戏,泰阿泰德篇 146A;神圣的季节,克里托篇 43,斐多篇 58B 以下;起床的时间,普罗泰戈拉篇 310A,311A,参阅法篇 7.807E 以下;阿伽松的家,会饮篇 174E 以下;卡里亚的家,普罗泰戈拉篇 315D,337D;晚宴时发生的事件,会饮篇 174E 以下,212C 以下,223B 以下;酒神节时喝醉酒,法篇 1.637B;热爱谈话,申辩篇 23C,高尔吉亚篇 458,国家篇 5.450B;情人,欧绪德谟篇 273A,吕西斯篇 204B,斐德罗篇 231 以下,国家篇 5.474D 以下;女主人与仆人,法篇 7.808A;裸体训练,国家篇 5.452;喜欢开玩笑,欧绪德谟篇 278C;游行,欧绪弗洛篇 6B,国家篇 1.327A;在家里献祭,同上 1.328C,参阅法篇 10.909D 以下;用奴隶做孩子的老师,吕西斯篇 223;叙拉古式的餐桌和阿提卡的点心,国家篇 3.404D;才智,美诺篇 77A;年轻人,申辩篇 23C,参阅斐德罗篇 238E 以下;亦见 Hellas/Hellenes/Hellenic 条。

西勒诺斯　　**Selene**　　名字的含义,克拉底鲁篇 409A。

希罗狄库　　**Herodicus**　　高尔吉亚的兄弟,医生,高尔吉亚篇 448B,456B。塞林布里亚的希罗狄库,伪装的第一流智者,普罗泰戈拉篇 316E;从前是麦加拉人,同上 316E;自虐的发明者,国家篇 3.406A 以下;推荐步行走到麦加拉,斐德罗篇 227D。

希罗多德　　**Herodotus**　　引用他的话,国家篇 8.566C。

希洛尼谟   **Hieronymus**   希波泰勒之父,吕西斯篇 203A,204B。

希洛人   **Helots**   斯巴达国有奴隶,音译"黑劳士",法篇 6.776C。

西米亚斯   **Simmias**   底比斯的,斐多篇 64C 以下,84C;经常与克贝在一起,同上 73D 以下;相信相论,同上 74B,76E 以下;愿意出钱帮苏格拉底逃走,克里托篇 45B;强迫别人写文章,斐德罗篇 242B;最诚挚的人,斐多篇 85C;菲罗劳斯之友,同上 61D;苏格拉底临终时在场,同上 59E,参阅书信 13.363A;把灵魂当作一种音调,斐多篇 85E 以下。

希墨腊(地名)   **Himera**   斐德罗篇 244A,普罗泰戈拉篇 335E 以下。

西摩尼得   **Simonides**   他的关于正义的定义,国家篇 1.331D—335E;哲学化的仲裁者,普罗泰戈拉篇 343C;批评他的诗,同上 339A—347A;对希厄隆和鲍萨尼亚的评论,书信 3.311A;贤人,国家篇 1.335E;伪装的智者,普罗泰戈拉篇 316D。

西谟伊斯   **Simois**   河神,受斯卡曼德使唤,普罗泰戈拉篇 340A。

昔尼拉斯   **Cinyras**   富有,法篇 2.660E。

希帕里努一世   **Hipparinus I**   西西里的僭主,书信 8.353B,354D;后代,同上 8.356C;狄翁之父,同上 8.355E 以下;把叙拉古人从野蛮人手中解放出来,同上 8.355E。希帕里努二世,狄奥尼修一世之子,书信 8.355A,357C;间接提到他,同上 7.324A 以下;叙拉古三位国王之一,同上 8.356A。阿瑞泰乌斯提到他,书信 7.347D,参阅 3.318A;狄奥尼修二世的监护人,同上 7.345D。

绣花、装饰   **embroidery**   这种技艺,国家篇 3.401A。

修昔底德   **Thucydides**   他的儿子美勒西亚,拉凯斯篇 178A 以下;他的儿子比父亲差,美诺篇 94C。小修昔底德,拉凯斯篇 179A。

西西里人/西西里   **Sicilian/Sicily**   书信 2.311E,7.326B,336A,348A,351E,8.352C;雅典人在西西里被杀,美涅克塞努篇 242E;把卡隆达斯称作好立法者,国家篇 10.599E;烹饪,高尔吉亚篇 518B,国家篇 3.404D;那里的希腊人遭到迦太基人的洗劫,书信 8.353A;希庇亚访问西西里,大希庇亚篇,282D 以下,283C,284B;西西里与意大利处在一个王国内,书信 7.328A;来自西西里的信件,同上 3.317B;生活方式,同上 7.336D,

8.354D;那里的哲学,智者篇 242D 以下;柏拉图在西西里的熟人,书信 7.339B,亦见 visit 条;普罗泰戈拉在西西里居住,大希庇亚篇 282D;泥河, 斐多篇 111D;剧场里的裁判,法篇 2.659B;西西里的故事,高尔吉亚篇 493A 以下;十位将军在西西里被用石头打死,书信 8.354E。

西绪福斯　　Sisyphus　　在另一个世界与他相会的快乐,申辩篇 41C;在地狱受苦,高尔吉亚篇 525E。

西徐亚　　Scythia(ns)　　西徐亚人,国家篇 10.600A;骑兵,拉凯斯篇 191A 以下;善饮,法篇 1.637E;喝醉,同上 1.637D 以下;把得到黄金当作最幸福的事情,欧绪德谟篇 299E;充满激情,国家篇 4.435E;受到大流士的侵犯,高尔吉亚篇 483D,美涅克塞努篇 239E;使用双手,法篇 7.795A。

西泽库(地名)　　Cyzicus　　书信 13.360C,伊安篇 541C。

许德拉　　Hydra　　神话中的九头水蛇,赫拉克勒斯与许德拉,欧绪德谟篇 297C。

薛西斯　　Xerxes　　接受溺爱教育的王子,法篇 3.695D 以下;侵犯希腊,高尔吉亚篇 483D;可能说过"正义就是益友害敌"这句话,国家篇 1.336A。

学园　　Academy, the　　吕西斯篇 203A 以下;间接提到学园,书信 6.322E。

叙拉古人/叙拉古　　Syracusan(s)/Syracuse　　书信 2.312A,3.317E,7.326E 以下,328E,339B。

叙利亚的　　Syrian　　气候,伊庇诺米篇 987A;立法者错爱阿佛洛狄忒,同上 987B。

Y

雅典娜　　Athena　　法篇 11.921C;她并非引发特洛伊战争的原因,国家篇 2.379E;普罗米修斯偷窃雅典娜的东西,普罗泰戈拉篇 321D;技艺女神,政治家篇 274D;阿提卡的女神,克里底亚篇 109C,法篇 1.626D,参阅克拉底鲁篇 406D;伊奥尼亚人的家族神,欧绪德谟篇 302D;工匠的保护神,法篇 11.920E;帕拉斯·雅典娜,克拉底鲁篇 406D 以下;等于奈斯女神,蒂迈欧篇 21E,23D 以下;为什么全副武装,克里底亚篇 110B,法篇 7.806B,参阅蒂迈欧篇 24B;为荣耀雅典娜而举行携带武器的舞蹈,法篇 7.796B 以下;泛雅典娜大会,巴门尼德篇 127B;泛雅典娜节,欧绪弗洛篇 6B,伊安篇 530B,参阅国家篇 2.378C;送往雅典娜神庙供奉的袍子,欧绪弗洛篇 6C;斐狄亚斯的雕像,大希庇亚篇 290B 以下;向雅典娜吹奏序曲,克拉底鲁篇 417E;神庙,克里底亚篇 112B,法篇 5.745B,8.848D。

亚历山大 **Alexander** 阿凯塔斯之子,高尔吉亚篇 471B。

亚细亚 **Asia** 卡尔米德篇 158A,克里底亚篇 108E,高尔吉亚篇 523E 以下,蒂迈欧篇 24B,24E 以下;古雅典人在整个亚细亚都很出名,克里底亚篇 112E;亚细亚的国王们,吕西斯篇 209D;整个亚细亚被波斯的第三位国王大流士征服,美涅克塞努篇 239D。

亚洲的王子 **Prince of Asia** 吕西斯篇 209D。

阉人 **Gomates** 参阅 eunuch, the famous 条。

野外的精灵 **Hecate** 法篇 11.914B。

伊阿珀托斯 **Iapetus** 爱神不比他年长,会饮篇 195B。

伊安 **Ion** 爱菲索的,神圣的伊安,伊安篇 533D 以下,542;为什么没有选上将军,同上 541C;受到激励,同上 536C;与荷马,同上 530D,533C,536 以下;是一名普洛托斯。阿波罗之子,欧绪德谟篇 302C。

伊达山 **Ida** 山坡上的居民,法篇 3.681E。

伊奥尼亚人 **Ionian(s)** 反对爱娈童,会饮篇 182B;不属于宙斯的家族,欧绪德谟篇 302C;荷马诗歌中伊奥尼亚人的生活,法篇 3.680C;气质,拉凯斯篇 188D;受排斥,国家篇 3.398E 以下;那里的哲学家,泰阿泰德篇 179D 以下;那里的哲学,智者篇 242D 以下;普罗泰戈拉学说在伊奥尼亚人中的影响,泰阿泰德篇 179D;那里的士兵到雅典服役,会饮篇 220C 以下。

伊彼库斯 **Ibycus** 老年坠入爱河,巴门尼德篇 137A;引用他的残篇 24,斐德罗篇 242D。

伊比利亚人 **Iberians** 喝醉酒,法篇 1.637D。

意大利(地名) **Italy** 书信 7.326B;称卡隆达斯为好立法者,国家篇

10.599E;意大利的海盗,法篇 6.777C;来自意大利的信,书信 3.317B;与
西西里处于同一区域,同上 7.328A;在剧场里派监察员,法篇 2.659B。

伊俄拉俄斯　　　**Iolaus**　　　与赫拉克勒斯,欧绪德谟篇 297C 以下,斐多篇
89C。

伊菲克勒　　　**Iphicles**　　　赫拉克勒斯之弟,欧绪德谟篇 297E。

伊克库斯　　　**Iccus**　　　塔壬同人,自制,法篇 8.839E 以下;伪装的智者,普罗
泰戈拉篇 316D。

伊利昂(地名)　　　**Ilium**　　　法篇 3.685C,国家篇 3.393B;建城,法篇 3.681E;
亦见 Dardania,Trojan(s)/Troy 条。

伊利纽(地名)　　　**Erineum**　　　位于阿提卡半岛,泰阿泰德篇 143B。

伊里斯　　　**Iris**　　　名字的含义,克拉底鲁篇 408B;萨乌玛斯之女,泰阿泰德
篇 155D。

伊利苏斯河　　　**Ilissus**　　　样子,斐德罗篇 229B;卫城所在的山曾经延伸到伊
利苏斯河,克里底亚篇 112A;苏格拉底与斐德罗坐在河边,斐德罗篇
229A 以下。

伊利绪雅(地名)　　　**Ilithyia**　　　那里的妇女在神庙中集会,法篇 6.784A。

《伊利亚特》　　　**Iliad**　　　小希庇亚篇 365C,伊安篇 539D,法篇 2.658D;比《奥
德赛》好,小希庇亚篇 363B;文风举例,国家篇 3.392E 以下;亦见 Homer,
Odyssey 条。

伊那科斯　　　**Inachus**　　　赫拉为伊那科斯的子孙收集救济品,国家篇
2.381D。

伊尼库斯(地名)　　　**Inycus**　　　位于西西里,希庇亚在伊尼库斯,大希庇亚篇
282E,283C,284B。

伊齐那(仙女)　　　**Aegina**　　　埃阿科斯之母,高尔吉亚篇 526C。伊齐那人,
书信 4.321B,13.362B,斐多篇 59C;在伊齐那城漫游的旅行者,克拉底鲁
篇 433A;克里特的殖民者,法篇 4.708A;从伊齐那城到雅典需付两个小
银币作船资,高尔吉亚篇 511D。

伊司美尼亚　　　**Ismenias**　　　底比斯的,有钱、有权力的人,国家篇 1.336A,参
阅美诺篇 90A。

伊斯弥亚的/伊斯弥亚　　**Isthmian/Isthmus**　　阿提卡的古代边界,克里底亚篇 110D;伊斯弥亚赛会,吕西斯篇 205;派往伊斯弥亚的公民,法篇 12.950E。

伊索　　**Aesop**　　寓言,斐多篇 60C 以下,61B 以下。

伊索克拉底　　**Isocrates**　　苏格拉底之友,斐德罗篇 278E;赫利肯是伊索克拉底的学生,书信 13.360C;伊索克拉底关于苏格拉底的预言,斐德罗篇 279A 以下。

伊塔卡(地名)　　**Ithaca**　　伊安篇 533C,535C,国家篇 3.393B。

伊西斯　　**Isis**　　埃及人的伊西斯颂歌,法篇 2.657B。

圆的　　**Tholus**　　参阅 Chamber the Round 条。

原始拉科尼亚人　　**Laconizers**　　参阅 pro-Spartans 条。

月亮女神　　**Moon**　　申辩篇 26D,法篇 7.821B,10.886D,887E;两性人的父母,会饮篇 190B;据说是穆赛乌斯和奥菲斯的母亲,国家篇 2.364E。

Z

泽恩　　**Chen**　　地名,普罗泰戈拉篇 343A。

泽苏斯　　**Zethus**　　他的命运,大希庇亚篇 293B;在欧里庇得斯的戏剧中,高尔吉亚篇 485E,489E,506B。

札耳谟克西　　**Zaimoxis**　　色雷斯国王,卡尔米德篇 156D 以下,158B,参阅 175E。

战神山　　**Areopagus**　　阿雷奥帕古斯山,斐德罗篇 229D。

芝诺　　**Zeno**　　巴门尼德篇 127E—130A,136D 以下,智者篇 216A;对芝诺的描写,巴门尼德篇 127B;皮索多鲁的朋友,同上 126B;亦见 Palamedes 条。

宙克西　　**Zeuxis**　　画家,高尔吉亚篇 453C 以下。

宙克西波　　**Zeuxippus**　　赫拉克利亚的画家,普罗泰戈拉篇 318B 以下。

宙斯　　**Zeus**　　书信 7.350C;名字的含义,克拉底鲁篇 395E 以下,参阅 410D;克洛诺斯和瑞亚之子,蒂迈欧篇 41A;阉割克洛诺斯,欧绪弗洛篇

6A,8B,国家篇 2.378A;对赫拉的欲望,同上 3.390B 以下;把赫淮斯托斯
扔下天庭,同上 2.378D;爱该尼墨得,斐德罗篇 255C;与普罗米修斯,书
信 2.311B;阿佛洛狄忒之父,会饮篇 180E;据说是坦塔罗斯之父,克拉底
鲁篇 395E;宙斯的儿子们,法篇 12.941B;让儿子成为下界的审判官,高
尔吉亚篇 523E 以下;阿喀琉斯是宙斯的后裔,国家篇 3.391C;宙斯是吕
西斯的祖先,吕西斯篇 205D;宙斯是事物的原因,斐莱布篇 30D;是众神
之神,克里底亚篇 121B;是诸神中最卓越最正义的,欧绪弗洛篇 6A;是一
切事物的秩序,斐德罗篇 246E;在帕德嫩神庙中的地位,伊庇诺米篇
984D,参阅蒂迈欧篇 40D 以下;在天上的巡游,斐德罗篇 246E 以下;宙斯
的统治归因于爱,会饮篇 197B;克里特法律的创立者,法篇 1.624A 以下,
632D,2.662C;他没有在特洛伊引起暴力冲突,也没有引起诸神的争吵,
国家篇 2.379E;没有托假梦给阿伽门农,同上 2.383A;把最初的人劈成
两半,会饮篇 190C 以下;保留政治智慧,普罗泰戈拉篇 321D,参阅 329C;
不能说他为阿喀琉斯和萨耳帕冬感到悲伤,国家篇 3.388C 以下;送来季
节,普罗泰戈拉篇 321A;伊奥尼亚人的部落神,欧绪德谟篇 302D 以下;
伊奥尼亚人不知道宙斯的家族,同上 302D 以下;边界神、部落神、客人的
保护神,法篇 8.843A,参阅 9.879E,881D;吕卡翁被宙斯变成狗,国家篇
8.565D;国家的保护者,法篇 11.921C;救世主,卡尔米德篇 167B,书信
7.334D,340A,斐莱布篇 66D,国家篇 9.583B;化身为公鹅的宙斯,书信
7.329B,法篇 5.730A,参阅 12.953E,965E;在克里特的神庙,同上 1.625B;
罚金献给神庙,同上 6.774D;追随者,斐德罗篇 252C 以下;以宙斯的名义
起誓,法篇 11.936E;派使者去祭拜宙斯,同上 12.941A;献给宙斯的行星,
伊庇诺米篇 987C;雅典的宙斯神庙,斐德罗篇 227B;神庙,法篇 5.745B,
8.848D,12.950E,斐德罗篇 275B;宙斯的奖励等于平等,法篇 6.757B;克
里特人发明的宙斯与该尼墨得恋爱的故事,同上 1.636D。

事 项 索 引

A

阿波罗颂歌 paeans 音乐的分类,法篇 3.700B。

阿耳戈斯人/阿耳戈斯 Argive/Argos 国王阿伽门农,国家篇 3.393E; 请求雅典人的帮助,美涅克塞努篇 244D;在克里特的殖民,法篇 4.708A; 雅典人反对卡德摩斯的后代而保护了阿耳戈斯人的后代,美涅克塞努篇 239B;阿耳戈斯的暴政,书信 8.354B;阿耳戈斯的早期历史,法篇 3.683C 以下;阿耳戈斯人的誓言,斐多篇 89C;阿耳戈斯国王的毁灭,法篇 3.690D;在希波战争中没有参战,同上 3.692E;想要叛卖位于小亚细亚的 希腊人,美涅克塞努篇 245C。

阿菲德那人 Aphidnae 高尔吉亚篇 487C。

爱 φιλία 参阅 friendship, love 条。

爱 love 斐莱布篇 50C;情欲之爱的好处,斐德罗篇 244—257;非情欲 之爱,同上 231—234,237—241;爱与情欲,法篇 8.837;阿伽松论爱,会饮 篇 194E—197;阿尔基比亚德对苏格拉底之爱,同上 215 以下;阿里斯托 芬论爱,同上 189B—193;美好的爱,国家篇 3.401C 以下;既不是美的也 不是丑的,会饮篇 202;爱的产生,同上 203B 以下;盲目性,斐德罗篇 233; 肉体的爱与真正的爱,国家篇 3.403A 以下;身体的爱与灵魂的爱,法篇 8.837C,斐多篇 68B;爱孪童,法篇 1.636B 以下,会饮篇 181E,182D—184; 等于追求美,同上 206B 以下;不要与被爱混淆,同上 204B;在创造性心灵 中,同上 209;等于对善的期望,同上 204E 以下,206A 以下;期待缺乏的东西,同上 200 以下;健康的爱和有病的爱,同上 186;趋向于身体之美,斐德罗篇 238C;对女人和孪童之爱是属土的,会饮篇 181B;只追求享受,同上 181B;厄拉斯托和科里司库热爱相的知识,书信 6.322D;厄律克西马库论爱,会饮篇 185E—188;由爱而生妒忌,斐德罗篇 232;父母之爱,吕西斯篇 207D 以下;是易变的,斐德罗篇 234;是一种愚蠢,同上 231E;一般的爱和热爱智慧,国家篇 5.474C 以下;一种伟大的精神,会饮篇 202E;健康的爱和占有,斐德罗篇 240;属天的爱,会饮篇 185B 以下;爱与相同,同上 180C 以下;爱荣耀,斯巴达人的标志,国家篇 8.545A;以金钱或荣誉为准则的国家和人的爱,同上 8.545A 以下;爱与不朽,会饮篇 206E—209;包含着正义,国家篇 1.351D 以下;爱与美的知识,会饮篇 210;导向普遍的美,同上 211;是疯狂的大师,国家篇 1.329C;爱的疯狂,斐德罗篇 265A;是一种幸福,同上 245B 以下;爱的真正本性,同上 251—256;男女之爱,会饮篇 181B;混合着快乐与痛苦,斐莱布篇 47E,蒂迈欧篇 42A;爱的本性,斐德罗篇 237;高尚的爱不知道情欲之恶,同上 243C;是苏格拉底懂行的一件事,会饮篇 177D,参阅斐德罗篇 257A;爱的起源,会饮篇 191 以下;爱情只是爱的一部分,同上 205;情欲之爱使人失去个性,斐德罗篇 239;鲍萨尼亚论爱,会饮篇 180C—185D;斐德罗论爱,同上 178—180;健康与疾病在医学中的调和,同上 186;在音乐中的调和,同上 187;性爱,蒂迈欧篇 86C 以下,91A 以下;苏格拉底论爱,会饮篇 201C—212C;是一种狩猎,智者篇 222E,参阅法篇 7.823B;在阿喀琉斯那里爱比死更强大,会饮篇 179E;三种爱,法篇 8.837 以下;爱使宇宙为一体,处于和平状态,智者篇 243A;违背自然的爱受谴责,法篇 1.636C 以下,8.836C 以下,参阅会饮篇 181;光荣的合乎美德的侍奉,会饮篇 184;爱是全体不是部分,国家篇 5.474C 以下,6.485B;爱与友谊:友谊有一个可以更换的目的,吕西斯篇 219;胜过大流士的黄金,同上 211E 以下;给友谊下定义,同上 218B 以下;区别二者,同上 212D,斐德罗篇 233C 以下;朋友必须是有用的,吕西斯篇 210,215;介于相同与善之间,同上 216D 以下;在相同者之间的爱,同上 214;是合乎天性的或志趣相投的,同上 221E 以下;友谊的本性,同上 212 以下;诗人论友谊,同上 214A;在相异者之间的爱,同上

215 以下;亦见 desire(s),friendship 条。

哀悼者/哀悼　mourners/mourning　法篇 7.800E,12.960A;剪去头发,斐多篇 89B;亦见 lamentation/laments 条。

爱国主义　patriotism　克里托篇 51,美涅克塞努篇 246 以下,普罗泰戈拉篇 346A 以下。

爱琴海西部海战后雅典将领受到的谴责　Arginusae　申辩篇 32B。

爱神　Love　资源神和贫乏神之子,会饮篇 203B 以下;大神,斐德罗篇 242D 以下,会饮篇 178A,201E;不是一位神,同上 202C 以下;是诸神中最古老的,同上 178A,180B;是诸神中最年轻的和最可爱的,同上 195;本性,同上 195A 以下,201E 以下;美德与勇敢,同上 196;无玷污的,同上 195C 以下;诗人,同上 196E;性质,同上 203;僭主,国家篇 9.573B 以下;不会是恶的,斐德罗篇 242E;是我们最高善的古代渊源,会饮篇 178C;两种爱的区别,同上 187C;爱神与占卜,同上 188B 以下;爱神与季节,同上 188A 以下;是一切技艺之主与和平的源泉,同上 197;是体育和农艺的保护神,同上 186E 以下;易于产生友谊和同胞情感,同上 182C;决不停顿,同上 193B;被人忽视,同上 189C 以下;被诗人忽视,同上 177A 以下;苏格拉底向爱神祈祷,斐德罗篇 257A;亦见 Eros 条。

爱神木果　myrtle berries　书信 13.361B。

爱欲　ἵμερος　斐德罗篇 251C;亦见 etymology 条。

爱欲　ἔρως　参阅 desire(s),Eros,love,passion(ate/s)条。

阿卡狄亚(人)　Arcadia(ns)　被斯巴达人驱散,会饮篇 193A;阿卡狄亚的宙斯神庙,国家篇 8.565D。

阿留亚戴人　Aleuadae　美诺篇 70B。

鹌鹑　quail　大希庇亚篇 295D,吕西斯篇 211E。

暗褐色　dun(color)　蒂迈欧篇 68C。

安静的、温和的　quiet(ness)　性格,政治家篇 307A 以下,泰阿泰德篇 144B;节制的定义,卡尔米德篇 159B 以下。

安全　security　有关法规,法篇 12.953E;亦见 protection,sureties 条。

暗示、提示　intimations　关于未来的,蒂迈欧篇 40D;感觉的提示是不完善的,国家篇 7.523C 以下;亦见 data,thinking/thought 条。

傲慢　　pride　　由于胜利而产生的,法篇 1.641C;亦见 impudence 条。

阿帕图利亚节　　Apaturia　　蒂迈欧篇 21B。

阿司克勒彼亚得　　Asclepiad(s)　　(意为医神的子孙)国家篇 3.405E 以下,10.599C;医生厄律西马库,会饮篇 186E;科斯岛的希波克拉底,斐德罗篇 270C;亦见 doctor(s),physician(s)条。

B

白的(白)　　white(ness)　　吕西斯篇 217D,美诺篇 74C 以下,斐莱布篇 53A 以下,58D,泰阿泰德篇 153D 以下,156D,182B 以下,蒂迈欧篇 67E;混合产生各种颜色,同上 68B 以下;白铅,吕西斯篇 217C;最适宜诸神,法篇 12.956A。

摆动、震动　　oscillation　　大地的震动,斐多篇 111E。

白鹭　　Ibis　　古埃及的圣鸟,献给塞乌斯,斐德罗篇 274C。

柏木　　cypresswood　　柏木板,法篇 5.741C。

白日梦　　daydreams　　国家篇 5.458A 以下。

柏树　　cypress　　法篇 4.705C;克诺索斯附近墓地的柏树,同上 1.625C。

白铁工、修补工　　tinker　　新近富起来的,国家篇 6.495E 以下。

班迪斯节　　Bendis　　国家篇 1.327A,354A。

半神　　demigods　　蒂迈欧篇 42A 以下,参阅申辩篇 27;用水构成的生灵,伊庇诺米篇 985B;亦见 daemon(s),power(s),spirit 条。

保镖　　bodyguard　　僭主需要保镖,国家篇 8.566B,567D 以下。

报仇、报复　　vengeance　　法篇 5.728C;不是惩罚的恰当动机,普罗泰戈拉篇 324B;亦见 retribution 条。

报复　　τιμωρία　　参阅 vengeance 条。

报复、还击　　retaliation　　复仇的法律,法篇 9.870E,872E 以下;不进行报复,克里托篇 49C 以下。

保护神　　patronal gods　　工匠的,法篇 11.920D 以下。

暴君、暴政　despot（ism）　参阅 autocracy/autocrat, master, monarchy, tyrannical/tyranny, tyrants 条。

堡垒、要塞　citadel　法篇 5.745B,参阅 6.778C;亦见 acropolis, Trojan(s)/Troy 条。

暴力　violence　关于暴力的法律,法篇 10.884 以下;亦见 rape 条。

暴露　exposure　弃婴,参阅 infanticide 条。

保姆　nurse(s)　法篇 7.791E 以下,794A;所有生育的保姆,蒂迈欧篇 49B;大地是我们的保姆,同上 40B;喂养与消化,法篇 7.789B 以下;湿与干,国家篇 2.373C, 5.460C 以下。宝石、美玉 gems,雕刻,小希庇亚篇 368C;描述上面那个世界,斐多篇 110E。

暴食暴饮　gluttony　斐德罗篇 238A,国家篇 9.586A 以下,蒂迈欧篇 72E 以下。

报应、果报　retribution　在来世,申辩篇 41,书信 7.335A,高尔吉亚篇 526C,527C,斐多篇 63,107,114;无法逃避的,法篇 9.873A,10.905A;相关法则,斐德罗篇 248E;亦见 future life, punishment, vengeance 条。

保证、担保　sureties　法规的保证,法篇 9.871E 以下,873B,11.914D 以下;亦见 security 条。

悲哀、悲伤　lamentation/laments　斐莱布篇 50B 以下;受检查,国家篇 3.387B 以下,参阅法篇 7.792B,12.949B;对死者悲哀,国家篇 3.387C 以下;在卫士中不鼓励,同上 3.387C 以下,参阅法篇 7.792B,800D 以下,国家篇 10.603E;音乐的划分,法篇 3.700B;混合着快乐与痛苦,斐莱布篇 476;在献祭时的悲哀,法篇 7.800C 以下;亦见 dirges, grief, mourners/mourning, sorrow, tears 条。

被爱者　beloved　爱人,神的形象,斐德罗篇 151A,252C 以下。

卑鄙、自私　meanness　在寡头身上,国家篇 8.554;亦见 pettiness 条。

被动的　passive　被动的国家与主动的国家,书信 7.342D,法篇 9.859E 以下。

悲剧/悲剧的　tragedy/tragic　悲剧与喜剧,国家篇 3.394D 以下,参阅法篇 7.816D 以下;可以由同一个人来写,会饮篇 223D,参阅伊安篇 534C;

大多数人喜欢的娱乐,法篇 2.658D;等于羊人剧,克拉底鲁篇 408C;产生快乐与痛苦的混合,斐莱布篇 48A;只寻求快乐,高尔吉亚篇 502B;不要太认真对待,国家篇 10.602B;诗人,僭主的歌颂者,同上 8.568A 以下,参阅书信 1.309D 以下;喜欢搬出诸神来摆脱困境,克拉底鲁篇 425D;模仿者,国家篇 10.597E,598D 以下;再现俄狄浦斯等,法篇 8.838C;亦见 poetry, poets 条。

卑劣、琐碎　pettiness　气量狭小,哲学家不应该,国家篇 6.486A,参阅泰阿泰德篇 173E。

悖论　paradox(es)　正义与非正义的悖论,国家篇 1.348B 以下;关于惩罚的悖论,高尔吉亚篇 472D 以下;智者的悖论,欧绪德谟篇 275D 以下,293 以下,美诺篇 80D 以下,参阅泰阿泰德篇 165A。

贝壳或陶片放逐法　ostracism　喀蒙的放逐,高尔吉亚篇 516D。

悲伤　θρήνοι　参阅 lamentation/laments 条。

悲伤　grief　不能放纵,法篇 5.732C,美涅克塞努篇 247C 以下,国家篇 3.387C 以下,10.603E—606B,参阅法篇 5.727C 以下,7.792B,800B 以下;亦见 sorrow 条。

悲伤　sorrow　不允许沉溺于悲伤之中,法篇 5.732C,7.800D,美涅克塞努篇 247C 以下,国家篇 3.387C 以下,参阅法篇 5.727C 以下,7.792B;戏剧中的悲伤提供了各种快乐,国家篇 10.606B;亦见 lamentation/laments, pain 条。

被学的东西、课　μάθημα　参阅 learn(ing), knowledge 条。

本质、本体、实体　substance(s)　与偶性,吕西斯篇 217C 以下;吸收,同上 217C 以下;亦见 essence 条。

本质　essence　绝对的本质,斐多篇 65;辩证法家理解的本质,国家篇 7.534B;本质与偶性,智者篇 247B 以下,参阅国家篇 5.454;具有本质的行为,克拉底鲁篇 386E 以下;本质与属性,欧绪弗洛篇 11A;永恒的本质,蒂迈欧篇 37D 以下;本质与生成,国家篇 7.525B 以下,534A;本质与善,同上 6.509;本质本身,巴门尼德篇 135A;分离的本质,蒂迈欧篇 36D 以下;事物与名称的本质,克拉底鲁篇 423E;不变的本质,国家篇 9.585C

以下;亦见 being,elements,existence,form(s),idea(s),realities/reality 条。

变　　　becoming　　变易,变易与存在,斐莱布篇 54 以下,国家篇 7.518C,
521D,泰阿泰德篇 152D 以下,157,蒂迈欧篇 27D 以下,290,参阅普罗泰
戈拉篇 340B 以下;变化与快乐,斐莱布篇 53C 以下,54E 以下;变化与真
正的存在,智者篇 248A 以下;亦见 coming to be,generation(s)条。

变化　　change(s)　　身体与心灵的变化,会饮篇 207D 以下;变化与理智,
智者篇 249A 以下;法律中的变化,政治家篇 295C 以下;变化之恶,法篇
7.797D 以下;不允许音乐发生变化,同上 7.798D 以下,国家篇 4.424B 以
下;非存在的一不变,巴门尼德篇 163E 以下;变化的哲学,泰阿泰德篇
181B 以下;变化的原则,法篇 10.893C 以下;变化与真实,智者篇 248E 以
下;变化与静止,泰阿泰德篇 181;灵魂的变化,法篇 10.903D 以下,904C
以下;年轻人脾气的变化,同上 11.929C;两类变化,泰阿泰德篇 181C 以
下;亦见 alteration,innovation,motion(s),transition 条。

变化　　alteration　　巴门尼德篇 138C;亦见 change(s),motion(s)条。

边界、国境　　boundaries　　参阅 landmarks 条。

编写故事的人　　storymakers　　受审查,国家篇 2.377C 以下;亦见 fiction
条。

辩证法、辩证的,　　dialectic(al)　　雅典人对辩证法的经验,法篇 10.892D
以下;可以获得善本身,国家篇 7.532A;等于仁慈的争论,书信 7.344B;
其他学问的盖顶石,国家篇 7.534E;对年轻人来说是危险的,同上
7.538C 以下;学习辩证法的危险,同上 7.537E 以下;定义与划分,斐德罗
篇 277B,参阅斐多篇 75—79;许多人轻视辩证法,巴门尼德篇 135D;按种
类划分,智者篇 253D,政治家篇 286D,参阅智者篇 264E;划分,政治家篇
258B 以下,261—680;应当追随劈理,同上 262B 以下;消除假设,国家篇
7.533C;辩证法与争论术,书信 7.343D 以下,欧绪德谟篇 275 以下,293
以下,斐多篇 101E,斐莱布篇 17A,国家篇 5.454A,6.499A,7.539B,智者
篇 216B,泰阿泰德篇 167E;诸神的馈赠,斐莱布篇 16C;最伟大的知识,同
上 57E 以下,参阅国家篇 7.534;需要理解相,政治家篇 286A;辩证法之
网,智者篇 235B,参阅泰阿泰德篇 165E;辩证法的对象,国家篇 7.537D;

对人的最初检验,伊庇诺米篇991C;辩证法与回忆,美诺篇81E以下;不管名称好坏,智者篇227A以下;辩证法与修辞学,斐德罗篇266,270D以下,参阅高尔吉亚篇448D,471D以下;天文学家研究辩证法,伊庇诺米篇991C;统治者的辩证法,国家篇7.536D以下;揭示用名称表达的共性,智者篇240A;如果人是万物的尺度,那么辩证法是无用的,泰阿泰德篇161E;拿视觉作比喻,国家篇7.532A;辩证法与写作,斐德罗篇277B以下;自然哲学家错误地使用辩证法,法篇10.891D;在辩证法上花的时间,国家篇7.539D以下;辩证法作为方法,同上6.511;论证的辩证法,巴门尼德篇135E以下;与屠宰相比,斐德罗篇265E;与雕刻相比,政治家篇287C;在技艺中没有地位,斐莱布篇59A;与被定义对象的尊严无关,政治家篇266D;综合与分析,斐德罗篇265D以下;亦见 discourse, discussion条。

辩证法家　dialectician(s)　察觉对象的一与多,斐德罗篇266B;年轻人对辩证法的热情,斐莱布篇15D以下;提取对每一事物的本质的解释,国家篇7.534B;灵魂的园丁,斐德罗篇276E;辩证法学派,大希庇亚篇301D;这个名称的使用者,克拉底鲁篇390C以下;亦见 philosopher(s)条。

编织羊毛　woolworking　政治家篇282。

表述、叙述　predication　智者篇251;与字母的结合,同上253A以下;对表述的否定,同上251B以下,252A以下;表述与音乐,同上253B;不公正的,同上252D以下;普遍的,同上252D。

表现　representation　在诗歌中,法篇4.719C;亦见 imitation/imitative/imitators条。

表演、展示　display　古代哲学家没有表演,大希庇亚篇282D;表演的技艺,智者篇224B。

标志　sign　苏格拉底的标志,申辩篇31D,40,41D,欧绪德谟篇272E,欧绪弗洛篇3B,斐德罗篇242C,国家篇6.496C。

标准　criterion　智慧的标准等于挣钱的能力,大希庇亚篇283B。

标准　standards　关于音乐标准的法律,法篇7.800A。

比较　comparison　作比较的难处,泰阿泰德篇154B以下。

比例、部分、份儿　　**proportion**　　身体与灵魂之间的,蒂迈欧篇 87C 以下;作为一种善,斐莱布篇 66B;作为善的成分,同上 64D 以下;与尺度的关系,国家篇 6.486D;国家和个人都需要,法篇 3.691C 以下,693B;在雕刻与绘画中的,智者篇 235E 以下;在宇宙中的,蒂迈欧篇 31C 以下;亦见balance,measure(ment/s),symmetries/symmetry 条。

蓖麻油　　**castorberry juice**　　蒂迈欧篇 60A。

冰　　**ice**　　蒂迈欧篇 59E。

冰雹　　**hail**　　蒂迈欧篇 59E。

冰雹　　**hoarfrost**　　蒂迈欧篇 59E。

冰冻、严寒、霜　　**frost**　　参阅 hoarfrost 条。

禀赋、天资　　**gifts**　　斐德罗篇 269D 以下,国家篇 2.370B,5.455B 以下,7.535;可以被歪曲,同上 6.491B 以下,495A 以下,7.519A,参阅法篇5.747B 以下,7.819A,10.908C 以下;亦见 bribes,prize(s),rewards 条。

病人、顾客　　**patient(s)**　　与机构,同样要具有资格,高尔吉亚篇 476B 以下,国家篇 4.437,参阅斐莱布篇 27A;病人的感觉,泰阿泰德篇 157A,159以下;关于病人与医生的法律,法篇 9.865B;两类病人,同上 4.720C 以下,9.857C 以下;亦见 doctor(s)条。

濒临大海而居的人　　**nautical population**　　是邪恶的,法篇 4.705A。

必然　　**Necessity**　　命运女神之母,国家篇 10.617C;诸神间不和的原因,会饮篇 195C;她的法令,斐德罗篇 248C;必然性的纺锤,国家篇 10.616D;必然性的王座,同上 10.621A。

必需品　　**necessaries**　　生活必需品,国家篇 2.369D,373A。

必要性、必然性　　**necessity**　　蒂迈欧篇 47E 以下;狄奥墨德斯的必然性,国家篇 6.493D;甚至不是一位神能与之相提并论的,法篇 5.741A,7.818B;爱的必要性,国家篇 5.458D;从理智中产生的必要性是最强大的,伊庇诺米篇 982B,参阅法篇 7.818B 以下;其约束性不如欲望那么强烈,克拉底鲁篇 403C;亦见 Destinies/destiny 条。

比喻　　**analogy**　　关于死亡和睡眠的比喻,斐多篇 71C;关于人和动物的比喻,国家篇 2.375 以下,5.459E 以下;关于画画和写字的比喻,斐德罗

篇 275D;把政治比作医疗和体育,高尔吉亚篇 464B 以下,518A 以下;关
于感觉和道德品质的比喻,拉凯斯篇 190A;关于思想和感觉的比喻,泰
阿泰德篇 188E 以下;关于聪明人和医生的比喻,同上 167A 以下;在论证
中使用比喻,小希庇亚篇 373C 以下,政治家篇 285C 以下,297E 以下。关
于技艺的比喻,用于统治者,国家篇 1.341C 以下;关于技艺与正义,同上
1.349E 以下;关于技艺与道德品质,小希庇亚篇 373C 以下;关于医疗的
比喻,医疗与教育,拉凯斯篇 185C 以下;医疗与友谊,吕西斯篇 217,218E
以下;医疗与爱,会饮篇 186;医疗与惩罚,高尔吉亚篇 478 以下,法篇
5.735D 以下;医学与修辞学,斐德罗篇 270B 以下;关于政治家的比喻,政
治家与医生,政治家篇 293B 以下,295C 以下;政治家与船长,同上 297E
以下。

碧玉　　**jasper**　　装饰苍穹,斐多篇 110D。

鼻子　　**nose**　　蒂迈欧篇 66D,78C,参阅小希庇亚篇 374D。

跛、瘸　　**lameness**　　小希庇亚篇 374C 以下。

波埃提亚(人)　　**Boeotia(ns)**　　寻求雅典人的帮助,美涅克塞努篇 244D;
训练和公餐制引起派别,法篇 1.636B;苏格拉底的骨头如果获得自由早
就去了波埃提亚,斐多篇 99A;在唐格拉和恩诺斐塔,美涅克塞努篇 242A
以下;想要出卖在亚细亚的希腊人,同上 245C。

驳斥　　**refutation**　　辩驳技艺,智者篇 230B 以下;在法庭上,高尔吉亚篇
471E。

搏斗　　**combats**　　节庆的,法篇 8.829B。

玻璃　　**glass**　　蒂迈欧篇 61B。

薄雾　　**mist**　　以太的残渣,斐多篇 109C。

步兵　　**infantry**　　比水兵更有用,法篇 4.706C 以下。

补偿、赔偿　　**compensation**　　对受伤害者的赔偿,法篇 9.877B,878C 以下;
动物王国中奉行强力原则,普罗泰戈拉篇 320E 以下。

补偿　　**expiation**　　抵偿,抵罪,法篇 8.831A,9.854B,865 以下,868 以下,
872E 以下,881E,国家篇 2.364B 以下;涤净住所,法篇 9.877E;亦见
purification 条。

不成文法　　**unwritten law**　　参阅 custom,law(s),tradition(s)条。

补充、添加、装满　　**replenishment**　　斐莱布篇 35A;亦见 restoration 条。

不等的　　**inequality**　　一具有不等的非存在,巴门尼德篇 161C 以下。

不等的　　**unequal**　　不等的与一,巴门尼德篇 140B,149D 以下。

不懂音乐的　　**unmusicalness**　　小希庇亚篇 374C。

部队、军队　　**troops**　　统领军队用到的数学,国家篇 7.525B;军队的秩序,同上 7.522D 以下。

不发音的字母　　**mutes(phonetic)**　　克拉底鲁篇 424C。

部分　　**part(s)**　　这个术语的应用,普罗泰戈拉篇 329D 以下;部分与国家的幸福,国家篇 4.420B 以下,5.466A 以下;在医药中,卡尔米德篇 156E,法篇 10.902D,斐德罗篇 270C,参阅法篇 10.903D;部分在一中,巴门尼德篇 137C 以下,138E,142D 以下,144 以下,147B,150A 以下,153C,157C 以下,159D,智者篇 244E 以下;命题的部分,克拉底鲁篇 385C;宇宙的部分,法篇 10.903B 以下,905B,蒂迈欧篇 30C;美德的部分,普罗泰戈拉篇 329D,349 以下,参阅法篇 1.630E,12.965 以下;与整体,泰阿泰德篇 204 以下;在爱中,国家篇 5.474C 以下,475B,6.485B;亦见 section 条。

不公正、不义　　**iniquity**　　与疾病,法篇 10.906C。

不光荣、羞辱　　**dishonor**　　参阅 unseemliness 条。

不关心、冷淡、不在乎　　**indifference/indifferent**　　对金钱和交好运,国家篇 1.330B;对国家,普罗泰戈拉篇 351D;对事物不关心,高尔吉亚篇 467E 以下,吕西斯篇 216D,220C,222C。

不和、不和谐　　**discord**　　原因,国家篇 5.462B 以下;内乱,法篇 6.757A,E;与疾病,智者篇 228A 以下;国家的毁灭,国家篇 5.462,参阅法篇 3.686B;不和谐与邪恶,智者篇 228A 以下;亦见 enmity,faction,revolution,strife,civil 条。

不合理的　　**irrational**　　几何学中不合理的线段,国家篇 7.534D;无理数与有理数,大希庇亚篇 303B。

不敬神、不虔敬　　**ungodliness/ungodly**　　由恶灵引起,书信 7.336B;对灵魂的本性无知,法篇 10.892A;受惩罚,同上 10.907E 以下。

不可摧毁的、不会毁灭的　　**indestructibility**　　灵魂的,斐多篇 91D,95C;对
于不朽性来说是最根本的,同上 88B;亦见 immortal(ity),imperishability,
soul(s)条。

不可见的　　**invisible**　　不可见者是多样的,斐多篇 79。

不可灭性　　**imperishability**　　灵魂与肉体的不可灭,法篇 10.904A,参阅蒂
迈欧篇 41;亦见 indestructibility 条。

不匹配、不协调　　**incompatibility**　　离婚的根据,法篇 11.929E 以下。

不恰当、不适宜　　**inappropriate**　　等于丑陋,大希庇亚篇 290C 以下。

不恰当、不体面　　**unseemliness**　　不恰当与公正,法篇 9.860A。

不虔诚、不敬神的　　**impiety/impious**　　不虔诚的原因,法篇 10.899E 以
下;对诸神的不敬,同上 10.885,907D—909C;对不敬神者的起诉,同上
7.799B;相关的法律,同上 9.868E 以下;相关惩罚,同上 10.907E 以下;不
虔诚的献祭是浪费,同上 4.716D 以下;相关诉讼,同上 10.910C 以下;亦
见 atheism/atheists,atonement,blasphemy 条。

不圣洁的　　**unholiness**　　等于所有神痛恨的,欧绪弗洛篇 9E。

不是一种获取而是使用　　**education**　　国家篇 7.518B 以下;关于要接受
的教育的建议,拉凯斯篇 186;旨在理想,法篇 1.643E 以下;在出生前就
开始了,同上 7.789;带来胜利,同上 1.641C;教育与合唱技艺,同上
2.672E;不是被迫的,国家篇 7.536D 以下,参阅法篇 7.804D;与灵魂的和
谐有关,法篇 2.653B 以下;克里特与斯巴达的教育,同上 2.660D 以下,
666E,参阅大希庇亚篇 284B 以下,285A;如果导向错误会带来危险,国家
篇 6.491D 以下,参阅法篇 7.819A,国家篇 7.519A;很难找到老师,申辩篇
20;宴饮在教育中的作用,法篇 1.641D,2.653C 以下,参阅 2.657C 以下;
最早的教育通过缪斯和阿波罗,同上 2.654A;埃及的教育,同上 2.656D
以下,7.819B 以下;教育中的运动与训练,同上 7.790E 以下;人的最大幸
福,同上 1.644B,参阅国家篇 2.377A 以下;环境的重要性,国家篇 3.401B
以下;反复教育要服从法律,法篇 2.659D;在少儿时期通过娱乐来进行
教育,同上 1.643B 以下,国家篇 4.425A,7.536E;影响性格和习惯,同上
4.424E 以下;教育中的新花样是危险的,同上 4.425A;使生活完善,蒂迈

276A,法篇 2.654B 以下,660C 以下,7.809E 以下,812B 以下,普罗泰戈拉篇 326A 以下,参阅克里托篇 50D;背诵诗歌,法篇 7.810E,普罗泰戈拉篇 326A;读与写,卡尔米德篇 159C,160A,161D,法篇 7.809E 以下,普罗泰戈拉篇 326C 以下,参阅吕西斯篇 209A 以下,泰阿泰德篇 206A,207D 以下;亦见 payment for teaching,Sophist(s)条,以及各项具体科目条。

不同、不似　unlike　巴门尼德篇 147C 以下,158E 以下,161A 以下;不同与相同,同上 127E,129A 以下。

不同的　different　巴门尼德篇 143B 以下,146B 以下,147E 以下,153A;差异与存在,智者篇 359A 以下;词义,同上 254E 以下;不同的性质,同上 257B 以下;不同与相同,同上 254E 以下,蒂迈欧篇 35A 以下;亦见 other (s)条。

不同意见、分歧　disagreements　如何解决,欧绪弗洛篇 7B 以下。

不相信、怀疑　incredulity　改革的障碍,法篇 8.839D。

不幸　misfortune　耐心地对待不幸,国家篇 3.387D 以下,10.602B—606B;亦见 grief,sorrow 条。

不信任　mistrust　由于不平等而产生,书信 7.337B。

不朽　immortal(ity)　不朽的,书信 7.334E 以下;敬畏神的人相信不朽,法篇 12.967D;对恶人来说不是一种恩惠,同上 2.661B 以下;儿童的不朽,同上 4.721C,6.774A,776B,会饮篇 207 以下;我们身上的不朽成分,法篇 4.714A;名声的不朽,会饮篇 208C 以下;诸神的不朽,蒂迈欧篇 41A 以下;含义,斐多篇 107C;不朽与爱,会饮篇 206E—209;对善的期待,申辩篇 40E;灵魂统治凡人,蒂迈欧篇 70A;灵魂的不朽,关于灵魂不朽的论证,斐多篇 85E 以下,87;对这个问题的回答,同上 91 以下;为灵魂不朽作论证,同上 70C 以下;创世主赋予不朽,蒂迈欧篇 41C 以下,69C;灵魂不朽的证据,斐多篇 105 以下,国家篇 10.608C 以下,参阅 6.498C 以下,蒂迈欧篇 90C;与自动的原则,斐德罗篇 245C 以下,参阅法篇 10.894B 以下,12.966D 以下;与回忆,美诺篇 81B 以下,85C 以下,斐多篇 730—776;亦见 God,soul(s)条。

不正义、不公正　injustice　是一种益处,国家篇 1.343C 以下;不会带来

好处,法篇 2.662B 以下,国家篇 9.588E 以下,10.613C 以下;等于灵魂的
内战,同上 4.444B,参阅法篇 10.906A,智者篇 228;无力量行不义者不赞
成,国家篇 2.366D;颂扬不正义的人,同上 3.361E,367,3.392B,9.588E 以
下,参阅法篇 2.662B,国家篇 8.545B,9.588B;针对不正义者之恶,克里托
篇 49;等于正义女神,国家篇 1.348D;在更大的范围内比正义更伟大,同
上 1.344;无意的不义,法篇 5.731C,9.864A;与正义,同上 5.730D;抵达完
成,国家篇 3.360E 以下;等于个人利益,同上 1.344;最可耻的,高尔吉亚
篇 477C 以下;在国家中,国家篇 4.434;导致自我毁灭的,同上 1.351C 以
下,参阅法篇 10.906A;与节制,普罗泰戈拉篇 333B 以下;与邪恶,国家篇
1.348D 以下;为何要受惩罚,普罗泰戈拉篇 323E,参阅高尔吉亚篇 476D
以下;亦见 disease, evil(s), iniquity, just(ice), unjust, vice, wicked(ness),
wrong 条。

不正义的人　　unjust man　　是幸福的,高尔吉亚篇 470D 以下,国家篇
1.343C 以下,参阅 3.392B;是不幸福的,同上 9.580,10.613B 以下,参阅
书信 7.335B,法篇 2.661B 以下;亦见 bad, evil(s), wicked(ness), wrongdoer
条。

不自觉的　　involuntary　　欺骗,法篇 5.730C;具有恶的性质,书信
7.351C,大希庇亚篇 296B 以下,法篇 9.860D,864A,普罗泰戈拉篇 345D
以下,352C 以下,355,蒂迈欧篇 86E,参阅高尔吉亚篇 468,509E,智者篇
228;不自觉与自觉的行为,法篇 9.860D 以下;虚假的行为,小希庇亚篇
371E 以下;不自觉的杀人,法篇 9.865—869;亦见 indeliberate,
unintentional, voluntary 条。

不自愿的　　ἀναγκαῖον　　参阅 etymology, involuntary, necessity 条。

部族、部落　　tribes　　部族法庭,法篇 6.768B,11.915C,12.956C;十二部
族,同上 5.745B 以下,参阅 6.771B 以下。

C

财产、占有物　　possession　　地产和房产,法篇 12.954C。

财产　　**property**　　财产的共同体,国家篇 3.416E,4.420A,422D,5.464B 以下,8.543B 以下;在次好的国家中放弃,法篇 5.739E 以下;放弃或争执,同上 11.913B—916D;财产的原则,同上 11.913A;财产登记,同上 5.745A,6.754D 以下,8.850A,9.855B,11.914C;对财产的限制,同上 11.923B 以下,国家篇 8.556A;估价,法篇 12.955D 以下;财产资格,书信 7.337B;在模范城邦中,法篇 5.744B 以下;在寡头制中,国家篇 8.551B;亦见 cupidity,land,objects,proprietorship,social classes 条。

"裁缝的上衣"　　**the tailor's coat**　　斐多篇 87B 以下。

财富、财产、资源、富裕的　　**wealth(y)**　　财富在古代的好处,国家篇 1.329E 以下;在以金钱为原则的政制和寡头制中财富是全能的,同上 8.548A,551B,562A;不要为子女积累财产,法篇 5.729A;财富是最大的幸福,国家篇 1.330D 以下;不要把财产作为婚姻的主要考虑因素,法篇 6.773,774C,政治家篇 310B 以下;技艺的腐败,国家篇 4.421D 以下;富人最能教育好子女,普罗泰戈拉篇 326C;富人的儿子容易作恶,法篇 3.695E;富人的罪恶,书信 3.317C 以下,法篇 4.705B,5.742D 以下,8.831C,9.870A 以下;过度积聚财产引起党争,同上 5.744D;财富与幸福,同上 5.729A,743A 以下,9.870A 以下;财富不是幸福,同上 9.870A 以下,参阅国家篇 1.329E 以下;在斯巴达不荣耀财富,法篇 3.696A;财富是人们获取美德的障碍,同上 5.728A,742D 以下,8.831C,836A,国家篇 550D 以下;对生活有重要影响,书信 7.331A;对国家的影响,国家篇 4.422A,参阅法篇 4.705A 以下,5.728E 以下,744E;只能有节制地获取,法篇 9.870B 以下,国家篇 9.591E;对战争来说不是必需的,同上 4.422;财产与寡头,同上 8.553;在国家中具有最末的地位,法篇 3.697B,5.743E,9.870A 以下,参阅 7.801B;在民主制中受到劫夺,国家篇 8.564E 以下;富人既无圣地又无避难所,法篇 7.801B;不如正义那样有价值,同上 11.913B,参阅申辩篇 29D 以下,41E;爱财是犯罪的原因,法篇 9.870A 以下;防止战争,同上 8.831C;在以金钱为原则的政制中和在寡头制政制中贪婪盛行,国家篇 8.548A;亦见 class,capitalistic,opulence,property,rich(es) 条。

采石场　　**quarries**　　书信 2.314E。

参与、分有　　**participation**　　巴门尼德篇 131A 以下，132C 以下，157C，斐多篇 100C，101C；在对立面中分有，巴门尼德篇 129A 以下；分有及其表述，智者篇 252A 以下。

草药　　**herbs**　　蒂迈欧篇 80E。

测量　　**mensuration**　　伊庇诺米篇 990D；双重测量，斐莱布篇 56E 以下；亦见 measure(ment/s) 条。

测量术　　**stereometry**　　伊庇诺米篇 990。

蝉　　**cicadas**　　缪斯的口舌，斐德罗篇 262D；歌蝉，同上 230C，258E 以下，262D；蝉的故事，同上 259。

蝉　　**locusts**　　参阅 cicadas 条。

颤抖、哆嗦　　**shivering**　　蒂迈欧篇 62B；亦见 shuddering 条。

长柄勺　　**ladle**　　适宜的，大希庇亚篇 290D 以下。

倡导、建议、唆使　　**advocate(s)**　　恶魔的建议"也要聆听"，斐德罗篇 272D；法律的倡导，法篇 11.937E 以下。

常规、习俗、惯例　　**convention**　　合法的东西作为一种常规，泰阿泰德篇 172A 以下，177C 以下，亦见 compact(s) 条；习俗与自然，法篇 10.889E；最受反对的，高尔吉亚篇 482E；亦见 names 条。

常规　　**routine**　　与技艺，高尔吉亚篇 462C 以下，500E 以下。

长枪、长矛　　**spear**　　少女学习使用，法篇 7.794D。

长者、长官、占优势者、优胜者　　**superiors**　　公正地对待下级，法篇 6.777E；亦见 better 条。

掺假　　**adulteration**　　参阅 fraud 条。

产婆、助产妇　　**midwives**　　泰阿泰德篇 149 以下。

超过、过度　　**excess**　　在论证中，政治家篇 277A 以下，283B 以下，286B 以下；过分自由带来反作用，国家篇 8.563E 以下，作为大的原因，大希庇亚篇 294B。

朝觐的船只　　**mission ship**　　从雅典到提洛，克里托篇 44，斐多篇 58。

嘲笑　　**laughter**　　在卫士中不允许，国家篇 3.388E，参阅法篇 5.732C，

11.935B 以下;不能把诸神说成受嘲笑的对象,国家篇 3.388E 以下。

嘲笑　　scoffing　　在什么范围内允许,法篇 11.935A 以下;亦见 ridicule 条。

抄写　　scribe　　在灵魂中,斐莱布篇 39A。

车　　car　　参阅 wagons 条。

车　　wagons　　节日游行用的车,法篇 1.637B。

城邦、城市　　cities/city　　最好的城市,城市的位置,国家篇 3.415D 以下;城邦分成富人的城邦与穷人的城邦,同上 4.422E 以下,8.551D;较早的城邦,法篇 3.680E 以下,普罗泰戈拉篇 322B;好城邦导向和平的生活,法篇 8.829A;天上的城邦,国家篇 9.592;沿海的城邦,不稳定,法篇 4.705A,参阅 12.949E 以下;模范城邦,参阅 model city 条;许多城市组成的一个城邦,国家篇 4.422E 以下;不是建构,而是定居,法篇 4.712E 以下;城邦的名称,同上 4.704A;城邦的起源,普罗泰戈拉篇 322B 以下;"猪的城邦",国家篇 2.372D;城邦像一艘船,法篇 6.758A;古代建立城邦的故事使斯巴达人喜悦,大希庇亚篇 285D;亦见 constitution(s),government(s),polity,society,state(s)条。

惩罚　　chastisement　　惩罚的技艺,智者篇 229A;亦见 discipline 条。

惩罚　　punishment　　是一种矫正,普罗泰戈拉篇 326E;子女不能惩罚父母,法篇 9.855A,856D;合法的形式,普罗泰戈拉篇 325B 以下;正义的惩罚是善的,高尔吉亚篇 469B,参阅政治家篇 293B 以下;与医药,高尔吉亚篇 478 以下,法篇 5.735D 以下;性质与实施者,高尔吉亚篇 476 以下,525A 以下,法篇 5.735D 以下,9.854E,862E 以下,11.934A 以下,12.944D,964B,普罗泰戈拉篇 323D—324D,政治家篇 308E,参阅高尔吉亚篇 480 以下,507D 以下,525A 以下,527B 以下,国家篇 2.380B;关于惩罚的悖论,高尔吉亚篇 472D 以下;相关原则,法篇 9.860E 以下;对奴隶的惩罚,同上 6.777E,7.793E;对恶人的惩罚,高尔吉亚篇 523B,525,法篇 9.870E,881A,10.905A 以下,12.959B 以下,斐多篇 108B,114,斐德罗篇 249A,国家篇 2.363D 以下,10.614D 以下,泰阿泰德篇 176D 以下;亦见 death,Hades,judgment(s),penalties,retribution 条。

城墙　　walls　　有害的,法篇 6.778E 以下。

诚实　　honest　　参阅 good(ness/s),just(ice)条。

诚实　　sincerity　　真正的哲学的一部分,书信 10.358C。

称重量　　weighing　　技艺,卡尔米德篇 166B;在技艺中,斐莱布篇 55E;矫正视觉的误差,国家篇 10.602D。

沉默寡言　　taciturnity　　拉栖代蒙人的,法篇 1.641E;亦见 brevity 条。

沉溺、着迷　　indulgence　　对完全正义的违反,法篇 6.757E。

沉思者　　contemplator　　哲学家的沉思与存在,国家篇 6.486A,泰阿泰德篇 173E。

沉稳　　steadiness　　性格方面的,通常与愚蠢相伴,国家篇 6.503C 以下,泰阿泰德篇 144B。

吃,快乐　　eating　　法篇 2.667B 以下,6.782E;亦见 food,meat 条。

翅膀　　wings　　灵魂的翅膀,斐德罗篇 246,251,255C。

吃草　　grazing　　牛群在邻居的草地上吃草所受的惩罚,法篇 8.843D。

尺度　　measure(ment/s)　　斐莱布篇 66A,蒂迈欧篇 69B;技艺的尺度,普罗泰戈拉篇 356D 以下,政治家篇 283D—285B;技艺中的尺度,斐莱布篇 55E,政治家篇 284A 以下;尺度与美,斐莱布篇 64E,政治家篇 284B;矫正幻觉的尺度,国家篇 10.602D,参阅普罗泰戈拉篇 356D 以下;标志合乎美德的生活的既定尺度,法篇 4.716C;尺度与卓越,斐莱布篇 64D;善的成分,同上 64D 以下;与或多或少相对,同上 24C 以下,参阅普罗泰戈拉篇 357A;尺度与快乐,斐莱布篇 65D;尺度的标准化,法篇 5.746D 以下;亦见 moderation,proportion 条。

迟钝　　dullness　　由快乐和痛苦所产生的迟钝,书信 3.315A。

吃饭　　meals　　公餐,参阅 common meals 条。

持久、坚韧　　endurance　　士兵需要养成的习惯,法篇 12.942D,参阅 6.762E;斯巴达人的坚韧持久,同上 1.633B 以下;使青年养成,国家篇 3.390D。

吃人肉　　cannibalism　　同类相食,国家篇 8.565D。

崇拜　　worship　　参阅 religion 条。

重复　　repetition　　作为一种文风,斐德罗篇 235A。

冲突、争斗、纷争　　**strife**　　防止内乱,国家篇 7.521A 以下;宇宙中的斗争原则,智者篇 242C 以下;亦见 faction 条。

冲突　　**conflict**　　凡人的,善与恶的冲突,法篇 10.906A 以下;理性与欲望的冲突,同上 3.687 以下,689A 以下,斐德罗篇 253D 以下,国家篇 4.439C—442,9.571C 以下,蒂迈欧篇 69D 以下。

重新分配　　**redistribution**　　财产的重新分配,法篇 5.736D 以下。

丑的　　**ugly**　　丑的与美的,大希庇亚篇 286C,288E 以下;等于不适宜的,同上 290C 以下;等于无用的,同上 295E。

仇恨　　**hatred**　　由不平等养成,书信 7.337B;诸神间的仇恨,欧绪弗洛篇 6B,7B;僭主和臣民间的仇恨,国家篇 8.567D,参阅法篇 3.697D 以下,国家篇 9.576A;亦见 enmity 条。

抽签　　**lot(s)**　　通过抽签选举,法篇 6.759C;是民主制的标志,国家篇 8.557A;等于上苍的青睐与幸运,法篇 3.690C,参阅 6.757E,759C;使用抽签,同上 9.856D,12.946B,国家篇 5.460A,461E,蒂迈欧篇 18E;公民的抽签:总是保持相同,法篇 5.740B 以下,741B,744E,6.754E 以下,9.855A,856D,857A,877D,11.923D 以下;对所有人平等,同上 5.745E;亦见 allotments,election,ephorate,land,property 条。

抽象　　**abstract**　　抽象与具体,斐多篇 103;抽象观念的起源,同上 74,国家篇 7.523 以下,亦见 idea(s)条。

触、碰　　**touch**　　国家篇 7.523E。

船　　**ship(s)**　　国家与船,法篇 6.758A,政治家篇 302A;战船,大希庇亚篇 295D。

船的、海军的　　**naval**　　造船设计师,普罗泰戈拉篇 319B;海战,法篇 4.706C;亦见 shipwright 条。

床　　**beds**　　参阅 couches 条。

创世、创造　　**creation**　　创世神话,伊庇诺米篇 981 以下,普罗泰戈拉篇 320C 以下,政治家篇 269C 以下;创世的起始,法篇 10.893C 以下;创造的类型,蒂迈欧篇 28E 以下;物理学的创世论,法篇 10.888E 以下;创世的种类,蒂迈欧篇 39E 以下;这个世界的创造,普罗泰戈拉篇 320C 以下;亦见 genesis, production/productive 条。

创造者　　creator　　世界的创造者,法篇 10.886—899B,智者篇 265B 以下,政治家篇 269C 以下,蒂迈欧篇 28 以下;亦见 God 条。

传令官、先锋　　heralds　　政治家篇 260D 以下,290B;亦见 criers, envoys 条。

传说、传统　　tradition(s)　　关于大洪水的传说,克里底亚篇 112A,法篇 3.677A,702A,参阅克里底亚篇 109D,111B,蒂迈欧篇 22A 以下;拉栖代蒙人的传统,大希庇亚篇 284B 以下;传统与法律,法篇 7.793A 以下;传统的力量,同上 11.913C;古代的传统,书信 7.335A,蒂迈欧篇 20D 以下;关于血亲仇杀的传统,法篇 9.872E 以下,参阅 9.870D 以下;真相不一定知道,克里底亚篇 109D 以下,法篇 173E,4.713E,6.782D,斐德罗篇 374C,国家篇 3.414C,蒂迈欧篇 40D,参阅法篇 11.927A,政治家篇 271A 以下;关于地狱的传说被恶人所轻视,法篇 9.881A;亦见 custom, fable(s), fame, common, stories/story, tale(s)条。

传统的四行六韵步诗　　epitaph(s)　　法篇 12.958E;在弥达斯墓碑上的,斐德罗篇 264C 以下。

船长　　shipmaster(s)　　书信 7.329E,347A,参阅普罗泰戈拉篇 319D;聋的船长,国家篇 6.488 以下。

船资　　passage money　　高尔吉亚篇 511D 以下。

处罚　　penalties　　具体化,法篇 9.855A 以下;亦见 death, exile, fines, punishment 条。

出口　　exports　　与进口,相关的法律,法篇 8.847B 以下。

纯洁的　　purity　　颜色等,斐莱布篇 52E 以下;强制过纯洁的生活,法篇 8.835D 以下。

春天、春季　　springs　　古代阿提卡的春天,克里底亚篇 111D;大西岛的春天,同上 117A;亦见 fountains 条。

畜群　　herds　　划分,政治家篇 263E 以下;喂养牲畜的知识,同上 261E 以下,275D 以下。

出生、生育　　birth(s)　　凭借出生的权力,法篇 3.690A;在雅典不是优越

地位的依据,美涅克塞努篇238D;在爱情中的作用,会饮篇206B以下;
人的生育是对大地的模仿,美涅克塞努篇238A;生育的义务,同上247;
痛苦的经历,伊庇诺米篇973D;为自己的出生而自豪,高尔吉亚篇5I2C
以下;对哲学家来说是可笑的,泰阿泰德篇174E以下;不自然的生育,克
拉底鲁篇393B以下;亦见 family, generation (s), soul(s), transmigration,
travail 条。

出身高贵的、出身名门的　　wellborn　　统治出身卑微的,法篇3.690A,
4.714E。

出生不合法的子女　　illegitimate children　　法篇11.930D。

厨师　　cook　　与医生,高尔吉亚篇521E以下;亦见 confectioner 条。

出售　　merchandise　　出售灵魂,智者篇223E以下。

出售　　sales　　出售有病的奴隶,法篇11.916A以下;欺诈性的,同上
12.954A;出售杀过人的奴隶,同上11.916E;求助于诸神,同上11.916E
以下;无法更改的价格,同上11.917B以下;有关规则,同上8.849以下;
亦见 selling 条。

词、语词　　words　　抽象的与具体的,斐德罗篇263A以下;外来词,克拉
底鲁篇421D;活生生的词优于写下来的词,斐德罗篇276,278A以下;不
配音乐的词,法篇2.669D,参阅高尔吉亚篇502C以下;高尚的词用来记
忆高尚的行为,美涅克塞努篇236E;修辞学涉及语词,高尔吉亚篇449D
以下;语词与种子,斐德罗篇276B以下;写下来的语词只能提醒已经认
识它的人,同上275;写在心灵中的语词,斐莱布篇39A;亦见 names 条。

刺、螫、叮　　sting　　斐多篇91C;魟鱼,苏格拉底是一条魟鱼,美诺篇80A,
C。

刺耳的、粗糙的　　harsh　　声音,蒂迈欧篇67C;味道,同上65D。

刺激性的、辣的　　pungent　　蒂迈欧篇66。

磁石　　magnet　　赫拉克勒斯之石,伊安篇533D以下,蒂迈欧篇80C。

词源　　etymology　　增加字母,克拉底鲁篇414C以下,斐德罗篇244C以
下;方言的改变,克拉底鲁篇229A以下;字母的改变,同上418B以下,斐
德罗篇244C以下;委婉说法的影响,克拉底鲁篇404E,412E,414C,418B

以下；插入 κ，同上 412E；字母的使用，同上 414C 以下，426C 以下。从语词开始的论证：μανία，μαντική，斐德罗篇 244C；νοῦς，νόμος，法篇 4.714A，7.799E 以下，12.957C，参阅国家篇 7.532A；χορός，χαρά，法篇 2.654A。希腊词的词源：ἀβουλία，克拉底鲁篇 420C；ἀγαθός，同上 412C，422A；Ἀγαμέμνων，同上 395A 以下；Ἆγις，同上 394B；Ἅιδης，同上 404B；ἀήρ，同上 410B；ἀήτης，同上 410B；Ἀθηνᾶ，同上 407A 以下；Ἀθηναῖος，法篇 1.626D；αἰθήρ，克拉底鲁篇 410B；αἰπόλος，同上 408C；αἰσθήσεις，蒂迈欧篇 43C；αἰσχρόν，克拉底鲁篇 416B；Ἀκεσίβροτος，同上 394C；ἀκολασία，同上 437C；ἀλγηδών，同上 419C；ἀλήθεια，同上 421B；ἅλιος，同上 409A；ἀμαθία，同上 437B；ἁμαρτία，同上 437B；ἀναγκαῖον，同上 420E；ἀνδρεία，同上 413D 以下；ἀνήρ，同上 114A；ἄνθρωπος，同上 399B 以下；ἀνία，同上 419C；Ἀπόλλων，同上 404E 以下；ἀπορία，同上 415C；ἀρετή，同上 415A 以下；Ἄρης，同上 407C 以下；Ἄρτεμις，同上 406B；Ἀρχέπολις，同上 394C；ἄρρην，同上 414A；ἀσπαλιευτική，智者篇 221C；ἄστρα，克拉底鲁篇 409C；Ἀστυάναξ，同上 392D；Ἀτρεύς，同上 395B 以下；Ἀφροδίτη，406B 以下；ἀχθηδών，同上 419C；βέβαιον，同上 437A；βλαβερόν，同上 417D；βλάπτον，同上 417E；βούλεσθαι，同上 420C；βουλή，同上 420C；γαῖα，同上 410B；γῆ，同上 410B；γλίσχρος，同上 427B；γλοιῶδες，同上 427B；γλυκύς，同上 427B；γνώμη，同上 411D；γογγύλον，同上 427C；γυνή，同上 414A；δαίμονες，同上 397E 以下；δειλία，同上 415C；δέον，同上 418B，E 以下；δεσμός，同上 418E；Δημήτηρ，同上 404B；διαϊόν，同上 412E；δίκαιος，同上 412C 以下；δικαιοσύνη，同上 412C；Διόνυσος，同上 406B 以下；Δίφιλος，同上 399B；δόξα，同上 420B；δοῦν，同上 421C；εἴρειν，同上 398D，408A；Ἕκτωρ，同上 393A；ἑκούσιον，同上 420D；ἔνδον，同上 427C；ἐνιαυτός，同上 410D；ἐντός，同上 427C；ἐπιθυμία，同上 419D；ἐπιστήμη，同上 412A，437A；ἐρείκειν，同上 426E；Ἑρμῆς，同上 407E 以下；Ἑρμογένης，同上 383B，384C，407E 以下，429C；ἔρως，同上 420A；Ἑστία，同上 401B 以下；ἐσύθη，同上

412B; ἔτος, 同上 410C; εὐθῦναι, 普罗泰戈拉篇 326E; Εὐπόλεμος, 克拉底鲁篇 394C; εὐφροσύνη, 同上 419D; ζέον, 同上 427A; Ζεύς, 同上 395E 以下,参阅 410D; ζημιῶδες, 同上 418A 以下,419B; ζυγόν, 同上 418D 以下; ἡδονή, 同上 419B; Ἥλιος, 同上 408E 以下; ἡμέρα, 同上 418C 以下,参阅蒂迈欧篇 45C; Ἥρα, 克拉底鲁篇 404B 以下; ἥρως, 同上 398C 以下; Ἥφαιστος, 同上 407C; θάλλειν, 同上 414A; θεοί, 同上 397C; Θεόφιλος, 同上 394E,397B; θερμός, 蒂迈欧篇 62A; θηλή, 克拉底鲁篇 414A; θῆλυ, 同上 414A; θραύειν, 同上 426E; θρύπτειν, 同上 426E; θυμός, 同上 419D 以下; Ἰτροκλῆς, 同上 394C; ἰέναι, 同上 424A, 426E; ἵεσθαι, 同上 427A; ἵμερος, 同上 419E, 斐德罗篇 251C, 255C; ἰόν, 克拉底鲁篇 421C; Ἶρις, 同上 408B; ἱστορία, 同上 437B; κακία, 同上 415A 以下; κακόν, 同上 416A; καλόν, 同上 416B 以下; κάτοπτρον, 同上 414C; κερδαλέον, 同上 417A 以下; κέρδος, 同上 417A; κερματίζειν, 同上 426E; κίειν, 同上 426C; κίνησις, 同上 426C; κολλῶδες, 同上 427B; κόρος, 同上 396B; Κρόνος, 同上 396B; κρούειν, 同上 426D; κύων, 同上 410A; λεῖος, 同上 427B; Λητώ, 同上 406A; λιγεῖαι, 斐德罗篇 237A; λιπαρόν, 克拉底鲁篇 427B; λύπη, 同上 419C; λυσιτελοῦν, 同上 417B 以下; μαίεσθαι, 同上 421A; μαντική, 斐德罗篇 244C; μεῖς, 克拉底鲁篇 409C; μηχανή, 同上 415A; μνήμη, 同上 437B; Μνησίθεος, 同上 394E; Μοῦσαι, 同上 406A; νόησις, 同上 411D; νόμος, 法篇 4.714A, 7.799E 以下, 12.957C, 参阅国家篇 7.532A; νωμάω, 克拉底鲁篇 411D; ὀδύνη, 同上 419C; οἴησις, 同上 420C; οἶνος, 同上 406C; οἰωνιστική, 斐德罗篇 244C; ὀλισθάνειν, 克拉底鲁篇 427B; ὄν, 同上 421B; ὄνομα, 同上 421A; Ὀρέστης, 同上 394E; Οὐρανός, 同上 396B; οὐσία, 同上 421B; ὀφέλλειν, 同上 417C; Πάλλας, 同上 406D 以下; πάλλειν, 同上 407A; Πάν, 同上 408B; Πέλοψ, 同上 395C; πιστόν, 同上 437B; Πλούτων, 同上 402D 以下; πόθος, 同上 420A; Πολέμαρχος, 同上 394C; Ποσειδῶν, 同上 402D 以下; πῦρ, 同上 409D 以下; Ῥέα, 同上 401E 以下; ῥεῖν, 同上 426D;

ῥέον，同上 421C；ῥοή，同上 424A，426D；ῥυμβεῖν，同上 426E；
σείεσθαι，同上 427A；σεισμός，同上 427A；σέλας，同上 409B；
Σελήνη，同上 409A 以下；Σοῦς，同上 412B；σοφία，同上 412B；
στάσις，同上 426D；συμφέρον，同上 417A；συμφορά，同上 437B；
σύνεσις，同上 412A；σφίγξ，同上 414D；σχέσις，同上 424A；σῶμα，同
上 400B 以下，参阅高尔吉亚篇 493A；σωφροσύνη，克拉底鲁篇 411E；
Τάνταλος，同上 395D 以下；τερπνόν，同上 419D；τέρψις，同上 419C；
τέχνη，同上 414B；Τηθύς，同上 402C；τραχύς，同上 426D；τρόμος，同
上 426D；ὕδωρ，同上 410A；Φερρέφαττα，同上 404C；Φερσεφόνη，同上
404C 以下；φρόνησις，同上 411D；φυσῶδες，同上 427A；χαρά，同上
419C；χορός，法篇 2.654A；ψεῦδος，克拉底鲁篇 421B；ψυχή，同上
399D 以下；ψυχρόν，同上 427A；ὧραι，同上 410C；ὠφέλιμον，同上
417C。

从土里出生的人 **autochthones** 政治家篇 269B，271A 以下，参阅会饮篇
191B；雅典人是从土里出生的，克里底亚篇 109D，美涅克塞努篇 237B，E，
参阅 245D；在大西岛，克里底亚篇 113C。

粗糙的 **rough** 与平滑的，蒂迈欧篇 63E。

存款 **deposits** 存放，有关法律，法篇 11.913C 以下。

存在 **existence** 一切事物均存在，泰阿泰德篇 186A；存在与差异，智者
篇 259A 以下；关于存在的难处，斐莱布篇 16D 以下；存在的划分，同上
23C 以下；诸神批准的存在，法篇 10.886—899B，亦见 God 条；"相"具有
真正的存在，大希庇亚篇 287C 以下；一个种类，智者篇 254D 以下；"每日
里存在的冗长、困难的音节"，政治家篇 278D；存在与非存在，国家篇
5.477A；本质分有，斐多篇 101，参阅国家篇 9.585C 以下；灵魂察觉到的
存在，泰阿泰德篇 185C 以下；对基本元素无法作任何解释，同上 201E 以
下；相对的存在与绝对的存在，智者篇 255C 以下；存在的变化，政治家篇
270C 以下；亦见 being，essence，natural/nature 条。

村庄 **villages** 适当的人口，法篇 8.848C 以下。

错乱 **derangement** 精神错乱，书信 7.331C；亦见 lunacy/lunatic，madman/

madness 条。

错误,谬误　　error(s)　　恶的原因,大希庇亚篇296B以下;在技艺中不可能有错误,国家篇1.340E;关于诸神的三个错误,法篇10.885B以下;三类错误,同上9.863C以下;亦见falsehood(s),ignorance/ignorant条。

错误,虚假　　falsehood(s)　　关于不存在的虚假与肯定,智者篇240D以下,241B;话语的本质与错误,国家篇2.382;神憎恨谎言,同上2.382,参阅法篇11.917A;可恨的,国家篇6.485C以下,490B;不可能虚假,克拉底鲁篇429D以下,欧绪德谟篇283E以下,智者篇260D,261B;有意的与无意的,小希庇亚篇370E以下,371E以下;在判断中,智者篇264B以下,泰阿泰德篇187B以下;谬误与知识,小希庇亚篇366E以下;仅由国家使用药物,国家篇2.382C,3.389B,5.459C以下,参阅法篇2.663D以下,国家篇3.414B以下;谬误的性质,智者篇240D以下,泰阿泰德篇189B以下,191E;错误的意见,斐莱布篇37E以下,泰阿泰德篇167A,亦见opinion条;诗人的错误,国家篇2.377D以下;语言中的错误,智者篇263B以下;思想中的错误,同上260C;等于名称误置,克拉底鲁篇431B,亦见deception,imposture,lie(s)条。

错误　　wrong　　与损害,法篇9.861E以下;下定义,同上9.863E以下;不自觉的,同上9.860D;可修复的与不可修复的,同上5.731C以下;错误与正确,同上2.663E;作恶比受恶更坏,书信7.335A,高尔吉亚篇469以下,475B以下,489A以下,508D以下,522C以下,参阅

错误　　ἁμαρτία　　参阅error(s),etymology条。

错误的、假的　　false　　错误的指控,法篇12.943E;错的与好的,小希庇亚篇367C以下;不可能有错误的意见,欧绪德谟篇286D;虚假的誓言,法篇12.948D以下;错误的思想,智者篇240D以下;虚假与狡猾,小希庇亚篇365B以下;做伪证,法篇11.937B以下;假话,小希庇亚篇365D以下;亦见forswearing,perjuries/perjury条。

错误的行为　　misconduct　　原因在于,法篇9.863B以下。

粗俗的言语、漫骂　　scurrility　　是禁止的,法篇11.934E以下。

粗俗难听的话语　　defamatory words　　有关的法律,法篇11.934E以下;

亦见 curse 条。

粗心　carelessness　不应当把诸神说成粗心的,法篇 10.900C 以下。

粗野、无礼　insolence　参阅 impudence,pride 条。

D

大　bigness　绝对的大与相对的大,国家篇 7.523E 以下;亦见 great (ness),largeness 条。

大　largeness　绝对的大与相对的大,巴门尼德篇 131C 以下;亦见 great (ness)条。

打扮、装饰　tiring　这种技艺,参阅 beautification 条。

大的、大、伟大　great(ness)　绝对的和相对的大,国家篇 10.602D,参阅 4.438B,10.605B;大本身,巴门尼德篇 150B 以下;大人物的儿子一般接受很差的教育,法篇 3.694D 以下,亦见 son(s)条;大与小,巴门尼德篇 149D 以下,161D 以下,斐多篇 96D 以下,101A,102C,政治家篇 283D 以下,参阅国家篇 5.479B;由于过分而变大,大希庇亚篇 294B;亦见 bigness,largeness 条。

道德的　moral　道德概念很难定义,书信 7.343D 以下;道德差异引起战争,欧绪弗洛篇 7D 以下;道德义务,斐多篇 99C;道德性质,道德与技艺,小希庇亚篇 373C 以下。

打嗝　hiccups　治疗打嗝,会饮篇 185D 以下,189A。

打官司　cases　民事案与刑事诉讼的区别,欧绪弗洛篇 2A;重大案件的审判,法篇 9.855C,12.958C;司法权,书信 8.356D 以下;在某些国家重大案件的审判不在一天内完成,申辩篇 37A;亦见 courts of law,judge(s)条。

大洪水　Deluge(s)　丢卡里翁的大洪水,克里底亚篇 112A,蒂迈欧篇 22A;关于大洪水的传说,法篇 3.702A,参阅克里底亚篇 109D,111B,112A;亦见 floods 条。

打诨、滑稽　buffoonery　对此不加约束会带来的危险,国家篇 10.606C;亦见 ridicule 条。

大火灾   conflagrations   周期性的,在法厄同的神话故事中,蒂迈欧篇 22C 以下。

代、世代、生长   generation(s)   斐多篇 71,蒂迈欧篇 49E,50C,52D 以下;动物的世系,同上 90E—92;生长的原因,斐多篇 96,参阅 101,斐莱布篇 27A 以下;生长与腐败,斐多篇 96 以下;生长与本质,国家篇 7.525B 以下;事物的生长,法篇 10.904A,参阅蒂迈欧篇 42B 以下,91A;生长与运动,蒂迈欧篇 38A;所有生长的保姆,同上 49B—52;生长的真相,只是一种可能性,同上 59D;生长的世界,同上 37B;亦见 becoming, beginning, coming to be, genesis 条。

党派人士后来变为其他职业者   party ascendancies   法篇 8.832C。

党徒、党人   partisan   与哲学家,斐多篇 91A。

单凭经验的人   empirics   法篇 4.720B 以下,9.857C;亦见 medicine, professors of 条。

胆小、怯懦   cowardice   美涅克塞努篇 246B,E,普罗泰戈拉篇 359 以下;哲学家中没有怯懦,国家篇 6.486B;由于身体虚弱,普罗泰戈拉篇 326C;在战争中因胆怯而受惩罚,法篇 12.944E 以下,国家篇 5.468A;亦见 courage (ous)条。

单一、个体、整体   unity   巴门尼德篇 144D 以下,157E 以下,159C 以下,斐多篇 105C;一与存在,巴门尼德篇 142E;一与无限,斐莱布篇 15B 以下;一本身,巴门尼德篇 129C,国家篇 7.524D 以下,智者篇 245A;一与多,巴门尼德篇 128B,斐德罗篇 266B,国家篇 7.525A;一与实在,智者篇 245B 以下;国家的统一,法篇 5.739C 以下,国家篇 4.422E 以下,423A 以下,5.462 以下;学习一指导灵魂走向真正的存在,同上 7.525A;亦见 affinity, agreement, one 条。

胆汁   bile   蒂迈欧篇 83,85。

单子   monad   参阅 unity 条。

道路   roads   法篇 6.763C;修建得很好,同上 6.761A;道路的正确,同上 8.845E。

盗贼   robbery   参阅 theft 条。

盗贼　　**theft**　　法篇9.857A以下,874B以下,11.933E以下,12.941B以下;不能说诸神是盗贼,同上12.941B;处死盗窃公共财产的公民,同上12.941D,参阅9.857A以下;普罗米修斯盗火种和技艺,普罗泰戈拉篇321D以下;接受贼赃,法篇12.955B;盗窃神庙,同上8.831E。

打喷嚏　　**sneezing**　　用这种方法治打嗝,会饮篇185E,189A。

大师的作品　　**panancratium**　　卡尔米德篇159C,法篇7.795B,8.834A。

大外甥女　　**great-nieces**　　柏拉图的,书信13.361D。

大象　　**elephants**　　大西岛有许多大象,克里底亚篇114E以下。

大执政官　　**decemvirs**　　为克里特殖民城邦而设,法篇3.702C,6.751E。

等级　　**caste**　　种姓,在古代雅典与埃及,蒂迈欧篇24A以下;亦见class(es)条。

点火、燃烧　　**inflammations**　　蒂迈欧篇85B以下。

癫痫　　**epilepsy**　　法篇11.916A以下,蒂迈欧篇85A以下。

奠酒　　**libations**　　克里底亚篇120A,法篇7.807A,参阅斐多篇117B。

玷污　　**defilement**　　葬仪中发生的,法篇12.947D;亦见pollution条。

店主　　**shopkeepers**　　参阅retail trade(rs)条。

调查　　**surveying**　　书信3.319C。

雕刻家/雕刻　　**sculptors/sculpture**　　大希庇亚篇282A,普罗泰戈拉篇311C,政治家篇277A以下;在行动中保持前后一致,高尔吉亚篇450D;雕刻中的错觉,智者篇235E以下;模仿性的,伊庇诺米篇975D;在埃及,法篇2.656E;雕刻中的图画,同上2.668E以下,国家篇4.420C以下。

雕像　　**statues**　　代达罗斯制造的能活动的雕像,欧绪弗洛篇11C,15B,美诺篇97D以下;涂色的雕像,法篇2.668E以下,国家篇4.420C以下;精制的雕像用于竞赛,同上2.361D;亦见Daedalus, diagrams, Phidias, sculptors/sculpture条。

钓鱼/钓鱼术　　**angler/angling**　　获取性的技艺,智者篇219D;定义,同上221B以下;关于钓鱼的规则,法篇7.823B以下;与智者,智者篇218E以下;亦见fish条。

调子、曲调　　**tunes**　　神圣化的,法篇7.799A以下;亦见melodies/melody

条。

底比斯人/底比斯　　Theban/Thebes　　克里托篇 45B,斐多篇 59C,92A,
95A,普罗泰戈拉篇 318C;方言,书信 7.345A;底比斯妇女哈耳摩尼亚,斐
多篇 95A;菲罗劳斯在底比斯,同上 61E;良好的统治,克里托篇 53B,位
于上埃及的底比斯人,斐德罗篇 264D,275C。

敌对、竞争　　rivalry　　凶杀的原因,法篇 9.870C;在叙拉古改革时发生,
书信 4.320E。

地方官、专员、政务官员　　commissioners　　雅典的,除去苏格拉底的锁
链,斐多篇 59E。城防官,法篇 6.759A,760B,763C 以下,779C,7.794C,
8.849E,11.913D,918A,920C,936C,12.954B;职责,同上 9.881C;处理外邦
人殴打公民的事件,同上 9.879D 以下;处理牲畜杀人之事,同上 9.873E;
管理工匠,同上 8.847A 以下,849A;管理供水,同上 8.844C,845E。市场
专员,同上 6.759A,760B,763C 以下,11.913D,917B,E,920C;职责,同上
6.764B,8.849,9.881C,11.936C,12.953B。乡村官员,同上 6.760B—763B,
11.914A,920C,12.955D;公餐制度,同上 6.762C 以下;职责,同上 9.881C;
在境内执法,同上 8.843D;管理水源,同上 8.844C;熟悉国家的每一个部
分,同上 6.763A 以下;对失职者的惩罚,同上 6.761E 以下;处罚殴打父
母者,同上 9.881D;没有仆从,同上 6.763A;把工匠安置在不同村庄里,
同上 8.848E 以下。

地方行政官的职位　　magistracies　　成为智慧的拥有者,法篇 3.689D。

地界、地标　　landmarks　　有关法律,法篇 8.842E 以下。

低劣者、下等人　　inferiors　　被优秀者用专门的正义来对待,法篇 6.777D
以下。

地理学家　　geographers　　对大地的错误看法,斐多篇 108C。

顶部　　tops　　国家篇 4.436D。

订婚　　betrothal　　关于订婚的法规,法篇 6.774E。

定居　　settlements　　无继承权的人和家中的幼子被送往海外定居,法篇
11.923D,928E,参阅 11.925B 以下。

定义、界定　　definition　　书信 7.344B;定义中不使用仍旧有问题的术语,

美诺篇79D;通过列举来定义,欧绪弗洛篇6D,美诺篇71E以下;发生学的定义,同上74以下;定义与名称,法篇10.895D以下,智者篇218C以下;在谈话中的必要性,斐德罗篇263;既表示本质又表示效果,同上237D;亦见account条。

敌人　enemies 对待敌人,国家篇5.469B以下。

丢卡里翁　Deucalion 大洪水,克里底亚篇112A,蒂迈欧篇22A。

地下河　subterranean rivers 斐多篇111D。

地下世界、地狱、冥府　underworld 参阅Hades,world below条。

地形　topography 雅典的地形,卡尔米德篇153A,吕西斯篇203,斐德罗篇227,229;亦见Athens条。

敌意、仇恨　enemity 由不平等而养成,书信7.337B;其成因,欧绪弗洛篇70以下,国家篇8.547A;柏拉图与狄奥尼修之间的敌意,书信3.318E;亦见discord,faction条。

敌意、敌对　hostility 内乱与外患,国家篇5470B;亦见faction,war条。

第一原则　first principles 其重要性,克拉底鲁篇436D。

笛子　flute 吹笛的少女,普罗泰戈拉347C,会饮篇176E,212D;错误地使用笛子,小希庇亚篇374E;用竖琴模仿笛子,法篇3.700E;在秘仪中使用,克里托篇54D;如果我们全都要做笛手,普罗泰戈拉篇327A以下;与制造者,国家篇3.399D,10.601E;吹笛子,小希庇亚篇375B,美诺篇90E,斐莱布篇56A,普罗泰戈拉篇327B;只寻求快乐,高尔吉亚篇501E;在致雅典娜的序曲中,克拉底鲁篇417E;被排斥,国家篇3.399D;用于无歌词的音乐,法篇2.699D。

涤罪　purification 斐多篇113D;涤罪的技艺,智者篇226D以下,230;对于殴打父母者,法篇9.881E;划分,智者篇226D以下;洗涤对诸神与英雄的恐惧,斐德罗篇243A,参阅克拉底鲁篇396E;关于杀人的涤罪,法篇9.865以下,868以下,869A,E,11.916C;哲学家洗涤灵魂的罪,斐多篇67,82A;亦见cleansing,ritual条。

动词　verbs 书信7.342B,343B,智者篇261E以下。

东方的、东方人　orientals 反对男同性恋,会饮篇182B以下;厌恶哲学和体育运动,同上 182C。

动物　animal(s)　书信 7.342D,蒂迈欧篇 77A 以下,87C;民主制的极端自由状态使人变成动物,国家篇 8.562E,563C;美丽的动物,大希庇亚篇 295D;动物的抚养,法篇 5.735B 以下, 国家篇 5.459A 以下;选择在另一个世界的命运,同上 10.620A,620D,参阅斐德罗篇 249B;在克洛诺斯时代的人与动物交谈,政治家篇 272B 以下;不能被称作勇敢的,拉凯斯篇 196E 以下,参阅法篇 12.963E;创造动物,蒂迈欧篇 90E 以下;动物造成的伤害,法篇 11.936E;因宇宙的逆转而被摧毁,政治家篇 273A,参阅法篇 3.677E;动物的分类,智者篇 220A 以下,222A 以下,政治家篇 262 以下;动物是人的榜样,法篇 8.840E;四种动物,蒂迈欧篇 39E 以下;动物的生殖,同上 90E,92;一种动物般的统治,书信 5.321D;人是一种变化无常的动物,法篇 6.777B;理想的动物,蒂迈欧篇 39E;动物比人低劣,政治家篇 271E;爱对动物的影响,会饮 207A 以下;动物使人致死而当作谋杀罪审判,法篇 9.873E;动物的天然食物,普罗泰戈拉篇 321B;神圣的动物,伊庇诺米篇 975A;在有些社会中不用动物献祭或禁食动物,法篇 6.782C;驯服的动物,小希庇亚篇 375A;动物世界,蒂迈欧篇 30C 以下,32D 以下;亦见 beast,organisms 条。

洞穴　cave　洞穴的形象,国家篇 7.514 以下,532B 以下,参阅 7.539E。

洞穴　den　参阅 cave 条。

斗鸡用的公鸡　gamecocks　斗鸡,泰阿泰德篇 164C;亦见 cock(s)条。

读　read(ing)　学习读与写,国家篇 3.402A 以下,泰阿泰德篇 206A,207D 以下;在学校里,卡尔米德篇 159C,161D,法篇 7.809E 以下,普罗泰戈拉篇 325E 以下;亦见 education 条。

短长格、抑扬格的　iambic　韵步,国家篇 3.400B;诗歌,法篇 11.935E。

短笛　σύριγξ　参阅 piccolo 条。

短笛　piccolo　允许使用,国家篇 3.399D。

锻造　forging　一种技艺,普罗泰戈拉篇 324E。

独裁者　dictator　参阅 tyrants 条。

独裁政府/独裁者　autocracy/autocrat　是邪恶的,法篇 3.697C 以下,

701E;幸福,同上2.661B;没有力量,同上4.714D以下;建立社会的最容易的方法,同上4.710B;年轻的独裁者,同上4.709E以下;亦见 tyrannical/tyranny, tyrants 条。

独唱、独奏　solo　表演者,法篇6.764D以下。

对称、匀称　symmetries/symmetry　智者篇228C以下;自然中的对称,蒂迈欧篇87C以下,亦见 measure(ment/s), proportion 条。

对话　dialogues　柏拉图对话是对苏格拉底方法的进一步完善与改进,书信2.314C;苏格拉底的方法,同上13.363A。

对技艺的监察　censorship　国家篇3.401B以下;对虚构的故事进行检查,同上2.377B以下,3.386以下,10.595以下;诗歌的检查,法篇7.801B以下,817D,8.829D;亦见 fiction, poetry 条。

对立、相反　opposition(s)　性格的相反,国家篇6.503C以下,政治家篇306E以下,泰阿泰德篇144B;相与事物的对立面,巴门尼德篇129以下;相似与不相似的对立,多与一的对立,同上129,斐莱布篇14C—17A,智者篇251B,亦见 one 条;对立的本质,斐多篇104以下,国家篇5.475E以下;灵魂中的对立,智者篇228B;语词的和真实的对立,国家篇5.454;亦见 contrariety, difference(s) 条。

对立、相异者　contraries/contrary　吕西斯篇218B,巴门尼德篇155A,159A,160A以下;在创造中混合,法篇10.889C;对立的食物,吕西斯篇215E;相异者的食粮,法篇7.816D;分有对立,巴门尼德篇129A以下;灵魂中的对立,法篇10.896D;亦见 opposites 条。

对立、矛盾　ἀντιλογική　亦见 contradiction, art of contradiction, controversy, disputation, eristic 条。

对立面、对立物、相反的东西　opposites　小希庇亚篇366A以下;对立物的混合,斐莱布篇25D以下;对立面相互需要,吕西斯篇215E;任何事物都有对立面,普罗泰戈拉篇332以下;对立面的排斥,高尔吉亚篇496,斐多篇102E,104B;从对立面中产生,同上70E,103A;自然中的对立面,国家篇5.475E以下;对立面的限定,同上4.437;对立面的调和,会饮篇187A;对立面有共同点,普罗泰戈拉篇331D以下;亦见 contradiction, contraries/contrary 条。

对象　　**objects**　　可以获得的类别,政治家篇 287D—289C;由对象来区别功能,国家篇 5.477A 以下;对象与观念的区别,同上 5.476,6.507B 以下;亦见 end(s),property 条。

队长、船长　　**captain(s)**　　船长的欺诈行为,政治家篇 298B;船长与政治家,同上 297A;巡逻队长,法篇 6.760B—763B,778E,8.843D;亦见 commissioners,rural,pilot,police,rural,shipmaster(s)条。

妒忌　　**envy**　　大希庇亚篇 282A;因妒忌而生的,美涅克塞努篇 242A;作为一种邪恶,法篇 5.731A 以下;控告苏格拉底的人出于妒忌,申辩篇 18D;亦见 emulation,malice 条。

妒忌　　**jealousy**　　由繁荣昌盛而产生,美涅克塞努篇 242A;由于爱情而激动,斐德罗篇 232;是可恨的,法篇 5.731A 以下;在神圣的歌队中没有地位,斐德罗篇 247A,参阅蒂迈欧篇 29E;亦见 emulation,envy,fear 条。

盾牌　　**shield**　　少女学习使用盾牌,法篇 7.794D。

多、许多、众人　　**the many**　　巴门尼德篇 139D,159D;用于美、善等等,国家篇 6.507B;许多人认为天文学研究导致不虔诚,法篇 12.967A;多与一共存,巴门尼德篇 139B 以下;许多人错误地估计善,法篇 2.660E 以下,参阅 4.707D,斐莱布篇 67B,国家篇 6.493E 以下;许多奉承者使领导人认为自己是政治家,国家篇 4.426C 以下;许多人认为欺骗是正义的,法篇 11.916E;把众人比作巨兽,国家篇 6.493;对音乐无知,法篇 3.700E;西西里和意大利的剧场里的裁判,同上 2.659B;众人不会使人聪明或愚蠢,克里托篇 44;众人的道德,同上 49B 以下;事物的本性不能向众人解释,书信 7.341E,344C 以下;多与一,巴门尼德篇 136A,137C,斐莱布篇 14C—17A,智者篇 251B;不必在意众人的意见,克里托篇 44,47 以下,伊庇诺米篇 982D,大希庇亚篇 299B,参阅斐德罗篇 260A;多数等于强者的意见,高尔吉亚篇 488D 以下;其他既非一又非多,巴门尼德篇 165E 以下;许多人认为音乐的目的是快乐,法篇 2.655D,658E,3.700E,蒂迈欧篇 47D;芝诺关于多的论证,巴门尼德篇 127E;亦见 commons,majority,man/men,mass,multitude,one,plurality,public 条。

多、杂多　plurality　与存在,巴门尼德篇 127E;多本身,同上 129C;一是多中之一,同上 143A;多与一,同上 128B;多存在于一中,斐莱布篇 16D 以下;亦见 one,many 条。

舵　rudder　克拉底鲁篇 390D;错误地使用,小希庇亚篇 374E。

多利亚人/多利亚的　Dorian(s)/Doric　方言,克拉底鲁篇 409A,书信 7.345A,斐多篇 628;分配土地,法篇 3.684E;等于赫拉克勒斯的子孙,同上 3.685E;生活方式,书信 7.336C;起源,法篇 3.682E;多利亚人的侵犯与定居,同上 3.702A;多利亚模式,同上 2.670B;允许的,国家篇 3.399A;言论和行为的和谐,拉凯斯篇 193D;真正的希腊人,同上 188D。

舵手、船长　pilot　克拉底鲁篇 390C;舵手的技艺,高尔吉亚篇 511D,伊安篇 537C;与义人,国家篇 1.332E,参阅 1.341C;哲学的舵手,高尔吉亚篇 511E 以下;真正的舵手,国家篇 6.488D 以下;亦见 captain,navigation,shipmaster 条。

舵手　helmsman　好舵手,书信 7.351D。

多数人的意见　majority opinion　不重视,拉凯斯篇 184。

堕胎　abortion　由助产婆施行,泰阿泰德篇 149D;在有些情况下是可取的,国家篇 5.461C。

多样性　diversities　天赋的多样性,国家篇 2.370B,5.455B 以下,7.535D 以下。

肚腹　belly　蒂迈欧篇 78A 以下,80D;小腹,同上 73A。

肚脐、中心　navel　蒂迈欧篇 70E,77B;德尔斐是大地的中心,国家篇 4.427C。

独身　celibacy　对独身者的惩罚,法篇 4.721D,6.774A。

毒药　poison　通过锻炼来阻挡,斐多篇 63D;关于毒药的法律,法篇 11.932E 以下;下毒,斐多篇 117E 以下;用于抓鱼,法篇 7.824。

E

鹅　geese　帖撒利驯服的鹅群,政治家篇 264C。

恶、邪恶　　**evil(s)**　　以恶对恶,克里托篇 49C 以下,54C;身体与灵魂之恶,高尔吉亚篇 477;友谊的原因,吕西斯篇 221C;在灵魂中积累,书信 7.335B 以下;无人希望恶,法篇 5.731C,美诺篇 78A 以下;摧毁和败坏一切,国家篇 10.608E 以下;绝不可能消除,泰阿泰德篇 176A;只有灵魂经验到恶,书信 7.335A;"如果恶灭绝了",吕西斯篇 221;无限是恶的形式,国家篇 4.445C;神不是恶的创造者,同上 2.379 以下,3.391C,参阅法篇 2.672B,国家篇 2.364B 以下;灵魂中产生的恶与善,卡尔米德篇 156E,参阅智者篇 228;恶对非正义有好处,法篇 2.661D;恶与无知,美诺篇 77,普罗泰戈拉篇 345B,353 以下,参阅 357 以下;不自愿地作恶,大希庇亚篇 296B 以下,法篇 5.731C,9.860D,普罗泰戈拉篇 345D 以下,352C 以下,355,358C 以下,蒂迈欧篇 86E,参阅申辩篇 25E 以下,书信 7.351C,高尔吉亚篇 468,509E,智者篇 228;不热爱智慧,吕西斯篇 218A;在这个世界上恶比善多,法篇 10.906A;大部分恶与暂时的快乐混合在一起,斐德罗篇 240A 以下;恶的性质,普罗泰戈拉篇 353C 以下;恶兆要避免,书信 6.323C,法篇 7.800B 以下,12.949B,参阅 11.935B,12.957B;恶的起源,政治家篇 273B 以下,参阅蒂迈欧篇 41D 以下;对恶的惩罚,法篇 5.728B,参阅泰阿泰德篇 176E 以下;恶是适当的嘲笑对象,国家篇 5.452D 以下;害怕得到恶的名声,欧绪弗洛篇 12C;灵魂之恶,智者篇 227E 以下;恶的事物缺乏数,伊庇诺米篇 978A;自愿作恶与不自愿的作恶,哪一种情况较好,小希庇亚篇 371E 以下;对人的美德的伤害,法篇 2.656B;神不会接受恶作礼物,同上 4.716E,亦见 God 条;恶人缺乏友谊,吕西斯篇 217B 以下,218A,斐德罗篇 255B;恶人不能伤害好人,申辩篇 30D,41;恶人并非没有公正,国家篇 1.350C 以下;恶人比好人多,同上 3.409D,参阅斐多篇 89E;恶人反而昌盛,法篇 10.899E 以下,905B,参阅高尔吉亚篇 470D 以下,法篇 2.660E 以下,国家篇 2.364A;亦见 bad(ness),unjust,vice,wicked(ness),wrong 条。

恶、邪恶　　**vice**　　灵魂的疾病,国家篇 4.444E,10.609B 以下,智者篇 228B,参阅法篇 10.906A,政治家篇 296B 以下;邪恶的委婉说法,国家篇 8.560E 以下;人毁灭的原因,法篇 10.906B 以下,参阅国家篇 1.351D 以

下;等于误置的美德,政治家篇 307B 以下;在快乐中低于美德,法篇
5.732E 以下;亦见 evil(s),injustice 条。

恶　　**bad(ness)**　坏,人不会自愿为恶,法篇 9.860D;人不能拥有友谊,吕
西斯篇 214D;快乐与痛苦中的恶,斐莱布篇 41A;亦见 evil(s),unjust,vice,
wicked (ness)条。

厄拉西普　　**Elasippus**　　波塞冬之子,克里底亚篇 114C。

恩底弥翁　　**Endymion**　　斐多篇 72C。

恩惠　　εὐσχημοσύνη　　参阅 grace/Graces,harmonies/harmony 条。

恩惠　　χάριτες　　参阅 grace/Graces 条。

恩惠　　**gracefulness**　　小希庇亚篇 374B。

恩培多克勒　　**Empedocles**　　美诺篇 76C,泰阿泰德篇 152E。

耳朵　　**ears**　　耳朵的缺点,小希庇亚篇 374D。

儿童、孩子　　**children**　　神做人的牧者时没有生儿育女这回事,政治家篇
272A;教育中需要照料,法篇 6.766A,7.788,808D 以下;惩罚,同上
7.808E;把美德和邪恶当作快乐与痛苦一样来接受,同上 2.653A;为何要
加以控制,国家篇 9.590E 以下;在埃及,法篇 7.819B 以下;经历痛苦与
快乐,同上 7.792B 以下;儿童的恐惧和勇敢,同上 7.791B 以下,参阅拉
凯斯篇 197A;儿童游戏,法篇 1.643B 以下,7.793C 以下,797B 以下,国家
篇 4.425A,7.536E;参战,同上 5.466E 以下,7.537A;拥有适度的运气是
最幸福的,法篇 5.729A,参阅 6.773D 以下;不要听不适宜的故事,国家篇
2.377 以下,参阅法篇 12.941B;违法的儿童,国家篇 5.461A;受歌曲的影
响,法篇 2.659E;儿童的本能,同上 2.653A 以下;正义者的孩子,国家篇
2.363D;学习骑马,同上 5.467D 以下,参阅法篇 7.804C;安慰失去子女
者,美涅克塞努篇 247C 以下;生儿育女是获得不朽的一种方式,法篇
4.721C,6.774A,776B,参阅会饮篇 207 以下;在村庄的圣地相聚,法篇
7.794A;抱着新生婴儿围绕炉灶转,泰阿泰德篇 160E;生育的数量要充
足,法篇 11.930D;老妇对儿童讲故事,大希庇亚篇 286A;子女与父母,同
上 291D,292E 以下,拉凯斯篇 185A,法篇 4.717B 以下,9.869B,11.928D
以下,930E 以下,参阅克里托篇 510,吕西斯篇 219D;喜欢喜剧胜过喜欢

悲剧,法篇 2.698D,参阅国家篇 3.397D;生育,法篇 6.775B 以下,783B 以下,参阅 2.674B;抚养阵亡者的子女,美涅克塞努篇 248D 以下;在优雅的视觉形象和声音中成长,国家篇 3.401B 以下;注册,法篇 6.785A;奴隶的子女,同上 11.930D;心灵生育的子女,会饮篇 209,参阅斐德罗篇 258C;儿童在国家中,法篇 7.804D,国家篇 5.449C 以下,457D 以下,8.543A,蒂迈欧篇 18C 以下;子女不用为父母的罪行而受苦,法篇 9.855A,856D;参加军事训练,同上 8.829B;从一个等级转入另一等级,国家篇 3.415B 以下,4.423D;亦见 descendants, infanticide, infants, offspring, young, youthful/youths 条。

二者　　**both**　　巴门尼德篇 143C 以下;二者与各自,大希庇亚篇 302E 以下。

儿子　　**son(s)**　　艺术家的儿子学习父亲的技艺,普罗泰戈拉篇 328A;狄翁的儿子是叙拉古三位国王之一,书信 8.355E,357C,亦见 Hipparinus Aretaeus 条;被赶走的儿子,法篇 11.929C 以下;伟大人物的儿子比他的父亲差,拉凯斯篇 179B 以下,180B,美诺篇 93 以下,普罗泰戈拉篇 320A 以下,324D 以下,参阅法篇 3.694D;私生子,国家篇 7.537C 以下。

恶意、怨恨　　**malice**　　混合着痛苦和快乐,斐莱布篇 47E,48B,49C 以下。

F

法、法律、法则　　**law(s)**　　仅仅旨在美德,法篇 3.693B 以下,12.963A;使人幸福,同上 1.631B;使所有阶级、阶层结成同盟,国家篇 9.590E;古代的法律经常是优秀的,法篇 8.843E 以下;在人类中从习俗中产生,同上 10.889E 以下,国家篇 2.359A;大西岛的法律,克里底亚篇 119 以下;美好的,大希庇亚篇 295D,298B 以下;波埃提亚的法律保护爱娈童,会饮篇 182B;经典和曲子,法篇 7.799E 以下;迦太基关于喝酒的法律,同上 2.674A;法律的原因,国家篇 3.405A 以下;在多大范围内被改变,法篇 6.769C 以下,772A 以下,政治家篇 295C 以下;不能理解所有条款,同上 294 以下,295A 以下,299D 以下;为公民所理解,法篇 12.951B;克里特的法律,同上1.625以下,631B以下,633E以下;法与习俗在雅典败坏,书信7.325D;限定的,法篇1.644D;有限的,同上4.719D以下;法律是有害的除非统治者是卓越的,同上6.751B以下;把善分成三类,同上3.697A;最神圣的事物,伊庇诺米篇986C;法律与教育,法篇2.659D以下;埃及的法律像古阿提卡的法律,蒂迈欧篇24A以下;埃利斯的法律保护爱孪童,会饮篇182B;以统治者为榜样强制执行,法篇4.711C;法律下的平等,书信7.336D,337A以下;在恐怖中得到法律,国家篇3.399E;是清醒者的神,书信8.354E;法律与善,大希庇亚篇284D以下;当法律是好法律时,泰阿泰德篇177C以下;法律的卫士,向叙拉古提出的建议,书信8.356D以下;把城邦公共法当作宝贵的黄金,法篇1.645A;比知识低下,同上9.875C;法律条文刻在柱子上,克里底亚篇119C以下,参阅法篇11.917E以下;刻有法律的石碑,政治家篇298D;法律知识是最宝贵的,法篇12.957D;拉栖代蒙人的法律,同上1.626C,参阅大希庇亚篇283E以下;有较长的或较短的形式,法篇4.720E以下;弱者制定法律来对付强者,高尔吉亚篇483B以下,488D以下;关于抚养战死公民遗孤的法律,美涅克塞努篇248E以下;要法治不要人治,书信7.334C以下,参阅政治家篇294以下;法律与音乐,法篇7.799E以下,参阅3.700B;自然的法则,蒂迈欧篇83E;品达论天然的正义,高尔吉亚篇484B,488B,法篇3.690B,4.714E,参阅10.890A;法律的必要性,同上9.875A以下;需要实践的考验,同上6.769D,772A以下,8.846C;法律与习俗,同上4.722D,参阅6.772E,国家篇7.533A;服从法律,法篇4.715C以下,5.729D,6.762E;波斯的法律,同上3.695C以下;指控苏格拉底,克里托篇50以下;在另一个世界是强大的,同上54;法律与序曲,法篇4.722D以下,6.772E,9.870D,880A,10.887A以下,参阅4.718B以下;法律的恰当考验,同上1.638A以下;法律是惩罚性的,不是教育性的,申辩篇26A;法律的目的,法篇9.880D以下;只考虑现存体制的利益,同上4.714C;作为美德的整体而非作为它的部分,同上1.630E,4.705D;法律的严峻面貌,同上9.859E;法律是人的公正的主人和国王,书信8.354C;为最优秀的人制定,法篇1.628C;在第二流的体制中所有人服从,政治家篇297D—300C;

对自觉的罪犯更严厉,小希庇亚篇 372A;法律对天的侍奉,法篇 6.762E;在某些国家中重大事务不是一天内就决定的,申辩篇 37A;法律的权威拯救社会,法篇 4.715D;对某些具体问题几乎没什么用处,同上 7.788B 以下,国家篇 4.425 以下,参阅政治家篇 295A 以下;写文章的具体法则,斐德罗篇 257E 以下,278C,参阅法篇 9.858C 以下,12.957C 以下;法律的监察者,法篇 12.951D 以下;最高的法律,书信 8.355E;教育青年,申辩篇 24D,参阅普罗泰戈拉篇 326D;应当恐吓他们还是说服他们? 法篇 9.859A,10.890B 以下,参阅 4.718C 以下;在民主制下法律被忽视,国家篇 8.563D;原始社会不知道法律,法篇 3.680A;古时候没有成文法,同上 3.680A,7.793A 以下,政治家篇 295A;法律没有权威是无用的,书信 11.359A;成文法的价值,法篇 10.890E;法律在国家中具有最荣耀的地位,大希庇亚篇 284A;酒宴之法,法篇 2.671C 以下,673E 以下;使人痛恨不平等,同上 9.862D;年轻人被迫学习法律,普罗泰戈拉篇 326C;不批评法律,法篇 1.634D 以下;亦见 canons, curators of law, custom, enactments, legislation, legislator(s), nome, model city, right(ness/s)条。

发抖　shuddering　原因,蒂迈欧篇 85E;亦见 shivering 条。

法官　dicast　参阅 judge(s); juries/jury 条。

法规专家　canonists　宗教法规的专家,法篇 8.828B,9.871D,873D,11.916C;亦见 exponents, interpreters 条。

发假誓、作伪证　perjuries/perjury　法篇 11.916E 以下,937B 以下,12.943E;情人间的发假誓,斐莱布篇 65C,会饮篇 183B;亦见 forswearing, oaths 条。

罚款　fines　法篇 9.855A 以下。

法令、法规、条令　enactments　最初不打算接受,法篇 6.752B 以下;亦见 law(s)条。

法律书　Laws　克里尼亚作记录,伊庇诺米篇 980D;立法材料的汇编,法篇 9.858B;第二好的体制的法律,同上 5.739E,7.807B;提及法律书,伊庇诺米篇 979B,980C 以下;教育监察官的标准,法篇 7.811D;关于法律书的故事,同上 6.752A。

法律诉讼　lawsuits　几乎无人知道,法篇 5.743C;不知道的,国家篇 5.464D 以下。

发明、创新　innovation　原因,法篇 4.709A;在儿童游戏中的创新导致 改变性格,同上 7.797C;在教育中搞新发明是危险的,同上 2.656D,660B, 国家篇 4.424B 以下;亦见 change(s),education,games,gymnastic(s),music (al),revolution 条。

翻案　palinode　否定前作内容,参阅 Stesichorus 条。

纺、旋转　spinning　吕西斯篇 208D。

方便、权宜之计　expedient　参阅 advantage,beneficial/benefit 条。

纺锤　spindle　命运女神转动必然性的纺锤,国家篇 10.617C 以下。

放荡、荒淫　profligate　这样的生活不如有节制的生活,法篇 5.733D 以 下;无人自愿放荡,同上 5.734B。

放荡、无法无天　licentiousness　参阅 promiscuity 条。

放荡的、无法无天的　license　始于音乐,法篇 3.701A 以下;在民主制 中,国家篇 8.562D 以下;斯巴达妇女的,法篇 1.637C,6.780E 以下;亦见 lawlessness 条。

方法、手段、工具　means　与目的,拉凯斯篇 185D 以下,吕西斯篇 219B 以下;亦见 end(s)条。

防护、保护　protection　反对错误的东西,法篇 8.829A。

防护　fencing　防守技艺,欧绪德谟篇 271E,273C,E,拉凯斯篇 178A, 179E,181D 以下,法篇 7.813E,8.833E;防守大师在战争中决不会有杰出 表现,拉凯斯篇 183C;亦见 fighting,swordplay。

放弃、抛弃、脱离关系　renunciation　抛弃儿童,法篇 11.928D 以下。

防卫　defense　相关安排,法篇 6.760B 以下,参阅 6.778E。

访问西西里　visit to Sicily　柏拉图的第一次访问,书信 7.324A,326B; 第二次访问,同上 3.316C 以下,7.327D 以下,330B,337E;第三次访问,同 上 3.317D 以下,7.330C,337E,340 以下;亦见 Plato,Sicily,Syracuse 条。

方言　dialect　凯安人的,普罗泰戈拉篇 341B 以下;多利亚的,克拉底鲁 篇 409A;埃雷特里亚的,同上 434C;底比斯的,书信 7.345A,斐多篇 62A;

帖撒利的,克拉底鲁篇 405C;古阿提卡方言,同上 398B,426C,401C, 420B,410C,418B 以下。

方言　　accents　　方言的变化,克拉底鲁篇 399A 以下。

纺织　　weaving　　克拉底鲁篇 387C 以下,390B,伊庇诺米篇 975C,法篇 5.734C 以下;纺织的技艺,高尔吉亚篇 449C,国家篇 3.401A;妇女擅长纺织,同上 5.455C;下定义,政治家篇 283B;对纺织进行划分,同上 279B—283B;不需要铁,法篇 3.679A;经纱与纬纱,同上 5.734E 以下,政治家篇 281A,282C 以下,309B;亦见 tailor 条。

纺织品　　woven work　　献给诸神,法篇 12.956A。

房子　　house(s)　　房子的安排,普罗泰戈拉篇 314C 以下,会饮篇 174E 以下;矫正所,法篇 10.908A;乡下的房子,同上 8.848C;男人的住处和女人的住处,蒂迈欧篇 70A,参阅普罗泰戈拉篇 347,会饮篇 176E;惩治所,法篇 10.908A;在房子里献祭,国家篇 1.328C,331D,参阅法篇 10.909D 以下;一家人要有两所房子,法篇 5.745E。

犯人/监狱　　prisoners/prisons　　法篇 10.908A;在战争中,国家篇 5.468A,469B;亦见 warder 条。

繁盛、富裕　　opulence　　充裕和贫乏同样有害,法篇 5.744D,11.919B 以下;亦见 rich(es),wealth(y)条。

反思　　reflection(s)　　国家篇 6.510A,智者篇 266B,蒂迈欧篇 71B;最好的反思时刻,斐多篇 65 以下;反思与感觉,泰阿泰德篇 186;亦见 refractions, thinking/thought 条。

发烧　　fevers　　蒂迈欧篇 86A。

发誓　　forswearing　　法篇 12.948D 以下;亦见 perjuries/perjury 条。

法庭、法官席、审判员席　　tribunals　　法篇 6.767B 以下;亦见 courts of law 条。

法庭　　courts of law　　欧绪弗洛篇 5B 以下,8C,9B,泰阿泰德篇 172C 以下;雅典的法庭,申辩篇 34;雅典王宫柱廊处的法庭,欧绪弗洛篇 2A,泰阿泰德篇 210D;在法庭上没有人理会事实真相,斐德罗篇 272D;处罚败诉的原告,申辩篇 36A;有影响的法官,同上 34,35,38E;法庭用语,同上

17C 以下;由被告提出罚金的数量,同上 37 以下;作为惩治之所,而非教育之场所,同上 26A;法庭上的讲话,大希庇亚篇 304A 以下。在模范城邦中,诉讼,法篇 6.767A, C 以下,参阅 11.926D, 928B, 938B, 12.946D, 948A, 956D;重大案件的诉讼,同上 9.855C 以下;良好安排的重要性,同上 9, 876A 以下;法庭的位置,同上 6.778C;最古老公民的法庭,同上 11.932C;对公众开放,同上 6.767C;公众法庭,同上 6.768A 以下;法庭程序,同上 9.855D 以下;立法者不履行法律职责,同上 9.875E;三种法庭,同上 6.767B 以下;部落法庭,同上 6.768B, 11.915C;亦见 judge(s), judiciary, juries/jury, law(s)条。

法庭　law courts　参阅 courts of law 条。

肺　lungs　蒂迈欧篇 70C 以下, 78C, 84D, 91A。

肺结核　phthisis　法篇 11.916A。

匪帮　banditti　盗匪,参阅 brigands, corsairs, piracy/ pirates 条。

诽谤者、诽谤　slander　喜欢诽谤,申辩篇 18D,参阅书信 3.315E 以下。

废除　abolition　取消,参阅 cancellation。

非存在　not-being　智者篇 237 以下, 241D 以下,参阅 256D 以下;抽象的,同上 238E 以下;非存在与存在,同上 256D 以下;非存在存在,同上 258B 以下;存在与虚假,同上 240D 以下,参阅欧绪德谟篇 283E 以下;存在与影像,智者篇 239D 以下;非存在等于无,同上 237E;非存在与数,同上 238;不能用存在来表述,同上 237;非存在与语言,由上 260D 以下。

非存在之一　nonexistent one　参阅 one 条。

非感觉　nonsensation　斐莱布篇 34A。

非高　not-tall　智者篇 257B。

非美者　not-beautiful, the　智者篇 257D 以下。

非情人　nonlovers　与情人,斐德罗篇 231 以下。

沸腾　boiling　蒂迈欧篇 66B。

非一　not-one　巴门尼德篇 160B。

粪、肥料　manure　是一种财产,普罗泰戈拉篇 334B。

蜂　bees　关于养蜂的法律,法篇 8.843D 以下;蜂的毒性,同上 11.933D;

亦见 apiarist 条。

奉承、讨好　　blandishments　　奉承的作用,法篇 1.633D;亦见 flatterers/ flattery 条。

奉承者/奉承　　flatterers/flattery　　书信 3.315B,7.331C,高尔吉亚篇 501C 以下;一种技艺,智者篇 222E 以下;好人避免奉承,高尔吉亚篇 527C;众 人的奉承,国家篇 4.426C 以下,参阅 9.590B;对灵魂产生的作用,法篇 11.923B;与修辞学家,高尔吉亚篇 463B 以下;亦见 blandishments, parasites,sycophants 条。

讽刺作品　　satire　　不允许讽刺个人的作品,法篇 11.935E 以下。

分割　　partition　　土地分割,由那些僭主倡议,国家篇 8.566A,参阅 8.566E。

风格、文体　　style　　在文风方面的联系,斐德罗篇 264B;定义与划分,同 上 265D 以下,概括,同上 266A;诗歌的,国家篇 3.392C—394C,397B 以 下;重复,斐德罗篇 235A;亦见 rhetoric 条。

疯狂、精神错乱　　insanity　　犯罪的原因,法篇 9.864D;不得结婚,同上 11.926B;亦见 disorder,mental,lunacy/lunatic,madman/madness 条。

疯狂、精神错乱　　lunacy/lunatic　　不同种类的,法篇 11.934D;看管在家 里,同上 11.934C;父母辈的,同上 11.928E,929D 以下;亦见 madman/ madness 条。

蜂蜜　　honey　　蒂迈欧篇 60B;柏拉图送了两罐蜂蜜给狄奥尼修的孩子, 书信 13.361A。

丰收　　harvest　　丰收的礼物,法篇 8.844D。

疯子/疯狂　　madman/madness　　蒂迈欧篇 86B 以下;关于感觉的真实性 的论证,泰阿泰德篇 157E;不把武器还给疯子,国家篇 1.331C;神灵附体 是一种幸福,斐德罗篇 244;不一定是恶,同上 244 以下;狂想,国家篇 9.573C;四种疯狂,斐德罗篇 244 以下,265B;监管各种不同的疯狂,同上 265B;爱的疯狂,同上 245B 以下,265A;在父母那里,法篇 11.929D 以下; 在古代有时候是一种惩罚,同上 9.854B;哲学的疯狂,斐德罗篇 249D;疯 狂和预言,同上 244C 以下;亦见 deficiency,mental,folly,insanity,lunacy/

lunatic 条。

分解、消亡　dissolution　参阅 disturbance 条。

分类(修辞学的)　**classification**（**rhetoric**）　斐德罗篇 271B。

分离　separation　允许无子女者分离,法篇 6.784B;宇宙的不合理的分离,智者篇 259D 以下。

坟墓　sepulchers　参阅 tomb(s)条。

坟墓　tomb(s)　坟地里的鬼怪幽灵,斐多篇 81D;修坟墓的花费,书信 13.361C;相关规定,法篇 12.958E;在叙拉古无人照料,书信 8.356B。

愤怒　anger　斐莱布篇 50C;与痛苦和快乐相混合,同上 47E;愤怒的根源,蒂迈欧篇 42B;有时候是虚假的,斐莱布篇 40E;为非正义所激励,国家篇 4.440C 以下;亦见 passion(ate / s)条。

愤怒　wrath　死者的愤怒,大希庇亚篇 282A。

分配　distribution　土地的分配,法篇 5.737C—740;厄庇墨透斯分配权力,普罗泰戈拉篇 320D 以下。

分析/分析的　analysis/analytic　分析在技艺中,斐德罗篇 270D;参阅克拉底鲁篇 424C 以下;对语言的分析,克拉底鲁篇 421C 以下;分析的方法,智者篇 235B 以下;对最早的名称的分析,克拉底鲁篇 424;分析与综合的方法,政治家篇 285A 以下;亦见 dialectic(al)条。

否定、否认　negation　否定与对立,智者篇 257B 以下。

否定　denial　否定与肯定,智者篇 263E。

腐败、败坏　corruption　与生长的关系,斐多篇 96 以下;控告苏格拉底腐蚀青年,申辩篇 24 以下,欧绪弗洛篇 2C,3A 以下,5B;不是智者在起作用,而是流行观念的作用,国家篇 6.492A,亦见 Sophists,bad(ness)条。

腹部　abdomen　参阅 belly, lower 条。

服从　obedience　是社会生活的棕榈枝,法篇 4.715C,716A,5.729D,11.919E,参阅 3.699C,11.935C。

复合节拍　enoplios　国家篇 3.400B。

符合中道的国家　intermediate states　欧绪德谟篇 306,斐莱布篇 32E 以下,350 以下,430 以下,国家篇 9.583C 以下,参阅法篇 9.878B。

复活　　revival　　参阅 rebirth 条。

腐烂、腐化　　putrefaction　　蒂迈欧篇 66A。

父母　　parents　　每年祭奠死去的父母,法篇 4.717E;埋葬死去的父母,大希庇亚篇 291D,292E 以下;终止父子关系,国家篇 5.461B 以下;父母与子女间的分歧,法篇 11.928D 以下;人生部分是为了父母而活着,书信 9.358A;诅咒父母,法篇 11.931B 以下;父母不应为子女积聚财富,同上 5.729A,参阅 6.773D 以下;父母杀子女,同上 9.868C 以下;由于卓越而产生的荣耀,美涅克塞努篇 247B;对父母的义务,法篇 4.717B 以下,11.917A;诸神的形象,同上 11.930E 以下;关于父母的法律,同上 11.930E 以下;父母精神不健全,同上 11.929D 以下;杀父母,同上 9.869A 以下;家庭的天然权威,同上 3.680E 以下,690A,4.714E;各方面的义务,同上 11.930E 以下;当无政府主义盛行时失去对父母的尊敬,同上 3.701B;亦见 father(s),mother 条。

妇女、女人　　women　　古阿提卡的妇女分担军务,克里底亚篇 110B,112D;不好的教育者,法篇 3.694D 以下,参阅 3.695D 以下;把男人称作神圣的,美诺篇 99D;共有的妻子儿女,法篇 5.739C,国家篇 5.449C 以下,457D 以下,461E 以下,464B 以下,蒂迈欧篇 18C 以下;妇女的公餐,法篇 6.781E 以下;语言上保守的,克拉底鲁篇 418B;穿戴盔甲的竞赛,法篇 8.833E 以下;在危险时并不胆小,同上 7.814B;创造女人,蒂迈欧篇 91A 以下;克里特妇女耕种,普罗泰戈拉篇 342D;妇女的味觉不同,国家篇 5.456A;雇用,法篇 7.805D 以下,吕西斯篇 208D 以下,国家篇 5.455C;妇女的节日,书信 7.349D,法篇 8.828C;妇女爱唠叨,国家篇 8.549C 以下;女巫,法篇 6.781A;女卫士,国家篇 5.456 以下,458C 以下,466C 以下,7.540C;在体育场上,法篇 7.813E,8.833C 以下,国家篇 5.452,457 以下;希腊的妇女,法篇 7.806B;学习军事,同上 7.813E 以下,8.829B;在天性上与男人有别,国家篇 5.453,参阅法篇 7.802E;比男人低劣,法篇 6.781B,国家篇 5.455D,蒂迈欧篇 42B;女人的音乐,法篇 7.802E;给儿童讲故事的老妇,大希庇亚篇 286A;萨玛提亚妇人,法篇 7.804E 以下,806B;斯巴达妇女,同上 1.637C,6.780E,7.806A 以下,普罗泰戈拉篇

342D;婚姻监察官,法篇 7.794B,11.930A 以下,932B;生育,同上 6.784;色雷斯妇女,同上 7.805D;像男人一样接受训练,同上 7.804E 以下,8.829E,国家篇 5.451D 以下,466C 以下;战争中的妇女,法篇 6.785B,7.805A,806A 以下,813E 以下,国家篇 5.453 以下,466E 以下,471D;亦见 bacchants,community,girls,females 条。

父亲　father(s)　父亲之美与善,大希庇亚篇 297B;儿子与父亲的不同,法篇 11.928D 以下;神是积极统治原则的公义之父,书信 6.323D;神是人的最老的朋友,国家篇 9.574C;亦见 parents 条。

父亲的　paternal　父亲的焦虑,欧绪德谟篇 306D 以下,国家篇 5.465C 以下;父亲的爱,吕西斯篇 207D 以下;父亲的教育方式,智者篇 229E 以下;亦见 father(s),household 条。

服侍、照料、看护　tendance　自愿的与强迫的,政治家篇 276D 以下。

副帅　phylarchs　法篇 6.755C;选举副帅,同上 6.756A。

腹泻　diarrhea　蒂迈欧篇 86A。

抚养、饲养　breeding　饲养动物,法篇 5.735B 以下,国家篇 5.459A 以下;公鸡,法篇 7.789B,参阅吕西斯篇 212D。

辅音　consonants　克拉底鲁篇 424C,斐莱布篇 18C,智者篇 253A,泰阿泰德篇 203B。

富有的　rich(es)　美的富人,大希庇亚篇 291D;与穷人为敌,国家篇 4.422E,8.551D 以下;得到奉承,同上 5.465C;不幸福,法篇 5.743A 以下;与聪明人,国家篇 6.489B;亦见 wealth(y)条。

复制品　copy　与原件,蒂迈欧篇 29B,31A;亦见 image(s),imitation/imitative/imitators,likeness(es)条。

符咒、魔法　charms　法篇 11.933A 以下;在医疗中使用,卡尔米德篇 155E,书信 6.323B;亦见 incantations 条。

符咒、吸引力、迷惑力　spells　法篇 11.933A 以下;护身符,国家篇 4.426B;等于对卫士的考验,同上 3.413B 以下,参阅 6.503A,E,7.539E;亦见 enchantment(s),incantations 条。

符咒、咒语　incantations　法篇 11.933A 以下;在医疗中,泰阿泰德篇

149C;祭司和巫师使用,国家篇 2.364B;亦见 charms, enchantments, magic
(ian), sorcery, spells 条。

辅助性的技艺　contributory arts　　政治家篇 281D 以下,287B 以下。

辅助者　auxiliaries　　参阅 guardians, helpers 条。

G

改造　reform　　受到惩罚以后产生的改变,普罗泰戈拉篇 325B。

肝　liver　　蒂迈欧篇 71B。

感觉、知觉　perception　　斐多篇 65,79,斐莱布篇 35A,38B 以下,国家篇
6.507C 以下,泰阿泰德篇 151E 以下;感觉的矛盾,同上 154B 以下;可以
是虚假的,同上 157E 以下;赫拉克利特关于感觉的理论,同上 181D 以
下,参阅 160D;感觉与知识,同上 151E 以下,160C 以下,163 以下,165B 以
下,179C,182E,184B 以下,192 以下;感觉的媒介,同上 184C 以下,感觉与
感觉的记忆,同上 163E 以下,166A 以下,191B;感觉的对象,国家篇
7.523B 以下;感觉器官,泰阿泰德篇 184B 以下;感觉与力量,法篇
10.902C;感觉的相对性,泰阿泰德篇 159 以下;感觉,书信 7.344B;运动
理论与感觉,泰阿泰德篇 156;普遍的感觉,同上 185 以下;亦见 pleasure
(s), sensation, sense(s)条。

感觉　sensation　　吕西斯篇 221A,斐莱布篇 33C 以下,66C,蒂迈欧篇
28A,61D,赫拉克利特的感觉理论,泰阿泰德篇 156A 以下,181D 以下;感
觉与知识,同上 163 以下;起源,蒂迈欧篇 42A 以下,43B 以下;感觉与反
映,泰阿泰德篇 186;感觉不是检验真理的标准,同上 152A 以下,160E—
162A,171E;亦见 perception 条。

感觉　sense(s)　　感觉不能提供抽象,斐多篇 65 以下,79;感觉的缺点,
小希庇亚篇 374D 以下;感觉是相连的,泰阿泰德篇 184D;感觉的证明,
书信 7.343C;感觉的功能,国家篇 5.477C;不精确的见证,斐多篇 65,
83A;与理智,国家篇 7.524B 以下;由感觉提供的感觉是不完善的,斐多
篇 75,国家篇 7.523B 以下,10.602C 以下,参阅斐莱布篇 38C 以下,42A;

感觉的对象,卡尔米德篇 167C 以下,泰阿泰德篇 156D,185 以下;知觉,蒂迈欧篇 65B 以下;感觉与思想,泰阿泰德篇 188E 以下;亦见 perception 条。

感觉的材料　data　不完善,国家篇 10.602C 以下;亦见 intimations 条。

感觉　αἴσθησις　词源,蒂迈欧篇 43C;亦见 feeling, perception, sensation, sense(s)条。

橄榄树　olive　最早出现,法篇 6.782B,美涅克塞努篇 238A;橄榄油是一种财富,普罗泰戈拉篇 334B 以下;橄榄枝编成的胜利花冠,法篇 12.943C,946B。

感冒、粘膜炎、鼻炎　rheum　蒂迈欧篇 84D,88A。

感情、感觉　feeling　情感的社团,法篇 5.739C 以下;情感与记忆,泰阿泰德篇 163E 以下,166A 以下;民族情感被暴君摧毁,法篇 3.697C 以下;亦见 emotion(s), perception, sensation 条。

感情　affection　情感与爱,法篇 8.837;参阅 friendship 条。

感情　affections　身体的,蒂迈欧篇 64。

感谢、感恩　gratitude　在缺乏时最能感到,斐德罗篇 233D。

梦　dream(s)　感性的生活像一场梦,国家篇 5.476C;梦的原因,蒂迈欧篇 46A;否定感觉的真实性,泰阿泰德篇 157E;揭示人性中的野蛮成分,国家篇 9.571E 以下,574E;梦的解释,蒂迈欧篇 72A;梦与实在,泰阿泰德篇 158B 以下;知识王国的梦,卡尔米德篇 173;由梦引起的迷信,法篇 10.910A;苏格拉底的梦,创作音乐,斐多篇 60C;关于元素,泰阿泰德篇 201D 以下;实践的和教化的技艺,斐多篇 60E;关于第三天的梦,克里托篇 44。

高　tallness　绝对的高,斐多篇 65D。

高贵的　noble　参阅 wellborn 条。

告诫　admonition　对无神论者,法篇 10.888A 以下;作为教育的传统方式,同上 5.729B,普罗泰戈拉篇 323 以下,325C 以下,智者篇 230A;亦见 advice, counsel 条。

高利贷　usury　一般加以禁止,法篇 5.742C,11.921D,参阅国家篇

8.556B。

高尚的欲望　thumos　或灵魂中的激情原则,国家篇 4.439E 以下;亦见
high spirit 条。

羔羊　lamb　金毛羔羊的凶兆,政治家篇 268E。

根　root　数学的,泰阿泰德篇 147D 以下。

歌唱老师　singing masters　法篇 6.764E;亦见 song(s)条。

革命、剧烈的变动、旋转、公转　revolution　革命的原因,法篇 3.690D 以
下,12.945D 以下,斐多篇 66A,国家篇 8.545D 以下,参阅法篇 5.736A;天
穹的旋转,伊庇诺米篇 991E,蒂迈欧篇 36C 以下,90D;不能再次陷入,书
信 7.331D;相同的旋转,蒂迈欧篇 43D 以下,参阅 47A 以下;三十人革命,
书信 7.324C;亦见 discord,faction,innovation,rotation 条。

更替　alternation　作为存在的条件,斐多篇 72。

更衣室　undressing room　欧绪德谟篇 272E,吕西斯篇 206E。

更衣室　apodyterium　参阅 undressing room 条。

根据遗嘱处理遗产　testamentary disposition　法篇 11.923B 以下。

歌曲　song(s)　引用一首熟悉的饮酒歌,高尔吉亚篇 451E;不允许搞新
花样,法篇 7.798E,816C;男子的歌曲和女人的歌曲,同上 7.802D;老人的
歌曲,同上 2.665B 以下,7.812B;歌曲的组成部分,国家篇 3.398D;青年
人的灵魂咒语,法篇 2.659E;战争歌曲,书信 7.348B;亦见 chant,hymn(s)
条。

个人、个体、个别　individual(s)　与社团,法篇 9.875A 以下,11.923A 以
下;个别与相,巴门尼德篇 133D 以下;较低的类型,国家篇 8.544E 以下;
个人与国家,书信 7.326A,330C 以下,法篇 3.689B 以下,5.739C 以下,
8.828D 以下,9.877D,11.925E 以下,930C,国家篇 2.368E 以下,4.434D 以
下,441,5.462C 以下,8.543D 以下,9.576C,577C;与事物相对的关系,克
拉底鲁篇 386。

个人身份　personal identity　会饮篇 207D,泰阿泰德篇 154 以下。

弓(手)　bow(men)　错误地使用,小希庇亚篇 374E;驻扎,法篇 8.834D;
亦见 archers/archery 条。

公餐　　συσσιτία　　参阅 common meals 条。

共产制　　communism　　共产制的最高形式,法篇 5.739C,参阅 7.807B。

工程人员　　engineers　　高尔吉亚篇 512B 以下。

公共的　　public　　法庭接受公众旁听,法篇 6.767E;智者把公共事务与私人事务结合在一起,大希庇亚篇 282B;公开执行,国家篇 4.439E;公共赛会,法篇 12.950E;公众对音乐无知,同上 2.670B;公共生活的旋涡,书信 7.325E;应当尽可能使公民变成好人,高尔吉亚篇 513E,515;忽略了他们的子女,拉凯斯篇 179C,180B,美诺篇 93 以下,普罗泰戈拉篇 320A 以下,326E 以下;官员、更夫引起公众恐惧,法篇 7.808C;亦见 common, many, multitude 条。

公鸡　　cock(s)　　吕西斯篇 211E;公鸡是美的,大希庇亚篇 295D;养公鸡,国家篇 5.459A 以下;训练斗鸡,法篇 7.789B 以下,参阅欧绪德谟篇 290D,吕西斯篇 212D;"我们必须向阿斯克勒庇俄斯献一只公鸡",斐多篇 118A。

功绩　　merit　　论功行赏,法篇 8.829C。

工匠　　artisan(s)　　公民不当工匠,法篇 8.846D;对工匠的统治,同上 8.846D—849A;亦见 craftsman/craftsmen 条。

弓箭手/射箭术　　archers/archery　　小希庇亚篇 375A 以下;在克里特,法篇 1.625D;持弓箭赛跑,同上 8.833B 以下;萨玛提亚人的妇女擅长射箭,同上 7.805A;传授射箭,同上 7.804C,813D;亦见 bow(men)条。

供给者　　provider　　世界的供给者,法篇 10.903B。

工具　　ὄργανον　　参阅 instrument(s)条。

工具、器具　　instrument(s)　　错误地使用,小希庇亚篇 374E 以下;乐器,大希庇亚篇 295D;快乐作为判断的工具,国家篇 9.582D;亦见 awl, cithara, flute, harp, lyre, piccolo 条。

公民　　citizen(s)　　是法律的子女和仆人,克里托篇 50E;是一场最重要的竞赛中的竞争者,法篇 8.830A 以下;控制情欲,同上 8.840 以下;对公民的最后赞扬,同上 7.822E 以下;组成一个共同体,国家篇 5.462B 以下,亦见 guardians 条;四个阶层,法篇 5.744C,6.754D;雇佣兵的军营,国家篇 4.419,参阅 8.543B 以下,蒂迈欧篇 18B;运用政治知识区分好公民和坏公民,政治家篇 308D 以下;追求幸福而非财富,法篇 5.743C 以下;绝对无保留地服从法律,克里托篇 51D 以下;公民的相互了解,法篇 5.738D 以下,743C,6.771E;如何进行统治与服从统治,同上 1.643E,参阅 6.762E,12.942C;除了军事以外需要更多的教育,同上 2.666E;公民不应当对财富表示贪婪,同上 8.832D;在死前不应当受赞扬,同上 7.801E 以下;不应当经商,同上 8.842D,11.919D 以下,参阅 8.847D;不应当过一种懒惰的生活,同上 7.807A 以下;不应当从事手工,同上 8.846D;不应当争吵,同上 5.737A 以下;不应当参加喜剧表演,同上 7.816E;公民的数量,同上 5.737A 以下,6.771A 以下,9.877D,11.919D,929A;对祖国负有首要的义务,克里托篇 51;不从事技艺而从事政治,法篇 8.846D,参阅国家篇 8.551E 以下;报告其他人的恶行,法篇 5.730D,742B,参阅 6.762D;亦见 informers;是有美德的,同上 6.770B 以下。

公民大会　　**assembly**　　书信 5.322A,法篇 8.850B;出席公民大会,同上 6.764A;为叙拉古提出的建议,书信 8.356D;亦见 meetings 条。

公民大会　　**Assembly**　　雅典的,欧绪弗洛篇 30,普罗泰戈拉篇 319B 以下;高尔吉亚在公民大会上的讲话,大希庇亚篇 282B。

共谋、勾结、串通　　**collusion**　　法篇 11.936D。

功能、作用　　**function(s)**　　等于为死者举行的专门仪式,国家篇 2.365A;功能与事物的德行,同上 1.352E 以下;灵魂的功能或工作,同上 1.353D 以下;亦见 end(s),funeral (s),mysteries 条。

功能　　**faculties**　　功能上的差别,国家篇 5.477B 以下;灵魂的功能,同上 6.511D 以下,7.533E,参阅泰阿泰德篇 185C 以下;亦见 soul(s)条。

公牛　　**bulls**　　大西岛的公牛献祭,克里底亚篇 119D 以下。

公牛　　**ox**　　把自己养得胖胖的就像等待屠宰的公牛,法篇 7.807A。

供品、供物　　**offerings**　　献给诸神,有关的规定,法篇 12.955E 以下。

公平、公道　　**equity**　　违反完善的正义,法篇 6.757E。

共同的、公共的　　**common**　　共有的、共用的。公共执法者、刽子手,法篇 9.872B,873B;公共生活,国家篇 5.458C 以下,464B 以下,参阅法篇

5.739C;共同观念、常识,泰阿泰德篇 185 以下,208D;公餐制度,在克里
特,法篇 1.625C 以下,633A,6.780B 以下,8.842B;为战争而设,同上
1.625C,633A,6.780B,参阅 12.942B;坏的影响,同上 1.636B 以下;卫士的
公餐,国家篇 3.416E,参阅 8.543B 以下;男人和女人的公餐,同上
5.458C;在模范城市中,法篇 6.780B 以下,783B,7.806E,8.842B;乡村专
员,同上 6.762;在斯巴达,同上 1.633A,6.780B 以下,8.842B;女人的公共
生活,同上 6.781C 以下,7.806E,8.839D;共同财产,在古代阿提卡,克里
底亚篇 110D;卫士的共同财产,国家篇 3.416D 以下,4.420A,422D,
5.464B 以下,8.543B,蒂迈欧篇 18B 以下;立法者的理想,法篇 5.739C,参
阅 7.807B;亦见 general(s),generic,public 条。

共同体、公社　　**community**　　情感的共同体,高尔吉亚篇 481C,法篇
5.739C 以下,国家篇 5.462B,464;共同体与个人,法篇 9.875A 以下,
11.923A 以下;整体,受法律保护,同上 4.715B。财产的共同体,同上
5.739C,7.807B,国家篇 3.416D 以下,4.420A,422D,5.464B 以下,8.543B,
蒂迈欧篇 18B 以下;在古代阿提卡,克里底亚篇 110D,第二好的国家财
产不共有,法篇 5.739E 以下;妇女儿童共有,同上 5.739C,7.807B,国家
篇 5.449C 以下,457D 以下,8.543A,蒂迈欧篇 18C 以下;利益,国家篇
5.461E 以下;亦见 common,national,state (s)条。

贡献、奉献　　**contributions**　　参阅 levies,tax,subscriptions 条。

公正　　**impartiality**　　与平等不是一回事,普罗泰戈拉篇 337A。

工资、报酬、薪金　　**payment**　　从伯里克利开始对雅典人服役支付工资,
高尔吉亚篇 515E;关于报酬的法律,法篇 11.921B 以下;对教育支付报
酬,申辩篇 20A,克拉底鲁篇 384B,391B 以下,高尔吉亚篇 519C,520C,大
希庇亚篇 281B,282B 以下,285B,300C,拉凯斯篇 186C 以下,美诺篇 91B
以下,普罗泰戈拉 310D 以下,311D 以下,328B,349A,智者篇 223A,
231D,333B,泰阿泰德篇 167D,参阅欧绪德谟篇 304A 以下,法篇 7.804D,
国家篇 1.337D;亦见 wage earner(s)条。

工作　　**work**　　是淫欲之敌,法篇 8.841A;劳动光荣,卡尔米德篇 163B 以
下。

狗　　**dog(s)**　　吕西斯篇 211E;喂养,国家篇 5.459A 以下;照料,欧绪弗洛篇 13A 以下;克特西普的狗,欧绪德谟篇 298D 以下;比作助手,国家篇 4.440D,5.451D;用狗狩猎,法篇 7.824A;狗一般的爱,吕西斯篇 212D;智慧的热爱者,国家篇 2.370B;苏格拉底以埃及神犬的名义起誓,申辩篇 21E,克拉底鲁篇 411B,高尔吉亚篇 461B,斐多篇 99A,国家篇 3.399E,8.567E,9.592A;驯养得很好,小希庇亚篇 375A;亦见 watchdogs 条。

购买　　**buying**　　购买食物和饮料,普罗泰戈拉篇 314A;买与卖,法篇 8.849 以下,11.915D 以下。

怪物、妖怪　　**monsters**　　残忍的,在古代阿提卡不为人所知,美涅克塞努篇 237D。

管道　　**channels**　　身体中的管道,蒂迈欧篇 70D,77C 以下。

光束　　**ray**　　可见的光束,蒂迈欧篇 64D,67E。

光荣的、荣耀的　　**honorable**　　参阅 comeliness,fair,fine,laudable 条。

观光者　　**observers**　　旅行观光者,法篇 12.951C 以下,952B 以下,961A。

管家　　**innkeeping/inns**　　小旅店的管理,法篇 11.918E 以下。

关结　　**joints**　　斐多篇 98D,蒂迈欧篇 74A,E 以下。

关联　　**connection (in style)**　　文章各部分的关联,斐德罗篇 264B。

关税　　**duty**　　参阅 dues 条。

关系、联系/相对的　　**relation/relative**　　相对与绝对,斐莱布篇 53D 以下;相对性的公理,泰阿泰德篇 155A 以下;相对与相关,高尔吉亚篇 476B 以下,国家篇 4.437 以下;难以理解,斐多篇 96D 以下,101;用型来表达,同上 102C;或大或小,政治家篇 283—285B;观念,巴门尼德篇 141A 以下,155A 以下;澄清这个观念,国家篇 7.523E 以下;相对与相对的目标,卡尔米德篇 167 以下;与其自身在大小上对立,卡尔米德篇 168B 以下;亦见 kindred,proximity 条。

惯用法　　**usage**　　语言中的,克拉底鲁篇 384D。

观众　　**spectator(s)**　　在意大利和西西里由观众投票决定胜利者,法篇 2.659B;在古雅典观众保持沉默,同上 3.700C 以下;受激励的最后一环,伊安篇 533E 以下;不自觉地受到他所看到和听到的东西的影响,法篇

2.656A,659C,国家篇 10.605C 以下,606;亦见 contemplator,observers 条。

刮身板　strigil　希庇亚自制的,小希庇亚篇 368C。

寡头的/寡头制的　oligarchic/oligarchy　书信 5.321D;依据恰当的资格,国家篇 8.550C;性格,同上 8.551B 以下;一种有缺陷的国家体制,同上 8.544C,参阅书信 7.326D;这种制度的缺点,国家篇 8.551D 以下;最难改良,法篇 4.710E;分裂而反对体制本身,国家篇 8.551D;是一种主人对奴隶的政府,美涅克塞努篇 238E;这种体制的本性,政治家篇 301A,302C 以下;这种体制的起源,国家篇 8.550C 以下;充满毛病,同上 8.544C;寡头的性格,同上 8.553E 以下;反对自己,同上 8.544D 以下;起源,同上 8.553;追求快乐,同上 9.587D;贪婪,同上 8.555A;亦见 Thirty, the 条。寡头制中的借贷,国家篇 8.555C 以下。

孤儿　orphans　法篇 11.922A;照料孤儿,美涅克塞努篇 248D 以下;在十五名老执法官的特别照料下,法篇 11.924C,926C—928D,参阅 12.959E;监护人,同上 10.909C,11.924,926C—928D;孤儿成年后的婚姻,同上 11.924D—926D。

鬼　ghosts　法篇 10.910A,斐多篇 81D,参阅法篇 5.738C,蒂迈欧篇 72A;与身体,法篇 12.959B,参阅斐多篇 81;亦见 apparitions 条。

归纳 induction　知识的源泉,法篇 12.965B 以下。

贵族政治(的)　aristocracy/aristocratical　国家篇 1.338D,政治家篇 291E,301A,302D;在古阿提卡,美涅克塞努篇 238C 以下;或民主政治,等于在大多数人同意下由最优秀者进行的统治,同上 238D;最优秀者的统治,国家篇 8.544E,参阅 4.445D,8.545D;贵族,同上 7.541B,8.544E,亦见 curators,guardians,king(s / ship),philosopher(s),ruler(s)条;衰落的状况,同上 8.546;贵族制的起源,法篇 3.681D;亦见 constitution(s)。

估价　valuation　财产的估价,法篇 12.955D 以下。

古老　Antiquity　古代,受到尊重,法篇 7.798B,智者篇 243A;亦见 ancients, men of old, tradition(s)条。

棍子　stick　拐杖,普罗泰戈拉篇 310A。

过程　processes　照料身体和灵魂的过程,高尔吉亚篇 513D。

过渡、转变　　transition　　巴门尼德篇 162C。

过分担心身体健康、体弱多病　　valetudinarianism　　国家篇 3.406B 以下，4.425E 以下。

过继　　adoption　　法篇 9.878A 以下，11.923C 以下，929C。

国家　　country　　防卫安排，法篇 6.760,778E，亦见 commissioners, rural 条；国家对个人的召唤，书信 9.358A 以下；在执行公务时不能以不在场为理由接受贿赂，法篇 12.955C 以下。

国家　　state（s）　　是人类熟悉的，法篇 12.951B；和睦的重要性，同上 5.738D 以下，743C,6.759B,771D 以下；保存国家必须要有和平与自由，同上 3.694B,697C 以下，701D；甚至坏的国家也并非没有好人，同上 12.951B；能够自卫，同上 8.829A 以下，830C 以下，参阅 7.814A 以下；不和的原因，同上 4.709A,5.744D,6.757A,12.945D 以下；设计国家不是为了战争而是为了和平，同上 1.625D 以下；国家的崩溃，国家篇 8.545C 以下；贵族和完善生活的剧烈变动，法篇 7.817B；国家的存在取决于美德，普罗泰戈拉篇 322D 以下，324E,326D 以下；家庭生活，法篇 5.740B 以下，国家篇 5.449C 以下；财富的地位最低，法篇 3.697B,5.743E,9.870A 以下，参阅 4.705B,7.801B；国家的伟大并非因为财富和大帝国，同上 5.742D 以下；没有对妇女的恰当规范是不会幸福的，同上 6.781B,7.805A 以下；根据功绩给予荣誉，同上 3.696E,4.707B,715B 以下，5.743E,6.757C 以下，11.921E 以下，参阅 5.738E；国家与家庭，政治家篇 259B 以下；国家与个人，书信 7.326A,330C 以下，法篇 3.689B 以下，5.739C 以下，8.828D 以下，9.877D,11.925E 以下，930C，国家篇 2.368E 以下，4.434D 以下，441,5.462C 以下，8.543D 以下，9.576C,577C；法律高于权威，法篇 4.715D；立法家旨在国家的主要的善，大希庇亚篇 284D；奢侈的国家，国家篇 2.372E 以下；位于富裕和贫困的中道，法篇 3.679B,5.742E,744D 以下；节制贪婪是国家的坚实基础，同上 5.736E 以下；需要优秀的统治者和优秀的法律，同上 6.751B 以下；冒犯国家，同上 6.768A 以下，9.856B 以下；国家的起源，同上 3.678 以下，国家篇 2.369 以下，参阅法篇 5.739,8.832C；只有国家自己才能推翻自己，法篇 3.683E；如何在

变化中保存下来,同上 12.960D 以下;由于愚蠢而遭到毁灭,同上
3.688E;次好的国家,同上 5.739,7.807B,参阅书信 7.337D;是自足的,法
篇 5.737D;四种不完善的国家,国家篇 4.445C,8.544,政治家篇 291D 以
下,301 以下;国家应当资助发展立体几何,国家篇 7.528C 以下;服从法
律不服从人治,书信 7.334C 以下;国家要在城邦之间事务的波涛中颠
簸,法篇 6.758A,参阅 12.945C,政治家篇 302A;国家的统一,国家篇
4.422E 以下,5.462 以下;国家的美德与个人的美德,同上 4.441,6.498E;
美德在国家中的地位,同上 4.427E 以下;最好的国家:蒂迈欧篇 17C 以
下;可能吗? 国家篇 5.471C 以下,473,6.499B 以下,7.540D 以下,参阅法
篇 4.712A,5.739C 以下,12.968E 以下,国家篇 7.520 以下;难以实现,同
上 5.472B 以下,6.502;如何开头,同上 6.501,7.541;根据天上的模型,同
上 6.500E 以下,7.540A,9.592;最容易产生独裁制,法篇 4.709E,参阅
5.739A;要么是君主制要么是贵族制,国家篇 4.445D;君主制,同上
9.576D;统治者是哲学家,同上 2.375E 以下,5.473C 以下,6.484,497 以
下,501,503B,7.519C 以下,525B,540A 以下,8.543A,老年人统治年轻人,
同上 3.412C,参阅法篇 3.690A,4.714E;最不希望担任公职,国家篇
7.520D 以下;统治者要操劳公民的真正利益,政治家篇 293C—301,
303B;由三个阶级构成,国家篇 4.441A;阶层的功能,同上 3.397E,415A
以下,4.433A 以下,441E,443E 以下,5.453B 以下,参阅法篇 8.846E,国家
篇 8.551E 以下;士兵是一个独特的职业,同上 2.374;驱逐诗人,同上
3.398A 以下,8.568B,10.595 以下,605B,607A,参阅法篇 7.817;像一个整
体一样幸福,国家篇 4.420B 以下,5.466A,7.519E,参阅 4.421A 以下;国
家的大小与国家的统一并不相符,同上 4.423A 以下,参阅法篇 5.737C
以下;最完整的国家,法篇 5.739C 以下;自由争论与法律诉讼,国家篇
5.464D 以下,参阅 2.378C;是一个家庭,同上 5.463,参阅政治家篇 259B
以下;妇女儿童与财产共有,国家篇 3.416D 以下,5.449C 以下,457D 以
下,461E 以下,464B 以下,8.543A,蒂迈欧篇 18B 以下,参阅法篇 5.739C,
7.807B;只有国家有权撒谎,国家篇 2.382C,3.389B 以下,5.459C 以下,参
阅法篇 2.663D 以下,国家篇 3.414B 以下;战争中的国家容易奴役其他

人,同上 4.422;国家处在衰退中的状况,同上 8.546,参阅克里底亚篇 121;国家的行为不同,欧绪弗洛篇 10;国家的中间状态,欧绪德谟篇 306, 斐莱布篇 32E 以下,35E 以下,43C 以下,普罗泰戈拉篇 346D,国家篇 9.583C 以下;现存的国家建立在错误的原则上,法篇 12.962D 以下;几乎 全部腐败了,国家篇 6.496C 以下,7.520D 以下,9.592,参阅法篇 12.950A,国家篇 7.519D;不是一个国家而是多个国家,法篇 12.945E,国 家篇 4.422E 以下;亦见 community, government(s), model city, party, polity, ruler(s), social, society 条。

《国家篇》　Republic　谈论国家篇,蒂迈欧篇 17A 以下。

果实　fruit　水果,蒂迈欧篇 80E;关于收获果实的法律,法篇 8.844D 以 下。

国土　territory　好国家不需要加以限制,法篇 5.737C 以下,国家篇 4.423A 以下;亦见 land 条。

国王　king(s/ship)　一切之王,书信 2.312E 以下,参阅国家篇 10.597E; 古阿提卡的国王,美涅克塞努篇 238D;国王的技艺,政治家篇 276B 以 下,289C—293,295B,300E 以下,304 以下,308C 以下,309B—311;买卖某 些东西,国家篇 8.544D;埃及的国王,政治家篇 290D 以下;国王中普遍拥 有愚蠢,法篇 3.691A;波斯国王,同上 3.694A 以下;国王与哲学家,国家 篇 5.473C 以下,参阅 6.487E,498E 以下,501E 以下,7.540,8.543A,9.592 条;可以是哲学家,同上 6.502A 以下;国王的快乐与僭主的快乐相比,同 上 9.587 以下;在原始社会中,法篇 3.680E 以下;国王的知识,政治家篇 260C 以下;与牧人,同上 261D,276A 以下,参阅法篇 5.735B 以下,泰阿泰 德篇 174D;斯巴达的国王,书信 8.356B,法篇 3.691D 以下,参阅 3.696A; 与政治家,政治家篇 258E 以下;色雷斯的国王,卡尔米德篇 156D 以下; 叙拉古的三位国王,书信 8.354A 以下,参阅 8.356D;僭主变成国王,同上 8.354A 以下,参阅 3.315D,319D;国王与僭主,政治家篇 301B 以下,302D 以下;宇宙之王,法篇 10.904A;亦见 monarchy, royalty, ruler(s)条。

过于健谈、多话　loquacity　智者篇 225D。

古人　ancients　赋予各种事物名称,法篇 7.816B;古人的一般类别没有正确地得到区分,智者篇 267D;古人以形象的语言讲话,泰阿泰德篇 180D;亦见 men, of old, old 条。

故事、寓言　fable(s)　古代的寓言,真相不确定,国家篇 2.382C;模仿的,同上 3.392D 以下;快乐与痛苦的故事,斐多篇 60C;亦见 Aesop, fiction, myth(ology), tradition(s) 条。

故事　stories/story　古代哲学家的故事,智者篇 242;故事在教育中的作用,国家篇 2.377;不好的故事不适合儿童,同上 2.377 以下,3.391C 以下,参阅法篇 12.941B,国家篇 4.408C;比论证更轻松,普罗泰戈拉篇 320C;斯巴达人乐意听古代的故事,大希庇亚篇 285D;亦见 children, education, fiction, myth(ology), tale(s) 条。

故事　tale(s)　虚假的关于诸神的故事,欧绪弗洛篇 6B 以下;美丽的想象,大希庇亚篇 298A;关于阿尔美纽斯之子厄尔的故事,国家篇 10.614B 以下;音乐在教育中包括讲故事在内,同上 2.376E;亦见 myth(ology), stories/story, tradition 条。

固体、坚固　solidity　土的性质,蒂迈欧篇 31B;亦见 volume 条。

骨头　bone(s)　斐多篇 98C,蒂迈欧篇 64C,73B 以下,84A 以下。

顾问、议员　counselors　两位不聪明的顾问(快乐与痛苦),法篇 1.644C。

古物收藏　Antiquarianism　只有在富裕和闲暇的地方才会有,克里底亚篇 110A;亦见 lore 条。

古希腊的长至膝盖的短袖束腰上衣　tunic　希庇亚的,小希庇亚篇 368C。

古希腊有三层桨座的战船　triremes　书信 3.317B,7.339A。

雇佣兵　peltasts　书信 7.348B, E, 349C;威胁柏拉图的生命,同上 7.350A。

雇佣兵　mercenary soldiers　书信 7.350A;住处像一所军营,国家篇 4.419,参阅 8.543B 以下;粗鲁的、不义的,法篇 1.630B;寡头的来源,同上 3.697E,参阅国家篇 8.566B 以下;在叙拉古,书信 3.315E,7.348A 以下。

鼓掌　applause　喝彩,其效果,书信4.321A。

H

海　sea　城市到海边的距离,法篇4.704B以下;有人住在大海深处,斐多篇109C。

海盗　corsairs　在意大利,法篇6.777C;亦见brigands,piracy/pirates条。

海盗　piracy/pirates　法篇7.823E,智者篇222C,政治家篇298D;亦见corsairs条。

海上的、海事的　maritime　海上贸易专家是必要的,国家篇2.371B;海岛上的城镇,法篇4.705A。

海豚　dolphins　国家篇5.453D;涅瑞伊得斯被说成是骑在海豚身上,克里底亚篇116E。

航海　navigation　是一种防护性的技艺,伊庇诺米篇976A以下;经验性的技艺,斐莱布篇56B,亦见pilot条。

好、善　good(ness/s)　书信7.342D;适当的善,斐莱布篇20D以下,60C;善的益处,对知识的依赖性,欧绪德谟篇281,美诺篇88;等于美好的,吕西斯篇216D,国家篇5.452E,会饮篇201C以下,204E以下,参阅克拉底鲁篇439C以下,斐多篇100;善不是美,大希庇亚篇297C以下,303E以下;善的原因是美的,同上296E以下;善等于对人有益吗?普罗泰戈拉篇333D,参阅大希庇亚篇303E,泰阿泰德篇177D;善是存在的最明亮的区域,国家篇7.518C;善的原因,高尔吉亚篇497E,斐莱布篇22D,参阅65以下;分类,书信8.355B,高尔吉亚篇451E以下,法篇1.631B以下,2.660E以下,3.697B,斐莱布篇66,.普罗泰戈拉篇334,国家篇2.357B以下,367C以下,参阅法篇9.870A以下;善的社团,法篇5.739C,7.807B,国家篇3.416D以下,5.464B以下,8.543A以下;善在古代阿提卡,克里底亚篇110D;善提供幸福,会饮篇204E;善与勇敢,法篇3.696B;善与欲望,同上6.782E以下;善的多样性与多重性,普罗泰戈拉篇334B;善作为行动的目的,高尔吉亚篇468,499E以下,506C以下;列举善,伊庇诺米篇

979C,欧绪德谟篇 279,大希庇亚篇 291D,美诺篇 78C 以下;比财富更能计量,法篇 5.728A;善与恶,吕西斯篇 216B,D 以下,普罗泰戈拉篇 332C;用假设的两个灵魂来解释,法篇 10.896E,亦见 soul(s)条;善源于灵魂,卡尔米德篇 156E;对恶来说,善是一种恶,法篇 2.661B 以下;只有灵魂可以经历善,书信 7.335A;善与公平,高尔吉亚篇 474D;善与虚假,小希庇亚篇 367C 以下;善与优秀,法篇 12.966A;善是一种幸运,等于智慧,欧绪德谟篇 279D 以下;由诸神赐予,欧绪弗洛篇 15A;地狱中的善,国家篇 2.363D;在无知者手中是一种恶,欧绪德谟篇 281D 以下;难以懂得,克拉底鲁篇 384B;心之善,头脑虚弱的一种委婉说法,国家篇 3.400E;善的相,同上 6.505 以下,508B 以下,7.517B 以下,534B 以下;最高的研究,同上 6.504E 以下;被财富所阻碍,法篇 5.742D 以下;既非理智又非快乐,斐莱布篇 20B 以下,60C 以下,参阅国家篇 6.505B;善本身,大希庇亚篇 287C,斐多篇 65D,75D,100B,国家篇 6.507B,7.540A;善没有用,吕西斯篇 220D;认识善本身,以及恶,国家篇 3.409D;善与法律,大希庇亚篇 284D 以下,泰阿泰德篇 177C 以下;善的生活与快乐的生活,高尔吉亚篇 500C 以下;生活之善常遭败坏,国家篇 6.491C,495A,参阅法篇 5.729A;数学研究与善的相,国家篇 7.526E;对善的成分进行测量,斐莱布篇 64D 以下;善在混合的生活中,同上 61B 以下,65;善的混合,同上 62 以下;善的性质,国家篇 6.505 以下;作为爱欲的对象,会饮篇 206A;立法家之善,法篇 4.705E;一切善的欲望的对象,欧绪德谟篇 278E 以下,斐莱布篇 20D;"善的后代或利息",国家篇 6.506E 以下;善与秩序,高尔吉亚篇 504;不可低估,克里底亚篇 121;善与快乐,高尔吉亚篇 497 以下,法篇 2.663A,斐莱布篇 11B 以下,20 以下,22D 以下,55A 以下,60A 以下,62E 以下,普罗泰戈拉篇 352 以下,355 以下,国家篇 6.505B 以下,509A,参阅普罗泰戈拉篇 358;一切的保存者和施惠者,国家篇 10.608E;人把善性灌输给别人,法篇 5.730D 以下;可起治疗作用的善,普罗泰戈拉篇 354A;灵魂之善,美诺篇 88;善与节制,法篇 3.696B 以下;善少于恶,国家篇 2.379C;几乎与变化无关,同上 2.380E 以下;超验的本质,同上 6.509;处于好人中的狡诈之徒,同上 3.409C,参阅 10.613C;善与理智,法篇 10.900D;哲学家

的善德,斐多篇 114E;善人被众人错误地判断,法篇 3.660E 以下,
5.742E;人之善:能干与真实,小希庇亚篇 367C;作一名好艺术家有目的
地行动,高尔吉亚篇 503D 以下;好与坏,小希庇亚篇 376B,法篇 10.908B;
最能撒谎,小希庇亚篇 367B 以下;好人之死不必感到悲伤,国家篇
3.387D 以下;不要去模仿无知的行为,同上 3.395E 以下;对好人不可能
行恶,申辩篇 30D,41,参阅国家篇 3.387C 以下;在不良统治的国家里找
到好人,法篇 12.951B,参阅斐多篇 78A;文雅与高尚,法篇 5.731D,参阅
国家篇 3.410C 以下;不要对朋友的死亡感到悲伤,国家篇 3.387D 以下,
10.603E 以下,参阅法篇 5.732C,7.792B,800D 以下,美涅克塞努篇 247C
以下;来世生活的幸福,申辩篇 41,高尔吉亚篇 526C,527C,斐多篇 63,
108,114;痛恨僭主,国家篇 8.568A;被众人所痛恨,申辩篇 28A;传授他们
的优秀品质,法篇 5.730E;好人相互之间是朋友,吕西斯篇 214C,参阅斐
德罗篇 255B;神热爱善人,法篇 4.716D,参阅斐莱布篇 39E 以下,国家篇
2.383C,10.613A,会饮篇 212A,泰阿泰德篇 176B;人的本性不是善的,美
诺篇 89A 以下;人们为什么要担任公职,国家篇 1.347;宁可被流放去一
个很差的国家,法篇 6.770E;好人应当得到他们的名声,书信 4.320B;好
人统治自己,法篇 1.626E 以下,644B;好人的献祭是神可以接受的,同上
4.716D 以下;好人是自足的,吕西斯篇 215A 以下,国家篇 3.387D,参阅
美涅克塞努篇 248A;好人似乎头脑简单,没有经历过恶,国家篇 3.409A;
好人的儿子不一定是好人,拉凯斯篇 179B 以下,180B,美诺篇 93 以下,
普罗泰戈拉篇 324D 以下,参阅法篇 3.694D;好人不幸,国家篇 2.364A;
好人等于聪明人,同上 1.350B;亦见 excellence,hero(es),just(ice),pleasure
(s),right(ness/s),virtue(s)条。

好客　　hospitality　　法篇 12.952E 以下;厚待客人为上苍所乐,同上
4.718A 以下;款待,书信 7.328D,333E。

好像　　appearing　　显现得如何与是如何,大希庇亚篇 294A 以下;作为一
种精神状态等于感觉与判断的混合,智者篇 264A。

合唱、歌舞　　chorus　　配备一个合唱队的花费,书信 13.362A;源于χαρά,
法篇 2.654A;亦见 choir(s),choric 条。

合唱的　　choric　　技艺,与教育密切相关,法篇 2.654B,665A,672E;分成跳舞与唱歌,同上 2.654B;歌典,同上 2.665 以下;在克里特与斯巴达,同上 2.666D;合唱队训练,高尔吉亚篇 501E;亦见 choir(s),chorus 条。

合唱队、歌舞队　　choir(s)　　老人合唱队,法篇 2.664D;阿波罗和缪斯的歌舞队,同上 2.664C,665A;到场,同上 12.949C;比赛,同上 8.834E;狄奥尼修斯的歌舞队,同上 2.665B,670 以下,7.812B;裁判宣誓,同上 12.949A;由年轻人组成的歌舞队,同上 6.772C;领队与指导,伊安篇 536A;主席或调度,法篇 6.764E 以下,772A;三人组成的歌舞队,同上 2.664C 以下;训练员,同上 2.655A,7.812E;亦见 choric,chorus 条。

合成物　　composite　　混合的与不混合的,斐多篇 78。

合法的　　lawful　　与有益的,大希庇亚篇 284E 以下;法律起源于习俗的理论,泰阿泰德篇 172A,177C 以下。

合格的　　qualified　　有资格的,参阅 pairs,conditioned 条。

黑的　　black　　蒂迈欧篇 67E。

和解　　conciliation　　和解的精神,参阅 friendly spirit 条。

河流　　rivers　　西西里的泥河,斐多篇 111D;地下河,同上 113。

和睦　　Amity　　国内的和睦,法篇 3.694A 以下;被暴君所毁,同上 3.687D;亦见 friendship。

很可能的　　likely　　蒂迈欧篇 29C,亦见 probability 条。

和平　　peace　　和平舞,法篇 7.814E 以下;和平生活,同上 7.803D 以下,8.829A 以下;没有权威就无法缔结和平,同上 12.955B 以下;仅仅是个名称,同上 1.626A;追求和平的高尚欲望,政治家篇 307E;比战争好,法篇 1.628C 以下,7.803D,8.829A;用战备保证和平,同上 8.829B。

和平舞　　ernmeleiae　　法篇 7.816C。

和谐/和谐的　　harmonies/harmony　　蒂迈欧篇 69B;在财富的获得中,国家篇 9.591D;技艺的和谐,斐德罗篇 268D 以下;奏乐时不需要包括所有的和声,国家篇 3.399;神圣的和谐,蒂迈欧篇 80B;希庇亚不愿讨论和谐,大希庇亚篇 285D;旨在灵魂,蒂迈欧篇 47D 以下,参阅普罗泰戈拉篇 326B,国家篇 7.531C 以下;和谐的种类,拉凯斯篇 188D;和谐的性质,斐

莱布篇 26A,会饮篇 187;和谐与快乐,斐莱布篇 31C 以下;和谐的原则,
小希庇亚篇 368D;统治者要获得关于和谐的知识,国家篇 7.530D 以下;
灵魂的和谐受节制的影响,同上 4.430E 以下,参阅 4.443D 以下,9.591C
以下;和谐的魅力,同上 10.601B;宇宙的和谐,蒂迈欧篇 90D;语言和行
动的和谐,拉凯斯篇 188D 以下;亦见 attunement, concord, grace/Graces,
mode(s),music,pitch,scales 条。

和谐　concord　灵魂的和谐,国家篇 4.442C 以下;美德的和谐,法篇
2.653B,3.689;亦见 harmonies/harmony 条。

合作、协作　co-operative　参阅 contributory 条。

红宝石　ruby　装饰天堂,斐多篇 110D。

红的　red　蒂迈欧篇 68B;在各种食物中红色食物最主要,同上 80E。

宏伟、高尚　magnificence　哲学家的美德之一,国家篇 6.494B;亦见
grandeur of soul 条。

洪水　floods　蒂迈欧篇 22;关于大洪水的传说,法篇 3.677A;亦见
Deluge(s)条。

红棕色、赭色　umber　蒂迈欧篇 68C。

后代、后裔　descendants　不会因为不适当的遗产而得福,法篇
11.913E;亦见 children 条。

后来的、后世的　posterity　关于后世的看法,书信 2.311C。

后母、继母　stepmothers　法篇 11.930B。

后裔　heirs　继承人,与女继承人,法篇 5.740B 以下,11.923C—926D。

后裔　offspring　子孙,相关的论证,斐德罗篇 261A;热爱子女后代,在
人中间和在动物中间,会饮篇 207A 以下。

猴子　monkey　参阅 ape(s)条。

划分　divison　动物的划分,政治家篇 263 以下;划分与分类(修辞学
的),斐德罗篇 273D 以下;关于指导性的知识的划分,政治家篇 260E 以
下;牧人的划分,同上 263E 以下;根据种类进行划分,智者篇 253B 以下,
政治家篇 258B 以下,262B 以下,285A 以下,287B 以下;知识的划分,同上
259D 以下;劳动的划分,法篇 8.846D,国家篇 2.370,374,3.394C 以下,

397E,4.423D,433A 以下,435B,441E,443C 以下,5.453B;是正义的一种形式,同上 4.433 以下,435B,441E,参阅 1.332,349 以下;土地的划分是发生争执的根源,法篇 3.684D 以下;划分的逻辑方法,斐莱布篇 16D 以下,智者篇 219 以下;根据性质划分,政治家篇 287C,参阅斐德罗篇 265E;数的划分,政治家篇 262D;生产对象的划分,同上 260D 以下;划分与预测,智者篇 253C 以下,亦见 dialectic(al)条;划分的过程,政治家篇 262B 以下;以纺织为例,同上 279B—283B;数学中划分的困惑,斐多篇 101;抚养牲畜的划分,政治家篇 261D 以下;把科学分成运用的和纯粹的,同上 258E;风格的划分,斐德罗篇 265D 以下;亦见 distribution,partition 条。

划分土地　　allotments　　法篇 5.745C 以下;保持同一,同上 9.855A,856D;亦见 lot(s)条。

花冠　　wreath　　柏拉图在他的外甥女死时拒绝戴花冠,书信 13.361D。

怀疑主义　　skepticism　　是危险的,国家篇 7.538C 以下。

怀孕　　conception　　人的怀孕与生殖是对大地的模仿,美涅克塞努篇 238A;在爱情中孕育,会饮篇 206B 以下;亦见 barrenness,form(s)条。

怀孕　　pregnancy　　法篇 7.789B 以下,792E。

滑稽、笨拙、丑角　　clownishness　　参阅 stupidity 条。

画家/绘画　　painter(s)/painting　　克拉底鲁篇 424E 以下,法篇 6.769A 以下,国家篇 10.596E 以下;绘画技艺是一个整体,伊安篇 532E 以下;绘画行为的各个部分要一致,高尔吉亚篇 450C;体制的描画,国家篇 6.501;埃及的绘画,法篇 2.656E;画形体,克里底亚篇 107D;绘画的幻觉,国家篇 10.596E 以下,智者篇 235E 以下,参阅克里底亚篇 107C;模仿性的技艺,克拉底鲁篇 423D 以下,伊庇诺米篇 975D,参阅法篇 10.889D,国家篇 10.597D 以下,智者篇 234B;风景画,克里底亚篇 107C;绘画与立法,法篇 6.769B 以下;绘画所需要的努力,同上 6.769B 以下;画家与诗人,国家篇 10.597D 以下,603B 以下,605A 以下;绘画产生一切事物,智者篇 233D 以下;场景,国家篇 10.602D;灵魂中的绘画,斐莱布篇 39B;画家的智慧,普罗泰戈拉篇 312D;绘画与写作,绘画不能回答问题,斐德罗篇 275D。

黄金/黄金的　　gold(en)　　书信 6.322D,大希庇亚篇 301A,吕西斯篇

220A;黄金装饰,大希庇亚篇289E以下;在天上那个世界里,斐多篇
110E;黄金时代,法篇4.713B以下,政治家篇271B以下;卫士不能拥有
金子,国家篇3.416E,4.419,422D,5.464C,蒂迈欧篇18B;不适宜做汤勺
的柄,大希庇亚篇290E以下;用在适宜之处是美的,同上290D以下,
293E;没有什么东西比黄金更美,同上289E以下;混合在统治者中,国家
篇3.415A,参阅8.547A;黄金的性质,蒂迈欧篇59B;不能把黄金献给诸
神,法篇12.955E;斐狄亚斯用黄金装饰他的雅典娜像,大希庇亚篇
290B;不能拥有金子,法篇5.742A,743D,746A;黄金的种族,克拉底鲁篇
397E以下;提炼黄金,政治家篇303D;柏拉图归还黄金,书信1.309C;原
始社会不知道黄金,法篇3.679B,参阅克里底亚篇112C。

黄色的　　**yellow**　　蒂迈欧篇68C,74D;亦见auburn条。

荒淫的　　ὕβρις　　参阅pride条。

幻觉、错觉　　**illusions**　　在技艺中,智者篇235E以下;期待中出现的幻觉,
斐莱布篇40A;听觉中出现的幻觉,泰阿泰德篇157E,参阅斐多篇65A;
快乐的幻觉,斐莱布篇40D,42B以下;视觉中的幻觉,斐多篇74B,斐莱
布篇38D,42A,国家篇7.523B以下,10.602C以下,泰阿泰德篇157E,参
阅斐多篇65A。

欢乐、喜悦　　**joy**　　不是不节制,法篇5.732C;作为一种称呼,书信
3.315B。

欢乐　　**cheerfulness**　　参阅placidity条。

欢宴的聚会　　**convivial meetings**　　要处在控制下,法篇1.639D以下;亦见
drinking parties,Greek life条。

呼喊者　　**criers**　　法篇11.928D;亦见heralds条。

灰　　**Ashes**　　用来治疗眼病,吕西斯篇210A。

回避　　**evasion**　　逃避兵役,法篇12.943A以下。

会放电的鱼　　**torpedo fish**　　参阅sting ray条。

恢复、回复　　**restoration**　　恢复与动乱,斐莱布篇31D以下,参阅42D;亦
见replenishment,repletion条。

会合　　**conjunctions**　　星辰的,蒂迈欧篇40C。

毁坏,毁灭　damage(s)　毁坏的行为,法篇 8.846A,12.956C 以下;毁坏与利益,书信 8.352D 以下;奴隶和动物的毁坏,法篇 11.936C 以下;自愿与不自愿的毁坏,同上 9.861E 以下;毁坏与错误,同上 9.861E 以下;亦见 detriment, injury 条。

挥霍浪费者　spendthrifts　国家篇 8.564B。

贿赂　bribes　受贿要处死刑,法篇 12.955D。

毁灭　destructions　以往人类的毁灭,法篇 3.677A,政治家篇 270C 以下,蒂迈欧篇 22C 以下,参阅克里底亚篇 109D。

灰色　gray　参阅 dun 条。

回忆、追忆　recollection　与联系,斐多篇 73C—74D;加以解释的追忆,同上 73—76,斐德罗篇 250;举例说明,美诺篇 82B—85B;知识与回忆,斐多篇 72E,75,92;与记性的差别,斐德罗篇 275A,斐莱布篇 34B 以下;灵魂不朽的证据,美诺篇 85E 以下,斐多篇 73;等于重新发现知识,美诺篇 81C,85D,98A,斐莱布篇 34C,泰阿泰德篇 198D,参阅法篇 5.732B 以下;作为一种看法提出来,美诺篇 98A。

回忆　reminiscence　参阅 recollection 条。

回忆　ἀνάμνησις　参阅 recollection 条。

灰汁、碱液　lye　参阅 soda 条。

狐狸　fox　像狐狸一样贪婪和狡猾,国家篇 2.365C。

浑沌　chaos　政治家篇 273B 以下,蒂迈欧篇 52E 以下,69B,参阅泰阿泰德篇 153D;阿那克萨戈拉论浑沌,斐多篇 72C,参阅高尔吉亚篇 465D。

混合　mixture　完善的生活,斐莱布篇 61C 以下;快乐与痛苦的混合,同上 46A 以下,48B 以下,49A。

混合的原则　mixed principles　斐莱布篇 25D 以下。

婚姻　marriage　国家篇 5.458E 以下;结婚年龄,法篇 4.721B 以下,6.772D,774A 以下,785B;不生育可以作为分居的理由,同上 6.784B;婚后的生活,同上 6.780B;女性的监察官,同上 7.794B,11.930A 以下,932B;节日,同上 6.775C 以下,国家篇 5.459E;结婚服,参 bride, appareling of 条;不匹配是离婚的依据,法篇 11.929E 以下;有关法律,同上 4.721,

6.773 以下;相反的性格在婚姻中和谐,同上 6.773A 以下,政治家篇 310B 以下,参阅法篇 11.930A;孤儿长大后的婚姻,法篇 11.924D—926D;婚礼时的祈祷与献祭,国家篇 5.461A;最神圣的婚姻等于最有益的婚姻,同上 5.458E 以下;第二次婚姻,法篇 11.930A 以下;亦见 eugenics, procreation 条。

火　　fire　蒂迈欧篇 48B,49B 以下,53B 以下;火与土,对立的关系,伊庇诺米篇 982D 以下,参阅蒂迈欧篇 31B;作为元素,伊庇诺米篇 981C,斐莱布篇 29A,智者篇 266B,蒂迈欧篇 31B 以下,45B;火元素,同上 53D;火的形式,同上 56;火为什么是热的,同上 61D 以下;火的种类,同上 58C;技艺必须要有火,普罗泰戈拉 321D;摩擦产生火,国家篇 4.435A,泰阿泰德篇 153A;最具渗透性的元素,蒂迈欧篇 58B,62A,78A;人身上的火和宇宙中的火,斐莱布篇 29C;火与水,书信 7.342D。

货币、钱　　currency　法篇 5.742A,746D;功能,同上 11.918B;亦见 money 条。

活的　　living　生物,等于通过灵魂与肉体结合而成的单一体,伊庇诺米篇 981A;活与死,大希庇亚篇 282A;活着的人不受赞扬,法篇 7.802A;亦见 animal(s)条。

获得自由的奴隶　　freedmen　自由民,相关法规,法篇 11.915A 以下。

火罐　　cupping glasses　蒂迈欧篇 79E。

火焰　　flame　蒂迈欧篇 58C;火的颜色,同上 68C。

琥珀　　amber　琥珀的吸力,蒂迈欧篇 80C。

呼气　　expiration　吐气,蒂迈欧篇 78E 以下。

呼吸(气)　　breath(air)　四元素之一,斐莱布篇 29A。

呼吸　　respiration　蒂迈欧篇 78E 以下。

胡须　　beard　长胡子,青年男子最迷人的时候,普罗泰戈拉篇 309A,会饮篇 181D。

J

假的、想象的　　supposititious　假冒的儿子,国家篇 7.537E 以下。

假定　assumption　前提,数学与理智科学中的,国家篇 6.510B 以下;亦见 hypotheses / hypothesis / hypothetical 条。

价格　prices　执政官确定的价格,法篇 11.920C;在市场上,同上 11.917B 以下。

碱　potash　蒂迈欧篇 65E。

碱　soda　蒂迈欧篇 60D,65E。

碱　alkalies　蒂迈欧篇 65E。

腱　sinew(s)　斐多篇 98C 以下,蒂迈欧篇 74B 以下,75B 以下,82C 以下,84A 以下。

监察、督察　supervisors　监察员,夜间开会的议事会,法篇 12.951,961A 以下,968A,参阅伊庇诺米篇 992E;教育的监察,法篇 6.765D 以下,7.801D,809 以下,811D,812E,813C,8.829D,835A,11.936A,12.951E,953D;对进出口的监察,同上 8.847C;由女性监察婚姻,同上 7.794B,11.930A 以下,932B;对生育的监察,同上 6.784;对体育和学校的监察,同上 6.764C,12.949A;亦见 directors,presidents 条。

监察　inspectors　参阅 supervisors 条。

监察官　censors　参阅 auditors 条。

监察官　ephorate　由莱喀古斯创立,书信 8.354B;其权力,法篇 3.692A,4.712D。

检查者　reviewers　参阅 nocturnal council,supervisor 条。

简单、简洁、简朴　simplicity　在节食中,国家篇 8.559C,参阅 3.404C 以下;教育的第一原则,同上 3.397B 以下,404E,参阅法篇 7.812D 以下;好人的简朴,国家篇 3.409A;音乐的简洁,参阅 music 条;原始社会的简朴,克里底亚篇 109D 以下,法篇 3.679B 以下,参阅 12.948B,政治家篇 271D 以下;亦见 disposition,good,goodness of heart 条。

坚定、坚信　steadfastness　真正的哲学的一部分,书信 10.358C。

监督　wardens　酒宴的监督保持清醒,法篇 2.671D;亦见 commissioners,police 条。

讲话　speaking　发言的第一条规则,斐德罗篇 259E;讲话反对某人是不可能的,欧绪德谟篇 280D 以下。

讲话　　**address**　　狄翁的遗言,书信 8.355 以下;亦见 salutation 条。

讲课　　**lecture**　　讲座,为公众举行,书信 7.341D,参阅 7.344D。

奖励、奖赏　　**rewards**　　给予胜利者,国家篇 5.460B,468B 以下,参阅 3.414A;亦见 gifts 条。

奖励　　**prize(s)**　　对功绩的奖励,法篇 8.829C;对勇敢的奖励,同上 12.943C,国家篇 5.468B 以下;美德的奖励,法篇 4.715C,5.729D,730E, 11.919E,12.946B,948A,952D,961A,964B 以下,参阅 8.845D,11.935C;亦 见 award,decoration 条。

奖赏　　**award**　　对美德的奖赏,法篇 12.953D;亦见 prize(s)条。

匠人　　**craftsman/craftsmen**　　艺人,不会出错,1.340D;献给保护神,法篇 11.920D;技艺的知识,诚实和正直,同上 11.921B;必须要有工匠,国家篇 2.370D 以下;工匠的规矩,法篇 11.920 以下;有技艺的工匠不是聪明的, 申辩篇 22D;没有时间生病,国家篇 3.406C 以下;亦见 artisans 条。

将是　　**coming to be**　　将是与运动,法篇 10.893B 以下;亦见 becoming, generation(s),genesis 条。

讲述、叙述　　**narration**　　讲述风格,国家篇 3.392C—394C,396C 以下。

监护的　　**tutelary**　　参阅 patronal 条。

监护人、监察　　**overseers**　　孤儿的监护人,法篇 6.766C;亦见 guardians, supervisors 条。

监护人　　**benefactors**　　书信 8.356D。

简洁　　**brevity**　　哲学的特点,普罗泰戈拉篇 343B;拉科尼亚式的简洁,法 篇 4.721E 以下,普罗泰戈拉篇 342A 以下;并非总是受到注意,法篇 4.721E 以下,10.887B,政治家篇 283B 以下,286B 以下;亦见 taciturnity 条。

健康　　**health**　　蒂迈欧篇 82E;绝对的健康,斐多篇 65D;健康是美,大希 庇亚篇 291D;健康是一种善,吕西斯篇 219A;正义像健康,国家篇 4.444C 以下;健康的生活,法篇 5.733E 以下;健康像美德一样在一切人中间是 一样的,美诺篇 72D;健康与快乐,国家篇 9.583D;对美德来说健康是次级的,同上 9.591C。

健康不良　ill health　参阅 body, diseased, disease, invalids, valetudinarianism 条。

艰苦的工作　travail　思想上的,泰阿泰德篇 148E 以下。

检验物、审判者　triers　音乐的考察,法篇 7.802B。

建议　advice　书信 5.322A 以下, 7.330C 以下;亦见 admonition, counsel 条。

奸诈、诡辩　pettifoggery　醉心于胡言乱语,大希庇亚篇 304B。

见证、证据、证言　witness(es)　法篇 8.846B, 11.936E 以下;错误的见证,同上 11.937B 以下;毁灭证据,同上 12.954E 以下;亦见 charges, false, evidence, perjuries/perjury 条。

建筑　architects / architecture　普罗泰戈拉篇 319B,国家篇 3.401A, 4.438D,政治家篇 280C;大西岛的建筑,克里底亚篇 115C 以下;建筑所需要的工具,斐莱布篇 56B;建筑必须要有纯洁的气质,国家篇 3.401A 以下;亦见 builder, master 条。

僭主　tyrants　书信 8.353B;真正的僭主比僭主式的人还要可悲,国家篇 9.578C;僭主的军队,同上 8.567D 以下, 568D 以下;在剧场里表演出来,书信 1.309D 以下;没有朋友,国家篇 8.567D 以下, 9.575E 以下,参阅书信 1.309B, 310A, 7.331E 以下, 332C,高尔吉亚篇 510B 以下;幸福,国家篇 8.566D 以下, 9.576B 以下,参阅书信 3.315B;对公民品性的影响,法篇 4.711B 以下;僭主与动物饲养者,泰阿泰德篇 174D;可悲的,国家篇 9.578C 以下,参阅法篇 2.661B 以下;一位最优秀的人或真正的国王的对立面,政治家篇 301B 以下;关于僭主的悖论,高尔吉亚篇 468;没有真正的快乐,国家篇 9.587;离快乐有多远,同上 9.587B 以下;僭主与诗人,同上 8.568A 以下,参阅书信 1.309D 以下;没有力量,高尔吉亚篇 466D 以下;在地狱中受惩罚,同上 525D 以下,国家篇 10.615E 以下;对城邦进行清洗,同上 8.567B 以下;具有强制性的要求,书信 7.329D;获得权力,国家篇 8.565D 以下;从保护性的根源中产生,同上 8.565D;税收,同上 8.567A, 568E;亦见 autocracy/autocrat 条。

僭主的/僭主　　**tyrannical/tyranny**　　书信 8.352C 以下,国家篇 1.338D 以下;不是一种体制,法篇 4.712C;国家的最后一曲,国家篇 8.544C;等于大规模的不正义,高尔吉亚篇 469C 以下,国家篇 1.344;是一种狩猎,智者篇 222C;是政府的奴隶的头子,美涅克塞努篇 238E;滥用权力,书信 8.353C;反对一个最优秀的人的统治,政治家篇 302D 以下;起源,国家篇 8.562 以下,参阅书信 8.354E;等于用暴力控制来维持的,政治家篇 276E,参阅 291E;应当转变为君主制,书信 8.354A 以下;最邪恶的政府,国家篇 9.576B 以下,政治家篇 302E,参阅书信 7.326D,329B;僭主式的人,国家篇 9.571 以下,参阅书信 7.327B,351A 以下;生活,国家篇 9.573;最可悲的,同上 9.576C;灵魂受奴役的,同上 9.577D 以下;对待父母,同上 9.574 以下;亦见 autocracy/autocrat 条。

脚　　**feet**　　赤脚,法篇 12.942E,参阅 1.633C。

较多的　　**more**　　或多或少,斐莱布篇 24 以下,52C。

较好　　**better**　　较优秀的人能被较低劣的统治吗? 法篇 1.627A 以下;较优秀的人与较强的人是一回事吗? 高尔吉亚篇 488C 以下,参阅法篇 1.627A 以下;较好的与较聪明的,高尔吉亚篇 489E 以下;亦见 superiors 条。

狡猾　　**cunning**　　诡计多端,小希庇亚篇 365E。

交换　　**exchange**　　交换的技艺,智者篇 223C 以下;两类交换,同上 219D;亦见 retail trade(rs)条。

交际、往来　　**intercourse**　　社会交往的重要性,法篇 6.771D 以下;参与,智者篇 248B;两性间的交往,国家篇 5.458D 以下,法篇 8.835D 以下,839—841,亦见 conversation 条;可耻的性交,大希庇亚篇 299A;把过性生活的权力作为对优秀者的奖赏,国家篇 5.460B;违反自然的性关系受到谴责,法篇 1.636C,8.836C 以下,参阅会饮篇 181。

教练　　**Couches**　　三位教练,国家篇 10.596B 以下。

教练　　**directors**　　指导,音乐的指导,法篇 7.801D;体育和身体锻炼的指导,同上 7.801D,813A,8.835A;亦见 supervisors 条。

教师/教学　　**teachers/teaching**　　法篇 7.813E;如果学生错误地使用老师

的指导不应当责备老师,高尔吉亚篇456D以下,460C以下;执法官负责国家的美德教育,法篇12.964B以下;教弦琴演奏,普罗泰戈拉篇312E;教育方法,法篇7.815B以下,普罗泰戈拉篇326D;音乐教育,法篇7.815B以下;体育训练,同上7.813B以下;教学标准,同上7.811E以下;亦见education,schoolmasters条。

教室　schoolroom　菲多斯拉图的教室,大希庇亚篇286B。

交通　traffic　与敌人勾通,法篇9.856E以下。

较小的、较少的　less　较小的与较大的,国家篇4.438B,10.602D;较少的与较多的,斐莱布篇24以下,52C。

矫正　correction　参阅chastisement条。

假设　ὑπόθεσις　参阅assumptions,hypotheses/hypothesis/hypothetical条。

假设/假设的　hypotheses/hypothesis/hypothetical　假设作为一种方法,巴门尼德篇136A以下;在法律中,斐德罗篇273B以下;关于一的假设,巴门尼德篇137B以下,亦见one条;在知识中的假设,国家篇7.533C以下;使用假设,美诺篇86E以下,斐多篇100A,101D,亦见assumption条。

迦太基人　Carthaginian(s)　喜欢饮酒,法篇1.637D;控制西西里,书信7.349C;摧残希腊人的西西里,同上8.353B;对饮酒的限制,法篇2.674A;在格隆时代被征服,书信7.333A。

家庭、户　household　照料家庭,国家篇5.465C,参阅欧绪德谟篇306D以下;无子女的,法篇9.877E,11.924A,925C以下;家具制造,国家篇3.401A;早上起床要早,法篇7.807E以下;家庭与国家,政治家篇259B以下。

家庭、家族　family　家中的不和,法篇11.928D—930B;家庭生活,同上5.740B以下,国家篇5.449C以下;家庭照料,欧绪德谟篇306D以下,国家篇5.465C;家族傲慢,高尔吉亚篇512C以下,泰阿泰德篇174E以下;由长者统治,法篇3.680E以下;家庭与国家,国家篇5.463;家庭崇拜,法篇10.887D以下;亦见birth(s)条。

家长制的政府　patriarchal government　参阅dynasty条。

嫁妆的标准　appareling　法篇6.774D。

疾病　　**disease**　　身体的疾病与灵魂的疾病相比,克里托篇 47D 以下;犯
　　罪的原因,法篇 9.864D;事物天生的缺陷,国家篇 10.609A;与不和谐,智
　　者篇 228A 以下;对国家的影响,法篇 4.709A;对身体来说不是根本的而
　　是偶然的,吕西斯篇 217B 以下;有病的生活,法篇 5.734B 以下;与生物
　　密切相关,蒂迈欧篇 89B;疾病的起源,国家篇 3.404E 以下,会饮篇 188A
　　以下,蒂迈欧篇 81E 以下,参阅斐多篇 110E;医生有治病的经验,国家篇
　　3.408D 以下;从疾病中产生的快乐,斐莱布篇 450 以下,510,参阅高尔吉
　　亚篇 494C,蒂迈欧篇 86B 以下;正确对待疾病,国家篇 3.405C 以下;神圣
　　的疾病(疯狂),法篇 11.916A 以下,蒂迈欧篇 85A 以下;灵魂的疾病,同
　　上 44C,86B 以下;疾病与邪恶相比,法篇 10.906C,国家篇 4.444C 以下,
　　10.609B 以下,智者篇 228A 以下,参阅政治家篇 296B 以下;亦见 disorder,
　　mental 条。

疾病　　**illness**　　是邪恶逞凶的机会,普罗泰戈拉篇 345B。

疾病　　**sick(ness)**　　是一种恶,吕西斯篇 217B,218E;对疾病的恐惧,欧绪
　　弗洛篇 12B;病人,书信 7.330C 以下;治病,高尔吉亚篇 504E 以下;亦见
　　invalids 条。

继承、承受、遗产　　**inheritance**　　吕西斯篇 209C,国家篇 1.330B;有关法
　　律,法篇 5.740B 以下,亦见 lot(s),bequest 条。

极端　　**extreme(s)**　　极端与中等,蒂迈欧篇 36A;极端是稀罕的,斐多篇
　　90A。

饥饿　　**hunger**　　吕西斯篇 220E 以下,斐莱布篇 31E,34E,国家篇 4.437D
　　以下;身体的营养不良,同上 9.585A 以下。

阶层、阶级　　**class(es)**　　有钱阶级是民主制中的雄蜂,国家篇 8.564E 以
　　下;阶层的区别,同上 3.415A 以下;古代雅典的阶层,克里底亚篇 110C,
　　112B 以下;埃及的阶层,蒂迈欧篇 24A 以下;划分阶层,政治家篇 258B 以
　　下,262B 以下,285A 以下,287B 以下,参阅斐德罗篇 265E 以下;四个阶
　　层,法篇 5.744C,6.754D;保持不同阶层的功能,国家篇 4.433B 以下,
　　441E,443C 以下,5.453B 以下,蒂迈欧篇 17C,参阅法篇 8.846E,国家篇
　　8.551E 以下;阶层的幸福,国家篇 4.421A 以下;阶层的名字,泰阿泰德篇

157B;阶层与党派,政治家篇 262B 以下;亦见 caste, community, genus, kinds, professional/professions 条。

杰出、优秀、卓越、优点　excellence　书信 4.320B 以下;常常由好恶来决定,法篇 2.655E;与有用相关,国家篇 10.601D;亦见 good(ness/s), virtue (s)条。

结果、效果　effect　与原因,欧绪弗洛篇 10C,斐莱布篇 26E 以下。

结合　combination　事物之间的相互结合,智者篇 252B 以下,254B 以下,259A。

洁净、洗涤　cleansing　为杀人而举行的涤罪仪式,法篇 8.831A;亦见 purification。

竭力仿效　emulation　混合着痛苦与快乐,斐莱布篇 47E;亦见 envy, malice 条。

解剖　anatomy　人体的解剖,蒂迈欧篇 69E 以下。

节日　festival(s)　诸神指定节日来缓解人类的不幸,法篇 2.653D,参阅 2.665A;对两性相同的节日,同上 6.771E 以下;用节庆中最显赫的位置当作奖赏,同上 12.947A;推进友谊,同上 5.738D,6.771D 以下;在婚礼中,同上 6.775A 以下;混合着娱乐,同上 2.658A 以下;节日的主持人,同上 11.935E;节日的规定,同上 7.809D,816C,8.828,834E,835B;妇女的节日,书信 7.349D,法篇 8.828C;阿帕图利亚节,蒂迈欧篇 21B;医神节,ion530D;班狄斯节,国家篇 1.327A,354A;酒神节,法篇 1.637B,国家篇 5.475D;狄奥斯库里节,法篇 7.796D;埃及人的节日,同上 7.799A;赫耳墨斯节,吕西斯篇 206D 以下,223;为荣耀死者而举行节庆,美涅克塞努篇 249B;泛雅典娜节,巴门尼德篇 127B;勒奈亚的节日,普罗泰戈拉篇 327D;奥林匹克赛会,小希庇亚篇 363C 以下,亦见 Olympia(n)/Olympic 条;泛雅典娜赛会,欧绪弗洛篇 6C,ion530B;亦见 drinking parties, recreations 条。

节日宴饮　feasts　参阅 drinking parties,festival(s),wine 条。

节食　diet　法篇 2.659E 以下,国家篇 8.561D;亦见 appetite(s), regimen, training 条。

解释　　**account**　　描述,泰阿泰德篇 202B 以下, 206C 以下; 解释与知识, 同上 201C 以下; 亦见 description 条。

解释　　**explanation**　　参阅 account, description 条。

解释者　　**interpreters**　　宗教法规的解释者, 法篇 9.865D, 12.958D, 964B; 解释的知识, 政治家篇 260E; 亦见 canonists, exponents 条。

接受　　**receiving**　　接受赃物, 法篇 12.955B。

接受者　　**recipient**　　蒂迈欧篇 53A, 57C; 所有形式的接受者, 同上 50B 以下; 亦见 mother, nurse(s), receptacle 条。

节制、稳健、适度　　**temperance/temperate**　　法篇 3.696B 以下; 在独裁制中, 同上 4.710A 以下, 参阅 4.712A; 等于做好事, 卡尔米德篇 163E 以下; 等于做自己的事, 同上 161B 以下; 是一种善, 同上 159C 以下, 169B; 等于灵魂的健康, 高尔吉亚篇 504C 以下, 参阅 507; 节制与不节制, 吕西斯篇 216B; 弱者对付强者, 高尔吉亚篇 492; 灵魂可以看到节制本身, 斐德罗篇 247D; 等于知道自己知道什么和不知道什么, 卡尔米德篇 167A 以下; 节制的生活比不节制的生活好, 高尔吉亚篇 493B 以下, 法篇 5.733E 以下; 节制与爱情, 同上 8.839 以下; 神爱有节制的人, 同上 4.716D; 等于温和, 卡尔米德篇 160E 以下; 灵魂的秩序, 高尔吉亚篇 506E 以下; 节制与快乐, 斐莱布篇 45D; 在什么范围内是可能的和有用的, 卡尔米德篇 167B 以下, 170 以下; 控制快乐与欲望的力量, 会饮篇 196C; 支持节制的原则, 法篇 8.841A 以下; 等于平静, 卡尔米德篇 159B 以下; 是人获得拯救的途径, 法篇 10.906B; 节制是关于节制的知识和关于其他知识的知识, 卡尔米德篇 170 以下; 是关于自我的知识, 同上 165D 以下; 是对那些自我放纵者的控制, 斐多篇 68E 以下; 等于自知, 卡尔米德篇 165B 以下; 国家的节制, 法篇 3.696B 以下; 胜利地克制欲望, 斐德罗篇 237E 以下; 哲学家的一种美德, 国家篇 6.485E, 490C; 美德的一部分, 美诺篇 73B 以下; 不是一种美德而是一种附属品, 法篇 3.696B 以下, 697B, 4.710A; 节制与智慧, 普罗泰戈拉篇 332 以下; 不是智慧, 法篇 4.710A; 配得上光荣, 同上 5.730E; 亦见 education, moderation, self-command, self-control, self-mastery, soberness/sobriety, wisdom/wise 条。

节制、中等、适度　moderation　公民们分有，普罗泰戈拉篇 324E 以下；
节制与勇敢，政治家篇 306B 以下，308E 以下，参阅法篇 3.696B；由自然
的声音所记录下来，法篇 8.839A；在真正的快乐中可以找到，斐莱布篇
52C；三十僭主垮台后从流放中回来的人表现得比较有节制，书信
7.325B；必要性，法篇 3.690E，693E，5.732C，736E 以下，国家篇 5.466B，参
阅克拉底鲁篇 414E，克里底亚 112C；大多数人不遵守，法篇 11.918D；
节制与智慧，会饮篇 209A；亦见 measure(ment/s)，temperance/temperate 条。

戒指　ring　希庇亚的戒指，小希庇亚篇 368B；魔戒，国家篇 2.359 以下。

节奏　rhythm(s)　克拉底鲁篇 424C，国家篇 3.399E 以下；对人生基本
的，普罗泰戈拉篇 326B；追随语言，国家篇 3.398D；缪斯赐予，蒂迈欧篇
47D；希庇亚不愿讨论节奏，大希庇亚篇 285D；模仿的，法篇 7.798D；男
性的节奏和女性的节奏不同，法篇 7.802E；性质，会饮篇 187B 以下；等于
运动中的秩序，法篇 2.665A；具有说服力的，国家篇 3.401D 以下；原则，
小希庇亚篇 368D；节奏与音阶，法篇 7.802E；节奏与交替，同上 10.601B；
亦见 figures，harmonies/harmony，music(al) 条。

几何的/几何学　geometrical/geometry　图形，克拉底鲁篇 436D；在划分
种类中，政治家篇 266A 以下；几何图形的美，斐莱布篇 51C；希庇亚不想
讨论几何，大希庇亚篇 285C，参阅小希庇亚篇 367D 以下；假设，美诺篇
86E 以下；塞乌斯发明几何，斐德罗篇 274D；不合理的线段，国家篇
7.534D；统治者学习几何，同上 7.526C 以下，参阅法篇 7.817E；学几何的
必要性及热爱学几何的人，国家篇 5.458D；由理智来认识观念，同上
6.511C，参阅泰阿泰德篇 185C 以下；平面几何，法篇 7.817E，819E 以下；
关于几何对象的纯粹知识，国家篇 7.527A；立体几何，美诺篇 82B—85B，
泰阿泰德篇 147D 以下；"还没有得到研究"，国家篇 7.528B；亦见
mathematical/mathematician/mathematics，mensuration 条。

几何学家　geometer　最有能力在几何学中故意出错，小希庇亚篇 367D
以下。

集会　meetings　公民大会，由议事会召集和解散，法篇 6.758D；亦见
assembly 条。

季节　**seasons**　会饮篇188A以下;季节名称的产生,克拉底鲁篇410C; 亦见 climate 条。

激励、灵感、灵机、妙想　**inspiration**　蒂迈欧篇78E以下;诸神,斐德罗篇265B;哲学家的灵感,同上249D以下;诗人的灵感,申辩篇22C,伊安篇534,法篇3.682A,4.719C,美诺篇99D,斐德罗篇245A,265B;先知的灵感,美诺篇99C以下,斐德罗篇265B;诗人的灵感,伊安篇536,542;政治家的灵感,美诺篇99。

纪律　**discipline**　在军事中的重要性与必要性,法篇12.942A以下,参阅6.762B以下;对灵魂的约束,高尔吉亚篇505B以下;亦见 chastisement条。

进步　**progress(ions)**　技艺的进步,大希庇亚篇281D以下;音调的进步,伊庇诺米篇991E。

金刚石　**adamant**　伊庇诺米篇982C,蒂迈欧篇59D;参阅 diamonds 条。

警察、保安人员　**police**　乡村的,法篇11.936C;亦见 captains of the watch,commissioners 条。

净化、涤罪　**purgation**　蒂迈欧篇89A以下;僭主对城邦进行清洗,国家篇8.567B以下;对奢侈成风的城邦进行净化,同上3.399E;社会的净化,法篇5.735B以下;僭主式的人的灵魂的净化,国家篇9.573B;亦见 Hades条。

精灵、精神　**spirit**　强大的精灵,会饮篇202E;每个人都有自己的保护神,斐多篇107E,108B,113D;真正的精灵,泰阿泰德篇176C;路上的精灵,法篇11.914B;亦见 cleverness,daemon(s),high spirit 条。

精灵、神灵、守护神　**daemon(s)**　在创世中起作用的力量,蒂迈欧篇41A以下;帮助统治这个世界,政治家篇271D以下;以太构成的生灵,伊庇诺米篇984D以下;神与人的中介,政治家篇271D以下,会饮篇202E,参阅法篇4.713D,717B,5.727A,738B,D,740A,7.801E,8.848D,9.853C,10.906A,910A,国家篇4.427B;这个词的含义,克拉底鲁篇397E以下;苏格拉底否认精灵的存在,申辩篇27以下;亦见 breeze,divine/divinity,spirit条。

精灵　　demon　　参阅 daemon（s）条。

精确性　　exactness　　在技艺中,斐莱布篇 55E 以下。

竞赛　　contests　　葬礼中的竞赛,美涅克塞努篇 249B;荣耀死者,法篇 12.947E;裁判,同上 2.659A 以下,6.764D,8.833E,12.949A;种类,同上 2.658A 以下;弦琴竞赛,高尔吉亚篇 501E;音乐竞赛,法篇 2.657D 以下,6.764D 以下,8.828C,834E 以下,12.947E;竞赛的障碍,同上 12.955A 以下;吟咏比赛,伊安篇 530A 以下,参阅法篇 2.658B 以下;竞赛训练,法篇 1.646D,7.807C,8.830A 以下,839E 以下,国家篇 3.404A,6.504A,亦见 training 条;美德的竞赛,法篇 5.731A 以下;亦见 competitions, athletic, games, sports 条。

竞赛者　　competitor　　竞赛者的障碍,法篇 12.955A 以下;有关的训练,不滥用气力,高尔吉亚篇 456D 以下,460C 以下;亦见 athlete（s）, contests 条。

精神病、精神的不和谐　　disorder, mental　　有关感觉真实性的论证,泰阿泰德篇 157E;婚姻的障碍,法篇 11.925E 以下。

精神的　　mental　　精神盲目的原因,国家篇 7.518A;精神状态,斐莱布篇 33D。

警惕、警觉　　watchfulness　　在国家中是必要的,法篇 6.758A,7.807E,808C。

敬畏　　awe　　与恐惧,国家篇 5.465A 以下;亦见 shame 条。

敬畏、崇敬　　reverence　　由于古老而引起的,法篇 7.798B,智者篇 243A,参阅蒂迈欧篇 40D;与恐惧不能共存,欧绪弗洛篇 12B 以下;与正义,书信 6.323B;古代阿提卡的相关法律,法篇 3.698C;真正的爱的标志,斐德罗篇 250—255;在年轻人中,法篇 5.729B,9.879C 以下,11.917A,国家篇 5.465A;对年轻人的尊敬,法篇 5.729B;亦见 conscience, modesty, respect 条。

惊讶、惊异　　wonder　　哲学起于惊讶,泰阿泰德篇 155D,参阅国家篇 5.475C 以下。

经验　　empiricism　　技艺中的经验,斐莱布篇 55E。

经验　　experience　　与技艺,高尔吉亚篇 448C;快乐的一个标准,国家篇

9.582;作为老师,书信 6.323A;检验一切事物,同上 8.355C;亦见 routine
条。

竞争、竞赛　　competitions　　体育竞赛,法篇 6.764C 以下,8.828C,830D 以
下,833 以下,12.947E;竞赛的指导,同上 6.765C;体育竞赛中的杀人,同
上 8.831A,9.865B 以下;骑马比赛,同上 6.764D,765C,8.834B 以下,
12.947E;赛跑,同上 8.833A 以下;力量的竞赛,同上 8.833D;亦见
contests,gymnastic(s)条。

静止　　rest　　巴门尼德篇 159A;一切皆静,泰阿泰德篇 180E,183D 以下;
静止与变化,智者篇 249A;作为一个种,同上 254D 以下;静止与运动,克
拉底鲁篇 438C,法篇 10.893B 以下,巴门尼德篇 129E,136B,国家篇
4.436C 以下,智者篇 250,254D 以下,蒂迈欧篇 57D 以下;生与死之源泉,
泰阿泰德篇 153A 以下;静止与非存在的一,巴门尼德篇 162C 以下,
163E;静止与一,同上 139B,145E 以下,156C 以下。

镜子　　mirrors　　在镜子中的影像,智者篇 239D,蒂迈欧篇 46A,参阅泰阿
泰德篇 193C,蒂迈欧篇 71B。

纪念碑　　monuments　　参阅 tombstones 条。

进口　　imports　　与出口,相关法律,法篇 8.877B 以下。

金棕色　　auburn(color)　　蒂迈欧篇 68B 以下。

妓女、名妓　　courtesans　　斐德罗篇 240B,国家篇 3.404D。

酒　　wine　　治疗毒芹中毒,吕西斯篇 219E;谁可以喝酒,什么时候可以喝
酒,法篇 2.674;在教育中,同上 1.647E 以下;为什么要给人喝酒,同上
2.672B 以下;使人感到充满自信,同上 1.647E—649B;嗜酒,吕西斯篇
212D;爱酒者,国家篇 5.475A;使人思考活跃,克拉底鲁篇 406C;宴会,普
罗泰戈拉篇 347C 以下;酒宴需要监察,法篇 2.671D;柏拉图派人送了十
二罐甜酒给狄奥尼修的孩子,书信 13.361A;禁止男孩喝酒,法篇
2.666A;年老时喝酒消磨时光,同上 2.666B;酒的使用,同上 2.666A 以
下;使灵魂和身体发热,蒂迈欧篇 60A;亦见 Dionysus,drinking 条。

技巧　　skill　　技巧与机会,法篇 4.709C 以下;亦见 craftsman/craftsmen,
experts 条。

激情、高尚　　high spirit　　有着文雅和高尚精神的卫士,国家篇 2.375C 以下,3.410D 以下,6.503B 以下,蒂迈欧篇 18A,参阅法篇 5.731B;婴儿身上的,国家篇 4.441A,参阅法篇 12.963;北方民族的标志,国家篇 4.435E;灵魂的成分,同上 4.439E 以下,8.548C,550B,9.572A,581D,蒂迈欧篇 69D 以下,90B,参阅法篇 9.863B,国家篇 6.504A;快乐,国家篇 9.586D 以下;支配以金钱或荣耀为准则的国家和人,同上 8.548C,550B,参阅 9.581A 以下;位于中腹部,蒂迈欧篇 70A;服从理性部分,国家篇 4.441E,蒂迈欧篇 70A;亦见 spirit,thumos 条。

激情、情欲　　passion(ate/s)　　酒对激情的作用,法篇 1.645D;灵魂的组成部分,同上 9.863B,蒂迈欧篇 69D 以下,参阅国家篇 6.504A,9.571C 以下;一种有坏倾向的东西,法篇 11.935A;介于有意与无意之间,同上 9.866E 以下,878B;反对情欲,同上 8.835C 以下;情欲的专制,国家篇 1.329C;亦见 anger,appetite(s),appetitive,desire(s),emotion(s),spirit 条。

寄生虫　　parasites　　斐德罗篇 240B。

奇数　　odd　　与不等边形相应,欧绪弗洛篇 12D;奇数与偶数,伊庇诺米篇 990C,欧绪弗洛篇 12C 以下,大希庇亚篇 302A 以下,303B,巴门尼德篇 143D 以下,斐多篇 104,106;献给天神,法篇 4.717A 以下。

计算　　calculation　　小希庇亚篇 366C 以下,国家篇 7.524—526C;纠正视觉形象,同上 7.524B 以下,参阅普罗泰戈拉篇 356D 以下;计算的定义,高尔吉亚篇 451B 以下;塞乌斯发明,斐德罗篇 274D;计算过程,泰阿泰德篇 198A 以下;亦见 arithmetic（al）,ciphering,counting,reckoners/reckoning 条。

计算　　ciphering　　教育的优秀方式,法篇 7.809C 以下;亦见 arithmetic(al),calculation,counting,mathematical/mathematician/mathematics 条。

计算　　counting　　一种技艺,政治家篇 259E;起源,伊庇诺米篇 978B 以下;亦见 arithmetic(al),calculation,ciphering 条。

计算家　　arithmeticians　　小希庇亚篇 367C,国家篇 7.525E。

计算者/计算、推断　　reckoners/reckoning　　矫正视觉误差,国家篇 10.602D;年龄跨度,法篇 6.785B;生来擅长计算的人在各种学习中最敏捷,国家篇 7.526B;亦见 calculation 条。

祭坛　　**altars**　　为诸神竖立,普罗泰戈拉篇 322A。

酒神的　　**Dionysiac**　　酒神节,国家篇 5.475D;在酒神节醉酒,法篇 1.637B;处理,同上 7.790E。

酒神附身　　**Bacchic possession**　　法篇 2.672B。

酒神狂女　　**bacchants**　　伊安篇 534A,斐德罗篇 253A。

酒神信徒　　**bacchanals**　　他们跳的舞蹈,法篇 7.815C。

畸形、残缺　　**deformity**　　与恶,智者篇 228 以下;亦见 disease 条。

记性、记忆　　**memory**　　书信 7.344 以下,斐莱布篇 11B,33C 以下,35A 以下,60D;在童年时期活跃,蒂迈欧篇 26B 以下;记忆术,小希庇亚篇 368D,369A,斐德罗篇 228B 以下;快乐的成分,同上 21B 以下;由于发明写作而受到伤害,斐德罗篇 275A;记忆的性质,泰阿泰德篇 191C 以下,193B—196A;感觉的记忆,同上 163E 以下,166A 以下;哲学家要有好记忆力,国家篇 6.486C 以下,487A,490C,494B,7.535C;与回忆有区别,斐德罗篇 275A,斐莱布篇 34B 以下;记忆与感觉,同上 39A;与感觉一道形成意见,同上 38B 以下;亦见 mnemonic 条。

技艺、手艺　　**craft(s)**　　鞋匠的技艺,泰阿泰德篇 146D,147B;在精确性上不同,斐莱布篇 55D 以下;指责知识的技艺,伊庇诺米篇 974E 以下;对技艺一无所知的年代,法篇 3.677B 以下,参阅克里底亚篇 109E,政治家篇 274C,蒂迈欧篇 23A 以下;亦见 art(s)条。

技艺　　**art(s)**　　不得被滥用,高尔吉亚篇 456D,460C 以下;获取性的技艺,智者篇 219C 以下,265A;农业技艺,同上 219A;摔跤的技艺,同上 218E—221C;技艺及其前提,斐德罗篇 268 以下,参阅法篇 4.709C 以下;技艺的运用及纯洁,政治家篇 258E;全都是低贱的和机械性的,国家篇 7.522B,参阅高尔吉亚篇 512C,法篇 7.806D,8.846D;建立在意见的基础上,斐莱布篇 59A;拳击的技艺,高尔吉亚篇 456D,国家篇 4.422B 以下;建筑的技艺,欧绪德谟篇 13E,伊安篇 537D,国家篇 3.401A 以下,4.428C;计算的技艺,高尔吉亚篇 450D,451B 以下;梳毛的技艺,政治家篇 281A,282A 以下;技艺衰退的原因,国家篇 4.421D 以下;受到指责,同上

3.401B;技艺与机会,法篇 10.888E 以下;驭手的技艺,伊安篇 537B 以下;合唱的技艺,法篇 2.672E;结合与分离的技艺,政治家篇 282B 以下;辅助性的技艺与生产的技艺,同上 281D 以下,287B 以下;争论的技艺,智者篇 232B 以下;计算的技艺,政治家篇 259E;对技艺的批评,伊安篇 532 以下,法篇 2.667D—670A;烹饪的技艺,国家篇 1.332C;依赖于尺度,政治家篇 284A 以下;按功能来说有差别,国家篇 1.346;按主题来分有差别,伊安篇 537D;指向实用目的,国家篇 7.533B;争论的技艺,斐德罗篇 261C 以下,智者篇 225B 以下;按照是否使用语词来划分,高尔吉亚篇 450C 以下;染色的技艺,国家篇 4.429D 以下;埃及人不允许技艺的变化,法篇 2.656D 以下;绣花的技艺,国家篇 3.401A;在实践技艺中使用儿童,同上 5.466E 以下;巫师的技艺,欧绪德谟篇 290A;交换的技艺,智者篇 223C 以下;为主体之善而实施,欧绪弗洛篇 13B,国家篇 1.342,345—347;技艺与经验,高尔吉亚篇 448C;防护的技艺,欧绪德谟篇 271E,273C 以下,拉凯斯篇 178A,179E,181D 以下;技艺在爱神指引下工作,会饮篇 197B;吹笛子的技艺,美诺篇 90E,普罗泰戈拉篇 327B;充满优美,国家篇 3.401A;漂洗的技艺,政治家篇 281B,282A;将军的技艺,欧绪德谟篇 290B,政治家篇 304E 以下;为了社会而给予个人的技艺,普罗泰戈拉篇 322C;技艺与善,斐莱布篇 66B 以下;牧养的技艺,政治家篇 261E 以下,275B 以下;虔敬是一种技艺吗? 欧绪弗洛篇 13;牧马人的技艺,拉凯斯篇 193B;打猎的技艺,欧绪德谟篇 290B 以下,智者篇 219C 以下;技艺的理想,国家篇 5.472D;技艺中的假象,智者篇 235E 以下;模仿的技艺,同上 219A;对性格的影响,国家篇 3.400D 以下;旨趣在于自身的完善,同上 1.342;铁对陶工和织匠的技艺来说并非必需的,法篇 3.679A;国王的技艺,政治家篇 276B 以下,289—93,295B,300E 以下,304 以下,308C 以下,309B—311;技艺与知识,泰阿泰德篇 146D 以下;技艺的知识不是智慧,伊庇诺米 974B;技艺与语言,政治家篇 277A 以下,参阅国家篇 9.588C 以下;较小的技艺,国家篇 6.495D;巫术的技艺,法篇 11.833A;度量的技艺,普罗泰戈拉篇 356D 以下,政治家篇 283D—285B;模仿的技艺,智者篇 267 以下;小技艺,国家篇 5.475E;记忆术的技艺,大希庇亚篇 285E,小希庇亚篇 68D,369A;挣钱的技艺,高尔吉亚篇 452B 以下,国家篇 1.330B;技艺与道德品质,小希庇亚篇 373C 以下,普罗泰戈拉篇 327A 以下;技艺与本性,法篇 10.888E 以下,890D,892B,参阅智者篇 265B 以下;技艺的本性,高尔吉亚篇 501A;技艺需要知识,伊安篇 531D 以下,540;无人可以从事两种技艺,法篇 8.846D;绘画的技艺,克拉底鲁篇 423D 以下,高尔吉亚篇 450C,伊安篇 532E 以下,智者篇 235E 以下;说服的技艺,斐莱布篇 58A,智者篇 222C 以下,参阅高尔吉亚篇 452D 以下,斐德罗篇 267A;技艺与哲学,国家篇 6.495E,496B,参阅 5.475D 以下;哲学是最伟大的技艺,斐多篇 61A;舵手的技艺,高尔吉亚篇 511D,伊安篇 537C;造型技艺,大希庇亚篇 298A;陶器的技艺,法篇 3.679A,智者篇 219A;生产与模仿的技艺,同上 266C,参阅国家篇 10.596B 以下;生产性的技艺,智者篇 219A 以下,265A;模仿性的技艺和保护性的技艺,伊庇诺米篇 974D—976B;技艺的进步,大希庇亚篇 281D 以下;涤罪的技艺,智者篇 226D 以下;写叙事诗的技艺,伊安篇 530B 以下,531 以下;技艺与程序,高尔吉亚篇 462C 以下,500B 以下;雕塑的技艺,同上 450C;选择好材料,政治家篇 308C;出售技艺者,智者篇 224C;伪装的技艺,同上 236,260E,264C,267A;苏格拉底在梦中被告知要实施技艺,斐多篇 60E;智者的技艺,欧绪德谟篇 274E,高尔吉亚篇 449D 以下,大希庇亚篇 281D;讲演的技艺,欧绪德谟篇 289E 以下;技艺与政治家,法篇 10.889D;普罗米修斯盗窃技艺,普罗泰戈拉篇 321D;统帅的技艺,政治家篇 304E;再次划分的技艺,智者篇 219 以下,223C;作战的技艺,法篇 4.706C 以下;通过学习自然来补充技艺,斐德罗篇 269E 以下;有三种技艺与每一事物都有关,国家篇 10.601D;商贸的技艺,政治家篇 260D;技艺在人们中分配得不平等,普罗泰戈拉篇 322C;没有数技艺是无用的,伊庇诺米篇 977D 以下;技艺与美德,关于技艺的比喻,参阅 analogy, of wage earner 条,国家篇 1.346;纺织的技艺,高尔吉亚篇 449C,法篇 3.679A,国家篇 3.401A,5.455C, 政治家篇 279B—283B;称重量的技艺,卡尔米德篇 166B;制造羊毛织品的技艺,政治家篇 282;亦见 craft(s),handicrafts,science (s),skill 条,以及关于各种具体技艺的条目。

祭仪/祭仪的　　　　**rites/ritual**　　　古代的祭仪不能打扰,法篇 5.738C,参阅

6.759B,8.848D;舞蹈,同上 7.815C;为死者举行的,国家篇 2.366A;晚餐的仪式,会饮篇 175;荣耀诸神,书信 8.356D;纪念恩人,同上 8.356D;亦见 ceremonials/ceremonies,mysteries,sacrifice(s)条。

记忆术　mnemonic art　大希庇亚篇 285E,亦见 memory 条。

机遇　chance　机会,机会与技艺,法篇 10.888E 以下;机会与神,同上 4.709B 以下;是伟大的立法者,书信 11.359B,法篇 4.709A;机会与本性,同上 10.888E 以下;机会与技巧,同上 4.709C 以下;战争中的机遇,国家篇 5.467D;亦见 fortune 条。

给予者　giver　起名字的人,克拉底鲁篇 393E,404B,408A,414B,427C,431E,436B 以下,437E,法篇 7.816B;亦见 legislator(s),maker/making,names 条。

急躁、不耐烦　impatience　是无用的,国家篇 10.604C。

机智、圆滑　tact　在主持酒宴中的,法篇 1.640C。

基质、本质　οὐσία　参阅 absolute reality,being,essence,etymology,realities/reality,substance(s)条。

建设、建构　constructions　几何学的,伊庇诺米篇 991E。

经纬　warp　经与纬,克拉底鲁篇 338B,政治家篇 281A,282C 以下;在政治学中,同上 305E 以下;把统治者与被统治者比作经与纬,法篇 5.734E 以下。

剧场　theater(s)　书信 4.321A;观众,高尔吉亚篇 502D,法篇 2.658C 以下,7.817C;衰退,同上 2.659B 以下,3.700C 以下。

剧场里的听众　audience at theaters　作为裁判,法篇 2.659B,3.700C;包括妇女、儿童、奴隶,高尔吉亚篇 502D,法篇 2.658C 以下,7.817C,参阅书信 4.321A;听众的主权,法篇 3.701A;亦见 spectator(s)。

巨大、伟大　magnitude　绝对的大,斐多篇 100B。

觉得痒　tickling　斐莱布篇 46D 以下。

绝对的　absolute　斐多篇 75D;绝对平等,同上 74 以下;绝对的本质,同上 65;绝对与多,国家篇 6.507B 以下;绝对的实在,斐多篇 78D;绝对与相对,斐莱布篇 53D 以下;绝对是一种美,克拉底鲁篇 439C 以下,

国家篇 5.476B 以下；绝对的形式使一切事物成为美的，大希庇亚篇
289D 以下，292D,参阅巴门尼德篇 130B；亦见 essence, form(s), idea(s)
条。

居民　　**resident**　　外国侨民,参阅 aliens 条。

军队　　**army**　　国家需要军队,国家篇 2.374；亦见 general(s), helpers,
military, soldier (s)条。

军事的　　**military**　　体育有军事的性质,法篇 7.813D 以下,8.830D,832D
以下；军事训练,同上 12.942D；专家与将军、工匠,同上 11.921D；选拔军
事官员,同上 6.755B 以下；职业,国家篇 2.374B 以下,参阅法篇 11.921D
以下；军事法规,法篇 12.942—945B；军事知识,政治家篇 304E 以下；经
验性的知识,斐莱布篇 56B；服役的年纪,法篇 6.760B,785B；在选举执政
官中发出声音,同上 6.753B。

君主的职位　　**principalities**　　世袭的,国家篇 8.544D。

君主制　　**monarchy**　　书信 5.321D,政治家篇 391D 以下；最佳政府形式,
国家篇 9.576D；不完善的形式,政治家篇 303B；最幸福的形式,国家篇
9.576E,参阅 9.580C 以下,587B；与民主制结合,法篇 6.756E,参阅
3.698B,701E；分为君主与僭主,政治家篇 302C 以下；君主的语言,书信
5.322A；体制的基质,法篇 3.693D；亦见 king(s/ship), royalty, tyrannical/
tyranny 条。

巨人　　**giants**　　巨人之战,国家篇 2.378C,智者篇 246A,参阅欧绪弗洛篇
6B 以下,会饮篇 190B。

具体的　　**particular**　　与基本的,书信 7.343B 以下。

举行仪式驱除、被除　　**lustrations**　　参阅 washings 条。

句子、语句　　**sentence**　　参阅 statement(s)条。

K

开场白　　**preambles**　　参阅 preludes 条。

卡尔昔斯　　**chalcis**　　荷马诗歌中一只鸟的名字,克拉底鲁篇 392A。

可见的　　**visible**　　与不可见的,斐多篇79;用于划分秩序,国家篇6.509D以下,7.517B以下;可见的事物与相,巴门尼德篇130C以下,135E;各种各样的,斐多篇79;可见的世界与理智的世界,国家篇6.508B以下,7.532A以下。

克里特的节奏　　**Cretic rhythm**　　参阅 enoplios 条。

克里特人/克里特　　**Cretan(s)/Crete**　　携带武器跳舞,法篇7.796B;克里特无疑是一个岛屿,同上2.662B;把国家称作祖国,国家篇9.575D;殖民地,法篇3.702C,4.707E,6.752D以下,754B以下,参阅12.969;在克里特岛,同上12.950C;公餐制度,同上1.625C,633A,6.780B以下,8.842B;在音乐方面保守,同上2.660B;饮酒的规矩,同上2.674A,参阅1.639E;在军营中的教育,同上2.666E;身体训练的结果,同上1.636B以下;对体育的评价,同上2.673B以下;裸体训练,国家篇5.452C;沉迷于不自然的爱情,法篇1.636D;心灵的多样性,同上1.641E;对荷马不熟悉,同上3.680C;虚构的关于该尼墨得的故事,同上1.636D;分配产品的模式,同上8.847E;弓箭手和标枪手的驻扎,同上8.834D;部分克里特人是伯罗奔尼撒人的后裔,同上4.708A;克里特人的哲学,普罗泰戈拉篇342A以下;认为拉达曼堤斯是最公正的人,法篇1.625A;粗鲁而朴实的性格,同上4.704D;说萨拉米人是希腊人的拯救者,同上4.707B;景色,同上1.625B以下;忒修斯在克里特探险,斐多篇58A;知道堤泰乌斯的诗歌,法篇1.629B;文明的克里特妇女,普罗泰戈拉篇342D;不允许年轻人去其他城邦,同上342D;克里特人的体制,有某些合理之处,法篇3.693E;缺点,国家篇8.544C;没有确定的名称,法篇4.712E;为战争而设置,同上1.625D以下,4.705D;苏格拉底最喜欢的制度之一,克里托篇52E;立法者的支持,法篇8.836B;金钱或荣誉至上为原则的体制,国家篇8.545B;克里特的法律,出名的,法篇1.631B;由宙斯赐给弥诺斯,同上1.624A以下,2.662C;不完善的法律,同上2.666E;关于孪童的法律,同上8.836B;不允许最强烈的快乐,同上1.635B以下;与斯巴达的法律密切相关,同上3.683A,参阅3.693E。

克洛诺斯　　**Κρόνος**　　参阅 Cronus, dotard 条。

可能是一种哀歌　　hoopoe　　斐多篇85A。

可能性　　probability　　从可能性出发的论证不可信,泰阿泰德篇162E;与证明,蒂迈欧篇53D;可能性的语言,同上290以下,30B,44D,48E,53D,55D,59C以下,72D;可能性与理性,同上56B;在修辞学中优于真相,斐德罗篇260A以下,267A,272D以下;提西亚斯的可能性定义,同上273B;亦见plausibility条。

可怕的　　δεινός　　相关用法以及用作赞扬的话,普罗泰戈拉篇341A以下。

可怕的　　dreadful　　参阅terrible条。

可怕的　　terrible　　与美丽的具有相对性,大希庇亚篇293B;不把这个词用作赞扬,普罗泰戈拉篇341A以下。

科斯摩斯、宇宙　　Cosmos　　在天穹中反向运动,伊庇诺米篇987B;天神的一个名字,同上977B。

可笑的　　ridicule　　仅用来表示恶与荒唐,国家篇5.452D以下;针对盲目的无知,斐莱布篇48C以下;亦见buffoonery,scoffing条。

科学、知识　　science(s)　　有一门科学的科学吗? 卡尔米德篇167B以下;建筑,国家篇4.438D;数学,泰阿泰德篇198A以下;知识的变化,会饮篇207E以下;知识的相关性,国家篇7.537C;指导性的科学,政治家篇260C,292B;理智世界的划分,国家篇7.533E以下,参阅6.511D以下;知识的划分,政治家篇267A以下;精确的与不精确的知识,斐莱布篇55E—58C,61D以下;功能,国家篇5.477B以下,7.533E以下;知识与善,斐莱布篇66B以下;善与恶的知识,卡尔米德篇174B以下;希腊人新获得的知识,蒂迈欧篇22C;不会出错的知识,国家篇5.477E;王权的知识,政治家篇260C以下,309B—311;与对象的区别,卡尔米德篇169E以下;纯粹的与应用的知识,政治家篇258E;纯粹的与不纯粹的知识,斐莱布篇59D以下;政治知识与家政知识是相同的,政治家篇259C;统治的知识只有少数人拥有,同上292D以下,297B以下;知识与感觉,卡尔米德篇167C以下;根据主题来区别,同上171,国家篇4.438C以下;需要一个主题,卡尔米德篇168;从属的知识,政治家篇304B以下;教我们知识,而不是教我们知道什么,卡尔米德篇 170;知识的统一,拉凯斯篇 198D 以下,国家篇 7.531D,参阅伊庇诺米篇 992A;使用假设,国家篇 7.533C 以下;不使人聪明,伊庇诺米篇 974D;亦见 art(s),knowledge,reason,studies/study,truth 条。

肯定　　affirmation　　与否定,智者篇 263E。

肯陶洛斯(马人)　　centaurs　　斐德罗篇 229D;智者—政治家的伪装,政治家篇 291B,303C。

恐怖　　terror　　谋杀的原因,法篇 9.870C 以下;与害怕的区别,普罗泰戈拉篇 358D;亦见 fear 条。

空的、空处　　void　　蒂迈欧篇 58B;亦见 vacuum 条。

空间　　space　　蒂迈欧篇 52B 以下。

恐惧、害怕　　fear　　斐莱布篇 50C;等于分有痛苦,法篇 1.644D;与敬畏,国家篇 5.465A 以下;与良心,法篇 3.699C;并非一定是可耻的,普罗泰戈拉篇 360B;等于预见到恶,法篇 1.646E,普罗泰戈拉篇 358D;有时是虚假的,斐莱布篇 40E;恐惧的感觉,泰阿泰德篇 156B;是愚蠢的顾问,蒂迈欧篇 69D;混杂着快乐与痛苦,斐莱布篇 47E;与节制,法篇 1.647A 以下,649C,2.671D;恐惧的性质,拉凯斯篇 198B 以下;产生,蒂迈欧篇 42B;从小开始克服,法篇 7.791B 以下;与酒,同上 1.647E 以下;与敬畏不能共存,欧绪弗洛篇 12B 以下;灵魂的信念被恐惧洗褪,国家篇 4.430B;与可耻,书信 7.337A,法篇 2.671D;与可怕的区别,普罗泰戈拉篇 358D;好与差的试金石,法篇 8.831A;亦见 terror 条。

空虚　　κένωσις　　参阅 inanitions 条。

空虚、营养不足　　inanitions　　身体与灵魂的,国家篇 9.585A 以下。

口技　　ventriloquism　　智者篇 252C。

口头的、词语的　　verbal　　口头讨论,欧绪德谟篇 275D 以下,283E 以下,293 以下;不恰当的公正是错误的,法篇 9.860A;遁词、诡辩,国家篇 1.340,参阅普罗泰戈拉篇 341;存在与变易的区别,普罗泰戈拉篇 344;拥有与占有的区别,泰阿泰德篇 197B 以下;学习与理解的区别,欧绪德谟篇 278A;制造与做的区别,卡尔米德篇 163;愿意与希望的区别,高尔吉亚篇467以下;亦见 names, distinctions of, Sophist(s)条。

快　　speed　　快与慢,普罗泰戈拉篇332B,国家篇7.529D。

快乐　　pleasure(s)　　快乐的性质,斐莱布篇37C以下;从不健全的状态产生,同上45C以下,51C,参阅高尔吉亚篇494C,蒂迈欧篇86B以下;快乐的技艺,政治家篇288C;属于组合的一类,斐莱布篇31B;无限的,同上27E以下,31A,41D;有益的快乐不是美,大希庇亚篇303E;分类,国家篇9.582E以下;似乎快乐的,斐莱布篇53C以下;没有正确的标准,法篇2.667B以下;快乐的程度,普罗泰戈拉篇356B,参阅大希庇亚篇299D;与欲望,斐德罗篇237以下;快乐的欲望是错误行为的原因,法篇9.863B;所有人都希望快乐,同上5.732E以下;回避理性,斐莱布篇65C以下;快乐间的差别,大希庇亚篇299D以下;快乐就是没有不舒服之处,法篇6.782E;饮酒的快乐,同上2.667B,6.782E,783C;吃东西的快乐,同上2.667B以下,6.782E,783C,斐多篇64D;快乐与享受不是一回事,普罗泰戈拉篇337B;当快乐成为恶的时候,同上353C以下;否认快乐的存在,斐莱布篇44B以下;期待的快乐,同上39C以下;是虚假的吗? 同上36C以下,40C以下;把身体束缚于灵魂,斐多篇83C以下;是一种感觉,泰阿泰德篇156B;在斯巴达受到禁止,法篇1.637A;模仿性的技艺提供,同上2.667D以下;是愚蠢者之神,书信8.354E;快乐与善,高尔吉亚篇497以下,法篇2.663A,斐莱布篇66C,67;快乐等于善,同上11B以下,60A,国家篇6.505B以下,参阅高尔吉亚篇495A以下,普罗泰戈拉篇358;好的快乐与坏的快乐,国家篇6.505C;快乐与善恶,普罗泰戈拉篇351以下;快乐与幸福,高尔吉亚篇494D以下,法篇2.662E以下,斐莱布篇47B;儿童的不节制是不允许的,法篇7.792D以下;作恶最令人激动,蒂迈欧篇69D;判断的工具,国家篇9.582D;没有理智仅有快乐是不够的,斐莱布篇60D以下;理智的快乐是真正的快乐,国家篇9.583B;正义的生活是最快乐的,法篇2.662D以下;学习的快乐,同上2.667C,斐多篇114E,斐莱布篇52A以下,参阅国家篇6.486C;快乐与爱,国家篇3.402E以下;喜欢快乐对人来说是天然的,法篇5.732E;许多人的快乐,国家篇9.584E以下,586A以下,参阅斐莱布篇52B;记忆的快乐,斐莱布篇35以下;混合的快乐,同上 46 以下;宁可要有节制的快乐,法篇 7.792D 以下;灵魂的运动,国家篇 9.583E;快乐的性质,蒂迈欧篇 64 以下;必要的快乐与不必要的快乐,国家篇 8.561A,9.572C,581E;需要添加,斐莱布篇 21B 以下;不是音乐的对象,法篇 2.655D,668A,3.700E,蒂迈欧篇 47D,参阅法篇 2.658E,7.802D;儿童的第一感觉,法篇 2.653A;在什么情况下快乐是单一的,斐莱布篇 12C 以下;快乐与意见,同上 36C 以下;被快乐所征服,斐多篇 69A,普罗泰戈拉篇 352E—357,参阅法篇 1.633E,8.836E;快乐与哲学家,斐多篇 64D,国家篇 9.582E 以下,586D 以下,587E,参阅高尔吉亚篇 495B 以下;纯洁的与不纯洁的快乐,斐莱布篇 52D 以下;僭主不知真正的快乐,国家篇 9.587;快乐与理性,法篇 3.689A 以下;补充性的快乐,蒂迈欧篇 65A;恢复,斐莱布篇 31D 以下,参阅 42D;快乐的常规,高尔吉亚篇 500E 以下;对灵魂信念的冲刷,国家篇 4.430A,参阅法篇 1.633D;感觉的快乐,国家篇 7.519A 以下,9.586A 以下;性的快乐,斐多篇 64D;生殖的保证,法篇 1.636C;视觉快乐是美的,斐莱布篇 51B 以下;嗅觉快乐,国家篇 9.584B;苏格拉底的快乐观,斐莱布篇 60B 以下;快乐与灵魂,法篇 5.727C,斐莱布篇 47E,国家篇 6.485D;斯巴达或克里特的法律不训练人们抗拒快乐,法篇 1.634 以下;快乐与节制,同上 5.734;快乐与流变的理论,斐莱布篇 43A;三种快乐,国家篇 9.580D 以下;真正的快乐,斐莱布篇 50E 以下,63E;以节制为标志的快乐,同上 52C;不混杂的快乐,同上 50E 以下;快乐与美德,国家篇 3.402E;美德比快乐更重要,书信 7.327B;各种快乐,斐莱布篇 12C 以下,19B;身体的快乐,同上 45,国家篇 6.485E;真正的哲学家不希望身体的快乐,同上 6.485E;对善人来说是外在的,斐多篇 114E;快乐与痛苦:等于没有痛苦的快乐,法篇 5.733A 以下,斐莱布篇 52A 以下;快乐不是没有痛苦,同上 43D 以下;快乐与痛苦交替,同上 46E 以下;由痛苦的停止而引起的快乐,斐多篇 60A,斐德罗篇 258E,国家篇 9.583D,参阅斐莱布篇 51A;快乐的集群,国家篇 5.462B,464;他们的效果,书信 3.315C;心灵中的快乐与痛苦,斐莱布篇 50A 以下,参阅法篇 1.633D;同时发生的,高尔吉亚篇 496 以下,斐莱布篇 31B,41D;从不同时发生,斐多篇 60B;快乐与痛苦就像依附于同一脑袋的两个身体,同上 60B 以下;是人的两个不聪明的顾问,法篇 1.644C;通常相互交替发生,斐多篇 60B 以下;亦见 appetite(s),desire(s),lust 条。

快速、快捷　swiftness　快与慢,小希庇亚篇 373D;亦见 speed 条。

刽子手/行刑　executioners/executions　法篇 9.872B,873B,国家篇 4.439E;在雅典,斐多篇 116E。

狂欢者、欢宴者　revelers　会饮篇 212C 以下。

狂怒　rage　盛怒,参阅 passion(ate/s)条。

宽宏大量、高尚的行为　magnanimity　参阅 grandeur of soul,magnificence,nobility 条。

盔甲　armor　戴盔甲进行博斗,男人的和女人的,法篇 8.833E 以下;戴盔甲的舞蹈,同上 7.796B 以下;穿戴盔甲进行战斗,欧绪德谟篇 271E,273C 以下,拉凯斯篇 178A,179E,181D 以下;拉栖代蒙人没有进行这种训练,对他们无用,同上 182E 以下;需要双手,法篇 7.795B;妇女学习这种技艺,同上 7.813E。

盔甲　corselet　参阅 breastplates 条。

困惑　perplexity　几乎使每个人都成为困惑和不确定性的牺牲品,书信 7.343C。

困难的　difficult　参阅 χαλεπόν 条。

哭泣　weeping　参阅 lamentation/laments,tears 条。

苦味　bitter（taste）　蒂迈欧篇 65E。

L

蜡、蜡制的　wax(en)　蒂迈欧篇 61C;心灵中的蜡板,泰阿泰德篇 191C 以下,193B—196A,200C;巫术用的蜡制小人,法篇 11.933A 以下。

拉达曼堤斯　Rhadamanthus　以正义著称,高尔吉亚篇 524E,526B,法篇 1.625A;决定,同上 12.948B 以下;冥府判官,申辩篇 41A,高尔吉亚篇 523E 以下。

来世的生活　future life　克拉底鲁篇 398B 以下,403,斐多篇 63,67,84,

国家篇 3.386 以下,10.614B 以下;死者并不会因为活人的悲伤而快乐,美涅克塞努篇 248B 以下;起到团结朋友的作用,斐多篇 68A,参阅申辩篇 41;来世的幸福,申辩篇 41,高尔吉亚篇 526C,527C,斐多篇 63,108,114;神秘的看法,同上 69C 以下;恶人受惩罚,高尔吉亚篇 523B,525,法篇 9.870E,881A,10.904D 以下,12.959B 以下,斐多篇 108B,114,斐德罗篇 249A,国家篇 3.363D 以下,10.614D 以下,泰阿泰德篇 177A;亦见Hades,world below 条。

懒惰　　**indolence**　　懒惰之恶,法篇 6.779A;亦见 idleness,negligence 条。

狼　　**wolf**　　杀害牲畜的狼,国家篇 3.415D;人吃了人的内脏后变成狼,同上 8.565D;像狗,智者篇 231A;亦见 advocate,devil's,enmity 条。

浪潮　　**waves**　　论证的三个浪潮,国家篇 5.457C,472A,473C。

朗读、朗诵　　**declamation**　　模仿的技艺,伊庇诺米篇 975D。

懒散、无所事事　　**idleness**　　不能把诸神说成这样,法篇 10.900E 以下;懒散是荒淫之母,同上 8.835E。

蓝色　　**blue**（**color**）　　蒂迈欧篇 68C。

老的　　**old**　　老故事,政治家篇 268E 以下;年纪,伊庇诺米篇 974A,大希庇亚篇 291D;老年人的抱怨,国家篇 1.328D 以下;老年人愉快地死亡,蒂迈欧篇 81E;引用索福克勒斯论老年的诗句,国家篇 1.329B 以下;拥有财富使老年过得轻省,同上 1.329E 以下;恶人在老的时候极端孤独,法篇 5.730D;老人具有远见,同上 4.715E;老人们的裁判游戏,同上 3.685A,参阅 7.820C;可以邀请狄奥尼修斯来赴宴,同上 2.666B;不要过分自信,同上 7.799D;在模范国家中起作用,同上 5.746A;宁可朗诵荷马或赫西奥德的诗歌而不要别的快乐,同上 2.658D;可以说出以往法律的缺点,同上 1.634E 以下;会害怕青年,同上 5.729B;可以再去上学,拉凯斯篇 201,参阅欧绪德谟篇 272B 以下;作为歌手,法篇 2.665B 以下,666C 以下,670以下;不是学生,国家篇 7.536D,参阅拉凯斯篇 189C 以下;照料孤儿,法篇 11.927B 以下;对来世想得更多,国家篇 1.330D 以下;对国家的理解,法篇 12.965A;亦见 aged,ancients,elder(s)条。

劳动　　**labor**　　劳动的划分,国家篇 2.370,374,3.394E 以下,397E,

4.423D,433A 以下,435B,441E,443C 以下,5.453B,参阅法篇 8.846D 以下;亦见 toil,work 条。

劳动者　laborers　雇工,欧绪弗洛篇 4C;由于不在意而使雇工死亡,同上 4C 以下。

老人　the aged　老人们的法律游戏,法篇 6.769A。

老师　tutors　辅导者,吕西斯篇 208C,223,参阅会饮篇 183C;亦见 attendants 条。

拉皮条的　procuresses　泰阿泰德篇 150A。

冷　cold　斐莱布篇 32A,D,蒂迈欧篇 62B,85D;冷的感觉在赫拉克利特哲学中的解释,泰阿泰德篇 156B;冷与热,斐多篇 103C。

冷嘲、反话　irony　国家篇 1.337A。

栗(色)　chestnut(color)　参阅 flame 条。.

量、数量　quantity　与或多或少相对,斐莱布篇 24C 以下;量与质,法篇 6.757B 以下;亦见 number(s)条。

亮的、光明的、轻的　light　国家篇 6.507E 以下;光柱,同上 10.616B 以下;亦见 color(s),sight,vision(s)条。轻的与重的,国家篇 5.479B,7.524A,蒂迈欧篇 62C 以下。

两脚规　lathes　书信 7.342C,343A。

良心、道德心　consciousness　斐莱布篇 43B。

联合、合并、团结　union　朋友们死后相聚,斐多篇 68,参阅申辩篇 41;恶人不可能团结,吕西斯篇 214D,参阅斐德罗篇 255B,国家篇 1.351C 以下;受到饱足的伤害,法篇 6.776A;亦见 friendship 条。

联系　contacts　巴门尼德篇 149B 以下。

联系　association　观念间的联系,斐多篇 73D 以下,76A。

立场　στάσις　参阅 logic 条。

猎取野禽　fowling　法篇 7.823B 以下,智者篇 220B;不适宜自由民,法篇 7.824。亦见 birds,hunting 条。

猎人　huntsman　知道如何照料猎狗,欧绪弗洛篇 13A 以下。

立法　legislation　立法的目标,法篇 6.770B 以下,参阅 3.693B 以下;立

法的条件,同上 4.709D 以下;早期的立法是简单的,同上 3.684C 以下,
参阅 9.853C;立法的不完善,同上 6.769C 以下,772A 以下,9.875E 以下;
不能包括所有细节,同上 7.788B 以下,807E,国家篇 4.425 以下,参阅政
治家篇 295A 以下;法律必须具有永久性,法篇 7.797D 以下;从来不可能
彻底完成,同上 9.857C;立法的秩序,同上 4.721A;立法的起源,同上
3.680A 以下;立法的原则,政治家篇 297D 以下;需要神的帮助,国家篇
4.425E;有时候被认为完全是技术性的工作,法篇 10.889D;立法的标准,
同上 8.841B;政治的划分,高尔吉亚篇 464B 以下;亦见 enactments,law(s)
条。

立方的　　**cubic**　　立方数,蒂迈欧篇 31E。

立法者　　**legislator(s)**　　采用曲调并加以神圣化,法篇 2.660A 以下;立法
者的目标,同上 12.962D 以下;旨在利益,泰阿泰德篇 177E,参阅法篇
3.693B 以下;旨在国家的主要利益,大希庇亚篇 284D;旨在国家的统一,
国家篇 5.462A 以下;旨在美德,尽管以不同的名称,法篇 3.693B 以下,
参阅 3.701D,4.706A,6.770B 以下,8.835C 以下,12.963A;古代的立法者
在土地和债务问题上没有困难,同上 3.684D 以下,5.736C;旨在把法律
赐予诸神的儿子,同上 9.853C;如果他需要的事情做不到要求得到宽容,
同上 11.925E 以下;有益于他自己的公共名声,同上 8.838E,参阅 9.870D
以下,872E 以下,11.913C,927A;立法者与动物的饲养者,同上 5.735B 以
下;对立法家的指责是最严厉的惩罚,同上 11.926D,参阅 7.823C;从某
些习俗开始,同上 12.959E;关心善德胜过关心财富,同上 5.742D 以下;
旨在控制公民的私生活,同上 6.780A,参阅 7.790B;在立法中是确定的,
同上 4.719D 以下,参阅 6.769D,10.885A,11.916E;决定赋予每一种美德
的荣誉,同上 3.696E 以下;立法家与工匠,同上 11.934C;从国家中消除
愚蠢,同上 3.688E;不希望立法家尝试不可能的事情,同上 5.742E;表达
法律批准的与法律不禁止的事情,同上 7.823A;给酒宴立法,同上
2.671C;在国家中给予财富最低的位置,同上 3.697B,参阅 3.679B 以下,
4.705B,706A,5.742D 以下,743E,9.870A 以下;名称的赋予者,克拉底鲁
篇 389,390A 以下,393E,404B,408A,414B,427C,429A 以下,431E,436B 以

下,437E,参阅 417B;培养对古代的敬重,法篇 7.798B;纵容有益的摩擦,同上 2.663D,参阅国家篇 3.389B 以下,414B 以下,5.459C 以下;坚持正义的生活是最愉快的,法篇 2.663B 以下;关于宗教,同上 10.888D 以下;不干涉已经建立的宗教仪式,同上 5.738B 以下,参阅伊庇诺米篇 985C 以下,法篇 6.759B,8.848D;知道数,同上 5.737E,747A;把对他工作的矫正留给执法官,同上 6.769C 以下,772A 以下,779C,参阅 7.816C,8.846C,9.875E 以下,11.934B,12.956E 以下;留下某些事情由法庭决定,同上 9.875E 以下;与其他职业家一样需要有利的条件,同上 4.709D;使其工作完善并坚持,同上 5.746C,参阅 7.823A;需要有约束的权威,同上 4.710D,参阅 5.735D,739A;不要忽视有关妇女的法规,同上 7.805A 以下,806C;立法家的目标不是战争而是和平,同上 1.628C 以下,630D 以下;使整个国家按照智慧、节制、正义行事,同上 3.688A 以下;立法家与画家,同上 6.769B 以下;过去的立法家太软弱,同上 11.922E;极为关注教育,同上 6.766A;立法家与医生,同上 4.720,政治家篇 295B 以下;防止公民争吵,法篇 5.737A 以下,参阅 9.862C;立法家关心的不是民众的希望而是他们的真正的利益,同上 3.684C,11.922E,923B,参阅政治家篇 293C 以下;不关注某个特定阶级的利益,法篇 6.757D;不能规范所有细节,同上 7.788B 以下,807E,国家篇 4.425 以下,参阅政治家篇 295A 以下;诗人的对手,法篇 7.817B 以下;确保国家权力的平衡,同上 3.691D 以下,693B;教育公民抗拒快乐与痛苦,同上 1.647C 以下;既使用说服又使用强制,同上 4.718C 以下,10.890B 以下,参阅 9.859A,10.885C,11.928A;老法律的使用,同上 8.843E 以下;注意整个美德而非只注意提供某种缺乏的东西,同上 1.630E;希望被统治者接受美德,同上 4.718C,参阅 6.770B 以下,政治家篇 309C 以下;法律的撰写,法篇 9.858C 以下,参阅书信 7.344D;宁可喜欢诗人的写作,法篇 9.858C 以下,12.957D,参阅 7.811C 以下,12.964C,斐德罗篇 278C 以下,会饮篇 209E;亦见 lawgiver (s),politician(s),statesman(ship)/statesmen 条。

离婚　　divorce　　允许无子女者离婚,法篇 11.930A;不相配,同上 11.929E 以下;亦见 separation 条。

篇 3.689A 以下;灵魂的食粮,智者篇 223E 以下;灵魂是生命的形式,斐多篇 106D;不能从四种元素中形成,法篇 10.891C 以下;专门的和排他性的功能,塑造和制造,伊庇诺米篇 981B;功能,同上 981B 以下;只有灵魂才能体验好与坏,书信 7.335A;好人的灵魂与神共度剩余的时光,斐多篇 81A,参阅申辩篇 40E;节制产生灵魂的和谐,国家篇 4.430E 以下,442 以下,参阅法篇 2.653B,国家篇 4.443D 以下,9.591C 以下;天体的灵魂,法篇 12.967A;归于灵魂的荣耀,同上 5.727 以下;人的最荣耀的部分,同上 5.743C;灵魂的无知与无序,小希庇亚篇 372D 以下;不朽的灵魂居住在人体的顶端,蒂迈欧篇 90A;灵魂不纯洁时并不会完全失去有形体的成分,斐多篇 81 以下,参阅国家篇 10.611B 以下;非组合的、非杂多的,斐多篇 78;无形体的,斐德罗篇 246C,智者篇 246E 以下;不可毁灭吗?斐多篇 106D;对性格的影响,法篇 10.904C 以下;灵魂与理智,同上 12.961D 以下;单一的,斐多篇 79 以下;非理性的、愚蠢的部分是诗人乐意模仿的对象,国家篇 10.604D 以下;是一个瓦罐,高尔吉亚篇 493B 以下;五种灵魂,国家篇 4.445D,5.449,参阅 9.577C;三种灵魂,蒂迈欧篇 89E;灵魂的知识是修辞学的基础,斐德罗篇 271,273,277C;灵魂的悲哀,国家篇 3.402D,7.535D 以下,蒂迈欧篇 44C,参阅智者篇 228,蒂迈欧篇 87E;等于生命,法篇 10.895C,参阅斐多篇 71;由于贪婪而损害,国家篇 6.495E,参阅高尔吉亚篇 524E;记忆与知觉,斐莱布篇 33C 以下,38B 以下;出售灵魂,智者篇 223E 以下;凡人的灵魂分成激情和欲望,蒂迈欧篇 69E—72;在胸腔里安置可朽的灵魂,同上 69E;被早期的宇宙生成论者忽视,伊庇诺米篇 988C 以下;感觉和知觉需要计算和理智来解释,国家篇 7.524B 以下,10.602C 以下;灵魂的数量是不变的,同上 10.611A;灵魂中的对立,智者篇 228B,参阅法篇 10.896D;灵魂的秩序,斐德罗篇 248D 以下;灵魂的起源,斐莱布篇 30A 以下;万物之灵魂,法篇 10.892A 以下,895C;灵魂中的情欲,同上 9.863B 以下;快乐与灵魂,同上 5.727C;神灵附体,同上 5.726 以下;人的最宝贵的财产,同上 5.731C;一切事物的最初源泉,同上 10.899C;等于变化的原则,同上 10.904C 以下;灵魂的行进,斐德罗篇 247;追求知识,克拉底鲁篇 420B;灵魂关心的最重要领域是人生,书信 7.331B;力量大的灵魂更有能力行动,小希庇亚篇 375E 以下;灵魂中的抄写员和画家,斐莱布篇 39A 以下;灵魂与海神格劳科斯,国家篇 10.611D 以下;灵魂在具有人形前看见真正的存在,斐德罗篇 248—250;灵魂自我定向,国家篇 10.603D;灵魂自动,法篇 10.896A 以下,12.966E,斐德罗篇 245E;灵魂与感觉,泰阿泰德篇 184C 以下;灵魂的单一性,伊庇诺米篇 981B;灵魂是生命的源泉,斐多篇 105C;太阳与星辰的灵魂,法篇 10.899A 以下;灵魂与裁缝的衣物,斐多篇 87B 以下;在来世接受教育和训练,同上 107D;灵魂的转世,法篇 10.903D 以下,904E,美诺篇 81B 以下,斐多篇 70C 以下,81,斐德罗篇 248C 以下,国家篇 10.617D 以下,蒂迈欧篇 41E 以下,90E 以下;真正的学说像灵魂中的一道闪光,书信 7.341D,344B;善的灵魂与恶的灵魂,法篇 10.896E;灵魂与宇宙,斐莱布篇 30A 以下,蒂迈欧篇 90D,参阅法篇 10.896E—899A;宇宙的灵魂,蒂迈欧篇 41D;有美德的灵魂接受缓慢的影响,伊庇诺米篇 989B,参阅政治家篇 307B 以下;灵魂的异像,国家篇 7.518D,540A;灵魂的翅膀,斐德罗篇 248,251;世界灵魂,蒂迈欧篇 30B 以下,34B 以下;灵魂与身体:存在的划分,伊庇诺米篇 983D 以下;灵魂与身体的相连不如与身体的分离,法篇 8.828D;灵魂在人死后离开身体,克拉底鲁篇 403B;身体是灵魂的牢狱或坟墓,斐多篇 81 以下,斐德罗篇 250C,参阅克拉底鲁篇 400C,403E 以下;灵魂比身体年长,伊庇诺米篇 980D 以下,991D,蒂迈欧篇 34C,参阅法篇 10.893—898;灵魂高于身体,法篇 10.892A 以下,896C 以下,12.959A,967B,D,斐多篇 94,蒂迈欧篇 34C,参阅法篇 12.966D 以下;灵魂与身体对立,斐多篇 80,94;灵魂的对称性与身体,蒂迈欧篇 87D 以下;灵魂的怜悯与身体,国家篇 5.462D,参阅 5.464B;灵魂比身体具有更多的真理性和实在性,同上 9.585D;灵魂不朽:法篇 12.959B,967D,美诺篇 81B 以下,85E 以下,斐多篇 85E 以下,87,92 以下,105 以下,斐德罗篇 245C 以下,国家篇 10.608C 以下,参阅 6.498C 以下,蒂迈欧篇 41C 以下,42E 以下,69C 以下,参阅书信 7.335A;用回忆论证灵魂不朽,斐多篇 720—776;死后的不朽,同上 77 以下;依赖于一般的相的存在,同上 76;是可疑的,同上 70;连续的再生过程,同上 71E 以下;从对立的性质加以证明,同上 71,103 以下;亦见 mind 条。

灵魂的欲望成分　appetitive element of soul　国家篇 4.439C 以下,
9.580E,蒂迈欧篇 90B;是灵魂热爱金钱和获取的部分,国家篇 9.581A;
这部分所处的位置,蒂迈欧篇 70E;要加以克制,国家篇 4.442B 以下,
9.571D,蒂迈欧篇 70A,参阅法篇 3.686E 以下,689A 以下,斐德罗篇 253D
以下;亦见 high spirit,passion(ate/s)条。

令人眼花缭乱的颜色　dazzling(color)　蒂迈欧篇 68A。

吝啬　stinginess　在寡头身上,国家篇 8.555A,参阅 8.559D。

零售小贩　retail trade(rs)　智者篇 223D,政治家篇 260D;有益的,法篇
11.918B 以下;公民不要去做小贩,同上 8.842D,847A,11.919D 以下;为
什么不受尊敬,同上 11.918C 以下,参阅 4.705A;相关的法律,同上 8.849
以下,11.918—921D;是必要的,国家篇 2.371A 以下,参阅法篇 4.705A。

邻居　neighbors　由邻居组成的法庭,法篇 6.766E;不能伤害邻居,同上
8.843C;亦见 tribes 条。

临时性的议事会　prytanes　法篇 6.755E;负责照料因公来访的外国人,
同上 12.953C;亦见 council 条。

历史　history　雅典的历史,美涅克塞努篇 239 以下;早期希腊的历史,
法篇 3.681E 以下。

流动　flux　存在的流动,克拉底鲁篇 401D 以下,411B 以下,436E 以下,
440,斐莱布篇 43A,会饮篇 207D 以下,泰阿泰德篇 152E,156A,160D,
177C,179D 以下,181D 以下,183C;亦见 Heraclitus 条。

流动性　fluidity　蒂迈欧篇 58E 以下。

流放、放逐　exile　不能诉诸于流放,书信 7.331D,336E;流放杀人犯,法
篇 9.867C 以下,868C 以下;流放无意杀人者,同上 9.865E 以下;流放殴
打父母者,同上 9.881D 以下;流放有意伤害者,同上 9.877A 以下。

流射,流射理论　effluences　美诺篇 76C 以下。

流射　ἀπορροή　参阅 effluences 条。

流淌　flow(ing)　参阅 flux 条。

利息　interest　禁止收利息,法篇 5.742C,11.921D,参阅国家篇 8.566A

以下。

理想、理想主义者　ideal(ists/s)　智者篇 246B 以下，248A 以下，参阅斐多篇 100，国家篇 6.505A；在教育中使用，法篇 1.643E 以下；在立法中，同上 5.746B 以下；理想的价值，国家篇 5.472B 以下；理想国：如何开始，同上 6.501，7.541；很难实现，法篇 4.710E 以下，国家篇 5.472B 以下，6.502，参阅书信 7.325D，331E 以下；可能吗，法篇 5.739C 以下，国家篇 5.471C 以下，473，6.499B 以下，7.540D 以下，参阅法篇 4.712A，12.968E 以下，国家篇 7.520 以下；亦见 cities/city，constitution(s)，education，guardians of state，ruler(s)，state(s)条。

理性　reason　理性与嗜好，国家篇 4.439C—442，9.571B 以下，参阅法篇 3.686E 以下，689A 以下，斐德罗篇 253D 以下，蒂迈欧篇 69D 以下；只有理性才能把握真正的存在，斐德罗篇 247C，参阅斐莱布篇 59D；只有理性才能表达非物质的事物，政治家篇 286A；理性作为一种善，斐莱布篇 66B；只有理性是美德的内在保存者，国家篇 8.549B；理性是天地之王，斐莱布篇 28C 以下，30D；理性的生活，同上 21D 以下；理性的天然真理，蒂迈欧篇 47C 以下；柏拉图寻求追随理性，书信 7.329A；理性与快乐，斐莱布篇 65C 以下，参阅国家篇 9.586D 以下；理性使心灵摆脱感觉的幻相，国家篇 10.602E；理性与可能性，蒂迈欧篇 56B；与理智的差别，国家篇 6.511D；理性与智慧，斐莱布篇 30B 以下；亦见 account，demonstration，judgment(s)，mind，philosophy，rational，science(s)，thinking/thought 条。

理性的　rational　有理数与无理数，大希庇亚篇 303B；灵魂的理性成分，国家篇 4.435—442，8.550B，9.571C 以下，580D 以下，参阅 6.504A，蒂迈欧篇 69C—72；以热爱学习为标志，国家篇 9.581B；理性的快乐是最甜蜜的，同上 9.582 以下；理性的统治，辅之以激情和欲望，同上 4.441E 以下；亦见 immortal(ity)，soul(s)，wisdom/wise 条。

理性主义　rationalism　神话是充满智慧的人的作品，斐德罗篇 229C 以下；亦见 dialectic(fcl)条。

利益　advantage　立法者的目标，泰阿泰德篇 177E，参阅法篇 3.693B 以下；利益与伤害，书信 8.352D 以下；在政治中，泰阿泰德篇 172A；亦见

beneficial /benefit 条。

礼仪官　　gerousia　　在拉栖代蒙,法篇 3.692A。

理智/理智的　　intelligence/intelligible　　与变化,智者篇 249A 以下;沉思真实的存在,斐莱布篇 59D;美德之首,法篇 3.688A;是一种善,斐莱布篇 11B 以下,66B;天然的理智,书信 7.344A;理智的秩序划分,国家篇 6.509D 以下,7.517B 以下;祈求理智,法篇 3.688A;事物的拯救,同上 12.961D 以下;不是完全与快乐分割,斐莱布篇 21B,60E 以下;理智与智慧,法篇 1.632C;亦见 mind(s),wisdom/wise 条。

理智　　intellect(ion/ual)　　理智和意见的对象,国家篇 7.534A,参阅 5.476D 以下;理智的追求不要进行得过分,蒂迈欧篇 88A;理智与善的关系,国家篇 6.508B 以下;理智世界与可见世界相比,同上 6.508B 以下,7.532A;亦见 mental,mind(s),reason,understanding(s)条。

理智　　understanding(s)　　书信 7.342C;人的理智的差别,泰阿泰德篇 170 以下;功能,国家篇 6.511D;理智与错误的意见,政治家篇 278D 以下;理智与善,法篇 10.900D;理智与学问,欧绪德谟篇 278A;理智统治一切,法篇 9.875D;与知识的区别,国家篇 7.533D 以下;理智与智慧,法篇 12.963A 以下;亦见 knowledge,mind(s),wisdom/wise 条。

例子、榜样、典范　　example　　比法规好,法篇 5.729B 以下,使用例子,政治家篇 279 以下。

龙牙　　dragon's teeth　　龙牙的故事,法篇 2.663E,参阅智者篇 247C;亦见 Cadmean(s)/Cadmus 条。

乱交　　promiscuity　　禁止乱交,国家篇 5.458D,参阅法篇 6.782E 以下,8.835D 以下。

乱伦　　incest　　可以凭德尔斐神谕来验明,国家篇 5.461E;人们普遍感到可怕,法篇 8.838A 以下。

路边的　　wayside　　路边的精灵,法篇 11.914B。

颅骨、头盖骨　　skull　　蒂迈欧篇 73E 以下;西徐亚人用头盖骨喝酒,欧绪德谟篇 299E。

鲁莽、急躁　　impetuosity　　国家篇 6.503C,参阅政治家篇 307B 以下,泰阿

泰德篇 144B。

鲁莽、急躁　rashness　是愚蠢的顾问,蒂迈欧篇 69D。

轮回、移居　transmigration　灵魂的轮回,法篇 10.903D 以下,904E,美诺篇 81B 以下,斐多篇 70C 以下,81,113A,斐德罗篇 248C 以下,国家篇 10.617D 以下,蒂迈欧篇 41E 以下,90E 以下,参阅书信 7.335C;亦见 soul(s)条。

论文　treatise　与讲演,书信 7.341D。

论证　argument(s)　争论,争论中需要礼貌,智者篇 246D,参阅法篇 1.629A,634C,635A;较长的论证和较短的论证,国家篇 4.435D,6.504B 以下;苏格拉底论证的误导性,同上 6.487B 以下;修辞学中的论证,斐德罗篇 271 以下,277C;正确与错误的方式,泰阿泰德篇 167E;论证中的诡计,美诺篇 80D 以下;年轻人喜欢争论,国家篇 7.538C 以下,参阅斐莱布篇 15D 以下。人格化的"争论",需要一个尾巴,高尔吉亚篇 505D,参阅法篇 6.752A;进一步辩护,斐德罗篇 260E;"我们现在可以结束论证了",法篇 3.682E;与自身一致,国家篇 5.457C;作为一种抵御诗歌魅力的箴言,同上 10.608A;有可能被离题话所淹没,泰阿泰德篇 177B;让论证死去,斐多篇 89B;像一条艰难的道路,吕西斯篇 213E;像一名医生,高尔吉亚篇 475D;鼓励我们,法篇 5.741A;"就好像与撒谎者一起,栽倒在错误的论证里",吕西斯篇 218D;"沿着我们的论证指出的足迹",国家篇 2.365D;好比下棋,同上 6.487B 以下,参阅法篇 7.820C 以下;像缰绳放松了的马,普罗泰戈拉篇 338A;像狩猎,国家篇 4.427D,432B 以下,参阅拉凯斯篇 194B,法篇 2.654E,吕西斯篇 218C,斐莱布篇 65A,国家篇 2.368C,智者篇 235B,蒂迈欧篇 64B;欺骗性,斐多篇 92D;像旅行,国家篇 7.532E;"被论证击倒",欧绪德谟篇 303A,参阅斐莱布篇 23A;像一匹摆脱我们控制的劣马,欧绪德谟篇 291B;像一张网,小希庇亚篇 369B;像代达罗斯制作的会移动的雕像,欧绪弗洛篇 15B;"引发一系列新的主题",泰阿泰德篇 184A;在争论中伸出手指头来指责,普罗泰戈拉篇 361A,参阅斐多篇 87A,斐德罗篇 274A;必须在论证中加以约束,法篇 3.701C;苏格拉底拯救的论证,斐多篇 88E;可以涉水而过的河,法篇 10.892D 以下,参阅 10.900C;像一名践踏晕船旅客的水手,泰阿泰德篇 191A;论证说不,卡尔米德篇 175B;语词的海洋,普罗泰戈拉篇 338A,参阅斐德罗篇 264A,国家篇 4.441C,5.453D;像供人航行的大海,巴门尼德篇 137B;悄悄转移话题,国家篇 6.503A;必须停下来等着我们,泰阿泰德篇 173C,参阅法篇 6.781E;会搁浅和干涸,斐莱布篇 13D;像在海上遇到海难,同上 14A;"一大群马蜂",国家篇 5.450B;戏剧性的转折,斐莱布篇 53E;论证的三次浪潮,国家篇 5.457C,472A,473C,参阅欧绪德谟篇 293A;"随着论证的波浪漂流",拉凯斯篇 194C;论证的颠倒,斐多篇 95B;"论证之风把我们吸到哪里,我们就进到哪里",国家篇 3.394D,参阅法篇 2.667A;"经过漫长而又累人的讨论后",国家篇 6.484A;亦见 dialectic(al),discourse, discussion 条。

论证　　　**argumentation**　　　争辩,智者篇 225C 以下;亦见 contentiousness, eristic 条。

轮子　　　**weels**　　　法篇 7.823D。

逻辑　　　**logic**　　　范畴,法篇 10.895C 以下;分类,政治家篇 262B 以下;对立与否定,智者篇 257B 以下;定义与划分,斐德罗篇 277B;获得定义很困难,美诺篇 71E 以下,75,参阅欧绪弗洛篇 10 以下;逻辑术语的使用仍旧存疑,美诺篇 79D;名词与动词的区别,智者篇 261E 以下;关于种类,政治家篇 285B;划分与结合,斐德罗篇 265 以下;本质与偶性的区别,智者篇 247B 以下,参阅吕西斯篇 217C 以下,国家篇 5.454B 以下;本质与属性的区别,欧绪弗洛篇 11A;本质的对立,斐多篇 102E;κίνησις,智者篇 254D;处理尾数的办法,国家篇 4.427E—433;对立的性质,普罗泰戈拉篇 331D 以下,国家篇 4.436B 以下;对立双方互相排斥,斐多篇 104; ποιότης,泰阿泰德篇 182;πόσον,智者篇 245D;谓词,同上 251; πρός τι,国家篇 4.437C 以下;性质与关系,同上 4.437;στάσις,智者篇 254D;亦见 dialectic(al),metaphysics 条。

绿色的　　　**green**　　　蒂迈欧篇 68C。

律师　　　**lawyer(s)**　　　泰阿泰德篇 172D—175D;由于奢侈的风气而行业兴旺,国家篇 3.405A 以下;亦见 advocate(s)条。

鲁斯(Rush)　　Σοῦς　　字义为"快速行动",克拉底鲁篇412B。

旅行　　**travel**　　效果,法篇13.949E以下;旅行的价值,同上12.951A以下。

六韵步诗　　**hexameter verses**　　刻在墓碑上的,法篇12.958E。

M

马、骏马　　**steeds**　　灵魂中的,斐德罗篇246以下,253C以下。

马　　**horse(s)**　　吕西斯篇211C;马是美丽的,大希庇亚篇295D;照料马,欧绪弗洛篇13A以下;有关马的竞赛,法篇6.765C;爱马,吕西斯篇212D;赛马,克里底亚篇117C;法篇8.834B以下;在克里特用的不多,同上8.834B;驯服的,小希庇亚篇375A;亦见cavalry,steeds条。

麻风　　**leprosies**　　蒂迈欧篇85A。

卖　　**selling**　　卖的技艺,智者篇223C以下;亦见sales条。

美德、德行　　**virtue(s)**　　统治人的能力,美诺篇73;人生的主要事务,法篇7.807C以下;由神赐予的,美诺篇100A;灵魂的协和,法篇2.653B;等于希望并能够得到好事物,美诺篇77B以下;美德的差别,普罗泰戈拉篇330,349B以下,359A以下;分成许多部分,拉凯斯篇190C以下,198A;五种美德:智慧、节制、勇敢、正义、虔诚,普罗泰戈拉篇349B,参阅359A;四种美德:智慧、勇敢、节制、正义,法篇1.631D,12.965D,国家篇4.427E以下,433,参阅法篇3.688A,12.963以下;美德与事物的功能,国家篇1.352E以下;善中最伟大的,法篇2.661B以下;美德与恩典,国家篇3.401A,参阅7.522A;美德可以是习惯性的事情,同上7.518D,10.619C,参阅斐多篇82B;不能交出,普罗泰戈拉篇319E;灵魂的健康、美丽与良好状况,国家篇4.444C,参阅法篇10.906B,国家篇10.609B以下,智者篇228,政治家篇296B以下;赋予几种美德以荣耀,法篇3.696E;有美德的人在有良好法律的国家中拥有最高的荣耀,大希庇亚篇284A;被财富所阻碍,法篇8.831C,836A,国家篇8.550D以下;个人的美德与国家的美德,同上 4.435 以下,441;不可见与不可测的? 智者篇 247B,参阅斐德罗篇 250;美德与正义,美诺篇 73B 以下,78E 以下,参阅国家篇 1.350;美德与知识,美诺篇 87B,普罗泰戈拉篇 356 以下,参阅大希庇亚篇 284A;主要是正义的、节制的、虔诚的生活,普罗泰戈拉篇 325A;美德误置等于恶,政治家篇 307B 以下;美德的本性,普罗泰戈拉篇 330 以下,参阅拉凯斯篇 199D 以下;无数的美德,美诺篇 72;立法的对象,法篇 3.693B 以下,6.770B 以下,8.835C 以下,12.962D 以下;美德是一,普罗泰戈拉篇 349,国家篇 4.445C;是一还是多? 美诺篇 71E 以下,74,普罗泰戈拉篇 329C以下,参阅法篇 12.963C 以下,965D 以下,政治家篇 306C 以下;普通人对美德的看法是悖论的,斐多篇 68D;感官不能觉察美德,斐德罗篇 250;哲学家的美德,斐多篇 68C 以下,国家篇 6.485 以下,487A,490E,491B,494B;美德比邪恶更令人愉快,法篇 5.732E 以下;美德与快乐,国家篇3.402E 以下;比快乐或奢侈更要珍视,书信 7.327B;政治美德对所有人同一,普罗泰戈拉篇 322C 以下,323;不是私人财产而是公共利益,同上325;生活的奖励,美涅克塞努篇 246C 以下;不断地关心身体并不能改善德行,国家篇 3.407B 以下;美德的相似性,普罗泰戈拉篇 331B 以下;总是相同的,美诺篇 73;西摩尼得的看法,普罗泰戈拉篇 339;社会美德也就是自制与完善,斐多篇 82B;有些人拥有一种美德,有些人拥有另一种美德,普罗泰戈拉篇 329E;几种美德在国家中的地位,国家篇 4.427E 以下;是一种能力吗? 普罗泰戈拉篇 327C 以下;可教吗? 美诺篇 70 以下,86D 以下,89C 以下,普罗泰戈拉篇 326E 以下,357E 以下,参阅欧绪德谟篇 274E,法篇 5.730E,普罗泰戈拉篇 319E 以下,323C 以下,361,国家篇6.488B 以下;所有人都是美德的教师,普罗泰戈拉篇 327E;所有人都不是美德的教师,美诺篇 89D 以下,96;统治者是美德的教师,法篇 12.964B以下;塞奥格尼对这个问题的看法,同上 1.630A 以下;美德的真正动机,斐多篇 82—84;美德与勇敢,拉凯斯篇 190D 以下,法篇 1.631D 以下,2.667A,12.963C 以下,普罗泰戈拉篇 349 以下,353 以下,359,参阅法篇3.688A;美德与智慧,欧绪德谟篇 275A,美诺篇 88C 以下,斐多篇 69,国家篇 3.409D 以下;卓越的惟一基础,美涅克塞努篇 239A;亦见 excellence, good(ness/s),just(ice),righteousness 条。

满足　gratification　参阅 enjoyment 条。

矛盾、对立　contradiction　矛盾的技艺,国家篇 5.454A;矛盾的性质,同上 4.436B 以下,10.602E。

毛发、头发　hair　蒂迈欧篇 64C,76C 以下,91E;在举行丧事时剪去头发,斐多篇 89B;穿戴太多东西阻碍生长,法篇 12.942D。

冒失、厚颜无耻　impudence　法篇 3.701B;最大的恶之一,同上 1.647B。

毛线　worsted　通过一根毛线让水从一个杯子流入另一个杯子,会饮篇 175D。

贸易　trade(rs/s)　获得性的技艺,智者篇 219C 以下;贸易的划分,政治家篇 260D;伤害性的影响,法篇 4.705A,5.743D 以下,参阅 5.741E 以下;不知货物的价值,普罗泰戈拉篇 313D;欺骗顾客,同上 313D;无人可从事两种行业,法篇 8.846D;亦见 retail trade(rs) 条。

马术　horsemanship　拉凯斯篇 193B,参阅申辩篇 27C,欧绪弗洛篇 13A 以下;帖撒利人追求马术,大希庇亚篇 284A,美诺篇 70A,参阅法篇 1.625D;适宜妇女,法篇 7.804E 以下,813E,834D;亦见 riding 条。

美　beauty　绝对的美,克拉底鲁篇 439C 以下,斐多篇 65D,75D,78D,100B 以下,参阅欧绪德谟篇 300E 以下,法篇 2.655C;美的相使一切事物成为美的,大希庇亚篇 289D 以下,292D,参阅巴门尼德篇 130B;与尺度相关,斐莱布篇 64E;理性是美的,同上 65E;阿尔基比亚德之美,会饮篇 217A,219C;美等于适宜,大希庇亚篇 290C 以下,293E 以下;美与美的,同上 287C 以下,292D 以下;美等于美好的生活,同上 291D 以下;美的弦琴、侍女、牝马、陶罐是一种美,同上 287E 以下;美等于有益,同上 296E 以下;在另一个世界中美是最明亮的形象,斐德罗篇 250;卡尔米德之美,卡尔米德篇 154;诸神之美,大希庇亚篇 289A 以下;美与善,会饮篇 201C 以下;美的等级,同上 210;美本身,大希庇亚篇 286D 以下,289C 以下,295B,304D 以下,斐德罗篇 249E,254B,国家篇 5.476B 以下,479A 以下,6.493E 以下,501B,507B;美具有真正的存在,大希庇亚篇 287C 以下;美是某种好的父亲,同上 297B;美与爱,会饮篇 206;作为教育的手段,国家

篇 3.401C 以下;美的性质,吕西斯篇 216D,斐德罗篇 250 以下。美不是:
美不是适宜,大希庇亚篇 294B 以下;美不是有益,同上 297D;美不是有
益的快乐,同上 303E;美不是善,同上 297C 以下,303E 以下;美不是通过
视听得到的快乐,同上 303D;美不是有力的和有用的,同上 296D,297D。
"美无非就是黄金",同上 289E 以下;美是精神性的激情,法篇 8.841;美
等于通过视听而来的快乐,大希庇亚篇 297E 以下,302B 以下;美的快
乐,斐莱布篇 51B 以下;相对的美,大希庇亚篇 293E 以下;美在善的尺度
中,斐莱布篇 65,66B;美与丑是相对的,大希庇亚篇 288E 以下;普遍的
美,会饮篇 211;美的知识,同上 210;美等于有用,大希庇亚篇 295C 以下;
美等于在任何地方对任何人都决不会显得丑的东西,同上 291D;亦见
comeliness,fair,friendly 条。

美好、漂亮　fair　与愚蠢,普罗泰戈拉篇 332C;与善,高尔吉亚篇 474D;
好的标准,同上 474D 以下;亦见 beauty,comeliness,friendly 条。

美化　beautification　奉承的一部分,高尔吉亚篇 463B。

美惠/美惠女神　grace/Graces　帮助诗人,法篇 3.682A;有良好的气质,
国家篇 3.400D;一切生命与各种技艺都充满着恩惠,同上 3.401A;与美
德亲缘,同上 3.400A,参阅 7.522A。

美丽的　beautiful　书信 7.342D;美丽的与美,大希庇亚篇 287C 以下,
292D 以下;美的原因,书信 2.312E;善的原因,大希庇亚篇 296E 以下;美
与善的同一,吕西斯篇 216D,国家篇 5.452E,会饮篇 201C 以下,204E 以
下,参阅克拉底鲁篇 439C 以下,斐多篇 100;多个美的事物与美本身,国
家篇 6.507B;美的与不美的,智者篇 257D 以下;美与丑是相对的,大希庇
亚篇 293B;美丽与丑陋,同上 286C;亦见 handsome 条。

每一个、各自　each　巴门尼德篇 158A;一与二,大希庇亚篇 302E 以下。

没有留下遗嘱的　intestate　儿童,法篇 11.924B 以下;亦见 orphans 条。

没有受过教育的　uneducated　不知道真理,决不能适当地管理国家,国
家篇 7.519B。

没有信仰的人　unbelievers　受惩罚,法篇 10.907E 以下,908E 以下。

虻　gadfly　参阅 fly 条。

虻子　　　fly　　苏格拉底自比虻子,申辩篇 30E。

描述、描写　　description　　书信 7.342B 以下;描述或解释的含义,泰阿泰
德篇 208B 以下;亦见 account 条。

名称、名字　　names　　书信 7.342B 以下,344B;野蛮人与希腊人,克拉底
鲁篇 385E,390A 以下;名字的原因,同上 416C;有时用父亲的名字给儿子
命名,吕西斯篇 204E;名称的种类,泰阿泰德篇 157B;名称与名称的组
合,同上 202B 以下;名称的联结,智者篇 261E 以下;名称的一致性,克拉
底鲁篇 436C 以下;名字是约定俗成的理论,同上 384D,385 以下,433E,
434E 以下,参阅书信 7.343A 以下;给名称下定义,克拉底鲁篇 388B 以
下;名称与定义,法篇 10.895D 以下,智者篇 218C 以下;音节不同,克拉
底鲁篇 289E 以下;区分名称据说是普罗狄科发明的,卡尔米德篇 163D,
欧绪德谟篇 277E,拉凯斯篇 197D,美诺篇 75E,普罗泰戈拉施展 337A,
340A,358A,D;名称在教育中的作用,克拉底鲁篇 440C;外国的名字,同
上 401C,参阅 416A;名字的起源,同上 409D 以下;名称的形式,同上 389D
以下;按照理想状态构成,同上 389D 以下;型的名称,斐多篇 103E 以下;
生成性的,同上 104;赋予名称有时是超过人力所为,克拉底鲁篇 438C;
命名是一类行为,同上 387D;诸神的名字,同上 400D 以下;好名字,同上
433A 以下;希腊字母的名称,同上 393D 以下;属天的,斐德罗篇 252B;强
加的名称,克拉底鲁篇 401B 以下,411B 以下;名称给予的信息,同上
435D 以下;名称是工具,同上 388B 以下;名称的意义与形式,同上 394;
男人与英雄的名字,同上 394 以下;名称的天然合理,同上 383;名称是命
题的组成部分,同上 385C;名称与图景,同上 430B 以下,434A;不是强加
的,政治家篇 261E,参阅国家篇 7.533D;最基本的和派生的,克拉底鲁篇
422;名称不具有真正的存在,智者篇 244D 以下;命名的理由,克拉底鲁
篇 393 以下;名称表示静止,同上 437A 以下;智者的看法,同上 428B 以
下;音节各异,同上 393D 以下;关于名称的理论,同上 433D 以下;名称与
事物,同上 422D 以下,432C 以下,巴门尼德篇 147D 以下;传统的名称是
极好的,法篇 7.816B;名称如何真实,克拉底鲁篇 430D 以下;名称的不稳
定,书信 7.343A 以下;辩证法家们使用名称,克拉底鲁篇 390C 以下;声

音的模仿,同上 423B 以下;命名是立法家的工作,同上 388D 以下,404B, 408A,414B,427C,429A 以下,431E,436B 以下,437E,参阅法篇 7.816B。

名词　　nouns　　书信 7.342B,343B,智者篇 261E 以下。

命令　　command　　与服从,法篇 1.643E,6.762E,12.942C;亦见 directive 条。

命名者　　namegiver　　蒂迈欧篇 78E。

名声、名气　　reputation　　名声的价值,法篇 12.950B 以下。

名声、声望　　fame　　声望的力量,法篇 8.838D 以下;名声的不朽,会饮篇 208C 以下;死后的声望,书信 2.311B;亦见 renown,reputation 条。

命题　　propositions　　克拉底鲁篇 385B 以下。

铭文、碑文　　inscriptions　　参阅 epitaph(s),Delphi 条。

命运　μοῖρα　参阅　Destinies/destiny,fate/Fates 条。

命运/命运女神　　fate/Fates　　伊庇诺米篇 982C,书信 7.337D 以下,大希 庇亚篇 293B,法篇 12.960C,国家篇 10.617C 以下;亦见 Atropos,Clotho, Destinies/destiny,拉凯斯篇 is,necessity 条。

命运女神/命运　　Destinies/destiny　　法篇 7.799B,政治家篇 272E;命运法 则,蒂迈欧篇 41E;命运的规定,法篇 10.904C;人的命运在于自己的力 量,国家篇 10.617E;亦见 Atropos,Clotho,fate/Fates,Lachesis,necessity 条。

民事侵权行为　　torts　　由于边界纠纷而引起,法篇 8.843B 以下。

民主制/民主的　　democracy/democratic　　书信 5.321D,国家篇 1.338D 以 下;动物的无政府主义,同上 8.562E,563C;体制的“集市”,同上 8.557D; 民主制的任意性,同上 8.557E,561;以自由为特性,同上 8.557B,参阅政 治家篇 292A;有法律的或无法律的,政治家篇 302D 以下;体制的基质, 法篇 3.693D;民主制的起源,国家篇 8.555B 以下;第三种有缺陷的国家, 同上 8.544C,政治家篇 291D 以下,参阅书信 7.326D;能力有待改进的第 三种国家,法篇 4.710E,民主制国家的三个阶层,国家篇 8.564C 以下;是 有法律的国家中最糟糕的制度,是没有法律的国家中最好的制度,政治 家篇 303B;民主制中的人,国家篇 8.558C 以下,9.572C 以下;民主制中人 的特点,同上 8.561;起源,同上 8.559D 以下;与快乐相关的位置,同上

9.587C。

民主制中两性谈话的自由　　　**conversation**　　　国家篇 8.563B;亦见 intercourse 条。

民族的、国家的　　**national**　　民族性格,法篇 1.641E,5.747C 以下,国家篇 4.435E 以下;民族情感,法篇 3.697C。

谬误、谬见　　**fallacies**　　欧绪德谟篇 275 以下,283E 以下,293 以下,297E 以下,美诺篇 80D 以下,参阅泰阿泰德篇 165A;亦见 eristic,Sophist(s)条。

秘巡　　**crypteia**　　斯巴达的一种制度,法篇 1.633C.

秘仪、奥秘　　**mysteries**　　克里托篇 54D,伊庇诺米篇 986D,书信 7.333E, 高尔吉亚篇 497C,美诺篇 76E,斐多篇 69C,81A,斐德罗篇 250B,国家篇 2.378A,参阅 8.560E;关于谋杀亲属的教训,法篇 9.872E 以下,参阅 9.870D 以下;亦见 functions,rites/ritual 条。

谜语、难题　　**puzzles**　　数学的,斐多篇 101;争论,智者篇 259C 以下。

谜语　　**riddle(s)**　　关于太监与蝙蝠的谜语,国家篇 5.479C;柏拉图把他的学说隐藏在谜语中,书信 2.312D。

摩擦　　**friction**　　生火,国家篇 4.435A,泰阿泰德篇 153A。

模范城市的行政长官　　**magistrates in model city**　　对行政长官的监察,法篇 12.945B—948B;在值职那一年不喝酒,同上 2.674A;职责,同上 6.754D 以下;选举,同上 6.753B 以下;以执政官的名字命名,同上 6.785A,参阅 12.947A 以下;与法官,同上 6.767A;行政长官名单,同上 6.785A;监视年轻人,同上 8.836A;冒犯行政长官,同上 8.846B;行政官的职位,同上 6.778C;财产登记,同上 5.745A;选举行政长官,同上 9.855C; 行政官的选拔,同上 6.751;补充立法家遗漏之处,同上 9.875E 以下;亦见 curators of law,judge(s),office/officials,public officials,ruler(s)条。

模范城市中的市场　　**market in model city**　　法篇 6.778C,8.849 以下, 11.917B 以下;市场官员,同上 6.759A。

模仿、扮演　　**impersonation**　　对形象的模仿,智者篇 267A 以下;亦见 imitation/imitative/imitators 条。

模仿/模仿的/模仿者　　**imitation/imitative/imitators**　　克拉底鲁篇 430B 以

下;影响性格,法篇 2.669B 以下,国家篇 3.395C 以下,参阅法篇 7.798D
以下;模仿的技艺,智者篇 219A;技艺,伊庇诺米篇 975D;划分,智者篇
235D 以下;低级的,国家篇 10.605A 以下;与灵魂的无理性和懒惰的部分
有关,同上 10.604D 以下,参阅智者篇 234A 以下,235B 以下,蒂迈欧篇
19D 以下;标准,法篇 2.667D 以下;在舞蹈中,同上 2.655D 以下,669C,
7.798D 以下,814D 以下;模仿的类型,智者篇 235D 以下;姿势,克拉底鲁
篇 423A;受知识指导的模仿等于通过熟悉而模仿,智者篇 267E;无知的
模仿,国家篇 10.602A 以下;形象的模仿,同上 10.600E 以下;生产的原
型,智者篇 265A;在语言中,克拉底鲁篇 423,426C 以下;在音乐中,同上
423D,法篇 2.655D 以下,668A 以下,7.812C,参阅 7.798D 以下,10.889D,
国家篇 3.397B 以下;在绘画中,克里底亚篇 107C 以下,参阅法篇
10.889D,蒂迈欧篇 19B 以下;模仿的部分,智者篇 266 以下;模仿与类
型,蒂迈欧篇 48E;模仿的快乐,法篇 2.667D 以下;诗歌,国家篇 10.595;
在风格上,同上 3.392D 以下,10.595C 以下;三倍远离真实,同上
10.596—597,602C;亦见 conceit, image(s), impersonation, likeness(es),
patterns, representation 条。

模仿术　　mimetic art　　智者篇 267 以下;在教育中的作用,国家篇 3.394E
以下;对性格的影响,同上 3.395C 以下;男人模仿女人,同上 3.395D 以
下;同一个人不能同时在悲剧和喜剧中获得成功,同上 3.395A;亦见
imitation/imitative/imitators 条。

模糊　　ambiguity　　抽象术语的模糊,斐德罗篇 263A 以下。

陌生人、客人　　strangers　　在宙斯的保护下,法篇 8.843A;亦见 aliens,
foreign(ers)条。

磨石　　millstone　　苏格拉底是一块磨石,大希庇亚篇 292D。

没收　　confiscation　　没收财物,不允许没收财物,法篇 9.855A。

模型　　model　　天上的,国家篇 6.500E 以下;亦见 original, pattern(s),
standards 条。

墓碑　　tombstones　　法篇 12.958E;墓碑上的侧面浮雕,会饮篇 193A。

目标、终点、端点　　πέρας　　参阅 limit(ed)条。

木材　　**timber**　　阿提卡曾经盛产,克里底亚篇 111C;用于造船的木材,法篇 4.705C。

牧场、放牧　　**pasturage**　　参阅 grazing 条。

目的　　**aim(s)**　　生活的目的是获取美德,法篇 6.770B 以下;政治家的目的,同上 12.963B 以下;立法者的三个目的,同上 3.701D;亦见 end(s),final causes 条。

目的　　**end(s)**　　作为原因,高尔吉亚篇 467C 以下;与方法有区别,拉凯斯篇 185D 以下;作为最终的原因,吕西斯篇 219C 以下;生活目的,法篇 7.807C 以下;亦见 aim(s),function(s)条。

牧歌　　**nome**　　一种音乐的老名称,法篇 3.700B,参阅克拉底鲁篇 417E。

木匠/木匠的技艺　　**carpenter/carpentry**　　克拉底鲁篇 388C,389A,390B 以下,伊庇诺米篇 975C,国家篇 4.428C;是一门运用的知识,政治家篇 258D;亦见 builder/building 条。

牝马　　**mare(s)**　　是一种美,大希庇亚篇 288B 以下;相对的美,同上 288E 以下;在埃利斯放养,同上 288C;神在预言中赞扬,同上 288B。

木偶、玩偶　　**puppet(s)**　　关于木偶的寓言,法篇 1.644D 以下,参阅 7.803C 以下;表演,同上 2.658C,国家篇 7.514B。

木牌　　**tables**　　把要求写在柏树板上,法篇 5.741C。

母亲　　**mother**　　把自己的祖国比作母亲,美涅克塞努篇 237B 以下,238,参阅国家篇 9.575D;柏拉图的母亲,书信 13.361E;像对待母亲一样对待原则,蒂迈欧篇 50D;不知道自己的孩子是谁,国家篇 5.460C;亦见 parents 条。

牧人、牧者　　**shepherd(s)**　　国家篇 2.370D,政治家篇 275 以下;神圣的牧人,同上 271D 以下,275A 以下,276A,D,参阅克里底亚篇 109B 以下,法篇 4.713D 以下;看不见的牧者,国家篇 2.359D 以下;与统治者,同上 1.343A,345C,政治家篇 275A 以下,参阅法篇 5.735B 以下,泰阿泰德篇 174D;大洪水的幸存者,法篇 3.677B 以下,参阅克里底亚篇 109D。

牧人　　**herdsman**　　知道怎样照料牛群,欧绪弗洛篇 13B 以下。

木桶　　**casks**　　参阅 jars 条。

木头　　**wooden/woods**　　钻木取火,法篇 8.843E;献给诸神的木头贡品,同上 12.956A;亦见 timber 条。

母性　　**motherhood**　　由乳汁所证明,美涅克塞努篇 237E,参阅 238A。

沐浴　　**bath(s)**　　在大西岛,克里底亚篇 117B;在吕克昂,会饮篇 223D;苏格拉底临终前沐浴,斐多篇 115A,116A;热水澡供老人用,法篇 6.761C。

N

难　　χαλεπόν　　在凯安人方言中等于"坏",普罗泰戈拉篇 341C。

男孩、童仆　　**boy(s)**　　竞赛,法篇 8.833C,教育,同上 7.809E 以下,亦见 education 条;在学校里学诗歌,同上 7.810E 以下,普罗泰戈拉篇 326A;在雅典的生活,卡尔米德篇 154,吕西斯篇 206E—209,211,223,普罗泰戈拉篇 325D 以下,亦见 Alcibiades, Charmides, games, Hippocrates, Theaetetus 条;"我们中间有人像小孩一样恐惧死亡",斐多篇 77E;爱男童,参阅 love of boys 条;游行,法篇 7.796C 以下;禁止喝酒,同上 2.666A;是最不守规矩的野兽,同上 7.808D;亦见 children, youthful/youths 条。

男祭司　　**priests**　　政治家篇 290C 以下;阿波罗和太阳的祭司,法篇 12.947A,亦见 auditors 条;照料外邦人,同上 12.953A 以下;埃及的祭司,蒂迈欧篇 22 以下;夜间议事会的成员,法篇 12.951D,参阅 12.961A;与女祭司,同上 6.759 以下,7.799B,800A 以下。

男亲属　　**kinsmen**　　决定一个儿子有无继承权,法篇 11.929B 以下;对孤儿的义务,同上 6.766C,11.924B—925C;老年时受到男亲属的伤害,国家篇 1.329D;不能担任法官,法篇 9.879A;追究杀人犯,同上 9.866B,868B 以下,871B 以下,873E;男亲属之间的战争,美涅克塞努篇 244A。

脑　　**brain**　　灵魂不朽部分的处所,蒂迈欧篇 73C。

内疚　　**conscience**　　与恐惧的区别,法篇 3.699C;能够服从于法律,同上 3.699C,亦见 reverence 条。

内脏　　**entrails**　　参阅 bowels 条。

能干　　**cleverness**　　仅仅是一种装饰,书信 10.358C;亦见 cunning 条。

能干的　clever　有实际的表现,泰阿泰德篇 194D;短暂的和变化的,同上 144B,参阅国家篇 6.503C;能干不一定聪明,伊庇诺米篇 976B 以下;亦见 trickster 条。

能获得知识的人　knowledgeable man　所有人都会做他的朋友并依靠他,吕西斯篇 210D。

能力　ability　小希庇亚篇 367B 以下。

溺爱/老糊涂　dotage/dotard　伊庇诺米篇 974B;苏格拉底是个老糊涂,欧绪德谟篇 287B。

年、年份　year　蒂迈欧篇 47A;完全年,同上 39D。

年纪　age　积极生活的年纪,国家篇 7.539E;担当统治者的年纪,法篇 3.690A,11.917A,亦见 old age 条;担任执法官的年纪,同上 6.755A;出国考察的年纪,同上 12.950D;结婚的年纪,同上 4.721B 以下,785B,6.772D,774A 以下;担任军职的年纪,同上 6.760B,785B,参阅 6.753B;担任公职的年纪,同上 6.785B;学习哲学的年纪,国家篇 7.539;柏拉图的侄孙女儿的年纪,书信 13.361D;担任合唱队领队的年纪,法篇 6.765A;担当祭司、神谕解释者的年纪,同上 6.759D 以下;生育的年纪,国家篇 5.460E;担任教育总监的年纪,法篇 6.765D。

粘膜炎　catarrhs　粘膜炎的起源,蒂迈欧篇 85B。

年轻的/青年　youthful/youths　参加监察官的葬礼,法篇 12.947B 以下;青年的身体,蒂迈欧篇 81B;竞赛,法篇 8.833C;青年的腐败归于流行的观念而非智者,国家篇 6.492A;热心于争论,斐莱布篇 15D 以下,国家篇 7.539B;不能听不适宜的故事,同上 3.408C;关心这个世界,巴门尼德篇 130E;他们的怀疑主义不会持久,法篇 10.888C,参阅国家篇 7.539C,智者篇 234D 以下;青年的脾气易变,法篇 11.929C。

年轻的　young　受哲学的影响,书信 7.338C;民众对非正义的赞扬如何影响年轻人,国家篇 2.365;容易相信任何事情,法篇 2.664A 以下,参阅 2.671C;年轻的性率活泼爱动,同上 2.653D 以下,664E;不批评法律,同上 1.634D 以下;受溺爱而变得蛮横暴躁,同上 7.791D;容易冲动的,书信 7.328B,参阅 7.339C;保持古老的运动和生活方式,法篇 7.797B 以下;希庇亚论年轻人的美好实践,大希庇亚篇 286A 以下;服从立法者,法篇 7.823C;在国家里是被统治者,同上 3.690A,4.714E,国家篇 3.412C,参阅法篇 3.680E 以下;服从长者,法篇 9.879C,11.917A,国家篇 5.465A,参阅法篇 4.721D;训练的最佳方式,法篇 5.729B 以下;不能理解寓言,国家篇 2.378D;年轻人的视野遍布整个国家,法篇 12.964E 以下;亦见 children, education 条。

粘液　　phlegm　　蒂迈欧篇 81E 以下,84D 以下。

年长、资历深、职位高　　seniority　　资深者的权柄,法篇 9.879C。

鸟　　birds　　养鸟,法篇 7.789B,参阅吕西斯篇 212D;关在鸟笼里的,书信 7.348A;创造鸟类,蒂迈欧篇 91D;用鸟占卜,斐德罗篇 244C,斐莱布篇 67B;作为人的榜样,法篇 8.840D;作为供品,同上 12.956B;痛苦时不唱歌,斐多篇 85A;设陷阱捕鸟,智者篇 220C;亦见 cock(s), fowling, swans 等条。

尿急痛　　strangury　　书信 11.358E,法篇 11.916A。

鸟舍　　aviary　　心灵的鸟笼,泰阿泰德篇 197C 以下。

鸟占术的　　oionistic　　斐德罗篇 244C 以下。

拟人化　　personification　　参阅 argument(s),位于 personified 之下。

牛　　cattle　　照料牛,欧绪弗洛篇 13B 以下;亦见 herds。

泥瓦匠/建筑　　builder/building　　伊庇诺米篇 975C,普罗泰戈拉篇 319B 以下,智者篇 266C;泥瓦匠的技艺,伊安篇 537D,普罗泰戈拉篇 324E;精确的技艺,斐莱布篇 56B;建筑师不是体力劳动者,政治家篇 259E;建筑的起源,普罗泰戈拉篇 322A;建筑的智慧,同上 312D;亦见 architects/ architecture, carpenter/carpentry 条。

农夫/务农　　farmer(s)/farming　　欧绪弗洛篇 2D,14A;农夫在古阿提卡的等级,克里底亚篇 110C;需要农夫,国家篇 2.369D 以下;起源,普罗泰戈拉篇 322A;当神是人类的牧者时不需要农夫,政治家篇 272A;农奴,法篇 7.806D;亦见 agriculture, husbandmen/husbandry 条。

农夫/农业　　husbandmen/husbandry　　允许的,法篇 5.743D,参阅 12.949E;在古阿提卡分成几个阶层,克里底亚篇 111E;有关法律,法篇

8.842D 以下;属于高尚的技艺,同上 10.889D;不是知识而是本能,伊庇诺米篇 975B;灵魂的耕种,斐德罗篇 276E,参阅泰阿泰德篇 167B;亦见 agriculture,farmer(s)/farming。

弄空　　**depletion**　　放血,蒂迈欧篇 81A。

农奴　　**penestae**　　参阅 serfs 条。

农奴　　**serfs**　　帖撒利的农奴,法篇 6.776D。

农业　　**agriculture**　　经验的技艺,斐莱布篇 56B;起源,法篇 3.681A;生产的技艺,智者篇 219A;农业需要的工具,国家篇 2.370C;野生树木等早于栽培的树木,蒂迈欧篇 77A;关于农业的法律:火灾, 法篇 8.843E;水灾,同上 8.844C;收获,同上 8.845E;地界,同上 8.842E 以下;邻居,同上 8.843;采摘果实,同上 8.844D 以下;植距,同上 8.843E;水源的污染,同上 8.845D 以下,蜂群,同上 8.843D 以下;牧牛越界,同上 8.843D;灌溉,同上 6.844A 以下,亦见 model city, farmer(s) / farming, husbandmen / husbandry 条。

女祭司　　**priestess**　　阿波罗的,申辩篇 21A。

奴隶　　**slave(s)**　　对奴隶只能用命令的口气,法篇 6.778A;是一种财产,同上 11.914B;作为仆从,同上 7.808D 以下;经常比兄弟或儿子还要好,同上 6.776D;卡里亚的奴隶,欧绪德谟篇 285C,拉凯斯篇 187B;性格,小希庇亚篇 375C;奴隶的子女,法篇 11.930D;被奴隶毁坏,同上 11.936B 以下;作为医生,同上 4.720C,9.857C;役使奴隶,吕西斯篇 208B 以下;民主制下享有巨大自由,国家篇 8.563B;不幸福,吕西斯篇 207E;无助的,高尔吉亚篇 483B;住处,国家篇 8.549E;总是喜欢站着,同上 9.578D 以下;处以死刑,法篇 11.914A;当作自由民来更公正地对待,同上 6.777D;奴隶杀人,同上 9.865C 以下,872C;杀死主人的奴隶,同上 9.868B 以下,参阅 9.872C,877B;美诺的讲希腊语的奴隶,美诺篇 82B;不要让奴隶全都讲一种语言,法篇 6.777D;制止殴打父母者的奴隶,同上 9.881C;对奴隶的惩罚,同上 6.793E;从主人那里得到好处,同上 6.777E;逃跑,同上 11.914E,普罗泰戈拉篇 310C;出售有病的奴隶,法篇 11.916A 以下;殴打自由民的奴隶,同上 9.882;奴隶当老师,吕西斯篇 208C,223,参阅会饮篇

183C;无教养者严厉对待奴隶,国家篇 8.549A;不值得信任,法篇 6.776E 以下。

奴隶当医生   **quacksalvers**   法篇 1.649A。

奴隶制   **slavery**   法篇 6.776B—778A;比害怕死亡更加害怕奴隶制,国家篇 3.387B;亦见 enslavement 条。

努斯、心灵   *νοῦς*   参阅 intelligence/intelligible, knowledge, mind(s), reason, understanding(s)条。

女性、雌性   **females**   女性的种族,法篇 8.833C 以下;亦见 girls, women 条。

奴役、苦役   **servitude**   侍奉人和神的苦役,书信 8.354E;低下的品性,法篇 7.791D。

奴役   **enslavement**   奴役希腊人遭到谴责,国家篇 5.496B 以下;亦见 slavery 条。

O

殴打   **assaults**   法篇 9.879D 以下,殴打外国人,同上 9.879D 以下;雅典关于殴打的法律,大希庇亚篇 292B;殴打老人,法篇 9.880B 以下;关于殴打的法律诉讼,国家篇 5.464E;殴打父母,法篇 9.880E 以下;自卫中的打斗,同上 9.880A;被奴隶殴打,同上 9.882。

殴斗   **peplos**   雅典娜的,间接提到,欧绪弗洛篇 6C。

偶然的   **accident**   附属的与本质的,智者篇 247B 以下,参阅国家篇 5.454;偶性与基质,吕西斯篇 217C 以下;亦见 chance 条。

偶数的、一致的、均等的   **even**   偶数是与等边形相应的数,欧绪弗洛篇 12D;定义偶数,法篇 10.895E;献给冥神的数,同上 4.717A;偶数与奇数,欧绪弗洛篇 12C 以下,大希庇亚篇 302A 以下,303B,巴门尼德篇 143D 以下,斐多篇 104,106。

P

派别、党派　　section　　　与阶级,政治家篇262B 以下。

派别　faction　　　不平等产生派别,书信 7.377B;产生派别的原因,法篇 5.744D,6.757A,E,12.945D 以下,国家篇 8.556E;与战争的差别,法篇 1.629C 以下,国家篇 5.470B 以下,参阅法篇 1.628B 以下;受惩罚,法篇 9.856B 以下;叙拉古的改革者中的派别,书信 7.336E,8.352C;亦见 discord,enmity,revolution,strife,civil,war 条。

排泄、放血　　evacuation　　　蒂迈欧篇 81A。

判断、裁判、法官　　judge(s)　　　作为一种技艺所具有的性质,法篇 2.669A 以下;体育竞赛的裁判,同上 6.765C;大案,同上 9.855C 以下,856C, 866C,867E,871D,12.958C,参阅 11.916C;在受伤害的案子中,同上 9.877B,878D,879A,参阅 9.879D 以下;不提供帮助,同上 9.880D;审判不 孝之子,同上 11.933C;比赛的裁判,同上 8.833E,参阅国家篇 9.580A;选 拔组成法庭,法篇 11.926D,928B,938B,12.946D,948A,956D;灵魂的医 生,高尔吉亚篇 478A,480B;法官的选拔,法篇 6.767D;好裁判,国家篇 3.409A 以下;赛马,法篇 8.834C;按照国王立法者的标准裁定,政治家篇 305B 以下;让发言者不跑题,法篇 12.949B;为立法家提供服务,同上 11.934B;有关法律,同上 6.766D 以下,9.855C—857B,12.957B 以下;对听 众撒谎,同上 6.761E;音乐比赛的裁判,同上 6.765B,12.949A;与政治家 的区别,政治家篇 305B 以下;补充立法家的遗漏,法篇 11.934B;把立法 家的著述当作试金石,同上 12.957C 以下;剧场里的裁判不向观众妥协, 同上 2.659A;亦见 adjudicator,arbitrators,courts of law,curators of law,juries/ jury,law(s),magistrates,presidents,triers 条。

判断　judgment(s)　　　思想的结论,智者篇 264A;与恐惧、自信相关,法篇 1.644D;最后的判断,书信 6.335A,高尔吉亚篇 523 以下,法篇 12.959B 以 下,斐多篇 107D 以下,113D,国家篇 10.614C 以下;判断的金圈,法篇 1.644D 以下;判断与知识,泰阿泰德篇 187B 以下;使心灵关注事物本身,同上 187A;判断的性质,同上 189B 以下;对恶作判断是最剧烈的,法篇 5.728B,参阅泰阿泰德篇 176E 以下;判断与报复,法篇 5.728B 以下;虚假的判断:从感觉和思想的不适合中产生,泰阿泰德篇 195C 以下;与知识的碎片不对应,同上 199C 以下;不是错误的判断,同上 190D 以下;其性质,同上 193B 以下;关于数的虚假判断,同上 195E;在多大范围内是可能的,智者篇 264B 以下,泰阿泰德篇 192 以下,195D 以下;亦见 Hades, just (ice), opinion, punishment, thinking/thought 条。

判断　γνώμη　参阅 etymology, judgment(s), knowledge, reason 条。

膀胱　**bladder**　蒂迈欧篇 91A。

叛乱　**sedition**　对叛乱的惩治,法篇 9.856B 以下;亦见 dissension 条。

拍马者、奉承者　**sycophants**　国家篇 9.575B;对年轻人的影响,法篇 5.729A 以下;亦见 flatterers/flattery 条。

跑步者/跑步　**runners/running**　大希庇亚篇 295C,小希庇亚篇 373C 以下;赛跑,法篇 8.833A 以下,参阅普罗泰戈拉篇 335E 以下;好的与坏的,小希庇亚篇 373C 以下。

袍服　**robes**　亚麻布的,书信 13.363A。

抛弃、背弃　**desertion**　有关背弃的控告,法篇 12.943D。

爬行动物　**reptiles**　蒂迈欧篇 92A。

陪审员　**juries/jury**　陪审员投票,法篇 12.956E;不要受情感影响,申辩篇 35,参阅法篇 12.949B;有关法律,法篇 12.956E。

陪审员　**jurymen**　不能喝酒,法篇 2.674B;首要义务是考虑抗辩人的陈述,申辩篇 18A。

烹饪的技艺　**culinary art**　在给正义下定义时用作比喻,国家篇 1.332C。

烹调技艺　**cookery**　伊庇诺米篇 975A 以下,高尔吉亚篇 465B 以下,518B 以下,吕西斯篇 209D 以下;是一种技艺吗? 高尔吉亚篇 462D 以下;烹调与医疗,同上 501A;一种常规,同上 500B, E 以下;亦见 culinary art 条。

朋友　**friend(s)**　朋友间的一切都是共同的,法篇 5.739C,吕西斯篇

207C,斐德罗篇 279C,国家篇 5.449C;把一个人当朋友,书信 9.358A;朋友与敌人,吕西斯篇 213;对政治改革的重要性,书信 7.325D,331E 以下;必定是朋友与好像是朋友,国家篇 1.335A 以下;"希腊人的朋友",书信 8.354A;苏格拉底的朋友,大希庇亚篇 301B 以下;僭主的朋友,高尔吉亚篇 510,国家篇 8.567D 以下,9.575E 以下,参阅书信 7.332C。

皮、皮肤　　skin　　斐多篇 98D,蒂迈欧篇 75E 以下。

骗子、魔术师　　trickster　　在好人中显得愚蠢,国家篇 3.409C,参阅 10.613C。

漂亮　　handsome　　行动漂亮才是漂亮,泰阿泰德篇 185E。

漂洗　　fulling　　政治家篇 281B,282A。

皮匠、鞋匠　　cobblery　　泰阿泰德篇 147B;亦见 shoemaker/shoemaking 条。

疲劳　　fatigue　　是恶逞凶的机会,普罗泰戈拉篇 345B。

霹雳、打雷　　thunderbolts　　蒂迈欧篇 80C;亦见 lightning 条。pillar,tombstones 条。

贫乏　　penury　　在原始人那里不是竞争的原因,法篇 3.679B;有限的,同上 5.744D;与丰盛,同上 11.919B 以下。

平方数　　square numbers　　蒂迈欧篇 31E;亦见 mathematical/mathematician/mathematics 条。

平衡　　balance　　参阅 measure(ment / s),proportion 条。

平滑的　　smooth　　与粗糙的,蒂迈欧篇 63E。

平民　　commons　　古时候的平民,平民的仆人,法篇 3.700A;亦见 the many,multitude 条。

贫瘠　　barrenness　　思想上的,泰阿泰德篇 148E,参阅 160E,210B 以下。

贫困、贫乏　　destitution　　对国家的影响,法篇 4.709A;亦见 penury,poverty 条。

贫穷　　poverty　　与罪恶,国家篇 8.552C 以下;在雅典并不丢脸,美涅克塞努篇 238D,参阅普罗泰戈拉篇 319D;把实施正义与摆脱贪婪结合起来,法篇 5.736E;害怕贫穷,欧绪弗洛篇 12B;移民的动机,法篇 4.708B,参阅 5.736A,744D;对技艺的偏见,国家篇 4.421D 以下;亦见 destitution, penury 条。

品性、性格　　manners　　在学校里养成,普罗泰戈拉篇 325E 以下;不会变,法篇 7.797B 以下;在民主制下品性的自由,国家篇 8.563A 以下;受教育的影响,同上 4.424 以下;不能对性格立法,同上 4.425B。

品性高尚　　nobility of character　　良好的灵魂,美诺篇 88A。

牝猪　　sow　　连克罗密昂的大母猪也不能称作勇敢的,拉凯斯篇 196E。

琵琶　　lute　　弹琵琶,小希庇亚篇 375B。

批评、批判　　criticism　　同样适用于善与恶、好与坏,伊安篇 531D 以下;没有知识难以进行批评,克里底亚篇 107B 以下;友好的批评有价值,法篇 1.635A;包含对整体的知识,伊安篇 532C 以下;文学批评,大希庇亚篇 286C;对吕西亚斯讲话的批评,斐德罗篇 262C 以下;对绘画、雕塑和音乐的批评,伊安篇 532E 以下,参阅克里底亚篇 107B 以下;对诗歌的批评,伊安篇 532B;批评在科学中的价值,政治家篇 299B 以下;口头批评,普罗泰戈拉篇 343 以下。

皮球　　ball　　把地球比做一个用多块不同皮革制成的皮球,斐多篇 110B;在叙拉古进行的一种玩球的集体,书信 13.363D;亦见 games, globe, sphere/spherical 条。

破伤风　　opisthotonus　　蒂迈欧篇 84E。

破伤风　　tetanus　　蒂迈欧篇 84E。

普遍的、一般的、宇宙的　　universal(s)　　美诺篇 74 以下,智者篇 253D,泰阿泰德篇 185 以下;拥有一般知识的人,吕西斯篇 216A;一般与具体,斐多篇 100C 以下,101C 以下,104。

普遍的和谐　　panharmonics　　国家篇 3.399D。

仆人　　servant(s)　　阿伽松的仆人,会饮篇 175B;坏仆人不能成为好主人,法篇 6.762E;仆人的阶层,政治家篇 289D 以下;亦见 slave(s)条。

葡萄　　grapes　　关于采摘葡萄的法规,法篇 8.844E。

葡萄树　　vine　　第一次出现,法篇 6.782B;最近才栽培,同上 2.674C。

葡萄园　　graveyards　　在葡萄园喝醉酒,斐多篇 81D。

谱系　　genealogies　　希腊人的,蒂迈欧篇 22B,23B;斯巴达人乐意听英雄与人的故事,大希庇亚篇285D。

Q

棋　　πεττεία　　参阅 draughts 条。

棋　　checkers　　参阅 draughts 条。

棋　　draughts　　卡尔米德篇 174B,高尔吉亚篇 450D,法篇 7.820C 以下,国家篇 1.333B;塞乌斯发明,斐德罗篇 274D;按照神圣的线移动,法篇 5.739A;棋手比政治家更多,政治家篇 292E;下棋需要的技艺,国家篇 2.374C。

气、蒸气、雾　　vapor　　蒂迈欧篇 49C。

气　　air　　斐多篇 111B,蒂迈欧篇 48B,49C,63B,78B,84D;由气造成的生灵,伊庇诺米篇 984E 以下;作为一种原因,斐多篇 98C;以太的残渣,同上 109C;始基,伊庇诺米篇 981C,蒂迈欧篇 32B 以下,53B 以下;气的形式,同上 56;气的种类,同上 58D;亦见 breath 条。

钱、金钱　　money　　有能力挣钱是智慧的标志,大希庇亚篇 283B;市场上兑换银钱的地方,小希庇亚篇 368B;贪婪受到谴责,国家篇 1.347B;钱是必需的,同上 2.371B;不一定要打仗,同上 4.422;古代哲学家在理解金钱的重要性时太简单化了,大希庇亚篇 282D;283A;在贵族制中以财产为资格限制,国家篇 8.551B;在模范城邦中的作用,法篇 5.744B 以下;让金钱成为身体和灵魂的奴隶,书信 8.355B;柏拉图在航船上花的钱,同上 13.361B;两种钱在模范城邦里,法篇 5.742A 以下;爱钱:吕西斯篇 211E;涉及灵魂的嗜好性成分,国家篇 9.580E 以下;是可鄙的,同上 9.589E 以下,参阅法篇 5.741E,8.832A,国家篇 3.390E;在埃及人和腓尼基人中间,同上 4.436A;在寡头制政府中,同上 8.562A;寡头对金钱的贪婪,同上 8.553;挣钱,同上 8.555E 以下;挣钱的技艺在凯发卢斯家中,同上 1.330B;禁止挣钱,法篇 5.743D,8.842D;挣钱的快乐,国家篇 9.581C 以下,586D 以下;亦见 businessman, currency, fortune, retail trade(rs), wealth (y)条。

虔诚/虔诚的　　**piety/pious**　　孝顺,书信 7.331C,欧绪弗洛篇 4D 以下,5D
以下,9A,普罗泰戈拉篇 346A 以下;虔诚的生活,伊庇诺米篇 980A 以下;
没有比虔诚更大的美德了,同上 989B;是真正的智慧,同上 989 以下;亦
见 holiness/holy 条。

强奸　　**rape**　　有关的法律,法篇 9.874C。

强权　　**might**　　与公理,高尔吉亚篇 483 以下,488C 以下,法篇 1.627A 以
下,3.690B,10.890A,国家篇 1.338C 以下。

强制　　**constraint**　　在矫正中不用强制,书信 7.331B 以下。

签署　　**subscriptions**　　朋友的签署不受法律承认,法篇 11.915E。

前苏格拉底哲学　　**pre-Socratic philosophy**　　伊庇诺米篇 988C,智者篇
242C 以下。

谦逊、虚心、节制　　**modesty**　　年轻人要谦虚,卡尔米德篇 158C;与自信的
区别,法篇 1.647A;节制的定义,卡尔米德篇 160E 以下;过度中的节制,
政治家篇 310D 以下;谦虚与害怕,法篇 1.647A 以下,649C,671D;在葬仪
花费中的节制,同上 12.959D;真正的情人的标志,斐德罗篇 254;通过教
育产生,智者篇 230D;亦见 reverence,temperance/temperate 条。

前言　　**prefaces**　　参阅 preludes 条。

迁移　　**emigration**　　相关的规则,法篇 12.949E 以下。

骑兵　　**cavalry**　　书信 6.322D,拉凯斯篇 191;选择骑兵指挥官,法篇
6.755E 以下;贴撒利的骑兵,同上 1.625D;亦见 horse(s),horsemanship,
riding 条。

期待、期盼　　**longing**　　混合着痛苦与快乐,斐莱布篇 47E;期待与联合,法
篇 6.776A;亦见 desire(s)条。

期待、期望　　**expectation**　　法篇 1.644C;期待的快乐,斐莱布篇 39C 以下;
亦见 anticipation/anticipatory,hope 条。

祈祷　　**prayer(s)**　　书信 8.352E 以下;向诸神提出要求,欧绪弗洛篇 14C;
愚蠢者的祈祷是危险的,法篇 3.688B 以下;向诸神祈祷,书信 8.357C;作
为一种改革的方式,同上 7.331D;可以被误导,法篇 3.687D 以下,7.801B
以下;开始做某件事时祈祷,蒂迈欧篇 27C;获得好统治者的惟一方式,

书信 11.359B;用语,克拉底鲁篇 400E;在献祭时祈祷,法篇 7.801A 以下;
　　蒂迈欧的祈祷,克里底亚篇 106A 以下。

祈祷词　　**Prayers**　　《伊利亚特》第九卷中的,克拉底鲁篇 428C,小希庇亚
　　篇 364E 以下。

切割　　**carving**　　把辩证法的过程比作切割,政治家篇 287C;亦见
　　butchering, dialectic(al)条。

乞丐、贫民　　**paupers**　　参阅 poor 条。

乞丐　　**beggars**　　禁止,法篇 11.936B 以下;祭司和巫师奔走于富裕之家
　　乞讨,国家篇 2.364B。

乞丐　　**mendicant**　　参阅 beggars 条。

器官　　**organs**　　感觉器官,泰阿泰德篇 184B 以下。

气候　　**climate**　　对人的影响,法篇 5.747D;气候的多变,同上 6.782A;亦
　　见 seasons 条。

奇迹、奇事、奇才　　**prodigies**　　克拉底鲁篇 394D;亦见 births, unnatural 条。

骑马　　**riding**　　适合自由人,拉凯斯篇 182A;儿童们学习骑马,国家篇
　　5.467D 以下,参阅法篇 7.794C,813E;妇女骑马,法篇 7.794C,804E 以下,
　　813E;亦见 horsemanship 条。

骑马举火炬的比赛　　**torchlight race**　　国家篇 1.328A。

器皿、用具　　**utensils**　　美丽的器皿,大希庇亚篇 295D。

器皿　　**vessel**　　接受器,参阅 receptacle, recipient 条。

器皿　　**wares**　　灵魂的,智者篇 223E 以下,参阅书信 2.313E;亦见
　　merchandise 条。

启明星(金星)　　**morning star**　　蒂迈欧篇 38D 以下;与晚星是同一颗星,
　　伊庇诺米篇 987B。可朽的 mortal,与不朽的,生物被称作可朽的,斐德罗
　　篇 246B 以下。

情感　　**emotion(s)**　　对人来说共同的情感,高尔吉亚篇 481C;把灵魂束
　　缚于身体,斐多篇 83D;被诗歌强化,国家篇 10.606;亦见 feeling, passion
　　(ate/s)条。

情人、爱人　　**lover(s)**　　如何称呼爱人,吕西斯篇 210E;情人的愤怒,欧绪

德谟篇 283E;手拿武器可以征服全世界,会饮篇 179A;爱漂亮的样子和美好的声音,国家篇 5.480,参阅 5.476B;对所爱的人是盲目的,法篇5.731E;爱孪童,会饮篇 181D;想要与之结合,同上 191 以下;凡俗之爱使爱神蒙羞,同上 182A;情人的性格特点,同上 183E;对成年人不可容忍,斐德罗篇 240;情人的委婉说法,国家篇 5.474D 以下;情人间的共同点,同上 3.403B;情人的多变,斐德罗篇 231;被爱的形式,同上 253B 以下;对荣耀之爱,国家篇 5.475A 以下,6.485B;情人的镜子,斐德罗篇 255D;情人与非情人,同上 256E;情欲之爱是可变的,同上 241;对情人的伤害,斐莱布篇 65C,会饮篇 183B;赞美情人,吕西斯篇 205;对情人许诺,斐德罗篇 240E 以下;可笑的情人,吕西斯 204 以下;把情人当作神来追随,斐德罗篇 352C 以下,参阅会饮篇 180A;是自私的,斐德罗篇 232B 以下,239 以下;热爱奇观,国家篇 5.473D 以下,479A;情人的征兆,斐德罗篇 251 以下;真正的情人寻求神圣的美,同上 249E;情人的道路,吕西斯篇 204 以下,会饮篇 183A;爱酒,国家篇 5.475A;爱智慧,吕西斯篇 218A;情人不写诗,同上 205D 以下;屈服于爱,无论道德与否,会饮篇 184 以下。

轻率　　ἀναισχυντία　　鲁莽,参阅 impudence 条。

轻率　　ἀναίδεια　　鲁莽,参阅 impudence 条。

青铜　　bronze　　不献给诸神,法篇 12.956A;亦见 brass,copper 条。

清醒、节制、冷静　　soberness/sobriety　　由简洁的音乐产生,国家篇3.404E,410A,参阅法篇 7.802E;灵魂的和谐,国家篇 4.430E 以下,参阅4.442C 以下,9.591C 以下;节制本身,同上 6.501B;与爱,同上 3.403A;由公餐和体育锻炼而改进,法篇 1.636A;国家的节制,国家篇 4.430 以下;哲学家的一种美德,同上 6.491B;亦见 temperance/temperate 条。

情欲　　lust　　征服情欲,法篇 8.840B 以下。

亲近、亲切　　proxeni　　法篇 1.642B。

亲密关系　　affinity　　程度上的相似,禁止性方面的亲密关系,国家篇5.461C;亦见 proximity 条;事物之间的一种关系,政治家篇 285B。

亲吻　　kisses　　作为给勇士的奖励,国家篇 5.468C。

穷的　　poor　　穷人在危难时期贫穷并不受轻视,国家篇 8.556D;与富人的敌意,同上 4.422E,8.551D 以下,参阅法篇 5.736A;没有闲暇生病,国家篇 3.406C 以下;在寡头制下有无数穷人,同上 8.552D。

琼浆仙露　ambrosia　诸神骑乘的马吃的东西,斐德罗篇 347E。

气泡、泡沫　bubbles　蒂迈欧篇 66B,83D,85A。

欺骗、诡计　wile　小希庇亚篇 364C 以下,365B 以下,369E 以下。

欺骗　conceit　治疗欺骗,智者篇 230B 以下,参阅泰阿泰德篇 210C;模仿的欺骗有两种,智者篇 268A;一般性知识的欺骗,法篇 3.701A,亦见 omniscience, imitation/imitative/imitators, self-conceit 条。

欺骗　deception　技艺中的欺骗,国家篇 10.602D,智者篇 235E 以下,亦见 art(s)条;生意中的欺骗,普罗泰戈拉篇 313D;原始社会不知道欺骗,法篇 3.679C,参阅 12.948C;自觉和不自觉的欺骗,同上 5.730C;亦见 falsehood(s), fraud, imposture, lie(s)条。

欺骗　fraud　法篇 11.916D 以下;惩罚,同上 11.917D 以下;亦见 imposture 条。

起诉、检举、告发　prosecution　起诉杀人凶手,欧绪弗洛篇 4;亦见 homicide 条。

其他　other(s)　既非一又非多,巴门尼德篇 165E 以下;其他与一,同上 139B 以下;其他与相同,泰阿泰德篇 158E 以下,蒂迈欧篇 36C 以下,43D;亦见 contraries/contrary, different, one 条。

球、球状物　globe　大地是一个球,蒂迈欧篇 33B;头是一个球,同上 73E;亦见 ball, sphere/spherical 条。

秋季　autumn　参阅 harvest 条。

气味　smell　泰阿泰德篇 156B,蒂迈欧篇 66D 以下;快乐,斐莱布篇 51E,国家篇 9.584B。

七弦竖琴　lyre　音译"里拉",大希庇亚篇 289D;美丽的七弦琴,同上 288C;错误使用七弦琴,小希庇亚篇 374E;阿波罗的乐器,国家篇 3.399D;制造者,克拉底鲁篇 390B;弹奏的方式,法篇 7.794E,参阅吕西斯篇 209B;在学校里教弹竖琴,法篇 7.809E 以下,参阅普罗泰戈拉篇 326A 以下;演奏者,克拉底鲁篇 390B;弹奏,斐莱布篇 56A;弹七弦琴只寻求快乐,高尔吉亚篇 501E 以下;在竞赛中使用,同上 501E,参阅国家篇 3.399D;亦见 cithara,harp,lute 条。

起义　rising　早期的,法篇 7.807E 以下。

起源、发生、创始　genesis　动物的,普罗泰戈拉篇 320D 以下;起源与本质,国家篇 7.526E;人的起源,政治家篇 271A 以下,会饮篇 189D 以下;亦见 creation,generation(s)条。

契约、合同　compact(s)　正义作为一种契约,国家篇 2.359A;双方具有良好意愿,以法律形式确定,会饮篇 196C;获得批准,法篇 5.729E;亦见 contract(s)条。

契约、合同　contract(s)　违反契约,法篇 11.921;在公民和法律之间运用,克里托篇 51D 以下;契约法,法篇 8.847B,11.920D,921;把柏拉图的书信当作一份契约来读,书信 6.323C 以下;自愿订立但不受法律保护的,国家篇 8.556B;亦见 agreement,compacts 条。

欺诈　imposture　生意中的欺骗,法篇 11.916D 以下;亦见 deception,falsehood(s),fraud 条。

气质、脾气　dispositions　不同的气质,政治家篇 306E 以下;好的气质,两种气质,国家篇 3.400E;亦见 character(s),temper(ament)条。

妻子　wives　当拥有财产时往往容易变得固执,法篇 6.774C;妻子儿女共有,国家篇 8.563A,蒂迈欧篇 18C 以下;当神是牧者时不需要娶妻,政治家篇 272A;亦见 community,marriage,monogamy,women 条。

棋子　chess　参阅 draughts 条。

球、圆体、球面　sphere/spherical　圆形,蒂迈欧篇 62D;书信 2.312D;宇宙的形状,蒂迈欧篇 44D;亦见 globe,round 条。

区　δῆμος　音译德莫,参阅 assembly,demos 条。

区　demos　雅典的,高尔吉亚篇 481D 以下,513B。

全　all　全或一,智者篇 244B 以下;巴门尼德的"某某是一"的命题,巴门尼德篇 128A;亦见 sum 条。

拳击手/拳击　boxers / boxing　高尔吉亚篇 456D,法篇 7.795B,国家篇 4.422B 以下,参阅法篇 8.830E;训练,法篇 8.830A 以下;技巧,同上

7.796A;亦见 pancratium,wrestling 条。

拳击手　　pugilists　　法篇 8.830A;亦见 pancratium 条。

权力、力量　　power(s)　　法篇 5.727A;是美的,大希庇亚篇 295A 以下;不是美,同上 296D,297C;在天上是第八位的,伊庇诺米篇 986B 以下;虚假的力量,小希庇亚篇 365D 以下;对拥有者是善,高尔吉亚篇 466;伟大的权力与智慧相互吸引,书信 2.310E,参阅 6.322E 以下;与荣耀,同上 7.351A 以下;并不经常与节制和正义结合在一起,法篇 4.711D 以下;正义是一种力量吗? 小希庇亚篇 375D 以下;权力与知识,大希庇亚篇 296B 以下;没有知识权力是无用的,高尔吉亚篇 466E 以下;缺少力量是丑陋的,可耻的,大希庇亚篇 295E 以下;这个词的意思,小希庇亚篇 366;政治权力,大希庇亚篇 296A;与力气的区别,普罗泰戈拉 351A;为权力而斗争,法篇 4.715A,国家篇 7.520C 以下;审慎是最高的力量,法篇 3.691C 以下,4.713C,9.875B,参阅 4.712A,714D,716A;亦见 ability,authority 条。

权力　　δύναμις　　参阅 power(s)条。

泉水　　fountains　　大西岛的泉水,克里底亚篇 113E;在市场周围的泉水,法篇 6.764B;亦见 springs 条。

权威　　authorities/authority　　权柄,依据权威进行论证,斐德罗篇 270C;在音乐与体育训练中的权威,法篇 6.764C;法律权威的必要性,书信 11.359A;令下属敬畏,法篇 11.917A;最高权威,对拥有最高权威者是危险的,同上 3.691D,9.875B,参阅 4.716A;权威的称号,同上 3.690A 以下,4.714E。

区别、差异、不同　　difference(s)　　偶然的与本质的,国家篇 5.454B 以下;差异本身,巴门尼德篇 146D;事物的异与同,斐德罗篇 261E 以下;人性格的差异,国家篇 1.329D;诸神在道德上的差异,欧绪弗洛篇 7E 以下;不自然的倾向,斐德罗篇 252C 以下;异与同,泰阿泰德篇 186A;亦见 opposition(s),other(s)条。

曲调、音调　　melodies/melody　　在教育中,法篇 2.654E 以下,670B 以下,国家篇 3.398C 以下;用音调表示美德与恶德,法篇 2.655A 以下;玛息阿与奥林普斯的曲调,会饮篇 215C;曲调与节奏的配合,法篇 2.669C 以下,670C 以下;亦见 meter,rhythm(s),scales,tunes 条。

曲调 **strain** 与序曲,参阅 preludes 条。

缺乏、不足 **failure** 参阅 evasion 条。

缺乏 **absence** 缺乏痛苦不等于快乐,斐莱布篇 43D 以下。

缺乏经验的、不熟练的 **inexperience** 以恶的方式,书信 6.322E。

缺陷 **deficiency** 精神缺陷,是婚姻的一个障碍,法篇 11.925E 以下。

群众、民众 **multitude, the** 不是由知道真理的人组成的,大希庇亚篇 284E;好比巨兽,国家篇 6.493;民众如果能见到真正的哲学家,他们就不会苛刻地对待哲学,同上 6.500D 以下;民众的疯狂,同上 6.496C;不能管理国家,法篇 6.758B,参阅政治家篇 292E,297B;是好人的天敌,申辩篇 28A;不能成为哲学的,国家篇 6.493C 以下,参阅政治家篇 292E;民众的快乐与痛苦,国家篇 9.586A 以下;主要的智者,同上 6.492;亦见 man/men, many, public, world 条。

取消 **cancellation** 有必要取消债务以重建社会,法篇 5.736C,参阅 3.684D 以下。

求援者 **suppliants** 在诸神的专门关照下,法篇 5.730A。

R

染色/染料 **dyeing/dyes** 国家篇 4.429D 以下;不得输入,法篇 8.847C;在献祭给诸神的物品中不得使用,同上 12.956B。

热 **heat** 斐莱布篇 32A,D,蒂迈欧篇 62A;热与冷,斐多篇 103C;热的感觉,泰阿泰德篇 156B,182A。

人 **human** 人的事务并不完全系于机遇,法篇 4.709A 以下;人的存在是美的,大希庇亚篇 298A;人体生长,法篇 7.788D,亦见 bodies/body 条;不同的性格,国家篇 6.503B 以下,政治家篇 306E 以下,泰阿泰德篇 144A 以下;脆弱,法篇 9.854A,875B;哲学家轻视富丽堂皇,泰阿泰德篇 174E;人的兴趣不重要,法篇 1.644D,7.803B 以下,国家篇 10.604C,泰阿泰德

篇 173E, 参阅国家篇 6.486A; 人的本性不能做好许多事情, 国家篇
3.395B; 没有什么是稳定的, 书信 6.323B; 人类已经存在了无限长的时
间, 法篇 6.781E 以下; 献祭, 同上 6.782C, 国家篇 8.565D; 人的生活是艰
辛的, 政治家篇 299E; 需要经验性的技艺, 斐莱布篇 62B 以下; 个子矮
小, 国家篇 10.608C, 参阅斐多篇 107C; 悲喜剧, 斐莱布篇 50B, 亦见 life
条。

人　　**man/men**　　最可怜的生灵, 法篇 7.814B; 最初并不想接受法律, 同上
6.752; 把人与动物比较, 国家篇 5.459A 以下, 参阅法篇 5.735B 以下; 惟
一接受秩序的动物, 法篇 2.694A, 669A; 人与神就好像猿与人, 大希庇亚
篇 289B; 惟一相信神的动物, 普罗泰戈拉篇 332A; 是最优秀的, 克里托篇
47D 以下, 书信 11.359B, 高尔吉亚篇 490A, 法篇 2.659A, 政治家篇 301A
以下; 最优秀的人不需要法律, 法篇 9.875C, 参阅会饮篇 181E; 指责别人
而不指责自己, 法篇 5.727B, 参阅国家篇 10.619C; 从土中出生, 政治家篇
269B; 不是只为自己而出生的, 书信 9.358A 以下; 一生中发生许多改变,
会饮篇 207D 以下, 参阅法篇 11.929C; 人尽管不是动物, 但却是可变化
的, 书信 13.360D 以下; 是诸神的财产, 法篇 10.902B, 906A, 斐多篇 62B
以下; 可以选择自己的命运, 国家篇 10.617E, 619C; 衣服使人成为人, 大
希庇亚篇 294A; 对财富的贪婪, 法篇 8.831D; 有共同的情感, 高尔吉亚篇
481C; 善与恶的冲突发生在人身上, 法篇 1.626D 以下; 不打算信服真理,
同上 2.663E; 在创世中, 美涅克塞努篇 237E, 普罗泰戈拉篇 321C 以下, 蒂
迈欧篇 41D 以下, 69C; 在大洪水后, 法篇 3.677B 以下; 所有人都有点精
神错乱, 同上 11.929D; 都希望实现自己的希望, 不管是聪明的还是愚蠢
的, 同上 3.687C 以下; 并不特别想要美德, 同上 4.718D 以下; 欲望无止
境, 同上 11.918D; 不要表现过分的快乐或悲伤, 同上 5.732C; 与神具有
亲属关系, 同上 10.899D, 900D, 普罗泰戈拉篇 322A; 早期的人, 法篇
3.677B 以下, 会饮篇 189D 以下, 参阅政治家篇 274B 以下; 没有教育处于
野蛮状态, 法篇 6.766A, 参阅 11.935A; 长者在模范城市中起作用, 同上
4.712B; 每个人都有最亲密的朋友, 同上 9.873C; 存在了很长的时间, 同
上 6.781E 以下; 充满期望, 斐莱布篇 39E 以下; 不要害怕研究神, 伊庇诺

米篇 988A;人是虚弱的,斐多篇 107B,109E;神掌握着人生的第一步,并对其矫正,法篇 6.775E;追随最高的本能,蒂迈欧篇 90A 以下;不能同时听从两种召唤,法篇 8.846D,国家篇 2.370B 以下;人是动物的神,政治家篇 271E;对神的敬畏,法篇 10.902B,参阅美涅克塞努篇 237D,蒂迈欧篇 41E;人一般没有非常好的也没有非常坏的,斐多篇 89E 以下,参阅克拉底鲁篇 386;最幸福的人的灵魂中没有恶,高尔吉亚篇 478D;在斐瑞克拉底的剧本中仇恨人类的人,普罗泰戈拉篇 327D;荣耀自己的灵魂仅次于荣耀诸神,法篇 5.727A;猎取人,同上 7.823B,智者篇 222B 以下;对诸神无知,克拉底鲁篇 400D,425C,参阅克里底亚篇 107B 以下,伊庇诺米篇 985D,巴门尼德篇 134D,国家篇 2.365E;一般来说对真正的美无知,大希庇亚篇 294D;对数学无知,法篇 7.819D;是神的形象和样式,国家篇 6.501B,参阅法篇 4.716D,斐德罗篇 248A,泰阿泰德篇 176B 以下;人不是不朽的,书信 7.334E;分有不朽与时间共存,法篇 4.721B 以下,参阅会饮篇 208D 以下;容易掉眼泪,法篇 7.791E;受气候影响,同上 5.747D;人尽管不是合乎美德的,但能很好地判断美德,同上 12.950B;不愿意当公正的人,国家篇 2.366D;宙斯把正义和尊敬他人赋予人类,普罗泰戈拉篇 322C;只有人类才有正义和宗教,美涅克塞努篇 237D;人类没有法律比野兽更糟,法篇 9.875A,参阅普罗泰戈拉篇 322D;人是有限的,普罗泰戈拉篇 344;要看邻居而非看自己,拉凯斯篇 200B;人为这个宇宙而被造,法篇 10.903C;人是自己的主人,高尔吉亚篇 491D 以下,国家篇 4.430E 以下,参阅法篇 1.626D 以下,645A,8.839E 以下,10.904C,斐德罗篇 236E 以下,256;人是万物的尺度,克拉底鲁篇 386A 以下,泰阿泰德篇 152A,160D,161C 以下,166D,167D 以下,170,178B,183B,参阅法篇 4.716C;相互之间对他人的美德感兴趣,普罗泰戈拉篇 327B;人的本性,书信 7.334E 以下;男人与女人,国家篇 5.453—455;人的真正本性,会饮篇 189D 以下;需要关于自己的知识,斐德罗篇 230A;服从和追随神,法篇 4.716A;老人比我们更加接近神,斐莱布篇 16C,参阅法篇 12.948B,政治家篇 271A 以下,蒂迈欧篇 40D;众人的意见,普罗泰戈拉篇 352 以下;人类的周期性毁灭,法篇 3.677A,政治家篇 270C 以下,蒂迈欧篇 22C 以下,参阅克里底亚篇 109D;人类没有政治智慧,普罗泰戈拉篇 321D;不像其他动物有那么多装备,同上 321C;是诸神的玩偶,法篇 1.644D,7.803C;不想服从法律的统治,书信 8.354C 以下;由于美德而得以保全,法篇 10.906B;是诸神的奴隶,斐德罗篇 274A;人的灵魂能看到真正的存在,同上 11.348—350,参阅会饮篇 212A;在理智上高于其他动物,美涅克塞努篇 237D;男人的理智高于女人,法篇 6.781B;人的行动迟缓,泰阿泰德篇 174D;人是比自然更好的教师,斐德罗篇 230D;三个基本的阶级,国家篇 9.581C 以下;不能赋予最高的信任度,法篇 3.691C 以下,4.713C;二十五岁时身高不能长到五岁时的两倍,同上 7.788D;痛苦与快乐是人的两个不聪明的顾问,同上 1.644C;人联合起来提供相互的需要,国家篇 2.369B 以下;并非自觉自愿地多产,法篇 5.734B,9.860D,亦见 evil(s)条;永远处于战争中,同上 1.625E 以下;男人比女人聪明,克拉底鲁篇 392C;亦见 animal(s),human,many 条。

人格、个人品格　personalities　　人身攻击,哲学家避免,国家篇 6.500B,泰阿泰德篇 174C。

人口　population　　规划,法篇 5.740B 以下,国家篇 5.460A 以下。

人民、民族、民众　people　　古阿提卡的人民不是法律的主人而是法律的奴仆,法篇 3.700A;把公共职务和权力交给那些似乎最适宜的人,美涅克塞努篇 238D;分担司法管理,法篇 6.768B;亦见 many,multitude 条。

日蚀　eclipse　　通过水中倒影来观察,斐多篇 99D。

日子、天　day(s)　　哀悼日,法篇 7.800E;节日,同上 8.828A,834E;昼夜,蒂迈欧篇 39C,47A;做买卖的日子,法篇 8.849A 以下。

熔化　melting　　蒂迈欧篇 58E。

容器、贮存器　receptacle　　一切生育的贮存器,蒂迈欧篇 49A 以下;亦见 mother,nurse(s),recipient 条。

熔岩　lava　　斐多篇 111E,113B。

荣誉、荣耀　honor　　是美好的,大希庇亚篇 291D;批评贪婪荣誉,国家篇 1.347B;荣耀身体,法篇 5.728D 以下;荣耀灵魂,同上 5.727 以下;荣誉的授予之处,同上 3.696B 以下,4.707B,715B 以下,5.730D 以下,743E,

6.757,11.921E 以下，参阅 5.738E；赋予不同的神灵，同上 4.717A 以下；荣耀长者，同上 4.721D；作为一种动机，书信 7.337C；热爱荣誉者的快乐，国家篇 9.581C 以下；荣誉与权力，书信 7.351A 以下；好比士兵的军饷，法篇 11.921E；亦见 respect 条。

熔汁 **fusile** 与液体，蒂迈欧篇 58D 以下。

肉 **flesh** 斐多篇 98D，蒂迈欧篇 61C 以下，73B，74B 以下，82C 以下；有些地方不吃肉或用肉做献祭，法篇 6.782C，参阅国家篇 2.372 以下，政治家篇 272A；亦见 meat 条。

鞣料、晒黑 **tan** 用衣服遮太阳，书信 7.340D。

软 **soft(ness)** 蒂迈欧篇 62B 以下，67C。

入港税 **dues** 在进出口货物时不付入港税，法篇 8.847B。

入会仪式 **initiation** 在秘仪中，书信 7.333E，斐多篇 69C，参阅美诺篇 76E；伴随着舞蹈，欧绪德谟篇 277E，参阅法篇 7.815C；爱神的秘仪，会饮篇 210。

乳酪 **cheese** 国家篇 2.372C，3.405E。

辱骂 **abuse** 参阅 defamatory words 条。

弱的 **weak** 虚弱的，弱者不能做大事，无论好坏，国家篇 6.491E，495B；由弱者制定的法律旨在反对强者，高尔吉亚篇 483B 以下；弱者生来就要服从强者，法篇 3.690B，4.714E，参阅高尔吉亚篇 483C 以下，488C 以下，国家篇 1.338D 以下。

乳香 **frankincense** 不能进口，法篇 8.847B；亦见 incense 条。

S

撒谎 **lying** 参阅 lie(s) 条。

撒谎 **lie(s)** 不能把诸神说成会撒谎的，国家篇 2.382；哲学家痛恨撒谎，同上 6.490B；不可能撒谎，欧绪德谟篇 283E 以下；高尚的谎言，国家篇 3.414B；诗人的谎言，同上 3.408B 以下，参阅法篇 12.941B，国家篇 10.597E 以下；统治者可以撒谎，同上 3.389B 以下，5.459C 以下，参阅法篇 2.663D 以下,国家篇 3.414B 以下;亦见 falsehood(s)条。

赛跑　　foot races　　参阅 runners/running 条。

赛跑　　racing　　参阅 horse(s),running 条。

三角形　　pyramid　　蒂迈欧篇 56B。

三角形　　triangles　　在身体中的,蒂迈欧篇 53C 以下,81B 以下;三角形的完善形式,同上 53C 以下;基本的,同上 57D,58D,73B,89C。

散文　　prose　　法篇 7.810B,12.957D。

森林神、羊人　　satyr(s)　　在酒神狂徒中模仿,法篇 7.815C;把苏格拉底说成是羊人,会饮篇 215,216C,221D 以下,222D;智者政治家像羊人,政治家篇 291B,303C。

杀父　　parricide　　法篇 9.869A 以下,872D 以下。

杀母者　　matricide　　法篇 9.869A 以下。

闪电　　lightning　　打雷,法篇 9.873E。

上　　up　　上与下,国家篇 9.584D 以下。

上　　above　　上与下,蒂迈欧篇 62C 以下。

伤害、伤口　　wounding/wounds　　相关的法律,法篇 9.876E—882;是一个实际问题,同上 9.875E;自觉的与不自觉的伤害,同上 9.874E 以下。

伤害、损害　　detriment　　与摧毁,法篇 9.862A 以下;亦见 damage(s),injury 条。

伤害、损坏　　injury　　与利益,大希庇亚篇 284D;亦见 damage(s),detriment 条。

伤害　　hurt　　参阅 damage(s),injury 条。

商贸　　commerce　　法篇 8.842D;亦见 money,trade(rs)条。

商人　　businessman　　高尔吉亚篇 452B 以下;亦见 commerce,merchant(s),money,trade(rs)条。

商人　　merchant(s)　　书信 7.329E,普罗泰戈拉篇 319D,智者篇 223D 以下;在国家中是必要的,国家篇 2.371D,参阅法篇 4.705A。

商议、审议　　counsel　　谈论教育,普罗泰戈拉篇 313A 以下;亦见 admonition,advice 条。

上衣　garments　参阅 appareling 条。

山黄铜　orichalch　克里底亚篇 116D 以下,119C;大西岛的卫城围墙上涂着,同上 116C;在大西岛开采,同上 114E。

少女、姑娘　girls　竞赛,法篇 8.833D,834D;教育,同上 7.794C 以下,804E 以下,813E 以下;学习使用长枪与盾牌,同上 7.794D,804E 以下;亦见 females,women 条。

少女、姑娘　maiden　一种美,大希庇亚篇 287E 以下,参阅 297C;她的美是相对的,同上 288E 以下;少女与瓦罐,同上 289A,参阅 293C。

杀人、凶杀　homicide　外国人杀人,法篇 9.866B 以下;外国人被杀,同上 9.865E 以下;被兽类所杀,同上 9.873E;被兄弟姐妹所杀,同上 9.868E;被兄弟、公民、陌生人、奴隶所杀,同上 9.869C 以下;杀人的原因,同上 9.870A 以下;儿童杀人,同上 9.869A 以下;竞赛中杀人,同上 8.831A,9.865A 以下;不服从者处死,同上 9.868A 以下;流放杀人犯,同上 9.864E;被父母所杀,同上 9.868C 以下;杀父母等,同上 9.872D 以下;杀自由民,同上 9.865D 以下;被妻子或丈夫所杀,同上 9.868E;被无生命的物体所杀,同上 9.873E 以下;间接杀人,同上 9.872A;非故意的杀人,同上 9.865—869;正当的杀人,同上 9.874B 以下;杀死情欲,同上 9.866D 以下;被不知名者所杀,同上 9.874A 以下;杀人前精心预谋,同上 9.867;对杀人犯的惩罚,同上 9.871D 以下;杀人犯的返回,同上 9.857D 以下;被奴隶所杀,同上 9.868B 以下;杀死奴隶,同上 9.865C 以下,872C;杀过人的奴隶在出售前要告诉买主,同上 11.916C;杀死同胞,同上 9.871;自觉地杀人,同上 9.869E—874B。

杀人者、凶手　manslaughter　法篇 9.864E—874B;亦见 homicide 条。

山羊　goat　养山羊,法篇 1.639A;悲剧中的羊人,克拉底鲁篇 408C。

杀婴　infanticide　实行杀婴,国家篇 5.460C,461A 以下;取决于统治者的决定,同上 5.459E。

奢侈、淫荡　wantonness　欲望控制了什么是善的判断力,斐德罗篇 238A。

奢侈　luxury　产生胆小,国家篇 9.590B;疾病的根源,同上 3.404E 以下;不会使公民幸福,同上4.420D以下;不利政府稳定,书信7.326C以下;腐蚀灵魂,法篇11.919B;西西里人的奢侈,书信7.326C以下,327B;国家的奢侈,国家篇2.372E以下;亦见spoiling条。

社会　　society　　早期的,国家篇2.359A;由法律而非体制来保证阶级利益,法篇4.715B;社会的起源,同上3.676C以下,普罗泰戈拉篇322A以下;社会的清洗,法篇5.735B以下;亦见state(s)条。

社会的　　social　　古雅典的社会阶级,法篇3.698B;关于共同体的知识,同上9.875A;根据地形和立法来判断的社会体制,同上4.707C;社会的触觉,同上1.640C。

设计图　　diagrams　　代达罗斯的设计图,国家篇7.529E;几何的图表,小希庇亚篇367E。

神　　God　　决不会停止存在,斐多篇106E;不能与必然性发生冲突,法篇7.818B,参阅普罗泰戈拉篇345D;不能察觉,国家篇2.382;万物的尺度,法篇4.716C;决不会发生变化,国家篇2.380D以下;等于完全的公义,泰阿泰德篇176E;神的本性是一个适宜研究的对象,法篇7.821A,参阅13.966C以下;直接向其目的运动,同上4.716A;只有神可以把杂多结合起来,并可以使一分解,蒂迈欧篇68D;神是最佳原因,同上29A;可以把生命赋予任何物体,伊庇诺米篇983B;是创世主,智者篇265B以下,政治家篇269C以下,蒂迈欧篇30以下,38C,53B以下,55C,参阅法篇10.886—899B;一切事物的创造者,国家篇10.597D;不是恶的创造者,同上2.379以下,3.391C,参阅法篇2.672B,国家篇2.364B以下;不是一切事物的原因,而是好事物的原因,同上2.379C以下;一切好事物的源泉,伊庇诺米篇977A;在机遇和技艺的帮助下统治世界,法篇4.709B,参阅10.888E以下;在其他下属神祇的帮助下统治世界,蒂迈欧篇41A以下;等于天命,书信8.353B;牧者,政治家篇271D以下,275A以下,276A,D,参阅克里底亚篇109B以下;把理智赋予人,伊庇诺米篇978C;提供预言,蒂迈欧篇71E;奇妙的智者,国家篇10.596D,参阅法篇10.902E;批准了居间状态,法篇7.792D;不接受恶人的礼物,同上4.716E;柏拉图在书信中用神这个词表示重要的事情,书信13.363B。

的生活,斐德罗篇 256C,参阅泰阿泰德篇 172C 以下;愉快的无痛苦的生活是道德生活的目标,普罗泰戈拉篇 358B;快乐的生活,斐莱布篇 20E以下,60D 以下;并非总是考虑生死问题,申辩篇 28B,38E,高尔吉亚篇511E 以下,522E,法篇 8.828D,831A,参阅 12.944D 以下;生活的精华,国家篇 5.460E;原始的生活,法篇 3.677B 以下,政治家篇 274B 以下;生活与真正的生活,智者篇 249A;生活与理性,斐莱布篇 21D 以下;用节奏与和谐调整生活,普罗泰戈拉篇 326B;过适当生活的正确道路,法篇7.792C 以下,参阅 5.728E 以下,国家篇 10.619A;生活的规则,大希庇亚篇 286B;生活的海洋,斐多篇 85C,参阅法篇 7.803B;生命的短暂,国家篇10.608C,参阅斐多篇 107C;三类生活,斐莱布篇 43C 以下,国家篇 9.581C以下;悲喜剧,斐莱布篇 50B;生活的真正道路,高尔吉亚篇 527,法篇7.803C 以下,参阅大希庇亚篇 304B 以下;未经考察的生活不值得活,申辩篇 38A;只有善的生活才是有价值的,克里托篇 48B,法篇 2.661B 以下,4.707D,参阅 5.727D,国家篇 4.445A 以下;美德的生活是辛苦的,法篇 7.807D,参阅 4.718D 以下,普罗泰戈拉篇 340D,国家篇 2.364D;妇女的生活与男人的生活相似,法篇 7.804E 以下,国家篇 5.451D 以下;亦见future life,man/men 条。

生活方式　　way of life　　柏拉图的,书信 7.328,参阅国家篇 10.600A 以下。

胜利　　victories/victory　　战斗胜利不能证明体制有价值,法篇 1.638A 以下;经常自取灭亡,同上 1.641C;在城邦生活中的胜利是对服从的奖励,同上 4.715C,5.729D,参阅 8.840B,845D;两件事情提供胜利,同上1.647B;胜利是上苍的恩宠,同上 7.803E;奥林匹克赛会胜利者的光荣,同上 5.729D,参阅 7.807C;胜利的快乐,国家篇 9.586C 以下。

生日　　birthdays　　在神庙中注册,法篇 6.785A。

生物、生灵　　creatures　　所有生灵对数有一种见解,伊庇诺米篇 979A;五类生灵,同上 984B 以下;可朽的生灵如何塑造,普罗泰戈拉篇 320D。

生涯、仕途　　careers　　应当始于照料年轻人,欧绪弗洛篇 2D。

声音　　sounds　　书信 7.342C,蒂迈欧篇 47C 以下,67B 以下,80A 以下;美

丽的声音,大希庇亚篇 298A;音乐中的声音,斐莱布篇 17C 以下,国家篇 7.531A。

声音　　voices　　政府的声音,书信 5.321D 以下。

生育　　procreation　　年纪,国家篇 5.460E;生育期间不得喝酒,法篇 6.775C 以下;女监察,同上 6.784;不合法的生育,国家篇 5.461A 以下。

剩余的东西　　residues　　寻找剩余的东西的方法,国家篇 4.427—433。

生长的、发生的　　generic　　观念的发生,美诺篇 74 以下;亦见 common, general(s),idea(s)条。

神话　　myth(ology)　　关于大西岛的神话,克里底亚篇 108E 以下,蒂迈欧篇 21C—25D;关于阿特柔斯和堤厄斯忒斯的神话,政治家篇 268E 以下;关于卡德摩斯的故事,法篇 2.663E,参阅国家篇 3.414B 以下,智者篇 247C;关于蝉的故事,斐德罗篇 259;关于创造生物的故事,普罗泰戈拉篇 320C 以下;在家族谱系中的故事,吕西斯篇 205C,参阅欧绪弗洛篇 11B;下界与上界的故事,斐多篇 107 以下;对诸神的误释,欧绪弗洛篇 6,8,法篇 10.886C,12.941B,国家篇 2.377E 以下,3.388C 以下,408C,参阅克里底亚篇 109B,法篇 2.672B;关于灵魂本性的故事,斐德罗篇 245—257;老故事,政治家篇 268E 以下;爱的起源,会饮篇 191 以下;关于瓦罐的寓言,高尔吉亚篇 493B 以下;神话的理性化,斐德罗篇 229C 以下;西西里的故事,高尔吉亚篇 493;苏格拉底不相信神话,欧绪弗洛篇 6;既不相信,又非不相信,斐德罗篇 229C;苏格拉底关于审判的故事,高尔吉亚篇 523 以下;使用神话,斐德罗篇 265B,275B;斯巴达人喜欢听故事,大希庇亚篇 285D;仅当人们有闲暇时才会研究神话,克里底亚篇 110A;塞乌斯的故事,斐德罗篇 274C 以下;札耳谟克西的故事,卡尔米德篇 156D 以下;亦见 fable(s),stories/story,tale(s)条。

神龛　　shrines　　在私人住宅中禁止设神龛,法篇 10.909D 以下。

神庙　　temple(s)　　赫斯提、宙斯、雅典娜的神庙,法篇 8.848D;新国家的神庙,同上 5.738B 以下;神职人员,同上 6.759 以下;盗窃神庙,同上 9.853D 以下,国家篇 9.574D,575B;位置,法篇 6.778C;盗贼,同上 8.831E;在叙拉古被忽略,书信 8.356B;供水,法篇 6.761C;上面那个世界的神庙住着诸神,斐多篇 111C;亦见 sanctuaries 条。

审判　　trials 　审判行为,法篇 9.855D 以下。

神圣/神圣的　　holiness/holy 　普罗泰戈拉篇 329C;绝对的神圣,斐多篇 75D;神圣的技艺,欧绪弗洛篇 13;商业的神圣性,同上 14D 以下;神圣与正义,同上 12,普罗泰戈拉篇 330 以下;公民们分享神圣的生活,同上 324E 以下;神圣的人教育统治者,书信 7.335D;神圣的性质,欧绪弗洛篇 10 以下;神圣是一,同上 5D;是正义的组成部分,同上 12D 以下;等于追捕作恶者,同上 5E;拯救家庭与国家,同上 14B;祈祷和献祭的知识,同上 14B 以下;一种侍奉,同上 13;神圣与不神圣,同上 4E 下,5D 以下,7A,8A 以下,9,11B;等于使诸神喜悦的,同上 7A,参阅 9,10E 以下;亦见 good (ness/s),piety/pious 条。

神圣的　　ὁσιότης 　参阅 holiness/holy,piety/pious 条。

身体的　　physical 　体育文化,包括跳舞和摔跤,法篇 7.795D 以下,参阅 2.673A,7.813A 以下;有关哲学,参阅 natural philosophy 条;身体训练,从痛苦开始,同上 1.646D;对男孩与女孩的训练,同上 7.813B 以下;具有军事性质,同上 7.813D 以下;伪装的智术,普罗泰戈拉篇 315D;适宜妇女的训练,法篇 7.804E,813E;亦见 athlete(s),athletic,gymnastic(s)条。

神学　　theology 　柏拉图的神学,国家篇 2.379 以下;亦见 God 条。

神谕　　oracle 　神谕中赞扬牝马,大希庇亚篇 288B;在天堂中面对面的发神谕,斐多篇 288B;亦见 Delphi 条。

神旨　　providence 　天命、天道,书信 7.337E,8.353B。

慎重、谨慎　　prudence 　聪明的,小希庇亚篇 365E。

摄生法、养生法　　regimen 　国家篇 3.404A 以下;生活方式的改变,法篇 7.797E 以下;亦见 diet 条。

舌头　　tongue 　蒂迈欧篇 75D;对舌头的影响,同上 65C 以下。

时　　hours 　小时,参阅 seasons 条。

是　　being 　存在,存在者,蒂迈欧篇 52D;是与变化,斐莱布篇 54 以下,国家篇 7.518C,521D,泰阿泰德篇 152D 以下,157,蒂迈欧篇 27D 以下,29C,参阅普罗泰戈拉篇 340B 以下;划分为灵魂与物体,伊庇诺米篇 983D

以下;用语言表达的存在,智者篇 261E 以下;居间的存在,蒂迈欧篇 35A
以下,37A;存在与多,巴门尼德篇 127E;存在与运动,泰阿泰德篇 153A,
180E;存在的性质,蒂迈欧篇 51E 以下;存在与非存在,智者篇 256D 以
下,泰阿泰德篇 188D 以下;存在与数,巴门尼德篇 144A 以下;作为理智
和理性的对象,斐莱布篇 59D;哲学家所要的存在,国家篇 7.537D,参阅
斐多篇 65,82,斐德罗篇 249,国家篇 5.475E,6.486E,7.521A 以下,525B,
智者篇 249C,254A,泰阿泰德篇 173E;存在与一,巴门尼德篇 142C 以下,
泰阿泰德篇 180E;真正的存在与变化,智者篇 248 以下;存在拥有力量,
同上 247E,248B 以下;是与似乎是,伊庇诺米篇 979D,大希庇亚篇 294A
以下,吕西斯篇 217C 以下;追随神的灵魂可以看到真正的存在,斐德罗
篇 247 以下,250;存在倾向于与自身相似的东西,国家篇 9.585C 以下;存
在没有颜色或形状,斐德罗篇 247E;名副其实的存在,同上 247E 以下;亦
见 becoming,essence,existence,flux,one 条。

石板 slates 写字用的,普罗泰戈拉篇 326D。

石碑 στήλη 参阅 columns,tombstones 条。

识别、洞察 διακριτική 参阅 discerning,art of 条。

识别、觉察的技艺 discerning 再次划分,智者篇 226C 以下。

士兵、战士 soldier(s) 饮食,国家篇 3.404B 以下;显要的职业,同上
2.374,参阅蒂迈欧篇 24B;是几何学家,国家篇 7.526C 以下;知道如何计
算,同上 7.522D 以下,525B 以下;士兵的生活,法篇 12.942,参阅
6.761D—763B;由于胆小而受惩罚,同上 12.944E 以下,国家篇 5.468A;
在国家里享受第二等的荣耀,法篇 11.922A;妇女当兵,国家篇 5.452A 以
下,466C 以下,471D;亦见 guardians,warrior 条。

市场 agora 参阅 market 条。

世仇 feud 参阅 discord,enmity,faction,strife,civil 条。

侍奉 service 侍奉诸神,欧绪弗洛篇 12E,14D;侍奉长者是荣耀的,法
篇 6.762E;侍奉的种类,政治家篇 289D 以下;服兵役,法篇 12.943A 以
下;年纪,同上 6.760B,785B;侍奉国家是一种义务,同上 12.955C 以下;
亦见 care 条。

诗歌　　**poetry**　　诗歌的色彩,国家篇 10.601A 以下;复杂的和多重的,会饮篇 205B 以下;酒神颂歌,小希庇亚篇 368C;有效的,国家篇 10.605D;史诗,小希庇亚篇 368C;与神灵激励,申辩篇 22C,伊安篇 533D 以下,法篇 3.662A,4.719C,斐德罗篇 245A,265B;在学校里背诵,法篇 7.810E,普罗泰戈拉篇 326A;由音乐、节奏、音步、歌词等组成,高尔吉亚篇 502C;诗学与哲学之争,国家篇 10.607B 以下,参阅法篇 12.967C;在教育中的地位,法篇 2.659D 以下,普罗泰戈拉篇 325E 以下,339A;与散文,法篇 7.811C 以下;伪装的智术,普罗泰戈拉篇 316D;某种修辞学,高尔吉亚篇 502C 以下;在国家中,国家篇 3.398A 以下,10.595 以下,607A,参阅法篇 7.817;风格,国家篇 3.392C—394C,397B 以下;情感像流水,同上 10.606;是一个整体,伊安篇 532C 以下;悲剧诗歌,小希庇亚篇 368C;国家不接受,国家篇 8.568B 以下;技艺,斐德罗篇 268C 以下;雅典的诗歌,拉凯斯篇 183A 以下。

诗歌的韵步　　**meter**　　它的魅力,国家篇 10.601B;亦见 rhythm(s) 条。

嗜好　　**appetite(s)**　　胃口,国家篇 9.571B 以下,参阅 4.439C 以下;与理性冲突,同上 4.439C—442;约束嗜好,高尔吉亚篇 491E 以下,505B 以下;好的与坏的,国家篇 5.475C;必要的与不必要的,同上 8.558D 以下;性方面的,同上 8.559C;亦见 desire (s),passion (ate / s) 条。

时间　　**time**　　时间带来变化,法篇 3.676B 以下;被造的时间,蒂迈欧篇 37D—39E;时间观念的产生,同上 47A 以下;时间的表达,巴门尼德篇 141D 以下,152B 以下;时间的流逝为恶提供了时机,普罗泰戈拉篇 345B;时间与一,巴门尼德篇 141A 以下,151E 以下,亦见 one 条;规定时间,法篇 12.954C 以下。

实践、实施　　**practice(s)**　　是美的,大希庇亚篇 294C,295D,298B 以下;希庇亚谈年轻人的美好实践,同上 286A 以下,287B;灵魂的运动,泰阿泰德篇 153B;杀人是战争中的实践,法篇 8.831A;必要性,同上 8.830C 以下。

世界　　**world**　　上面那个世界,斐多篇 109D 以下;创世,蒂迈欧篇 28 以下;创世中最美丽的,同上 29A;世界的形状,同上 33B;不会老和病,同上 33A;生成的世界,同上 29E,37B;世界是一位神,同上 34A 以下;不能轻

视世界的审判,法篇 12.950B;有不止一个世界吗? 蒂迈欧篇 55C 以下,
参阅 31A 以下;世界的运动,政治家篇 269C 以下,蒂迈欧篇 36C 以下;世
界的类型,同上 28C 以下;可感的世界,同上 37B;世界灵魂,法篇
10.896E—899A,斐莱布篇 30A 以下,蒂迈欧篇 30B 以下,34B 以下,参阅
41D,90D;关于世界的幻象使人们真正敬畏神和真正的自然,伊庇诺米篇
977E;地下那个世界,在那里谈话的快乐,申辩篇 41,国家篇 6.498D;不
需要掩饰,同上 3.386B 以下,参阅克拉底鲁篇 403,法篇 5.727D,8.828D;
快要接近那个世界的老人,国家篇 1.330D 以下;关于地狱的传说,同上
1.330D 以下;情人在地狱中相会,会饮篇 192E;在地狱中审判恶人,国家
篇 2.366A;在那里惩罚恶人,高尔吉亚篇 523B,525,法篇 9.870E,881A,
10.904D 以下,12.959B 以下,斐多篇 108B,114,斐德罗篇 249A,国家篇
2.363D 以下,10.614D 以下,泰阿泰德篇 177A;亦见 Hades, multitude, tact,
social 条。

试金石　　touchstones　　书信 8.355C,高尔吉亚篇 486D 以下,487E。

视觉、视力、梦幻、想象　　vision(s)　　卡尔米德篇 167E 以下,国家篇
6.507C 以下,7.518,泰阿泰德篇 153D 以下,156B 以下,蒂迈欧篇 45C 以
下;与辩证法,国家篇 7.532A;理想像一幅天上的景象呈现在清醒的理
智面前,书信 8.357C,参阅国家篇 7.533C,智者篇 266C;灵魂的视觉,国
家篇 7.518D,540A;在上面那个世界与诸神面对面,斐多篇 111B;亦见
apparition, eye, sight 条。

视觉、视力　　sight　　欧绪德谟篇 300A,大希庇亚篇 297E,302B 以下,拉凯
斯篇 190A,泰阿泰德篇 182D 以下,184B 以下,蒂迈欧篇 45C 以下;益处,
同上 47A;功能,国家篇 5.477C,参阅大希庇亚篇 295C;理想像一幅天上
的景象呈现在清醒的理智面前,书信 8.357C,参阅国家篇 7.533C,智者
篇 266C;幻觉,斐莱布篇 38D,42A,国家篇 7.523B 以下,10.602C 以下,
603C,泰阿泰德篇 157E,参阅斐多篇 65A;视觉与知识,泰阿泰德篇 163B
以下,165B;视觉与意见,斐莱布篇 38C 以下;视觉与快乐,同上 51B 以
下;视觉与理性,国家篇 6.508B 以下;通过视觉揭示的区域,同上 7.517;
需要光以及视觉与颜色,同上 6.507D;最敏锐的感觉,斐德罗篇 250D,参

阅斐多篇65A;最神奇的感觉,国家篇6.507C以下,参阅法篇12.961D;亦见 vision(s)条。

时刻、瞬息　　**instant**　　巴门尼德篇156D以下。

时刻、瞬间　　**moment**　　参阅 instant 条。

诗人　　**poets**　　蒂迈欧篇21C以下;诗人与演员,卡尔米德篇162D;模糊的,普罗泰戈拉篇347E;经常获得真理,法篇3.682A;受到驱逐,国家篇3.398A以下,10.595以下,605B,607A,参阅法篇7.817;产生智慧与美德,会饮篇209A;诗人是诸神的子女和预言家,国家篇2.366B,参阅2.364E;喜剧诗人是苏格拉底的敌人,申辩篇18以下,斐多篇70C;诗人与短长格,法篇11.935E;为国家写祈祷词,同上7.801B;受法律控制,同上2.661D,662B,7.801B以下,参阅7.802B,811B以下;被听众的鼓掌所败坏,同上2.659C;是智慧之父与向导,吕西斯篇214A;受到激励的第一个环节,伊安篇533E以下;论友谊,吕西斯篇212E;每个诗人只擅长他自己那一种诗歌,伊安篇534C,参阅会饮篇223C;受某种类型或规则指导,国家篇2.379A以下,3.398B,参阅法篇2.656C以下,660A,4.719B以下,7.817D,8.829D,11.936A;是模仿者,国家篇10.600E,蒂迈欧篇19D以下,参阅法篇4.719C,国家篇3.393以下;受激励的,申辩篇22C,伊安篇534,法篇3.682A,4.719C,斐德罗篇245A,265B,参阅美诺篇81B,99D;论正义,国家篇3.363以下,365E;诗人的种类,伊安篇534C;与立法者,法篇9.858D以下,12.957C以下,964C;光明的、长翅膀的、神圣的,伊安篇534B;抒情诗,在学校中配上音乐学习,普罗泰戈拉篇326B;与其他创造者如何区分,会饮篇205B以下;需要知道再现得是好还是不好,法篇2.670E,参阅4.719C;与画家,国家篇10.601A以下,603B以下,605A以下;与哲学家的争论,同上10.607B以下,参阅法篇12.967C;作品,会饮篇209D,参阅国家篇1.330C;对古雅典人的行为进行解释,美涅克塞努篇239B;讲谜语,国家篇1.332B,参阅3.413B;关于诸神的故事,欧绪弗洛篇6B;谈论诸神诉诸于民众的常识,普罗泰戈拉篇347C;年轻人的不良教师,国家篇2.377以下,3.391C以下,408D以下,10.606E以下,参阅法篇10.886C,890A,12.941B,国家篇10.600A以下;远离真相,同上

10.596—597,599A,602C,参阅 10.605B;悲剧性的故事传到雅典,拉凯斯篇 183A'以下;国家不接受,国家篇 8.568B;与僭主,同上 8.568A 以下,参阅书信 1.309D 以下;他们滥用音乐,法篇 2.669C 以下,3.700D 以下,参阅 3.670E;不聪明,申辩篇 22A 以下;灵魂不朽的见证,美诺篇 81B 以下。

史诗　epic　把模仿和叙述结合在一起,国家篇 3.394B 以下,参阅 3.396E;史诗诗人,在节日时吟诵史诗,ion530A 以下,535B 以下,法篇 2.658B 以下,参阅 8.834E;亦见 rhapsodes,poetry,poets 条。

事实　fact　事实与理想,国家篇 5.472B 以下。

食堂、集体用膳　mess　参阅 common meals 条。

尸体　corpses　罪犯的,扔到边境外,法篇 9.855A,873B,10.909C;扔到雅典城外,国家篇 4.439E;不能抢劫死人身上的财物,同上 5.469C 以下。

石头　stone　蒂迈欧篇 60B 以下;在适宜的时候是美的,大希庇亚篇 290C;刻好的石头献给诸神,法篇 12.956A;结石病,同上 11.916A;斐狄亚斯用宝石雕刻他的雅典娜像,大希庇亚篇 290C;亦见 rock 条。

石头或木头制成的书板　tablets　刻在石板上的法律,政治家篇 298D;投票,法篇 6.753C,参阅 12.948E;心灵的蜡板,泰阿泰德篇 191C 以下,193—196A;亦见 slates 条。

食物、粮食　food　蒂迈欧篇 80D 以下;有关供给的技艺,政治家篇 288E以下;存在与生命的条件,国家篇 2.369D;分配粮食,法篇 8.847E 以下;吃东西的快乐,大希庇亚篇 298E 以下;亦见 cookery,eating,flesh,meat 条。

食物、肉食　meat　饮食习惯,法篇 6.782;吃东西的快乐,同上 6.783C;烤肉最适宜士兵,国家篇 3.404C;参阅 food 条。

事物、事情　things　三类事物,书信 2.312E,参阅 7.342A;具有专门的和永久的本质,克拉底鲁篇 386D 以下;事物及其分有的相,巴门尼德篇 129以下,131—133B,135A 以下;事物与个体,克拉底鲁篇 386;事物与名称,智者篇 244B 以下。

世袭的、祖传的　hereditary　倾向于犯罪,法篇 9.856D;亦见 son(s)条。

世系的变迁　perioeci　国家篇 8.547B。

试验　experiment　不能证实性质,蒂迈欧篇 68D。

誓言　**oaths**　书信 6.323D,7.337C;无效的,法篇 3.692B;撒谎的,同上 11.916E 以下;由发誓来决定的诉讼,同上 12.948C;赫拉克勒斯的子孙立下的誓言,同上 3.683E 以下;接受誓言的时候,同上 12.948E 以下;在神庙里发誓,普罗泰戈拉篇 328C。

适宜、恰当、标致　**comeliness**　低于善,法篇 5.727D,参阅会饮篇 218E;恰当与正确,法篇 9.859C 以下;亦见 beauty,fair,honor 条。

适宜　**appropriate**　等于美,大希庇亚篇 290C 以下,293E 以下;不是美的原因,同上 294B 以下;是一种欺骗,同上 294A。

适应　**adaptation**　动物对季节的适应等,普罗泰戈拉篇 321A。

十一人　**Eleven**　参阅 commissioners of Athens 条。

使用者　**user**　比制造者更能作判断,克拉底鲁篇 390,斐德罗篇 274E,国家篇 10.601C 以下。

实在、实体　**realities/reality**　实在与现象,大希庇亚篇 294B 以下;心灵觉察到的实在是连续的,斐多篇 79A;哲学家沉思实在,国家篇 9.582C;实在的连续理论,大希庇亚篇 301B 以下;在早期哲学中的,智者篇 243B 以下,246B 以下;基本的实在,书信 7.342E,343B;哲学家希望的目标,国家篇 6.490B,500C,501D,9.581E,参阅 7.520C;没有一个部分的尺度是充足的,同上 6.504C;既不静止又不运动,智者篇 250C;实在与灵魂,法篇 10.895D 以下,参阅斐多篇 78,斐德罗篇 245C 以下,智者篇 246B 以下;真正的实在,书信 7.342B 以下;美德的实在,斐德罗篇 250;亦见 being,essence,truth 条。

使者　**envoys**　关于派遣使者的法律,法篇 12.941A。

使者　**ambassadors**　关于派遣使者的法律,法篇 12.941A。

施者与受者　**agent and patient**　具有同样的性质,高尔吉亚篇 476B 以下,国家篇 4.437,参阅斐莱布篇 27A;感觉中的施与受,泰阿泰德篇 157A,159 以下,182A 以下;亦见 broker 条。

氏族、部族、家庭　**clans**　法篇 3.680D 以下。

手　**hands**　双手需要得到相同的训练,法篇 7.794D 以下。

守财奴　**miser**　参阅 stinginess 条。

手工艺　　**handicrafts**　　斐莱布篇 55D 以下;受批评的卑劣的手工艺技巧,国家篇 9.590C,参阅高尔吉亚篇 512C;亦见 art(s),craft(s)条。

守寡　　**dowries**　　不允许,法篇 5.742C,6.774C 以下;柏拉图侄女们的守寡,书信 13.361D 以下。

受苦　　**suffering**　　与正义相关时受苦是恰当的吗? 法篇 9.859E 以下。

收敛的　　**astringent**(taste)　　蒂迈欧篇 65D。

狩猎　　**hunting**　　获取性的技艺,智者篇 219C 以下,参阅国家篇 2.373B;划分,智者篇 219E 以下,参阅欧绪德谟篇 290B 以下,法篇 7.823B;等于对野兽作战,普罗泰戈拉篇 322A;对年轻人有价值,法篇 6.763B;亦见 chase,fowling 条。

狩猎者　　**hunter**　　不是聪明人,伊庇诺米篇 975C。

收葡萄、酿葡萄酒　　**vintage**　　季节,法篇 8.844E。

熟人　　**acquaintance**　　在国家中,法篇 6.771D 以下;亦见 friendship 条。

书　　**book(s)**　　斐德罗篇 228B 以下;演说家喜欢书,既不提问也不要求回答,普罗泰戈拉篇 329A;书价,申辩篇 26E;灵魂像一本书,斐莱布篇 38E;亦见 Anaxagoras,authors,Plato,Protagoras,writers/writing 条。

树　　**trees**　　蒂迈欧篇 77A。

数　　**number(s)**　　小希庇亚篇 367A,斐莱布篇 256,蒂迈欧篇 31E;外在于恶,伊庇诺米篇 978A;数与存在,巴门尼德篇 144A 以下;公民的数量,法篇 5.737C 以下,6.771A 以下,9.877D;由看到天体而产生数,蒂迈欧篇 47A;确定的数与所有的数,智者篇 245;秩序的组成部分,蒂迈欧篇 53B;对智慧来说是最根本的,伊庇诺米篇 977C;家庭的数量不能改变,法篇 5.740B 以下;帕拉墨得斯发明数,国家篇 7.522D,参阅法篇 3.677D;塞乌斯发明数,斐德罗篇 274D;婚姻的数,国家篇 8.546B 以下;奇数献给天神,偶数献给冥神,法篇 4.717A 以下;数的力量,伊庇诺米篇 977E 以下;无法表述成对的数和肢体,大希庇亚篇 301E 以下,303B;纯粹的数,伊庇诺米篇 990C;由数引起的困惑,斐多篇 96E 以下,101B;有理数与无理数,大希庇亚篇 303B;数的知识不可缺少,伊庇诺米篇 976D 以下;数是一切好事物的本原,同上 978A;数的系列,同上 991E;可度量的,法篇 5.746D

以下；由神教授，伊庇诺米篇 976E 以下。

摔跤　　wrestling　　大希庇亚篇 295C，小希庇亚篇 374A，法篇 7.795B，E 以下，814D，美诺篇 94C，泰阿泰德篇 162B，参阅欧绪德谟篇 277D；普罗泰戈拉论摔跤，智者篇 232E；有关规则，法篇 8.833E；在斯巴达的摔跤学校，泰阿泰德篇 162B，169B；亦见 boxers/boxing，pancratium 条。

疏忽、粗心大意　　negligence　　不能把这种性格归于神，法篇 10.903A。

水　　water　　斐多篇 111A；作为原因，按照阿那克萨戈拉的说法，同上 98C；水与土的组合，蒂迈欧篇 60E 以下；用水造出来的生灵是半神，伊庇诺米篇 985B；以太在低凹处的积聚，斐多篇 109C；元素，伊庇诺米篇 981C，斐莱布篇 29A，智者篇 266B，蒂迈欧篇 32B 以下，53B 以下；水与火，书信 7.342D；水的形式，蒂迈欧篇 56；水的种类，同上 58D；水的性质，同上 48B，49B 以下；水的污染，法篇 8.845D 以下；水的供给，同上 8.844A 以下。

税、税收　　tax(ation/es)　　法篇 12.955D 以下，国家篇 1.343D；对外国人收税，法篇 8.850B；僭主统治下的重税，国家篇 8.567A，568E；战时强迫征税，法篇 12.949D。

水道、河道、渠道　　watercourses　　在大西岛，克里底亚篇 118D 以下。

水利工程　　irrigation works　　在古阿提卡，克里底亚篇 111D；在大西岛，同上 117A 以下；提供，法篇 6.761B 以下；亦见 watercourses 条。

睡眠　　sleep(ing)　　蒂迈欧篇 45E；不需要过多的睡眠，法篇 7.808B 以下；睡与醒，泰阿泰德篇 158B 以下。

梳毛　　carding　　政治家篇 281A，282A 以下，参阅法篇 6.780C。

说服，劝说　　persuasion　　一种技艺，斐莱布篇 58A，智者篇 222C 以下，参阅大希庇亚篇 304B；说服与强制是立法者的工具，法篇 4.719E 以下，722B 以下，参阅 10.885D；源于意见而非源于真理，斐德罗篇 260；由修辞学产生，高尔吉亚篇 453 以下，政治家篇 304C 以下；两种说服，高尔吉亚篇 454E；亦见 belief，conviction 条。

竖琴　　harp　　弹竖琴的少女，普罗泰戈拉篇 347C；曾经模仿笛子，法篇 3.700E；亦见 cithara，lute，lyre 条。

抒情诗　　lyric　　在教育中,法篇 7.812B 以下,普罗泰戈拉篇 326B;抒情诗人,不允许嘲笑任何公民,法篇 11.935E;与酒神狂女,伊安篇 534;诗歌竞赛,法篇 2.658B;亦见 poetry, poets 条。

术士　　demagogues　　法篇 10.908D,国家篇 8.564B 以下;与政治家不同,智者篇 268B;亦见 orators/oratory 条。

属性　　attribute(s)　　与本质,欧绪弗洛篇 11A,参阅吕西斯篇 217C 以下;成对的属性,大希庇亚篇 300E 以下。

数学的/数学家/数学　　mathematical/mathematician/mathematics　　大希庇亚篇 303B,小希庇亚篇 366C 以下,国家篇 7.521D—531;从似乎可能开始的论证,斐多篇 92D,泰阿泰德篇 162E;方根的类别,同上 147D 以下;可度量的与不可度量的,法篇 7.819E 以下;通常不是辩证法家,国家篇 7.531D 以下,参阅泰阿泰德篇 165A;直径,政治家篇 266A 以下;划分,斐莱布篇 56D 以下;埃及的数学教育,法篇 7.819B 以下;比例的表达,政治家篇 257B;希腊人在数学上的无知,法篇 7.819D 以下;假设,美诺篇 86E 以下,国家篇 6.510C 以下;理智察觉的观念,同上 6.511C,参阅泰阿泰德篇 185C 以下;在教育中的价值,法篇 7.818C 以下,819C;亦见 arithmetic(al), geometrical/geometry, number(s)条。

术语　　terminology　　技术性的,大希庇亚篇 300C。

赎罪祭　　atonement for crimes　　不容易,法篇 10.885D,905D 以下,908E,12.948C,国家篇 2.364B 以下,参阅法篇 10.888C。

斯巴达的国殇日　　gymnopaediae　　法篇 1.633C。

司法权、裁判权　　jurisdiction　　在大案中,书信 8.356D 以下;亦见 judge(s)条。

司法系统　　judiciary　　在模范城市中,法篇 12.956B 以下;亦见 courts of law 条。

似乎有理、似乎可能　　plausibility　　从可能性开始论证,斐多篇 92D;亦见 probability/probable 条。

思考　　διάνοια　　参阅 thinking/thought, understanding(s)条。

司库　　treasurers　　神庙的,法篇 6.759E 以下。

私人的、私下的 private 禁止私人举行仪式,法篇 10.909D 以下;控制私人生活,同上 6.780A,7.788 以下,790B;那些不会受到永远惩罚的人,高尔吉亚篇 525E;卫士不能拥有私人财产,国家篇 3.416E,4.420A,422D,5.464B 以下,8.543B。

私生的子女 illicit children 国家篇 5.461A 以下。

死亡 death 蒂迈欧篇 81D 以下;阵亡,美涅克塞努篇 248C;死得好,同上 234B;死亡并非一切终结,斐多篇 107E;害怕死亡,不谈死亡的原因,书信 7.331D;卫士不怕死,国家篇 3.386 以下,参阅 6.485A;聪明人不怕死亡,申辩篇 29,35,斐多篇 62—69;害怕死亡,同上 77E,参阅法篇 10.904D,国家篇 1.330D 以下,3.386B 以下;自然的死亡,斐多篇 95;死还是生,何者更好,法篇 8.828D,参阅 12.944D 以下,斐多篇 62A;死后的生活,斐德罗篇 256;死亡的性质,高尔吉亚篇 524B,斐多篇 64;死亡对于获得纯粹的知识是必要的,同上 66;老年死亡是一件高兴的事,蒂迈欧篇 81E;哲学家实践死亡,斐多篇 65,67E;哲学对死亡的追求,同上 61D 以下,64,67,80;宁死不当奴隶,国家篇 3.386B;死亡与睡眠,斐多篇 71C;死亡是一场睡眠或移居,申辩篇 40B 以下;苏格拉底对死亡的看法,同上 37B。死刑作为一种惩罚:何时判处死刑,法篇 9.866C,868E,871D;何时不处死刑,同上 9.854E,859B,862E 以下,881A,12.957E;通过处死刑来解脱,政治家篇 297E;不杀人就不能恢复秩序,书信 7.331D,336E,351C;处以死刑是惟一惩治恶人的方法,法篇 12.957E,参阅高尔吉亚篇 512A 以下,法篇 5.735E,9.854E,862E 以下,国家篇 3.410A,政治家篇 308E;关于某些蓄意杀人的情况,法篇 9.877B;由于爱财而引起的死亡,同上 11.938C;杀死奴隶,同上 9.872C;处死抢劫公共财产者,同上 12.941D,参阅 9.857A 以下;处死妨碍司法的罪犯,同上 12.958C;处死按自己的意愿宣布战争或和平的人,同上 12.955B 以下,处死犯有四种伪证罪的人,同上 11.937D;处死占有超过法律规定数量财产的自由民,同上 11.915B 以下;处死杀死外国人后返回的人,同上 9.866C;处死杀死奴隶的人,同上 9.868C;处死杀人犯,同上 9.871D 以下;关于杀人罪行未被发现的情况,同上 9.874B;处死渎职官员,同上 12.946E;处死杀害父母者,同上

9.809B 以下,873B;关于管理毒药的医生与占卜者,同上 11.933D 以下;处死不告发主人罪行的奴隶,同上 11.914A;处死杀害自由民的奴隶,同上 9.872B;处死接受贿赂者,同上 12.955D;处死盗窃神庙者,同上 9.854E;处死扰乱立法和教育事务者,同上 12.952D;处死叛国者,同上 9.856C;处死不信神者,同上 10.908E 以下;亦见 capital punishment, capital cases 条。

思维/思想　thinking/thought　等于心灵与其自身的对话,智者篇 263E,264A,泰阿泰德篇 189E 以下;思想与谈话,智者篇 263D 以下;优秀的思想,国家篇 7.518E;虚假的思想,智者篇 240D 以下;在什么范围内是可能的,同上 260C 以下;思想与相,巴门尼德篇 132B 以下,135C;借助概括,斐德罗篇 266B;思想的先在,国家篇 7.518E;在肝脏中的反映,蒂迈欧篇 71B 以下;亦见 judgment(s),metaphysics,opinion,reason,wisdom/wise 条。

思想　thought　参阅 thinking/thought 条。

死者　the dead　给阵亡者的荣誉,美涅克塞努篇 234C,249A;不能剥阵亡者的衣服,国家篇 5.469C 以下;死者的状况,高尔吉亚篇 524B 以下;荣誉方面的竞争,法篇 12.947E,美涅克塞努篇 249B;对死者的颂扬,法篇 7.801E;对死者的论断,高尔吉亚 523 以下,国家篇 10.614C 以下,亦见 Hades,world below 条;死者与活人,大希庇亚篇 282A;停尸的规定,法篇 12.959A;死者不会因为活人的悲伤而喜悦,美涅克塞努篇 248B 以下;死者的灵魂对人间事务感兴趣,法篇 11.927A,参阅书信 2.311C 以下,法篇 9.870E,872E;坟墓,同上 12.958E;死者的愤怒,大希庇亚篇 282A。

颂词　panegyrics　在竞赛中庆祝胜利,法篇 8.829C 以下。

颂歌　eulogies　允许颂扬去世的公民,法篇 7.801E;亦见 praise(s) 条。

颂歌　hymn(s)　苏格拉底献给阿波罗的颂歌,斐多篇 60D,61B;追随确定的类型,法篇 7.799A 以下,801A;葬礼上的颂歌,同上 7.800E,12.947B;允许把颂歌献给诸神,国家篇 10.607A,参阅法篇 3.700A 以下,7.801E;婚姻,国家篇 5.460A;亦见 chant,preludes 条。

颂神诗　dithyrambic poetry　大希庇亚篇 292C;性质,国家篇 3.394B;献

给狄奥尼修斯,法篇 3.700B;只寻求快乐,高尔吉亚篇 501E 以下。

酸　　acid　　蒂迈欧篇 66B,74C;一种植物酸,同上 60B。

酸果汁　　verjuice　　参阅 juices,vegetable 条。

算术(的)　　arithmetic(al)　　计算(的),数的类别,泰阿泰德篇 147D 以
下;对错误的一般观念,国家篇 7.525E;技艺中的计算,斐莱布篇 55D 以
下;处理奇数与偶数,普罗泰戈拉篇 357A;数的限定,高尔吉亚篇 451B;
教育的杰出手段,法篇 5.747A 以下,7.819C,国家篇 7.526B 以下;希庇亚
不愿谈论数,大希庇亚篇 285C;统治者学习算术,国家篇 7.521D—26C,
参阅法篇 7.818C 以下;计算过程的性质,泰阿泰德篇 198A 以下;心灵的
官能所接受的观念,同上 185C 以下,参阅伊庇诺米篇 978C,国家篇
6.511D;数字游戏,法篇 7.819B,斐多篇 96E 以下,101B;在数学中追求的
精神,国家篇 7.525C 以下;通过观察天体学会计算,蒂迈欧篇 39B 以下,
47A,参阅伊庇诺米篇 978B 以下,法篇 6.771B;两种计算,斐莱布篇 56D
以下;计算在构成观念时的用处,国家篇 7.525;用来表达国王与僭主之
间的差距,国家篇 9.587C 以下;只产生纯粹的知识,政治家篇 258D;亦见
calculation,ciphering,figures,mathematical /mathematician / mathematics 条。

苏格拉底所属的乡族的名字　　Antiochis　　申辩篇 32B。

诉　　appeal　　上述法庭,法篇 6.767A,C 以下,参阅 11.926D,928B,938B,
12.948A,956C;亦见 judges,court of select。

髓、骨髓、精髓　　marrow　　蒂迈欧篇 73B 以下,81D,82C 以下,84C,85E,
91A;生育的骨髓,同上 77D。

隧道　　tunnels　　参阅 basins 条。

损害、宠爱、溺爱　　spoiling　　使年轻人无视法律,法篇 7.791D。

所得税　　income tax　　参阅 tax(ation/es)条。

所有权　　proprietorship,奴仆的所有权,法篇 6.776C 以下。

梭子　　shuttle　　克拉底鲁篇 388A 以下,389A 以下,390B。

素食者　　vegetarians　　法篇 6.782C。

诉讼　　suits　　判决,法篇 6.761D 以下;执行,同上 12.958A 以下;法律诉
讼,同上 6.766D 以下,9.853A,12.956C 以下;对使用暴力妨碍诉讼者的

惩罚,同上 12.954E 以下;亦见 trials 条。

T

塌鼻子、狮子鼻　snubness　泰阿泰德篇 209C。

太阳　sun　伊庇诺米篇 990B,蒂迈欧篇 47A;阿那克萨戈拉论太阳,申辩篇 26D;创造,蒂迈欧篇 38C;把光线给月亮,克拉底鲁篇 409B;是一位神,申辩篇 26D,法篇 7.821B,10.899A,12.950D;赫拉克利特的太阳,国家篇 6.498A;太阳与善的相,同上 6.508;比大地还要大,伊庇诺米篇 983A;在太阳神的圣地集会,法篇 12.945E;太阳的运动是万物存在的条件,泰阿泰德篇 153D;太阳的轨道,法篇 7.822A,斐多篇 98A;雄性之父,会饮篇 190B;太阳神的祭司,法篇 12.947A;太阳不是视觉而是视觉的创造者,国家篇 6.509A 以下;太阳有灵魂,法篇 10.898E 以下;在上面那个世界的真实存在,斐多篇 111C;亦见 heaven(s),Helios 条。

汤　soup　美丽的瓦罐盛满美丽的汤,大希庇亚篇 290D。

谈话、文章　discourse　方言,泰阿泰德篇 176A;美好的谈话,大希庇亚篇 298A;把一篇文章当作一个完整的生灵来建构,斐德罗篇 264C;对美德是最基本的,伊庇诺米篇 977C 以下;文章的好坏,斐德罗篇 259E 以下;希庇亚的文章,论年轻人的良好实践,大希庇亚篇 286A 以下,287B;年轻人学习立法者的讲话,法篇 7.811D;并非总是冗长的,同上 10.887B,政治家篇 283B 以下,286B 以下,参阅法篇 4.721E 以下,10.890E,国家篇 5.450B 以下;谈话的性质,智者篇 260 以下;在另一个世界谈话的快乐,申辩篇 41;普罗狄科的谈话规则,斐德罗篇 267B;苏格拉底的复述,大希庇亚篇 288A;谈话与思维,智者篇 263D 以下;热爱谈话,申辩篇 23C,33,普罗泰戈拉篇 317D 以下,335C,338B,347,国家篇 1.328A,5.450B,会饮篇 173B 以下,泰阿泰德篇 172D 以下;随着年纪增长而增加,国家篇 1.328D;在斐德罗篇中的谈话,斐德罗篇 228,242A,243D,258E,276E;苏格拉底的谈话,同上 227B 以下,230D,236E,263E,参阅斐莱布篇 67B;亦见 dialectic(al),discussion,speech(es)条。

谈话　　**talk**　　同伴间的,与公众场合的讲话不一样,普罗泰戈拉篇 336A;
不要涉及个人,国家篇 6.500B;亦见 conversation,discourse 条。

贪财、贪心　　**cupidity**　　对贪财加以节制是国家的坚实基础,法篇 5.736E
以下。

贪婪　　**avarice**　　独裁者的贪婪,法篇 3.697D 以下;引起凶杀,同上
9.870A 以下;错误地谴责阿斯克勒庇俄斯贪婪,国家篇 3.408B 以下;寡
头的贪婪,同上 8.553;在寡头政制和荣誉政制中的贪婪,同上 8.548A;亦
见 covetous(ness),greed 条。

贪婪　　**covetous(ness)**　　对荣誉的贪婪,金钱或荣誉至上为原则的国家
和人,国家篇 8.548;谴责贪婪与金钱,同上 1.347B;贪婪的生活比哲学生
活低劣,斐德罗篇 256C,参阅蒂迈欧篇 90B 以下;亦见 avarice,greed 条。

贪婪　　**greed**　　书信 7.335B;错误地把贪婪的罪名加于阿喀琉斯,国家篇
3.390E 以下;禁止贪婪,同上 3.390E;哲学家不贪婪,同上 6.485E;亦见
avarice,covetous(ness)条。

贪图安逸的人　　**lotus-eaters**　　国家篇 8.560C。

讨论　　**discussion**　　与争论,美诺篇 75C 以下;哲学中最困难的部分,国家
篇 6.498;倾向于在争吵中结束,高尔吉亚篇 457C 以下;希腊人喜欢讨
论,同上 458,参阅斐多篇 90B 以下;在另一个世界讨论问题的快乐,国家
篇 6.498D,亦见 argument(s),dialectic(al),discourse,disputation,statement(s)
条。

陶器　　**earthenware**　　参阅 potter(y)条。

陶器制造　　**potter(y)**　　伊庇诺米篇 975C,大希庇亚篇 288D,蒂迈欧篇
60D;陶瓷技艺,普罗泰戈拉篇 324E;生产性的技艺,智者篇 219A;不需要
铁,法篇 3.679A。

特洛伊人/特洛伊　　**Trojan(s)/Troy**　　伊安篇 535C,国家篇 2.380A,
3.393A;压迫阿该亚人,法篇 4.706D 以下;亚述帝国的一部分,同上
3.685C 以下;特洛伊的沦陷,大希庇亚篇 286B;海伦从未去过特洛伊,国
家篇 9.586C,参阅斐德罗篇 243B;在特洛伊的英雄,申辩篇 28C,小希庇
亚篇 363B,364C 以下;战马,泰阿泰德篇 184D;在拉俄墨冬时代,书信

12.359D;被洗劫,法篇 3.682D,普罗泰戈拉篇 340A;特洛伊之塔,斐德罗篇 243B;特洛伊战争,申辩篇 41C,法篇 3.682D,685C;帕拉墨得斯计算军队的数量,国家篇 7.522D;对伤员的处理,同上 3.405E 以下,408A;亦见 Homer, Iliad 条。

天　　heaven(s)　　天外之天,斐德罗篇 247C 以下;天体使人学会数和计算,书信 988B;对天体的沉思一定不会产生无神论,法篇 12.966E 以下;天体是被造的,蒂迈欧篇 39D;创世,同上 28B 以下;天神听取父母的祈求惩罚子女,法篇 11.931C;天的运动,天不是不变的,国家篇 7.530B;惟一被造的和产生的,蒂迈欧篇 31B,92C;分有物体的形式,政治家篇 269D;亦见 cosmos, god(s), stars, universe 条。

甜的　　sweat　　蒂迈欧篇 83E,84E。

天鹅　　swans　　献给阿波罗,斐多篇 85A,它的歌声不是挽歌,同上 84E。

填满　　repletion　　蒂迈欧篇 81A。

甜蜜　　sweetness　　泰阿泰德篇 159D,蒂迈欧篇 60B,66C。

甜食　　dessert　　克里底亚篇 115B,国家篇 2.372C。

甜食　　sweetmeats　　荷马史诗中没有提到甜食,国家篇 3.404D。

天文学　　astronomy　　普罗泰戈拉篇 315C;间接提到,书信 13.363D;定义,高尔吉亚篇 451C;法篇 7.821,12.967A;由塞乌斯发明,斐德罗篇 274D;天文学与爱神,会饮篇 188B;星辰的运动,法篇 7.821B 以下,国家篇 10.616E 以下,蒂迈欧篇 38C 以下;起源于埃及和叙利亚,伊庇诺米篇 987A,参阅 988A;在天文学中学到虔诚的智慧,同上 990A 以下;在天文学中追求的精神,国家篇 7.528E 以下;统治者学习天文学,同上 7.527D—530C,参阅伊庇诺米篇 990B 以下,法篇 7.817E;亦见 phenomena, celestial, planets, stars 条。

天文学家　　astronomer(s)　　小希庇亚篇 367E 以下;最能虚假地谈论天文学,同上 368B;当首席执政官,伊庇诺米篇 992D;拥有真正的智慧,同上 992B;天文学的训练,同上 990B 以下;拥有神圣事物生成的形象,同上 991B。

条件、状态　　condition　　参阅 pairs, conditioned 条。

跳舞、舞蹈　dance（s）/dancing　酒神信徒的舞蹈,参阅 bacchanals 条;合唱队的舞蹈,伊安篇 536A,国家篇 2.373B;在埃及被神圣化,法篇 2.656E,7.799A;在教育中的作用,同上 3.654E 以下,7.813B 以下,国家篇 3.412B;对灵魂的影响,法篇 7.791A;舞女,普罗泰戈拉篇 347C;舞蹈和体育,法篇 2.673C 以下;荣耀诸神,同上 7.804B;模仿性的舞蹈,同上 7.798D 以下,814D 以下;禁止在舞蹈发明新花样,同上 7.798D 以下,802A,809B,816C;在克里特或斯巴达不允许,同上 2.660B;青年男女的舞蹈,同上 6.771E 以下;军事性的舞蹈,同上 7.796B 以下,12.942D;舞蹈的起源,同上 2.654A,672E 以下,673C 以下;战争训练的一部分,法篇 7.796B 以下,12.942D;和平的舞蹈,同上 7.814E 以下;舞蹈与体育训练,同上 7.795D 以下,813A 以下;出征舞,同上 7.815A 以下;星辰的舞蹈,伊庇诺米篇 982E,蒂迈欧篇 40C;两种舞蹈,法篇 7.795E,814E 以下。

提出诉讼、争吵　litigation　热爱诉讼是可耻的,国家篇 3.405B 以下,参阅法篇 5.743C,11.938B,泰阿泰德篇 172E;亦见 lawsuits 条。

铁　iron　工匠和农夫的阶层是铁做的,国家篇 3.415A,参阅 8.547A;不能向诸神献铁器,法篇 12.956A;黑铁的种族,克拉底鲁篇 398A;对陶工和织匠来说不是必要的,法篇 3.679A。

铁匠　blacksmith　普罗泰戈拉篇 319D。

铁匠　smith　克拉底鲁篇 388D,389E。

铁匠活　smithwork　伊庇诺米篇 975C。

提供、供给　supply　供给与需要,法篇 11.918C。

体积　volume　蒂迈欧篇 53C。

听、聆听　hearing　大希庇亚篇 297E 以下,302B 以下,泰阿泰德篇 156B,182D 以下,184B 以下,蒂迈欧篇 47C 以下,67B 以下;只由两个要素构成,国家篇 6.507C;功能,同上 5.477C;幻觉,泰阿泰德篇 157E;不准确的见证,斐多篇 65A;最高级的感觉之一,法篇 12.961D。

听写　dictation　在学校里,欧绪德谟篇 276C,277A。

提问　questioning　智者的提问方法,欧绪德谟篇 275D 以下;亦见 dialectic(al),Sophist(s)条。

提问者　　questioner　苏格拉底的提问者,大希庇亚篇 286D,298D 以下,
303D 以下;不会毫无保留地接受所有看法,同上 289E;苏格拉底以求学
者的身份提问,同上 287A 以下;乡巴佬,同上 288D;近亲,同上 304D;只
关心真理的普通人,同上 288D;笨蛋,同上 290E;沦落为嘲笑和暴力,同
上 291E 以下;冒犯的、不敬的话语,同上 292C;粗俗的例子,同上 288D,
参阅高尔吉亚篇 490E;如果希庇亚知道他的名字,那么他就不会去认识
他了,大希庇亚篇 290E;不相干的,同上 293A;与苏格拉底住在同一所房
子里,同上 304D;是苏格拉底的主人吗? 同上 292A;无赖,同上 289E;有
时候提出问题,同上 293D。

体液　　humors　蒂迈欧篇 86E 以下。

体育、体操　　gymnastic(s)　保留古代体育形式,国家篇 4.424B,参阅法
篇 7.796A;与理智的探索相结合,国家篇 7.535D,蒂迈欧篇 88C 以下;过
度的、虚弱的、兽性的心灵,国家篇 3.410C 以下,参阅 7.537B;婴儿时期
的锻炼,法篇 7.789;赛马,同上 8.834B 以下;低劣的锻炼有损健康,国家
篇 3.404A;假定体育的目的只是为了身体,同上 2.376E,3.403D,7.521E,
参阅克里托篇 50D,法篇 2.673A,7.795D 以下;旨在灵魂,国家篇 3.410C,
参阅法篇 5.743E,普罗泰戈拉篇 326C;热爱体育,吕西斯篇 212D;体育与
医药,高尔吉亚篇 464B 以下,517E 以下,智者篇 229A;体育与音乐创造
灵魂的和谐,国家篇 4.441E 以下;体育需要终生学习,同上 3.403D;体育
的源起,法篇 2.653D 以下,672C,673D;体育竞赛的主席或仲裁,同上
12.949A;赛跑,同上 8.833A 以下;简单的体育活动,国家篇 3.410A 以下;
身体锻炼的目的在于培养美德,法篇 1.636B 以下,参阅会饮篇 182C;适
宜妇女的体育,法篇 8.833C 以下,国家篇 5.452—457B;在学校中教体
育,普罗泰戈拉篇 312B,花在体育上的时间,国家篇 7.537B,参阅法篇
7.810A;体育训练:给所有学生规定同样的训练量,政治家篇 294D 以下;
拳击手的训练,法篇 8.830A 以下;通过训练达到节制,同上 8.8339E;训
练的危险,国家篇 3.404A;并不像严格的学习那样困难,同上 7.535B;关
于竞赛,法篇 7.807C,8.839E 以下,国家篇 6.504A;亦见 athletic(s),
boxers/boxing, competitions, contests, exercise(s), fencing, festival(s), games,

pancratium, physical, sports, training, wrestling 条。

体育场　　gymnasiums　　雅典的体育场,政治家篇 294D 以下;回廊,欧绪
德谟篇 273A;体育教师,普罗泰戈拉篇 326C;在模范城市中,法篇
6.761C;体育训练督察,同上 6.764C;更衣室,欧绪德谟篇 272E;吕西斯篇
206E;亦见 Lyceum, palaestra, training grounds, wrestling schools 条。

体育场　　palaestra　　弥库斯的,吕西斯篇 204A,206C 以下;陶瑞亚斯的,
卡尔米德篇 153A。

体育竞赛　　athletic competitions　　法篇 6.765C,8.828C;战争法规,同上
1.633A 以下,8.830C 以下,832D 以下;亦见 gymnastic (s), physical training,
training 条。

体育运动　　sports　　男女都可参加的舞蹈,法篇 6.771E 以下;在体育运
动中获得荣誉,同上 9.881B;体育总监,同上 8.835A;在公共体育活动中
不允许嘲笑,同上 11.935B;仲裁人,同上 12.949A;亦见 athlete (s),
athletic, gymnastic(s)条。

体制　　constitution(s)　　贵族制,法篇 3.681D,美涅克塞努篇 238C 以下,
国家篇 1.338D,政治家篇 291E,301A,302D;最佳政府的体制,国家篇
4.420B 以下,8.544E,参阅法篇 5.739C 以下,国家篇 8.545D;体制的构成
与个人不一样,法篇 1.636A,亦见 bodies/body 条;贵族制仅在克里特和斯
巴达实行,同上 4.712E 以下;有缺陷的体制,国家篇 4.445C,8.544,政治
家篇 291D 以下,301 以下;民主制,国家篇 8.555B 以下,政治家篇 291D
以下,301C 以下;民主制的市场,国家篇 8.557D;民主制的形式随时间发
生变化,法篇 3.676B 以下,参阅 6.782A;次好的体制,同上 5.739E,
7.807B;不正确地用于一般的国家,同上 4.712E,715B;当神作为人的牧
者时,不需要民主制,政治家篇 271E;寡头制,国家篇 8.550C 以下,政治
家篇 291D 以下,301A,302C 以下;叙拉古的寡头制,书信 8.355E 以下;第
三位好的体制,法篇 5.739;三种形式的体制,书信 5.321D;金钱政制或荣
誉至上的政制,拉科尼亚的,国家篇 8.545 以下;体制的两个策源地,法
篇 3.693D;僭主制,国家篇 8.544C,562 以下,9.576C 以下,政治家篇
276E,291E,302C 以下;亦见 government(s), polity, state (s)条。

铜、黄铜　　**brass**　　农夫与工匠的混合,国家篇 3.415A,参阅 8.547A;亦见
bronze 条。

铜　　**copper**　　蒂迈欧篇 59C;亦见 brass,bronze 条。

同伴　　**companions**　　狄翁的同伴,书信 7.323E 以下。

同伴　　**associates**　　柏拉图与他的同伴,书信 6.323B;亦见 friend (s)条。

通报者、告密者　　**informers**　　克里托篇 45A;光荣的,法篇 5.730D,742B,
11.914B,参阅 6.762D,9.872B,10.907E,11.917D,932D;各到一半罚金,同
上 5.745A,9.868B,11.928C;亦见 sycophants 条。

通奸　　**adultery**　　法篇 8.841D 以下;禁止通奸,会饮篇 181E;在生育者
中,法篇 6.784E。

痛苦　　**pain**　　斐多篇 83C 以下,斐莱布篇 44A 以下,45E,51A 以下,蒂迈
欧篇 86B;属于结合的种类,斐莱布篇 31B;无限制的,同上 27E 以下,
41D;斯巴达人善于忍受痛苦,法篇 1.633B 以下;与恶不是一回事,高尔
吉亚篇 497D,参阅斐莱布篇 55B;痛苦与期待,斐莱布篇 36A 以下;痛苦
的感觉,泰阿泰德篇 156B;阻止人们从善,蒂迈欧篇 69D;痛苦成为一种
善的时候,普罗泰戈拉 354;灵魂的运动,国家篇 9.583E;痛苦的性质,
蒂迈欧篇 64 以下;痛苦的起源,斐莱布篇 31D 以下,42C 以下;清洗灵魂
的信念,国家篇 4.430B;灵魂的痛苦,斐莱布篇 47E,48B;痛苦与流变理
论,同上 43B 以下;真正的痛苦与虚假的痛苦,同上 40C 以下,42A 以下;
痛苦与快乐,法篇 1.633D—635D;没有痛苦不等于快乐,斐莱布篇 43D 以
下;痛苦的停止引起快乐,斐多篇 60A,斐德罗篇 258E,国家篇 9.583D,参
阅斐莱布篇 51A;灵魂的共性,法篇 3.689A;痛苦与快乐的效果,书信
3.315C;痛苦与快乐的混合,斐莱布篇 46 以下;同时发生的痛苦与快乐,
高尔吉亚篇 496 以下,斐莱布篇 36B,41D;痛苦与快乐在各种善中,同上
32。

统领　　**taxiarchs**　　法篇 6.755C。

同情、怜悯　　**compassionateness**　　雅典人同情弱者,美涅克塞努篇 244E
以下。

同情、一致、共鸣　　**sympathy**　　由诗歌引起的同情,国家篇 10.605D;身体

与灵魂的一致,同上 5.462D;亦见 feeling 条。

同义词　synonyms　普罗狄科对同义词的研究,普罗泰戈拉篇 340B;亦
见 Prodicus 条。

统治　rule/ruling　通过服从来得到正确的统治,法篇 12.942C;统治的
知识,政治家篇 292B 以下,293B 以下;少数人获得统治权,同上 392B 以
下,七种统治,法篇 3.690A 以下,4.714E;亦见 government(s)条。

统治者　ruler(s)　雅典的统治者好像是聪明的和善的,美涅克塞努篇
238D;不应当是独裁的,法篇 3.697C 以下,701E;统治者为什么成为统治
者,国家篇 1.347;不可能教人们去统治,书信 11.359D;统治与服从,国家
篇 6.489C,参阅政治家篇 300C 以下,301B 以下;好人不想当统治者,国
家篇 1.347,7.520D 以下;理想的统治者,同上 6.502;统治者不是不会犯
错误的,同上 1.339C;起引导作用,法篇 4.711C;寻求自己的利益吗? 国
家篇 1.338D 以下,343B 以下,345C 以下,参阅高尔吉亚篇 491E 以下,法
篇 9.875A 以下,国家篇 7.519E 以下,521A;数量增加到难以改革,法篇
4.710D;比被统治者年长,伊庇诺米篇 980E;如何得到报酬,国家篇
1.347;要始终得到监督,法篇 6.758A,参阅 7.807E;在准确的意义上,国
家篇 1.341B;注意的不是希望,而是公民的真正利益,政治家篇 296A 以
下;法律的仆人或使者,法篇 4.715C 以下,参阅 6.762E,政治家篇 293C
以下;统治者与被统治者就像经纱与纬纱,法篇 5.734E 以下;真正的与
完善的统治者,政治家篇 301A 以下;把勇敢和节制织在一起,同上 309B
以下;在最优秀的国家中的统治者:把设立官员当作必要的,国家篇
7.520E,540B;获得关于善的知识,同上 6.506A,7.519C 以下;是长者,同
上 3.412C,参阅 6.498C;是朋友和救星,同上 5.463,6.502D;学习数学,同
上 7.521D—526C;学习天文学,同上 7.527D—530C;学习几何学,同上
7.526C 以下;学习和谐,同上 7.530D 以下;是哲学家,同上 5.473C 以下,
6.484,498E 以下,501,503B,7.519C 以下,525B,540A 以下,8.543A;三十
岁时学哲学,同上 7.537D,539;五十岁时复归哲学,同上 7.540A;只有统
治者有权撒谎,同上 3.389B 以下,5.459C 以下,参阅法篇 2.663D 以下,
国家篇 3.414E;统治者的品质,同上 6.503B 以下,7.535;死后有隆重的

葬礼,同上 5.465E,7.540B 以下;从卫士中选拔统治者,同上 7.537B 以下;接受快乐与痛苦的考验,同上 3.413C 以下,参阅 6.503A 以下,7.539E;亦见 authorities/authority, commander, curators of law, guardians, king (s/ship), magistrates, officials, provider, warden 条。

偷　　**stealing**　　参阅 raids, theft 条。

头　　**head**　　蒂迈欧篇 44D,45A,69E 以下,73E 以下,75B 以下,76C 以下,90D,91E;不要遮盖,法篇 12.942D。

透明的　　**transparent**　　蒂迈欧篇 67E。

投石器　　**slings**　　法篇 8.834A。

头痛　　**headaches**　　符咒,卡尔米德篇 155;源起归于哲学,国家篇 3.407C。

骰子　　κυβεία/κύβοι　　参阅 dice 条。

骰子　　**dice**　　国家篇 10.604C,泰阿泰德篇 154C,155B;塞乌斯发明,斐德罗篇 274D;投骰子所需要的技能,国家篇 2.374C;高投与低投,法篇 12.969A;亦见 knucklebones 条。

土、土地、大地、地球　　**earth**　　在这块土地上产生的雅典人,克里底亚篇 109D,美涅克塞努篇 237B,E,参阅 245D;创世,蒂迈欧篇 33B 以下;描述土,斐多篇 108E—114;被造的与可见的诸神中最年长的,蒂迈欧篇 40C;从土中产生的第一个人,克里底亚篇 113C,政治家篇 269B,271A 以下,参阅会饮篇 191B;亦见 autochthones 条;地球,蒂迈欧篇 33B;假定从土中出生的卫士,国家篇 3.414D 以下;行星轨道,蒂迈欧篇 38D,39B 以下;洞穴穿越大地,斐多篇 111E;在宇宙中的位置,同上 97E,99B,108E 以下;在某些哲学家那里是扁平状的,同上 99B;大地的形状,同上 97E,108E;为什么是球形的,蒂迈欧篇 34A;作为元素之一的土,伊庇诺米篇 981C,法篇 10.889B,891C 以下,斐莱布篇 29A,蒂迈欧篇 31B 以下,48B,49C,53B 以下,60B 以下;土的复合,土与水,同上 60E 以下;土与火,宇宙的构成,同上 31B;土的形式,同上 55E 以下;亦见 elements, soil, universe 条。

土地、土壤　　**soil**　　神圣的,法篇 12.955E;亦见 earth 条。

土地　　**land**　　不允许踩躏希腊的土地,国家篇 5.470 以下;对分配土地立法很难,法篇 3.684D 以下;重新分配土地,同上 3.684D 以下,5.736C 以下;土地的分配,同上 5.737C—740,745B 以下;僭主暗示土地分割,国家篇 8.566A,参阅 8.566E;不得买卖,法篇 5.741B 以下;亦见 model city, property 条。

土地改革　agrarian reform　　遇到的困难,法篇 3.684D 以下,参阅 5.736C 以下。

土匪、强盗　brigands　　法篇 7.823B;亦见 corsairs,piracy/pirates 条。

屠夫　butchering　　用屠夫比喻辩证法的过程,斐德罗篇 265E,参阅大希庇亚篇 304A;亦见 carving 条。

图画、图景　picture(s)　　美丽的画,大希庇亚篇 298A;灵魂中的图景,斐莱布篇 39B 以下,40A;图像思考或猜测是灵魂的功能,国家篇 6.511E。

推测　εἰκασία　　参阅 conjecture,picture thinking 条。

推测、猜测、猜想　conjecture　　灵魂的功能,国家篇 6.511E,7.533E 以下。

推测、猜测　surmise　　或图像思维,国家篇 7.534A。

吞咽　swallowing　　蒂迈欧篇 80A。

图形、形象　figures　　图形与图形,斐莱布篇 12E;音乐中的形象,同上 17D;作为献给诸神的供品,法篇 12.956B;对立法家有用,同上 5.737C;亦见 arithmetic(al),image(s),shape(s)条。

W

瓦罐　jars　　瓦罐的形象,高尔吉亚篇 493B 以下。

瓦罐　pot　　漂亮的,大希庇亚篇 288C 以下;装满美味的汤,同上 290D;相对的美,同上 289A;与少女,同上 289A,参阅 293C。

外国人　aliens　　外邦人,接纳外邦人,法篇 12.949E 以下;外邦人在雅典当选将军,伊安篇 541C 以下;居留的期限,法篇 8.850B 以下;外邦人杀人,同上 9.866B 以下;可以分享果实,同上 8.845A 以下;在诸神的保护下,同上 5.729E 以下,9.879D 以下;当小商贩,同上 11.920A;对外邦人的尊敬,同上 9.879D 以下;关于外邦人的法规,同上 8.850;外邦人的生计,同上 8.848A 以下,849A 以下;可以发誓言,同上 12.949B;亦见 barbarian (s),foreign(ers),strangers,xenelasia,Zeus 条。

外国人　　foreign(ers)　　四种外国人,法篇 12.952E 以下;这个词的来源,克拉底鲁篇 409D 以下,416A,421C 以下;接待外国人,法篇 12.952D 以下,参阅 6.758C;旅行的外国人,同上 12.949E 以下,952D 以下;亦见 aliens,barbarian(s),strangers 条。

外甥女　　nieces　　柏拉图的外甥女,书信 13.361C 以下。

碗　　bowels　　蒂迈欧篇 73A。

弯的　　curved　　曲与直,书信 7.342D。

网　　web　　国家之网,政治家篇 308E 以下。

王朝、朝代　　dynasty　　古代的统治形式,法篇 3.680B,681C 以下。

挽歌　　dirges　　对死者唱挽歌,法篇 12.959E;亦见 lamentation/laments, mourners/mourning 条。

忘记　　Oblivion　　忘原,国家篇 10.621A;亦见 Forgetfulness 条。

王位、宝座　　throng　　柏拉图希望自己的哲学得到人们的普遍尊敬,书信 2.312A,参阅 314A,7.336B;亦见 many 条。

王位、王权　　kinship　　王位的决定,国家篇 5.461B 以下。

网状物　　crecls　　蒂迈欧篇 78B 以下。

玩活动木偶　　marionette playing　　提线木偶,智者篇 224A。

玩具　　toys　　儿童的玩具作为教育手段,法篇 1.643B 以下。

万勿过度、要节制　　Nothing too much　　卡尔米德篇 165A,美涅克塞努篇 247E 以下,斐莱布篇 45E,普罗泰戈拉篇 343B。

凹陷的地方　　hollows　　我们住在大地凹陷的地方,斐多篇 109C。

卫城　　acropolis　　大西岛的,克里底亚篇 115D,116C 以下;叙拉古的,书信 3.315E,7.329E,348A,349D,350A;亦见 citadel 条。

伟大、高尚　　grandeur　　灵魂高尚是哲学家的美德之一,国家篇 6.490C,参阅 6.486A,泰阿泰德篇 173C 以下。

味道、滋味　　taste　　是重要的,国家篇 3.401C 以下;在这方面搞新花样是危险的,法篇 7.797B 以下;感觉,蒂迈欧篇 65C 以下。

味道　　flavors　　分类,蒂迈欧篇 65C 以下。

微风　　breeze　　幸运之风,法篇 5.732C;亦见 daemon(s),spirit 条。

卫生设备　　sanitation　　法篇 6.779C。

卫士　　guard　　参阅 bodyguard, captains of the watch, commander, commissioners, rural,mercenary soldiers 条。

卫士　　guardians　　法律的卫士:向叙拉古提出建议,书信 8.356D 以下,亦见 curators of law 条。模范城邦的卫士:年长的拥有理智,年轻的视觉敏锐,法篇 12.964E 以下;举行入伍仪式,同上 12.965B 以下,参阅国家篇 6.484;对卫士进行选拔和教育,法篇 12.968C 以下;学习神性,同上 12.966C 以下;亦见 auditors, curators of law, magistrates, nocturnal council 条。孤儿的监护人:法篇 10.909C,11.922A,924,926C—928D;亦见 orphans 条。城邦的卫士:古阿提卡的原型,克里底亚篇 110D,112D;战争中的武士,国家篇 3.403E 以下,7.521D,8.543B;勇士,同上 2.375,3.386,413E,6.503E;拥有智慧的阶层,同上 4.428D 以下,参阅法篇 12.965A;分成统治者和辅助者,国家篇 3.414B,5.458C,参阅 8.545D;比作狗,同上 2.375 以下;不怕死,同上 3.386 以下,参阅 6.486A;女性卫士,同上 5.456 以下,458C 以下,468C 以下,7.540C;与公民形成一个大家庭,同上 5.463—465;不能受到嘲笑,同上 3.388E,参阅法篇 5.732C,11.935B 以下;不需要去法庭,也不需要看医生,国家篇 3.410A 以下;从小骑马打仗,同上 7.537A;像神一样,同上 2.383C;黄金和白银的,同上 3.415A,416E,参阅 8.547A;不贪婪,同上 3.390E;卫士的幸福,同上 4.419 以下,5.465E 以下,7.519E,参阅 6.498C;高尚的和温和的,同上 2.375,3.410D 以下,6.503B 以下,蒂迈欧篇 18A,参阅法篇 5.731B;只模仿高尚的品格和行为,国家篇 3.395C 以下;只学习多利亚和弗里基亚的音乐和弹奏弦琴和竖琴,同上 3.399;按照军队要求生活,同上 3.404;智慧的热爱者,同上 2.375E 以下,6.484,498E 以下,501,503B,7.519C 以下,525B,540A 以下,8.543A;在良好的环境中培养,同上 3.401B 以下;不需要黄金或白银,也不要任何财产,同上 5.464B 以下,8.543B;有自制的能力,同上 3.389D 以

下;清醒,同上 3.398E,403E;经受快乐与痛苦的考验,同上 3.413C 以下,
参阅法篇 1.633D 以下,国家篇 6.503A,E,7.539E;在三十五岁时进入实
际的生活,同上 7.539E;有节制的生活方式,同上 5.466B;不哭泣,同上
3.387C 以下,参阅法篇 5.732C,国家篇 10.603E;辅助者:战争中的运动
员,同上 4.422B 以下,参阅拉凯斯篇 182A,法篇 7.824A,8.830A 以下;勇
敢的,国家篇 3.416E,4.429 以下;共同进餐过一种战士的生活,同上
3.416E;战争中的行为,同上 5.466E—471C;与雇佣军的兵营相比,同上
4.419,参阅 8.543B 以下;从小骑马上战场,同上 5.466E 以下;不需要黄
金和白银,也不需要任何财产,同上 3.416E 以下,4.419 以下,422D;亦见
helpers, overseers, ruler(s)条。

委婉语　euphemisms　克拉底鲁篇 405A,E,国家篇 3.400E,8.560E 以
下。

唯物主义者　materialists　法篇 10.888E 以下,智者篇 246A 以下,泰阿
泰德篇 155E 以下。

位置、地点　locality　对身体和心灵的影响,法篇 5.747D。

伪装成敌人进行训练　xenelasia　普罗泰戈拉篇 342B 以下,参阅法篇
12.953E;错误的政策,法篇 12.950B。

温和　placidity　脾气温和,道德品质优秀的人通常比较温和,法篇
7.791C。

问候　salutation　祝你快乐,书信 3.315A;祝繁荣昌盛,同上 1.309A,
2.310B,4.320A,5.321C,6.322C,7.323E,8.352B,9.357D,10.358D,
11.358D,12.359C,13.360A。

文化　culture　是对美之爱的完善,国家篇 3.403C。

紊乱　disturbance　紊乱与复原,斐莱布篇 31D 以下。

文学　literature　参阅 tale(s)条。

文雅、高贵　gentleness　正义的高贵,高尔吉亚篇 516C;每个人都要拥
有这种品质,法篇 5.731B;爱智者的标志,国家篇 2.375E 以下,3.410D 以
下,6.486B。

瘟疫、流行病　pestilence　对国家的影响,法篇 4.709A。

瘟疫　　　plague　　　雅典瘟疫由于狄奥提玛而推迟发生,会饮篇 201D。

违约者　　　broker　　　要对交易中的欺骗负责,法篇 12.954A。

涡　　　whorl　　　巨大的碗形圆拱,国家篇 10.616C 以下。

我的和不是我的　　　mine and not mine　　　不和的共同原因,国家篇 5.462C。

无法度量的事物　　　incommensurable things　　　法篇 7.819E 以下,参阅巴门尼德篇 140B 以下。

无法改造的罪犯　　　incurable criminals　　　应该处死,法篇 9.854E;在地下世界里受惩罚,高尔吉亚篇 525C 以下,参阅斐多篇 113E,国家篇 10.615E;亦见 criminal(s),death,evil(s),world below 条。

无花果　　　figs　　　书信 13.361B;关于采摘无花果的法规,法篇 8.844E。

无花果木　　　figwood　　　比金子更适宜做匀柄,大希庇亚篇 290D 以下。

舞剑　　　swordplay　　　法篇 7.795C;亦见 fencing 条。

无继承权的　　　disinheritance　　　儿童的继承权,法篇 11.928D 以下。

无节制、不能自制　　　incontinence　　　灵魂中的,高尔吉亚篇 493;亦见 intemperance/intemperate 条。

无节制的　　　intemperance/intemperate　　　宁可要节制的生活,高尔吉亚篇 493B 以下;无节制的爱,蒂迈欧篇 86C 以下;亦见 drunken(ness),incontinence,intoxication,profligate 条。

武器　　　arms　　　抛弃武器是可耻的,法篇 12.943E 以下,国家篇 5.468A;在海战中允许,法篇 4.706C;雅典娜教授使用武器,蒂迈欧篇 24B,参阅克里底亚篇 110B,法篇 7.796B 以下,美涅克塞努篇 238B;妇女学习使用武器,法篇 7.804E 以下,813E 以下;克里特人在日常生活中携带武器,同上 1.625C;亦见 spear,war,weapons 条。

武器　　　weapons　　　希腊人的,不能把武器当作神庙的供品,国家篇 5.469E 以下;进出口武器,法篇 8.847D。

污染、玷污　　　pollution　　　血亲仇杀引起的,法篇 9.872E;由凶杀引起的,欧绪弗洛篇 4B 以下,法篇 8.831A,9.865 以下,869E,871A 以下,873A;亦见 defilement 条。

无生命的物体　　　inanimate objects　　　引起人死亡,法篇 9.873E 以下。

无神论/无神论者　atheism/atheists　法篇 10.885B 以下,887C 以下,12.948C;对无神论的训诫,同上 10.888A 以下;对苏格拉底的指责,申辩篇 26;假定自然哲学家是无神论者,同上 18C,参阅法篇 7.821,12.966;驳斥无神论,法篇 10.886—899B;亦见 belief, God, god(s), impiety/impious, infidelity, ungodliness/ungodly 条。

巫师　charmers　对巫师的惩罚,法篇 10.909B 以下,参阅 11.933A 以下,国家篇 2.364B 以下。

巫师　wizard(s)　受惩罚,法篇 10.909B 以下,11.933A 以下;智者是巫师,智者篇 235A;智者政治家是巫师,政治家篇 291C,303C。

武士　warrior　是左右手都善用的,法篇 7.794D 以下;勇敢的武士受到奖励,同上 12.943C,国家篇 5.468B 以下;武士的葬礼,同上 5.468B 以下;死后赋予神圣的荣耀,同上 5.468E 以下;亦见 guardians, soldier(s)条。

无视法律　lawlessness　源于音乐,法篇 3.701A 以下,国家篇 4.424D 以下;由恶灵引起,书信 7.336B;由快乐与痛苦产生,同上 3.315C;亦见 anarchy, license 条。

巫术、魔法　witchcraft　法篇 10.909B 以下,11.933A 以下,国家篇 10.602D;亦见 magician, quacksalvers 条。

巫术、巫师　magic(ian)　法篇 11.933A 以下;驱散对死亡的恐惧,斐多篇 78A;亦见 witchcraft 条。

巫术、妖术　sorcery　法篇 11.933A 以下。

巫术　enchantment(s)　欧绪德谟篇 290A;乞讨的祭司和术士所用,国家篇 2.364C;亦见 charms, incantations, magic(ian), sorcery, spells 条。

无所不知　omniscience　全知者,全知者的欺骗,法篇 5.732A 以下,9.863C,10.886B;斐莱布篇 49A,参阅申辩篇 22,29,大希庇亚篇 286A,E,小希庇亚篇 368B 以下,法篇 5.727B,斐德罗篇 237C,普罗泰戈拉篇 315C,智者篇 230。

物体、身体、肉体　bodies/body　人造物与自然物,书信 7.342D;物体的改变,蒂迈欧篇 56D 以下;五种物体,伊庇诺米篇 981B 以下;物体的形式,蒂迈欧篇 53C 以下;身体的功能,伊庇诺米篇 981B 以下;天体、物体

与灵魂,同上 983C,法篇 11.967A,亦见 planets, stars 条;物体像人一样可
朽、多样、无理智、可消亡、不能保持自身同一,斐多篇 79B;在唯物主义
中,智者篇 246A 以下;身体与肢体、身体的复合状态,国家篇 5.462D,
464B,参阅法篇 12.964D 以下。**人的身体**:蒂迈欧篇 44C 以下;人的身体
活动,高尔吉亚篇 517 以下;身体的美,大希庇亚篇 295C;一生中不断变
化,斐多篇 87D;身体中的管道,蒂迈欧篇 70D,77C 以下;与灵魂的联系,
消亡的结局,法篇 8.828D,参阅克拉底鲁篇 403E 以下;衰亡,生命价值的
摧毁,高尔吉亚篇 505A,亦见 sick (ness)条;不是永恒的,而是可消亡的,
法篇 10.904A;过分关注身体是获取美德的障碍,国家篇 3.407B 以下,参
阅 9.591C;身体对自由人具有很低的价值,法篇 7.796D;身体为灵魂而
存在,同上 9.870B;身体使灵魂激动与疯狂,克拉底鲁篇 404A;身体与
鬼,法篇 12.959B,参阅斐多篇 81;身体的成长,法篇 7.788D,斐多篇 96C;
身体的和谐,身体与灵魂的和谐,国家篇 3.402D;身体对灵魂的阻碍,斐
多篇 65;归于身体的荣耀,法篇 5.728D 以下;灵魂的指标,克拉底鲁篇
400C;低于灵魂,书信 8.355B,法篇 5.728D 以下,743E,10.892A 以下,
12.959A;在可朽性上无差别,吕西斯篇 217B,219A;身体的运动,蒂迈欧
篇 88C 以下;身体的需要,国家篇 1.341E;身体器官,泰阿泰德篇 184B 以
下;哲学家藐视身体,斐多篇 65D;肉体的快乐,斐德罗篇 258E;规范身体
的原则,蒂迈欧篇 72E 以下;是灵魂的监狱,斐多篇 81 以下,斐德罗篇
250C,参阅克拉底鲁篇 400C;身体训练是重要的,书信 7.331B;灵魂统治
身体,法篇 5.726 以下,10.892A,896C 以下,12.959A,967B,斐多篇 80,94,
蒂迈欧篇 34C,参阅法篇 12.966D 以下;侍奉心灵,普罗泰戈拉篇 326B;
身体死后灵魂赤裸,克拉底鲁篇 403B;身体是恶的源泉,斐多篇 66,参阅
蒂迈欧篇 70E;身体死后状态,高尔吉亚篇 524B 以下;怜悯身体和灵魂,
蒂迈欧篇 88C 以下;是灵魂的坟墓,克拉底鲁篇 400C,高尔吉亚篇 493A;
身体可以训练成按照理性生活,蒂迈欧篇 89D;身体比灵魂具有较少的
真理和实在,国家篇 9.585D;是灵魂的交通工具,蒂迈欧篇 69C;与可见
与多样相关,斐多篇 79;年轻的身体,蒂迈欧篇 81B,亦见 constitution,
bodily 条。

无畏　　fearlessness　　不害怕,与勇敢的区别,拉凯斯篇 197B,参阅美诺篇 88B,普罗泰戈拉篇 349C 以下,351,359 以下,国家篇 4.430B。

无限　　infinite　　斐莱布篇 15B 以下;亦见 unlimited 条。

无限　　unlimited　　由接纳或多或少的事物而组成,斐莱布篇 25,参阅 31A;无限的性质,同上 23C 以下;亦见 infinite 条。

无效的、有病的、残缺的　　invalids　　国家篇 3.406B 以下,4.425E 以下; "我们在理智上仍旧是残缺的",斐多篇 90E;亦见 medicine, sick(ness), valetudinarianism 条。

无信仰的、不忠诚的　　infidelity　　指责天文学家无信仰,法篇 12.967A;亦见 atheism/atheists, ungodliness/ungodly 条。

无意的　　indeliberate nature　　无意的恶,法篇 5.731C,参阅申辩篇 25E 以下,亦见 involuntary, unintentional 条。

无意识　　unconsciousness　　参阅 nonsensation 条。

无意向的　　unintentional　　与有意向的行为,法篇 9.878B;亦见 indeliberate, involuntary 条。

无用的　　useless　　等于丑的,大希庇亚篇 295E;人们不喜欢的,吕西斯篇 210C。

无政府状态　　anarchy　　始于音乐,法篇 3.701A 以下,国家篇 4.424D 以下;在民主制中,同上 8.562D 以下;与自由,书信 8.354D 以下;"应当从全部人类生活中驱逐",法篇 12.942D;亦见 lawlessness, license, war, civil 条。

无知/无知的　　ignorance/ignorant　　不自觉的行动是无知的结果,普罗泰戈拉篇 358C;在实际中充斥着美丽的无知,大希庇亚篇 294D;引起错误的行为,法篇 9.863C;完全无知比误用知识要好,同上 7.819A;受智慧的欺骗,同上 9.863C,斐莱布篇 49A,参阅申辩篇 29;在被爱中养成无知,斐德罗篇 239B;在修辞学中清醒与做梦的差别,同上 277E;灵魂的疾病,小希庇亚篇 372E 以下;划分,智者篇 229B 以下;灵魂的空虚,国家篇 9.585B;灵魂之恶,智者篇 228C 以下,参阅斐莱布篇 48B,蒂迈欧篇 86B, 88B;与错误的判断,泰阿泰德篇 199E;等于在重大时刻发出的错误意见,普罗泰戈拉篇 358C;不是智慧的朋友,吕西斯篇 218A;不可能无知,欧绪德谟篇 286D 以下;不自觉的无知,智者篇 228C,230A;不包括知识,美诺篇 80D 以下;无知的性质,国家篇 5.477A,478C;无知与快乐,普罗泰戈拉篇 357;可笑的和可悲的,斐莱布篇 48C 以下;自己无知,同上 48C 以下;自我满足,会饮篇 204A;是最可耻的,大希庇亚篇 296A;等于感觉的迟钝,泰阿泰德篇 194E;服从聪明人,法篇 3.690B;双重的无知,同上 9.863C;不可能是假的,小希庇亚篇 366B;对美德的无知应受惩罚,普罗泰戈拉篇 325B 以下;对世界的无知,斐多篇 89;亦见 folly 条。

X

洗　**washings**　法篇 9.871C。

香　**incense**　蒂迈欧篇 61C;亦见 frankincense 条。

想　νόησις　思考,参阅 etymology,intellect(ion/ual),knowledge,perception 条。

乡村专员　**rural commissioners**　参阅 commissioners,rural 条。

相等、平等　**equal(ity)**　巴门尼德篇 161C 以下,164A,165A;绝对的平等,斐多篇 74 以下,78D;在雅典,美涅克塞努斯篇 238E 以下;只有弱者才希望平等,高尔吉亚篇 483C 以下;与公平有别,普罗泰戈拉篇 337A;尤其可作为民主制的标志,国家篇 8.557B,561B—563,亦见 democracy/democratic 条;平等与友谊,法篇 6.757A;相等介于大于和小于之间,巴门尼德篇 161D;国家中的平等与不平等,法篇 5.744B 以下,6.757;相等本身,巴门尼德篇 131D;相等与一,同上 140B 以下,149D 以下;两种平等,法篇 6.757B 以下;亦见 similarities/similarity 条。

相对性　**relativity**　巴门尼德篇 133C 以下;美的相对性,大希庇亚篇 288E 以下,292E 以下,293B;智者否认相对性,欧绪德谟篇 297B 以下;相对性的例子,国家篇 9.584 以下,10.602D,参阅 10.605B;在哲学中,泰阿泰德篇 152 以下,157B,159 以下,166C 以下,170A;事物和个人的相对性,克拉底鲁篇 386,国家篇 5.479A 以下;智慧的相对性,大希庇亚篇 289B。

相反、相异　contrariety　相异与存在,智者篇 258E 以下;相异与否定, 同上 257B 以下;亦见 opposition(s)条。

相关的与相对的　correlative and relative　如何区分,国家篇 7.523E 以 下;其性质,高尔吉亚篇 476B 以下,国家篇 4.437 以下。

相互关系、伴随关系、关联作用　correlations　斐莱布篇 53D 以下。

像神一样的人　godlike　这种人的直觉比其他人灵验,书信 2.311D。

享受、享乐　enjoyment　与快乐不是一回事,普罗泰戈拉篇 337C。

香水　perfumes　蒂迈欧篇 50E,65A;不得进口,法篇 8.847B。

相似　resemblance　难以捉摸的,智者篇 231A;亦见 likeness(es)条。

相同　likeness(es)　巴门尼德篇 131A,132D 以下,133D,140E;不是最高 种类的存在,政治家篇 286A;使相同,智者篇 235D 以下,264C 以下, 266D;相同与不同,巴门尼德篇 129A 以下,泰阿泰德篇 186A;亦见 image (s),imitation/imitative/imitators,resemblance,similarities/similarity 条。

相同　same(ness)　巴门尼德篇 139 以下,148A 以下;相同与相异,泰阿 泰德篇 186A;相同与不同,智者篇 254E 以下,蒂迈欧篇 35A 以下;相同本 身,巴门尼德篇 146D;这个词的意思,智者篇 254E 以下;相同的运动,蒂 迈欧篇 39A,40A 以下;相同与其他,泰阿泰德篇 158E 以下,蒂迈欧篇 36C 以下,43D。

相同、相似　εἰκαστική　参阅 likeness(es)条。

相同的、相似的　like　同类相聚,高尔吉亚篇 510B,法篇 8.837A,吕西 斯 214A 以下,219B,国家篇 1.329A,参阅吕西斯篇 218B,国家篇 4.425C, 会饮篇 195B;与族类的相异,吕西斯篇 222C;相同者的朋友或敌人,同上 214 以下;相同与一,巴门尼德篇 139E 以下,147C 以下,158E 以下,161B 以下;相同与不同,同上 127E,129A 以下。

相同的　similar　相同的与不同的,普罗泰戈拉篇 331D 以下;由相同而 引起回忆,斐多篇 74A。

相同点/相同　similarities/similarity　寻找相同的技艺,即争论术或修辞 学,斐德罗篇 262A 以下,参阅 273D;相同与友谊,同上 240B。

想象　εὐκασία　参阅 picture thinking 条。

想象　　**imagination**　　参阅 appearing 条。

象牙　　**ivory**　　大希庇亚篇 301A；用在适当的地方是美的，同上 290D；不能献给诸神，法篇 12.956A；斐狄亚斯用于他的雅典娜像，大希庇亚篇 290B 以下。

仙鹤　　**cranes**　　在帖撒利驯养的鹤群，政治家篇 264C；据说仙鹤也有理性，同上 263D。

献祭　　**sacrifice**（s）　　用于赎罪，国家篇 2.364B 以下；参与献祭，法篇 12.949D；献祭时的亵渎，同上 7.800B 以下；与占卜、神交，会饮篇 188B 以下；向诸神献祭，欧绪弗洛篇 14C，法篇 4.716D 以下，7.804B；向冥神献祭，斐多篇 108A；向人献祭，法篇 6.782C，国家篇 8.565D；在献祭时哀悼，法篇 7.800C 以下；献祭的数量，同上 7.809D，8.828A 以下；由男童献上，吕西斯篇 206E，207D；牺牲，法篇 6.753D；私人的献祭，国家篇 1.328C，331D；改进友谊，法篇 6.771D 以下。

鲜明的颜色　　**bright**（**color**）　　蒂迈欧篇 68B。

仙女　　**nymphs**　　音译"宁妇"，阿刻罗俄斯与潘的仙女，比吕西亚斯更高明的艺术家，斐德罗篇 263D；在酒神狂女的舞蹈中得到模仿，法篇 7.815C；给吕西亚斯带来的消息，斐德罗篇 278B 以下；献给仙女的地方，同上 230B；苏格拉底在仙女们的控制之中，同上 241E。

弦琴　　**κιθάρα**　　参阅 cithara，harp，lute，lyre 条。

弦琴　　**cithara**　　允许使用，国家篇 3.399D；传授弦琴，法篇 7.812A；在无歌词的音乐中使用，同上 2.669E；亦见 harp，lute，lyre 条。

纤维　　**fibers**　　蒂迈欧篇 85C 以下。

闲暇　　**leisure**　　自由民的闲暇生活，法篇 7.806D 以下，泰阿泰德篇 172D。

显现　　**appearance**　　在技艺中，智者篇 235E 以下；欺骗性的，普罗泰戈拉篇 356D；显现与感觉，泰阿泰德篇 152B 以下，158E 以下，163 以下，170A；是一种力量，国家篇 2.365 以下；显现与实在，大希庇亚篇 294B 以下。

现象　　**phenomena**　　天文现象，希庇亚是这方面的权威，大希庇亚篇 285C。

限制个人费用的、制止奢侈浪费的　　**sumptuary**　　相关法律,国家篇 4.425 以下;亦见 law(s) 条。

小　　**smallness**　　小与大,巴门尼德篇 149D 以下,161D 以下,斐多篇 96D 以下,101A,102C,政治家篇 283D 以下,参阅国家篇 9.575C,10.605B;小本身,巴门尼德篇 131D,150B 以下;亦见 less 条。

小村庄　　**hamlets**　　参阅 villages 条。

小贩、卖主　　**vendor**　　不能及时供货者,法篇 12.954A。

消化　　**gestation**　　消化与养育,法篇 7.789。

笑剧　　**panes**　　在酒神信徒的舞蹈中模仿,法篇 7.815C。

小旅店　　**hospices**　　参阅 innkeeping/inns 条。

小旅馆、小酒店　　**taverns**　　法篇 11.918D 以下。

小麦　　**wheat**　　与大麦,是人的最佳食粮,美涅克塞努篇 237E,参阅国家篇 3.404D。

消遣、娱乐　　**recreations**　　真正的用法,法篇 2.657C 以下。

硝石　　**niter**　　参阅 soda 条。

小希庇亚篇　　*Lesser Hippias*　　可能间接提到,大希庇亚篇 286B。

下雪　　**snow**　　蒂迈欧篇 59E。

瞎子　　**blind**　　选瞎子做歌队的领队,国家篇 8.554B。

血　　**blood**　　蒂迈欧篇 80E,85C 以下。

亵渎　　**blasphemy**　　在献祭时,法篇 7.800B 以下,参阅 7.821D。

邪恶的、邪恶　　**wicked(ness)**　　承认疯狂是一种邪恶,普罗泰戈拉篇 323B;恶人歧视优秀者,法篇 12.950B;诸神不受恶人之礼,同上 10.885D,905D 以下,908E,12.948C,参阅 10.888C,国家篇 2.365E;把恶比作野蛮,普罗泰戈拉篇 327C 以下;恶人可悲,高尔吉亚篇 470E 以下;对恶人的惩罚,参阅 world below, souls of 条;在墓地漫游的恶人,斐多篇 81D;恶人所认为的幸福,法篇 2.660E 以下,10.899E 以下,905B,国家篇 1.354,2.364A,参阅高尔吉亚篇 470D 以下;恶人甚至不像他们自己,吕西斯篇 214C;亦见 bad(ness),evil(s),injustice,unjust 条。

血纤维蛋白　　**fibrin**　　蒂迈欧篇 82D。

协议　agreement　狄奥尼修与柏拉图达成的关于狄翁的协议,书信3.317C以下;愉快的协议,政治家篇260B,亦见 compacts,contract 条。

鞋子　shoes　希庇亚的鞋子,大希庇亚篇291A,参阅294A,小希庇亚篇368C。

戏法、魔术　jugglery　国家篇10.602D。

习惯　habit　在婴儿教育中,法篇7.792E;习惯的力量,同上4.708C;习惯与自然,同上7.794E;习惯与性格,同上2.655E;习惯与美德,国家篇7.518E,10.619C。

喜好　favor　流行的喜好,获得成就的方式,书信4.321B。

喜欢、爱好　liking　经常作为评价好坏的标准,法篇2.655E。

袭击、搜查　raids　斯巴达的秘巡制度,法篇1.633B。

喜剧　comedy　斐莱布篇50B;习惯上较为低劣,国家篇10.606C;允许吗? 同上3.394D以下,参阅法篇7.816E以下,11.935D以下;是奴隶的娱乐,法篇7.816E以下;儿童们喜欢,同上2.658D,参阅国家篇3.397D;产生快乐与痛苦的混合,斐莱布篇48A;同一批演员不能既演悲剧又演喜剧,国家篇3.395A;同一诗人不能既写悲剧又写喜剧,会饮篇223D。

喜剧诗人　comic poets　法篇11.935D以下;苏格拉底的敌人,申辩篇18以下,斐多篇70C。

西勒诺斯　sileni　(单数 silenus,复数 sileni),在酒神节舞蹈中模仿,法篇7.815C;苏格拉底长得像一个西勒诺斯,会饮篇215A以下,216D,221E。

溪流、流动　stream　视觉之流,蒂迈欧篇45C以下;亦见 ray 条。

西敏狄斯(苍鹰)　Cymindis　荷马诗歌中一只鸟的名字,克拉底鲁篇392A。

心　heart　蒂迈欧篇70B。

新发明、新花样　novelties　音乐与体育中不能有新发明,法篇2.657B以下,660B,7.798E,801C以下,国家篇4.424B以下;亦见 innovation 条。

形、相　εἶδος　参阅 essence,form(s),idea(s)条。

型、模型、原型、类型　pattern(s)　蒂迈欧篇39E;原型与复制,斐多篇

76D;创世的模型,蒂迈欧篇 38B,48E;天上的模型,国家篇 7.540A, 9.592B,参阅法篇 5.739E;模型与影像,巴门尼德篇 132D 以下;模型与模仿,蒂迈欧篇 48E;指导诗人的样式,国家篇 2.379A 以下;生活的两种类型,泰阿泰德篇 176E 以下;亦见 form(s),model,original 条。

型、相　　**form(s)**　　政治家篇 286D;绝对的美的相,大希庇亚篇 289D 以下,292D;爱智者所理解的,法篇 12.965B 以下;相之美,斐莱布篇 51B 以下;相之友的学说,智者篇 246B 以下,248A 以下,参阅吕西斯篇 217 以下;存在于心灵中,巴门尼德篇 132B 以下;一般的相,智者篇 254C;可知的相,书信 9.358A;知识与相,法篇 12.965B 以下;相同与不同,巴门尼德篇 129A 以下;相与质料,克拉底鲁 389 以下;道德品质之相,巴门尼德篇 130B;型的名称,斐多篇 103E;对哲学的必要性,巴门尼德篇 135C 以下;相不是一,而是无限多,同上 132B;相的一与多,同上 131 以下;事物分有相,同上 131—133B,135A 以下;等于类型,同上 132D 以下;相的排列,同上 130 以下;相与实在,智者篇 246B 以下;相本身,巴门尼德篇 133 以下;可知的相,同上 134B;与分有相的事物有区别,同上 129 以下;不可知的相,同上 133B 以下;交织在一起,等于交谈,智者篇 260A;亦见 essence,idea(s),pattern(s),species 条。

型、相　　**idea(s)**　　绝对的型,斐多篇 65,74,100B 以下,普罗泰戈拉篇 360C,国家篇 5.476;联系,斐多篇 73D 以下,76A;与假设,国家篇 6.510B 以下;最佳的相,蒂迈欧篇 46D;像太阳一样的原因,国家篇 6.508,7.517B 以下,参阅 7.516C;爱的原因,斐德罗篇 251;多种原因,斐多篇 100;在创世中,蒂迈欧篇 30 以下,参阅 37C 以下;相的方式的困难之处,斐莱布篇 15 以下;厄拉斯托与科里司库热爱相,书信 6.322D;型的存在,克拉底鲁篇 439C 以下,大希庇亚篇 287C 以下;辩证法家理解善的型,国家篇 7.534B 以下,参阅斐莱布篇 65D 以下;真理的源泉,国家篇 6.508D 以下,参阅 6.505;型与不朽,斐多篇 76;在个别事物中,斐莱布篇 16D 以下;知识与相,克拉底鲁篇 440C;型的知识必须从具体事物的知识开始,斐多篇 75;美与坏的,斐德罗篇 250;型与名称,克拉底鲁篇 389D 以下;相的性质,国家篇 10.596;抽象的起源,同上 7.523 以下;相与现象,同上

5.476,6.507B 以下;先于实在,斐多篇 75;朝着相前进,会饮篇 211;集合,美诺篇 81C 以下,85C 以下,斐多篇 75,斐德罗篇 249C 以下;获得榜样,政治家篇 277D;真正存在的东西,国家篇 6.507B;不变化的,斐多篇 78;独一无二的,国家篇 10.597C 以下,参阅蒂迈欧篇 28,51E 以下;亦见 essence,form(s),logic,metaphysics 条。

醒　　waking　　醒与睡,泰阿泰德篇 158B 以下。

性/性的　　sexes/sexual　　性欲,法篇 6.782E 以下,8.835D 以下,国家篇 5.458D 以下;两性平等和互利,同上 5.456 以下;两性接受同样的训练,法篇 7.804E 以下,国家篇 5.451D 以下,466C 以下;民主制下两性自由交谈,同上 8.563B;在真正的爱情中性的快乐所起的作用很小,会饮篇 192C;性的快乐,大希庇亚篇 298E 以下;两性关系,法篇 8.835D 以下;两性分开接受指教,同上 7.794C 以下;三种性,会饮篇 189D 以下;两性的结合,国家篇 5.458D 以下。

星辰、行星　　stars　　最美丽的有形体的东西,国家篇 7.529D;拥有最美丽的形体和最优秀的灵魂,伊庇诺米篇 981E,固定的星辰,蒂迈欧篇 40A 以下;被造诸神中最伟大的,伊庇诺米篇 984D;希庇亚在这方面的权威,大希庇亚篇 285C;是有理智的,伊庇诺米篇 982A;星辰的大小,同上 983A;是可朽的还是不朽的? 同上 982A;星辰的运动,法篇 7.821B 以下,国家篇 7.529D 以下,10.616E 以下,蒂迈欧篇 40C;轨道,法篇 7.821B 以下;七颗被造的星辰,蒂迈欧篇 38C 以下;星辰与灵魂,法篇 10.899B,蒂迈欧篇 41D 以下;位于上面那个世界,确实存在,斐多篇 111C;受到崇拜,伊庇诺米篇 983E 以下,参阅 992B;为什么不应受崇拜,同上 985D 以下;亦见 bodies,heavenly,heaven(s),planets 条。

行动　　act(ions)　　行为,行为的分类,克拉底鲁篇 386E;行为拥有本质,同上 386E 以下;行为的种类,法篇 9.864B 以下;行为的道德价值取决于表现的方式,会饮篇 181A,183D 以下;行动有灵魂,法篇 10.904A;与状态的区别,欧绪弗洛篇 10;自愿的行动与不自愿的行动,小希庇亚篇 373B 以下,法篇 9.860D 以下。

形而上的　　metaphysics　　绝对的相,巴门尼德篇 133 以下,斐多篇 65,74,

国家篇 5.476;形而上的知识先于具体知识,斐多篇 75;是不可变的,同上 78;知识的分析,国家篇 6.510B 以下;关系的公理,泰阿泰德篇 155A 以下;存在与变易,同上 152D 以下,蒂迈欧篇 27D 以下;原因与结果的区别,欧绪弗洛篇 10C,斐莱布篇 26E 以下;理解关系的难处,卡尔米德篇 167 以下,斐多篇 96D 以下,101;爱利亚学派的,巴门尼德篇 137C 以下;种与属的区别,欧绪弗洛篇 12C 以下;直觉,斐多篇 66,79;抽象观念的起源,国家篇 7.523B 以下;通过反思揭示的实在,斐多篇 65C;相对的与同时相对的,国家篇 7.523E 以下;限定,高尔吉亚篇 476 以下,国家篇 4.437 以下;运用回忆与整合,斐德罗篇 249C 以下;通过思想获得绝对的型,斐多篇 65 以下;亦见 becoming, being, dialectic(al), existence, form(s), God, idea(s), logic, one 条。

幸福、快乐　happiness　技艺,欧绪德谟篇 289 以下;幸福在等候善的灵魂,斐多篇 81A;公民的幸福,法篇 5.743E;依赖于教育,高尔吉亚篇 470E;通过占有善而获得幸福,会饮篇 204E;最大的幸福奖励给最公义的人,国家篇 9.580B 以下,参阅法篇 2.664C;卫士的幸福,国家篇 4.419 以下,5.465E 以下,7.519E,参阅 6.498C;个人的幸福与国家的幸福,法篇 8.828D 以下;幸福与知识,卡尔米德篇 173 以下,欧绪德谟篇 281;法律的目的,法篇 1.631B;奥林匹克赛会胜利者的幸福,国家篇 5.465D,466A;幸福与快乐,高尔吉亚篇 494D 以下,法篇 2.662E 以下,斐莱布篇 47B;僭主的幸福,国家篇 9.576B 以下,参阅书信 3.315B;普世向往的,欧绪德谟篇 278E 以下,参阅法篇 9.870A 以下;不义者的幸福,高尔吉亚篇 470D 以下,国家篇 1.354,8.545A,参阅法篇 2.660E 以下,国家篇 2.364A;并非真的赋予不义者,高尔吉亚篇 470E 以下,法篇 2.660E 以下,662B 以下,10.899E 以下,905B;等于使用好的事物,欧绪德谟篇 280B 以下;幸福与财富,法篇 5.743A 以下,9.870A 以下;幸福与智慧,卡尔米德篇 173 以下,参阅美诺篇 88C;许多人错误地理解幸福,法篇 2.660E 以下;亦见 bliss 条。

幸福　bliss　今生获得幸福一般是不可能的,伊庇诺米篇 973C,参阅 992C;亦见 happiness, happy 条。

幸福的、快乐的 **happy** 生活,书信 7.326B,327B,8.354C 以下;这个术语不适用于富裕,同上 8.355C。

性格 **character(s)** 巴门尼德篇 139D 以下;受气候和土壤的影响,法篇 5.747D;模仿低劣的事物产生恶的性格,同上 2.669B 以下,国家篇 3.395C 以下,参阅法篇 7.798D 以下;男人的性格差别,国家篇 1.329D,政治家篇 306E 以下;女人的性格差别,国家篇 5.456A;性格缺陷,同上 6.503C 以下,泰阿泰德篇 144B;从婴儿时期形成,法篇 7.791B 以下;不良教育毁坏人的性格,国家篇 6.491E,495A 以下,7.519A,参阅法篇 8.831E;国家的性格,国家篇 4.435E 以下;性质,书信 7.342D;政治的性质,智者篇 262E 以下;性格与意愿,法篇 10.904C;亦见 dispositions,temper (ament)条。

辛劳 **toil** 是一种幸福,法篇 6.779A;亦见 labor 条。

性情、脾气 **temper(ament)** 专横的、孤僻的,书信 4.321B;不同的性情,泰阿泰德篇 144A 以下;与习惯,法篇 3.655E;灵魂的性情,斐多篇 86D,参阅 92A;年轻人的性情易变,法篇 11.929C,参阅会饮篇 207D 以下;亦见 character(s),disposition,natural/nature 条。

凶杀、凶手 **murder(ers)** 欧绪弗洛篇 4,8,9A,法篇 9.869E—874B;在来世受惩罚,同上 9.870E,872E 以下;亦见 homicide 条。

形态、样子、外形 **shape(s)** 等于总是伴随着颜色的东西,美诺篇 75B;身体的形态,书信 7.342C 以下;生成的观念,美诺篇 74 以下;固定物体的界限,同上 76A;形态与一,巴门尼德篇 137E 以下,145B;亦见 figures 条。

行为 **conduct** 雅典人对情人的行为,会饮篇 183C 以下。

行星 **planets** 法篇 7.821B 以下;创世,蒂迈欧篇 38C 以下;行星运动,法篇 12.966E;说不出第三颗行星的名字来,伊庇诺米篇 986E 以下;行星轨道,同上 986E,蒂迈欧篇 36C 以下,参阅国家篇 10.616E 以下。

幸运、好运 **fortune** 因不幸而受谴责,国家篇 10.619C,参阅法篇 5.727B;命运的动荡,书信 8.353D;幸运是善的,但无公义可言的好运是恶的,法篇 2.661B 以下,善与恶的幸运,同上 5.732C;禁止制造好运,同上 5.741E;在战争中的作用,伊庇诺米篇 975E;幸运与智慧等同,欧绪德谟篇 279D 以下;亦见 chance,Destinies/destiny,money 条。

性质　ποιότης　　参阅 logic 条。

心灵　**mind(s)**　　小希庇亚篇 375A 以下,蒂迈欧篇 39E;不是绝对善的,斐莱布篇 67A;心灵的鸟笼,泰阿泰德篇 197C 以下,200C;等于美,克拉底鲁篇 416B 以下,参阅斐莱布篇 65E;属于原因,斐莱布篇 30D 以下;名称的原因,克拉底鲁篇 416C;心灵中有一块蜡板,泰阿泰德篇 191C 以下,193B—196A,200C;美好的心灵在美好的身体中,蒂迈欧篇 87D;同类相知,书信 2.312E;人的心灵是不同的,泰阿泰德篇 171D 以下;规范和包含一切的原则,克拉底鲁篇 400A,413C,斐多篇 97C,参阅法篇 12.966E 以下;通过心灵自身的能力察觉一般的东西,泰阿泰德篇 185C 以下;心灵与真正的意见,蒂迈欧篇 51D 以下;年轻人的心灵受各种事物影响,法篇 2.664A 以下;亦见 intelligence/intelligible, knowledge, understanding(s), wisdom/wise 条。

信念、信服　**conviction**　　修辞学产生的,泰阿泰德篇 201A;真正的信念和勇敢,国家篇 4.429 以下;关于最佳事物的信念,法篇 9.864A;亦见 opinion,persuasion 条。

信念　**belief**　　信仰,灵魂的官能,国家篇 6.511D,7.533E 以下;并非所有人相信诸神,法篇 12.948C;亦见 atheism/atheists,God 条;与学习和知识有别,高尔吉亚篇 454D 以下;信念的起源,蒂迈欧篇 37C;真正的信念与知识相同吗? 泰阿泰德篇 200E 以下,206C 以下,208B 以下,参阅伊庇诺米篇 978B;信念与真理,蒂迈欧篇 29C;亦见 judgment(s),opinion 条。

新娘　**bride**　　聘礼,法篇 6.744D;亦见 dowries,marriage 条。

信物　**token**　　真实的信物,书信 13.360A,363B。

信心、信念　πίστις　　参阅 belief 条。

信心、自信　**confidence**　　等于对快乐的预见,法篇 1.644D;信心与勇敢,拉凯斯篇 197B,美诺篇 88B,普罗泰戈拉篇 349C 以下,351,359 以下,参阅国家篇 4.430B;无知等于疯狂,普罗泰戈拉篇 350C;自信与节制,法篇 1.647A 以下;亦见 hope 条。

信仰、信念　faith　参阅 belief, God, judgment(s), opinion 条。

信用　credit　狄奥尼修在雅典的信用,书信 13.361C,362A 以下;法律不承认,法篇 8.849E,11.915D 以下。

雄蜂　drones　国家篇 8.552,554B 以下,555D 以下,559C,564B 以下,567E,9.573A 以下,参阅法篇 10.901A。

胸铠　breastplates　有衬垫的,书信 13.363A 以下。

雄心　ambition　野心,书信 7.344E;赋予灵魂的激情原则,国家篇 8.550B,9.581A 以下;容易变成邪恶,同上 8.553D;希望不朽,会饮篇 208C 以下;在崇尚金钱的国家和人身上的野心,国家篇 8.550B,553D;亦见 covetous (ness); rivalry 条。

习俗、习惯　custom　与本性相对,普罗泰戈拉篇 337D;不恰当地实施的原因,法篇 1.637D;语言习惯,克拉底鲁篇 434E,亦见 names 条;习俗与法律,法篇 8.841B,参阅 12.959E,政治家篇 295A,298D;原始社会的法律,法篇 3.680A;习俗是统治人的暴君,普罗泰戈拉篇 337D,参阅政治家篇 294B;习俗的多样性,法篇 3.681B,6.782;亦见 convention, law(s), traditlon (s)条。

习俗　νόμος　词源为νοῦ或διανομή,法篇 4.714A,12.957C,参阅国家篇 7.532A;νόμοι曲调与法典,法篇 7.799E 以下,参阅 4.722D,6.772E,国家篇 7.532A;亦见 canons, etymology, law(s), nome, preludes 条。

锈　rust　蒂迈欧篇 59C。

修辞学　rhetoric　修辞技艺,斐德罗篇 266D 以下,269,参阅高尔吉亚篇 448D,471E,美涅克塞努篇 235C;说服的技艺,斐德罗篇 260A 以下,参阅国家篇 2.365D;修辞学话语,高尔吉亚篇 449D 以下;在雅典,同上 502D 以下;关于对与错的说服的创造者,同上 452E—455A,参阅法篇 11.937E 以下,泰阿泰德篇 167C;防卫性的,高尔吉亚篇 456D 以下;防护性的技艺,伊庇诺米篇 976B;定义、划分与综合在修辞学中,斐德罗篇 263—266;与辩证法的区别,同上 266,269B,参阅高尔吉亚篇 448D,471D 以下;修辞学中对语词的划分,斐德罗篇 263B 以下;与奉承,高尔吉亚篇 463B 以下,502D 以下;与正义,同上 460,527C;没有真正的知识,斐德罗篇 269;

涅斯托耳、奥德修斯、帕拉墨得斯的修辞学,同上 261B 以下;与诗学,高尔吉亚篇 502C 以下;与政治学,政治家篇 303E 以下;最有能力对付无知者,高尔吉亚篇 459;修辞学的力量,同上 456,466,参阅申辩篇 17A,美涅克塞努篇 235A 以下;与可能性相关,斐德罗篇 272D 以下;修辞学的职业,同上 266C 以下,国家篇 2.365D;与心理学,斐德罗篇 271;等于政治学的某个相似的部分,高尔吉亚篇 463E 以下;与智者之术,同上 520;真正的修辞学旨在改良公民,同上 503A 以下;建立在对灵魂的准确分析的基础上,斐德罗篇 269E 以下,277C;仅有用于揭示某人的错误行为,高尔吉亚篇 480;亦见 orators/oratory 条。

希望 **hope** 给义人老年带来安慰,国家篇 1.331A;在不幸时安慰好人,法篇 5.732C 以下;关于来世的生活,伊庇诺米篇 973C;亦见 anticipation/anticipatory, confidence, expectation 条。

希望 **wish** 与欲望不是一回事,普罗泰戈拉篇 340B。

悉心照料、溺爱儿童 **coddling** 在婴儿期过后应当停止,法篇 7.793E。

吸引 **attraction** 蒂迈欧篇 80C。

宣布放弃信仰、公开认错 **recantation** 参阅 Stesichorus 条。

选举、选拔 **election** 监察官的选举,法篇 12.945B 以下;选举合唱比赛的主席和竞赛裁判,同上 6.765;选举市政官与市场官,同上 6.763E;议事会的选举,同上 6.756B 以下;上诉法庭法官的选举,同上 6.767D;执政官的选举,同上 6.753B 以下;军队官员的选举,同上 6.755B 以下;选举的混合模式,同上 6.753,756,763E,767D;介于君主制和民主制之间的选举模式,同上 6.756E;祭司、解释神谕者、神庙管理者的选拔,同上 6.759 以下;乡村巡视员、专员的选拔,同上 6.760B 以下;亦见 scrutinies 条。

旋转、公转 **rotation** 天穹的,政治家篇 269C 以下;亦见 revolution 条。

血管 **veins** 蒂迈欧篇 77D 以下;舌头里的,同上 77D 以下。

血清 **serum** 蒂迈欧篇 82E。

学生 **pupil** 把灵魂托付给老师,普罗泰戈拉篇 312C,313B。

学问渊博 **lore** 希庇亚精通古代知识使斯巴达人高兴,大希庇亚篇 285E。

学习　　φιλομάθεια　　参阅 learn(ing)条。

学习　　**learn(ing)**　　与信念有别,高尔吉亚篇 454E;这个词的双重含义,欧绪德谟篇 278A;爱学习,灵魂的理性成分,国家篇 9.581B;热爱学习者天生具有最高的权威,伊庇诺米篇 989C 以下;真正的学习,同上 989C;灵魂的运动,泰阿泰德篇 153B;学习的快乐,法篇 2.667C,斐莱布篇 52A 以下,参阅国家篇 6.486C,9.581B 以下,586E;学习与回忆,美诺篇 81D 以下,斐多篇 73,75E 以下;亦见 know(ing),knowledge,thinking/thought 条。

学习　　**studies/study**　　不是强制性的,国家篇 7.536D 以下,参阅法篇 7.810A;学习善的相是最高的,国家篇 6.504E 以下;意味着知识的衰退,会饮篇 207E;学习的目标是选择较好的生活,国家篇 10.618C 以下;不能将实用作为惟一目的,同上 7.527,529 以下;亦见 knowledge,science(s),truth 条。

学校　　**schools**　　辩证法家的学校,大希庇亚篇 301D;位置,法篇 7.804C;维修,同上 6.764C;学校的方式,普罗泰戈拉篇 325E 以下;课程,法篇 7.809E 以下,普罗泰戈拉篇 325E 以下;学校总监,法篇 6.764C;亦见 education 条。

学校老师　　**schoolmasters**　　卡尔米德篇 161D,法篇 7.804D,808D 以下,吕西斯篇 208C。

虚构、杜撰的故事　　**fiction**　　对这一类作品的审查,国家篇 3.386 以下,391C 以下,10.595 以下;关于诸神的故事,欧绪弗洛篇 6,8,法篇 10.886C,12.941B,国家篇 2.377E 以下,388C 以下,3.408C,参阅克里底亚篇 109B,法篇 2.672B,会饮篇 195C;消除缺乏节制的描述,国家篇 3.389E 以下;不要再现恐怖和害怕,同上 3.387B 以下;关于地狱中的恐慌,同上 3.386B 以下,亦见 Hades,world below 条,亦见 fable(s),myth(ology),poetry,stories/story,storymakers 条。

虚幻的事物、鬼、幽灵　　**shades**　　参阅 ghosts 条。

酗酒、喝醉酒　　**intoxication**　　只允许老年人这样,法篇 2.666B 以下;在酒神节期间,同上 1.637B;酗酒的性质,同上 1.640C 以下;在西徐亚等民族中间,同上 1.637D 以下;作用,同上 1.645D 以下;亦见 drinking,drunken (ness)条。

训练、锻炼　exercise(s)　身体的,小希庇亚篇 374A 以下;需要身体训练作为理智的平衡,蒂迈欧篇 88C 以下;对儿童有益的训练,法篇 7.790E 以下;裸体锻炼,同上 1.633C,6.772A,8.833D,国家篇 5.452,泰阿泰德篇 162B,169B;亦见 athletic(s),dance(s)/dancing,gymnastic(s),training 条。

巡查　patrol　国家的巡查,法篇 6.760B 以下;亦见 commissioners,rural 条。

循环　cycles　自然中的循环,法篇 3.677A,国家篇 8.546A,政治家篇 269C 以下,蒂迈欧篇 22C 以下,参阅克里底亚篇 109D。

训练　training　蒂迈欧篇 89A 以下;从痛苦开始,法篇 1.646D;拳击手,同上 8.830A 以下;产生有节制的行为,同上 8.839E 以下;为赛会训练,同上 7.807C,8.839E 以下,国家篇 6.504A;训练的基础,法篇 7.804C;体育训练对所有人一个运动量,政治家篇 394D 以下;训练的危险,国家篇 3.404A;为战争作准备,法篇 1.625C 以下;技艺需要训练,高尔吉亚篇 514;亦见 athlete(s),diet,education,gymnastic(s)条。

训练者、教练　trainers　体育教练,普罗泰戈拉篇 326B,国家篇 3.389C,政治家篇 294D。

巡游　tournaments　参阅 combats,festal 条。

寻找宝藏　treasure-troves　法篇 11.913 以下。

叙述、陈述　statement(s)　智者篇 262 以下;虚假的陈述,同上 263B 以下;陈述与真实,同上 263B 以下;等于把动词与名词编织在一起,同上 262D;亦见 discourse 条。

胸膛　thorax　蒂迈欧篇 69E 以下。

续线　woof　政治家篇 309B;亦见 warp 条。

序言　preludes　法律的序言,书信 3.316A,法篇 4.719E 以下,722D 以下,6.772E,9.870D,880A,10.887A 以下,参阅蒂迈欧篇 29D。

绪言、序论、开端　exordium　文章的开头,大希庇亚篇 286A。

需要　demand　需要与供应,法篇 11.918C。

Y

雅典人/雅典　　Athenian(s)/Athens　　地形,克里底亚篇 111E 以下;学园,吕西斯篇 203A 以下,参阅书信 6.322E;卫城,欧绪弗洛篇 6B,美诺篇 89B;市场,高尔吉亚篇 447A,美涅克塞努篇 234A,农场,126A;古城,克里底亚篇 111E 以下,蒂迈欧篇 21A,D 以下;凯拉米库,位于城外,巴门尼德 127C;苏格拉底受审时的法庭与监狱,克里托篇 43A,斐多篇 59D;船坞与港口装备,高尔吉亚篇 455E;帕诺普的泉水,吕西斯篇 203A;住房,阿伽松的房子,会饮篇 I74E 以下;卡里亚的房子,普罗泰戈拉篇 311A,337D;卡利克勒的房子,高尔吉亚篇 447B;凯勒丰在庇莱厄斯的房子,国家篇 1.328B;莫里库斯的房子,斐德罗篇 227B;吕克昂,欧绪德谟篇 271A,272D 以下,273A,欧绪弗洛篇 2A,吕西斯篇 203A 以下,会饮篇 223D;梅利特,巴门尼德篇 126C;弥库斯的体育场,吕西斯篇 204A;陶瑞亚斯,卡尔米德篇 153A;执政官-国王王宫的柱廊,欧绪弗洛篇 2A,泰阿泰德篇 210D;圆厅,申辩篇 32C 以下;城墙,高尔吉亚篇 455E,吕西斯篇 203A,斐德罗篇 227A;拆除,美涅克塞努篇 244C;重建,同上 245B。历史,克里底亚篇 110A 以下,书信 7.324C 以下,蒂迈欧篇 21D 以下;在那克索斯殖民,欧绪弗洛篇 4C;向弥诺斯进贡,法篇 4.706B;哈谟狄乌和阿里司托吉顿的阴谋,会饮篇 182C;早期共和,法篇 3.698B 以下;提到掌权的十一人,申辩篇 37C,斐多篇 59E,85B,116B;帝国延续了七十年之久,书信 7.332B;民众的驱逐和复辟,申辩篇 21A;与克里特人的友谊,法篇 1.642D 以下;大瘟疫,会饮篇 201D;与拉栖代蒙人,希腊人的救星,法篇 3.692C 以下;执政官的名单,大希庇亚篇 285E;涉及庇西斯特拉提(Pisistratids),会饮篇 182C;古时候民众在剧场里保持安静,法篇 3.700C 以下;城邦与庇莱厄斯之间的协调,美涅克塞努篇 243E;拒绝与波斯大王结盟,同上 245A;三十人统治,申辩篇 32C,书信 7.324C 以下,巴门尼德篇 127D;政治家不能改良民众,高尔吉亚篇 515,519。**战役**,安菲波利斯战役,申辩篇 28E;提到爱琴海战,同上 32B,美涅克塞努篇 243C;阿特

米西乌战役,法篇 4.707C,美涅克塞努篇 241A;科林斯战役,同上 245E,
泰阿泰德篇 142A;代立昂战役,申辩篇 28E,拉凯斯篇 181B,会饮篇 221A
以下,参阅拉凯斯篇 188E,189B;莱卡乌姆战役,美涅克塞努篇 245E;马
拉松战役,高尔吉亚篇 516D,法篇 3.698E 以下,4.707C,美涅克塞努篇
240C 以下;恩诺斐塔战役,同上 242B;普拉蒂亚战役,同上 241C,245A;萨
拉米战役,法篇 3.698C,4.707B 以下,美涅克塞努篇 241A,245A;唐格拉
战役,同上 242A;在斯法吉亚俘虏斯巴达人,同上 242C 以下;引起自身
失败,同上 243D;征服开奥斯岛,法篇 1.638B;在赫拉克勒斯的子孙(底
比斯人)反对阿耳戈斯人的战争中受到保护,美涅克塞努篇 239B;早期
战争,同上 239B;欧律墨冬战役、塞浦路斯战役、埃及战役,同上 241E;远
征波提狄亚,申辩篇 28E,卡尔米德篇 153,会饮篇 219E 以下,221A;伯罗
奔尼撒战争,美涅克塞努篇 242C;波斯战争,法篇 3.692C 以下,698B 以
下,4.770B 以下,美涅克塞努篇 239D 以下;养育战争孤儿,同上 248D 以
下;志愿帮助波斯的人,同上 245A;抵抗从大西洋来的民族进行的侵略,
克里底亚篇 108E 以下,蒂迈欧篇 240 以下;在厄琉息斯与僭主进行的战
争,美涅克塞努篇 243E。**公民大会**,欧绪弗洛篇 3C,大希庇亚篇 282B,普
罗泰戈拉篇 319B 以下;政府的性质,美涅克塞努篇 238C;关于暴尸城外,
国家篇 4.439C;议事会,申辩篇 32B,高尔吉亚篇 473E,美涅克塞努篇
234A 以下;言论自由,高尔吉亚篇 461E,普罗泰戈拉篇 319D,322E 以下。
法律,关于爱情的法规,会饮篇 183C;关于孪童之爱的法规,同上 182A;
命令原告回答问题,申辩篇 25D;禁止殴斗,大希庇亚篇 292B;关于教育、
婚姻等等的法律,克里托篇 50D 以下;麦吉卢是雅典人的近邻,法篇
1.642B;断案没有规定的时限,申辩篇 37B;在赴提洛朝觐的船只返回之
前禁止处死犯人,克里托篇 43D,参阅斐多篇 58A 以下;公共葬礼,美涅
克塞努篇 243C;由犯过失者自己提出受何种惩罚,普罗泰戈拉篇 324C;
法律表明民主的完善,法篇 3.693;管好自身事务,吕西斯篇 209D;在公
民大会上喊叫者要被维持秩序的卫士拉下台,普罗泰戈拉篇 319C;正义
的体系,大希庇亚篇 292B。**节庆**,波瑞阿斯的祭坛,斐德罗篇 229C;阿波
罗不是家族神宙斯,欧绪德谟篇 302C 以下;为荣耀雅典娜而举行全副武

装的舞蹈;法篇 7.796B 以下;狄奥尼修斯节,国家篇 5.475D;阿帕图利亚节,蒂迈欧篇 21B;班迪斯节,国家篇 1.327A,354A;赫耳墨斯节,吕西斯篇 206D;勒奈亚节,普罗泰戈拉篇 327D;泛雅典娜赛会,巴门尼德篇 127B;泛雅典娜节,欧绪弗洛篇 6B,伊安篇 530B;九位执政官在德尔斐竖立的金像,斐德罗篇 235E;执政官-国王作为祭司,政治家篇 290E;雅典人的名字来自这位女神,法篇 1.626D;在节日游行的车上狂饮,同上 1.637B;狩猎女神(Agra)的圣地,斐德罗篇 229C;王宫的神庙,卡尔米德篇 153A;奥林比亚的宙斯,斐德罗篇 227B;向阿波罗宣誓,斐多篇 58B;养鸟,法篇 7.789B,参阅吕西斯篇 212D,国家篇 5.459A 以下;雅典作为希腊智能的中心与神庙,普罗泰戈拉篇 337D;雅典的性格,欧绪言弗洛篇 3C 以下;土壤的儿子,美涅克塞努篇 237B 以下,参阅 245D;谴责苏格拉底,斐多篇 98D;悲剧的最佳裁判,拉凯斯篇 183B;智慧的饥荒,美诺篇 70E 以下;狄翁从雅典返回,书信 7.333B;狄奥尼修在雅典的信用,同上 13.361C,362A 以下;在雅典人中容易受到赞扬,美涅克塞努篇 235D,236A;高尔吉亚在雅典挣了一大笔钱,大希庇亚篇 282B;雅典的荣耀,书信 7.334B;如果一名雅典人是好人,那么他就格外地好,法篇 1.642C,参阅书信 7.336D;欣喜若狂,法篇 1.637B;妒忌传授智慧的人,欧绪弗洛篇 3C 以下;一定不要认为政治可以教授,普罗泰戈拉篇 319D;认为善可教,同上 324D;阿提卡肉馅饼,国家篇 3.404D;普罗狄科经常去雅典,大希庇亚篇 282C;自豪的国家,法篇 6.753A;纯粹的希腊人,美涅克塞努篇 245D;在叙拉古的水手,书信 7.350A;聪明的民众,普罗泰戈拉篇 319B;能言善辩,法篇 1.641E;勇敢,美涅克塞努篇 243C 以下。

亚马孙人　　**Amazons**　　擅长射箭,法篇 7.806B;侵略阿提卡,美涅克塞努篇 239B。

盐　　**salt**　　蒂迈欧篇 60D,74C;在烹调中,吕西斯篇 209E;烹调书中讲明用法,会饮篇 177A。

掩蔽、遮蔽　　**shelter**　　衣服是必要的遮蔽,当神是牧人时是不必要的,政治家篇 272A。

痒　　**itch**　　斐莱布篇 46A;亦见 scratching 条。

养蜂者　　apiarist　　国家篇 8.564C;亦见 bees 条。

样式、式样　　mode(s)　　只接受多利安和弗里基亚样式,国家篇 3.399A;
伊奥尼亚样式,同上 3.398E;吕底亚样式,同上 3.398E;亦见 harmonies/
harmony 条。

养鱼池　　aquariums　　在尼罗河,政治家篇 264C。

宴会　　banquets　　意大利的与叙拉古的,书信 7.326B,参阅高尔吉亚篇
518B,国家篇 3.404D。

眼睛　　eye(s)　　蒂迈欧篇 45B 以下;是美丽的,大希庇亚篇 295C;眨眼是
一个缺陷,小希庇亚篇 374D;治疗眼睛,卡尔米德篇 150B 以下,吕西斯
篇 210A;眼睛与视力,国家篇 6.507D 以下,泰阿泰德篇 156D;灵魂的眼
睛,国家篇 7.527E,533D;灵魂像眼睛,同上 6.508C 以下,7.518;亦见
sight,vision(s)条。

研究　　search　　研究的权利,法篇 12.954A 以下。

眼泪　　tears　　蒂迈欧篇 68A,83E;爱流泪作为人的性格,法篇 7.791E;亦
见 lamentation/laments 条。

阉人、太监、宦官　　eunuch(s)　　坏的教育者,法篇 3.695B;作为守门人,
普罗泰戈拉篇 314D;著名的宦官,书信 7.332,法篇 3.695B;关于宦官的
谜语,国家篇 5.479C。

颜色、色彩　　color(s)　　斐莱布篇 12E,蒂迈欧篇 67C 以下;颜色的比较,
国家篇 9.585A;对照,同上 9.586B;定义,美诺篇 76C 以下;大地的色彩,
斐多篇 110;一般的颜色,美诺篇 74 以下;持久的颜色,国家篇 4.429D 以
下;音乐的色彩,法篇 2.655A;颜色的根源,泰阿泰德篇 153D 以下,156B
以下;颜色带来的快乐,斐莱布篇 51B 以下;诗歌的颜色,国家篇 10.601A
以下;画家使用的颜色,克拉底鲁篇 424E;在向诸神奉献时不用的颜色,
法篇 12.956B;亦见个别的颜色。

岩石　　rock　　蒂迈欧篇 60C。

厌世者　　misanthropy　　厌恶人类者,原因在于,斐多篇 89D 以下。

演说、演讲、讲话、发言　　speech(es)　　蒂迈欧篇 47C 以下,75E;阿伽松的
发言,会饮篇 194E—197;阿尔基比亚德的发言,同上 214E—222B;阿里

斯托芬的发言,同上 189B—193;厄律克西玛库的发言,同上 185E—188;古波斯的言论自由,法篇 3.694B;雅典的言论自由,高尔吉亚篇 461E,普罗泰戈拉篇 319D;吕西亚斯的发言,斐德罗篇 231—234;受到批评,同上 235 以下,263D 以下;聪明人发言的动机,同上 273E;鲍萨尼亚的发言,会饮篇 180C—185D;斐德罗的发言,同上 178—180;演讲中写作的地位,斐德罗篇 277D 以下;可塑性,国家篇 9.588C;职业的演讲稿作者,欧绪德谟篇 305B 以下;发言与沉默,同上 300B 以下;苏格拉底的发言,斐德罗篇 237—241,244—257,会饮篇 201C—212C;苏格拉底与吕西亚斯的发言对照,斐德罗篇 262C 以下;政治家的演讲的写作,同上 257E 以下;作演讲是一门迷人的技艺,欧绪德谟篇 289E 以下;最美好的成就,大希庇亚篇 304A 以下;与谈话相比像敲锣,普罗泰戈拉篇 329A,参阅斐德罗篇 276;亦见 discourse, falsehood(s), language, love, propositions, rhetoric, writers/writing 条。

演说家/演讲术　orators/oratory　演说家和关于演讲的书既不能提问也不能回答问题,普罗泰戈拉篇 329A;不能作出简洁的回答,同上 329B;是技巧而非艺术,斐德罗篇 260E;演讲的本质,同上 260;需要关于真理的知识,同上 262,参阅 273D 以下;巫术的一部分,欧绪德谟篇 289E 以下,参阅美涅克塞努篇 235A 以下;有讲演稿的发言,美涅克塞努篇 234C 以下;真正的原则,斐德罗篇 271,277B 以下;亦见 demagogues, rhetoric 条。

厌恶议论　misology　斐多篇 89D 以下,参阅国家篇 3.411D。

眼炎　ophthalmia　高尔吉亚篇 496A。

谚语、格言　proverbs　障碍已经跃过,克拉底鲁篇 413A,参阅法篇 8.947A;虎口拔须,国家篇 1.341C;所有美的东西都是难的,大希庇亚篇 304E,参阅国家篇 4.435C;美的是友好的,吕西斯篇 216C;第二遍重新开始,法篇 4.733D;良好的开端是成功的一半,同上 6.753E;以其人之道还治其人之身,高尔吉亚篇 499C;学造小壶打碎了大缸,拉凯斯篇 187B,参阅高尔吉亚篇 514E;兄弟同心,国家篇 2.362D;卡德摩斯式的胜利,法篇 1.641C;在火堆上梳理羊毛,同上 6.780C;把同伙推上王座,国家篇 9.575D;宙斯之子科林苏斯,欧绪德谟篇 292E;魔鬼的建议也应当听取,斐德罗篇 272C;神力无所不能,国家篇 6.492E;家犬变得像它们的女主人一样,同上 8.563C;只是在梦中发现了宝藏,吕西斯篇 218C;醉汉和儿童道出真理,会饮篇 217E;大地也像飘摇于风暴中的水手,斐莱布篇 29A;平等产生友谊,法篇 5.757A,参阅 8.837A;恶人永远不知道,同上 5.741D;没有勇气就不能得到胜利,克里底亚 108C,参阅智者篇 261C;我们已经有了公平的比赛条件,法篇 12.968E;不要等到自己摔了跤才知道疼,会饮篇 222B;每个人都天然地是他自己的朋友,法篇 5.731E;朋友的财产确实是公共财产,同上 5.739C,吕西斯篇 207C,国家篇 5.449C;发誓吧,恶魔近在眼前,卡尔米德篇 165A;重复是好事,高尔吉亚篇 498E,斐莱布篇 60A,参阅法篇 6.754C,12.956E;一切事物充满着神,伊庇诺米篇 991D;连神也没有办法,法篇 5.741A,7.818B;好知识最难获得,克拉底鲁 384A;不能同时与两个敌人作战,法篇 11.919B,参阅欧绪德谟篇 297C,斐多篇 89C;欲速则不达,政治家篇 264B;尾巴变成了头,斐德罗篇 241B;自己不智,反笑人愚,国家篇 5.457B;认识你自己! 卡尔米德篇 164D 以下,法篇 11.923A,斐德罗篇 230A,斐莱布篇 48C,普罗泰戈拉篇 343B;与其对有能力的学习者发怒,倒不如抱着欢乐的心情看着他在神的帮助下成长,伊庇诺米篇 988B;从海上或陆上来,在里面或外面,书信 2.312D;最亲密的友谊存在于同类之中,高尔吉亚篇 510B,国家篇 1.329A,4.425C,参阅法篇 8.837A;己所不欲,勿施与人,泰阿泰德篇 162B;骑在马上丢了座位,法篇 3.701D;只有有爱情的人违反誓言才会得到诸神的赦免,会饮篇 183B,斐莱布篇 65C;人只能做他能做的事,而不是做他希望做的事,大希庇亚篇 301C;佩戴标记的人很多,但信徒很少,斐多篇 69D;别把五月配腊月,斐德罗篇 240B;移动了不可移动的东西,法篇 8.843A,11.913B;狄奥墨德斯的必然性,国家篇 6.493D;对自己的影子感到着急,斐多篇 101D;万勿过度! 卡尔米德篇 165A,斐莱布篇 45E,普罗泰戈拉篇 343B;一件大事,国家篇 4.423E;大海里的水滴,泰阿泰德篇 173E;瞎子也能看清楚,智者篇 241D;绕一个大弯,斐德罗篇 257E;与虎谋皮,克拉底鲁篇 411A;既不能读书又不能游泳,法篇 3.689D;悲喜均勿过度,美涅克塞努篇 248A;第二个童年,法篇 1.646A;

刚跳出油锅又入火坑,国家篇8.569B;每只牝猪都知道的事情,拉凯斯篇196E;运气第三次降临,卡尔米德篇167A,书信7.340A,334D,斐莱布篇66D,国家篇9.583B;说请你们原谅的时间已经没有了,法篇6.751D;像一只野兽落入陷阱,泰阿泰德篇165B;进入新一轮掷骰子,法篇12.969A;试一试你就会明白,泰阿泰德篇201A;这两根线不能扯到一块去,欧绪德谟篇298C;逢到好人举行的宴会,好人会不请自来,会饮篇174B;智者应当去叩开富人的大门,国家篇6.489B,参阅法篇12.953D,国家篇2.364B;虎狼之敌,同上3.415D;有爱情的人爱娈童,就好像恶狼爱羔羊,斐德罗篇241D;你不可能轻易地躲避所有摔跤手的捕拿,智者篇231C;不看重用墨水写下来的东西,斐德罗篇276C。

演员　actors　演员的性格,美涅克塞努篇239C;不能既表演悲剧角色又表演喜剧角色,国家篇3.395A;对儿童的促进,书信4.321A;参阅 mimetic art 条。

验证　probation　在来世生活中得到验证,斐德罗篇248。

燕子　swallow　燕子的歌声被视为挽歌,斐多篇85A。

药　drugs　参阅 medicines 条。

摇晃　rocking　婴儿的,法篇7.790C 以下。

要素　factor　成分,身体的成分,在宇宙中作为恶的原因,政治家篇273B 以下,参阅蒂迈欧篇41C 以下;亦见 bodies/body, evil(s)条。

亚述帝国　Assyrian Empire　法篇3.685C 以下。

压缩、浓缩　compression　蒂迈欧篇58B。

雅特洛克勒　Iatrocles　柏拉图释放的奴隶,书信13.363E。一位医生的名字,克拉底鲁篇394C。

夜　night　昼夜,蒂迈欧篇39C,47A。

液　sap　植物的,蒂迈欧篇59E 以下。

夜间开会的议事会　nocturnal council　在大西岛,克里底亚篇120B 以下;在模范城邦里,伊庇诺米篇992E,法篇10.908A,909A,12.951D 以下,961A 以下,968A。

野蛮的　savages　在勒奈亚的剧本中表现野蛮,普罗泰戈拉篇327D。

野蛮人　　barbarian(s)　　书信 7.333B,8.355D,356B,357A;尊崇财富,法篇 9.870A 以下;在西西里摧毁希腊城邦,书信 3.319D,7.331E;统治的形式,国家篇 8.544D;认为裸体是可耻的,同上 5.452C;希腊人的天敌,同上 5.470C,参阅政治家篇 262D;比希腊人古老,克拉底鲁篇 425E;在西西里的野蛮人,书信 7.336A;野蛮人用的语词,克拉底鲁篇 409D 以下,参阅 417C,421C 以下,425E;亦见 aliens, Carthaginian (s), Egypt/Egyptian (s), foreign (ers), Persia/Persian(s), strangers 条。

野生动物　　wild animals　　创造出来,蒂迈欧篇 91E 以下。

野兽　　beast　　灵魂兽性的和野蛮的部分,国家篇 9.571C;育肥的家畜,法篇 7.807B;巨兽,国家篇 6.493;杀了人的野兽要当作谋杀犯受审,法篇 9.873E;多头野兽,国家篇 9.588C 以下;家畜作为财产,法篇 11.914D,915D;亦见 animal(s)条。

液体　　liquid　　与熔岩,蒂迈欧篇 58D 以下。

夜莺　　nightingale　　唱哀歌,斐多篇 85A;萨尔拉斯选择过夜莺的生活,国家篇 10.620A。

一　　ONE　　巴门尼德的学说"一切皆一",巴门尼德篇 128A,智者篇 244B 以下,泰阿泰德篇 180E;一不能在任何地方,巴门尼德篇 138A 以下;一的性质,国家篇 7.525D 以下;一对其自身和对其他既是相等的又是不等的,巴门尼德篇 149D 以下;一对其自身和对其他既不是不相等的又不是不等的,同上 140B 以下;一存在和不存在,同上 156A;产生许多结果,同上 156A 以下,159A;一不动,同上 139A;一既不是一又不是全,同上 142A;一不在任何意义上存在,同上 141E;一既存在于自身又存在于其他,同上 145B 以下;一既与自身和其他相似又与其自身和其他不相似,同上 147C 以下;一既与其自身和其他不相似又与其自身和其他相似,同上 139E 以下;一是有限的,同上 145A;一是无限的,同上 137D;一与多,斐莱布篇 14C—17A,国家篇 5.479,智者篇 251B;一有名称可以谈论,巴门尼德篇 155D;一变得比其自身年老或年轻,同上 152E 以下;一变得不比其自身年老或年轻,同上 140E 以下;一具有无限的部分,同上 144 以下;一不能拥有部分,同上 137C 以下;一在静止和运动中,同上 145E 以

下;一从不静止,同上 139B;一与其自身相同和相异,同上 146A 以下;同
中之不同,同上 139D 以下;从不相同,同上 139A;不与其他相同,或异于
自身,同上 139B;一有形状,同上 145B;一没有形状,同上 137E 以下;一
不占有时间,同上 141A 以下;一分有时间,同上 151E 以下;一触及或不
触及自身和其他,同上 148E 以下;一通过分解而联合,会饮篇 187A;一
在多中是无限的,巴门尼德篇 143 以下;一是整体和部分,同上 157C 以
下;关于一的假设:同上 137B 以下;一不存在,不变化,同上 163E 以下;
一分有存在和非存在,同上 161E 以下;一拥有不等,同上 161E 以下;一
可以分有多,同上 160D 以下;一有运动并处于静止中,同上 162C 以下;
一变得和不变得不同,同上 162E 以下;一与其他不同,与其自身相同,同
上 161A 以下,亦见 unity 条。

一半　　half　　多于整体,法篇 3.690E,国家篇 5.466B;亦见 whole 条。

一般的、将军　　general(s)　　选拔将军,法篇 6.755B 以下;一般的观念,一
与存在,斐莱布篇 15B 以下,亦见 idea(s)条;学习算术与几何,国家篇
7.523D 以下,525B,526D,527C,参阅法篇 7.819C;与军事专家,"战斗的工
匠",法篇 11.921D;将军的名称,克拉底鲁篇 394B;获得战争的胜利,欧
绪弗洛篇 14A;将军与吟咏诗人,ion540D 以下;为什么高于预言家,拉凯
斯篇 198E 以下;将军的技艺,政治家篇 304E 以下;狩猎的一部分,欧绪
德谟篇 290B,参阅智者篇 219C 以下;防护性的,伊庇诺米篇 975E;政治
家的仆人,政治家篇 305A;亦见 army, commander, common, generic, military,
soldiers 条。

一般化、普遍化、概括　　generalization　　文风的,斐德罗篇 265E;亦见
division, classification 条。

一般与具体　　essential　　书信 7.343B 以下。

一对、对子　　pair(s)　　属性,大希庇亚篇 300E 以下;有条件的,同上 299A
以下;二者共有但非各自拥有,同上 301E 以下,303B;无条件的,二者共
有则各自必然拥有,同上 299B 以下。

衣服　　clothes　　造就人,大希庇亚篇 294A,参阅小希庇亚篇 368C;衣服的
起源,普罗泰戈拉篇 322A。

一夫一妻制　　**monogamy**　　在最优秀的国家里不知道这种制度,国家篇 5.457D 以下。

依附者　　**dependents**　　作为打零工的劳动者,欧绪弗洛篇 4C。

遗憾　　**pity**　　对不自觉犯下的罪恶感到遗憾,普罗泰戈拉篇 323E。

意见　　δόξα　　参阅 belief, etymology, judgment(s), opinon 条。

意见、看法、主张　　**opinion**　　斐莱布篇 66C;技艺以意见为基础,同上 59A;意见的盲目指导,国家篇 6.506C;纠正意见,书信 7.342C;专家遵循意见,克里托篇 47 以下;错误的意见在多大范围内是可能的,泰阿泰德篇 170B 以下;意见与理智,政治家篇 278D 以下;意见与善,斐莱布篇 66C;作为向导为什么比知识差,美诺篇 97D 以下;意见与理智,国家篇 7.534A;意见与知识,同上 5.476D—478,6.508D,510A,泰阿泰德篇 170B 以下,参阅斐德罗篇 247D 以下;意见的热爱者,国家篇 5.479C 以下;众人的意见并不一定有价值,克里托篇 44,47 以下,伊庇诺米篇 982,大希庇亚篇 299B,拉凯斯篇 184D 以下,普罗泰戈拉篇 353A,参阅斐德罗篇 260A;亦见 many 条;意见与模仿,智者篇 267B 以下;意见与心智的区别,蒂迈欧篇 51D 以下;意见的对象和理智的分类,国家篇 7.534A,参阅 5.476D 以下;意见的起源,蒂迈欧篇 37B 以下;意见与说服,斐德罗篇 260A;意见与快乐,斐莱布篇 36C 以下;意见的源泉,斐德罗篇 248A 以下;真意见与假意见,斐莱布篇 40C 以下;就像代达罗斯的雕像那样,美诺篇 97E;介于知识与无知之间,会饮篇 202A;比知识用处少,美诺篇 97 以下;亦见 belief, conviction, judgment(s), thinking/thought 条。

意见分歧、争论　　**dissension**　　原因,法篇 3.690D 以下。

以金钱或荣誉为原则的政制　　**timocracy/timocratic**　　国家篇 8.545B 以下;起源,同上 8.547 以下;描写这种以金钱为原则的人,同上 8.548E 以下;如何产生,同上 8.549C 以下;亦见 Sparta/Spartan(s) 条。

依恋　　**attachment**　　相同与不同,法篇 8.837;亦见 friendship 条。

伊利绪雅　　**Eileithyia**　　参阅 Ilithyia 条。

音调　　**attunement**　　音调的性质,斐多篇 92 以下;灵魂像音调,同上 850 以下,参阅 91 以下;亦见 harmonies / harmony 条。

硬、坚硬　**hardness**　蒂迈欧篇 62B 以下。

音高　**pitch**　蒂迈欧篇 60A;音高的性质,法篇 2.665A;音乐的种类,国家篇 3.397—399;亦见 harmonies/harmony 条。

硬的、艰苦的　**hard**　参阅 χαλεπόν 条。

婴儿　**infants**　婴儿的练习,法篇 7.789,790C 以下;有激情无理性,国家篇 4.441A 以下,参阅法篇 12.963E;太年轻不知什么是爱,吕西斯篇 213A;亦见 children 条。

影像　εἴδωλον　参阅 apparitions,image(s),likeness(es),shadows 条。

影像、形象　**image(s)**　克拉底鲁篇 439A,书信 7.342B 以下;永久的形象,蒂迈欧篇 37D;誓言的完成,法篇 10.910A;德尔斐的金塑像,斐德罗篇 235E;诸神的雕像,普罗泰戈拉篇 322A;牧人制造的,斐莱布篇 38D,制造雕像,智者篇 235B 以下,260E,264C 以下,266 以下;在奥林比亚,斐德罗篇 236B;形象与类型,巴门尼德篇 132D 以下;或可见物的影像,国家篇 6.509E 以下,10.596D 以下,蒂迈欧篇 52C;作为非存在存在的证据,智者篇 239D 以下,亦见 copy,figures,imitation,imitative/imitators,likeness(es),manikins,statues 条。

英雄　**hero(es)**　词的变体,克拉底鲁篇 398C 以下;诸神之子,大希庇亚篇 293B;拉栖代蒙人乐意听英雄谱系的故事,同上 285D;受到奖赏,国家篇 5.468B 以下;不要悲伤,同上 3.388,10.605D 以下;死后受到神一般的荣耀,同上 5.468E 以下,参阅法篇 12.947E;对英雄的崇拜与对诸神和精灵的崇拜联系在一起,法篇 4.717B,5.738D,7.801E,国家篇 4.427B,参阅法篇 9.853C,10.910A。

英雄的　**heroic**　英雄体节拍,国家篇 3.400B;亦见 hexameter 条。

英雄体节拍　**trochaic rhythm**　国家篇 3.400B。

营养物、食物　**nutriment**　参阅 food 条。

音阶　**scales**　斐莱布篇 17D;音阶与节奏的调和,法篇 7.802E;亦见 harmonies/harmony,melodies/melody 条。

音节　**syllables**　克拉底鲁篇 423E 以下,431D,433B;希庇亚不想讨论音节,大希庇亚篇 285D;音节与字母,政治家篇 278A 以下,泰阿泰德篇

202E 以下,蒂迈欧篇 48B 以下;日常存在的又长又难的音节,政治家篇 278D;亦见 complexes 条。

饮酒　　　drinking　　对情欲的影响,法篇 1.645D;酗酒对健康不利,会饮篇 176D;迦太基关于饮酒的法律,法篇 2.674A;饮酒和音乐,同上 1.642A;生儿育女时不得饮酒,同上 6.775C 以下;饮食之快乐,同上 2.667B 以下,6.782E,783C,参阅大希庇亚篇 298E 以下,国家篇 8.559A 以下;饮酒的规定,法篇 2.671C 以下,673E 以下;酒宴失态,同上 1.649D 以下,参阅 2.652;当作一种教育,同上 1.641C 以下;需要有人管理,同上 1.639D 以下;亦见 drunken(ness),intoxication,wine 条。

引起、导致　　causation　　斐多篇 96—101。

阴影　　shadows　　国家篇 6.510A;由于光线被阻挡而产生的黑影,智者篇 266B;亦见 picture thinking 条。

吟咏诗人　　minstrels　　受雇在葬礼上服务,法篇 7.800E,参阅 12.959E 以下。

吟咏诗人　　rhapsodes　　比赛,伊安篇 530A 以下,法篇 8.834E,参阅 2.658B 以下;令人羡慕的职业,伊安篇 530B;与将军,同上 540D 以下;荷马与赫西奥德是周游各地的吟咏诗人,国家篇 10.600D;是诗人的受到激励的解释者,伊安篇 530C,533D 以下,535A,参阅 539D 以下;他们的技艺知识,同上 537 以下;为自己所讲述的故事所感动,同上 535B 以下;有收入,同上 535E;戴金冠,同上 535D,541C。

音乐、音乐的　　music(al)　　在古雅典不由民众来判决,法篇 3.700C 以下;古代的音乐形式不得更改,同上 2.657A 以下,7.798D 以下,801C 以下,国家篇 4.424B 以下,参阅法篇 7.816C;严肃音乐与流行音乐,法篇 7.802C 以下,参阅国家篇 3.397B 以下;美丽的音乐,大希庇亚篇 298A;合唱队的音乐,法篇 6.764E 以下;音乐的色彩,同上 2.655A;音乐竞赛,同上 2.657D 以下,6.764D 以下,8.828C,834E 以下,12.947E;拒绝过于复杂的音乐,同上 7.812D,国家篇 3.399C 以下,参阅 3.397B 以下;旋律与音符,泰阿泰德篇 206A,参阅法篇 7.812D 以下;被诗人腐蚀,法篇 2.699C 以下,3.700D 以下;以一种快乐的形式赋予规范,同上 2.659D;音乐指导,同上 7.813A;在教育中的作用,同上 2.654B 以下,660C 以下,普罗泰戈拉篇 326A 以下,国家篇 3.398C 以下,7.522A,参阅克里托篇 50D,泰阿泰德篇 206A 以下;音乐的效果,法篇 7.812B 以下,国家篇 3.401D—403C,蒂迈欧篇 47C 以下;过度产生的结果,国家篇 3.410C 以下;经验性的,斐莱布篇 56A,62C;卫士学习音乐,蒂迈欧篇 18A;模仿性的,克拉底鲁篇 423D 以下,伊庇诺米篇 975D,法篇 2.655D 以下,668A 以下,7.798D 以下,812C,参阅 10.889D,国家篇 3.397B 以下;对音乐作出正确判断及认识其重要性的难处,法篇 2.669B 以下;包括故事,国家篇 2.376E;乐器,大希庇亚篇 295D;旨在灵魂,国家篇 3.410C;目的不是为了获得快乐,法篇 2.655D,668A,3.700E,蒂迈欧篇 47D,参阅法篇 2.658E,7.802D;音乐的种类,法篇 3.700A 以下;为音乐立法,同上 7.801D;放纵音乐导致国家的无政府状态,同上 3.701B,国家篇 4.424D 以下,参阅法篇 7.798E;音乐与爱,会饮篇 187;音乐老师,卡尔米德篇 160A,法篇 7.812B 以下,普罗泰戈拉篇 326A 以下,亦见 Connus, Damon 条;音乐风格,拉凯斯篇 188D,国家篇 3.398C—399C;改变音乐带来的结果,同上 4.424C;音乐与数,伊庇诺米篇 978A;音乐的起源,法篇 2.653D 以下,672C 以下,参阅蒂迈欧篇 47C 以下;音调和声音,智者篇 253B;姿势,法篇 2.655A 以下;音乐与叙述,智者篇 353B;在克里特和斯巴达有严格规定,法篇 2.660B;音乐不是知识,国家篇 7.522A;简洁的音乐产生节制,同上 3.404E,410A,参阅法篇 7.802E;独奏家,法篇 6.764D,765A;男性与女性的歌,同上 7.802E;伪装的智术,普罗泰戈拉篇 316E;声音与音调,斐莱布篇 17C 以下;音乐的标准,法篇 7.800A;通过一生来学习,国家篇 3.403D;音乐监督,法篇 12.949A;在体育之前教授音乐,国家篇 2.376E 以下,参阅 3.403C;在学校里教,普罗泰戈拉篇 312B;妇女的音乐,国家篇 5.452A,参阅法篇 7.804D;学习音乐要花的时间,法篇 7.810A,812E;在埃及音乐是不可改变的,同上 2.657A 以下,7.799A;正确与错误地使用音乐,同上 2.655B 以下;亦见 art(s), culture, poetry, poets 条。

音乐家、乐师　　**musicians**　　真正的音乐家,国家篇 3.402C 以下。

银子　　**silver**　　大希庇亚篇 301A,吕西斯篇 220A;装饰天穹,斐多篇

110E;卫士不允许拥有,国家篇 3.416E,4.419,422D,5.464C,蒂迈欧篇
18B,参阅国家篇 8.543B;混杂在辅助者阶层,国家篇 3.415A,416E,参阅
8.547A;不能献给诸神,法篇 12.955E;不能拥有,同上 5.742A,743D,参阅
5.746A;原始时代不知道银子,同上 3.679B。

医生　doctor(s)　　　奴隶当医生的助手,法篇 4.720C,参阅 9.857;因生活
奢侈而使这个行业兴旺,国家篇 2.373C;医生与法官,高尔吉亚篇 478A,
480B；亦见 Acusilaus, Asclepiads, empirics, Eryximachus, Herodicus,
Hippocrates,medicine,professors of,physician(s)条。

医生　physician(s)　　　书信 7.330D;医生的技艺,欧绪弗洛篇 13D;与厨
师,高尔吉亚篇 464D 以下,521E 以下;与真正的教育者,智者篇 230C 以
下;奢侈风盛行时医生的行业就兴旺,国家篇 3.405A;医术是一种善,同
上 3.408C 以下;医生的无用,法篇 6.761D;不仅仅是为了挣钱,国家篇
1.341C,342D;医生的名字,克拉底鲁篇 394C;与病人,法篇 9.865B;有时
候错误地对待病人,政治家篇 298A;要考虑整体,卡尔米德篇 156B 以
下,参阅法篇 10.902D,903D;与智者,泰阿泰德篇 167A;灵魂的医生知道
知识的效果,普罗泰戈拉篇 313E;医生在国家中,国家篇 3.408C 以下;真
正的政治家或立法者,政治家篇 293B 以下,295B 以下;两种医生,法篇
4.720B 以下,722B,723A,9.857C 以下,国家篇 5.459C;是聪明人,泰阿泰
德篇 167B;亦见 doctor(s),empirics,medicine 条。

仪式、礼仪　ceremonials/ceremonies　　　法篇 12.949D;禁止私下举行仪式,
同上 10.909D 以下,参阅 12.955E;亦见 rites/ritual 条。

仪式　liturgies　　　参阅 ceremonials/ceremonies 条。

议事会　council　　　模范城市的,法篇 6.756B 以下,766B;议事会的划分,
同上 6.758B 以下;职责,同上 6.758B 以下;夜间举行会议,伊庇诺米篇
992E,法篇 10.908A,909A,12.951D 以下,961A 以下,968A,969B,参阅克
里底亚篇 120B 以下;亦见 senate 条。

议事会　Council　　　雅典的,美涅克塞努篇 234A 以下,235E;普罗狄科在
议事会讲话,大希庇亚篇 282C,参阅 304A 以下;苏格拉底作为议事会成
员,申辩篇 32B。

议事会　senate　向叙拉古提出的建议,书信 8.356D;斯巴达的议事会由莱喀古斯创立,同上 8.354B。

艺术家　artist(s)　画在神庙里的关于诸神的故事,欧绪弗洛篇 6C;艺术家和辩证法家,斐莱布篇 59A 以下;在爱神的激励下,会饮篇 197A;只表现善,国家篇 3.401B 以下;不为自己的利益而工作,同上 1.34B 以下;亦见 artificer, competitor, trained, craftsman/craftsmen, professional/professions 条。

以太　aether　斐多篇 109C,111B;作为一种原因,同上 98C;用以太造成的神灵,伊庇诺米篇 984D 以下;一种气,蒂迈欧篇 58D;身体中的以太,伊庇诺米篇 981C。

遗忘　forgetfulness　斐莱布篇 33E 以下;非哲学的本性的标志,国家篇 6.486C 以下;由快乐和痛苦产生,书信 3.315C;遗忘真正的存在,斐德罗篇 250;亦见 Oblivion 条。

一样、一式、一致性　uniform(ity)　在一致性中没有运动,蒂迈欧篇 57E 以下;理智的标志,伊庇诺米篇 982B 以下。

医药　medicine　小希庇亚篇 375B;医学技艺,高尔吉亚篇 501A,斐德罗篇 268A 以下;用灰治眼睛发炎,吕西斯篇 210A;医药的原因,国家篇 3.405;医药中使用符咒,卡尔米德篇 155C,书信 6.323B,国家篇 4.426B,泰阿泰德篇 149C;要考虑整个身体,卡尔米德篇 156B 以下,斐德罗篇 270C,参阅法篇 10.903D;治头痛,卡尔米德篇 156B 以下;对健康有益的,吕西斯篇 219C 以下;防护性的技艺,伊庇诺米篇 976A;节食,法篇 2.659E 以下;与教育,拉凯斯篇 185C 以下;经验性的技艺,斐莱布篇 56B;与友谊,吕西斯篇 217;与政府,政治家篇 293B 以下;希腊人的诊断,普罗泰戈拉篇 352A;与体育,高尔吉亚篇 464B 以下,517E 以下,智者篇 229A;与正义,国家篇 1.332C;用油防病,普罗泰戈拉篇 334C;不是为了不健康和不是为了帮助不节制的病人,国家篇 3.406 以下,408A,4.425C 以下,参阅蒂迈欧篇 89B 以下;医学的教师并不懂医学,蒂迈欧篇 88A;与惩罚,高尔吉亚篇 478 以下;与修辞学,斐德罗篇 270B 以下;真正的用处,国家篇 3.406;两类医学,法篇 4.720,国家篇 5.459C 以下;亦见 doctor (s)条。

医药　　medicines　　具有双重价值,蒂迈欧篇 89B 以下。

意愿　　willing　　与希望,高尔吉亚篇 467 以下。

遗赠　　bequest　　遗赠的自由和限制,法篇 11.922B—923C;亦见 inheritance 条。

一致、调和　　unison　　在音乐中的齐唱、齐奏,法篇 7.812D。

意志　　will　　意志的自由,法篇 10.904C 以下。

一种节奏　　dactylic foot　　国家篇 3.400B。

遗嘱　　wills　　立遗嘱的自由受到限制,法篇 11.922B—923C;相关法规,同上 11.922B—924B。

风洞　　windpipe　　参阅 channels, air 条。

勇敢　　bravery　　卫士的勇敢,国家篇 2.375;辅助者的勇敢,同上 4.429 以下;亦见 courage (ous), valor 条。

勇敢　　valor　　对勇敢者的奖励,法篇 12.943C,国家篇 5.468B 以下;在战斗中勇敢胜于数量众多和富有,美涅克塞努篇 240D;在美德中列第四位,法篇 1.630C,631D,2.667A;美德的一部分,同上 1.631D 以下;亦见 bravery, courage(ous)条。

勇敢　　ἀνδρεία　　参阅 bravery; courage(ous), etymology, valor 条。

勇敢的　　courage (ous)　　不能用来描写儿童或动物,拉凯斯篇 196E 以下,参阅法篇 12.963E,国家篇 4.430B;依靠节制来获得,法篇 12.963E;坏人也可以勇敢,同上 1.630B,普罗泰戈拉篇 349D,359B;没有节制与其他品质混合,政治家篇 308E 以下,参阅法篇 1.630A,3.696B;许多时候涉及善与恶,拉凯斯篇 199B 以下;过分勇敢是危险的,政治家篇 308A;等于灵魂的持久,拉凯斯篇 192B 以下;与无所畏惧不同,同上 197B,参阅美诺篇 88B,普罗泰戈拉篇 349C 以下,351,359 以下,国家篇 4.430B;诸神不缺乏勇敢,法篇 10.901E;卫士的勇敢,国家篇 3.386,6.503E;勇敢地面对死亡,斐多篇 68D,国家篇 3.386,参阅 6.486A;等于关于激发恐惧或自信的东西的知识,拉凯斯篇 195 以下,参阅国家篇 4.429C,442C;对存在与非存在的恐惧,普罗泰戈拉篇 360D;勇敢的生活,法篇 5.733E;会使人变得残忍,政治家篇 309E;节制正好相反,同上 306B 以下;经常从害怕中产生,斐多篇 68D;美德的一部分,拉凯斯篇 190D,199E,法篇 12.963C 以下,普罗泰戈拉篇 329E 以下,349 以下,353 以下,359,参阅法篇 3.688A,696B;哲学家的美德之一,斐多篇 68C 以下,114E,国家篇 6.487,490C,494B,参阅 6.486A;勇敢等于坚守阵地,拉凯斯篇 190E 以下;勇敢抗拒快乐,法篇 1.634A 以下;勇敢等于保持平静,与精神恍惚相反,国家篇 6.503D,参阅蒂迈欧篇 88B;勇敢与智慧,法篇 12.963E,普罗泰戈拉篇 350,359C 以下,参阅高尔吉亚篇 491B 以下,495C 以下,拉凯斯篇 194D 以下;勇敢不是作为一般美德的智慧,伊庇诺米篇 975E;亦见 bravery,confidence,valor 条。

永恒　　eternity　　永恒与人生,国家篇 10.608C,参阅斐多篇 107C;永恒的基础是一,蒂迈欧篇 37D。

勇士的葬礼　　burial　　国家篇 5.468E 以下;儿童与父母的葬礼,大希庇亚篇 291D,292E 以下;雅典阵亡将士的葬礼,美涅克塞努篇 234B 以下;父母的葬礼,法篇 4.717D 以下;葬礼的规矩,同上 12.958E 以下;富人家的妇女的葬礼,同上 4.719D;统治者的葬礼,同上 12.947B 以下,国家篇 3.414A,5.465E,7.540B 以下;自杀者的葬礼,法篇 9.873C 以下;亦见 funeral(s),lamentations / laments,mourners/mourning 条。

庸医　　quacks　　江湖郎中,书信 7.330D;亦见 empirics 条。

拥有　　having　　与占有,泰阿泰德篇 197B 以下。

油　　oil　　蒂迈欧篇 60A;亦见 olive 条。

友好的　　friendly　　友好是一样平滑的东西,吕西斯篇 216C;精神上需要好朋友,法篇 4.718D,723A,参阅 10.885E。

有机体　　organisms　　随着岁月流逝而有许多变化,法篇 6.782A。

优生学　　eugenics　　在最优秀的国家中的优生原则,国家篇 5.459。

游戏　　games　　玩球,欧绪德谟篇 277B,斐多篇 110B,泰阿泰德篇 146A,参阅书信 13.363D;玩骰子,法篇 12.969A,国家篇 2.374C,10.604C;塞乌斯发明,斐德罗篇 274D;下棋,卡尔米德篇 174B,高尔吉亚篇 450D,法篇 5.739A,7.820C 以下,国家篇 1.333B,2.374C,6.487B,政治家篇 292E;塞

乌斯发明,斐德罗篇 274D;玩趾骨,吕西斯篇 206E;猜奇数与偶数,同上 206E;城邦作战,国家篇 4.422E;木偶戏,法篇 1.644D 以下,参阅国家篇 7.514;对男女都适合的游戏,法篇 7.813D 以下,8.828C 以下,亦见 dance(s)/dancing,festival(s),gymnastic(s),training for 条;劳累的,同上 7.807C,参阅 8.839E 以下;战争中的拉与拖,泰阿泰德篇 181A。儿童的游戏:不得更改,法篇 7.797B 以下;影响性格与道德,同上 7.797A 以下;教育的一种方式,同上 1.643B 以下,参阅国家篇 7.536E;亦见 play,sports 条。

游戏　play　儿童的游戏作为教育的工具,国家篇 4.425A,7.536E;定义,法篇 2.667D 以下;亦见 amusements,children,games,toys 条。

有限　finite　与无限,斐莱布篇 15B—17A,亦见 limit(ed) 条。

有限的　limit(ed)　斐莱布篇 26,30B 以下;包含所接受的尺度在内,同上 25;在有关财产的争论中提到有限的时间,法篇 12.954C 以下;有限与无限,斐莱布篇 23C,31 以下;亦见 finite 条。

有信心的　πιστότης　参阅 faithfulness,loyalty 条。

优秀　fine　优秀与好,法篇 12.966A;亦见 honor 条。

友谊　friendship　书信 6.322D 以下,7.332D,吕西斯篇 212 以下,斐德罗篇 232,255 以下;把整个世界连在一起,高尔吉亚篇 508A;友谊与敌意,吕西斯篇 216A 以下;由神建成,吕西斯篇 214A;友谊的基础,书信 7.333E 以下;在恶人之间不会有友谊,吕西斯篇 214D,斐德罗篇 255B,参阅吕西斯篇 217B 以下,218A;友谊是善,吕西斯篇 218B;友谊中的相同与不同,同上 214 以下;友谊与医药,同上 217;友谊的对象,同上 222E;性格上的相同,高尔吉亚篇 510B,参阅斐德罗篇 240B;国家中的友谊,法篇 5.738D 以下,743C,6.759B,国家篇 5.461B—465;亦见 acquaintance,affection,amity,attachment,love,union 条。

有益的/利益　beneficial/benefit　等于美,大希庇亚篇,296E 以下;美不是有益,同上 297C;有益是善的原因,同上 303C;有益与善,普罗泰戈拉篇 333D 以下,参阅泰阿泰德篇 177C 以下;有益与伤害,大希庇亚篇 284D;有益与合法,同上 284E 以下;亦见 advantage 条。

有意的　intentional　有意的行动与无意的行动,法篇 9.878B;亦见

voluntary 条。

游泳　　**swimming**　　技艺,高尔吉亚篇 511C。

有用的　　**useful**　　等于美好的,大希庇亚篇 295C 以下;有用的不是美好的,同上 296D,参阅 297C。

忧郁症的　　**melancholy**　　蒂迈欧篇 87A。

鱼　　**fish**　　创造出来,蒂迈欧篇 92A 以下;驯养的鱼群,政治家篇 264C;亦见 angler/angling, aquariums 条。

圆　　**circle(s)**　　书信 7.342B 以下,蒂迈欧篇 36C 以下;圆的定义,书信 7.342B;宇宙是一个圆球,蒂迈欧篇 34B。

原本　　**original**　　与复制品,蒂迈欧篇 29B,31A,39E。

圆的　　**round**　　书信 7.342B。

猿猴　　**ape(s)**　　它们的相对美丽,大希庇亚篇 289A 以下;人与神之比就像猿与人之比,同上 289B;忒耳西忒斯选择过猿猴的生活,国家篇 10.620C。

援救、营救　　**rescue**　　在遇到骚扰时援救的责任,法篇 9.880B 以下。

原来的斯巴达人　　**pro-Spartans**　　"耳朵被打坏了的人",高尔吉亚篇 515E,普罗泰戈拉篇 342B 以下。

原始的人　　**primitive man**　　克里底亚篇 109D 以下,法篇 3.677B 以下,680 以下,政治家篇 269B,270D 以下,274B 以下,会饮篇 189D 以下,蒂迈欧篇 22D 以下;亦见 man/men 条。

元素、基质、成分　　**elements**　　斐莱布篇 30A 以下,智者篇 266B;元素的渗透程度,蒂迈欧篇 58A 以下;五种元素,伊庇诺米篇 984B 以下;基质的形式,蒂迈欧篇 55D 以下;四元素,法篇 10.889B,891C 以下,斐莱布篇 29A,蒂迈欧篇 31B 以下,82A 以下,参阅伊庇诺米篇 981;人与宇宙的元素,斐莱布篇 29;只可命名,泰阿泰德篇 201E 以下,参阅蒂迈欧篇 51C 以下;名称的成分,克拉底鲁篇 422A 以下,434B,元素的性质,蒂迈欧篇 48B 以下,49B 以下,51A 以下;起源,同上 52D 以下,53B 以下;元素的转换,同上 56D 以下;灵魂的成分,同上 34C 以下;各种元素,同上 58C 以下。

圆厅　　**Round Chamber**　　在雅典,申辩篇 32C 以下。

元音　vowels 克拉底鲁篇 424C,斐莱布篇 18B 以下,智者篇 253A,泰阿泰德篇 203B。

原因、借口　reasons 有些事情无理由可言,克拉底鲁篇 426A。

原因　cause(s) 蒂迈欧篇 61C 以下;原因与条件之差别,斐多篇 99;生成性的原因,斐莱布篇 27A 以下;犯罪的原因,法篇 8.831E 以下,9.870A 以下,国家篇 8.552C 以下,9.575A;最后的原因,斐多篇 97 以下;关于原因的论证,运用于正义,国家篇 1.352E 以下;神是最好的原因,蒂迈欧篇 29A;好不是原因,斐多篇 99;原因与结果的观念,欧绪弗洛篇 10C,斐莱布篇 26E 以下;错误行为的原因,法篇 9.863B 以下;创世的必要原因,蒂迈欧篇 28;生理的原因,伊庇诺米篇 983C;原因的力量,斐莱布篇 30B 以下;最初的原因,法篇 10.981E;原因等于把事物产生出来的那个东西,大希庇亚篇 296E 以下;次要原因,蒂迈欧篇 46C 以下,参阅 76E;研究事物的原因,法篇 7.821A;两种原因,蒂迈欧篇 68E 以下;各种原因,同上 48A 以下。

源于父名的姓　patronymics 小孩使用,吕西斯篇 204E。

原则　principle 第一原则的性质,书信 2.312D 以下;非生成的和不可摧毁的,斐德罗篇 245C;正义之父神是积极统治的原则,书信 6.323D。

原则　principles 存在的原则,斐莱布篇 23C 下;第一原则的重要性,克拉底鲁篇 436D;自然的原则,书信 7.344D。

圆周　circumference 书信 7.342B。

愚蠢　folly 等于灵魂的混乱,法篇 3.689B;由恶灵引起,书信 7.336B;最糟糕的疾病,法篇 3.691D;灵魂的空虚,国家篇 9.585B;爱恶恨善是最大的愚蠢,法篇 3.689A;爱的愚蠢,斐德罗篇 231E;在国王中盛行,法篇 3.691A;由快乐和痛苦产生,书信 3.315C;等于毁灭,法篇 3.688D 以下;愚蠢与节制,普罗泰戈拉篇 332 以下;愚蠢与智慧,同上 332 以下;亦见 ignorance/ignorant, madman/madness 条。

愚蠢　stupidity 斐莱布篇 48C。

愚蠢　ἀμθία 参阅 etymology, folly, ignorance/ignorant 条。

悦耳的声音　euphony 在词源中,克拉底鲁篇 404E,412E,414C,418B

以下。

月份　**month**　伊庇诺米篇 990B,蒂迈欧篇 39C,47A。

月桂树叶、桂冠　**laurel**　在叙拉古宫廷花园中,书信 2.313A;花冠,监察官们佩戴,法篇 12.947A。

月亮　**moon**　伊庇诺米篇 990B;阿那克萨戈拉论月亮的性质,申辩篇 26D,参阅法篇 10.886D 以下;创世,蒂迈欧篇 38C;月亮轨道,法篇 7.822A,斐多篇 98A,蒂迈欧篇 38D;有一个灵魂,法篇 10.899B;月亮的圆缺,伊庇诺米篇 978D 以下;确实存在于天上,斐多篇 111C。

语法　**grammar**　克拉底鲁篇 431E;一种协和的力量,同上 405D;在教育中,欧绪德谟篇 276A 以下;塞乌斯发明,斐莱布篇 18B,参阅斐德罗篇 274D;普罗狄科教语法,克拉底鲁篇 384B;适当地把字母结合在一起,智者篇 253A;亦见 dialect,etymology 条。

预见　**anticipation/anticipatory**　预期,斐莱布篇 320;快乐与痛苦,国家篇 9.584D;亦见 expectation,hope 条。

愉快的　**pleasant**　快乐的,通过视觉和听觉得到的快乐,等于美,大希庇亚篇 297E 以下,302B 以下;不是美,同上 303D。

娱乐　**amusements**　不改变儿童的娱乐,法篇 7.797B;作为教育的一种手段,国家篇 4.425A,7.536E;亦见 entertainment,play,pleasure(s)条。

娱乐　**entertainment**　具有相对的价值,法篇 2.657D 以下;亦见 amusements 条。

运动　**κίνησις**　参阅 logic 条。

运动　**motion(s)**　克拉底鲁篇 437C 以下,439C,440,巴门尼德篇 138B 以下,159A;运动与开端,法篇 12.966E;运动与存在,泰阿泰德篇 153A;对儿童有益,法篇 7.789B 以下,790E 以下;身体的运动,蒂迈欧篇 88C 以下;运动与变化,法篇 10.893B 以下;用名称来表示运动,克拉底鲁篇 436E;用字母 ρ 来表示运动,同上 426C 以下,434C;运动与流水,同上 411C;运动与生育,蒂迈欧篇 38A;运动与非存在的一,巴门尼德篇 162C 以下,163E;运动与一,同上 139A,145E 以下,156C 以下;行星的运动,蒂迈欧篇 38C 以下;运动与静止,克拉底鲁篇 438C,法篇 10.893B 以下,巴门尼德篇 129E,136B,国家篇 4.436C 以下,智者篇 250,254D 以下,泰阿泰德篇 153,蒂迈欧篇 57D 以下;同与异的运动,同上 36C 以下;运动与感觉,泰阿泰德篇 156,182;七种运动,蒂迈欧篇 34A;六种运动,同上 36D,38C,43B;灵魂的运动,法篇 10.894B 以下,斐德罗篇 245C 以下,蒂迈欧篇 89E;星辰的运动,法篇 7.821B 以下,11.966E,国家篇 7.529D 以下,10.616E 以下,蒂迈欧篇 40C;十种运动,法篇 10.893C 以下;两种运动,巴门尼德篇 138B 以下,泰阿泰德篇 156A;宇宙的运动,政治家篇 269C 以下;运动与智慧,法篇 10.897C 以下;亦见 change(s)条。

运动　movement　参阅 motion(s)条。

运动员　athlete(s)　阿特兰塔选择过一种运动员的生活,国家篇 10.620B;有野蛮化的倾向,同上 3.410C 以下,7.535D;在战争中担当卫士,同上 3.403E 以下,4.422B 以下,7.521D,8.543B,参阅拉凯斯篇 182A,法篇 7.824A,8.830A 以下;要格外注意训练,国家篇 3.404A;保持警觉,同上 3.404A;运动员的训练,法篇 8.830A 以下;在赛会中取胜终生由国家供养,申辩篇 36D。

浴盆　basins　克里底亚篇 116B。

驭手/马车　charioteer/chariots　伊安篇 537B 以下;驾驭,吕西斯篇 208A;克里特没有马车,法篇 8.834B;灵魂的驭手,斐德罗篇 246 以下,253C 以下。

欲望　ἐπιθυμία　参阅 desire(s),etymology,passion(ate/s)条。

欲望　desire(s)　斐莱布篇 35B 以下,41C 以下;只属于灵魂,同上 34C 以下;与理性的冲突,斐德罗篇 253D 以下,国家篇 9.57IC 以下,参阅法篇 3.686E 以下,689A 以下,蒂迈欧篇 69D 以下;吃的欲望,国家篇 8.559A 以下;欲望的情感,泰阿泰德篇 156B;欲望与友谊,吕西斯篇 218A,221;既非善又非恶,同上 221B;高尚的与卑鄙的欲望,国家篇 8.561C;欲望与判断是两种主导原则,斐德罗篇 237D 以下;人的欲望,法篇 6.782D 以下;使人不节制,同上 11.918D;欲望的性质,会饮篇 191 以下,200 以下,参阅斐德罗篇 237D 以下,251;必要的与不必要的欲望,国家篇 8.558D 以下;痛苦的欲望,高尔吉亚篇 496D;对灵魂信念的冲渊,国家篇 4.430B;简单的和有限的欲望,同上 4.437D 以下;比必然性更加强的联系,克拉底鲁篇 403C;亦见 appetite(s), longing, love, passion(ate/s), pleasure(s)条。

语言　　language　　随时间而变化,克拉底鲁篇 418B 以下,421D;分析语言,同上 421C 以下,智者篇 261E 以下;完成的语言不可能,克拉底鲁篇 425C;古代创造语言的人,同上 425A;矫揉造作的语言,申辩篇 17C;法庭用语,同上 17C 以下;聋子和哑巴的语言,克拉底鲁篇 422E;语言的区分,法篇 12.944B 以下;普罗狄科的发明,卡尔米德篇 163D,欧绪德谟篇 277E,拉凯斯篇 197D,美诺篇 75C,普罗泰戈拉篇 337A 以下,340A,358A,D;这个主题的宏大,克拉底鲁篇 427E;不适宜,书信 7.342E;语言的发明,普罗泰戈拉篇 322A;语言的起源,克拉底鲁篇 425—426;语言的组成部分,智者篇 261E 以下;词的主要部分,克拉底鲁篇 422D 以下;专门用法,泰阿泰德篇 165A,168B 以下,184C,196E;科学的指导,克拉底鲁篇 424E 以下;亦见 etymology, letter(s), speech(es), syllables 条。

预言/先知　　prophecy/prophets　　欧绪弗洛篇 30 以下,法篇 11.933C 以下,斐德罗篇 242C;受激励的先知,同上 244D;一种疯狂,同上 244B,蒂迈欧篇 71E 以下;苏格拉底的预言,申辩篇 39C;伪装的智术,普罗泰戈拉篇 316D;不是聪明人,伊庇诺米篇 975C;在天上那个世界里面对面,斐多篇 111B;亦见 diviners, soothsayers 条。

寓言　　allegory　　年轻人不懂寓言,国家篇 2.378D。

预言家　　seers　　欧绪弗洛篇 9A。

预兆　　φιλομαντευτής　　参阅 omens, observers of 条。

预兆　　omens　　预兆的观察者,法篇 7.813D。

宇宙　　cosmos　　是一个物体,因为构成宇宙的成分和构成人的成分一样,斐莱布篇 29E;亦见 order, universe, world 条。

宇宙　　universe　　是一个动物,蒂迈欧篇 69C;有身体,斐莱布篇 29E,政治家篇 269D,蒂迈欧篇 31B 以下,参阅斐莱布篇 30A;通过友谊和正义结合在一起,高尔吉亚篇 508A;可以研究宇宙,法篇 7.821A;有序的,高尔吉亚篇 508A;人与宇宙,法篇 10.903C 以下;宇宙的运动,蒂迈欧篇 34B;

宇宙的本性,同上 27C;宇宙的起源,法篇 10.889B 以下;宇宙的型,蒂迈欧篇 48E 以下;宇宙的旋转,政治家篇 269C 以下;由理性统治,斐莱布篇 28D,30 以下,参阅法篇 1.631D,632C,10.896E 以下,12.963A,966E,967B;宇宙灵魂,法篇 10.896E—899A,斐莱布篇 30A,参阅蒂迈欧篇 90D;宇宙有无限、有限、原因,斐莱布篇 30C;整体与部分,法篇 10.903B 以下;亦见 cosmos,earth,heaven(s)条。

宇宙生成论者 **cosmologists** 苏格拉底以前的,伊庇诺米篇 988C。

狱卒、狱吏 **warder** 苏格拉底的,克里托篇 43A,斐多篇 63D,116B 以下。

Z

再生 **rebirth** 灵魂的再生,斐多篇 71E。

在下的 **below** 与在上的,蒂迈欧篇 62C 以下。

葬礼 **funeral(s)** 大希庇亚篇 291D,292E 以下;监察官的葬礼,法篇 12.947B 以下;放在火葬堆上的尸体,国家篇 10.614B;挽歌,法篇 12.959E,参阅 7.800E,美涅克塞努篇 247 以下;节制葬礼的开支,法篇 4.719D 以下,12.959C 以下;卫士的安葬,国家篇 3.414A,7.540B 以下;葬礼演说,美涅克塞努篇 235;清洗尸体,斐多篇 115A;亦见 burial,function(s)条。

赞美 **praise(s)** 容易在雅典人中赞美雅典人,美涅克塞努篇 235D,236A;赞美与尊敬的区别,普罗泰戈拉篇 337B;与奉承的区别,会饮篇 198E;赞美诸神,法篇 7.801E。

造船 **shipbuilding** 普罗泰戈拉篇 319B;用来造船的木头,法篇 4.705C。

造船工 **shipwright** 克拉底鲁篇 390B;造船工的技艺,欧绪弗洛篇 13E;造船工与立法家,法篇 7.803A。

灶石 **hearthstone** 家里神圣的地方,法篇 12.955E。

造谣者 **rumormongers** 申辩篇 18C。

债务 **debts** 取消债务,法篇 3.684D 以下;受阻于那些有僭主倾向的人, 国家篇 8.566A, 参阅 8.566E; 争吵的根源, 法篇 5.736C; 亦见 cancellation 条。

蚱蜢、蝗虫　grasshoppers　参阅 cicadas 条。

战斗、搏斗、打架　fighting　获取性的技艺, 智者篇 219C; 手持矛与盾的战斗, 法篇 7.795B; 再次划分, 智者篇 225A 以下; 亦见 boxers/boxing; fencing, war 条。

障碍、阻碍　obstruction　阻碍证人和竞赛者到场, 法篇 12.954E 以下。

长者　elder(s)　诸神和凡人尊敬长者, 法篇 9.879C; 拉科尼亚的长者, 同上 3.692A; 长者与年轻人, 同上 9.879C, 11.917A, 国家篇 5.465A, 参阅法篇 4.721D; 长者统治, 法篇 3.690A, 4.714E, 国家篇 3.412C, 参阅法篇 3.680E 以下; 亦见 aged, old, senate 条。

战略、策略、计谋　strategy　是技艺, 政治家篇 304E; 亦见 tactics 条。

占卜　divinaton　关于死亡的预测, 申辩篇 39C; 肝脏的位置, 蒂迈欧篇 71E; 占卜与爱, 会饮篇 188B 以下; 疯狂的占卜, 斐德罗篇 244C; 鸟占术, 同上 244C, 斐莱布篇 67B。

占卜的、预言的　mantic(manic)　斐德罗篇 244C。

占卜者、预言家　soothsayers　伊安篇 534D; 乞讨, 国家篇 2.364B; 为何从属于将军, 拉凯斯篇 198E 以下; 亦见 diviners, prophecy/prophets 条。

占卜者　diviners　卜师, 欧绪弗洛篇 4C 以下, 法篇 11.913B, 933C 以下, 斐莱布篇 67B, 政治家篇 290, 蒂迈欧篇 71E 以下; 在荷马诗歌中, 伊安篇 538E; 亦见 soothsayers 条。

战术　tactics　海军战术, 不光荣的, 法篇 4.706C 以下; 亦见 military, strategy 条。

占有　possessing　占有和具有, 泰阿泰德篇 197B 以下。

战争　war　战争的技艺, 国家篇 2.374B, 政治家篇 304E 以下, 参阅法篇 11.921D, 国家篇 4.422C; 是政治的一部分, 普罗泰戈拉 322B; 是移民的原因, 法篇 4.708B; 战争的原因, 欧绪弗洛篇 7D 以下, 斐多篇 66C, 国家篇 2.373D 以下, 4.422E 以下, 8.547A; 战争的时机, 同上 5.467D, 参阅法篇 1.638A 以下; 战争与追踪, 法篇 1.633B, 7.823B, 智者篇 222C; 战争

舞,法篇 7.796B 以下,815 以下,12.942D;跳舞与摔跤是战争的准备,同
上 7.796A 以下,参阅 7.813D 以下,12.942D;没有国家当局的批准不得宣
战,同上 12.955B 以下;对国家的影响,同上 4.709A;是荷马和其他诗人
喜欢的题材,伊安篇 531C;任何时候都只有少数人是敌人,国家篇
5.471A 以下;内战与外战,法篇 1.628A 以下;好战是危险的,政治家篇
308A;在以金钱或荣誉为原则的体制中的战争,国家篇 8.548A;参与战
争的男女老少,同上 5.452 以下,466E 以下,471D,7.537A,参阅克里底亚
篇 110B,112D,法篇 6.785B,7.804E 以下,806A 以下,813E 以下;人的天
然状态,法篇 1.625E 以下;战争的目的是和平与和解,同上 1.626D—
628;低于和平,同上 1.628C 以下,7.803D,8.829A;在和平时期练习战争,
同上 8.829B,830C 以下,12.942B 以下;为何不实施战争,同上 8.831B 以
下;关于战争的规则,国家篇 5.466E—471C;僭主的资源,同上 8.566E 以
下;战争中的富人与穷人,同上 8.556C 以下;严重的,法篇 7.814E;战船,
大希庇亚 295D;叙拉古卷入战争,书信 3.317A,7.338A;寡头制不容易发
起战争,国家篇 8.551D 以下;内战,书信 7.336E 以下;在雅典,美涅克塞
努篇 243E;比外战更糟,法篇 1.629D;亦见 Persia/Persian, Trojan(s)/Troy
条。

召唤、传唤　　summonses 　　法篇 8.846B;亦见 citations 条。

照料　　care 　　词的含义,欧绪弗洛篇 13。

照料小主人的跟班　　attendants（tutors） 　　书童,法篇 7.808D 以下。

诊断　　diagnosis 　　普罗泰戈拉篇 352A;亦见 medicine 条。

诊断的　　diagonal 　　参阅 mathematical/mathematician/mathematics 条。

争吵、争执　　quarrels 　　诸神间的,欧绪弗洛篇 7B 以下,8D 以下,国家篇
2.378B 以下,参阅克里底亚篇 109B,美涅克塞努篇 237C;不虔诚的,国家
篇 2.378C,3.395E;起源,政治家篇 307D,参阅泰阿泰德篇 114B;最优秀
的国家不知道,国家篇 5.464D 以下,参阅法篇 5.737A 以下;亦见 torts
条。

正典　　canons 　　某种具体音乐的古代名字,法篇 7.799C 以下;亦见 law
(s),νόμος 条。

征服　　　conquest　　　获得性的技艺,智者篇 219D;亦见 war 条。

政府　　　government(s)　　　要按照统治者的利益来管理吗? 国家篇 1.338D
　　以下,343B 以下,345C 以下,参阅政治家篇 295E;古雅典政治制度,法篇
　　3.698B 以下,参阅美涅克塞努篇 238C;政治的技艺发展缓慢,普罗泰戈
　　拉篇 322B 以下;正确地治理非常困难,书信 7.325C 以下;没有法律就不
　　可能有好政府,政治家篇 294 以下;无知是最坏的统治的根源,同上
　　302A;对人的培养,美涅克塞努篇 238C;政府的起源,法篇 3.676C 以下;
　　波斯人居鲁士时代的政府,同上 3.694A 以下;当前的政府不具有哲学特
　　性,国家篇 6.497B;党派之争,法篇 8.832C;少数人得到政治的知识,政
　　治家篇 300C 以下;政府的声音,书信 5.321D 以下;政府的形式:只能被
　　其自身所摧毁,法篇 3.683E;政府的瓦解,国家篇 8.545C 以下;斯巴达和
　　克里特政府包含着所有政府形式的要素,法篇 4.712D 以下;四种政府形
　　式,同上 5.739,7.807B;四种或五种形式的政府是不完善的,国家篇
　　4.445C,8.544,政治家篇 291D 以下,301 以下,参阅法篇 4.712C;政府有
　　能力改善秩序,法篇 4.710E 以下;人们不愿意接受真正的有知识的统治
　　者,政治家篇 301C;尤其是野蛮人,国家篇 8.544D;当前的政府依靠某些
　　优秀群体,法篇 12.962D 以下,参阅 4.713A,714E 以下;在邪恶的情况下,
　　书信 7.326A,国家篇 6.492E,496C 以下;三种形式,书信 5.321D;亦见
　　constitution(s),model city, polity,rule/ruling,state(s)条。

挣工钱的人、雇工的技艺　　　wage earner(s)　　　国家篇 1.346;必要的,同上
　　2.371E,参阅法篇 5.742A。

整合、整全　　　integrity　　　通过习惯获得,斐多篇 82B;社会美德,同上 82B;
　　亦见 just(ice)条。

拯救　　　salvation　　　在正确选择快乐与痛苦中获得拯救,普罗泰戈拉篇
　　357A 以下。

拯救者、救星　　　savior　　　神作为救世主,蒂迈欧篇 48D;亦见 Zeus 条。

证据　　　evidence　　　关于作证的法律,法篇 11.936E 以下。

争论、争吵　　　controversy　　　论辩术,智者篇 232B 以下;种类,同上 225B;
　　亦见 disputation 条。

争论　　**contentiousness**　　金钱政制中的争执,国家篇 8.545。

争论　　**disputation**　　争论的技艺,斐德罗篇 261C 以下;争论与讨论,欧绪德谟篇 275D 以下,美诺篇 75C 以下,普罗泰戈拉篇 337B;争论的种类,智者篇 225C;亦见 controversy, discourse, discussion, eristic 条。

争论术　　**eristic**　　与论证,泰阿泰德篇 165B 以下;与辩证法,书信 7.343D 以下,欧绪德谟篇 293 以下,斐多篇 101E,斐莱布篇 17A,国家篇 5.454A, 6.499B,7.539B,智者篇 216B,泰阿泰德篇 167E;争论术的性质,智者篇 259C 以下;再划分,同上 225D 以下;亦见 dialectic(al), disputation, fallacies, sophistical, Sophist(s)条。

证明　　**demonstration**　　证明与可能性,蒂迈欧篇 53D。

正确、正义　　**right(ness/s)**　　正确与适宜,法篇 9.859E 以下;习俗的,同上 10.889E;等于对最优秀者的确信,同上 9.864A;下定义,同上 9.864A;以卑微的态度接受神的律法的义人,同上 4.716A;正义与强权,高尔吉亚篇 483B 以下,488C 以下,法篇 1.627A 以下,3.690B,10.890A,国家篇 1.338C 以下;与快乐,法篇 2.667B 以下;行走在神的一边,同上 4.716A;亦见 good(ness/s), just(ice), law(s)条。

征税　　**levies**　　战争中征税,法篇 12.949D。

整体、整个、全体　　**whole**　　与一,巴门尼德篇 148D;等于不遗漏任何部分的东西,同上 137C;整体与部分,伊安篇 532C 以下,泰阿泰德篇 204 以下;整体与国家的幸福,法篇 7.806C,国家篇 4.420B 以下,5.466A 以下, 7.519E;在立法中,法篇 1.630E;在爱情中,国家篇 5.474C 以下,475B, 6.485B;在医药中,卡尔米德篇 156E,斐德罗篇 270C,参阅法篇 10.902D, 903D;一中之全体,巴门尼德篇 137C 以下,138E,142D 以下,144 以下, 147B,150A 以下,153C,157C 以下,159D,智者篇 244D 以下;在命题中,克拉底鲁篇 385C;在宇宙中,法篇 10.903B 以下,905B,蒂迈欧篇 30C;美德的整体,普罗泰戈拉篇 329D,349 以下,参阅法篇 1.630E,12.965D 以下。

正义、公义　　**righteousness**　　混合着审慎、智慧、勇敢,法篇 1.631C 以下;是人的拯救,同上 10.906B;亦见 just(ice), virtue(s)条。

正义、公正　　**just(ice)**　　书信 7.342D,普罗泰戈拉篇 329C;绝对需要公

下,9.589 以下;给朋友带来益处,给敌人带来害处,同上 1.332 以下,336A;是敬重别人,尤其是敬重公民,普罗泰戈拉篇 322D;给所有人同样的正义,同上 322C 以下;巨大的后果,国家篇 2.359A;敬畏正义,书信 6.323B;是人的具体美德,国家篇 1.335C;在国家里,同上 2.370,4.433 以下;在国家和个人中,书信 7.335C 以下,国家篇 4.435 以下,441 以下;最精致而又简洁的,同上 1.348D;优于非正义,同上 9.589 以下;等于讲真话和把别人的东西还给别人,同上 1.331B 以下;普遍的正义,斐多篇 67B;正义与非正义,模糊地察觉到二者的对立,法篇 2.663C 以下;在战争与和平中有用,国家篇 1.333;对恶人进行报复,伊庇诺米篇 988E;是良心贞洁的女儿,法篇 12.943E;正义与美德,国家篇 1.348C 以下;正义与智慧,会饮篇 209A;正义等于智慧与美德,国家篇 1.351;值得荣耀,法篇 5.730D;正义的人:在于获得灵魂的和谐,国家篇 4.443D 以下;尤其是要善待、照料下等人,法篇 6.777D 以下;与不义者相比处在不利位置上,国家篇 1.343D 以下;是神的朋友,高尔吉亚篇 507E,法篇 4.716D,斐莱布篇 39E 以下,国家篇 10.612E 以下;是温和的,高尔吉亚篇 516C;是幸福的,法篇 2.660E,国家篇 1.354,9.580B 以下;内心相同的正义者与不义者,同上 2.360B 以下;亦见 courts of law, good(ness/s), integrity, judgment(s), lawful, rectitude, right(ness/s), righteousness, temperance/temperate, uprightness 条。

正义　δίκη　　参阅 etymology, good(ness/s, judgment(s), just(ice), punishment, right(ness/s), righteousness 条。

正直　**rectitude**　　比财富更宝贵,法篇 11.913B。

正直　**uprightness**　　绝对的正直,斐多篇 65D,75D。

政制　**polity**　　早期发展形式,法篇 3.680B 以下;最古老的族长制政制,同上 3.680B;亦见 constitution(s), government(s), state(s)条。

政治家　**politician(s)**　　斐德罗篇 257E 以下;民主制中的政治家,国家篇 8.564B 以下;诚实的政治家总是处在危险中,申辩篇 32E;哲学家当政治家,欧绪德谟篇 305C 以下;政治家与哲学家对照,高尔吉亚篇 500C 以下;秘密地崇拜权威,斐德罗篇 258B;政治家与智者,政治家篇 291A 以下,303C;政治作品亦即法律书,斐德罗篇 257E 以下;亦见 statesman(ship)/statesmen 条。

政治家　　statesman(ship)/statesmen　　害怕留下成文的讲话,斐德罗篇 257D;政治家的目标,法篇 12.963B 以下;政治家的技艺,政治家篇 276B 以下,289C—293,295B,300E 以下,304 以下,308C 以下,309B—311,参阅高尔吉亚篇 517 以下;政治家在雅典,高尔吉亚篇 515,519;政治家与放牛的,政治家篇 261D;对天性进行教化,法篇 1.650B;政治家与教师,智者篇 268B;总是追随法律吗? 政治家篇 293C 以下;锻造真正的对善良、正义、有益的信念,同上 309C 以下;政治家与将军、法官、演说家,同上 303E 以下;与牧人,同上 265D,275B 以下;依据他们自己的想象,国家篇 4.426C 以下,参阅政治家篇 302A 以下;受激励的,美诺篇 99;政治家与国王,政治家篇 258E 以下;有某种专门知识,同上 258B 以下;政治家的本性与技艺,法篇 10.889D;政治家与医生,政治家篇 297E 以下;政治家与政客,同上 291C 以下,292D,303C;在理智的帮助下保卫国家,法篇 12.961D 以下;好的政治家比好的棋手更难得,政治家篇 292E;有正确的意见但没有正确的知识,美诺篇 99;指导性的知识,政治家篇 260C 以下;政治家与船长,同上 297E 以下;苏格拉底实践政治的技艺,高尔吉亚篇 521D;指导性的知识的一个部分,政治家篇 267A 以下;不是美德的老师,美诺篇 93 以下;政治家的天职,高尔吉亚篇 515;把勇敢和节制编织在一起,政治家篇 309B 以下;亦见 legislators 条。

政治性的/政治　　political/politics　　政治技艺,高尔吉亚篇 464B 以下;等于管理个人事务、家庭事务、国家事务,普罗泰戈拉篇 318E;只有公民可以实践这种技艺,法篇 8.846D;真正的政治技艺,高尔吉亚篇 513E 以下;政治与善,欧绪德谟篇 292B 以下;利益在政治中的限制,泰阿泰德篇 172A;不需要专门的知识,普罗泰戈拉篇 322 以下,参阅法篇 8.846D;政治的力量,大希庇亚篇 296A;政治中知识的缺乏,政治家篇 298B 以下,参阅 292C 以下;可教吗? 普罗泰戈拉篇 319 以下,324 以下;政治与国家,法篇 4.715A 以下;划分,高尔吉亚篇 464B 以下;政治智慧不是诸神赋予的,普罗泰戈拉篇 321D;亦见 social science,statesman(ship)/statesmen

条。

正字法　　**orthography**　　相关原则,小希庇亚篇 368D。

真空　　**vacuum**　　蒂迈欧篇 60C,80C。

真理、真相　　**truth**　　书信 4.320B,7.330A,339A,蒂迈欧篇 44A;只有依靠辩证法的过程的力量才能获得,巴门尼德篇 136D;好的谈话和写作的基础,斐德罗篇 259E 以下,278A;真理与信仰,蒂迈欧篇 29C;发现真理是一种普遍的善,高尔吉亚篇 505E;与永恒相关联,斐莱布篇 59C,参阅国家篇 9.585B 以下;灵魂的食粮,斐德罗篇 247D 以下;善的成分,斐莱布篇 64E 以下;诸善之首善,法篇 5.730C;否定真理是不虔诚的,同上 9.861D;真理与理智是由哲学家从实在中产生出来的,国家篇 6.490B;不会不自觉地丢失,同上 3.412E 以下;与尺度和比例相关联,同上 6.486D;人们不会轻易信仰真理,法篇 2.663E;民众并非由知道真理的人组成,大希庇亚篇 284E;如何获得真理,斐多篇 65;真理与说服,斐德罗篇 260;哲学家的目标,国家篇 7.537D,9.581B,参阅大希庇亚篇 288D,斐多篇 82,斐德罗篇 249,国家篇 5.475E,6.486E,7.520C,521A 以下,525B,智者篇 249C,254A,泰阿泰德篇 173E;哲学家热爱真理,国家篇 6.501D;哲学家的美德,斐多篇 114E;真理的力量,申辩篇 17B;命题的真理,克拉底鲁篇 385B 以下;普罗泰戈拉论真理,同上 391C,泰阿泰德篇 161C 以下,171A 以下,参阅 152C,166A,167D,168C;完善的真理,斐莱布篇 58D 以下;等于名称的正确指称,克拉底鲁篇 430D 以下;国家的真理,法篇 5.738E;不知道快乐,斐莱布篇 65C 以下;不是各种各样的,书信 2.313B;真理的幻觉,斐德罗篇 248B 以下;与智慧相关联,国家篇 6.485D;亦见 doctrine, the true, realities/reality, science(s)条。

真理　　**Truth**　　真理的大草原,斐德罗篇 248B。

真理　　**truths**　　有关生成的真理只具有可能性,蒂迈欧篇 59D。

真理　　**ἀλήθεια**　　参阅 etymology, truth 条。

真实、实在　　**real, the**　　实在的可变与不可变,智者篇 248E 以下;实在与一,同上 245B 以下;亦见 being 条。

真正的、真实的、正确的　　**true**　　小希庇亚篇 365B 以下,366A 以下;哲学

家沉思真正的存在,国家篇 9.582C;真正的人,小希庇亚篇 367C 以下;正
确与错误是一回事,同上 365—369;真不是假的对立面,同上 368D。

真正的教义 　**doctrine, the true** 　　照耀灵魂,书信 7.341D,344B;不能用
语言表述,同上 7.341C,342 以下;包括在最简洁的陈述中,同上 7.344E。

折射 　**refractions** 　　蒂迈欧篇 46B 以下。

哲学 　**philosophy** 　　帮助人选择最佳的生活,国家篇 10.618C 以下;哲学
与技艺,同上 6.495E,496B,参阅 5.475D 以下;最伟大的技艺,斐多篇
61A,参阅 90E;哲学起于惊诧,泰阿泰德篇 155D,参阅国家篇 5.475D 以
下;苏格拉底最钟爱的,高尔吉亚篇 481D;批评哲学,欧绪德谟篇 304D
以下;与智者之术混淆,同上 304E 以下;哲学的腐败,国家篇 6.490E 以
下;苏格拉底为哲学辩护,欧绪德谟篇 307;哲学的玷污,国家篇 6.495B
以下;哲学派生于天体的运动,蒂迈欧篇 47B;为什么受到轻视,国家篇
7.535C;对灵魂的作用,斐多篇 83;真正的哲学等于坚定、忠诚、诚实,书
信 10.358C;哲学与政府,国家篇 6.497A 以下;对大多数人来说是不可能
的,同上 6.493E 以下;没有形式不可能存在,巴门尼德篇 135C 以下;哲
学与闲暇,泰阿泰德篇 172C 以下;从身体的牢狱中解放出来,斐多篇
82D 以下;哲学与爱,斐德罗篇 256;哲学等于爱真正的知识,国家篇
6.485A;哲学的疯狂,会饮篇 218A 以下;苏格拉底对自然哲学感到失望,
斐多篇 97 以下;在后来的生活中普遍受到轻视,国家篇 6.498A;哲学引
起头痛,同上 3.407C;柏拉图害怕成为哲学批判的对象,书信 7.328E 以
下;哲学与诗学的争论,国家篇 10.607B 以下,参阅法篇 12.967C;等于实
践死亡,斐多篇 80;实践哲学,书信 6.323C 以下;对哲学的偏见,国家篇
6.500—501;如果有节制地从事哲学是一件好事,高尔吉亚篇 484C 以下,
487C 以下,参阅美涅克塞努篇 234A,国家篇 6.487D;洗涤灵魂,斐多篇
67,82,114E,斐德罗篇 249C;关于相对性的哲学,泰阿泰德篇 152 以下,
157B,159 以下,166C 以下,170A;尊重哲学,书信 2.312B 以下;二手货的
哲学,同上 7.338D,340B,341B;秘密地在斯巴达和克里特流传,普罗泰戈
拉篇 342;大部分学哲学的学生成为无赖,国家篇 6.487E;最不恰当的人
谈论哲学,同上 6.500B,参阅泰阿泰德篇 174C;对真正的学生的考验,书

信 7.340A 以下;用于学习哲学的时间,国家篇 6.498,7.539D 以下;人类
无知地对待哲学,书信 7.328E;真正的哲学为正义提供立足点,同上
7.326A;哲学的声望,同上 2.311E;哲学与虚假,国家篇 6.498D 以下;不
加入哲学团体,泰阿泰德篇 155E 以下;哲学与世界,国家篇 6.494;亦见
reason 条。

哲学家　　Philosopher 　　与理想有亲缘关系,书信 7.344A;是数学家,国家
篇 7.525B;死后获得神性,斐多篇 82C;哲学家与作家,斐德罗篇 278D;反
对快乐,斐多篇 64D,82,参阅高尔吉亚篇 495B 以下;通过对实在的整理
孕育理智与真理,国家篇 6.490B;只在意真理,斐多篇 91A,政治家篇
287A;民众对哲学家的指责,申辩篇 23D;不会自杀,斐多篇 61C 以下;对
一切时间和存在进行思考,国家篇 6.486A,泰阿泰德篇 173E;真正的存
在者,国家篇 6.484C 以下,500C,7.537D,9.581E,582C,参阅斐多篇 65,
82,斐德罗篇 249,国家篇 5.475E,7.520C,521A 以下,525B,智者篇 249C,
254A,泰阿泰德篇 173E;哲学家的败坏,国家篇 6.494;哲学家期望死亡,
斐多篇 61D 以下,64,67;哲学家已经半死,同上 64B;哲学家实践死亡,同
上 65;不抱怨死亡,同上 63E 以下,63A,参阅 117A,国家篇 6.486A 以下;
没有防护,高尔吉亚篇 484D 以下,486A 以下,泰阿泰德篇 172E,174B 以
下;不是没有防护的,高尔吉亚篇 508C 以下,参阅国家篇 7.517D 以下;
想要所有知识,国家篇 5.475B 以下,6.485B;每一事物本身的知识,同上
6.490B;神的知识,智者篇 216B;教育,国家篇 6.503E 以下;热爱永久的
本质,同上 6.485A;进入一种主动的生活,同上 7.519C 以下;哲学家人数
很少,同上 6.487D,489D,496,593B 以下,参阅斐多篇 69C,国家篇 6.491A
以下;追随宙斯之出巡队伍,斐德罗篇 250B;回避身体的快乐,国家篇
7.519A 以下;文雅的,同上 3.410D 以下,6.486B;不放纵情感,斐多篇
83C;最初的命名者,克拉底鲁篇 401B 以下;在赞美理性时荣耀自己,斐
莱布篇 28C;既不善又不恶,吕西斯篇 218B;赫拉克利特学派的哲学,克
拉底鲁篇 411B 以下,泰阿泰德篇 179D 以下;受神的激励,斐德罗篇 249D
以下;哲学家当国王,国家篇 5.473C 以下,参阅书信 7.326B,328A,335D,
国家篇 6.487E,498E 以下,501E 以下,7.540,8.543A,9.592;寻求一切事

物中的相,同上 6.486E;哲学家与情人,斐德罗篇 248D 以下,会饮篇 184;
热爱实在与真理,国家篇 6.501D;被人们认为发疯了,智者篇 216D;是神
的人,书信 7.340C;只有哲学家才是辩证法技艺的大师,智者篇 253E;唯
物主义的哲学家,同上 246A 以下,泰阿泰德篇 155E 以下;有好记性,国
家篇 6.486C 以下,487A,490C,7.535C;哲学家的心灵拥有尺度和文雅,同
上 6.486D;习惯于思考大事情,同上 6.486A;与民众,智者篇 254B;与普
通人,斐多篇 64E;他的灵魂中的相的模型,国家篇 6.484C;相的图景,国
家篇 9.581E 以下,泰阿泰德篇 173C 以下;与诗人之间的争吵,国家篇
10.607B 以下,参阅法篇 12.967;与政治家,欧绪德谟篇 305C 以下,参阅
高尔吉亚篇 484D 以下;对哲学家的流行看法,欧绪德谟篇 304D 以下,斐
多篇 64;哲学家的资格和优点,书信 7.340C 以下,国家篇 6.484D 以下,
487A,490C,491B,494B;倾向于从这个世界退隐,同上 6.496C 以下,参阅
泰阿泰德篇 173C 以下;要建立真善美的世界必须要由哲学家来统治,国
家篇 6.484D;智者不是哲学家,蒂迈欧篇 19E;哲学家努力追求真正的存
在,国家篇 6.490A;哲学家轻视凡人的伟大,泰阿泰德篇 174E;要按照天
上的模型规划地上的国家,国家篇 6.500E 以下,7.540A,参阅 9.592;辩
证法训练,巴门尼德篇 135D;真假哲学家,国家篇 5.475D 以下,6.484,
489D 以下,490E 以下,496A,500B 以下,7.535C 以下;真正的奥秘,斐多
篇 69C 以下;没有受到腐蚀的剩余哲学家,国家篇 6.499B;哲学为何无
用,同上 6.487D 以下,7.517C 以下;哲学家的人生观,高尔吉亚篇 511E
以下;哲学家的美德,斐多篇 68C 以下,830,114E;古代的哲学家:不会因
为智慧而受到指控,大希庇亚篇 282C 以下;不表演,同上 282D;不解释
自己,智者篇 242C 以下;头脑简单不知道金钱的重要,大希庇亚篇
282D,283A;无法与当今的智者相比,同上 281D,283A;受困于无能,同上
281D;自然哲学家,混淆条件与原因,斐多篇 99A;轻视宗教,法篇
10.886E;否定快乐,斐莱布篇 44B 以下;不是无神的,法篇 12.966E 以下;
请人们按照自然生活,同上 10.890A;认为同类相吸,吕西斯篇 214B;亦
见 dialectician,wise man 条。

这样的　　　**such**　　这样的性质,蒂迈欧篇 49D 以下。

汁　　juices　　果汁,蒂迈欧篇 60B。

直　　straight　　直与弯,书信 7.342D。

质、性质　　quality　　书信 2.313A,7.343C 以下,泰阿泰德篇 182A;与数量,法篇 6.757B 以下;亦见 character,such 条。

知道　　γιγνώσκω　　参阅 know(ing),knowledge 条。

知道、认识、懂　　know(ing)　　知道与被知,智者篇 248D 以下;知道与有知识,泰阿泰德篇 197A 以下;知与不知,同上 196E;等于获得想要的知识,斐多篇 75D;"认识你自己",卡尔米德篇 164D 以下,法篇 11.923A,斐德罗篇 230A,斐莱布篇 480,普罗泰戈拉篇 343B,参阅书信 7.341B,大希庇亚篇章 90E。

指导　　instruction　　指导的技艺,智者篇 229。

指导性的知识　　directive science　　政治家篇 292B;亦见 command 条。

值得称赞的　　laudable　　发明新事物,法篇 10.889E,参阅 12.957B。

至点　　solstice　　夏至,法篇 3.683C,6.767C,12.945E。

制定法律者　　lawgiver(s)　　采用和神圣化曲调,法篇 2.657B;立法委员会,书信 7.337B 以下;在公民中锻造真正的信念,政治家篇 309C 以下;按照智慧、理智、公义规范国家,法篇 1.631D 以下;立法者的资格,书信 7.337B 以下;教育公民抗拒快乐与痛苦,法篇 1.634 以下;亦见 legislator(s)条。

执法官　　curators of law　　法篇 1.632C,6.762D,765A,767E,775B,784C,7.794B,799B,800A,801D,8.829D,835A,9.855C,878E,10.910C,11.930E,12.951A;理智健全者不会对忤逆父母者提建议,同上 11.929E;在处理离婚案时起作用,同上 11.929E;照料孤儿,同上 11.924C,926C—928D,参阅 9.877C,10.909C,12.959E;惩罚不孝顺父母的人,同上 11.932B;决定对官员的弹劾,同上 12.948A;职责,同上 6.754D 以下;选举执法官,同上 6.753B 以下;进一步立法,同上 6.770 以下,772A 以下,779C,7.816C,8.828B,840E,846C,847D,9.871D,12.956E 以下,参阅国家篇 5.458C;担任重大案件的法官,法篇 9.855C,856C,866C,867E,871D,12.958C,参阅 11.916C;保持登记财产,同上 6.754D 以下,8.850A,9.855B,11.914C;执

法官的数量,同上 6.752E,753D;监察葬礼,同上 12.959E 以下,制定商贩
的规矩,同上 8.849E,11.917E,920A 以下;具有关于美德的正确观念,同
上 12.964B 以下;从执法官中选择教育官员,同上 6.766B,7.809A,811D,
829D;十名最年长的执法官属于夜间开会的议事会,同上 12.951D,961A;
终身任职,同上 6.755A;十二名执法官负责进出口事务,同上 8.847C;亦
见 guardians of model city, guardians of state, magistrates, ruler(s)条。

趾骨　　**knucklebones**　　吕西斯篇 206E。

踝骨　　ἀστράγαλοι　　参阅 knucklebones 条。

智慧　　φρόνησις　　参阅 etymology, intelligence/intelligible, thinking/thought;
understanding(s), wisdom/wise 条。

智慧　　σοφία　　参阅 etymology, wisdom/wise 条。

智慧/聪明　　**wisdom/wise**　　阿那克萨戈拉按现在的标准不聪明,大希庇
亚篇 283A;古代哲学家不为智慧而收费,同上 282C 以下;只有神才是聪
明的,斐德罗篇 278D,参阅申辩篇 23A;一切事物中最美的,大希庇亚篇
296A;灵魂停留在绝对、永久、单一的领域里这种状态称作智慧,斐多篇
79;智慧的欺骗,法篇 9.863C,10.886B,斐德罗篇 275B,斐莱布篇 49A;与
灵魂真正协和,法篇 3.689D;智慧与勇敢,同上 12.963E,参阅普罗泰戈
拉篇 350,359C 以下;挣钱的能力是智慧与否的标准,大希庇亚篇 283B;
智慧与狡猾,小希庇亚篇 368E;可以用来交换一切事物的真正货币,斐
多篇 69;哲学家终生想要获得的东西,同上 67E 以下;寻找智慧的难处,
伊庇诺米篇 974C;仅仅是一种装饰,书信 10.358C;智慧就是保持相互之
间的和谐,法篇 3.691B,692B;智慧的存在,泰阿泰德篇 166D;智慧与友
谊,吕西斯篇 210;等于好运,欧绪德谟篇 279D 以下;统治社会最重要的
东西,会饮篇 209A;智慧与不正义,国家篇 1.349A;智慧本身,大希庇亚
篇 287C;智慧与知识,泰阿泰德篇 145E;导向幸福,美诺篇 88C;热爱智
慧,吕西斯篇 212D;爱智与追求智慧,欧绪德谟篇 282B 以下;智慧的可
爱,斐德罗篇 250;热爱智慧的人,同上 278D;聪明人是温和的,国家篇
2.375E 以下;卫士是有智慧的,同上 2.375E 以下;等于做你自己的主人,
普罗泰戈拉篇 358C;智慧与节制,会饮篇 209A;智慧与运动,法篇

10.897C 以下；等于拥有某种知识，伊庇诺米篇 976C 以下；智慧与吸引力，书信 2.310A，参阅 6.322E 以下；人生最重要的成分，普罗泰戈拉篇 352D；净化，斐多篇 69E；是相对的，大希庇亚篇 289B；摆脱邪恶的惟一办法，斐多篇 107；人的拯救，法篇 10.906B；智慧与自我欺骗，斐莱布篇 49A，参阅法篇 5.727B，732A 以下，9.863C；苏格拉底的智慧，申辩篇 21A 以下；国家中的智慧，国家篇 4.428，参阅法篇 3.689C 以下，12.964B 以下，965A；通过某种学习找到智慧，伊庇诺米篇 989A；哪一种学习导向智慧？同上 973B；凭完善的智慧不能取得献给漂亮者的棕榈枝，普罗泰戈拉篇 309C；智慧可教吗？欧绪德谟篇 282B 以下；智慧与节制，普罗泰戈拉篇 332 以下；节制作为一种智慧，卡尔米德篇 165D 以下，170 以下；等于真正的思想，泰阿泰德篇 170B；与真理相关联的，国家篇 6.480D；看不见的，斐德罗篇 250D；骗人的智慧，小希庇亚篇 366A；聪明人：与僭主有来往的，国家篇 8.568B，参阅书信 2.310A；是一个精灵，克拉底鲁篇 398C；下定义，国家篇 4.442C；不怕死，申辩篇 29，35A，斐多篇 62—69；去叩富人的大门，国家篇 6.489B；等于好人，同上 1.350B；聪明人的生活，法篇 5.733E，国家篇 9.591C 以下；万物惟一的尺度，泰阿泰德篇 183B；必须为自己打算，大希庇亚篇 283B；聪明人与医生和农夫，泰阿泰德篇 167B；按照普罗泰戈拉哲学的说法，同上 166D；聪明人统治无知者，法篇 3.690B；七贤，普罗泰戈拉篇 343；与智者的区别，智者篇 268B 以下；真正的聪明人，伊庇诺米篇 979C 以下；在研究天体中可以看到，同上 986C 以下；认识神，泰阿泰德篇 176B 以下；是虔诚的，伊庇诺米篇 989 以下，参阅 992D；拥有像天文学家那样的知识，同上 992B；智慧与美德，欧绪德谟篇 275A，美诺篇 74A，88C 以下；最圆满的美德的最主要成分，伊庇诺米篇 977D；智慧是最大的美德，普罗泰戈拉篇 330A；美德之首，法篇 1.631D；是使美德可能的东西，斐多篇 69；是美德的部分，普罗泰戈拉篇 329E 以下；亦见 intelligence, knowledgeable, philosopher（s）, philosophy, rational, reason, temperance/temperate, thinking/thought, understanding（s）, Virtue （s）条。

指挥员   **commander**   军队的指挥官，必须勇敢，法篇 1.639B，640A，参

阅 2.671D;酒宴的指挥,同上 1.639D;必须清醒,同上 1.640D 以下;亦见 general (s)条。

指甲　nails　蒂迈欧篇 76E。

只见到事物不能见到事物本身的人　doxophilists　国家篇 5.479E 以下。

贞洁　chastity　法篇 8.835D 以下。

直觉　intuition　斐多篇 66,79,83B。

指控　charges　错误的指控,法篇 12.943E;亦见 perjuries/perjury, witness, false 条。

指控　accusations　针对苏格拉底, 申辩篇 17 以下。

质料　matter　质料与形式,克拉底鲁篇 389 以下。

治疗者　healer　狄翁起着治疗者的作用,书信 4.320E;亦见 doctor(s), physician(s)条。

殖民地　colony　克里特的,法篇 3.702C,4.707E,6.752D 以下,754B 以下,参阅 12.969;在克里特的殖民地,同上 12.950C,亦见 model city 条;与母邦的关系,同上 6.754B;亦见 settlements 条。

殖民化　colonization　法篇 4.708B 以下;希腊城邦在西西里的殖民,书信 3.315D,316B,319B,7.331E,332E,336A,D,8.357A 以下;殖民与社会的净化,法篇 5.736A,740E,参阅 4.708C 以下;亦见 emigration 条。

至善、完美　perfection　由本性和技艺达成,斐德罗篇 269D 以下。

知识　ἐπιστήμη　参阅 etymology, know(ing), knowledge, learn(ing), science(s)条。

知识　knowledge　关于绝对的型的知识,斐多篇 75,参阅巴门尼德篇 133B 以下,135A;抽象的、相对的知识,卡尔米德篇 170;知识与解释,泰阿泰德篇 208B 以下;知识与信仰,同上 201B 以下;与信仰的区别,高尔吉亚篇 454D 以下;在效果上有益或有害,普罗泰戈拉篇 313E;知识的欺骗,申辩篇 22,29,法篇 3.701A,5.727B,732A 以下,吕西斯篇 210D,斐德罗篇 237C,智者篇 230;知识与勇敢,拉凯斯篇 193,197 以下,普罗泰戈拉篇 350,359C 以下,国家篇 4.429 以下,参阅高尔吉亚篇 491B 以下,495C 以下,法篇 12.963E;工匠的知识是诚实的与直接的,法篇 11.921B;产生信任,吕西斯篇 209C 以下,210;知识与狡猾,美涅克塞努篇 246E;决定一个问题,拉凯斯篇 184D 以下;剥夺知识是惟一的恶,普罗泰戈拉篇 345B;知识与描述,泰阿泰德篇 202B 以下;灵魂想要知识,蒂迈欧篇 90B 以下;知识在纯洁性上有别,斐莱布篇 57B;知识的难处,克拉底鲁篇 384A;知识是神圣的这种看法是可笑的,斐莱布篇 62B;关于神的知识是高尚的,法篇 12.966C 以下;知识的划分,斐莱布篇 55D,政治家篇 259D 以下;知识与成功,欧绪德谟篇 281B;知识与存在,国家篇 5.477A;知识与友谊,吕西斯篇 210D;知识不是通过名称获得的,克拉底鲁篇 436C 以下,440;多大范围上是由感觉赋予的,斐多篇 65E,75,泰阿泰德篇 184B 以下,参阅国家篇 7.529;知识产生正确的命令,泰阿泰德篇 170B,178;诸神的知识不是获得的,克拉底鲁篇 400D,425C,克里底亚篇 107B 以下,国家篇 2.365E,参阅巴门尼德篇 134D 以下;关于善的知识包含着关于恶的知识,伊安篇 531D 以下,参阅国家篇 1.334;知识与幸福,卡尔米德篇 173 以下,欧绪德谟篇 281;善的相是最高的,国家篇 7.514 以下,参阅法篇 12.965D 以下;为身体所阻碍,斐多篇 65 以下;知识等于关于相的知识,国家篇 6.484B 以下;比食物更重要,普罗泰戈拉篇 314A 以下;区分良好生活与不好的生活的最重要的东西,国家篇 10.618C;知识本身,巴门尼德篇 134;为神所拥有,同上 134C 以下;知识与判断,泰阿泰德篇 187B 以下;在法律之上,法篇 9.875C,参阅政治家篇 293C 以下;在希腊对知识的热爱,国家篇 4.435E;知识是多,斐莱布篇 13E 以下;知识与模仿,智者篇 267B 以下;知识的性质,书信 7.342 以下,国家篇 5.477 以下;对恰当列举美德来说是必要的,伊庇诺米篇 978B;知识是正确的行动,美诺篇 97 以下;知识养育灵魂,普罗泰戈拉篇 313C 以下;是哲学家想要获得的对象,国家篇 6.485B;知识的对象,书信 7.342 以下;关于一的知识,国家篇 5.479;惟一的善,欧绪德谟篇 292B;知识与意见,美诺篇 97—99,国家篇 5.476D—478,6.508D,510A,参阅斐德罗篇 247D 以下;与演说,斐德罗篇 262;知识的起源,蒂迈欧篇 37C;等于知觉,泰阿泰德篇 151E 以下,160C 以下,163 以下,179C,182E,183C;知识或快乐何者为善? 国家篇 6.505B 以下;知识与力量,大希庇亚篇 296B 以下,小希庇亚篇 366,参阅普罗泰戈拉篇 350E 以下;等于划分与组合的力量,斐莱布篇 17B;生活中最有力的成分,普罗泰戈拉篇 352D;在人出生前就有了,斐多篇 75;回忆的过程,美诺篇 81C 以下,98A,斐多篇 92,参阅法篇 5.732B 以下;纯粹的知识,人死后,斐多篇 66E 以下;直接进入灵魂,普罗泰戈拉篇 314B;通过回忆来发现知识,斐莱布篇 340;等于对感觉的反映,泰阿泰德篇 186;购买知识的危险,普罗泰戈拉篇 314C 以下;等于学问,泰阿泰德篇 146D;关于自己的知识,对人进行恰当的研究,斐德罗篇 230A;与知道你知道或不知道的事情不是一回事,卡尔米德篇 169E 以下;知识与视觉,泰阿泰德篇 163B 以下,165B,参阅斐莱布篇 38C 以下;知识的源泉,斐德罗篇 247;关于真正的快乐与善的知识,普罗泰戈拉篇 356 以下;三重知识,法篇 10.895D;知识与真正的信念,伊庇诺米篇 978B;等于真正的信念加上解释,泰阿泰德篇 201B 以下;作为真正的判断,同上 187B 以下;知识的统一性,智者篇 257C,参阅斐多篇 101;智者的知识是普遍的,智者篇 233以下,参阅欧绪德谟篇 293E 以下;使用知识与制造知识,欧绪德谟篇 289;知识和使用好事物,同上 281;名符其实的知识,斐德罗篇 247E 以下;知识与美德,美诺篇 87B—89D,普罗泰戈拉篇 356 以下,参阅大希庇亚篇 294A;知识与智慧,国家篇 4.428B 以下,参阅法篇 3.689C 以下;亦见 learn(ing),science(s),studies/study,understanding(s),wisdom/wise 条。

职司的交换　interchange of service　建国的原则,国家篇 2.369C。

肢体　limbs　斐多篇 98D,蒂迈欧篇 44E 以下。

职务、职司　office/officials　年龄规定,法篇 6.785B;在民主制中根据抽签来任命,国家篇 8.557A;在许多国家由主要官员献祭,政治家篇 290E;职务的类别,同上 290B;官员死亡,法篇 6.766C;好的统治者不希望,国家篇 7.520D 以下;开始着手工作,书信 7.329E;要实行长期监督,法篇 7.808C;与监察官相关,同上 6.761E;服从法律受奖赏,同上 4.715B 以下,亦见 magistrates,ruler(s)条。

制鞋匠/制鞋　shoemaker/shoemaking　普罗泰戈拉篇 319D,泰阿泰德篇 146D;起源,普罗泰戈拉篇 322A;亦见 cobblery 条。

执行者　minister　参阅 authorities/authority,directors,ruler(s),supervisors

条。

秩序　　**order**　　政治家篇 273B;天穹的秩序,伊庇诺米篇 986B 以下;哲学家模仿永久不变的秩序,国家篇 6.500C。

汁液　　ὀπός　　参阅 acid, vegetable 条。

职业　　**occupations**　　不允许卑鄙的职业,法篇 5.741E;大部分职业不注意道德的改良,高尔吉亚篇 501 以下。

职业的/职业　　**professional/professions**　　需要一个有利的条件,法篇 4.709D;在国家中保持突出的地位,国家篇 2.374,3.397E。

制造、创作　　ποιεῖν　　它的含义,卡尔米德篇 163。

制造幻象的技艺　　**phantastic art**　　划分,智者篇 267A;亦见 semblance making 条。

制造蜜饯的人　　**confectioner**　　比客人更能作出判断,泰阿泰德篇 178D;亦见 cook 条。

制造相似的东西　　**semblance making**　　一种技艺,智者篇 236B 以下,260E,264C,267A;亦见 phantastic art 条。

制造者/造　　**maker/making**　　造与相同的原因,斐莱布篇 26E;造与做的区别,卡尔米德篇 163,欧绪德谟篇 284B 以下;立法家制造名称,克拉底鲁篇 389;制造者对被造物的判断不像使用者那样好,同上 390B 以下,斐德罗篇 274E,国家篇 10.601C 以下。

制造者　　**artificer**　　始终一贯地坚持一个原则制造他的产品,法篇 5.746C,参阅高尔吉亚篇 503E 以下。

智者　　**Sophist(s)**　　给智者的建议,欧绪德谟篇 304A 以下;与古代哲学家无法相比,大希庇亚篇 281D,283A;智者与钓鱼者,智者篇 218E 以下;阿尼图斯对智者的看法,美诺篇 91E 以下;从拥有考察过的心开始论证,泰阿泰德篇 154D 以下;智者之术,大希庇亚篇 281D;古代就有智者但却是隐蔽的,普罗泰戈拉篇 316D;给智者下定义,智者篇 223B;批评的性质,美诺篇 91C 以下,普罗泰戈拉篇 312A,314D,316D,349E,参阅斐德罗篇 257D,国家篇 6.492A;把公共事务与私人事务结合在一起,大希庇亚篇 282B;关心讨论,智者篇 204A;争论家,同上 232B 以下;不容易给智者下定义,同上218E 以下;描述智者,同上231D 以下,264E 以下,268C 以下;认为不可能虚假,欧绪德谟篇283E 以下,智者篇206D,261B,参阅克拉底鲁篇429D 以下;奇妙的神,国家篇10.596D 以下,参阅法篇10.902E;猎手,智者篇221D 以下;没有能力管理人类,蒂迈欧篇19E;认为考察不可能,美诺篇80D 以下;智者与巨兽的看守者,国家篇6.493;智者论知与不知,欧绪德谟篇293 以下;智者只拥有表面的知识,智者篇233C 以下;智者等于知道聪明事情的人,普罗泰戈拉篇312C;智者挣大钱,大希庇亚篇282C 以下;能干的演说大师,普罗泰戈拉篇312D;挣钱的争论术,智者篇225E 以下;民众的伟大,国家篇6.492;智者的神话,欧绪德谟篇297C;智者无所不知,智者篇232E 以下,参阅欧绪德谟篇294;向智者付钱,申辩篇20A,克拉底鲁篇384B,391B 以下,高尔吉亚篇519C,520C,小希庇亚篇364D,拉凯斯篇186C 以下,美诺篇91B 以下,普罗泰戈拉篇328B,349A,357E,智者篇223A,231D,233B,泰阿泰德篇167D,参阅国家篇1.337D;知识的小贩,普罗泰戈拉篇313C 以下,智者篇223C 以下,231D;劝说年轻人离开同胞,申辩篇20A,参阅普罗泰戈拉篇316C;智者与医生,泰阿泰德篇167A;智者与政治家,政治家篇291A 以下,303C,参阅欧绪德谟篇305 以下;智者像普洛托斯,欧绪德谟篇288B;受到嘲笑,同上303C 以下;否认相对性,同上297B 以下;反对不可能性,同上285D 以下;定义智者、政治家、哲学家,政治家篇257A;躲藏在非存在的黑暗中,智者篇254A,260D;作为美德的教师,美诺篇91 以下,95B以下,参阅拉凯斯篇186C;他们的学说,欧绪德谟篇271E 以下,273C 以下,普罗泰戈拉篇312,318;经常是无信仰者,法篇10.908D;玩弄语词,国家篇1.340;智者的正义观,同上1.338C 以下;是模仿真正存在的魔术师,智者篇235;生活在怀疑的世界里,美诺篇95C;亦见 Gorgias, Hippias, Prodicus, Protagoras, Thrasymachus, verbal 条。

智者的/智术 **sophistic(al)/sophistry** 高尔吉亚篇465C;等于出售知识的技艺,智者篇223C 以下;秘密的,普罗泰戈拉篇342C 以下,349A,参阅316D;等于对空洞欺骗的驳斥,智者篇231B;下定义,同上223B;辩证法,欧绪德谟篇275D 以下,283E 以下,296 以下;奉承的一部分,高尔吉亚篇

463B;与修辞学,同上 520;智者的仪式,欧绪德谟篇 277E;苏格拉底对智术的指责,申辩篇 18B,19B。

执政官　archon(s)　音译阿康,九位执政官在德尔斐竖立的金像,斐德罗篇 235C;一系列雅典执政官,大希庇亚篇 285E;执政官梭伦,同上 285E;"执政官-国王",王宫前廊,欧绪弗洛篇 2A,泰阿泰德篇 210D;作为祭司,政治家篇 290E;提到执政官,美涅克塞努篇 238D;亦见 curators of law,guardians,magistrates,model city 条。

执政官的监察者　auditors of magistrates　法篇 12.945B—948B;葬礼,同上 12.947B 以下;监察官的创立,同上 12.945E 以下;向阿波罗和太阳献祭,同上 12.946C 以下;弹劾,同上 12.947E 以下。

《智者篇》　Sophist　引用该篇,政治家篇 284B,参阅 257A。

制止、威慑　deterrent　起到威慑作用的惩罚,普罗泰戈拉篇 324B。

种　kinds　智者篇 254B 以下;按相划分的难处,同上 267D,参阅斐莱布篇 18E;古人没有。

种、物种　species　斐莱布篇 17E 以下,政治家篇 262B;保存物种,普罗泰戈拉篇 320E 以下;亦见 class(es),form(s)条。

种　genus　种与属,欧绪弗洛篇 12C 以下;亦见 class(es),kinds 条。

重、沉重　heavy　重与轻,国家篇 5.479B,7.524A,蒂迈欧篇 62C 以下。

仲裁人　umpires　参阅 judge(s)条。

仲裁者　arbitrators　法篇 6.766D;选为仲裁者的法官,同上 12.956C;亦见 judge(s)条。

仲裁者　adjudicator　调和不同派别的争端,法篇 1.627E 以下;亦见 judge(s)条。

忠诚、忠心　loyalty　真正的哲学的一部分,书信 10.358C;处于危急中,法篇 1.630A 以下。

忠诚的　royalty　当只有一个统治者时,这个名称表示最好的国家,国家篇 4.445D,参阅政治家篇 301A 以下;亦见 monarchy 条。

中腹部　midriff　蒂迈欧篇 70A,77B,84D。

中间、中度、中庸　the mean　普罗泰戈拉篇 346D;技艺依赖于中度的存在,政治家篇 284A 以下;中间与端点,蒂迈欧篇 36A;中等的幸福,书信 8.354E,法篇 3.679B,701E,5.728E 以下,7.792D,国家篇 10.619A,参阅法篇 3.691C;用中度作为关系的标准,政治家篇 284A 以下;亦见 extreme (s),intermediate states 条。

中介 **intervals**　在数列中,蒂迈欧篇 35C 以下,43D。

终极的原因 **final causes**　斐多篇 97—98;诉诸于正义的论证,国家篇 1.352E 以下;亦见 aim(s),cause(s),end(s)条。

重量 **weights**　与尺度,法篇 5.746D 以下。

中年 **middle age**　一生中最令人满意的阶段,伊庇诺米篇 974A。

众人、民众 **mass**　响应他们的领袖,普罗泰戈拉篇 317A;好坏不分,法篇 9.859D,860C。

众神饮用的琼浆 **nectar**　会饮篇 203B;神马饮用的仙露,斐德罗篇 247E。

忠实的 **faithfulness**　忠诚的,在内战中,法篇 1.630A 以下,亦见 loyalty 条。

中性的 **neutral**　过一种中性生活的灵魂,斐多篇 113D;中性的国家,斐莱布篇 32E 以下;亦见 intermediate 条。

种植/植物 **planting/plants**　蒂迈欧篇 77A;狄奥尼修斯对进口植物感兴趣,书信 13.361B;相关法律,法篇 8.843E。

种子 **seed**　蒂迈欧篇 86C;有生命,同上 91B。

猪 **pigs**　用来献祭,国家篇 2.378A。

柱 **columns**　刻有法律条文的柱子,克里底亚篇 119C 以下,参阅法篇 11.917E 以下。

转变、皈依 **conversion**　灵魂的转变,法篇 12.957E,国家篇 7.518,521C,525A 以下。

装饰 **decoration**　在波提狄亚给阿尔基比亚德的奖赏,会饮篇 220E。

转换、转变、转让 **transfer**　儿童从一个阶层转变为另一个阶层,国家篇 3.415B 以下,4.423D。

变态、转化、变形 **transformation**　动物的,蒂迈欧篇 91D 以下。

专家、行家　experts　与修辞学家,高尔吉亚篇 455B 以下,458E 以下,参阅 514;亦见 skill 条。

专有名称　proper names　词源,克拉底鲁篇 392D 以下。

抓痒　scratching　是一种快乐吗? 高尔吉亚篇 494C 以下,斐莱布篇 46A 以下,51C;亦见 itch 条。

铸币　coinage　参阅 currency, money 条。

注册、登记　registration　外国人的,法篇 8.850B 以下;儿童登记,同上 6.785A;出生登记,同上 12.955D;财产登记,同上 5.745A,6.754D 以下,8.850A,9.855B,11.914C。

主持、总监　presidents　节日的,法篇 11.935E;运动的,同上 8.835A。

主动的　active　适宜主动生活的年纪,国家篇 7.539E 以下;主动的与被动的状态,书信 7.342D,法篇 9.859E 以下,10.903B。

追捕　the chase　法篇 7.822D;斯巴达人进行的战争训练,同上 1.633B,参阅普罗泰戈拉篇 322B,智者篇 219C 以下,222C;关于追捕的法律,法篇 7.823B 以下;亦见 hunting 条。

追求、事务、职业　pursuits　智者把个人追求与公共事务结合起来,大希庇亚篇 282B。

追求、事业、职业　pursuits　参阅 practice(s) 条。

著名的、出名的　renown　想出名是人们的普遍愿望,法篇 4.721B;亦见 fame 条。

主人　master　国家篇 5.463A;主人与奴隶,法篇 6.777D 以下。

主人的身份　lordship　参阅 dynasty 条。

侏儒、矮人　manikins　蜡制的,法篇 11.933A 以下。

诸神　god(s)　克拉底鲁篇 416C,书信 13.363B,蒂迈欧篇 40A 以下,42D;不是永恒的而是不灭的,法篇 10.904A;按创世主的意志分有不朽,蒂迈欧篇 41A 以下;诸神的谱系,同上 40E,参阅克拉底鲁篇 402B;诸神的世代,伊庇诺米篇 980 以下;拥有绝对的知识,法篇 1.641D,巴门尼德篇 134C 以下;聪明的诸神,斐德罗篇 278D,参阅蒂迈欧篇 51E;关心所有事务,法篇 10.902A 以下;既非无理智的又非无知的,伊庇诺米篇 988A,

991D,法篇 10.900C 以下；诸神之美，大希庇亚篇 289A 以下；不缺乏勇敢，法篇 10.901E；既不会感到快乐也不会感到痛苦，斐莱布篇 33B；过着僭主般的快乐生活，书信 3.315B；不能对付必然性，法篇 5.741A；诸神的游行，斐德罗篇 246E 以下；各有自己的工作，同上 247A；涉及阿提卡的争斗，美涅克塞努篇 237C，参阅克里底亚篇 109B；诸神与巨人的战争，国家篇 2.378C，智者篇 240A，参阅欧绪弗洛篇 6B 以下，会饮篇 190B；诸神的名字，克拉底鲁篇 397C 以下，400D 以下；万物都充满神，法篇 10.899B；瞎眼的神，等于财富，等于普路托，国家篇 8.554B，参阅法篇 1.631C；天神与冥神，法篇 8.828C；分成四组，同上 4.717A 以下；地母神是最早的神和最老的天神，蒂迈欧篇 40C；冥府之神，斐多篇 63C；自然界的神，克拉底鲁篇 408E 以下；太阳和月亮是神，申辩篇 26D，法篇 7.821B，参阅 10.886A；地下世界的神，同上 12.958D；现在与将来一切事物的统治者，书信 6.323D；神是主动的统治的原则之父，同上 6.323D；对诸神的信仰不是普世的，法篇 12.948C；不相信诸神，同上 10.885B 以下，887C 以下，908B 以下，12.948C，国家篇 2.365D 以下；证明诸神的存在，法篇 10.886—899B，参阅 12.966E 以下；人类对诸神的无知，克拉底鲁篇 400D,425C，参阅克里底亚篇 107B 以下，巴门尼德篇 134D，国家篇 2.365E；据说诸神依据习俗而存在，法篇 10.889E；苏格拉底对诸神的信念，申辩篇 26；不关心人类事务，法篇 10.885B,888C 以下，12.948C，参阅巴门尼德篇 134D 以下，国家篇 2.365D 以下；诸神给人的礼物，政治家篇 274C 以下，参阅普罗泰戈拉篇 320D 以下；善的赐予者，欧绪弗洛篇 14—15；对爱的影响，斐德罗篇 252C 以下；引用荷马的话，国家篇 2.381D；人类的统治者和老师，美涅克塞努篇 238B；使诗人的心灵迷狂，ion534，参阅法篇 3.682A,4.719C；教导人类获得和使用武器，美涅克塞努篇 238B；诸神的名字，克拉底鲁篇 391E 以下；诸神给予事物名字，同上 438C；英雄是诸神之子，大希庇亚篇 293B；神灵附体，法篇 5.726 以下；是我们的看守者与主人，斐多篇 62B 以下，参阅法篇 5.727A，斐德罗篇 274A，会饮篇 188D；与我们有亲缘关系，法篇 10.899D,900D；指定节日给人类以缓解，同上 2.653D，参阅 2.665A；工匠的保护神，同上 11.920D 以下；年长者与神相似,同上 11.930E 以下;生育之神,同上 5.729C,9.879D;游戏之神,同上 6.783A;诸神的亲属关系与家族,同上 9.881D;市场之神,同上 11.917D;旅客之保护神,智者篇 216B;监视外国人和求援者,法篇 5.729E 以下;监护孤儿,同上 11.927B;关心人类社会的保存,使之不遭谋杀,同上 9.871C;使人从诅咒中解脱,同上 9.854E;酒神,同上 1.643A;向诸神祈祷,书信 8.357B;古代崇拜地方神,法篇 5.738C,8.848D;有关崇拜的安排,同上 5.738B 以下;乞灵,同上 11.916E 以下;关于诸神法律,同上 4.717A 以下;向诸神献祭,同上 12.955E 以下;荣耀诸神的仪式,书信 8.356D;神谕中说祝你快乐,同上 3.315B 以下;诸神与神庙,法篇 10.909E;若干昼夜献给诸神,同上 7.807A;模范城邦中的十二位神,同上 5.745D,6.771D,8.828C,848D;不会受礼而动心,同上 10.905D 以下,908E,参阅 4.716E,10.885D,888C,12.948C,国家篇 2.364B 以下;为了爱情而发假誓得到神的宽恕,斐莱布篇 65C,参阅会饮篇 183B;诸神痛恨恶行,欧绪弗洛篇 9B;诸神也喜欢开玩笑,克拉底鲁篇 406C;诸神喜欢撒谎,法篇 11.917A;诸神喜欢不正义,国家篇 2.362C,364B,参阅法篇 10.899E 以下;对阿喀琉斯的敬重胜过对阿尔刻提斯的敬重,会饮篇 180B;不能把诸神说成悲伤或欢笑,国家篇 3.388C 以下;关于诸神的普遍流传的故事,欧绪言弗洛篇 6,8,法篇 10.886C,12.941B,国家篇 2.377E 以下,3.388C 以下,408C,参阅克里底亚篇 109B,伊庇诺米篇 988C,法篇 2.672B,美涅克塞努篇 237C,会饮篇 195C;欧绪弗洛听说的不足凭信的故事,欧绪弗洛篇 6B 以下;诸神在谕言中赞扬牝马,大希庇亚篇 288B;亦见 daemon(s),festival(s),heaven(s),mysteries,prayer(s),religion,spirit,temple(s)条。

诸神的厄运　doom　法篇 10.904E。

助手、辅助者　helpers　比作狗,国家篇 3.416A,4.440D,5.451D;与完全意义上的卫士有区别,同上 3.414B;银的,同上 3.415A;生活方式,同上 3.416D 以下;亦见 guardians of state 条。

主帅　hipparchs　法篇 6.755C。

主题　subject　陈述的主题,智者篇 262B 以下。

主要的　　**principal**　　参阅 vendor 条。

主要的惩罚　　**capital punishment**　　法篇 9.854E,859B,862E 以下,881A,
12.957E;对故意违反法律的惩罚,政治家篇 297E;亦见 death, as
punishment 条。

柱子　　**pillar**　　光柱,国家篇 10.616B 以下。

子宫　　**womb**　　蒂迈欧篇 91C 以下;生育是一个痛苦的过程,伊庇诺米篇
973D。

资格　　**qualifications**　　担任立法议事会,书信 7.337B 以下;亦见 property
qualifications 条。

字母　　**alphabet**　　斐莱布篇 17B,18B 以下;塞乌斯发明字母,同上 18B;亦
见 letter(s)条。

字母　　**letter(s)**　　克拉底鲁篇 423E 以下,431D 以下,432E 以下,434A 以
下;用来表示大小,同上 427C;字母的改变,同上 399A 以下,418B 以下;
分类,同上 424C 以下;斐莱布篇 17B,18B 以下;字母的结合比作表述,智
者篇 253A 以下;字母 δ 表示静止,克拉底鲁篇 427B;字母 γ 表示静止,同
上 427B;字母 η 表示长度,同上 427C;希庇亚不想讨论字母,大希庇亚篇
285D;字母模仿运动,克拉底鲁篇 426E;大与小的形象,国家篇 3.368D,
参阅 3.402B;插入字母,克拉底鲁篇 414C 以下,417B,斐德罗篇 244C 以
下;塞乌斯发明字母,斐莱布篇 18B;字母 λ 表示平滑,克拉底鲁篇 427B,
434C;如何学习字母,政治家篇 277E 以下;举例说明字母的象征意义,克
拉底鲁篇 426D 以下;字母 ν 的意义,同上 427B 以下;由字母构成的名称
的意义一般与字母本身的意义不同,同上 393D;字母 ο 表示圆形的,同上
427C;字母 φ,ψ 表示的意义,同上 427A;字母 ρ 表示运动,同上 426C 以
下,434C;字母 σ 表示的意义,同上 427A,434C;字母与音节,泰阿泰德篇
202E 以下;字母 τ 表示静止,克拉底鲁篇 427B;学校里教字母,普罗泰戈
拉篇 312B;花在学习字母上的时间,法篇 7.810A;有了字母才能把这个
世界说出来,政治家篇 278C;关于字母 ζ,克拉底鲁篇 427A;亦见
alphabet, names, orthography 条;柏拉图指导狄奥尼修学习字母,书信
2.314C;阅读柏拉图的作品作为一项协议,同上 6.323C 以下。

自然、本性 φύσις 参阅 character(s)条。

自然的/自然 **natural/nature** 本性的/本性,天然的技艺与偶然性,法篇 10.888E 以下;道德中的自然与习俗,高尔吉亚篇 483,法篇 10.889C;自然与创世,智者篇 265B 以下;自然循环,国家篇 8.546A,政治家篇 269C 以下;自然无缺陷,斐多篇 71E;自然的馈赠,伊庇诺米篇 976B 以下,法篇 10.908C 以下,斐德罗篇 269D 以下,国家篇 2.370B,5.455B 以下,6.491B 以下,495A 以下,7.519A,535,参阅法篇 7.819A;天然的正义,高尔吉亚篇 483—484C,492,法篇 10.890A;这个词的意思,同上 10.892C;名称中的自然,克拉底鲁篇 387,390E 以下,393 以下,422D 以下;希腊人对自然风景的感觉,斐德罗篇 230,参阅法篇 1.625B 以下;自然科学,普罗泰戈拉篇 315C;苏格拉底对自然科学失望,斐多篇 96 以下;自然与政治,法篇 10.889D;事物的真正本性可在极端形式中发现,斐莱布篇 44E 以下;宇宙接受各种形式的自然,蒂迈欧篇 50B 以下;上界与下界,同上 62C 以下;哲学家对自然的看法:法篇 10.888E 以下,斐多篇 97,参阅申辩篇 26C 以下;否定快乐,斐莱布篇 44B 以下;自然界并非没有神,法篇 12.966E 以下;苏格拉底对研究自然不感兴趣,申辩篇 19C;哲学家们说"同类相吸",吕西斯篇 214B;亦见 essence,existence,temper(ament)条。

紫色的 **purple** 蒂迈欧篇 68C;不能进口紫色的染料,法篇 8.847C。

自杀 **suicide** 斐多篇 61C 以下;埋葬,法篇 9.873C 以下;对生命的轻视,斐多篇 62。

自我 **self** 自利是人的天然之善,国家篇 3.359C;自律,需要有快乐的经验,法篇 1.647D,649C,亦见 temperance/temperate 条;自欺,申辩篇 21E 以下,22,29A,法篇 5.727B,732A 以下,9.863C,斐德罗篇 237C,斐莱布篇 48D 以下,智者篇 230B 以下;技艺中的保持自我前后一致,法篇 5.746C,参阅高尔吉亚篇 503E 以下;自相矛盾,是一种恶,高尔吉亚篇 482B 以下,在灵魂中的自相矛盾,国家篇 10.603D;自制,书信 7.331E,普罗泰戈拉篇 329C,由习惯获得,斐多篇 82B,由音乐灌输,普罗泰戈拉篇 326A,在恋爱中必需,斐德罗篇 237E 以下,256;内战胜利者的自制,书信 7.336E 以下,是一种社会美德,斐多篇 82B,在国家中的自制,国家篇 3.389D 以下,是哲学家的一种美德,斐多篇 68C 以下,114E;亦见 temperance/temperate 条;自我欺骗,克拉底鲁篇 428D;自卫,允许自卫,法篇 9.874B 以下,880A,参阅国家篇 5.464E,对外国人进行自卫不合法,法篇 9.879D,不能对父母进行自卫,同上 9.869B,国家必须要有自卫的权力,同上 8.829A 以下,830C 以下,参阅 7.814A 以下;自存,斐莱布篇 53D 以下,泰阿泰德篇 153E,157D,蒂迈欧篇 51C 以下;自我放纵,个人与国家的自我放纵,国家篇 4.425E 以下;智慧的障碍,书信 7.326C,341A;自知,不是知道自己知道什么,而是知道自己不知道,卡尔米德篇 169E 以下;对人的恰当研究,斐德罗篇 130A;自恋,是许多恶行的源泉,法篇 5.731E;自造的,人很难说是自造的,国家篇 1.330C;自主,法篇 1.626D 以下,8.839E 以下,国家篇 4.430C 以下,灵魂的和谐,同上 4.443D 以下,等于节制,高尔吉亚篇 491 以下,亦见 temperance/temperate 条;自动,蒂迈欧篇 88E 以下,宇宙的自动无法肯定,政治家篇 269E,自动是灵魂的本质,斐德罗篇 245E;第一被推动者,等于第一原则,法篇 10.895B,等于其他被动事物运动的第一原则,斐德罗篇 245C;自己运动,等于生命,法篇 10.895C,参阅斐德罗篇 245C;自立,美涅克塞努篇 248A;自尊,美涅克塞努篇 247B;自给自足,好人的自足,吕西斯篇 215A 以下,国家的自给自足是必要的,法篇 5.738D。

自信 θάρρος 参阅 confidence 条。

自由 **freedom** 绝对的自由比有约束的统治更糟,法篇 3.698B;行动自由需要知识,吕西斯篇 209C 以下;不允许自由处置遗产,法篇 11.921B—923C;意志自由,同上 10.904C 以下,斐多篇 99A 以下,参阅国家篇 10.617E;雅典的言论自由,高尔吉亚篇 461E,普罗泰戈拉篇 319D;民主制的市场,国家篇 8.557B,参阅法篇 12.962E,美涅克塞努篇 238E 以下;波斯的自由状况,法篇 3.694B;亦见 liberty 条。

自由 **liberty** 自由与无政府主义,书信 8.354D 以下;很容易变成无政府主义,法篇 3.701B;处于最佳法律体制下的自由等于狄翁的政治理想,书信 7.324B,336A,参阅 7.351A 以下;是民主制的标志,国家篇 8.557B 以下,561B—563,参阅法篇 12.962E;国家中实行自由的必要性,法篇

3.697C 以下;追求自由的欲望,书信 8.354D;雅典的言论自由,普罗泰戈拉篇 319D;亦见 freedom 条。

自愿的　ἐκούσιον　参阅 etymology, voluntary 条。

自愿的、自觉的　**voluntary**　惩罚自愿作恶者,普罗泰戈拉篇 323D 以下;杀人,法篇 9.866E 以下;自愿的与不自愿的,小希庇亚篇 373B 以下;在行为中,法篇 9.860D 以下;亦见 intentional 条。

综合、合成　**synthesis**　与区分,政治家篇 285A 以下;亦见 dialectic(al)条。346B;僭主制的综合性,同上 3.315D,319D;罗克里的征服,法篇 1.638B;狄翁的母邦,书信 7.336A;对叙拉古人的遗嘱,同上 8.355 以下;难以纠正的,同上 7.333B 以下;叙拉古人的故事,国家篇 3.404D,参阅书信 7.326B,高尔吉亚篇 518B。

宗教　**religion**　是一种习俗,法篇 10.889E;是一种不很容易建立的祭仪,同上 10.909E;无政府主义盛行时受到轻视,同上 3.701B;自然哲学家轻视宗教,同上 10.886E;早期的宗教,克拉底鲁篇 397C;希腊宗教,申辩篇 26C 以下,欧绪弗洛篇 3B 以下,7 以下,法篇 4.716D 以下,斐多篇 58;从小就受影响,法篇 10.887D 以下;宗教事务留给德尔斐处理,同上 5.738B 以下,6.759C 以下,8.828A,国家篇 4.427B,参阅法篇 9.865B,871D,11.914A,12.947D,国家篇 5.469A,7.540C;宗教的起源,伊庇诺米篇 985C 以下,988C,参阅普罗泰戈拉篇 322A;对死者的赞扬,法篇 7.801E;祈祷,同上 7.801E;祭仪,伪装的智术,普罗泰戈拉篇 316D;献祭时的合唱队,法篇 7.800C 以下;私人的献祭,国家篇 1.328C,331D;病人的迷信,法篇 10.909E;对医神的崇拜,斐多篇 118;亦见 Delphi, God, god(s), prayer(s), priests, sacrifice(s)条。

宗教法规的解释者　**exponents of religious law**　法篇 6.759C 以下,775A;选举解释者,同上 6.759D 以下;亦见 canonists, interpreters 条。

宗族关系、血缘关系、亲属关系　**kindred**　一种光荣,法篇 5.729C;婚姻形成的,同上 11.924E。正确地区分种类,智者篇 267D;划分成种,同上 253B 以下;亦见 class(es), elements, genus 条。

宗教礼仪　λειτουργία　参阅 ceremonials/ceremonies 条。

总数、总和　　**sum**　　与全体,泰阿泰德篇 204 以下。

走廊　　**porch**　　王宫前廊,欧绪弗洛篇 2A,泰阿泰德篇 210D。

钻石　　**diamonds**　　书信 1.310A;亦见 adamant 条。

钻子　　**awl**　　克拉底鲁篇 387E,388D,389C。

钻子　　**borer**　　参阅 awl 条。

组成部分　　**complexes**　　名字的组成部分,等于音节,泰阿泰德篇 202B 以下。

祖国　　**fatherland**　　对祖国的义务,克里托篇 51D。

嘴　　**mouth**　　蒂迈欧篇 75D 以下,78C;嘴的缺陷,小希庇亚篇 374D。

罪、罪恶　　**sin**　　对罪恶的惩罚,国家篇 2.363D 以下,10.614D 以下;亦见 Hades,world below 条。

罪、罪行　　**crime(s)**　　由不信而引起的罪,法篇 10.908C 以下;犯罪的原因,同上 9.870A 以下,国家篇 6.491E,495B,8.552C 以下,9.575A;试图毁灭法律和国家,克里托篇 50B 以下;大罪与小罪要有不同的估计,国家篇 1.344A 以下,参阅 1.348D;等于没有从心中根除而滋生出来的罪恶念头,法篇 9.854B;由精神错乱而引起的,同上 9.864D 以下;自愿的与不自愿的,同上 9.860D 以下;亦见 misconduct 条。

最初的名字　　**primary names**　　克拉底鲁篇 424。

罪犯　　**criminal(s)**　　罪犯的子女,法篇 9.855A,856D;在地下世界可治愈与不可治愈的,斐多篇 113E 以下;无药可救的罪犯,书信 8.352C;驱逐或处死,普罗泰戈拉篇 325B;关于处置罪犯的法律,法篇 9.853D 以下;寡头统治下的罪犯很多,国家篇 8.552D 以下;掌握权力者犯下大罪,高尔吉亚篇 525D,参阅国家篇 10.615E;秩序良好的国家存在犯罪,法篇 9.853C 以下,872D;不良教育毁坏了坚强性格的人,国家篇 6.491E,495B。

最接近的　　**proximity**　　最亲近的,血亲,法篇 11.924E,925C 以下。

醉酒　　**drunken(ness)**　　斐德罗篇 238B,参阅欧绪弗洛篇 40;不允许,国家篇 3.403E;卫士喝酒,同上 3.398E,403E;结婚时喝醉酒,法篇 6.775B 以下;喝醉酒在斯巴达,同上 1.637A 以下;由醉酒引起的伤害,同上 1.640E 以下;男人喝醉酒以为自己有权为一切立法,同上 2.671B;就好

像再次成为小孩,同上 1.645E 以下;喝醉酒变得像僭主,国家篇 9.573C;
亦见 drinking, intoxication, wine 条。

最热忱的　earnest　书信 6.323D,参阅法篇 2.659E,6.761D,7.803C。

最重要的东西、基要　fundamentals　不干预最重要的事情,法篇 3.684D
以下。

祖母绿　emerald　装饰天宇,斐多篇 110D。

尊敬　respect　尊重他人是宙斯赐给我们的品质,普罗泰戈拉篇 322C
以下,329C;尊敬父母,法篇 11.930E 以下;亦见 honor, reverence 条。

尊严、高尚　dignity　一种美德,美诺篇 74A。

做　πράττειν　其含义,卡尔米德篇 163。

做　doing　做与造的区别,卡尔米德篇 163,欧绪德谟篇 284B 以下。

作恶者　wrongdoer　并非故意作恶,法篇 5.731C;可悲的,同上 5.731A。

作家/作品　writers/writing　作家的危险,书信 7.341B 以下,344C 以下;
好的与坏的作品,斐德罗篇 258D,259E 以下;写作不如谈话,同上 278A;
损害记忆,同上 275A;由塞乌斯发明,同上 274D 以下;教写作的老师,卡
尔米德篇 159C,160A,普罗泰戈拉篇 326C 以下;不值得严肃对待,斐德罗
篇 277E;需要辩证法,同上 276E 以下;不要惩罚他们的严肃关切,书信
7.344C;作家的真正目的,斐德罗篇 276D;在学校里教写作,法篇 7.809E
以下,普罗泰戈拉篇 326C 以下,参阅卡尔米德篇 160A;真正的作品写在
心中,斐德罗篇 276C 以下;作品不能回答问题,同上 275,参阅普罗泰戈
拉篇 329A。

作家　authors　修辞手册的作者,隐藏他们的知识,斐德罗篇 271C;亦
见 book(s), writers/writing 条。

作为原因的技艺　causal arts　参阅 art(s), roduction/productive 条。

作物、收成　crops　收成不好是人的错,伊庇诺米篇 979B。

祖先　ancestors/ancestry　前辈,每个人都有无数的祖先,泰阿泰德篇
175A 以下;祖先的重要性,书信 7.337B,参阅美涅克塞努篇 237A;贵族赋
予祖先以名声,美涅克塞努篇 247B,参阅高尔吉亚篇 512C 以下。

诅咒、祸根　curse　从古代的罪恶中产生,法篇 9.854B;来自父母的,可

怕的,同上 11.931B 以下,参阅 3.687E;亦见 imprecations, scurrility 条。书
信 7.351C;亦见 injustice 条。

诅咒　　　imprecations　　　在诉讼中不能发诅咒,法篇 12.949B,参阅 12.957B;
亦见 curse, defamatory words, oaths 条。

责任编辑:张伟珍
装帧设计:尹凤阁
责任校对:吴志敏

图书在版编目(CIP)数据

柏拉图全集:四卷本/[古希腊]柏拉图著,王晓朝译. —北京:
人民出版社,2017.12(2022.1 重印)
ISBN 978－7－01－018527－9

Ⅰ.①柏…　Ⅱ.①柏…②王…　Ⅲ.①柏拉图(Plato 前 427—
前 347)-全集　Ⅳ.①B502.232－52

中国版本图书馆 CIP 数据核字(2017)第 272666 号

柏 拉 图 全 集
BOLATU QUANJI
四卷本

[古希腊]柏拉图 著　王晓朝 译

人 民 出 版 社 出版发行
(100706　北京市东城区隆福寺街 99 号)

北京新华印刷有限公司印刷　新华书店经销

2017 年 12 月第 1 版　2022 年 1 月北京第 5 次印刷
开本:880 毫米×1230 毫米 1/32　印张:81.75
字数:2019 千字　印数:8,001-11,000 册

ISBN 978－7－01－018527－9　定价:230.00 元

邮购地址 100706　北京市东城区隆福寺街 99 号
人民东方图书销售中心　电话 (010)65250042　65289539